LE MOULIN D'HAMLET

**La connaissance,
origine et transmission
par les mythes**

Photographie de la couverture :
© **Studio Sébert - photographes**

Responsable éditoriale :
Laurence Golstenne

Maquette :
Nathalie Bigard

© Éditions Édite, 2012 pour la traduction française
183, rue des Pyrénées
75020 Paris
www.editions-edite.com
Droits réservés Giorgio de Santillana & Hertha von Dechend

ISBN : 978-2-846-08309-6
Dépôt légal : avril 2012
Imprimé en France

Giorgio de Santillana
& Hertha von Dechend

LE MOULIN D'HAMLET

La connaissance,
origine et transmission
par les mythes

Avant-propos
et traduction de
Claude Gaudriault

Éditions Édite

SOMMAIRE

7 AVANT-PROPOS DE CLAUDE GAUDRIAULT

19 PRÉFACE DE GIORGIO DE SANTILLANA

27 INTRODUCTION

39 CHAPITRE I
LE CONTE DU CHRONIQUEUR

55 CHAPITRE II
LE PERSONNAGE EN FINLANDE

65 CHAPITRE III
L'ANALOGIE IRANIENNE

73 CHAPITRE IV
HISTOIRE, MYTHE ET RÉALITÉ

87 INTERMEZZO
UN GUIDE POUR CEUX QUI SONT PERPLEXES

113 CHAPITRE V
LE SCÉNARIO INDIEN

123 CHAPITRE VI
LA MEULE D'AMLÓÐI

137 CHAPITRE VII
LE COUVERCLE MULTICOLORE

155 CHAPITRE VIII
CHAMANES ET FORGERONS

177 CHAPITRE IX
AMLÓÐI LE TITAN ET SA TOUPIE

191 CHAPITRE X
LE CRÉPUSCULE DES DIEUX

209 CHAPITRE XI
SAMSON SOUS PLUSIEURS CIEUX

223 CHAPITRE XII
LA DERNIÈRE LÉGENDE DE SOCRATE

237 CHAPITRE XIII
DU TEMPS ET DES FLEUVES

249 CHAPITRE XIV
LE GOUFFRE TOURBILLON

259 CHAPITRE XV
LES EAUX DEPUIS LES PROFONDEURS

273 CHAPITRE XVI
LA PIERRE ET L'ARBRE

279 CHAPITRE XVII
LA STRUCTURE DU COSMOS

291 CHAPITRE XVIII
LA GALAXIE

299 CHAPITRE XIX
LA CHUTE DE PHAÉTON

311 CHAPITRE XX
LES PROFONDEURS DE LA MER

323 CHAPITRE XXI
LE GRAND PAN EST MORT

335 CHAPITRE XXII
L'AVENTURE ET LA QUÊTE

369 CHAPITRE XXIII
GILGAMEŠ ET PROMÉTHÉE

379 ÉPILOGUE
LE TRÉSOR PERDU

399 CONCLUSION

405 ANNEXES

462 NOTES

483 NOTES DES ANNEXES

493 BIBLIOGRAPHIE

506 INDEX

515 TABLE DES ILLUSTRATIONS

AVANT-PROPOS DE CLAUDE GAUDRIAULT

Le Moulin d'Hamlet est un texte singulier, pionnier, qui a incontestablement ouvert des perspectives dans le domaine de ce que l'on appelle aujourd'hui « l'archéo-astronomie » et suggéré des pistes sur ce qu'a pu être le « savoir » archaïque. Publié aux États-Unis pour la première fois en 1969, ce texte de Giorgio de Santillana et Hertha von Dechend y a été réimprimé de nombreuses fois mais a également été traduit en allemand, en italien (dernière édition en 2009), en hongrois. C'est ici la première fois qu'il est traduit intégralement en langue française.

Le Moulin d'Hamlet est le résultat d'une recherche approfondie sur la dimension astronomique et cosmologique dans les grands textes mythologiques de l'humanité. Ses auteurs s'attachent à montrer qu'y affleurent des éléments « fossilisés », souvent obscurs, d'un savoir astronomique très ancien, certainement antérieur à leur rédaction. Ils retiennent l'hypothèse que, avant l'invention de l'écriture, les hommes de la fin du néolithique se sont tout naturellement transmis ce savoir « scientifique » oralement à travers le langage métaphorique du mythe. Ainsi la lecture des premières retranscriptions de ces récits mythologiques permettrait d'accéder, même partiellement, à ce savoir ancien. Encore faut-il être capable de le reconnaître et de le déchiffrer. C'est l'objet principal de cet ouvrage.

Les deux auteurs, Giorgio de Santillana (1902-1974) et Hertha von Dechend (1915-2001), se sont retrouvés sur une telle hypothèse de travail à partir d'itinéraires différents.

D'origine italienne, émigré aux États-Unis en 1936 où il enseigna la philosophie des sciences (il occupa, à partir de 1941 et de longues années durant, la chaire de professeur de philosophie au Massachussets Institute for Technology), Giorgio de Santillana était historien et philosophe des sciences, auteur de plusieurs ouvrages qui firent autorité sur les sciences dans l'Antiquité, sur les philosophes de la Renaissance, sur Léonard de Vinci, sur Galilée. *Le Moulin d'Hamlet*, son ultime publication, est une sorte de testament intellectuel sur l'origine des sciences. Dans la préface de l'ouvrage il indique qu'il s'est toujours interrogé à propos de la fascination qu'a exercée sur les Grecs la quête du mythe de l'unité, de l'invariant dans un monde changeant. Si, selon Pythagore, la réponse est à rechercher dans le *nombre* (« les choses sont des nombres »), Santillana se demande comment le nombre est ainsi parvenu à dominer l'instable, le mouvant et acquiert la conviction que les Anciens avaient une connaissance beaucoup plus approfondie qu'on ne l'imagine de l'astronomie. Après avoir observé les corps célestes, après en avoir noté l'invariance – c'est à dire la permanence et la régularité du mouvement – ils ont compté, ils ont nommé et, selon lui, ont fait du ciel la réalité véritable, le siège des divinités. C'est ainsi que – l'acte de dénombrer et celui de mesurer ayant largement précédé celui d'écrire – l'astronomie a constitué l'essence du mythe, car il s'agissait d'une connaissance qu'il fallait transmettre par des récits.

Chargée d'une chaire d'histoire des sciences à l'université de Francfort, et également professeur associé au Massachussets Institute for Technology de 1962 à 1967 – où elle retrouva Santillana qu'elle avait connu en 1959 à Francfort –, l'anthropologue allemande Hertha von Dechend vint pour sa part à cette thèse à partir de l'ethnologie et de l'examen des mythes polynésiens. Disposant de recueils de milliers de pages sur ces mythes auxquels – dit-elle – « elle ne comprenait rien », elle se refusait à appréhender le mythe astronomique. Jusqu'à ce qu'elle se rende compte combien ciel et planètes étaient des points de repères cruciaux pour les habiles navigateurs de l'océan Pacifique dont les principaux lieux sacrés étaient marqués par des coordonnées astronomiques très précises.

C'est ainsi que les deux savants décidèrent d'examiner systématiquement sous l'angle de l'astronomie non seulement les plus grands mythes universels fondés sur des traditions orales remontant aux époques archaïques mésopotamienne, nordique, grecque, hindoue, persane... (*L'Épopée de Gilgameš*, *L'Edda* et *Le Kalevala*, *L'Odyssée*, *Le Mahābhārata*, *Le Livre des Rois* ou encore *La Bible*, *Timée* et *Phédon* de Platon), mais aussi l'histoire des Cours et les annales des dynasties du Japon, d'Hawaï... ainsi que le matériau archaïque préservé jusqu'à une période récente chez les Indiens d'Amérique, les Polynésiens ou les Africains de l'ouest (Dogons notamment).

Pour envisager la conception de l'astronomie des anciens, les auteurs proposent de se reporter à Platon et en particulier au *Timée*. Pourquoi ? parce que Platon a vécu à une époque (V^e-IVe siècles av. J.-C.) qui était encore au contact avec la mémoire des sociétés archaïques. Nous savons aujourd'hui que Pythagore, Platon et d'autres penseurs grecs importants furent initiés à partir des écoles finissantes du mystère Égyptien dont le savoir accumulé renvoyait à des millénaires. Santillana compare le *Timée* à une « pierre de Rosette » pour la connaissance des conceptions très anciennes de la création de l'univers.

Dans le *Timée*, Platon explique que, pour les peuples anciens, le ciel est bien autre chose qu'un objet de curiosité. Frappés par la perpétualité des phénomènes célestes (retour du soleil, des phases de la lune...), les peuples anciens ont attribué ces cycles (distincts de réalités sublunaires soumises à des mouvements ne présentant pas, du moins en apparence, de régularité) à l'action d'un Être supérieur ou de dieux tout puissants représentés par les astres. Ainsi Platon, qui d'ailleurs ne prétend pas être un bon géomètre, décrit-il le cosmos comme un rayon rectiligne au travers de la terre et du ciel avec des chaînes qui maintiennent le firmament en rotation dans son entier : l'ensemble obéit à une trajectoire circulaire et permanente qui se définit par des rapports mathématiques très précis, probablement emprunté à Pythagore, qu'il appelle « harmonie des sphères ».

C'est justement cette *harmonie des sphères* qui, selon les auteurs, conduit à la métaphore du « moulin » présente dans le titre du présent ouvrage. Nombre de récits mythiques comparent en effet le cosmos à un gigantesque moulin, plus précisément celui d'« Amlóði » (héros de la tradition scandinave qui aura entre autres avatars Amleth, présent dans *La Geste des Danois* du moine historien du XIIe siècle Saxo Grammaticus et le Hamlet de l'auteur anglais du XVIe siècle William Shakespeare). Dans la légende islandaise – recueillie par Snorri Sturluson (1179-1241) –, Amlóði possède un énorme et fabuleux moulin appelé le *Grotte*. C'est un moulin magique qui à l'origine moud l'or, la paix et le bonheur. C'est l'Âge d'or. Mais la cupidité d'Amlóði, exigeant toujours plus de son moulin, provoque la révolte des meunières géantes et l'intervention du dieu de la mer qui embarque le moulin sur un bateau. Le bateau fait naufrage. Le moulin cesse alors de moudre de l'or pour moudre du sel (c'est pourquoi la mer est salée) et du sable (que l'on trouve sur nos plages) tandis que l'endroit du naufrage est matérialisé par un gouffre tourbillonnant, au large des côtes de Norvège et d'Écosse, qui serait l'une des entrées vers le royaume souterrain des morts.

Dans *L'Odyssée*, Circé indique également à Ulysse le profond gouffre marin d'Okeanos comme le chemin qui le mènera à la demeure des morts. On trouve en outre un tel tourbillon aussi bien dans les cultures traditionnelles de l'océan Indien ou du Pacifique que dans la grande épopée finnoise du *Kalevala*, avec un moulin qui cette fois s'appelle le *Sampo*.

Mais, nous disent les auteurs, ces récits contiennent aussi, pour qui veut bien les voir, de multiples et évidentes références au cosmos et aux corps célestes. Évoqué à plusieurs reprises comme le ciel lui-même, le *Sampo* – dont l'étymologie en finnois ancien ramène au *pilier*, au *pôle* c'est-à-dire à l'axe du moulin – est la métaphore de l'axe du monde.

On relève aussi de nombreuses allusions au mythe du moulin au Moyen Orient où une tradition de l'observation astronomique très ancienne est attestée. Ainsi, l'astronome grec Cléomède (150 ans apr. J.-C.) déclare que « le ciel tourne de la même façon qu'un moulin ». Ainsi encore, l'astronome musulman Al-Farghani (IXe siècle, traduit en latin au XIIe siècle), relate que, en orient, l'étoile de l'extrémité de la petite ourse est traditionnellement désignée comme la *pointe du moulin* et l'ensemble de la petite ourse comme le *trou de la pointe*, tel un anneau dans lequel tournerait l'axe du moulin.

Plus loin encore, en Inde, dans le *Bhāgavata Purāṇa*, la figure mythique du prince Dhruva est appelée l'*étoile polaire*. Ce dernier se tient au plus haut du pôle « autour duquel les sphères étoilées qui errent à jamais, comme les bœufs de labour font sans fin le tour de l'axe vertical du moulin à farine ».

Point central de leur démonstration, les auteurs s'interrogent sur la signification, du point de vue astronomique, de l'image des récits – en particulier nordiques – d'un moulin finalement brisé et englouti par les eaux ? Pour les sociétés traditionnelles, la vision d'un cosmos immuable offre un pouvoir rassurant. Seulement, le cosmos n'est pas aussi immuable qu'il y paraît et les auteurs tiennent pour assuré que les hommes de ces époques en étaient conscients. Ils avaient observé les effets du phénomène astronomique de la « précession des équinoxes » qui en effet déstabilise l'harmonie des sphères.

On sait que l'axe de rotation de la terre est animé d'un mouvement très lent qui décrit un cône comme celui d'une toupie et que la révolution le long de ce cône se fait en près de 26 000 ans. L'illustration bien connue du phénomène est celle de la grande pyramide de Gizeh qui, bien que précisément orientée vers le nord de notre globe ne pointait pas vers notre étoile polaire mais vers Alpha Draconis, étoile qui occupait la place de l'étoile polaire il y a près de 5 000 ans.

Ainsi depuis la terre prise comme point fixe, les hommes ont observé que le moulin des étoiles effectuait un mouvement qui ne revenait pas très exactement à sa place. Il se déplace en effet d'un degré tous les soixante-douze ans. À l'équinoxe de printemps, au point repère du lever du soleil, les hommes ont pu observer un mouvement très lent des constellations, au rythme de 2 200 ans pour chaque signe du zodiaque. Pour les Anciens, le ciel – où se trouvent les astres-dieux – repose sur quatre piliers constitués par les points fixes des équinoxes et des solstices et si ces points bougent, ce qui est le cas, le ciel s'écroule. D'où la peur séculaire que le ciel nous tombe sur la tête.

Les Anciens pensaient que le glissement du soleil, le long du point de l'équinoxe, affectait la forme du cosmos et déterminait de grands cycles de changement. Lors de la grande révolution intellectuelle et technologique de la dernière période du néolithique (5 000 av. J.-C.), se développe donc une sorte de doctrine commune aux hautes civilisations archaïques selon laquelle le temps est ponctué d'une succession d'âges du monde – gouvernés par une nouvelle étoile polaire – et de grands cataclysmes qui voient l'écroulement du monde précédent, avec celui des piliers qui le soutiennent.

Parmi les catastrophes – et à l'instar du moulin brisé, englouti par les eaux –, déluges et inondations ont une place privilégiée dans bon nombre de mythologies. Ainsi le ciel des Anciens est-il formé d'une partie visible et sèche, constituée par la bande nord du zodiaque avec l'étoile polaire et d'une partie qui disparaît de l'autre coté de la terre immergée dans la profondeur des eaux, constituée par la bande sud.

Au-delà de l'image de grandes structures dans le ciel qui se détraquent selon des cycles réguliers, les auteurs observent qu'une catégorie de personnages (héros ou divinités) jouent dans de nombreux textes le rôle de passeur d'un âge à un autre, d'une dynastie à une autre. Et pour les auteurs, l'archétype du *passeur* n'est autre qu'Amleth (déclinaison du légendaire propriétaire du moulin Amlóði qui sera repris par Shakespeare) dont l'histoire, qui part d'une lutte fraticide entre son père Orvendel et son oncle Fengo se concluant par le meurtre d'Orvendel, aboutit à la vengeance filiale du neveu. Les auteurs soulignent que le thème de l'affrontement clanique jusqu'à ce qu'un membre, généralement un neveu, se pose en justicier est largement répandu dans les mythologies : lutte entre Kalervo et Untamo et vengeance de Kulervo dans le *Kalevala* ; vengeance de Kai Khusrau dans *Le Livre des Rois* d'Iran (épopée nationale écrite par Firdausi autour de l'an mille de notre ère à partir de récits traditionnels) ; lutte entre les Pāṇḍavas et les Kauravas avec pour héros vengeur Kṛṣṇa (Khrisna), avatar du dieu Viṣṇu (Vishnu) dans le *Mahābhārata* ou encore, assassinat de Tarquin, l'oncle usurpateur, par Brutus dans l'ancienne Rome ; opposition entre Seth et Horus, vengeur de son père Osiris dans la mythologie égyptienne…

Selon les auteurs il faut en priorité noter dans ces récits que la vengeance du héros ouvre une nouvelle dynastie, un âge nouveau, une nouvelle ère en se situant dans le temps avec une notion de cycles. Dans l'épopée iranienne, Kai Khusrau instaure – après avoir accompli sa vengeance – un nouvel âge pour règner sur le monde. Il déclare : « Le monde entier est mon royaume, tout est à moi, depuis les Poissons en bas jusqu'à la tête du Taureau ». Manifestement, il ne parle pas de royaume terrestre mais d'une section du zodiaque dans le ciel, celle de la constellation du Bélier qui exprime un certain temps déterminé du mouvement céleste apparent. Dans la mythologie hindoue, on est frappé par le comportement du dieu Viṣṇu qui revient à intervalles réguliers sous la forme d'avatars (Kṛṣṇa notamment) pour se venger des « mauvais oncles » et introduire ainsi un changement d'âge. Dans cette perspective, le personnage d'Amleth (ou celui de Kullervo) prend tout son sens. Il se tient sur le seuil, entre un âge terminé et un nouvel âge. Il clôt le temps ancien. Les évènements sont contraints vers une issue catastrophique qui est clairement commandée par le temps, le crépuscule des dieux.

Ces personnages, ces héros mythiques se situent donc hors de l'histoire, ce qui signifie qu'ils ne sont jamais vraiment morts. Hors du temps, ils vivent dans des lieux éloignés dont ils reviennent parfois. Tous les grands récits mythiques de l'humanité recensent des endroits privilégiés « hors du temps », parfois situés au fond des mers cosmiques, qui font traditionnellement l'objet d'une quête insatiable de héros illustres à la recherche de puissance et de pouvoir tels Gilgameš, Ulysse, Œdipe, Alexandre le Grand, le roi Arthur, l'empereur Barberousse, Calypso (qui, selon Homère, est au « centre de la mer ») et tant d'autres figures légendaires des temps modernes dont il est dit qu'elles ne sont pas vraiment mortes mais qu'elles reposent en ces lieux en attente d'un possible retour.

Bien que « hors du temps », ces personnages ne sont pas pour autant inactifs. De là où ils séjournent, ils exercent un pouvoir total sur le devenir des hommes. Après avoir débarrassé le monde de l'ordre ancien et dans leur éloignement spatio-temporel, ils sont investis de la mission d'organiser l'âge nouveau et d'en définir les mesures. Comment y parvenir ? La thèse des auteurs est que c'est au ciel que résident ces personnages. Et que les instruments de mesure dont ils disposent pour envoyer des messages aux hommes est une vaste matrice de nombres, constituée par les astres, les étoiles, les planètes, la Voie lactée.

Parmi les multiples exemples mythologiques sur lesquels s'appuient les auteurs pour étayer leur démonstration, plusieurs chapitres sont consacrés aux récits épiques mésopotamiens de *L'Épopée de Gilgameš*.

Les auteurs formulent d'abord l'hypothèse que les aventures se déroulent non pas sur terre mais dans le ciel, parmi les constellations. Leur hypothèse s'appuie sur *L'Enūma eliš*, autre texte mésopotamien fondateur narrant la création du monde, caractéristique de la fascination qu'exerce sur les hommes des époques archaïques la voûte céleste dont ils ont fait la demeure de leurs dieux. Ce monde céleste est donc le monde véritable et, observant avec précision son fonctionnement, les hommes veulent reproduire sur terre cet ordre cosmique qu'ils contemplent. Ils en tirent les normes et les mesures qui permettent de projeter des temples terrestres correspondant aux temples célestes et de fonder des villes.

Ainsi la demeure terrestre du dieu Enki-Ea est elle significative : son temple se trouvait sur la rive de l'Euphrate, dans la ville antique d'Eridu (à environ cent kilomètres au sud d'Uruk), ville dont la tradition prétend qu'elle « est descendue du Ciel » depuis son équivalent céleste, l'étoile Canope nichée dans le ciel austral. Quatorze mille fois plus lumineuse que le soleil, Canope est – après Sirius – l'étoile la plus brillante du ciel nocturne de l'hémisphère sud. Établie dans la constellation de la Carène (constellation incluse par Ptolémée dans la constellation, immense, du Navire Argo), les anciens marins l'utilisaient comme guide pour se rendre de la Grèce vers l'Égypte. Canope, ainsi au centre de l'océan cosmique, représente donc un lieu « hors du temps » car c'est là que se rend symboliquement Gilgameš pour y rechercher l'immortalité, là que réside Utnapištim, le Noë mésopotamien, qui lui l'a trouvée. C'est le siège d'Enki-Ea d'où ce dieu transmet les connaissances aux hommes par l'intermédiaire des astres.

D'autres instruments stellaires président à la construction des villes terrestres. Ainsi *L'Épopée de Gilgameš* mentionne-t-elle à plusieurs reprises que « *sept sages* » ont fixé les fondations de la ville d'Uruk. Selon nos auteurs, ces sept sages ne sont autres que les sept étoiles de la Grande Ourse, à l'instar des sept R̥ṣi (Rishis) de la tradition hindoue. Notons que, pour la civilisation ougaritique, le chiffre sept a également présidé à la construction des villes du Proche Orient. « La Grande Ourse » avait une importance essentielle pour les Babyloniens en ce qu'elle était la constellation qui tenait le ciel et en assurait la suspension. Beaucoup plus tard, au Ve s. ap. J.- C, le philosophe grec Proclus nous dit qu'elle est « l'attelage qui tient ensemble ciel et terre ».

Autre instrument essentiel : *la Voie lactée*, fleuve céleste par excellence, dont la fonction traditionnelle est l'accueil des âmes vers l'autre monde. Selon la tradition pythagoricienne, les âmes demeuraient dans la Voie lactée entre chaque incarnation. Santillana et von Dechend affirment que la découverte du phénomène de la précession conféra à la Voie lactée une signification nouvelle et décisive : elle n'était pas seulement le plus spectaculaire ruban du ciel, elle était aussi le point qu'on imagina du départ de la précession. Après s'être rendu compte que le soleil d'équinoxe avait été là autrefois, à l'Âge d'or (il y a aujourd'hui près de 6 500 ans), l'idée se dégagea que la Voie lactée marquait la trace abandonnée du soleil. L'illustration la plus significative de cet événement est la chute de Phaéton racontée par Ovide. Phaéton est le fils du soleil auquel il emprunte son char. Mais, comme le craignait son père, il est incapable de maîtriser les chevaux qui

– sortant de la route qu'impose la course solaire – déplacent du coup les constellations, enflammant la terre d'un pôle à l'autre. Phaéton commet une sorte de péché originel cosmogonique responsable de toutes les catastrophes à venir.

L'idée d'une Voie lactée qui matérialise une trace abandonnée offrait de riches possibilités pour la narration de changements célestes compliqués. En dépit du peu de légitimité du point de vue de la géométrie, cela montre comme une image peut dominer les esprits et fonder le mythe.

Cet avant-propos, inévitablement très réducteur, n'est qu'un pâle aperçu de la considérable érudition de Santillana et von Dechend (la bibliographie de l'ouvrage fait état de près de 600 références). Ils appuient leur argumentation sur un très grand nombre de mythes, de motifs et de légendes universels apparemment sans relation entre eux et parfois peu compréhensibles isolément. La grille de lecture astronomique leur permet de proposer des comparaisons éclairantes et des éléments d'interprétation et de cohérence.

Cependant, dans les années 1960 au moment de la première publication du livre, une telle démarche vers l'archéo-astronomie était encore très largement tabou au sein de la communauté scientifique et universitaire. Voici qui explique en partie l'accueil mitigé voire les attaques violentes qu'a subi *Le Moulin d'Hamlet*. Si aujourd'hui, quarante ans plus tard, l'archéo-astronomie est devenue une discipline mieux admise, l'ouvrage continue pourtant à susciter des débats contradictoires et passionnés.

Comment expliquer un tel intérêt et un tel acharnement ? Ils résultent probablement de l'objectif très ambitieux des auteurs : tenter, à la lecture des grands textes, de restituer le mode de pensée « scientifique » de nos très anciens ancêtres, aujourd'hui difficilement compréhensible à l'aune de notre propre mode de pensée, logique et rationnel.

Ainsi, Santillana et von Dechend ont ici identifié les restes d'un « langage », antérieur à l'expression écrite, qui permettait la transmission d'une connaissance universelle faite de nombres, de personnages, de mesures, de systèmes, de structures, de géométrie (une carte du ciel). Il s'agit de récits et de légendes qui constituent un code de signes selon lequel par exemple les étoiles de l'ourse représentant l'ourse Callisto dans la mythologie grecque devinrent un attelage de bœufs de labour pour les romains. Ainsi naît un étrange bestiaire, une ménagerie stellaire d'animaux chargés de sens, investis de fonctions-clef dans le système du cosmos. Ceci s'appuie principalement sur l'hypothèse que les anciens – disposant d'une faculté d'observation insoupçonnée – avaient pris connaissance des effets du phénomène de la précession des équinoxes sur lesquels ils avaient bâti des métaphores dont, notamment, celle du moulin cosmique. L'ensemble de ce système originel est certes difficile à reconstituer, mais on peut rassembler suffisamment de vestiges, éparpillés à la dérive des cultures et des langages, pour prétendre que les hautes civilisations archaïques disposaient d'un important savoir accumulé, trésor aujourd'hui perdu dont il ne reste que des lambeaux. Ce mode de connaissance pré-rationnel n'est bien entendu pas conforme aux critères actuels : alors que notre démarche scientifique procède par chainons logiques et approche déductive, les penseurs archaïques avaient un mode de connaissance utilisant analogies et métaphores ; alors que notre conception du temps est linéaire et historique, celle des penseurs archaïques était circulaire et éternelle. Elle avait pour ambition affirmée, comme le disent les auteurs, de « plonger au cœur des choses ».

Voici qui explique en quoi la présentation de Santillana et von Dechend qui a cherché à rester au plus près de la pensée archaïque, a pu parfois paraître « imprécise » et « vague » à nos esprits contemporains. Ils ont délibérément dans leur ouvrage pratiqué une méthode inductive. L'exposé présente des observations et des faits qui souvent se recoupent de chapitre en chapitre sans qu'apparaîssent toujours les chainons logiques. Ce n'était pas en effet, nous dit Santillana, la manière de procéder des penseurs archaïques qui selon lui « pensaient plutôt en termes de ce que l'on pourrait appeler une fugue dans laquelle toutes les notes ne peuvent être contenues dans une simple ligne mélodique ». Une telle présentation du livre a été qualifiée de « chaotique » par certains tandis que d'autres en ont surtout retenu l'authenticité et la richesse. Il convient cependant d'admettre que ce parti pris des auteurs rend la lecture de l'ouvrage parfois déroutante, ce que Santillana reconnait lui-même volontiers dans sa préface.

On peut par ailleurs estimer que l'ambition d'expliquer systématiquement l'origine du mythe à travers l'astronomie est excessive. D'autres niveaux de lecture, parmi lesquels la psychologie, la contingence historique et géographique attachées à chaque lieu et à chaque civilisation, ont certainement compté dans la genèse du mythe. Mais aucun de ces facteurs ne constitue à lui seul une clef décisive quand le code astronomique a probablement eu une part beaucoup plus significative que ce que l'on a pu penser au cours du siècle dernier. Même si l'interprétation, ici présentée par les auteurs, peut parfois sembler discutable, il leur revient le grand mérite d'avoir procédé les premiers à l'exploration approfondie de la dimension astronomique dans les textes anciens et ouvert à l'évidence de nouvelles perspectives de recherche dans le champ de la mythologie comparée. Ainsi, en dépit des assauts les plus violents subis par ces travaux, leur intérêt ne s'est paradoxalement jamais démenti au point de bénéficier aujourd'hui encore, nous l'avons dit, de multiples traductions dans toutes les langues et rééditions.

Cette version, la première en français, vient donc combler un manque. Elle a été augmentée de notes de bas de pages du traducteur (N.d.T) destinées à faciliter la lecture d'un texte très riche en citations, références et noms d'auteurs qui ne sont pas toujours familiers pour un public français.

Pour les principaux noms propres le choix a été fait de retenir l'orthographe la plus courante en français (par exemples Cronos alors que le texte anglais retient Kronos, Ulysse pour Odysseus, Tite-Live pour Livy, Achille pour Achilles, Eschyle pour Aeschylus, Heraklès pour Herakles…) et les translittérations aujourd'hui majoritairement en usage.

En outre, la plupart des citations (en latin, en grec et en allemand) du texte original ont été maintenues telles quelles, conformément au choix des auteurs. Seules quelques unes ont été traduites, quand cela permettait une réelle meilleure compréhension du texte.

PRÉFACE DE GIORGIO DE SANTILLANA

Il me revient parmi les auteurs de cet ouvrage le privilège de commencer, non parce que j'ai plus de mérite mais parce que je suis le plus âgé.

J'ai longtemps cherché le point de convergence entre mythe et science et il est désormais clair pour moi que la science prend ses racines dans un mythe particulier, celui de *l'invariance*.

Chez les Grecs, depuis le VIIe siècle avant J.-C., les sages ont cherché à comprendre la relation entre l'Un et le Multiple. Certains, observant la prodigieuse fécondité de la Nature, ont déduit le Multiple depuis l'Un. D'autres ont estimé que le Multiple ne constituait que de simples variations à partir de l'Un. Ainsi dans ses discours, Héraclite l'obscur ne fait rien d'autre que d'illustrer avec des paradoxes séduisants, l'illusion que l'on a des « choses ». Pour lui elles ne sont en fait qu'un écoulement, une transformation à partir de cette intuition première que l'on a de l'Un. Avant lui selon Anaximandre les « choses » naissent et périssent dans l'ordre du temps en raison de leur rivalité et de leurs empiètements mutuels. La Justice cependant rétablit l'ordre en les condamnant à se payer mutuellement et éternellement compensation. Il n'en fallut pas plus pour reconnaître en Anaximandre le père de la science physique : il avait mis l'accent sur la réalité du « Multiple ». Pourtant on était loin de la science exacte.

Peu après Pythagore enseigna solennellement que « les choses sont des nombres ». Ainsi les mathématiques étaient nées. Mais le problème des mathématiques reste encore entier aujourd'hui. Alors qu'il était très âgé, Bertrand Russel a admis : « J'ai désiré savoir comment brillent les étoiles. J'ai essayé de comprendre la faculté pythagoricienne par laquelle le nombre exerce sa domination sur l'instable. J'y suis un peu parvenu mais très partiellement. » Il a effectivement apporté de très clairvoyantes réponses concernant la nature de la clarté logique, mais pas concernant la philosophie proprement dite. Ainsi le problème du nombre continue à nous laisser perplexes et a donné naissance à la métaphysique. En qualité d'historien, j'ai poursuivi mes recherches sur les « origines incertaines » de la science, loin dans ses prémices préhelléniques. Je me suis demandé comment la philosophie elle-même en était issue. Et j'ai rassemblé ces réflexions dans un petit livre *Les Origines de la pensée scientifique*. Pour moi la philosophie et la science proviennent d'une même source, et il est indéniable que les deux sont les fruits d'un même mythe[1]. Dans un certain nombre d'études j'ai continué à poursuivre cet objectif, sous le nom de « rationalisme scientifique » ; J'ai essayé de montrer qu'à travers d'immenses développements, le « Miroir de l'Être » reste toujours l'objet de la science véritable, une métaphore qui essaie encore de réduire le Multiple à l'Un. Nous faisons maintenant beaucoup de distinctions précises et sommes parvenus à séparer totalement la science de la philosophie ; cependant le vieux mythe de la perpétuelle « invariance », toujours plus reculé et subtilement exprimé, demeure au cœur de la recherche. Tout ce qui se tient après lui constitue une multitude de procédés et de technologies suffisante pour avoir changé la face du monde et posé de terribles problèmes, mais il n'a pas été répondu à la question philosophique simple : quel est ce mythe qui était en usage autrefois ?

Si nous y réfléchissons bien, nous avons jusqu'à hier vécu à l'âge du Mythe astronomique. Le prudent et rigoureux édifice de l'*Almageste* de Ptolémée est seulement une décoration de vitrine pour la théologie de Platon, déguisée en science élaborée. Les corps célestes se meuvent en « cycle et épicycle, orbite sur orbite », selon un mystérieux mouvement et conformément au divin décret voulant que des mouvements circulaires toujours plus complexes constituent l'univers. Et Newton lui-même, après avoir identifié le phénomène de la gravitation, replaçait simplement les orbites dans le contexte de cette force pour laquelle « il ne formulera aucune hypothèse ». La main de Dieu était encore la véritable force motrice. La volonté et la mathématique divines émanent de celui qu'Aristote appelait le « Premier Architecte ». Et dénierons-nous que l'espace-temps d'Einstein soit autre chose qu'un pur mythe de mathématique universelle ouvertement reconnu comme tel finalement ? J'en étais à ce point, perdu entre science et mythe, lorsque, à l'occasion d'une réunion à Francfort en 1959 je rencontrais le Dr von Dechend, l'un des derniers élèves du grand Frobenius, que j'avais connu ; et avec elle j'évoquais le propos favori de celui-ci : pourquoi diable devrais-je me soucier de mes stupides idées d'hier ? Notre amitié commença dès ce moment. Elle était alors assistante à la chaire d'histoire des sciences, mais avait poursuivi son propre chemin en ethnologie culturelle, mettant ses pas en Afrique de l'Ouest dans les traces de son « maître », qui venaient à nouveau d'être défrichées à cette époque par ce remarquable ethnologue français, Marcel Griaule, aujourd'hui décédé. Elle eut ainsi conscience que l'essence du mythe devait être recherchée quelque part chez Platon plutôt que dans la psychologie, mais jusque-là elle n'avait rien pour le prouver.

À l'époque de notre rencontre, elle avait déplacé son sujet d'observation vers la Polynésie et bientôt elle fit une découverte. Alors qu'elle observait les ruines archéologiques de plusieurs îles, elle trouva une indication. Le moment de grâce se produisit lorsque, en regardant (sur une carte) deux petites îles, à peine de petites taches dans les eaux du Pacifique, elle comprit qu'une étrange accumulation de *maraes*, c'est-à-dire de lieux de culte, ne pouvait s'expliquer que d'une seule façon : ceux-ci, et seulement eux, étaient chacun situés exactement sur deux très nettes coordonnées célestes : celles du tropique du Cancer et celle du Capricorne.

Demandons à von Dechend de finir elle-même le récit de sa découverte : « Nous pensons que se positionner au départ en contradiction délibérée avec l'opinion dominante alors en vigueur n'est pas nécessairement la meilleure façon de parvenir à une pénétration pertinente de la question. Ce ne fut donc pas mon cas, encore que je ne saurais nier que l'agacement croissant que me procuraient des interprétations courantes (fondées sur des traductions décourageantes) a constitué pour moi un véritable stimulant à l'époque et encore maintenant. En fait je n'avais nullement l'intention de démarrer l'exploration de la dimension astronomique du mythe. Au contraire, pour ce qui me concerne, étant venue à l'histoire des sciences à partir de l'ethnologie, j'avais pris, au commencement du moins, la ferme décision de ne jamais m'impliquer dans les thèmes astronomiques à quelque condition que ce soit. Dans le but de me tenir à l'abri de cet effrayant domaine, mon sujet d'étude était supposé être la figure mythique du dieu Artisan, le Démiurge sous ses différents aspects (Héphaïstos, Tvaṣṭr, Wayland le Forgeron, Goibniu, Ilmarinen, Ptah, Khnum, Kothar-wa-Hasis, Enki/Ea, Tane, Viracocha, etc.). Pas même l'ombre d'un doute ne me vint durant l'investigation des mythes mésopotamiens, et pourtant s'il est une culture concernée c'est bien celle-là ! Tout semblait tellement terrestre bien que légèrement bizarre. Ce fut après avoir passé près d'un an sur au moins 10 000 pages de mythes polynésiens, rassemblés au XIXe siècle (il y a beaucoup plus de pages disponibles que cela), que la révélation de notre complète ignorance tomba sur moi comme une enclume et m'anéantit. Pas une seule phrase n'était compréhensible. Mais, à franchement parler, si tout le monde peut exiger le droit d'être pris au sérieux, nul doute que ce devait être celui des Polynésiens, qui guidèrent avec sûreté leurs bateaux sur le plus grand des océans de notre globe en navigateurs auxquels nos explorateurs les plus dignes d'éloges depuis Magellan jusqu'au Capitaine Cook confièrent plus d'une fois la conduite de leurs navires. Ainsi devons-nous nous en prendre à nous-mêmes et non aux mythes polynésiens. Cependant je n'essayais pas encore la piste de l'astronomie car je m'en tenais toujours à cette stricte détermination d'éviter ce champ de recherche. J'observais les vestiges archéologiques d'une multitude d'îles, et là une indication m'apparut (à dire vrai le mot d'illumination serait plus correct) que je suivis exactement et ensuite il n'y eut plus de salut possible : on ne pouvait échapper à l'astronomie. En premier lieu il n'y eut encore que géométrie « simple », l'orbite du soleil, les tropiques, les saisons, sans que cela ne donne beaucoup d'explications aux aventures des dieux et héros. Peut-être fallait-il *compter* pour comprendre ? Que pouvait bien signifier le fait qu'un héros parcourait son itinéraire en un peu plus de deux ans, « revenant par intervalles », « tombant dans l'espace », se détachant de la « bonne » route ? Il ne restait à la vérité qu'une solution possible : il s'agissait d'une *planète* (dans le cas particulier de Aukele-Nui-A-Iku, Mars). Si c'était le cas, les planètes devaient représenter la personnification de chaque entité mythique et les Polynésiens n'avaient pas inventé cela, eux-mêmes. »

Ce texte du professeur von Dechend dans son audace et sa liberté intellectuelle porte la marque de son héritage, celle de l'héroïque, naïf et cosmopolite âge de la science allemande autour des années 1830.

Ses héros, Justus von Liebig et Friedrich Woehler, firent l'objet d'un travail de sa part avant 1953. Elle tient d'eux également une autre vertu, celle d'une indignation méprisante, qui transparaît au premier plan dans les annexes de cet ouvrage, qui sont si largement le fruit de ses efforts.

Reprenons donc : Il y a des années, j'avais une fois regardé l'ouvrage de Dupuis *L'Origine de tous les cultes*[2], perdu sur les rayonnages de la Widener Library, et ne l'avais plus jamais consulté. C'était un livre écrit dans le style du XVIIIe siècle, daté de l'An II de la République. Le titre avait de quoi rendre méfiant, un de ces titres enthousiastes qui abondaient à cette époque et promettaient beaucoup trop. Comment pouvait-il expliquer le système égyptien, pensais-je, puisque les hiéroglyphes n'avaient pas encore été décryptés (on réalisa plus tard avec les ouvrages d'Athanase Kircher comment cette explication avait été tirée à partir de la tradition copte). J'avais abandonné le rébarbatif ouvrage, prenant seulement en note une phrase : « Le mythe est né de la science ; la science seule l'expliquera[3]. » J'avais là la réponse, mais je n'étais pas prêt à la recevoir.

Vint le temps où je fus capable de saisir cette idée d'un seul coup, parce que j'étais enfin prêt. De nombreuses années auparavant, je m'étais demandé dans une note ce que signifiait *la réalité* pour les Anciens dans son sens empirique le plus grossier. Cela signifiait, pensais-je, non la curiosité intellectuelle, non plus l'interrogation ou l'étonnement direct, mais d'abord et avant tout une immense, régulière, minutieuse attention aux saisons. Quelle est la raison d'un solstice ou d'un équinoxe ? Y répondre suppose une capacité de cohérence, de déduction, de détermination imaginative, de capacité de reconstruction, dont nous avons du mal à créditer nos ancêtres. Et cependant c'était bien le cas. Je le voyais.

Les mathématiques s'élevaient vers moi depuis la profondeur des siècles. Pas après le mythe, mais avant lui. Pas armées avec la rigueur grecque mais avec l'imagination du pouvoir astrologique, avec la compréhension de l'astronomie. Le nombre donnait la clé. Longtemps avant que l'écriture n'ait été inventée il y avait les mesures et le calcul qui fournissaient l'armature, la forme sur laquelle la riche texture du mythe réel devait se développer. Ainsi nous étions retournés aux vrais débuts, à la révolution néolithique. Nous étions bien d'accord pour estimer que cette révolution était essentiellement technologique. L'un des premiers scientifiques, Démocrite de Abdera, le dit dans une formule frappante : le progrès des hommes ne résulta pas de l'esprit mais de *la main*. Les successeurs tardifs de Démocrite l'ont compris trop littéralement et se sont obnubilés sur l'objet façonné. Ils ont été inconscients de l'énorme effort intellectuel que la réalisation de tels objets impliquait, effort intellectuel depuis la métallurgie jusqu'aux arts et tout spécialement en astronomie. L'effort pour expliciter et identifier les seules présences qui échappaient totalement à l'action de nos mains conduisait à ces purs objets de contemplation, les étoiles dans leur course. Les Grecs n'avaient pas ignoré la nature de cet effort : ils appelaient l'astronomie la « Science royale ». L'effort pour organiser le cosmos se développa à partir de présences célestes, ces présences dont on pensait qu'elles seules permettaient de maîtriser le réel, et à partir desquelles tous les arts prenaient leur signification.

Mais rien n'est si facile à ignorer que quelque chose qui offre des résistances à la compréhension. Notre science du passé s'était, avec le temps, épanouie en philologie et archéologie et de savants volumes sur la philosophie ancienne ont continué à paraître en dépit de leur faible utilité. Peu de maîtres de notre temps ont redécouvert les talents « d'avant l'écriture ». De nos jours Dupuis, Kircher et Boll sont oubliés au même titre que ces personnalités archaïques. C'est la marche dévorante du temps. L'iniquité de l'oubli frappe sans discernement.

Il est bien connu que de nombreuses représentations de dieux sont en rapport avec la fabrication du feu ; et un ingénieur américain, J. D. McGuire, découvrit que certaines représentations égyptiennes également, alors qu'on ne le soupçonnait pas jusque-là, montraient des divinités qui avaient affaire avec l'exercice du feu. L'explication est assez simple : le feu lui-même était le lien entre ce que les dieux faisaient et ce que les hommes pouvaient faire. Mais à partir de là, l'esprit avait été capable de se propulser vers de prodigieuses prouesses intellectuelles. Ce monde de l'esprit a produit des maîtres longtemps oubliés qui sont tout à fait dignes de Newton ou d'Einstein, et dont D'Alembert nous dit que nous ne savons rien mais que nous leur devons tout.

Nous tenions l'idée. Elle était simple et claire. Mais nous réalisions que nous avancerions dans de formidables difficultés, à la fois du point de vue du savoir moderne d'aujourd'hui et aussi en raison de l'approche peu conformiste exigée par la méthode. Je l'appelais plaisamment pour résumer « le chat sur le clavier de piano » pour des raisons qui apparaîtront bientôt. Car, comment peut-on attraper le temps en vol ? Et cependant le flux du temps, le temps de la musique, était essentiel, incontournable, déroutant pour l'esprit de système. Je recherchais en détail un chemin inductif de présentation. C'était comme empiler Pélion sur Ossa. Et cependant c'était la moindre de nos difficultés. Car nous avions aussi à faire face à un mur, un véritable mur de Berlin, fait d'indifférence, d'ignorance et d'hostilité. Humboldt, ce maître avisé l'a dit, il y a fort longtemps : « D'abord les gens nieront la chose, ensuite ils la dénigreront, ensuite ils déclareront qu'elle était connue depuis longtemps. » Pouvions-nous nous embarquer pour une énorme besogne d'érudition minutieuse sur la base de ce projet plus que douteux ? Mais notre propre tâche était fixée : sauver de l'oubli ces intelligences d'un passé éloigné ou récent. Ainsi dit le Seigneur : « Venez des quatre horizons, Ô souffle, et soufflez sur ces trépassés afin qu'ils puissent vivre. » Nous avons à faire revivre de tels pauvres squelettes éparpillés. Ce livre reflète la conviction, qui n'a fait que s'approfondir, que, par-dessus tout, respect est dû à ces ancêtres.

Les premiers chapitres seront, je pense, d'une lecture aisée. Peu à peu en approchant la ligne de faîte, le lecteur se trouvera lui-même assailli par des difficultés dont nous ne sommes pas responsables. Ce sont les difficultés inhérentes à une science qui était confidentielle au-delà de ce que nous pouvons imaginer. Le plus frustrant fut de ne pouvoir utiliser nos bons vieux et simples chaînons logiques selon lesquels les principes viennent d'abord et les déductions suivent. Ce n'était pas la manière de procéder des penseurs archaïques. Ils pensaient plutôt en termes de ce que l'on pourrait appeler une fugue, dans laquelle toutes les notes ne peuvent pas être contenues dans une simple échelle mélodique, dans laquelle on est plongé directement au cœur des choses et l'on doit suivre le rythme temporel de leurs pensées. C'est après tout dans la nature de la musique que les notes ne puissent pas être jouées toutes à la fois. L'ordre et la séquence, l'exacte signification de la composition se révéleront eux-mêmes avec patience, le moment venu. Le lecteur, je le suggère, devra se placer lui-même dans l'ancien « Ordre du Temps ».

Troïlus exprimait la même idée avec une image différente : « Celui qui veut avoir une galette de blé doit moudre avec patience. »

*Les fers indestructibles qui enchaînaient le Grand Loup
Fenrir avaient été ingénieusement forgés par Loki
à partir des ingrédients suivants : le pas d'un chat,
les racines d'un roc, la barbe d'une femme,
la respiration d'un poisson, la salive d'un oiseau.*
L'Edda

*Toute vue des choses
qui n'est pas étrange est fausse.*
Valery

INTRODUCTION

Ce livre a pour simple ambition d'être un essai. C'est une première reconnaissance d'un domaine presque inexploré et qui ne figure pas sur les cartes. Quel que soit le chemin par lequel on y entre, on est saisi comme dans un labyrinthe par une déroutante et circulaire complexité, car il n'y a pas d'ordre déductif au sens abstrait, mais au contraire cela ressemble à un organisme étroitement fermé sur lui-même, ou même mieux, à un monumental « Art de la Fugue ».

Le personnage d'Hamlet comme point de départ pertinent se présenta par hasard. Beaucoup d'autres voies s'offraient, riches en symboles étranges et se signalant par de grandes représentations, mais le choix se porta sur Hamlet car il guidait la pensée selon une véritable démarche inductive au travers d'un paysage qui nous est familier et qui avait le mérite de son cadre littéraire. Voici un personnage profondément présent à notre conscience, chez qui les ambiguïtés et les incertitudes, l'introspection tourmentée et la froide perspicacité donnent un pressentiment de l'esprit moderne. Son drame personnel était de devoir être un héros, tout en s'efforçant de masquer le rôle que la destinée lui avait assigné. Son intelligence lucide se plaçait au-dessus des conflits d'intention, en d'autres termes, elle était et reste une véritable conscience contemporaine.

Et cependant ce personnage, que le poète créa comme le premier intellectuel malheureux parmi nous, dissimulait le passé d'un être légendaire, aux traits prédéterminés, préformés par un mythe très ancien. Il y avait une véritable aura autour de lui et beaucoup de signes conduisaient vers lui. Mais ce fut une surprise de découvrir, derrière le masque, un séculaire et total pouvoir cosmique, le maître originel aux premiers âges du monde tel qu'on peut l'imaginer.

Cependant, sous tous ses masques, il restait étrangement lui-même. L'originel Amlóði, qui figure dans la légende islandaise, montre les mêmes caractéristiques de mélancolie et de haute intelligence. Lui aussi est un fils destiné à venger son père, un orateur de la parole ésotérique qui contient des vérités auxquelles nul n'échappe, un insaisissable porteur du Destin, qui doit se retirer une fois que sa mission est accomplie et disparaître une fois encore dans les profondeurs du temps auquel il appartient : seigneur de l'Âge d'or, roi du Passé et du Futur.

Cet essai suivra le personnage, de loin en loin, depuis les terres du Nord jusqu'à Rome, de là jusqu'en Finlande, Iran et Inde ; il apparaîtra à nouveau sans conteste dans la légende polynésienne. Beaucoup d'autres autorités et pouvoirs l'incarneront à leur heure.

Amlóði fut identifié, dans l'imagerie norvégienne grossière et éclatante, par le fait qu'il possédait un moulin fabuleux qui, à son époque, produisait la paix et l'abondance. Plus tard, quand vint la décadence, il produisit du sel et, finalement, ayant atterri au fond de la mer, il moulut du rocher et du sable, créant un vaste tourbillon, le Maelström (c'est-à-dire le courant « moulu », du verbe *mala* : « moudre »), ce qui est supposé être un chemin vers le domaine des morts. Cette imagerie représente, à l'évidence, un processus astronomique, le mouvement séculaire du Soleil au travers des signes du zodiaque qui détermine les âges du monde, pour chaque dénombrement de milliers d'années. Chaque âge apporte une Ère du monde, un Crépuscule de Dieux. Les grandes structures périssent ; des piliers basculent qui soutenaient la grande charpente ; des flots et des cataclysmes annoncent la formation d'un nouveau monde.

Ailleurs l'image du moulin et de son propriétaire apparaissait plus sophistiquée, encore plus proche des événements célestes. Dans l'esprit puissant de Platon, le personnage ressortait comme le dieu Architecte, le Démiurge, qui donnait forme aux cieux ; mais même Platon n'échappait pas à l'idée que ce dieu avait hérité des catastrophes et des cycles de reconstruction du monde.

La tradition montrera que les mesures d'un nouveau monde doivent être obtenues depuis les profondeurs du céleste océan et accordées avec les mesures d'au-dessus, dictées par les « Sept Sages », comme ils sont souvent mentionnés en langage crypté en Inde et ailleurs. Ils se révèlent être les Sept Étoiles de l'Ourse, qui servent de norme à tous les alignements cosmologiques sur la sphère étoilée. Ces astres dominants du Nord Éloigné sont particuliers mais systématiquement liés à ceux qui sont considérés comme les moteurs opérant du cosmos, c'est-à-dire les planètes qui se déplacent en différents endroits et configurations le long du zodiaque. Les anciens pythagoriciens dans leur langage conventionnel appelaient les deux Ourses, les Mains de Rhéa (la Dame du ciel tournant), et appelaient les planètes, les Meutes de Perséphone, Reine du Monde souterrain. Loin au Sud le mystérieux navire *Argo*, avec son étoile pilote, tenait les profondeurs du passé ; et la Galaxie (la Voie lactée) était le Pont hors du Temps. Ces notions apparaissent avoir été une doctrine commune à l'âge d'avant l'histoire, partout sur la ceinture des hautes civilisations autour de notre globe. Elles semblent aussi être nées de la grande révolution intellectuelle et technologique de la dernière période néolithique.

L'intensité et la richesse, la coïncidence des détails dans cette pensée cumulative a conduit à la conclusion qu'elle a somme toute son origine au Proche-Orient. Il est évident que ceci indique une diffusion des idées jusqu'à un point à peine pris en compte par l'anthropologie actuelle. Or cette science, bien qu'elle ait approfondi une merveilleuse richesse de détails, a été conduite, en raison de sa moderne tendance évolutionniste et psychologique, à oublier la principale source du mythe qu'était l'astronomie, la Science royale. Cet oubli constitue lui-même un récent changement des événements, il date à peine d'un siècle. Aujourd'hui des experts philologues nous disent que Saturne et Jupiter sont les noms de vagues divinités, souterraines ou atmosphériques, surimposées aux planètes à une période « tardive ». Ils éliminent soigneusement les origines folkloriques et les dérivations « tardives », tous inconscients que les périodicités planétaires, sidérales et synodiques étaient connues et répétées de multiples manières par des célébrations déjà traditionnelles aux temps archaïques. Si un universitaire n'a jamais eu une connaissance scientifique de ces périodicités, même de façon élémentaire, il n'est pas dans la meilleure disposition pour les reconnaître quand elles apparaissent dans son champ d'investigation.

Les historiens anciens auraient été très surpris si on leur avait dit que des choses qui leur paraissaient évidentes allaient devenir imperceptibles. Aristote trouvait tout naturel d'admettre que les dieux étaient originellement des étoiles, même si l'imagination populaire avait plus tard obscurci cette vérité. Il ne pensait pas que cette idée puisse changer mais plutôt la considérait comme acquise. Il ne pouvait pas deviner que W.D. Ross, son moderne transcripteur, noterait avec condescendance : « Ceci est historiquement faux. » Cependant nous reconnaissons que samedi et le sabbath ont à voir avec Saturne, tout comme mercredi a à voir avec Mercure. De tels noms sont aussi vieux que le temps ; aussi vieux certainement que l'heptagramme planétaire des Harrāniens. Ils remontent loin avant la philologie grecque du professeur Ross. Si les études de grands et consciencieux universitaires tels que Ideler, Lepsius, Chwolson, Boll et, pour aller encore plus loin dans le temps, d'Athanase Kircher et de Petavius, avaient été lues avec soin et commentées, elles auraient enseigné plusieurs leçons pertinentes aux historiens de la culture. Mais l'intérêt s'orientait vers d'autres buts, comme il peut être observé pour l'anthropologie actuelle qui a construit sa propre idée du « primitif » et de sa postérité.

On lit cependant dans la Bible, par excellence non scientifique, que Dieu disposa toutes choses en nombre, poids et mesure ; les textes chinois anciens disent que « le calendrier, comme les diapasons, ont des ajustements tellement serrés qu'il n'y a pas la place d'y glisser un cheveu ». On a lu cela sans réagir. Cependant de telles allusions révélaient un monde d'une grande complexité, fermement installée, un monde infiniment différent du nôtre. Mais les experts aujourd'hui sont aveugles. Ils se considèrent comme extrêmement avisés de se tenir au-delà de tout ce que la pensée dominante prend pour des absurdités.

En 1959, j'écrivais :

> Lorsque les Grecs arrivèrent sur le devant de la scène, la poussière des siècles s'était accumulée sur les restes de cette grande construction archaïque mondiale. Pourtant, bien que cette construction n'était déjà plus comprise, quelque chose avait survécu au travers des rites traditionnels, dans les mythes et les contes merveilleux. La transmission orale avait alimenté les cultes sanguinaires destinés à procurer la fertilité, fondés sur la croyance en une sombre force universelle de nature ambivalente. (Ce sont ces cultes qui semblent désormais monopoliser notre intérêt.) Dans la pensée tardive des pythagoriciens et de Platon cependant ces thèmes originels pouvaient rayonner à nouveau, préservés, presque intacts. Ils constituent les vestiges fascinants d'un monde perdu. Ils nous font penser à ces

« paysages brumeux » dont les peintres chinois sont passés maîtres, qui montrent ici un rocher, ici un toit, ici la pointe d'un arbre, et laissent le reste à l'imagination. Même quand le code aura été révélé, quand les techniques seront connues, nous ne pourrons espérer prendre la mesure de la pensée de ces ancêtres reculés, enveloppée comme elle est dans ses symboles. Leurs paroles se sont tues au cours des âges.

Nous pensons être parvenus désormais à la révélation d'une partie de ce code. Derrière ces constructions qui remontent à des temps très anciens et éloignés et ces formes qui nous paraissent étranges, on découvre une « haute » pensée. On découvre une théorie sur « l'origine de l'univers » qui semble impliquer la brisure en deux d'une harmonie, une sorte de « péché originel » cosmogonique, selon lequel le cercle de l'écliptique (avec le zodiaque) a été incliné vers le haut, formant un angle avec l'équateur, et provoquant ainsi l'apparition de grands cycles de changement.

Cela ne suggère pas que cette cosmogonie archaïque a fait de grandes découvertes physiques, bien qu'elle ait requis de prodigieuses prouesses de concentration et de calcul. Son intérêt a été de marquer jusqu'à ses limites les plus éloignées l'unité de l'univers et de l'esprit humain. En vérité l'homme fait la même chose aujourd'hui.

Einstein disait : « Ce qui est inconcevable à propos de l'univers, c'est qu'il devrait être entièrement concevable. » L'homme ne désarme pas. Quand il fait la découverte par millions de galaxies éloignées, et ensuite celle de ces ondes quasi stellaires situées à des milliards d'années-lumière qui bouleversent ses spéculations, il est heureux de pouvoir atteindre de tels abîmes. Mais il paye ce résultat d'un terrible prix. La science astronomique peut embrasser sans perdre pied une échelle de plus en plus grande. Mais il n'en est pas de même de l'homme. Dans les profondeurs de l'espace, il se perd lui-même et avec lui toute notion de sa signification. Il est incapable de s'adapter à ces concepts de l'astrophysique moderne sans devenir schizophrène. L'homme moderne fait face au non-concevable. L'homme archaïque, pour sa part, se maintenait fermement dans le concevable car il composait dans son cosmos un ordre du temps et une eschatologie qui avaient un sens pour lui-même et fixaient un destin pour son âme. Cependant, c'était une théorie prodigieusement vaste qui faisait peu de concessions à de simples sentiments humains. Elle dilatait l'esprit au-delà du supportable tout en ne détruisant pas le rôle de l'homme dans le cosmos. C'était une métaphysique impitoyable.

Pas un univers de pardon, ni un monde de pitié. Sûrement pas. Inexorable comme les étoiles dans leur course, *miserationis parcissimae*[4], avaient coutume de dire les Romains. Cependant c'était un monde qui n'était pas indifférent au sort de l'homme, un monde où il y avait une place pour tout, avec justesse et pas seulement statistiquement, où aucune hirondelle ne pouvait tomber sans que l'on s'en aperçoive, et où même ce qui était rejeté par suite de sa propre erreur ne devait pas aller vers une perdition éternelle. Car l'ordre du Nombre et du Temps était un ordre total, préservant tout, dont tous étaient membres, les dieux, les hommes, les animaux, les arbres et les cristaux et même les absurdes étoiles errantes, tous assujettis à la loi et à la mesure.

C'est ce que savait Platon car il pouvait encore parler le langage du mystère archaïque. Il mit le mythe en harmonie avec sa pensée alors qu'il construisait la première philosophie moderne. Nous avons confiance en ses définitions, y compris quand il déclare parler « pas tout à fait sérieusement ». Il nous donna une première règle efficace car il savait de quoi il parlait.

Derrière Platon se tient l'imposant corps de doctrine attribué à Pythagore, dont une partie de la formulation est peu compliquée, mais riche du prodigieux fond de la première mathématique, déjà grosse d'une science et d'une métaphysique qui devaient fleurir au temps de Platon. De lui proviennent des mots tels que « théorème », « théorie », et « philosophie ». Ceci repose à son tour sur ce qui pourrait être appelé une phase proto-pythagoricienne, étendue à l'ensemble de l'Orient mais focalisée à Suse. Et ensuite il y eut quelque chose d'autre à nouveau, le calcul numérique des étoiles à Babylone. De lui vint cet étrange principe : « Les choses sont des nombres. »

Après avoir saisi un fil permettant de retourner dans le temps, on peut tester les doctrines apparues ensuite avec leurs propres développements historiques et observer si elles sont en conformité avec la tradition préservée intacte même si elle n'est plus qu'à moitié comprise. Car il y a des semences qui se perpétuent au cours du temps. Et l'universalité elle-même est aussi un test quand elle est couplée avec un inébranlable dessein. Quand quelque chose se trouve en Chine, et se présente également dans les textes astrologiques babyloniens, on doit le considérer comme pertinent, car cela révèle un complexe d'images singulières dont personne ne peut prétendre qu'il est apparu de manière isolée par génération spontanée.

Prenez l'origine de la musique. Orphée et sa mort poignante peuvent être une création, apparue dans bien des circonstances et bien des endroits divers. Mais quand les personnages qui ne jouent pas de la lyre mais soufflent dans des flûtes deviennent eux-mêmes écorchés vifs pour des raisons aussi absurdes que variées, et que leur fin identique se retrouve sur plusieurs continents, alors nous tenons quelque chose, car de telles histoires ne peuvent qu'être liées par une logique interne. Et quand le joueur de flûte multicolore se retrouve également dans le mythe germanique médiéval d'Hamelin et au Mexique, longtemps avant Colomb, et que leur sont associés, aux deux endroits, certains attributs tels que la couleur rouge, on ne peut guère parler de coïncidence. Généralement peu nombreux sont ceux qui trouvent leur voie dans la musique par simple hasard.

À nouveau, quand on trouve des nombres tels que 108, ou 9 x 12, réapparaissant sous plusieurs multiples dans les *Védas*, dans les temples d'Angkor, à Babylone, dans les sombres propos d'Héraclite, et aussi dans le *Norse Valhöll*, il ne s'agit pas d'un accident.

Il est possible de détecter des signaux éparpillés dans les toutes premières données, dans la tradition, les fables, les textes sacrés. Ce que nous avons utilisé comme sources peut sembler étrange et disparate, mais il en a été fait un examen minutieux dont la raison sera indiquée plus tard au chapitre méthodologique. Je pourrais appeler cela la morphologie comparative. Le réservoir de mythes et fables est grand, mais il y a des « repères » morphologiques car il ne s'agit pas simplement de simples récits spontanés. Il y a aussi un matériau archaïque merveilleusement préservé chez les primitifs « secondaires », comme les Indiens d'Amérique et les Africains de l'Ouest. Ensuite il y a les histoires de cour et les annales des dynasties qui ressemblent à des romans : le *Feng Sheng Yen I*, le *Nihongi* japonais, le *Kumulipo* hawaien. Ce ne sont pas de simples fables qui vont au gré de l'imagination.

Aux époques dures et périlleuses quelle information un homme bien né devait-il confier à son fils aîné ? Les lignées généalogiques de descendance sûrement, mais quoi d'autre ? La mémoire d'une noblesse ancienne est le moyen de préserver l'*arcana imperii*, l'*arcana legis* et l'*arcana mundi*, exactement comme c'était le cas à Rome. C'est la sagesse d'une classe particulière soumise à la règle. Les psalmodies polynésiennes enseignées de façon sévèrement restreinte dans le *Whare-wānanga*[5] étaient pour la plupart de l'astronomie et constituaient alors le fondement d'une éducation libérale[6].

Les textes sacrés sont une autre grande source. À notre époque de l'imprimé on est tenté de les rejeter car on les assimile à de simples sermons religieux, mais à l'origine, ils représentaient une grande concentration d'attention sur une matière dont la pertinence avait été distillée au travers d'une longue période de temps et qui était considérée comme digne d'être confiée à la mémoire, génération après génération. La tradition du druidisme celtique fut transmise non seulement par des chants, mais aussi au travers d'une connaissance des choses de l'arbre, qui était une sorte de code. Et, en Orient, hors des jeux compliqués, fondés sur l'astronomie, s'était développée une sorte de sténographie qui devint un alphabet.

Au fur et à mesure que nous suivons les signes : étoiles, nombres, couleurs, plantes, formes, couplets, musique, structure, une énorme ossature de connexions se révèle à de nombreux niveaux. L'une d'entre elles se situe à l'intérieur d'un multiple qui se répète, où tout se répond, et où tout a une place et un temps qui lui sont assignés. C'est un véritable édifice, quelque chose comme une matrice mathématique, une image du monde qui s'adapte à de nombreux niveaux et l'ensemble est conservé en ordre dans de strictes limites. La mesure en est le meilleur critère car elle permet d'identifier et de redisposer à partir des règles, ainsi que le disent les anciens Chinois à propos du diapason et du calendrier. Quand nous parlons de mesures, c'est toujours quelque forme du Temps qui les fournit, partant de deux bases, l'année solaire et l'octave et en descendant le cours des âges et des époques pour atteindre les poids et les unités actuels. Ce que l'homme moderne tenta dans le simple système métrique conventionnel a des précédents archaïques de grande complexité. Du fond des siècles, il nous provient un écho de l'interrogation de Al-Bīrūnī il y a mille ans, quand ce prince des scientifiques découvrit que les Indiens, qu'il tenait avant ce moment-là pour de piètres astronomes, calculaient les orientations et les événements à partir de la connaissance des étoiles et n'étaient pas capables de lui montrer une étoile. Les étoiles étaient devenues pour eux des items (numéros, points) comme elles le devinrent pour Leverrier et Adams qui ne se préoccupèrent jamais de regarder Neptune de leur vie bien qu'ils l'eussent calculée et découverte en 1847[7]. Les Mayas et les Aztèques dans leurs calculs sans fin semblent avoir eu des attitudes comparables. Ils comptaient les connexions. À la fin, c'était ainsi dans l'univers archaïque où toutes les choses étaient des signes et des repères respectifs des autres, inscrits dans l'hologramme pour être divinisés subtilement. Et le Nombre les dominait tous (annexe 1).

Cet ancien monde se rapproche un peu si on se rappelle deux grands personnages transitionnels qui furent simultanément archaïques et modernes dans leurs habitudes de pensée. Le premier est Johannes Kepler qui participait de l'ordre ancien dans ses calculs sans relâche et sa dévotion au rêve de redécouvrir « l'Harmonie des Sphères ». Mais il fut un homme de son propre temps, et aussi du nôtre, quand ce rêve commença à préfigurer la polyphonie qui conduisait à Bach. Un peu dans la même voie, notre vue strictement scientifique du monde a son équivalent dans ce que John Hollander, l'historien de la musique, a décrit comme le « Ciel désaccordé ». Le second personnage de transition n'est autre que sir Isaac Newton qui marqua le commencement d'un véritable raisonnement scientifique. Il n'y a pas de réel paradoxe à mentionner Newton dans cette parenté. John Maynard Keynes, qui connaissait l'œuvre de Newton aussi bien que nombre de ceux qui la connaissent aujourd'hui, disait de lui :

> Newton ne fut pas le premier de l'Âge de la Raison. Il fut le dernier des Babyloniens et des Sumériens, le dernier grand esprit qui fit attention au visible et au monde des idées avec les mêmes yeux que ceux qui commencèrent à construire notre monde intellectuel il y a un peu moins de 10 000 ans. Pourquoi est-ce que je l'appelle un magicien ? Parce qu'il regardait tout l'univers et tout ce qui y est inclus comme une énigme, comme un secret qui pourrait être lu en appliquant la pensée pure à certains signes, certains indices mystiques que Dieu a disposés dans le monde pour permettre une sorte de chasse au trésor philosophique vers la fraternité ésotérique. Il croyait que ces indices devaient être trouvés partiellement au travers de signes célestes et dans la constitution des éléments (et c'est ce qui donne l'idée fausse qu'il a été un philosophe de l'expérimentation de la nature), mais aussi partiellement dans certains documents et traditions légués par la fraternité dans une chaîne non brisée remontant à la révélation cryptique originelle de Babylone. Il regardait l'univers comme un cryptogramme installé par le Tout-Puissant exactement comme il

enveloppa lui-même la découverte du calcul dans un cryptogramme quand il communiqua avec Leibniz. Par pensée pure, par concentration de l'esprit, l'énigme, croyait-il, serait révélée à l'initié[8].

L'appréciation de Lord Keynes, écrite en 1942, reste à la fois non conventionnelle et profonde. Il savait, et nous savons tous, que Newton échoua. Newton s'égara en raison de préjugés obstinés et sectaires. Mais son entreprise se situa vraiment dans l'esprit archaïque, comme il commence maintenant à apparaître après deux siècles de recherches universitaires dans de nombreuses cultures dont il ne pouvait avoir l'idée. Au peu d'indices qu'il trouva avec une méthode rigoureuse, un nombre important d'autres ont été ajoutés. Cependant l'interrogation subsiste, la même que celle qui fut exprimée par son grand prédécesseur Galilée :

> Mais parmi toutes les inventions prodigieuses, de quelle sublimité d'esprit doit avoir été celui qui conçut comment communiquer ses plus secrètes pensées à n'importe quelle autre personne, bien que très éloignée aussi bien dans le temps que dans l'espace, parlant à ceux qui sont aux Indes, parlant à ceux qui ne sont pas encore nés ni ne le seront avant mille ou dix mille ans ? Et avec pas de plus grande difficulté que l'arrangement différent de deux douzaines de petits signes sur le papier. Que ceci soit l'authentification de toutes les admirables inventions de l'homme.

Au VIe siècle après J.-C., Grégoire de Tours écrivait : « L'esprit a perdu de son tranchant, nous comprenons à peine les Anciens. » Nous ne comprenons pas beaucoup plus aujourd'hui, en dépit du fait qu'une multitude de gens se vautre dans les mathématiques et dans les technologies sophistiquées.

Il est indéniable que, malgré les travaux de nos centres de formation aux études classiques, le dépérissement de ce type d'études, l'abandon de toute familiarité vivante avec le grec et le latin, ont coupé *l'omphaloessa*, le cordon ombilical qui connectait notre culture, au moins à son niveau supérieur, avec la Grèce, de la même manière que les hommes de la tradition de Pythagore et de l'Orphisme étaient liés à travers Platon et quelques autres avec la plus ancienne tradition du Proche-Orient. Il commence à se manifester que cette destruction conduit à un Moyen Âge à la mode, bien pire que le précédent. Certains s'écrient : « Arrêtez le monde, je veux descendre. » Mais il ne peut être changé ; il en va ainsi lorsque d'aucuns falsifient le savoir réservé de la science et ce qu'elle signifiait.

Mais, comme le disait Goethe au tout début de l'Ère du Progrès : « *Noch ist es Tag, da rühre sich der Mann ! Die Nacht tritt ein, wo niemand wirken kann*°. » Il pourrait venir une fois encore quelque sorte de « Renaissance » qui jaillisse hors de ce passé foulé aux pieds et condamné sans espoir, lorsque certaines idées s'éveilleront à nouveau et ainsi nous ne priverions pas nos petits-enfants d'une dernière chance d'héritage de ces temps hautement reculés dans le passé. Et si, comme il semble infiniment probable, même cette dernière chance se perdait dans l'agitation du progrès, pourquoi alors ne pas penser avec Poliziano, qui fut lui-même un maître de l'humanisme, qu'il y aura des hommes dont l'esprit trouvera un refuge dans la poésie, l'art et la tradition sacrée, « qui seuls rendent les hommes libres de la mort et les tournent vers l'éternité, aussi longtemps que les étoiles existeront, brilleront encore sur un monde fait de silence éternel ». Or il y a encore un peu de clarté pour entreprendre cette première reconnaissance rapide. Elle omettra nécessairement de grands et signifiants champs d'investigation, mais, malgré tout, elle s'infiltrera dans beaucoup d'interstices et de chemins détournés du passé.

*Toi, Titan tout puissant, aux formes changeantes,
doté d'une force prodigieuse,
qui dévores tout et l'engendres à nouveau,
qui tiens l'indestructible lien,
Cronos à l'esprit rusé...*

Hymnes orphiques

CHAPITRE I
LE CONTE DU CHRONIQUEUR

La bonne entrée pour pénétrer le royaume de l'Hamlet pré-Shakespearien est le récit sans artifice donné par Saxo Grammaticus (environ 1150 — environ 1216) dans les livres III et IV de sa *Gesta Danorum* (*Geste des danois*). Ce qui suit est le récit du livre III dans la traduction d'Elton, seulement légèrement raccourcie.

L'histoire commence avec les fêtes d'Orvendel, le père d'Amleth, précisément avec sa victoire sur le roi Koll de Norvège, qui conduisit Fengö, le frère d'Orvendel, « piqué par la jalousie » à assassiner celui-ci (annexe 2). « Alors il prit la femme du frère qu'il avait égorgé, couronnant par l'inceste un meurtre contre nature » (ainsi Saxo le qualifie-t-il).

Amleth connaissait le crime de son oncle mais avait peur de laisser paraître ses sentiments et d'être suspecté. Aussi il choisit de feindre la faiblesse d'esprit. Cette ruse lui permit non seulement de dissimuler son intelligence, mais aussi d'assurer sa sécurité. Chaque jour il se tenait au domicile de sa mère dans un état de profonde apathie et sans prendre soin de lui, se roulant sur le sol et s'éclaboussant d'ordures immondes et nauséabondes. Sa face livide et tachée de bave lui donnait une apparence insensée et grotesque. Tout ce qu'il disait exprimait la folie, tout ce qu'il faisait traduisait une léthargie extrême.

Il avait l'habitude parfois de s'asseoir sur le feu et, attisant les braises avec les mains, il confectionnait des morceaux de bois recourbés, les durcissant dans le feu et formant à leurs extrémités des ardillons assurés afin qu'ils puissent être fixés étroitement. Quand on lui demandait ce qu'il faisait il répondait qu'il était en train de préparer des javelots pointus pour venger son père. Cette réponse provoquait la moquerie de tous qui raillaient sa folie et son comportement ridicule et ceci servait son dessein. Cependant son adresse commençait à éveiller les soupçons des observateurs les plus attentifs, l'habileté avec laquelle il réalisait ces objets insignifiants révélait le talent caché d'un véritable artisan. À la fin il surveillait toujours avec le plus grand soin l'empilement de bois qu'il avait disposé dans le feu. Certaines personnes de ce fait disaient que son esprit était assez rapide et avaient l'impression qu'il jouait les nigauds. Ils pensaient que son stratagème serait vite mis au jour si, en quelque endroit écarté, il avait l'occasion de rencontrer une belle femme et était soumis à la tentation amoureuse. Si sa léthargie était feinte, il saisirait l'opportunité et succomberait facilement à de violents plaisirs.

Aussi des hommes furent-ils mandatés, au cours d'une promenade, pour attirer le jeune homme dans un coin écarté et là le soumirent à une tentation de cette nature. La chance voulut que se trouvât parmi eux le frère de lait d'Amleth qui avait gardé le meilleur souvenir de leur éducation commune. Il veillait sur Amleth au cours de cette équipée car il était persuadé que celui-ci serait voué aux pires souffrances s'il montrait le plus léger signe de raison et par-dessus tout s'il faisait ouvertement l'amour. Amleth en fut conscient également car quand on lui proposa de monter à cheval, il s'installa délibérément en tournant le dos au cou de l'animal, faisant face à la queue et s'enveloppant des rennes comme si de ce côté il était en mesure de maîtriser l'allure furieuse du cheval. Le destrier galopant sans rennes, avec son cavalier dirigeant sa queue, offrit un spectacle grotesque.

Amleth poursuivit et un loup traversa son chemin au milieu d'un bosquet ; quand ses compagnons lui dirent qu'il avait rencontré un jeune cheval, il répliqua : « À propos dans l'écurie de chasse de Fengö il n'y a pas beaucoup de chevaux de combat de cette sorte. » C'était une façon légère mais spirituelle d'appeler la malédiction sur les richesses de son oncle. Et comme ils déclarèrent qu'il avait donné une réponse subtile, il dit que c'était volontaire : il ne voulait pas que l'on puisse croire qu'en quelque matière il fut un menteur, il désirait que l'on soit bien convaincu que tout ce qui était mensonge lui était étranger ; et disant cela en mêlant habileté et candeur avec tant de sagesse et de finesse, rien ne le trahissait qui aurait permis de soupçonner qu'il ne disait pas la vérité.

À nouveau comme il passait le long de la plage, ses compagnons trouvèrent le gouvernail[10] d'un bateau qui avait fait naufrage et dirent qu'ils avaient découvert un énorme couteau. « Ceci, dit-il, a été l'outil approprié pour découper un tel énorme jambon », et il désignait la mer dont l'immensité, pensait-il, rivalisait avec cet énorme gouvernail.

Aussi, comme ils passaient près des dunes, ils lui demandèrent de regarder la poudre de farine que formait le sable et il répliqua que c'était l'ouvrage des tempêtes séculaires de l'océan qui l'avaient moulu ainsi. Alors, comme ses compagnons lui faisaient des éloges pour cette réponse, il dit qu'il avait parlé de propos délibéré. Ensuite ils s'arrangèrent pour le quitter afin qu'il soit libre de rassembler son courage pour se livrer au libertinage.

La femme que son oncle lui avait destinée le rencontra dans un endroit sombre, comme si elle l'avait croisé par hasard. Il la saisit et il l'aurait violée si son frère de lait ne lui avait pas, par un secret stratagème, fait soupçonner le piège... Alerté et souhaitant assouvir son désir en toute sécurité, il prit la femme dans ses bras et l'entraîna dans un marais éloigné et impénétrable. De plus, quand ils se couchèrent ensemble, il la conjura avec insistance de ne pas révéler cette liaison à qui que ce soit et la promesse de silence lui fut accordée avec autant de sincérité qu'il l'avait demandée, car tous les deux avaient été chez la même nourrice dans leur enfance ; et une grande intimité existait entre la fille et Amleth du fait de cette éducation commune.

Aussi, quand il retourna chez lui, tous lui demandèrent en raillant s'il avait fait l'amour et il avoua qu'il avait violé cette femme. Quand on lui demanda ensuite où il le fit et ce qui lui avait servi d'oreiller, il dit qu'il avait reposé sur le sabot d'une bête de somme, sur une crête de coq et aussi sur un plafond, parce que lorsqu'il avait commencé à succomber à la tentation il avait rassemblé les fragments de toutes ces choses afin d'éviter de se coucher...

La femme, par ailleurs, quand on la questionna, déclara qu'il n'avait rien fait et son démenti fut d'autant plus admis qu'il se révéla que l'escorte n'avait été témoin d'aucun acte.

Mais un ami de Fengö, qui avait plus d'assurance sinon de jugement, estima que la ruse impénétrable d'un tel esprit ne pouvait être déjouée par un procédé aussi vulgaire, l'obstination de cet homme était tellement grande qu'on ne pouvait se contenter de mesures aussi banales... C'est pourquoi, faisant preuve d'une perspicacité supérieure, il avait trouvé un moyen plus subtil, possible à mettre en œuvre et permettant effectivement de découvrir ce qu'on voulait savoir. Fengö allait délibérément s'absenter en prétendant des affaires de la plus haute importance. Amleth devait être laissé seul avec sa mère dans sa chambre. Mais il fallait mandater quelqu'un pour se tenir dans un coin dérobé de la pièce et écouter avec beaucoup d'attention ce qu'ils allaient se dire en cette occasion. Ce beau parleur paraissait plus prompt à imaginer qu'à réaliser, mais il s'offrit pour tenir le rôle de l'espion. Fengö se félicita de ce plan et s'en alla sous le prétexte d'un long voyage à entreprendre. Alors le conseiller prépara secrètement la pièce où Amleth était enfermé avec sa mère et s'y cacha en se couchant dans la paille. Mais Amleth disposait de l'antidote à cette perfidie.

Inquiet de se faire surprendre par quelque indiscret qui écouterait aux portes, il commença à se comporter comme d'accoutumée, faisant l'imbécile : il imita le coq en chantant bruyamment cocorico, battant des bras comme s'il avait des ailes. Ensuite il monta sur la paille, se balança, et sauta encore et encore afin de tester s'il n'y avait pas quelqu'un de caché. Sentant à un endroit quelque chose de dur sous ses pieds, il tira son sabre et transperça celui qui s'y tenait, puis il le sortit de sa cachette et l'acheva. Ensuite, après avoir coupé son corps en morceaux, il le fit bouillir dans de l'eau et le jeta dans l'orifice d'une mangeoire à cochons, mélangeant la boue malodorante avec les membres de l'infortuné cadavre. Ayant, grâce à sa perspicacité, évité le piège, il retourna dans la chambre. Sa mère se mit à exprimer une longue plainte et se lamenta de la folie de son fils. Mais il lui dit « Ô toi, la plus infâme des femmes, comment oses-tu par ces lamentations mensongères cacher cette faute qui t'accable ? Sans aucune pudeur, ainsi qu'une prostituée, tu t'es installée dans une affreuse et abominable vie conjugale, tenant sur ta poitrine incestueuse l'assassin de ton mari. » Avec de tels reproches il déchira le cœur de sa mère et obtint d'elle qu'elle revienne dans le chemin de la vertu.

Quand Fengö rentra, il ne trouva nulle part l'homme qui lui avait suggéré le piège perfide. Amleth comme les autres fut interrogé sur un ton plaisant pour savoir s'il savait où il se trouvait et il répondit que l'homme était allé à la mangeoire aux cochons, qu'il était tombé au fond, avait été étouffé par les monceaux d'ordures et avait enfin été dévoré par les pourceaux qui se trouvaient là. Ceux qui entendirent ce discours se moquèrent de lui, car il semblait hors de sens ; alors qu'en réalité c'était l'exacte vérité.

Fengö désormais suspectait son beau-fils d'être très certainement empli de ruse à son égard et il souhaitait le supprimer, mais n'osait pas le faire par crainte de mécontenter, non seulement Rorik, le grand père d'Amleth, mais aussi sa propre femme. C'est pourquoi il pensa qu'il fallait le faire tuer par le roi de Bretagne. Ainsi un autre le tuerait et lui pourrait feindre l'innocence.

Amleth, en partant, donna l'ordre secret à sa mère de pendre dans le château une tapisserie nouée, et d'organiser de prétendues obsèques pour lui à un an d'ici, promettant qu'il reviendrait à cette date.

Deux serviteurs de Fengö l'accompagnèrent, emportant une missive gravée dans un morceau de bois ; cette missive prescrivait au roi des Bretons de mettre à mort le jeune homme qui lui était envoyé. Tandis qu'ils se reposaient, Amleth fouilla leurs coffres, trouva la missive et lut les instructions. Il en effaça le contenu sur toute la surface et en changea le sens, faisant porter la condamnation sur le compte de ses compagnons. Il ne se contenta pas d'effacer la sentence de mort qui le concernait et de l'affecter à d'autres, mais il ajouta une prière afin que le roi de Bretagne accordât sa fille en mariage à ce jeune homme très estimable qui lui était envoyé. Au dessous figurait la signature falsifiée de Fengö.

Ainsi, quand ils eurent atteint la Bretagne, les émissaires allèrent au roi et lui remirent la missive qu'ils supposaient être destinée à causer la perte d'un autre mais qui en réalité les désignait pour la mort. Le roi leur dissimula la vérité de la prescription et les traita avec hospitalité et amabilité. Cependant Amleth dédaignait le splendide banquet royal comme s'il s'agissait de vulgaires aliments. Très étrangement, il faisait abstinence devant ce plantureux festin, se retenant de consommer les boissons et le banquet. Tous s'émerveillaient qu'un jeune homme et de surcroît un étranger puisse dédaigner, comme de simples mets de paysan, le luxueux banquet offert et les mets délicats de la table du roi qui avaient été cuits avec soin. Aussi quand la réjouissance cessa et que le roi renvoya ses invités pour qu'ils se reposent, il dépêcha un homme dans la chambre à coucher pour écouter secrètement leur conversation nocturne. Comme les compagnons d'Amleth l'interrogèrent pour savoir pourquoi il s'était retenu de participer au festin de la veille comme si c'était du poison, il répondit que le pain était taché de sang et teinté, que l'alcool avait un goût de métal, que les viandes puaient l'odeur infecte d'une carcasse humaine et étaient contaminées par une sorte de léger relent de charnier. Il dit ensuite que le roi avait les yeux d'un esclave et que la reine avait montré à trois reprises le comportement d'une domestique. Ensuite il injuria et n'insulta pas tant le festin lui-même que ceux qui l'avaient donné. Alors ses compagnons, l'accablant de sarcasmes sur son coutumier manque de discernement, commencèrent à se moquer de lui avec des propos insolents.

Tout ceci fut rapporté au roi par son serviteur. Il déclara que celui qui pouvait dire de telles choses, soit était plus sage, soit était plus fou que les autres mortels... Alors il fit venir son maître d'hôtel et lui demanda où il s'était procuré le pain et où avait poussé le blé à partir duquel il était fait et si on avait trouvé à cet endroit quelque signe qui puisse indiquer qu'un carnage humain avait été commis. Son interlocuteur répondit que non loin de cet endroit se trouvait effectivement un champ, couvert de vieux os d'hommes massacrés, et montrant encore nettement toutes les manifestations d'un ancien carnage. Le roi prit également la peine de s'informer sur l'origine du saindoux. On lui déclara que ses pourceaux s'étaient égarés par négligence faute d'avoir été bien surveillés et qu'ils s'étaient nourris de la carcasse pourrie d'un voleur, ce qui expliquait peut-être que le goût de leur viande se soit altéré. Le roi, estimant que le jugement d'Amleth était exact sur ce point, demanda aussi avec quel alcool avait été préparée la boisson. On lui répondit qu'elle avait été brassée avec de l'eau et de la farine et on lui montra l'emplacement de la source. Il se mit à creuser profondément et découvrit plusieurs épées, rongées par la rouille, qui avait souillé les eaux. D'autres personnes rapportèrent qu'Amleth avait critiqué le breuvage parce que, tandis qu'il le buvait, il avait détecté que quelques abeilles qui s'étaient nourries de la panse d'un homme mort avaient autrefois contaminé le miel en rayons et cela réapparaissait dans le goût de la boisson. Le roi eut un entretien secret avec sa mère et lui demanda qui avait réellement été son père. Elle dit qu'elle ne s'était donnée à aucun homme en dehors du roi. Mais comme il la menaça de lui faire dire la vérité devant un tribunal, elle lui déclara qu'il était le descendant d'un esclave. Tout décontenancé et honteux en raison de la bassesse de son état, il était séduit par l'intelligence du jeune homme et lui demanda pourquoi il avait calomnié la reine en lui reprochant de s'être avilie comme une esclave. Cependant, alors qu'il s'indignait que l'aristocratie de sa femme ait pu être mise en doute par le bavardage nocturne d'un invité, il apprit que la mère de celle-ci avait été une servante...

Alors le roi tomba en adoration devant la sagesse d'Amleth comme si elle était inspirée et il lui donna sa fille pour épouse, acceptant la découverte de la vérité comme un témoignage venu du ciel.

De plus, afin de satisfaire la demande de son ami, il pendit les compagnons d'Amleth le lendemain. Amleth, feignant d'être offensé, traita comme un grief ce témoignage d'amabilité et reçut du roi en compensation de l'or qu'il fit fondre dans le feu et qu'il s'arrangea secrètement pour faire couler dans des bâtons creux.

Lorsqu'il eut passé toute une année avec le roi, il obtint de le quitter pour faire un voyage et retourna chez lui, n'emportant de son rang et de toute sa richesse princiers que les bâtons remplis d'or. En atteignant Jutland, il échangea sa parure pour son ancien accoutrement, qu'il avait adopté à des fins bien précises.

Couvert d'immondices, il entra dans la salle du banquet où se tenaient ses propres obsèques et toutes les personnes présentes furent complètement abasourdies, car la rumeur de sa mort avait été répandue au loin. Finalement l'effroi se transforma en allégresse, et les invités conspuèrent et couvrirent de sarcasmes un autre, c'est-à-dire lui-même, dont ils étaient en train de célébrer les derniers rites comme s'il était mort, et qui leur apparaissait en chair et en os. Quand on lui demanda ce qu'étaient devenus ses compagnons, il montra les bâtons qu'il avait apportés et dit : « Ils sont là l'un et l'autre. » Et en pointant le châtiment de leur forfait, son observation était à la fois une vérité et une boutade.

Sur ce, désireux de réchauffer l'atmosphère, il se joignit aux buveurs et entreprit avec empressement de servir à boire. Ensuite, pour empêcher son vêtement flottant de gêner son déplacement, il fixa son épée à son côté et, délibérément, la tirant à plusieurs reprises, se piqua les doigts avec la pointe. Pour leur part, les convives avaient leurs propres épées et fourreaux fixés au travers de la poitrine avec un clou de fer. Afin de faciliter ce qu'il complotait, il alla vers les seigneurs, leur remplit largement verre sur verre et les fit boire tant et si bien de vin que leurs jambes devinrent plus faibles avec l'ivrognerie. Ils décidèrent de reposer au palais, se couchant là même où ils avaient fait bombance.

Alors il sortit de sous sa tunique des crochets qu'il avait préparés depuis longtemps et se rendit dans la salle où le sol était recouvert des corps des nobles, respirant péniblement dans un sommeil d'après débauche. Puis, coupant les attaches, il abattit la tenture que sa mère avait tricotée et qui couvrait les murs intérieurs et extérieurs de la salle. Il la jeta sur les ronfleurs et, utilisant les crochets, lia et noua en un tel inextricable enchevêtrement qu'aucun des hommes pris en dessous, quel que fut son effort pour se débattre, ne parvint à se lever. Après cela, il mit le feu au palais. Les flammes se répandirent et le brasier s'étendit très largement. L'ensemble du bâtiment et du palais fut détruit et tous les hommes périrent soit qu'ils étaient encore dans un profond sommeil, soit qu'ils s'efforçaient vainement de se lever.

Ensuite, il se rendit à la chambre de Fengö, qui avant ces événements avait été conduit par son équipage jusqu'à son pavillon. Il arracha une épée qui pendait fortuitement du lit et planta la sienne à la place. Alors, réveillant son oncle, il lui annonça que ses nobles étaient en train de périr dans les flammes et que Amleth était là, armé de bons vieux crochets et assoiffé d'exiger la vengeance dont le terme était désormais largement échu pour le meurtre de son père. Entendant cela, Fengö sauta de sa couche mais fut abattu alors que, privé de sa propre épée, il essayait en vain de comprendre... Ô vaillant Amleth, digne d'une immortelle renommée, plein de perspicacité en feignant la folie, qui dissimula sous une merveilleuse apparence de sottise une sagesse trop grande pour être perçue par les autres hommes. Grâce à cette subtilité de comportement il parvint non seulement à assurer sa sécurité, mais également à trouver l'opportunité de venger son père. Finalement nous ne savons ce que nous devons admirer le plus chez lui, de son intelligence à se défendre lui-même, de son acharnement à venger son père, de sa sagesse ou de sa bravoure.

Il y a loin du conte de Saxo et ses frustres développements aux raffinements élisabéthains de Shakespeare. Ceci n'est nulle part plus évident que dans la scène du logis de la reine, avec son tas de paille sur le sol, ses chaudrons cuisant à petit feu, ses égouts ouverts, et la manière sauvage de disposer de « Polonius », tout cela appartenant au rude Moyen Âge. Toute la triste, sombre histoire du prince orphelin et abandonné est rendue par Saxo dans un *Narrenspiel*, encore une forte tradition de narration sans recherche artistique. Hamlet est le symbole du pouvoir vengeur dont l'intelligence supérieure permet de confondre les malfaiteurs, mais cette intelligence apporte aussi la lumière et la force à ceux qui n'ont pas d'aide, qui sont « mal enfantés » et dont le destin est de reconnaître leur misère. Il n'y a rien d'agréable dans la révélation qui est faite au roi anglais, cependant ce dernier s'humilie lui-même devant la perspicacité sans pitié et « adore » la sagesse d'Hamlet comme « si elle était inspirée ». Plus clairement que dans Shakespeare, Hamlet détient le pouvoir ambivalent de dispenser le bien et le mal. Il est clair aussi que certains épisodes, comme l'échange des épées avec Fengö, sont des stratagèmes grossiers qui ne riment à rien et vont à l'encontre de l'image que l'on a du héros. Ceux-ci sont utilisés par Shakespeare selon un strict mode dramatique, mais ils semblent indiquer un modèle originel rigide fondé sur les *Ruses de la Raison*, comme aurait dit Hegel. Le mal n'est jamais attaqué de front même quand la convention l'exigerait. Il est destiné à se détruire lui-même. Il ne faut pas imaginer Hamlet comme un héros quelconque, mais comme le dispensateur de la justice. Shakespeare a visé juste. Il a évité de faire renaître l'aspect brutal, héroïque, requis par la saga et en a fait exclusivement un drame de l'esprit. Mais, dans cette clarté la plus lumineuse, qui peut y échapper ?

Il serait inutile de comparer à nouveau les nombreuses versions du mythe d'Hamlet au nord et à l'ouest de l'Europe et dans l'ancienne Rome. Ceci a été fait avec beaucoup de pertinence[11]. Ainsi, il est possible de retenir la parenté avec le brumeux Amlóði d'Islande (dans un autre conte semblable, son nom est Brjam), qui est d'abord mentionné au Xe siècle, et apparaît à nouveau en Islande comme un emprunt danois dans la *Ambales Saga*, écrite au XVIe ou XVIIe siècle. Des comportements et des carrières parallèles à ceux d'Amleth ont été trouvés également dans les Sagas de Hrolf Kraki, de Havelok le Danois, aussi bien que dans plusieurs mythes celtiques[12].

Dans la version rapportée par Saxo, le règne d'Hamlet continue avec succès. On parle de la suite de ses aventures dans le livre IV de la Chronique, mais la qualité du récit devient très différente. Cela devient un travail mal ficelé, rempli de lieux communs à partir d'un catalogue de procédés et de contes mal reliés entre eux. Lorsque Hamlet, déjà marié à la fille du roi anglais, est conduit à épouser la reine d'Écosse et ramène ses deux épouses chez lui afin qu'elles vivent ensemble en harmonie, on peut suspecter une tentative malhabile d'établir une revendication dynastique de la Maison du Danemark sur le royaume de Bretagne. Hamlet en fin de compte succombe au combat, mais il n'y a guère d'exploits racontés pour justifier la dithyrambique conclusion de Saxo voulant que, s'il avait vécu plus longtemps, il aurait pu être un nouvel Hercule. Malgré l'aura qui s'est attachée à lui, le personnage d'origine est devenu méconnaissable. Assez curieusement l'interprétation erronée de l'histoire à succès de la vie d'Hamlet continue aujourd'hui. Dans la version récente d'un film russe à partir de la pièce de Shakespeare, Hamlet est quelqu'un de déterminé, d'un caractère retors et sans pitié, dont la motivation est essentiellement orientée vers la réalisation d'un coup d'État. Cependant, dans la première partie de Saxo, l'aspect tragique apparaît clairement lorsque le retour d'Hamlet est préfiguré pour coïncider avec ses propres obsèques. Dans ce sens la dramaturgie aurait voulu que le tyran et lui-même périssent ensemble.

Le nom Amleth, Amlóði, Amlaghe en anglais du Moyen Âge, Amlaidhe irlandais, correspond toujours à « simplet », « stupide », que l'on peut comparer à un animal muet. Il était aussi utilisé comme adjectif. Gollancz a montré que dans *Les guerres d'Alexandre*, un poème allitératif du nord de l'Angleterre largement adapté à partir de l'*Historia de Preliis*, Alexandre est deux fois mentionné ainsi avec mépris par ses ennemis.

« Toi Alexandre, toi espèce de singe, Amlaghe étranger à la Grèce, petit voleur, menteur, toi qui maraudes dans les villes. »

Comme Darius s'enquiert sur l'aspect d'Alexandre, ses courtisans le lui décrivent sous une caricature graphique :

« Sur un parchemin ils lui firent une peinture, ils lui montrèrent sa personne comme un amlague, un petit âne, un singe qui surpasse les autres, un nain, un petit coquin, une mégère borgne, une créature chétive qui n'a rien d'humain. »

Cette image de la « chétive créature » rejoint obstinément certaines grandes représentations mythologiques. La figure d'Hamlet est aussi assimilée à celle du « chien ». C'est le cas dans l'*Amleth* de Saxo, dans *Ambales*, dans le *Hrólfssaga Kraki* enfin, où ceux qui sont menacés, les deux princes Helgi et Hroar (et dans le septième livre de Saxo, Harald et Haldan), sont des chiens de race et sont appelés par des noms de chiens « Hopp et Ho ».

Ensuite il y a ce qui constitue en premier lieu le prototype de tous ces récits, la fameuse histoire romaine de Lucius Junius Brutus, l'assassin du roi Tarquin comme le dit d'abord Tite-Live (là encore le surnom Brutus évoque une brute à l'esprit épais). Gollancz en dit ceci :

> À ne considérer que l'expression la plus simple du complot, on ne peut qu'être frappé par la ressemblance entre les histoires d'Hamlet et de Lucius Iunius Brutus. Indépendamment de la ressemblance d'ensemble (l'oncle usurpateur, le neveu persécuté qui se sauve en feignant la folie, le voyage, les propos sous forme d'oracles, le fait de déjouer les plans des compagnons, les plans bien préparés pour la vengeance), il y a certains points dans l'histoire la plus récente qui doivent avoir été empruntés à la plus ancienne.
>
> C'est particulièrement vrai pour le stratagème d'Hamlet consistant à cacher l'or à l'intérieur des bâtons. Ceci n'a pas pu être une simple coïncidence ; du reste il paraît évident que Saxo a lui-même emprunté cette action au personnage de Brutus dans Valerius Maximus : une phrase au moins du passage dans le *Memorabilia* concernant Brutus se retrouve chez Hamlet (Saxo dit d'Hamlet « obtusi cordis esse », Valerius « obtusi se cordis esse simulavit »). Saxo a dû également lire l'histoire de Brutus telle que racontée par Tite-Live et par des historiens plus tardifs dont les versions furent finalement fondées sur Denis d'Halicarnasse[13].

Pour juxtaposer les deux frères jumeaux que sont Hamlet et Brutus, voici la première partie de la légende de Brutus par Tite-Live (1.56). Les événements ultérieurs en rapport avec le viol de Lucrèce sont bien trop connus pour avoir besoin d'être rappelés.

> Alors que Tarquin était ainsi occupé (à certaines dispositions de défense), un monstre épouvantable lui apparut ; un serpent sortit en rampant du pilier de bois, terrifia ceux qui le virent et les fit fuir du palais. Quant au roi, non seulement il fut également frappé de frayeur, mais en plus une grande anxiété le gagna. De sorte que, comme dans ces cas de prodiges publics on sollicitait seulement les devins étrusques mais que ceux-ci étaient complètement effrayés par une telle apparition domestique, le roi résolut de s'adresser à Delphes où se trouvait le plus grand oracle du monde. Et jugeant imprudent de confier les réponses de l'oracle à n'importe qui, il envoya ses deux fils en Grèce dans un voyage qui comportait la traversée de terres inconnues à cette époque, et de mers plus inconnues encore. Titus et Aruns partirent et il leur fut donné pour compagnon Junius Brutus, fils de Tarquinia, la sœur du roi. C'était un jeune homme dont les aptitudes étaient largement supérieures à ce que son apparence

pouvait laisser penser. Ayant su que les principaux seigneurs du pays, et parmi eux son frère, avaient été mis à mort par son oncle, il résolut de ne rien laisser paraître au roi de ses aptitudes qui puisse l'effrayer, ni de sa fortune qui puisse être convoitée. Il décida qu'il était plus sûr d'être tenu pour méprisable que de faire confiance à la justice pour sa protection. Par conséquent, il prit soin de simuler la folie et se soumit lui-même et sa part d'héritage à la rapacité du roi. Il ne montra pas non plus de désagrément à être appelé Brutus, satisfait au contraire que sous ce nom il puisse dissimuler le génie qui devait devenir le libérateur du peuple de Rome et il attendait son heure pour le faire... À présent les jeunes Tarquin le conduisaient à Delphes en le tenant plus pour un sujet de plaisanterie que comme un compagnon ; et l'on dit qu'il avait apporté en offrande à Apollon, une baguette d'or insérée dans un bâton de bois de cornouiller creusé à cet effet, symbole métaphorique de sa condition et de ses moyens. Comme ils avaient atteint leur but et exécuté la mission confiée par leur père, les jeunes hommes souhaitèrent savoir auquel d'entre eux reviendrait le royaume de Rome ; et il nous est dit que les mots suivants furent prononcés depuis le fond de la caverne : « Jeunes hommes, celui d'entre vous qui embrassera le premier sa mère, celui-là possédera le pouvoir souverain à Rome. » Brutus jugea que l'expression d'Apollon avait un sens caché, et comme s'il avait accidentellement trébuché et était tombé, il toucha la terre avec ses lèvres, considérant qu'elle était la mère universelle de toute l'humanité.

Pour la plupart des philologues traditionnels, Brutus évoquait la réponse à une prière, même si celle-ci était liée à de l'or inséré dans un bâton. Ils tenaient là une source à résonance classique et il était rassurant d'en tirer tous les développements possibles jusque dans les régions reculées. Sur ce point, la question leur paraissait acquise. Avec quelques extensions sur les cultes saisonniers et les rites de fertilité, tout le « paquet » Amleth était emballé, scellé et livré et pouvait rejoindre la pile croissante des problèmes résolus.

Cependant même la version romaine n'était pas sans présenter des particularités gênantes. Tite-Live fait seulement état de la réponse à la question personnelle des deux princes. Mais si Tarquin les avait envoyés à Delphes, c'était pour obtenir une réponse à ses propres frayeurs. Et la réponse, il faut aller la chercher dans l'abrégé de Zonaras de la première version de l'histoire romaine perdue de Dion Cassius. Apollon de Delphes dit que le roi perdra son règne « quand un chien parlera avec une voix humaine[14] ». Il n'y a pas de preuve que Saxo ait lu Zonaras.

Il y a aussi une étrange variante au cauchemar prophétique de Tarquin rapportée par Tite-Live. Elle ne manque pas de témoignages car elle est mentionnée dans le *De Divinatione* (1.22) et tirée d'une tragédie perdue sur Brutus par Accius, un très ancien poète romain. Tarquin dit : « Mon rêve était que les bergers s'approchèrent d'un troupeau et m'offrirent deux beaux béliers provenant de la même mère. Je sacrifiais le meilleur des deux mais l'autre me chargea avec ses cornes. Comme j'étais à terre, gravement blessé et regardais vers le ciel, je vis un grand prodige : le globe flamboyant du soleil venant de la droite, changea sa course et fondit. » Il se peut bien que les devins étrusques aient considéré le thème des béliers et celui du changement de la course du Soleil dans une même représentation car ils s'occupaient d'astronomie. Ce problème sera traité ultérieurement. On trouve une variante intéressante de ce rêve dans la *Ambales Saga* et elle ne peut guère provenir de Cicéron[15].

Cependant, quoi qu'il en soit, il y en a plus qu'assez pour suspecter que cette histoire remonte au-delà des rois romains. C'est pourquoi des universitaires ont entrepris la recherche d'un lien avec la légende persane de Cyrius mais l'abandonnèrent en estimant que c'était une impasse. Mais Saxo lui-même, s'il se nourrit de la lecture de Valerius Maximus, contient des traits qui sont certainement étrangers à la tradition classique, et il nous montre une autre voie.

Depuis le *Narrenspiel*, le récit de la promenade d'Hamlet le long de la côte mérite un second examen : il note une vieille barre de gouvernail *(gubernaculum)* provenant d'un naufrage, et il demande ce qu'elle peut être. « Tiens, disent-ils, mais c'est un gros couteau. » Alors il remarque : « C'est tout à fait l'objet qui convient pour découper cet énorme jambon », et par là il signifie en fait la mer. Alors Saxo continue : « Comme ils passaient près des dunes et lui ordonnèrent de regarder la farine, c'est-à-dire le sable, il répliqua qu'elle avait été moulue finement de la sorte par les tempêtes séculaires de l'océan. Comme ses compagnons lui firent l'éloge de sa réponse, il dit qu'il avait parlé ainsi à dessein. »

Il est clair que Saxo à ce point du récit ne sait pas quoi faire avec ces remarques car il a toujours montré que les réponses d'Amleth étaient chargées de sens.

« Il avait scrupule à ce que l'on ne puisse pas penser qu'il mentait en quoi que ce soit, et désirait qu'on le tienne pour étranger à tout mensonge malgré le fait qu'il ne trahissait en aucune sorte la finesse de pénétration qu'il avait des choses. » Si l'on considère le thème de base de l'aventure d'Hamlet consistant à le décrire comme un Sherlock Holmes déguisé, les deux premières citations précédentes sont les seules qui paraissent n'avoir aucun sens. Elles ne ressemblent à rien.

En fait elles proviennent d'une histoire profondément différente. Snorri Sturluson, le savant poète d'Islande (1178-1241) dans son *Skáldskaparmál (Le Langage des Bardes)* explique une bonne part du savoir des célèbres bardes du passé. Il cite un vers de Snaebjörn, un poète islandais qui vécut il y a fort longtemps. Ce savoir a fait le désespoir des traducteurs, comme c'est le cas pour n'importe quel langage très ancien, partiellement disparu. Il n'y a pas moins de trois termes dans les neuf lignes qui peuvent être considérés *hapax legomena*[16], c'est-à-dire des termes qui apparaissent seulement une fois. La traduction qui fait le plus autorité est celle-ci de Gollancz :

> Il est dit, chantait Snaebjörn, que loin là-bas, dans le lointain d'un promontoire hors de vue, les Neuf Jeunes Filles de l'île au Moulin manœuvraient avec vigueur la meule de l'hôte cruel afin de broyer la roche, elles qui au temps passé moulurent la farine d'Hamlet. Le bon commandant creuse d'un sillon la boue durcie avec la pointe de la proue de son bateau. Ici la mer est appelée le moulin d'Amlóði.

C'en est assez. Quelles que soient les obscurités et les ambiguïtés, une chose est claire : adieu à Junius Brutus et au terrain rassurant des développements classiques.

Ceci renvoie au sombre, tempétueux océan du Nord, ses énormes vagues brisantes moulant à jamais les roches de granite, et Amlóði est son roi. La meule n'a pas disparu de notre langage. Elle est encore le moulin du ressac. Même le *British Island Pilot*, dans son langage concret, transmet quelque chose du pouvoir des Neuf Jeunes Filles, dont le nom même trouve un écho dans le *Merry Men of Mey* sur Pentland Firth :

> Quand un grand vent ordinaire a soufflé depuis de nombreux jours, toute la force de l'Atlantique bat contre les côtes des Orkneys. Des roches d'un poids de plusieurs tonnes sont arrachées de leur lit et le grondement de la

houle peut être entendu à vingt miles ; les vagues brisantes s'élèvent à la hauteur de 60 pieds.

Comme la tempête se lève « toute distinction disparaît entre l'air et l'eau, tout semble enveloppé dans une épaisse fumée ». Pytheas, le premier explorateur du Nord, l'appelait le « poumon de la mer » et concluait que ce devait être la fin de la terre, où le ciel et l'eau se rejoignent entre eux dans le chaos originel.

Ceci introduit une tradition beaucoup plus ancienne et certainement indépendante dont les origines doivent être recherchées dans le tout premier mythe nordique ; ou au moins cette tradition l'a traversé, provenant d'une généalogie encore plus ancienne.

CHAPITRE II
LE PERSONNAGE EN FINLANDE

Aujourd'hui on a avancé, il n'y a plus aucune raison de conserver l'infranchissable barrière érigée par les philologues modernes afin de protéger la famille linguistique des langues indo-européennes de toute compromission déplacée avec d'étranges voisins. Il est connu que la Finlande, l'Estonie et la Laponie constituent une île culturelle, ethniquement reliée aux Hongrois et à d'autres peuples asiatiques éloignés : Siryenians, Votyaks, Cheremis, Mordviniens, Vogoules, Ostyaks. Ils parlent des langues qui appartiennent à la famille finno-ougrienne, aussi totalement distinctes du germanique que le basque peut l'être. Ces langues sont décrites comme « agglutinantes » et souvent caractérisées par l'harmonisation des voyelles comme on trouve en Turquie. Ces traditions culturelles furent jusqu'à il y a peu de temps isolées de l'environnement scandinave. Même si la culture de l'Ouest et avec elle la chrétienté se sont infiltrées dans les littératures du Moyen Âge, leur grande épopée, le *Kalevala*, restait intacte, confortée comme elle l'était par la transmission orale, renvoyant à sa forme inchangée depuis les tout premiers temps. Elle montre de façon frappante des traits primitifs, si primitifs qu'ils découragent toute recherche d'une origine classique. Elle fut mise par écrit seulement au XIXe siècle par le Dr Elias Lönnrot. Mais quelque isolée qu'elle ait été, des analogies saisissantes ont été trouvées entre cette tradition et les mythes nordiques ou celtiques. Ceci doit remonter à des époques antérieures au temps où leurs histoires respectives ont été enregistrées. Les principaux passages du poème seront examinés plus tard. Mais, pour l'instant, il est important d'observer l'histoire de Kullervo Kalevanpoika (« le fils de Kaleva ») qui a fait l'objet d'une analyse précise par E. N. Setälä dans son étude magistrale *Kullervo-Hamlet*[17]. Sa documentation est nécessaire, aussi bien que celle rassemblée par Kaarle Krohn[18], afin de prendre en compte de nombreuses variantes (que Lönrot n'a pas incorporées dans les chants 31-36 de l'officiel *Kalevala*) traitant de Kullervo.

Le premier événement est la naissance du père et de l'oncle de Kullervo qui sont, selon le chant 31, des cygnes (ou des poulets), délogés par un faucon. Généralement on dit qu'un pauvre homme, un laboureur, fit un sillon autour d'un tronc d'arbre (ou d'une petite colline) qui s'ouvrit, et donna naissance à deux garçons. L'un d'eux, Kalervo, grandit en Carélie, l'autre, Untamo, en Suomi-Finlande. La haine entre les deux frères surgit le plus souvent de la manière suivante : Kalervo sème de l'avoine devant la porte d'Untamo, les brebis d'Untamo mangent l'avoine, le chien de Kalervo tue les brebis ; ou bien il y a une querelle au sujet des territoires de pêche (chant 31. 19 sq.). Alors Untamo provoque la guerre. En fait il fait sortir la guerre de ses doigts, l'armée de ses orteils, les soldats des tendons de sa cheville. Mais il y a des versions où Untamo arme des arbres et les utilise comme armée. Il tue Kalervo et toute sa famille, sauf la femme de Kalervo qui est amenée, enceinte, au domicile d'Untamo et là donne naissance à notre héros Kullervo. Le petit est balancé dans son berceau durant trois jours,

> Alors le garçon commença à donner des coups de pied, et il donna des coups de pied, et il poussa autour de lui, il déchira ses langes en morceaux, se libéra de tous ses vêtements et ensuite cassa le berceau en bois[19].

À l'âge de trois mois :

> Alors qu'il était un garçon pas plus haut qu'un genou, il commença à parler de cette façon : « Bientôt quand je serai plus grand et que je serai plus fort, je me vengerai de l'assassin de mon père, et les pleurs de ma mère lui feront racheter sa faute. » Ceci fut entendu par Untamo qui s'exprima ainsi : « Il mènera ma race à sa perte, Kalervo est réincarné en lui. » Et les vieilles sorcières songeaient toutes à conduire le garçon à sa perte et à le faire mourir.

Untamo essaye par tous les moyens de tuer l'enfant, par le feu, l'eau, la pendaison. On construit un grand bûcher et Kullervo est jeté dedans. Lorsque les serviteurs d'Untamo viennent trois jours plus tard pour regarder :

> Le garçon est assis dans les cendres jusqu'à la hauteur des genoux, dans les charbons ardents jusqu'aux coudes, dans ses mains, il tient un râteau à charbon et remue le feu.

Setälä rapporte une version où l'enfant, assis au milieu du feu, le crochet (d'or) dans sa main et remuant le feu, dit aux serviteurs d'Untamo qu'il va venger la mort de son père[20]. Kullervo est jeté dans la mer : après trois jours ils le retrouvent assis dans un bateau d'or, avec une rame en or, ou, selon une autre version, il est assis dans la mer, sur le dos d'une vague, et il mesure les eaux.

> Qui peut-être pourraient remplir deux louches, et si on mesure plus exactement, pourraient en partie en remplir aussi une troisième.

Ensuite ils pendirent l'enfant à un arbre où est érigée une potence mais à nouveau sans succès.

> Kullervo n'a pas encore péri ni n'est mort sur la potence. Il est en train de dessiner en creusant dans l'arbre. Dans ses mains, il tient un burin, tout l'arbre est rempli de dessins, tout le chêne est couvert de gravures.

Une tradition dit qu'il grave les noms de ses parents avec un stylet d'or. Après ceci, la suite des événements est difficile à établir. Il y a des variantes où Kullervo accomplit sa vengeance très tôt. Il se rend simplement chez un forgeron et se procure des armes. Ou bien il est d'abord envoyé hors du pays chez le maréchal-ferrant pour servir comme vacher ou berger. Mais dans le chant 31 on lui confie d'abord de plus humbles missions : garder et bercer un enfant ; il l'aveugle et le tue. Ensuite, on l'envoie nettoyer une forêt et couper les petits bouleaux.

> Cinq gros arbres à la fin sont tombés, il en a abattu huit en tout devant lui[21].

Il s'assoit après et parle (31.273sq.) :

> Lempo (le Diable) peut accomplir un tel travail, Hiisi peut désormais réaliser la charpente. Il abattit la lame de sa hache dans une souche et commença à crier à pleine voix, et il chanta et il siffla et il dit les mots suivants : « Que les bois qui sont tombés autour de moi recouvrent les jeunes bouleaux, aussi loin que résonne le son de ma voix, aussi loin que

peut porter mon sifflement, qu'aucun jeune arbre ne puisse pousser ici, que pas un brin d'herbe ne puisse pousser, jamais tant que la terre durera ou que brillera la lune d'or, ici dans la forêt du fils de Kalervo, sur le défrichement de son propriétaire[22]. »

Dans le *Kalevala* Untamo ordonne ensuite à Kullervo de construire une clôture. Et il la fit à partir de pins, des sapins et des frênes. Mais il ne fit pas de porte à cette clôture et annonça :

Celui qui ne peut pas s'élever comme un oiseau, ni n'a deux ailes pour planer, jamais ne pourra traverser et aller au-delà de la clôture du fils de Kalervo !

Untamo est interloqué :

Voici une clôture sans ouverture... qui est construite jusqu'au ciel, jusqu'aux nuages[23].

De plus Kullervo fait quelques méchancetés, battant le grain jusqu'à ce qu'il n'y ait plus de paille, détruisant un bateau en deux morceaux, nourrissant la vache et brisant ses cornes, chauffant la cabane de bains et la brûlant, ce sont les exploits coutumiers du « Vigoureux Garçon » (le « Starke Hans » des contes germaniques qui chez nous devint Paul Bunyan[24]). Ainsi, finalement, il est envoyé hors du pays, au domicile d'Ilmarinen, le divin forgeron, comme garçon vacher. Il y a cependant une remarquable variante où il est dit qu'il fut « envoyé en Estonie pour aboyer sous la clôture ; il aboya une année, une autre, et en partie une troisième ; trois années il aboya après le forgeron comme son oncle, après la femme (ou la servante) du forgeron comme sa belle fille ». Cela paraît vraiment étrange et le traducteur lui-même ajouta des points d'interrogation. Il y a une similitude encore plus étrange dans le grand héros irlandais Cuchulainn, un personnage central du mythe celtique dont le nom signifie « Chien du Forgeron Culan ». Cette évocation persistante du chien et celle du Forgeron Ilmarinen lui-même conduisent à de nouvelles pistes d'investigation.

La femme d'Ilmarinen (souvent appelée Elina, Helena) fait de Kullervo son gardien de troupeau et, méchamment, glisse une pierre dans le pain au moment de la cuisson de telle sorte qu'il casse son couteau, seul héritage qu'il tenait de son père. Une corneille ensuite avertit Kullervo de conduire le bétail dans les marais et de rassembler tous les loups et les ours afin de les changer en bétail. Kullervo dit :

> Patiente, patiente, putain d'Hiisi, car je pleure le couteau de mon père, et bientôt ce sera toi qui pleureras. (33.125 sq.)

Il suit le conseil de la corneille, prend un fouet fait de genévrier, conduit le bétail dans les marais, et les bœufs dans le bosquet.

> Les loups dévorèrent la moitié d'entre eux et il donna l'autre moitié aux ours. Ensuite il fit des loups le bétail et changea les ours en bœufs.

Kullervo apprit prudemment aux loups et aux ours ce que l'on attendait d'eux, et (33.153 sq) :

> Alors il fit une flûte d'un os de vache et un sifflet d'une corne de bœuf, de la jambe de Tuomikki il fit une corne de vache et une flûte de la cheville de Kirjo, ensuite il souffla fortement dans la corne et fit de la musique avec la flûte. Il souffla trois fois sur la colline et six fois au début du chemin.

Il conduisit le troupeau à la ferme et, comme Helena se rendit à l'étable pour la traite du lait, elle fut déchirée par les loups et les ours.

Cette féroce revanche souligne un événement qui est seulement une légère plaisanterie dans la version de Saxo. Un loup traverse le chemin d'Hamlet, et on lui affirme qu'il s'agit d'un cheval. « Pourquoi, remarque-t-il, y a-t-il si peu de combattants de cette sorte dans les écuries de Fengö ? » Saxo tente d'expliquer : « C'était une manière désinvolte mais spirituelle de jeter un mauvais sort sur les richesses de son oncle. » Cela n'a pas grand sens. On suspecte plutôt ici un écho du thème révélé par Kullervo alors qu'il introduit dans la ferme des loups et des ours à la place du troupeau. Le héros maître des bêtes sauvages évoque le souvenir d'un mythe classique. Ceci n'a pas échappé à Karl Kerény[25], dont le commentaire est utile bien que ce ne soit pas son genre de faire de la théorie psychologique : « Il est impossible d'essayer de déduire la mythologie finnoise de la grecque et vice versa. Cependant il est tout aussi impossible de ne pas noter que Kullervo, qui est l'Enfant extraordinaire et en même temps le « Vigoureux Valais », se révèle à la fin être à la fois Hermès et Dionysos. Il apparaît comme Hermès dans le fait qu'il fabrique des instruments de musique en rapport avec la destruction du bétail... Il se révèle en Dionysos dans ce qu'il fait avec les bêtes sauvages et avec son ennemi. Si en effet nous considérons les catégories de la mythologie grecque, c'est le comportement de Dionysos en ce qu'il fait par magie apparaître les loups et les ours comme des animaux apprivoisés, et à nouveau en ce qu'il les utilise pour se venger de son ennemi. Nous reconnaissons respectueusement le ton d'ironie tragique des *Bacchantes* d'Euripide lorsque nous lisons la scène dramatique de la traite des bêtes sauvages... »

Dans le chant 35, Lönnrot fait retourner Kullervo chez ses parents et frères et sœurs. C'est inattendu, car ils ont été tués plusieurs chants plus tôt. Mais il est caractéristique que dans de nombreux chants les noms des héros varient et donc, comme il a déjà été souligné, il devient parfois impossible de reconstruire la logique temporelle du récit. Cependant un événement se produit. Une sœur n'est pas à la maison. À un moment le héros rencontre une femme dans le bois qui cueille des baies. Ils font l'amour ensemble et réalisent plus tard en parlant qu'ils sont en fait frère et sœur. La femme se suicide en se noyant, mais la mère de Kullervo dissuade celui-ci de se suicider également. Aussi il se rend à la guerre et ce faisant il accomplit sa vengeance. D'abord il demande au grand dieu Ukko qu'il lui soit fait cadeau d'une épée (36.242 ff.).

> Alors l'épée qu'il demandait lui fut donnée, et une épée parmi les plus splendides. Et il massacra tout le monde, toute la tribu d'Untamo fut massacrée. Brulées et réduites en cendres les maisons et avec des flammes qui les brûlèrent complètement, ne laissant rien si ce ne sont les pierres du foyer, rien si ce n'est un sorbier dans chaque jardin.

Retournant chez lui, Kullervo ne trouve âme qui vive ; tous étaient morts. Alors qu'il pleure sur la tombe de sa mère, celle-ci s'éveille :

> Et de dessous la terre, il lui fut donné une réponse : le chien noir Musti vit encore ; va avec lui pour t'accompagner dans la forêt.

Là dans le bosquet résident les femmes bleues de la forêt, et la mère lui conseille d'essayer de gagner leur faveur. Kullervo prend le chien noir et va dans la forêt, mais, quand il arrive à l'endroit où il a déshonoré sa sœur, il succombe au désespoir et se jette sur sa propre épée.

Un point est ici très explicite alors que dans d'autres récits il n'y est fait qu'une obscure allusion : il y a un péché que Hamlet doit expier. Le fait de savoir que Kullervo et sa sœur se sont tués eux-mêmes en accomplissant un inceste non désiré nous rappelle que, dans Saxo, le Prince adolescent est initié à l'amour par une fille qui ne le trahit pas, « parce qu'elle s'est révélée être sa sœur de lait et sa camarade d'enfance ». Cela semble forcé, comme si Saxo avait trouvé là un thème qu'il ne comprenait pas. Le thème devient manifeste dans la légende du roi Arthur. Chez Shakespeare, il est ambigu et flou, mais tout à fait inexorable : Hamlet doit renoncer à son amour véritable de même qu'il doit renoncer à lui-même dans la malheureuse situation où il se trouve :

> Entre au couvent, pourquoi vouloir donner le jour à des pêcheurs ?... Que font les individus de ma sorte à ramper entre ciel et terre ? Nous sommes tous de fieffés coquins. Ne crois aucun d'entre nous. Prends le chemin du couvent.

Dans le cœur de l'action, le prince se sent libre de sortir du personnage qu'il joue :

> Madame, me coucherais-je sur vos genoux ?
> — Non, monseigneur.
> — Je veux dire ma tête sur vos genoux ?
> — Oui, monseigneur.
> — Pensez-vous que j'ai des manières campagnardes ?
> — Je ne pense rien monseigneur.
> — C'est une belle idée que celle de reposer entre les jambes d'une femme.
> — Quoi monseigneur ?
> — Rien.

Mais le sort mortel est jeté. Le suicide d'Ophélie qui se noie, de même que celui de la sœur de Kullervo qui conduit à la mort de son amant et en même temps de son frère. Les deux se rejoignent finalement dans le silence. Au moins Hamlet, toujours conscient, a-t-il l'opportunité de traduire en désespoir l'impossible dénouement de sa faute :

> J'aimais Ophélie. Quarante mille frères ne sauraient, avec tout ce qu'ils peuvent avoir d'amour, atteindre à la somme du mien. Que feras-tu pour elle ?

Et pour revenir à Kullervo, l'analyse des analogies d'ensemble par Setälä est la suivante : En ce qui concerne les généralités, le frère tue le frère dont le fils survit qui dès sa tendre enfance s'est mis dans l'esprit de venger son père. L'oncle essaie de le tuer, mais il parvient à réaliser sa vengeance. Pour ce qui concerne les détails : Setälä souhaite identifier les bâtons et les crochets, que le héros façonne ou sculpte dans toutes les versions nordiques. Brjam le fait chez le forgeron avec le crochet ou le râteau d'or que le petit Kullervo, assis au milieu du foyer, tient dans ses mains et avec lequel il remue le feu. Chaque héros (y compris Kullervo dans une des versions trouvées par Setälä) exprime nettement par là qu'il a l'intention de venger son père.

De façon quelque peu énigmatique Setälä révèle un autre point qui apparaitra plus tard comme crucial. Dans chaque version nordique il y a quelque obscur propos qui concerne la mer en des termes étranges. Hamlet veut « couper le grand jambon » avec la barre de gouvernail ; l'enfant Kullervo aime à mesurer la profondeur de la mer avec une rame ou avec une louche. Kalevipoeg, l'Estonien, homologue de Kullervo Kalevanpoika, mesure la profondeur des lacs à partir de sa propre taille. Amlóði-Ambales, assis au fond d'un lac de montagne dit seulement : « Dans l'eau le vent est venu, dans l'eau le vent viendra. »

*À partir d'aujourd'hui
commencent de nouvelles fêtes et usages
car cette nuit est né Shāh Kai Khusrau.*

Shāh-nāma

CHAPITRE III
L'ANALOGIE IRANIENNE

Le thème d'Hamlet se déplace maintenant vers la Perse. Le *Shāh-nāma* de Firdausi, le *Livre des rois*, est l'épopée nationale de l'Iran[26], et son auteur Firdausi (1010 apr. J.-C.) garde encore son statut de poète national. À l'époque où Firdausi écrivait, son protecteur le sultan Maḥmud de Ghazna avait déplacé le centre de son pouvoir vers l'Inde et l'Empire iranien n'était depuis longtemps qu'un souvenir. Avec une érudition prodigieuse, Firdausi, comme Homère avant lui, entreprit d'organiser et de rapporter la tradition zende[27] qui remonte depuis les temps historiques jusqu'à la pure mythologie. La première section sur les dynasties Pīshdād et Kay doit être considérée comme entièrement mythique, même si elle déborde les temps historiques et englobe quatre des neufs volumes du *Livre des rois* dans la traduction anglaise. Khusrau (Chosroes en grec) est aussi le nom d'une lignée de souverains historiques, l'un d'entre eux Khusrau Anūshirvān, donna refuge aux derniers philosophes de Grèce, les membres de l'Académie platonicienne chassés par Justinien en 529 apr. J.-C. Mais Kai Khusrau de Firdausi est la figure dominante de son âge mythique. Presque un cinquième de toute l'œuvre lui est consacré. Il est en fait le Haosravah du *Zend Avesta*[28] et aussi le Suśravas du *Ṛg-Veda*[29], une identité qui soulève à nouveau la question très discutée d'une *Urzeit*[30] indo-européenne commune, le temps des origines.

Les traits communs à l'Amleth de Saxo et à Kai Khusrau sont si frappants que Jiriczek et après lui Zenker entreprirent des études comparatives détaillées[31]. Mais ils conclurent que la saga grecque de

Bellerophon[32] pouvait constituer une origine commune, et cela mit fin à leur recherche. L'Antiquité classique a un pouvoir magnétique sur l'esprit savant. Elle agit sur lui comme la Grande Montagne magnétique dans *Sindbad*. La frêle barque philologique se désagrège dès que la Grèce apparaît vaguement à l'horizon. Le sombre récit concernant Bellerophon offre sans doute aussi une analogie, mais doit-il fermer la piste ? Comme Hérodote le remarque de façon désabusée, sa propre Antiquité hellénique ne remonte dans l'enregistrement de la mémoire que de quelques siècles ; au-delà de cela elle se mélange avec le patrimoine indo-européen de légendes.

Dans le vaste flot du *Shāh-nāma*, un trait remarquable est l'équivalent de la guerre perpétuelle entre « Untamo et Kalervo », représentant ici les deux peuples rivaux de Turan et d'Iran. Comme les vicissitudes de la dynastie Kay d'Iran se déploient dans un récit qui est deux fois plus long que les deux épopées combinées de Milton, il est nécessaire de se concentrer ici sur un aspect essentiel.

L'intrigue iranienne montre quelque « déviance » en ce que Afrāsiyāb le Turanien tue, non son frère, mais son neveu Siyāwush, qui est aussi son beau-fils, de telle sorte que celui destiné à être le « vengeur » de ce crime est le petit-fils commun à l'ennemi turanien Shāh Afrāsiyāb et à son frère, le noble iranien Shāh Kai Kā'ūs (le même qui joue un rôle non négligeable dans le *Ṛg-Veda* comme Kāvya Uśanas, et dans l'*Avesta* comme Kavi Uśan). Siyāwush, en qualité de général de l'armée de son père, offre la paix au Turanien Afrāsiyāb, qui accepte parce qu'il a fait un rêve catastrophique[3]. Ce rêve ressemble à ceux de Tarquin et d'Ambales[3]. Kai Kā'ūs ne fait pas confiance à Afrāsiyāb et décline l'offre de paix. Siyāwush, ne souhaitant pas briser son propre traité avec Turan, va vivre avec Afrāsiyāb.

Afrāsiyāb honore le jeune homme en toutes manières, et lui donne une grande province. Celui-ci la gère excellemment c'est-à-dire qu'il y fait régner « l'Âge d'or » à la manière de son père Kai Kā'ūs. Siyāwush se marie d'abord à une fille du Turanien Piran, ensuite Shāh Afrāsiyāb lui donne sa propre fille Farangis. Mais il y a un serpent dans ce jardin. Garsīwaz, frère jaloux d'Afrāsiyāb, un précurseur de Polonius, complote contre Siyāwush avec une réussite telle que Afrāsiyāb envoie finalement une armée contre le jeune chef sans reproche. Siyāwush est capturé et tué. Sa veuve Farangīs s'échappe, accompagnée par Pīrān (le premier beau-père de Siyāwush) jusqu'au domicile de ce dernier où elle donne naissance à un garçon de grande beauté, Kai Khusrau, petit-fils commun d'Afrāsiyāb et de Kai Kā'ūs :

> Une sombre nuit sans lune, tandis que les oiseaux, les bêtes sauvages et le bétail dormaient, Pirān vit en rêve une splendeur qui éclipsait le soleil lui-même, tandis que, sur le trône et l'épée à la main, Siyāwush l'appelait fortement en disant : « Ne repose pas plus longtemps ! Arrache-toi à ce doux sommeil et pense aux temps à venir. À partir d'aujourd'hui de nouvelles fêtes et usages commencent car cette nuit est né Shāh Kai Khusrau ! » Le chef s'arracha à son doux repos et Gulshar au visage ensoleillé s'éveilla. Pirān lui dit : « Lève-toi et vas t'occuper toi-même de Farangīs, car il y a un moment j'ai vu Siyāwush dans mon sommeil qui surpassait en éclat à la fois le soleil et la lune et m'a déclaré : "Ne dors pas plus longtemps et rejoins la fête de Kai Khusrau, le monarque du monde." » Gulshahr se hâta d'aller jusqu'à la Lune et vit le prince qui était déjà né. Avec des pleurs de joie qui résonnèrent dans le palais, elle revint vers le chef Pirān : « Saches, dit-elle, que roi et Lune sont parfaitement assortis[35]. »

Avec cette vision prophétique d'un grand Âge nouveau commence pour le héros prédestiné un long temps d'épreuves. Le garçon grandit parmi les troupeaux, il devient un grand chasseur avec un arc rudimentaire et des flèches qu'il fabrique lui-même, sans qu'elles aient des extrémités en fer et une queue faite de plumes, comme Hamlet qui taillait ses bouts de bois. Le grand père Afrāsiyāb, qui a peur du garçon, ordonne que le prince lui soit amené afin qu'il puisse être convaincu par lui-même que sa victime est inoffensive. Bien qu'Afrāsiyāb ait solennellement juré de ne pas tuer Khusrau, Pirān presse le garçon de jouer l'idiot du village pour sa sécurité. Quand le tyran le questionne avec une feinte bienveillance, Kai Khusrau répond de la même manière que le faisait Amleth, par des énigmes qui semblent ne pas avoir de sens et indiquent que le jeune Khusrau se prend pour un chien. L'usurpateur se sent soulagé : « Le garçon est fou. »

Or, le récit de la vengeance, excessivement raccourci dans le rapport de Saxo et dans les autres récits, est raconté par Firdausi avec une mise en scène majestueuse et à une grande échelle. La colère de l'Iran et du monde, causée par la mort de Siyāwush, est orchestrée de façon apocalyptique dans un tumulte cosmique :

> Le monde était entièrement à la vengeance et tu as dit : « C'est une mer bouillonnante ! » Il n'y avait pas de place sur la terre pour marcher, l'air

était rempli de javelots en embuscade. Les étoiles commençaient à s'effiler, et le temps et la terre lavaient leurs mains dans la discorde[36].

Cependant les deux principaux criminels s'arrangent pour échapper et se cacher grâce à d'inépuisables stratagèmes. Afrāsiyāb devient même Protée dans les eaux d'un profond lac salé, adoptant en permanence de nouvelles formes afin d'échapper à la capture. Finalement, après deux volumes et une multitude d'événements, Afrāsiyāb et son conseiller diabolique sont pris avec un lasso ou un filet et périssent tous les deux.

C'est seulement en revenant à la tradition de l'*Avesta* que l'on peut comprendre le sens des nombreuses vicissitudes auxquelles les Yashts ou hymnes de l'*Avesta* font des allusions répétées. Les Shāh Kai Khusrau et Afrāsiyāb luttaient pour la quête de l'énigmatique *Hvarna* que l'on peut interpréter comme la « Gloire de Dieu » ou comme la Grâce du Bonheur. Pour l'obtenir, les Shāh sacrifiaient une centaine de chevaux, un millier de bœufs, dix mille agneaux à la déesse Anāhitā, qui est une sorte de Ištar-Artemis. Alors cette « Gloire de Dieu » « qui appartient aux nations aryennes nées et à naître, et au saint Zarathustra », était dans le lac Vurukaša. Afrāsiyāb, Shāh des Turaniens non aryens, était disqualifié. Mais, quittant sa cache par un palais de fer souterrain « d'un millier de fois la hauteur d'un homme » et illuminé par un soleil, une lune et des étoiles artificiels, il essaya par trois fois de capturer le *Hvarna*, plongeant dans le lac Vurukaša. Cependant « la Gloire s'échappa, la Gloire s'enfuit, la Gloire changea de centre ». Il sera traité à nouveau des tentatives d'Afrāsiyāb et ses « horribles paroles » au chapitre « Du temps et des fleuves ». En revanche la « Gloire de Dieu » fut attribuée à Kai Khusrau et lui fut donnée sans autres façons. À ce point, il convient de dire que *Hvarna* a pour légitimité, ou mandat du Ciel, d'être donnée aux souverains, mais aussi de pouvoir leur être aisément retirée. Yima (Jamshīd), le tout premier « souverain du monde », la perdit trois fois.

L'épisode du plongeon d'Afrāsiyāb a eu beaucoup de ramifications dans le folklore eurasien. Là le Shāh turanien est appelé « Le Diable » et Dieu le conduit à plonger jusqu'au fond de la mer, de telle sorte que pendant ce temps un des archanges, ou saint Élias, puisse dérober un objet précieux qui est la propriété légale du Diable. Quelquefois l'objet est le soleil, quelquefois c'est le « pouvoir divin » ou le tonnerre et la lumière, ou même un traité entre Dieu et le Diable qui est devenu sans avantage pour Dieu.

Il reste l'essentiel dénouement. Durant ces années remplies d'événements, Kai Kā'ūs conserva la souveraineté avec son petit-fils, en sécurité dans la « Gloire de Dieu ». Peu après la victoire sur le « parvenu », Kai Kā'ūs meurt et Kai Khusrau accède au Trône d'Ivoire. Durant soixante ans, dit le poème, le monde entier obéit à sa domination. Il est frappant qu'il n'y ait pas un mot sur quelque événement que ce soit après la mort de Kai Kā'ūs. Peut-être parce que tout a été réalisé : les règnes heureux n'ont pas d'histoire. Mais il est dit que Kai Khusrau a du vague à l'âme et tombe dans une profonde mélancolie[37]. Il craint de « devenir arrogant dans son âme, corrompu dans sa pensée » comme ses prédécesseurs Yima (Jamshīd) et parmi d'autres Kai Kā'ūs lui-même, qui a essayé d'être transporté au ciel par des aigles comme le Babylonien Etana. Aussi il prend une décision suprême :

> Et désormais je considère qu'il est mieux de partir vers Dieu dans toute ma gloire. Parce que cette couronne et ce trône Kaïan passeront.
> Le grand Shāh, alors, qui autrefois avait déclaré (à son intronisation) :
> Le monde entier est mon royaume, tout est à moi depuis les Poissons en bas jusqu'à la tête du Taureau[38]

prépare son départ, prend congé de ses paladins, écartant leurs supplications ainsi que celles de toute son armée :

> Un cri de douleur s'éleva de l'armée d'Iran : le soleil erra hors de sa course dans le ciel.

Le rêve de Tarquin trouve ici un écho lointain. Le Shāh désigne Luhrāsp pour successeur et se met en route jusqu'au sommet d'une montagne, accompagné par cinq de ses paladins, auxquels il annonce dans la soirée, avant qu'ils ne s'assoient pour la dernière fois pour parler du passé glorieux qu'ils ont vécu ensemble :

> À l'heure où le rayon du soleil élèvera son drapeau et transformera l'obscurité de la terre en liquide d'or, alors ce sera pour moi le temps de disparaître et peut-être par chance en compagnie de Surūsh[39].

À l'aube, il s'adresse à ses amis une fois de plus :

> Adieu pour toujours ! quand le ciel apportera à nouveau le soleil vous ne me verrez plus que dans vos rêves. De plus, ne restez pas ici demain sur ces sables arides, bien que les nuages fassent pleuvoir le musc, car depuis les

montagnes s'élèvera une rafale furieuse qui brisera les branches et le feuillage des arbres, un orage de neige se répandra depuis la tourmente menaçante du ciel et vous ne trouverez plus la piste qui conduit vers l'Iran.

Les têtes des chefs devinrent lourdes à ces nouvelles. Les combattants s'endormirent dans la douleur, et quand le soleil s'éleva sur les collines le Shāh avait disparu.

Les cinq paladins sont perdus et ensevelis dans la tempête de neige[40].

Essayons ensuite de présenter dans notre exposé quelles sont ces choses-ci, et de quelle sorte et comment on doit les apprendre… c'est réellement une chose plutôt étrange à entendre ; mais le nom que nous, en tout cas, lui donnons, celui que les gens ne supposeront jamais, en raison de leur inexpérience en la matière, est astronomie ; les gens sont ignorants du fait que celui qui est un véritable astronome doit être le plus sage, pas celui qui est un astronome dans le sens compris par Hésiode[41]… ; mais l'homme qui a étudié sept des huit orbites, chacune voyageant sur son propre itinéraire de telle sorte que cela ne pouvait pas toujours être observé aisément par quelque nature ordinaire qui ne participait pas au merveilleux.

Epinomis, 989 E-990B[42]

CHAPITRE IV
HISTOIRE, MYTHE ET RÉALITÉ

La fin étrange du récit iranien qui se conclut par une ascension au ciel comme celle d'Élie laisse le lecteur perplexe. S'il s'agit de l'épopée nationale (presque la moitié du récit en terme de contenu), où se trouve l'élément tragique et épique ? En réalité, il y a toute une partie de la narration de caractère homérique dans Firdausi traitée à part. Elle comprenait de grandes batailles comme dans les plaines venteuses de Troie, des défis et des duels, des faits incroyables de héros comme Rustam et Zāl, des enlèvements et des intrigues, d'infinies intrigues secondaires du récit, suffisamment pour qu'un barde puisse distraire ses commanditaires durant des semaines et s'assurer ainsi un revenu durable en cuissots de venaison. Mais l'intervention des dieux dans le récit n'est pas aussi humanisée que dans l'*Iliade*, bien qu'elle apparaisse à maintes reprises dans un symbolisme compliqué et des légendes merveilleuses et étranges. Le conflit de la volonté et de la fatalité n'est pas à la mesure de l'homme. Ce qui a été raconté précédemment est une histoire confuse de succession dynastique sous une mystérieuse « Gloire de Dieu », une Gloire sans hauts événements, liée à une situation du type de celle d'Hamlet et à une inexplicable mélancolie. L'essence en est un spectacle pompeux, manquant de substance, avec des abstractions ambiguës, un ballet allusif d'actions symboliques et extravagantes liées à un rituel magique et à des doctrines religieuses, avec des motivations qui n'ont rien de vraisemblable. L'ensemble est un puzzle qui doit être interprété à partir d'hymnes, tout à fait comme dans le *Rg-Veda*.

Mais ici finalement on donne *apertis verbis* (clairement) une clé aux symboles : les paroles du couronnement de Khusrau.

> Le monde entier est mon royaume : tout est à moi, depuis les Poissons en bas jusqu'à la tête de Taureau.

Si un héros de la sphère occidentale proclamait : « Tout le continent est à moi, depuis Hatteras jusqu'à Eastport », on considérerait que son imagination est limitée à une seule dimension. Pourquoi cette ligne côtière représente-t-elle dans son esprit tout un continent ? Cependant ici les mots prennent tout leur sens parce que Kai Khusrau ne se réfère pas à la terre. Il désigne cette section du zodiaque comprise entre les Poissons et Aldebaran, les 30 degrés qui couvrent la constellation du Bélier. Cela signifie que son règne n'est pas seulement du ciel, il est essentiellement du Temps. La dimension du ciel est le temps. Kai Khusrau a un rôle comme une fonction de temps, prédéterminé par les événements du zodiaque.

> Car, à partir d'aujourd'hui de nombreuses fêtes et usages prennent date...

Pourquoi le Bélier et tout ce qu'il signifie pose-t-il question ici ? Il se trouve que « le souverain du Bélier » était le titre officiel du pouvoir suprême en Iran[43], et il peut avoir eu un sens comparable à celui de « Saint Empereur romain » en Occident. Ce qui compte c'est que Rome est un endroit sur terre, dont le prestige est lié à une certaine période historique, tandis que le Bélier est une zone du ciel, ou plutôt, car le ciel bouge, un certain temps déterminé par le mouvement céleste en rapport avec cette constellation. Rome est un fait historique, même la « Rome éternelle » qui a existé autrefois et qui depuis a été seulement conservée dans la mémoire. Aries (constellation du Bélier) est lui un temps qualifié, et déterminé à revenir selon certains cycles.

Même si Kai Khusrau est conçu comme un souverain du monde dans une épopée qui précède l'histoire, il est clair qu'aucune imagination naturaliste ou historique d'aujourd'hui n'est capable de fournir la clé pour comprendre ces poèmes oraux des bardes iraniens, dont l'érudit Firdausi organisa la narration. Aucune base historique ne peut être trouvée, aucun symbolisme sur la fertilité ou les saisons ne peut être décelé dans ce récit, et même les psychanalystes ont renoncé à essayer. Ce type de pensée ne peut être défini que d'une seule manière : il est essentiellement cosmologique. Ce n'est pas rendre les choses inutilement compliquées, mais décrire la forme réelle d'une pensée mythique, simple et familière, et cependant que l'on peine aujourd'hui à reconnaître. Elle apparaît même dans le mode de méditation lyrique, au moins dans l'anglais de Fitzgerald :

> L'Iran apparaît avec sa Rose et la Coupe aux sept anneaux de Jamshid[44] dont personne ne sait où elle se trouve, la Vigne qui produit son très vieux vin couleur de Rubis, ou encore un Jardin que l'Eau épanouit.
> Et regardez, un millier de fleurs s'éveillent avec le jour, et un millier est éparpillé sur la Terre et le premier mois d'été qui apporte la Rose.
> Mais va avec le vieux Khayyām, et relègue dans l'oubli les destinées de Kaï Kubād et de Kaï Khusrau…

Omar Khayyām[45] peut parler en sceptique fatigué ou en mystique soufi, mais tout ce qu'il dit est compris comme étant réalité. Les héros du passé sont aussi réels que les amis pour lesquels il écrit, comme la vigne et les roses et les eaux, comme sa propre expérience directe du flux qui passe et de l'absence de permanence dans la vie. Quand il fabrique ses pots de terre pour sentir et penser, ce n'est pas une métaphore littéraire, c'est la connaissance que toutes les choses éphémères sont portées dans la même transmutation, que toutes les substances sont une : la matière avec laquelle sont faits les pots, les hommes et les rêves. C'est ce qui peut être appelé la réalité vivante, et elle est singulièrement différente de la réalité ordinaire et objective. Quand le poète pense que cette brique ici peut être l'argile qui fut autrefois Kaï Khusrau, il rejoint Hamlet méditant dans le cimetière : « À quels bas usages, Horatio, nous pouvons retourner ! Pourquoi ne suivrait-on pas en imagination la noble poussière d'Alexandre jusqu'à la voir boucher un trou de bonde ? » Voici déjà quatre personnages, deux d'entre eux irréels, deux perdus dans l'obscurité du temps, cependant tous également présents dans *notre* jeu, tandis que la plupart des personnages concrets, comme par exemple notre percepteur, n'y sont pas, bien qu'ils puissent nous toucher autrement. Dans ce royaume de « l'existence véritable », nous trouverons des étoiles, et des vignes, et des roses et de l'eau, les formes éternelles, et cela inclura aussi les idées des mathématiques, une autre forme d'expérience directe. Le monde de l'histoire est un tout en dehors de cela. Ni Khayyām ni Firdausi, une génération plus tard, ne mentionnent les gloires de Cyrus et d'Artaxerxes, mais seulement des héros mythiques, juste comme notre propre Moyen Âge ignorait l'histoire et parlait d'Arthur et de Gauvin. On disait: « Il était une fois », et si Dante ramène avec une telle puissance le mythe à la vie, c'est parce que ses propres contemporains croyaient réellement qu'ils descendaient de Dardanos et de Troie, et se demandaient si le seigneur Ulysse n'était pas encore vivant. Pour ce qui concerne l'empereur Barberousse endormi dans sa montagne Kyffhauser, on pourrait penser qu'il s'agit là d'un conte du type de celui de Blanche Neige. En fait qu'en est-il ? On néglige facilement les contes parce qu'ils nous sont familiers, mais il pouvait se produire que de tels grands personnages impériaux devenus légendaires aient une vie cachée, qu'ils suivent les lois du mythe établies longtemps avant eux. De même que, pour le roi Arthur qui n'est pas réellement mort mais vit dans les profondeurs du lac mythique, selon la prophétie de Merlin, ainsi Godefroy de Viterbe (1190), qui fut au service de Barberousse, nous donne seul la vraie version dans un langage archaïque étrangement préservé : l'empereur dort dans les profondeurs des Abysses (voir chapitre XI et annexe 33) où se trouvent les souverains retirés de ce monde.

Voire, ou sont de Constantinople l'Empereurs aux poings dorez...[46]

Une distinction commence à apparaître entre le mythe et le conte. Hamlet se montre lui-même sous l'aspect du mythe vrai, universel. Il l'est encore aujourd'hui. Et Khayyām fut aussi le plus grand mathématicien de son temps, l'auteur de la réforme d'un calendrier planifié qui se trouvait être même plus précis que celui qui fut adopté plus tard comme le calendrier grégorien ; un intellectuel dont le scepticisme incisif pouvait coexister avec une profonde compréhension soufi. Il savait parfaitement que la Coupe aux sept anneaux de Jamshīd n'est pas perdue, car elle signifie les sept cercles planétaires dont Jamshīd est le souverain, de même que le miroir magique de Jamshīd continue à refléter l'ensemble du monde, puisqu'il est le ciel lui-même. Mais il est naturel de leur conserver leur fascinant mystère, car ils appartiennent à la réalité vivante, comme les spirales planétaires de Platon et son Axe de la Nécessité ou comme Hamlet lui-même.

Qui étaient donc Jamshīd ou Kai Khusrau ? Pour les simples gens une image magique, un conte. Pour ceux qui comprenaient, un reflet du Temps lui-même, à l'évidence l'un de ses principaux aspects. Ils pouvaient être reconnus sous de nombreux noms, en de nombreux endroits, et même sous des formes apparemment contradictoires. C'était toujours le même mythe et cela suffisait. Il exprimait les lois de l'univers, dans ce langage spécifique, le langage du Temps. C'était le moyen pour parler du cosmos.

Tout ce qui est réalité vivante, *sub specie transeuntis*, fait l'objet d'une légende, conte qui se présente avec une force impressionnante ou épouvantable ou sous des aspects réconfortants, dans la *fearful symmetry*[17] avec des animaux féroces ou bien des étoiles dans leurs courses, mais toujours vivant pour l'esprit. C'est un jeu de transmutations dans lequel nous somme inclus, qui est guidé par le Temps et ne peut s'exprimer qu'à travers le mythe. Lorsque les langages mythiques étaient universels et directement compréhensibles, la pensée également se suffisait à elle-même. Elle n'avait pas besoin de rechercher une explication en d'autres termes car c'était la réalité vivante qui s'exprimait. Comme le disait Goethe : *Alles Vergängliche ist nur ein Gleichnis*[18].

Les hommes aujourd'hui sont formés à penser en termes spatiaux, à localiser les objets. Après l'enfance, la première question est « où et quand cela arrivera-t-il ? » Comme la science et l'histoire envahissent tout le paysage de la pensée, les événements du mythe reculent pour ne constituer qu'un simple conte. Ils apparaissent comme des rêves d'évasion : non localisés, à peine sérieux, leur espace doué d'ubiquité, leur temps circulaire.

Cependant certaines de ces histoires sont si fortes qu'elles ont continué à vivre avec éclat. Ce sont de vrais mythes. Ces personnages sont identifiés sans erreur, bien que leur silhouette soit fluide et insaisissable. Il s'agit de personnages gigantesques et d'événements surhumains qui semblent occuper tout l'espace vivant entre le ciel et la terre. Ces personnages prêtent souvent leur nom à des personnes historiques pour un temps et ensuite s'évanouissent. Toute tentative de les rattacher à l'histoire, même à la tradition de grands et catastrophiques événements, est invariablement un moyen assuré de s'aventurer sur un chemin erroné. Les événements historiques n'expliqueront jamais les événements mythiques. Plutarque le savait déjà. En revanche les personnages mythiques ont envahi l'histoire sous des présentations contrefaites, et subtilement l'ont structurée selon leur logique. C'est une règle qui fonctionne et qui fut établie il y a longtemps, et qui a prouvé constamment sa validité à condition qu'il s'agisse d'un vrai mythe et non d'une simple légende. Pour en être sûr, les personnages mythiques naissent et meurent, mais pas tout à fait comme les mortels, avec des manières caractéristiques comme « Le Roi d'Autrefois et du Futur ». Ont-ils existé autrefois ? Alors tout comme ils ont été, ils seront à nouveau, sous d'autres noms, sous d'autres aspects, de même que le ciel ramène à jamais ses configurations. Sûrement si quelqu'un essayait de les définir comme des personnes et des choses, ils se dissiperaient devant ses yeux, comme les produits d'un imaginaire malade. Mais si quelqu'un respecte leur vraie nature, ils se révéleront sous forme de *fonctions*.

Fonctions de quoi ? De l'ordre général des choses comme on peut le concevoir. Ces personnages expriment le comportement de ce vaste complexe de variables appelées autrefois le cosmos. Ils combinent en eux-mêmes variété, éternité et réapparition, car telle est la nature du cosmos lui-même. Que le cosmos puisse être infini semble être resté au-delà du seuil de la conscience de l'humanité jusqu'à ce que viennent Lucrèce, Bruno et Galilée. Et Galilée lui-même, qui a de sérieux doutes sur la question, est d'accord avec tous ses prédécesseurs sur le fait que sûrement l'univers est éternel et que par conséquent tous ses changements obéissent à la loi de la périodicité et de la récurrence. « Ce qui est éternel est circulaire, et ce qui est circulaire est éternel », dit Aristote. Ce fut la conclusion murie par la pensée humaine durant des milliers d'années. Ce fut, comme il a été dit, une obsession de la circularité. Il n'y a rien de nouveau sous le soleil, mais toutes les choses reviennent avec une récurrence qui ne varie jamais. Même le détestable mot « révolution » ne s'appliqua d'abord qu'aux orbites célestes. Le cosmos était un vaste système plein de mécanismes dans les mécanismes, énormément compliqué dans ses connexions qui pouvait être comparé à une horloge à cadrans multiples. Ses fonctions apparaissaient et disparaissaient dans tout le système comme d'étranges coucous dans l'horloge, et de merveilleux récits étaient tissés autour d'eux pour décrire leurs comportements ; mais juste comme dans une machine, on ne pouvait comprendre chaque partie avant d'avoir compris la façon dont les parties s'interconnectent dans le système.

Semblablement Rudyard Kipling dans une amusante allégorie, « Le Navire Qui se Trouva Lui-Même », expliqua d'abord ce qui arrive sur un nouveau bateau au moment de son lancement. Toutes les parties se secouent en un démarrage vociférant alors que chacune joue son rôle pour la première fois, les pistons qui s'enfoncent, les cylindres qui gémissent, le robuste arbre d'hélice, les cloisons intérieures qui se déforment, le claquement des rivets, chacun se sentant au centre de la scène, chacun exerçant sa pression à propos de ses propres et uniques faits d'armes, jusqu'à ce qu'à la fin ils s'apaisent en silence alors qu'une nouvelle voix profonde se fait entendre, celle du navire qui a trouvé son identité.

C'est exactement ce qui arrive avec le grand cortège des mythes. Tous les mythes présentaient des récits, certains d'entre eux bizarres, incohérents et incongrus et certains épiques et tragiques. À la fin il est possible de les comprendre comme des représentations partielles d'un système, comme les fonctions d'un tout. L'immensité et la complexité du système commencent seulement à prendre forme, de même que les parties se mettent en place. La seule chose à faire est de procéder par induction, pas à pas, évitant les idées préconçues, et laissant le débat aller à ses propres conclusions.

Dans la simple histoire de Kai Khusrau, les traits comparables à Hamlet sont curieusement prédestinés bien que l'on ne sache pas très bien pourquoi. Le pouvoir du roi est explicitement lié, dans le temps et dans l'espace, aux configurations célestes en mouvement. C'est un savoir commun que fournit le ciel dans son mouvement avec des coordonnées pour le temps et l'espace sur terre. Le travail du navigateur est d'opérer cette connexion entre l'au-dessus et l'au-dessous. Mais dans les siècles primitifs, la connexion était infiniment plus riche en signification. Aucun monarque historique, quelque convaincu qu'il ait pu être de son charisme, aurait pu proclamer : « Le monde entier est mon royaume, tout est à moi, depuis les Poissons jusqu'à Aldebaran. » Les concepts terrestres semblent avoir été transférés au ciel et inversement. En fait, ce monde du mythe mêle l'astronomie descriptive et la géographie dans un tout qui est réellement une cosmographie, et les traits « géographiques » rapportés peuvent laisser perplexe, car ils peuvent se rapporter à l'un ou l'autre de ces domaines ou les deux.

Par exemple quand on parle des « fleuves » Océan ou Eridan, ne sont-ils pas situés d'abord dans le ciel et ensuite aussi finalement sur la terre ? C'est comme si toute région éloignée que les Anciens ne connaissaient pas devait simplement se trouver « en haut ». De vrais événements, même dans un poème épique officiel comme le *Shāh-nāma*, ne sont pas « dirigés vers la terre ». Ils tendent à se mouvoir

« vers le haut ». C'est la forme première de l'astrologie qui est à la fois plus vaste et moins définie que la forme classique tardive que Ptolémée présenta. De même que le cosmos est un, la cosmographie est faite de données inextricablement entremêlées. Dire que les événements sur terre reflètent ceux du ciel est une simplification trompeuse au départ. En langage aristotélicien, la forme est dite métaphysiquement supérieure à la matière, mais les deux vont ensemble. Il est cependant nécessaire de découvrir la localisation des « vrais événements » dans le ciel.

Pour récapituler, par souci de clarté, tout ce qui est mythe véritable n'a pas de base historique en dépit de la tentation de le croire et de la pression d'une bonne part de la critique moderne à propos de cette croyance. La tentative de réduire le mythe à l'histoire est la tendance appelée « evhémériste » du nom d'Evhémère le premier pourfendeur du mythe. Ce fut une tendance à la mode qui désormais reflue, car c'était trop simplificateur pour durer. Le mythe est essentiellement cosmologique. Comme le ciel dans le cosmos est tellement plus important que notre terre, il ne serait pas surprenant de trouver que les principales fonctions proviennent du ciel. Les identifier sous une variété d'apparences est une affaire de discernement mythologique, de capacité à reconnaître les formes essentielles grâce à un patient passage au crible de l'immense quantité d'informations.

Hamlet « est » ici Kullervo, ici Brutus ou Kai Khusrau, mais toujours on peut reconnaître le même personnage. Jamshīd réapparaît comme Yama parmi les Indo-Aryens, comme Huang-Ti, l'empereur jaune en Chine, et sous beaucoup d'autres noms. Il y eut toujours la connaissance tacite, pour ceux qui parlaient le langage archaïque et qui étaient impliqués dans le cosmos archaïque, que ce personnage était porteur partout de la même fonction. Et qui est le Démiurge ? Il a vraiment beaucoup de noms. Platon ne prend pas la peine de nous l'expliquer. Ce Démiurge est-il une fiction semi-scientifique, le fabricant d'un planétarium, juste comme le continent perdu de l'Atlantide est une fiction semi-historique ? L'auteur lui-même dit seulement que de telles histoires « ne sont pas tout à fait sérieuses ». Cependant elles ne sont sûrement pas non plus une mystification. Platon qui donna forme à ce qui était appelé la philosophie et son langage, qui était passé maître pour faire des distinctions très précises, revient au langage du mythe quand il sent qu'il doit le faire et il utilise ce langage ancien comme si c'était son langage maternel[49].

Dans ce compte rendu des mythes passés, le cœur du problème reste insaisissable. Kipling fut un écrivain encore merveilleusement accordé à l'esprit juvénile qui existe chez la plupart d'entre nous. Mais le fait est que le mythe lui-même, dans son ensemble, est un monde perdu. Les dernières formes, ou répétitions, d'un mythe véritable prirent place dans la culture médiévale : le *Roman d'Alexandre*, et le mythe arthurien comme on le trouve dans Malory.

Il y a d'autres récits (nous les appelons histoires) qui décrivent la conquête de l'homme sur la nature, la grande aventure de l'humanité comme un tout. Mais ici il s'agit seulement de l'homme social anonyme qui gagne des victoires d'homme. Ce n'est pas l'histoire de la technologie, c'est au contraire la science-fiction qui peut introduire les aventures du futur. La science-fiction, quand elle est bonne, est une tentative tout à fait pertinente pour restaurer un élément mythique, avec ses aventures et ses tragédies, ses méditations sur les erreurs et la fatalité humaines. Car la vraie tragédie est un composant essentiel ou un résultat du mythe. Il est possible de gratifier l'histoire pour sa capacité à saisir l'actualité, mais elle se disqualifie dans sa recherche d'un grand nombre d'interprétations et d'explications, alors que le présent réel, la seule chose qui compte, est le Sphinx éternel.

Les enfants d'aujourd'hui, cette postérité impassible à laquelle toute vénération est due, savent où rechercher les mythes : dans la vie animale, dans les *Livres de la Jungle*, dans les histoires de Lassie et Flipper, où l'innocence est inattaquable, dans les aventures de Western arrangées comme il faut par des adultes pour la protection de la loi et de l'ordre. Pour le reste, consciencieusement élaboré par les *mass media* il s'agit de préjugés et d'illusions modernes, comme la fascination pour la royauté, ou la perfection des super-détergents et cosmétiques : *super-stitio*. Ainsi on pourrait être tenté de dire qu'en réalité il ne subsiste aujourd'hui aucune parcelle de mythe et que nous avons seulement à faire à un mensonge délibéré à propos de la condition humaine. Les efforts de Tolkien pour faire revivre le genre, quel que soit son talent, n'emportent pas plus la conviction qu'un traditionnel billet de trois dollars.

L'enfant que l'on suppose curieux sera satisfait si on lui raconte « l'histoire » du moteur à la manière de Kipling, ce qui n'est guère celle d'un ingénieur spécialisé en mécanique. Mais supposons maintenant que l'enfant soit confronté avec « le portrait » d'une planète telle que décrite dans les livres sur les mécaniques célestes et qu'on lui demande de calculer son orbite et ses variations. Il laissera aux adultes et aux professionnels le soin de s'en charger. Qui d'autre pourrait en effet faire face à de rebutantes pages de calcul différentiel, à de longues séries d'approximations, d'intégrales conçues à partir de vaines quadratures. À la vérité il s'agit d'un monde réservé à des savants.

Mais si, d'autre part, une personne vivant il y a plusieurs milliers d'années était confrontée avec les récits ingénieusement imaginés sur le règne de Saturne et ses extraordinaires constructions et développements, après qu'il ait « séparé le Ciel et la Terre » au moyen de la faux du destin, c'est-à-dire après avoir établi l'obliquité de l'écliptique... si cette personne avait eu connaissance des modes de faire de Jupiter avec ses innombrables fredaines, peuplant la terre de douces nymphes toujours contrariées dans leur recherche du bonheur, fredaines qui étaient invariablement couronnées de succès en dépit de la constante vigilance de sa jalouse conjointe à « œil de bœuf » ou quelquefois à « œil de chien »... si cette personne était instruite aussi des redoutables aventures de Mars et de l'implication mutuelle et complexe des dieux et héros s'exprimant en termes d'actions et de nombres invariants... alors cette personne participait au processus du savoir mythique. Cette connaissance lui avait été transmise par ses aînés, confirmée par des ordres sacrés, confortée par des expériences symboliques sous la forme de rites musicaux et de performances impliquant tout son peuple. Elle trouvait plus facile de respecter que de comprendre, mais cela lui permettait de se faire une idée de la texture d'ensemble du cosmos. Pour elle-même cela faisait partie intégrante d'une authentique théorie de la cosmologie qu'elle avait absorbée par cœur et qui lui apportait des réponses à ses émotions autant qu'elle influait sur ses aspirations et sur ses rêves. Cette sorte de participation dans les choses ultimes, aujourd'hui extrêmement difficile à atteindre pour quiconque n'est pas diplômé en astrophysique, était alors possible jusqu'à un certain point pour chacun, sans qu'il s'agisse de vulgarisation.

C'est le sens qui est donné ici au savoir mythique. Il attirait beaucoup de personnes, mais il était compris seulement par un très petit nombre et il est toujours difficile d'appréhension pour ceux qui l'abordent au travers des « mathématiques pour tout le monde » ou par des spéculations sur l'inconscient. En d'autres termes, c'est une approche sélective et difficile, employant des moyens à la fois à portée de main et demandant mûre réflexion, limitée sûrement, mais résistante à la falsification.

On peut apprendre de l'introduction de Germaine Dieterlen aux *Conversations avec Ogotemmêli* de Marcel Griaule comment, dans les temps anciens, la connaissance essentielle était transmise à deux ou plusieurs niveaux intellectuels. Ceci traite de l'éducation des Dogons et de l'expérience personnelle des membres de *la Mission Griaule* qui dut attendre seize ans avant que les vieux sages de la tribu se soient décidés à « ouvrir la porte »[50]. La description est suffisamment révélatrice pour être notée entièrement :

> Dans les sociétés africaines qui ont préservé leur organisation traditionnelle, le nombre de personnes qui sont formées dans cette connaissance est tout à fait considérable. Ce qu'elles appellent « la profonde connaissance » par contraste avec « la simple connaissance », qui est regardée comme « seulement un commencement dans la compréhension des croyances et des coutumes » que possèdent les gens qui ne sont pas pleinement instruits dans la cosmogonie. Il y a des raisons variées pour le silence qui est généralement observé sur ce sujet. À une naturelle réserve devant les étrangers qui, même quand ils sont sympathiques, restent inconsciemment imprégnés d'un sentiment de supériorité, on doit ajouter la situation actuelle d'un rapide changement dans les sociétés africaines à travers le contact avec la mécanisation et l'influence de l'enseignement scolaire. Mais, parmi les groupes où la tradition est encore vigoureuse, cette connaissance, qui est expressément caractérisée comme ésotérique, est seulement secrète au sens suivant. Elle est en fait ouverte à tous ceux qui montrent une volonté de comprendre aussi loin que, par leur position sociale et leur conduite morale, ils en sont jugés dignes. Ainsi chaque chef de famille, chaque prêtre, toute personne responsable acquiert la connaissance à condition qu'il soit patient et que, comme le dit la phrase africaine, « il vienne s'asseoir à côté des âmes compétentes » dans la période et la disposition d'esprit nécessaires. Alors il recevra réponse à ses questions, mais cela prendra des années. L'instruction commencée dans l'enfance, durant les assemblées et les rituels des étapes de la vie, continue en fait durant toute la vie.
>
> Ces aspects variés de la civilisation africaine devinrent progressivement clairs au cours d'études intensives entreprises parmi plusieurs peuples du Mali et de la Haute Volta durant près de dix ans. Dans le cas des Dogons, compte tenu qu'ils ont déjà fait l'objet de nombreuses publications, ces

études ont élaboré une synthèse couvrant la plus grande partie de leurs activités.

Or nous devons nous souvenir de l'important événement qui eut lieu durant l'expédition de 1947 et qui conduisit à la rédaction de cette étude particulière. Depuis 1931, les Dogons avaient répondu aux questions et fait des commentaires quant à ces faits qu'ils appellent « la parole de face » et qui avaient fait l'objet d'observations durant les précédentes expéditions. Il s'agit de la « simple connaissance » qu'ils donnent en tout premier lieu à tous les enquêteurs. Les publications des informations obtenues avant les études en 1948 sont relatives à ce premier niveau d'interprétation.

Mais les Dogons furent amenés à reconnaître la grande persévérance de Marcel Griaule et de son équipe dans leurs enquêtes, et qu'il devenait de plus en plus difficile de répondre à la multiplicité de questions sans se déplacer sur un niveau différent. Ils appréciaient notre passion pour une compréhension que les explications précédentes n'avaient certainement pas satisfaite, et qui était clairement plus importante pour nous que quoi que ce soit d'autre. Griaule avait aussi montré un intérêt constant pour la vie quotidienne des Dogons, appréciant leurs efforts pour exploiter un pays difficile où il y avait un sérieux manque d'eau durant la saison sèche, et nos relations, qui s'étaient ainsi étendues au-delà de celles d'une enquête ethnographique, devinrent de plus en plus confiantes et affectueuses. C'est à la lumière de tout ceci que les Dogons prirent leur propre décision, ce que nous apprîmes seulement plus tard quand ils nous le dirent. Les aînés des lignées du double village d'Ogol et les plus importants prêtres totémiques de la région de Sanga se rencontrèrent et décidèrent que les aspects les plus ésotériques de leur religion devaient être totalement révélés au professeur Griaule. Pour commencer, ils désignèrent l'un de leurs membres les mieux informé, Ogotommêli, qui, comme on le verra dans l'introduction, organisa le premier entretien. Ce premier exposé dura exactement le nombre de jours enregistré dans *Dieu d'Eau* dans lequel le flot continu d'informations est reporté fidèlement. Bien que nous n'en sachions rien à cette époque, l'avancée de cette instruction par Ogotommêli fut rapportée quotidiennement au conseil des anciens et des prêtres.

Cet exposé de la croyance Dogon fut réalisé selon le plus grand sérieux et de la plus importante façon parce que les anciens des Dogons savaient parfaitement bien qu'en faisant ainsi ils ouvraient la porte, pas simplement à ces trente jours d'information, mais à d'ultérieurs et plus intensifs travaux qui s'étendraient sur des mois et des années. Ils ne revinrent jamais sur cette décision, et nous aimerions leur exprimer ici toute notre gratitude. À la mort d'Ogotommêli, d'autres réalisèrent le travail. Et depuis la mort du professeur Griaule ils ont continué avec la même patience et la même passion à poursuivre la tâche qu'ils avaient entreprise. Ces dernières enquêtes ont rendu possible la publication des nombreuses études ultérieures citées dans la bibliographie, et la préparation d'un traité détaillé intitulé *Le Renard pâle*, dont la première partie est maintenant à l'impression. Et, en 1963, au moment où sont écrites ces lignes, l'investigation continue. (Annexe 1)

Tout puissants étrangers, inévitables astres…

Valery, *La Jeune Parque*

INTERMEZZO
UN GUIDE POUR CEUX QUI SONT PERPLEXES

Ce livre est au plus haut point non conventionnel. Ainsi souvent on en interrompra le cours afin, comme cela se faisait au Moyen Âge, de guider en quelques mots le lecteur et souligner les points cruciaux.

Pour commencer, ici, il n'y a pas de système qui puisse être présenté selon les termes de l'analyse moderne. Il n'y a pas de clé et pas de principes dont on puisse déduire une démonstration. La structure en cause remonte à une époque où rien de tel qu'un système, au sens que nous lui donnons aujourd'hui, n'existait et il ne serait pas pertinent d'en rechercher un, car cela ne pouvait qu'exister difficilement pour des gens qui confiaient toutes leurs idées à la mémoire.

On peut réfléchir à une pure structure de nombres. Depuis le début, nous avons envisagé d'appeler cet essai « L'Art de la Fugue. » Cela exclut toute « modélisation », un point sur lequel on n'insistera jamais assez. Tout effort pour utiliser un schéma est condamné ici à conduire à des contradictions. C'est une question de temps et de rythmes.

Le sujet a la nature d'un hologramme, quelque chose qui doit être présent comme un tout pour l'esprit[51]. La pensée archaïque est cosmologique du début jusqu'à la fin. Elle affronte les plus sérieuses implications du cosmos d'une façon qui résonnera plus tard dans la philosophie classique. La principale de ces implications est la conscience profonde que la structure du cosmos est non seulement déterminée mais surdéterminée. Et cela dans un sens qui ne permet pas une situation indépendante de chacun de ses agents, qu'il s'agisse de la simple magie ou de l'astrologie, des forces, des dieux, des nombres, des pouvoirs de planètes, des Formes platoniciennes, des Essences aristotéliciennes, ou des Substances des stoïciens. La réalité physique, ici, ne peut être analytique au sens cartésien du terme, être réduite au concret. L'Être est changement, mouvement et rythme, cercle irrésistible du temps, incidence du « juste moment », comme déterminé par les cieux.

Beaucoup d'événements décrits avec des images propres à la réalité terrestre ne se produisent cependant pas sur terre. Dans ce livre, il est fait mention d'inondations. Dans la tradition, on ne compte pas une, mais trois inondations, l'une étant l'inondation de la Bible, équivalente à celles qui sont mentionnées dans les annales de Sumer et de Babylone. Malgré les efforts déployés par de pieux archéologues, le rapprochement entre le récit biblique et des événements géophysiques réels reste hautement hypothétique. Il y a eu des inondations en Mésopotamie qui ont gravement détruit la vie dans cette région. Il y en a encore dans les plaines alluviales de Chine et d'ailleurs, mais aucune n'est comparable à celle que décrit la Bible.

Il y a également des récits de déluges cataclysmiques à travers les grandes masses continentales, en Asie et en Amérique, *racontés par des peuples qui n'ont jamais vu la mer, ni des lacs, ni de grandes rivières.*

Les inondations décrites par les Grecs, comme l'inondation de Deucalion[52], sont aussi « mythiques » que le récit de la Genèse. La Grèce n'est pas submersible, si ce n'est par des tsunamis. Deucalion et son épouse mirent pied à terre sur le mont Parnasse, bien au-dessus de Delphes, le « Navire de la Terre », et furent les seuls survivants à cette inondation, la seconde envoyée par Zeus afin de détruire les hommes de cette époque du monde. Les auteurs classiques ne sont pas d'accord sur l'époque dont il s'agit. Ovide penchait pour l'Âge du fer. Le Solon de Platon s'entretient avec le prêtre égyptien sur le terrain du mythe, et sa discussion sur les deux types de destruction du monde, par le feu ou par l'eau, est purement du domaine de l'astronomie.

Les « inondations » se réfèrent à une ancienne image astronomique, fondée sur une géométrie abstraite. Que ceci ne soit pas « une représentation facile » n'a rien d'étonnant, considérant la difficulté objective de la science astronomique. Sans doute un lecteur moderne ne s'attend pas à lire des considérations sur la machinerie céleste comme s'il s'agissait d'un conte d'enfant, mais il se prétend capable de les comprendre instantanément si elles se présentent sous forme d'« images » mythiques. En réalité, il ne tient pour réellement « scientifique » que ce qui s'appuie sur des spéculations accompagnées de longues pages de formules. Il ne pense pas à la possibilité qu'un savoir également pertinent ait pu autrefois s'exprimer au travers d'un langage courant. Il n'imagine jamais une telle possibilité, bien que les réalisations visibles des anciennes cultures telles que par exemple les pyramides, ou la métallurgie devraient constituer un argument convaincant pour conclure qu'il y avait derrière cela des hommes sérieux et intelligents, des hommes qui étaient astreints à utiliser une terminologie technologique.

Ainsi, « l'imagerie » archaïque est strictement verbale, représentant un type spécifique du langage scientifique, qui ne doit pas être pris selon son apparence ni accepté comme exprimant plus ou moins des « croyances » enfantines. Les phénomènes cosmiques et leurs règles étaient articulés dans le langage ou la terminologie du mythe, où chaque mot-clé était au moins aussi « obscur » que les équations et les séries convergentes au moyen desquels notre grammaire scientifique moderne est construite. L'exposer brièvement, comme nous allons le faire, n'est pas l'expliquer, loin de là.

D'abord, qu'était ce que la « terre » ? Dans son sens le plus général, la « terre » était le plan idéal étendu en travers de l'écliptique et dans un sens plus spécifique, le plan idéal allant jusqu'au bout de l'équateur céleste. L'équateur divisait ainsi deux moitiés du zodiaque qui se déplaçaient sur l'écliptique, avec une inclinaison de 23° 5 par rapport à l'équateur, une moitié étant « la terre sèche » (la bande nord du zodiaque, allant du point vernal jusqu'à l'équinoxe d'automne), l'autre représentant les « eaux du dessous » du plan de l'équinoxe (l'arc sud du zodiaque, allant de l'équinoxe d'automne, par le solstice d'hiver, jusqu'à l'équinoxe de printemps). Les termes « équinoxe de printemps », « solstice d'hiver », etc., sont utilisés intentionnellement parce que le mythe a à faire avec le temps, avec les périodes de temps qui correspondent à des mesures d'angles et non avec des étendues dans l'espace.

Ceci pourrait être indifférent si ce n'était le fait que les « points » d'équinoxe, et par conséquent aussi ceux des solstices, ne restent pas pour toujours là où ils devraient être afin de rendre les activités célestes plus faciles à comprendre, c'est-à-dire au même endroit en rapport avec la sphère des étoiles fixes. Au contraire, ils se meuvent obstinément le long de l'écliptique dans la direction opposée à la course journalière du soleil, soit à l'inverse du « bon » sens des signes du zodiaque (Taureau, vers Bélier, vers Poissons, au lieu de Poissons, vers Bélier, vers Taureau).

Ce phénomène est appelé la Précession des équinoxes, et cela fut identifié comme la cause de l'apparition et de la chute cataclysmique des grandes ères du monde.

La raison en est une mauvaise habitude de l'axe de notre globe de tourner à la manière d'une toupie. Son extrémité étant au centre de notre petite balle-terre, notre axe terrestre, prolongé jusqu'au pôle Nord céleste, décrit un cercle autour du pôle Nord de l'écliptique, le vrai « centre » du système planétaire. Le rayon de ce cercle est de la même magnitude que l'obliquité de l'écliptique par rapport à l'équateur : 23° 5. Le temps que cet axe prolongé met pour faire le tour du pôle Nord écliptique est d'environ 26 000 ans, période durant laquelle il s'oriente vers une étoile après l'autre : à environ 3000 ans av. J.-C. l'étoile polaire était *alpha Draconis* ; au temps des Grecs, c'était *béta Ursae Minoris* ; pour l'époque actuelle, c'est *alpha Ursae Minoris* ; en 14 000 apr. J.-C., ce sera *Véga*. Les équinoxes, les points d'intersection de l'écliptique et de l'équateur, oscillant depuis l'axe tournant de la terre, se déplacent avec la même vitesse de 26 000 années le long de l'écliptique.

La position du soleil parmi les constellations à l'équinoxe de printemps était l'aiguille qui indiquait les « heures » du cycle précessionnel, de très longues heures effectivement, le soleil d'équinoxe occupant chaque constellation zodiacale environ 2200 ans. La constellation qui s'élève à l'est juste avant le soleil (c'est-à-dire le lever héliaque) marquait l'endroit où le soleil prenait du repos. À cette époque, elle était connue comme le « transporteur » du soleil, et comme le principal « pilier » du ciel, l'équinoxe de printemps étant reconnu comme point dépositaire du « système », déterminant le premier degré du cercle annuel du soleil, et le premier jour de l'année. (Quand nous disons, il était « reconnu », nous voulons dire qu'il était réellement formulé « transporteur » ou « pilier » ou quelque chose d'approchant : il faut garder à l'esprit que nous avons affaire à une terminologie spécifique, et pas à de vagues et approximatives « croyances » primitives.) Au Temps Zéro (c'est-à-dire 5000 av. J.-C. (il y a des raisons pour cette date approximative), le soleil était en Gémeaux ; il se déplaça toujours aussi lentement depuis les Gémeaux jusqu'au Taureau, ensuite le Bélier, ensuite les Poissons, qu'il occupe encore et occupera pour quelques siècles à venir. L'avènement du

Christ le Poisson marque notre âge. Ce fut salué par Virgile, peu avant *Anno Domini* : « Un nouveau grand ordre chronologique de siècles est né désormais... », ce qui fit attribuer à Virgile le titre étrange de prophète de la Chrétienté. L'âge précédent, celui du Bélier, avait été annoncé par Moïse redescendant du mont Sinaï, comme « à double corne », c'est-à-dire couronné avec les cornes du Bélier, tandis que son peuple lui désobéissant s'obstinait à danser autour du « Veau d'Or » qui était plutôt, un « Taureau d'Or », c'est-à-dire correspondant à la constellation du Taureau.

Ainsi le ciel en rotation donnait la clé, les événements de notre globe étant relégués à l'insignifiant. L'attention était focalisée sur les présences surnaturelles, loin de la prodigieuse confusion de notre environnement. Ce qui se déplaçait dans le ciel selon son propre mouvement, les planètes en cycles de semaines et d'années, était toujours plus chargé d'une dignité impressionnante. Elles étaient les Personnes de l'Authenticité Vraie. Le zodiaque constituait le lieu où les choses arrivaient réellement, car les planètes, les vrais habitants, savaient ce qu'elles faisaient, et l'humanité obéissait seulement passivement à leurs ordres. Il est révélateur de regarder le dessin d'un Dogon du Soudan de l'Ouest réalisé à la demande du professeur Zahan, montrant le monde en forme d'œuf, avec le « monde inhabité » entre les tropiques, « le cylindre ou rectangle du monde »[53]. Les Dogons sont pleinement conscients du fait que la région comprise entre les tropiques *terrestres* n'est pas la meilleure des parties habitables et ainsi pensaient leurs maîtres des temps reculés, ces scientifiques archaïques qui inventèrent la terminologie du mythe. Ce qui comptait était la bande zodiacale entre les tropiques célestes livrant les maisons, les auberges, les « masques » *(prosôpa)*, et les déguisements aux planètes voyageuses et protéiformes.

On peut à peine se rendre compte du fossé existant entre ce point de vue et l'indifférence moderne, excepté pour ceux qui peuvent discerner les dimensions de l'abîme historique qui s'ouvrit avec l'adoption de la doctrine de Copernic. Ce qui a été pour sir Thomas Browne[54] un *o altitudo* rempli d'émotions religieuses, de présences et de signes, est devenu un poncif qui peut au mieux inspirer à un cosmonaute russe l'observation triomphante suivante : « Je suis monté au ciel et je n'ai trouvé Dieu nulle part. » L'astronomie est redescendue dans le royaume de la balistique, un sujet pour les aventures de la Patrouille de l'Espace.

LE MOULIN D'HAMLET

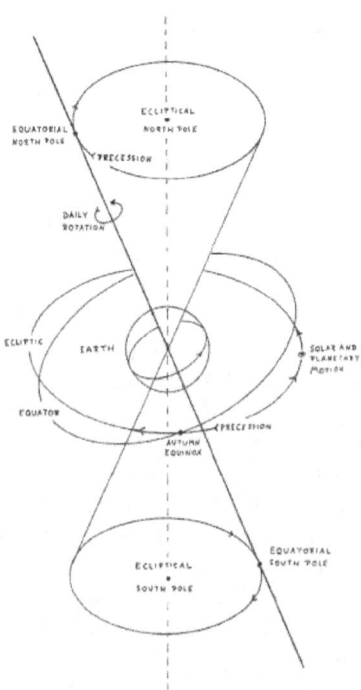

Un schéma sur la précession des équinoxes.
Le dessin symétrique montre que le phénomène
se produit aux deux pôles.

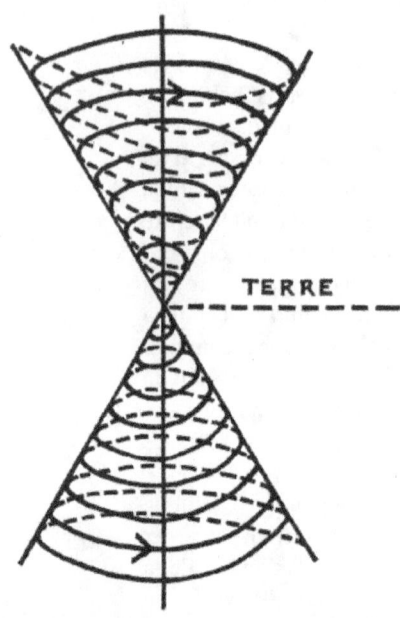

« Le mouvement interne de l'arbre cosmique »,
selon les Africains du Nord-Ouest. Dans le firmament,
ce mouvement marque la rotation des étoiles
au-dessus de la terre et sous la terre, autour des pôles
fixes indiqués par les axes formés par les éléments
au milieu de l'arbre cosmique.

Les moyens du Démiurge durant la création selon les Bambara.

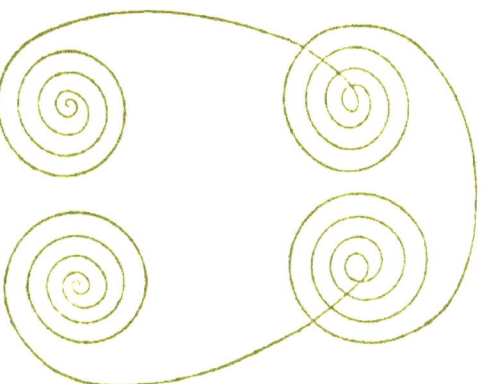

Dans le but de mélanger les quatre éléments (air, feu, eau, terre) dont sont issues toutes choses, et de les distribuer en bas vers les bords de l'espace dont il a fixé les limites, le Démiurge voyage en tournant sur lui-même. Ses mouvements sont figurés par quatre spirales liées l'une à l'autre qui représentent en même temps le voyage circulaire, les quatre angles du monde dans lequel se produit le mélange, et le mouvement.

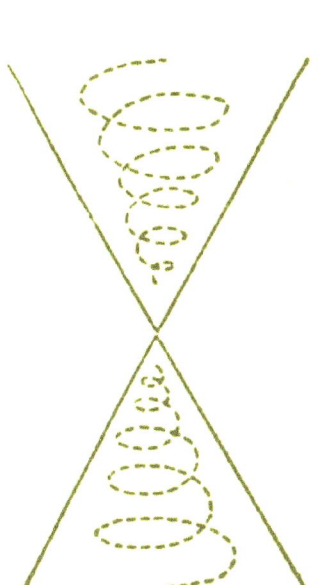

Afin de réaliser le ciel et la terre, le démiurge s'étendit lui-même dans une spirale cosmique ; les circonvolutions de cette spirale sont démarquées par les côtés de deux angles qui représentent aussi l'espace du dessus et l'espace du dessous.

LE MOULIN D'HAMLET

Le mont Meru, la montagne du monde s'élevant
depuis la mer, surmonté par les rayons sacrés,
avec le soleil et la lune formant cercle autour d'elle,
ainsi que dépeint dans une ancienne grotte
sanctuaire au Turkestan chinois.

UN GUIDE POUR CEUX QUI SONT PERPLEXES

L'écroulement du sablier Meru, causé par la mort
du Bouddha, avec le soleil et la lune roulant
vers le bas ; la lune montre le lièvre qu'elle contenait.
Beaucoup de piliers du monde s'effondrant,
bouleversèrent les arbres à mil et autres
qui sont mentionnés dans ce livre. C'est une
des quelques pièces qui témoignent par la peinture
d'un skambha qui s'écroule en morceaux.

On peut dire qu'il faudrait réaliser un terrible effort d'imagination pour retrouver en nous la capacité d'émerveillement d'un Aristote. Et même quand on dit « nous », ce serait une erreur de considérer le plus grand nombre, car le Babylonien ou le Grec moyens montraient aussi peu d'inclination à s'émerveiller devant l'ordre et les lois de la nature que la moyenne de nos contemporains. En réalité cela a été et cela restera le privilège seulement d'un véritable esprit scientifique de pouvoir rechercher la structure invariable du nombre derrière diverses apparences et d'être capable de s'en émerveiller. (Cela nécessite une disposition spécifique « d'attente », la ferme confiance dans « l'intuition », et « l'intuition » pour nous, depuis l'avènement des civilisations avancées, repose sur le nombre et sur l'ordre, pour permettre par exemple de découvrir le système périodique des éléments ou, au-delà, les séries de Balmer.[55]) Ainsi il est beaucoup plus aisé pour un grand scientifique, par exemple Galilée, Kepler ou Newton, d'apprécier les exploits des premiers grands maîtres mathématiciens que pour l'individu moyen à quelque époque que ce soit. Aucun historien professionnel de la culture n'est capable de comprendre aussi bien que l'astronome Hans Ludendorff le schéma intellectuel des Mayas.

Ce n'est pas tant l'énorme quantité de faits nouveaux découverts par les scientifiques au cours des siècles entre l'Antiquité et le XXe siècle qui nous sépare de la perspective de nos grands ancêtres scientifiques qu'une « détérioration » des dispositions d'attente qui caractérisent notre temps. La quête de Kepler, s'il vivait aujourd'hui, serait celle d'une nouvelle perspective pour redécouvrir l'*Harmonice Mundi* à une autre échelle. Mais après tout la « formule du champ généralisé » est-elle autre chose qu'une tentative pour découvrir une nouvelle sorte de cosmos ? Cette fois, le cosmos, défini par cette formule à venir, sera compréhensible et n'aura de « sens » que pour les meilleurs mathématiciens, à l'exclusion complète des gens ordinaires, et il sera à peine un univers « signifiant » tel que le fut celui des temps archaïques.

Pour revenir aux mots-clés de l'ancienne cosmologie : si les mots « terre plate » ne correspondent en rien à l'imaginaire des fanatiques de la platitude de la terre qui infestent encore les marges de notre société, et qui sous l'apparence de quelques moines prêcheurs rendirent la vie malheureuse à Colomb, aussi le mot de « terre vraie » (ou de « monde habité ») ne désignait en aucune façon notre globe physique pour les sociétés archaïques. Il s'appliquait à la bande du zodiaque, deux douzaines de degrés à droite et à gauche de l'écliptique, sur les traces des « vrais habitants » du monde, c'est-à-dire les planètes. Il comprenait les diverses oscillations de leurs courses, et aussi le dragon, bien connu depuis les premiers temps, qui provoque les éclipses en avalant le soleil et la lune.

Sur la bande zodiacale, il y a quatre points essentiels qui dominent les quatre saisons de l'année. Ils sont en fait, en liturgie d'église, les *quatuor tempora* marqués par des abstinences spéciales. Ils correspondent aux deux solstices et aux deux équinoxes. Le solstice est le « demi-tour » du soleil au point le plus bas d'hiver et au point le plus haut d'été. Les deux équinoxes, printemps et automne, sont ceux qui coupent l'année en deux, avec une égale longueur du jour et de la nuit, car ils sont aux deux intersections de l'équateur avec l'écliptique. Les quatre points ensemble formaient les quatre piliers ou coins, de ce qu'on appelait la « terre quadrangulaire ».

Ceci est une caractéristique essentielle qui demande une attention particulière. Nous avons dit préalablement que « la terre » dans le sens le plus général, signifie le plan idéal étendu en travers de l'écliptique. En même temps nous sommes préparés à élargir la définition : « la terre » est le plan idéal traversant les quatre points de l'année, les équinoxes et les solstices. Puisque quatre constellations correspondant au lever du soleil aux deux équinoxes et aux deux solstices déterminent et définissent une « terre », celle-ci est « appelée » quadrangulaire (mais en aucune façon les « primitifs » Chinois et autres ne « croient » qu'il s'agit effectivement d'un terrain quadrangulaire). Et parce que les quatre constellations se trouvent seulement temporairement aux quatre coins du quadrilatère terrestre, une telle « terre » peut à juste titre être considérée comme périssable, et une nouvelle terre pourrait s'élever des eaux, avec quatre nouvelles constellations s'élevant aux quatre points de l'année. Virgile dit : *Iam redit et virgo...* (« déjà la Vierge revient »). (Il est important de se souvenir que l'équinoxe de printemps constitue le point d'appui ; c'est à partir de là qu'une nouvelle terre est appelée à s'élever des eaux. Car en fait seule la constellation de l'équinoxe du printemps nouveau grimpe sur la terre sèche depuis la mer et au-dessus de l'équateur[56]. L'inverse se produit diamétralement à l'opposé. Une constellation qui cesse de marquer l'équinoxe d'automne, glissant sous l'équateur, est noyée.) Cette « formule » rendra plus facile à comprendre le mythe de Deucalion, dans lequel Triton en soufflant dans sa conque fit revenir les vagues dévastatrices de l'inondation : la conque avait été inventée par Aigokeros, c'est-à-dire Capricorne, qui parcourait le solstice d'hiver à cet âge du monde quand le Bélier « portait » le soleil.

Au Temps Zéro les deux « portes » équinoxiales du monde avaient été les Gémeaux et le Sagittaire, délimitant entre eux l'arc de la Voie lactée : les deux signes bicorporés[57], et également les Poissons et la Vierge avec son blé en épi, aux deux autres coins. Cela marquait l'idée que la voie (la Voie lactée elle-même) était ouverte entre la terre et le ciel, la voie montante et la voie descendante où les hommes et les dieux pouvaient se rencontrer en cet Âge d'or. Comme il sera montré plus loin, la vertu exceptionnelle de l'Âge d'or a été précisément que les carrefours de l'écliptique et de l'équateur coïncidaient avec les carrefours de l'écliptique et de la Galaxie, c'est-à-dire en Gémeaux et en Sagittaire, les deux constellations « tenant » fermement deux des quatre coins de la terre quadrangulaire.

Au « sommet », au centre supérieur dominant le plan « sec » de l'équateur, était l'étoile du Pôle. Au sommet opposé, ou plutôt dans la profondeur des eaux au-dessous, non observable depuis nos latitudes se tenait le pôle Sud, que l'on pensait être Canope, de loin l'étoile la plus brillante de ces régions, plus remarquable que la Croix du Sud.

Cette brève esquisse de la théorie archaïque indique, répétons-le, que la géographie n'avait pas la signification telle que nous l'entendons, mais constituait une cosmographie nécessaire aux navigateurs, comme c'est encore le cas. Ptolémée, le grand géographe de l'Antiquité, ne pensait rien d'autre. Sa *Géographie* est un jeu de coordonnées tirées du ciel, et transférées en une grossière configuration cartographique de notre globe, augmenté d'un répertoire de distances terrestres que des navigateurs et des voyageurs ont indiqué ou confirmé sur les positions respectives des pays autour du bassin de la Méditerranée. C'était une configuration cartographique grossière, car elle couvrait seulement quelques pays connus. Rien n'était indiqué au-delà du 16° degré de latitude sud de l'équateur et du 63° degré nord correspondant à l'Islande. Rien à l'ouest au-delà des îles Canaries, à l'est de la ville chinoise la plus orientale, un arc de longitude fixé par simplicité à 180°, douze heures équinoxiales de bout en bout, la largeur sur toutes les latitudes étant de neuf heures équinoxiales. Une vaste partie de l'espace est vide et les limites sont fixées, comme elles doivent être, c'est-à-dire astronomiquement. C'est ce que les Anciens connaissaient, après un millier d'années d'exploration et ils le transmirent jusqu'à la Renaissance. Ils l'appelaient l'*oikoumène*, la « terre habitée ».

On peut bien comprendre comment les sociétés archaïques donnèrent ce nom pour des raisons purement astronomiques à la bande zodiacale, environ aussi large en degrés mais embrassant l'ensemble du globe. Le monde, le cosmos, était au-dessus, accomplissant majestueusement sa rotation en vingt-quatre heures, et il se prêtait à l'exploration passionnée de la nuit étoilée par les cosmographes. L'astrologie fut l'inévitable conséquence de l'astronomie à ces époques. Les premiers Grecs tirèrent leurs mathématiques de l'astronomie. Durant ces siècles leur insatiable curiosité développa une connaissance de notre terre et des événements qui s'y étaient produits qui les conduisirent à créer les fondements de notre science. Mais bientôt après Aristote, les stoïciens revinrent au modèle oriental et réinstallèrent l'astrologie. Trois siècles de pensée présocratique leur avaient donné de l'intérêt pour la physique, mais ils ne savaient qu'en faire. Ils n'avaient pas encore de science expérimentale telle que nous la concevons. Ils avaient besoin d'interpréter les influences exercées par le cosmos sur tout et sous tous les aspects. La physique des stoïciens était une présentation d'un champ théorique, séduisant mais erroné. Rien n'en pouvait sortir car les vraies implications du cosmos archaïque, pas moins que celles des platoniciens, étaient incompatibles avec ce qui fait l'objet de notre science physique. Dans la physique stoïcienne, il n'y avait pas de repère simple, d'espace analysable.

Il faut comprendre une fois pour toutes qu'il existe entre le monde archaïque et le nôtre un gouffre aussi important que la science elle-même. Des prodiges d'exactitude et de calculs ne parviendraient pas à le combler. Seule le pourrait une carte astronomique. Whitehead l'a résumé succinctement : « Notre science a été fondée sur un espace simplifié et un concret décalé. » La physique moderne a changé les termes originaux en interrogations. Pour Newton, cela paraissait évident : « Aucune personne douée d'une capacité de compréhension rationnelle ne croira qu'une chose agit où elle n'est pas. » Newton lui-même posa la première question en établissant la théorie de la gravitation, mathématiquement irrésistible mais physiquement inexplicable. Il pouvait seulement l'accepter : « Je ne le comprends pas, et je ne fais aucune supposition d'explication. » La réponse devait venir seulement avec Einstein. Il s'éleva dans la pure rationalisation mathématique, supprimant tout à la fois l'espace simplifié et le concret. L'édifice de Descartes tombait en ruine. Cependant l'esprit de l'homme civilisé s'accrochait à ces deux notions parce qu'elles faisaient partie du sens commun, et par force d'habitude étaient devenues une seconde nature. La naissance de la science expérimentale fut un facteur décisif pour apporter le changement.

Aucun sens commun de cette sorte n'avait cours autrefois, quand le temps était la seule réalité, et l'espace avait encore à être découvert, ou inventé, par Parménide après 500 av. J.-C. (Voir G. de Santillana, « Prologue à Parménide », dans *Réflexions sur les hommes et sur les idées*, 1968, p. 82-119.)

Le projet était alors de retrouver depuis le temps reculé, une science absolument perdue, liée à une culture également perdue, une culture dans laquelle les anthropologues ont vu seulement un « homme primitif » analphabète. C'était comme si la légendaire « Cathédrale engloutie » émergeait depuis les profondeurs de la préhistoire avec ses cloches sonnant encore.

Le problème était aussi clair : cette science perdue, immensément sophistiquée, n'avait pas de « système », pas de clé systématique qui pouvait être une base pour enseigner. Elle existait avant que l'on ait pensé à des systèmes. C'était, répétons-le, un « Art de la Fugue » de génération spontanée. C'est pourquoi cela nous prit tant d'années à le comprendre.

La vision de l'univers des sociétés archaïques paraît avoir écarté toute idée d'une terre suspendue, ou flottant dans l'espace. Mais on ne peut en décider définitivement ; il y a en effet des échos singuliers que l'on entend en Inde sur les innombrables *Brahmā-Eggs*, c'est-à-dire des sphères comme la nôtre. Les Maoris de Nouvelle-Zélande déclaraient, comme l'ont fait les pythagoriciens, que chaque étoile avait des montagnes et des plaines, et était habitée comme la terre. Varāhamihira (ve siècle apr. J.-C.) établissait même que la terre était suspendue entre des aimants[58]. Pour le moment, on doit continuer à estimer que la terre était simplement le centre du monde, et une sphère, et qu'il n'y avait pas trace du relativisme de Galilée qui nous est si naturel, posant tellement de problèmes de mouvement. Les Grecs cependant partageaient l'idée traditionnelle, mais se posaient des questions à son propos. C'est effectivement le ciel qui bougeait mais cela soulevait des problèmes difficiles. Le plus important était naturellement le lent mouvement de l'inclinaison du ciel, indiqué précédemment, qui décrivait une Grande Année de 26 000 ans.

Les astronomes grecs avaient assez d'instruments et de données pour détecter ce mouvement, qui est immensément lent et ils voyaient que cela s'appliquait à l'ensemble du ciel. Hipparque en 127 av. J.-C. l'appelait la Précession des équinoxes. Il y a de bonnes raisons d'estimer qu'ils redécouvrirent en fait ce phénomène, qui avait été déjà connu quelques milliers d'années auparavant et sur lequel l'Âge archaïque avait fondé de longues séries de calculs du temps. Les savants archéologues modernes ont été particulièrement obtus à ce sujet parce qu'ils ont entretenu une ignorance absolue de la pensée astronomique, certains d'entre eux ignorant en fait le phénomène de la Précession lui-même. Le clivage entre les deux cultures commence précisément ici. Mais, à part cela, bien que les savants s'accrochent unanimement aux conventions acceptées au sujet du rythme de l'évolution historique, ils ne sont pas d'accord quand il s'agit d'en administrer la preuve dans le détail. Dans quelle mesure les anciens astronomes étaient-ils réellement familiers avec la notion de Précession ? Les savants ont différentes opinions sur la capacité qu'ils pouvaient avoir à traiter une tâche aussi difficile. Ernst Dittrich, par exemple, remarque que l'on ne doit pas beaucoup attendre du savoir des Mésopotamiens sur l'astronomie vers 2000 av. J.-C. « Probablement il y avait seulement une connaissance superficielle de la géométrie des mouvements du soleil et de la lune. Ainsi, si nous examinons les mouvements élémentaires et facilement observables qui permettaient de calculer les déterminants chronologiques avec très peu de savoir mathématique, nous trouvons seulement la Précession[59]. » Il y a eu aussi ce savant dignitaire de l'Église italienne, Domenico Testa, qui s'est emparé de ce curieux argument pour prouver que le monde a été créé *ex nihilo*, événement supposé s'être produit environ 4000 av. J.-C., ainsi que décrit dans le premier livre de Moïse. Si, demandait-il, les Égyptiens avaient eu une mémoire remontant à de nombreux milliers d'années, qui aurait pu avoir été ignorant de la Précession ? « Les balayeurs de leurs observatoires eux-mêmes l'auraient connue[60]. ». C'est pourquoi le temps n'a pu commencer avant 4 000 ans. CQFD.

La comparaison des points de vue que l'on vient de citer avec ceux de la majorité des savants modernes montre qu'un avis subjectif sur ce qui a été facile ou au contraire difficile pour les Anciens pourrait bien ne pas être la base la plus sûre pour dresser une historiographie sérieuse de la science. Ainsi que Hans Ludendorff l'a montré autrefois, ce n'est pas une approche très solide de l'astronomie maya que de commencer à partir de convictions préconçues sur ce que les Mayas avaient été capables ou incapables de connaître : on devrait, au contraire, tirer uniquement des conclusions à partir des données disponibles sur les inscriptions et les manuscrits[61]. Qu'il soit nécessaire d'insister sur ce point, révèle le déclin régulier de l'éthique scientifique.

Aujourd'hui nous sommes conscients de la Précession comme de la légère inclinaison de notre globe. Mais, comme le dit l'adjudant, perdu dans la profondeur de son malheur au fond de la jungle, quand ses amis cherchent refuge dans leurs rêves éveillés : « Quand je ferme les yeux, je vois seulement un derrière de mule. Quand je ne les ferme pas je le vois aussi. » Cela ressemble à la vision d'aujourd'hui de la réalité : la Précession est un fait bien établi. L'espace, temps continu, ne l'affecte pas. C'est seulement une complication ennuyeuse. Elle a perdu son intérêt pour nos affaires, tandis qu'autrefois c'était le seul majestueux mouvement séculier que nos ancêtres pouvaient garder à l'esprit quand ils se référaient à un grand cycle capable d'affecter l'humanité dans son ensemble. Mais alors nos ancêtres étaient des astronomes et des astrologues. Ils pensaient que le glissement du soleil le long du point d'équinoxe affectait la forme du cosmos et déterminait une succession d'âges du monde sous différents signes zodiacaux. Ils avaient trouvé une grande patère où attacher leurs pensées au sujet du temps cosmique qui transportait toutes les choses dans leur ordre fatidique. Aujourd'hui cet ordre est déchu comme l'idée du cosmos elle-même. Il y a seulement l'histoire qui a été définie avec à propos comme « une chose damnée après l'autre ».

Et cependant si on retenait cette idée générale que l'histoire est réellement constituée de cette succession de choses qui arrivent l'une après l'autre aux générations d'hommes, nous pourrions mieux admettre, ce que nous faisons avec peine, que nos ancêtres très éloignés étaient déjà dotés d'esprits tout à fait comparables aux nôtres et étaient capables de développer des procédés rationnels, compte tenu bien entendu des moyens dont ils disposaient. En fait on se refuse à admettre que dès cette époque ait pu exister une telle pratique qui en fait était presque instinctive.

Notre époque pourra un jour être appelée la période darwinienne de même que l'on parle de la période de Newton d'il y a deux siècles. L'idée élémentaire d'évolution, qu'il n'est pas nécessaire de développer ici, recouvre comme un voile toutes ces périodes qui vont depuis l'âge primitif jusqu'à celui de la civilisation. On affirme que, pas à pas, progressivement, les hommes ont produit l'art, l'artisanat, ceci et cela, jusqu'à ce qu'ils émergent dans la lumière de l'histoire.

Ces termes soporifiques « progressivement » et « pas à pas », répétés continuellement ont pour but de dissimuler une ignorance qui est à la fois vaste et surprenante. On aimerait demander : Quels pas ? Mais alors on est endormi, submergé et stupéfié par cette progression de l'ensemble qui est au mieux une platitude, seulement bonne à calmer les esprits, car personne ne veut imaginer que la civilisation ait pu apparaître dans un coup de tonnerre.

On pourrait trouver une clef dans cette brillante production de T.V. donnée il y a quelques années sur le problème de Stonehenge. Avec les ressources de puissantes techniques d'ubiquité, diverses autorités furent appelées à l'écran pour discuter de la signification possible des alignements et polygones astronomiques découverts dans l'ancien mégalithe depuis 1906, lorsque sir Norman Lockyer, le célèbre astronome, publia les résultats de sa première investigation. Des spécialistes, des préhistoriens jusqu'à des astronomes exprimèrent leurs doutes et interrogations à un dernier, un archéologue distingué qui travaillait sur le monument depuis de nombreuses années. Il avait des doutes plus fondamentaux. Comment pouvait-on ne pas réaliser, disait-il, que les constructeurs de Stonehenge étaient des barbares, « des barbares hurlants » qui étaient, à dire le moins, tout à fait incapables de calculer les cycles astronomiques complexes et de plus durant de nombreuses années. Les coïncidences incertaines devaient être le fait du hasard. Et alors, avec une ironie perverse, le soleil du solstice d'hiver apparaissait sur l'écran s'élevant exactement derrière le *Heel Stone* comme prédit. Les « simples » coïncidences avaient en fait été rendues impossibles, car Gerald Hawkins, un jeune astronome, pas concerné par les problèmes historiques, avait introduit les positions sur un ordinateur et découvert plus d'alignements que l'on pouvait rêver. C'était paradoxal : les barbares hurlants qui peignaient leurs visages en bleu devaient avoir connu plus d'astronomie que leurs modes de vie et leurs manières à table pouvaient le laisser penser.

Le terme paresseux « évolution » nous avait dissimulé les complexités réelles du passé.

Ce mot-clé de « progression » devrait être compris comme s'appliquant à une échelle de temps largement différente de celle considérée par l'histoire de l'humanité. L'histoire de l'homme prise comme un tout dans ce cadre, et celle des races elle-même, est seulement un épisode de l'évolution. Dans cet ensemble, l'homme de Cro-Magnon est le dernier chaînon. Toute la protohistoire n'est qu'un éclair de dernière minute.

Mais tandis que les biologistes s'interrogeaient, quelque chose de grand se produisit sur la scène scientifique, provenant de régions inattendues. Sir James George Frazer était un savant classique, hautement respecté, qui tandis qu'il commentait la *Description de la Grèce* de Pausanias, fut impressionné par le nombre de croyances, de pratiques, de cultes et de superstitions répandues dans le paysage classique de la Grèce antique. Ceci le conduisit à une recherche plus approfondie dans des strates à moitié oubliées de l'histoire, et à partir d'elles il donna son *Rameau d'Or*. L'historien s'est mué en ethnologue et étendit ses investigations à l'ensemble du globe. Soudain, une immense accumulation de matériaux devint disponible au sujet des cultes de la fertilité en tant que forme universelle des premières religions, et au sujet de la magie primitive en relation avec elles. Ceci apparut être l'humus à partir duquel se sont développées la civilisation, les divinités élémentaires des saisons, l'union d'une multitude de paysans avec les sillons de la terre, qui érigèrent des rituels de fertilité avec sacrifice humain. Ajouté à cela émergea dans les milieux politiques, une vision de la guerre tout à la fois inhérente à la nature humaine et ennoblissante, la loi de sélection naturelle appliquée aux nations et aux races. Ainsi, beaucoup de matériaux et beaucoup d'histoire contribuèrent à construire le temple de l'évolutionnisme. Mais comme la théorie faisait son chemin, sa pensée commença à perdre de la hauteur. La psychanalyse y pénétra comme une marée. Car si la lutte pour la vie (et les religions de la force vitale) peuvent expliquer beaucoup, l'inconscient peut expliquer n'importe quoi. Et, nous le savons aujourd'hui, il peut le faire trop bien.

Ainsi le concept universel et uniforme de progression se défit lui-même. Ces mots-clés (progression et évolution) venaient au départ des sciences de la terre où ils détenaient un sens précis. Cristallisation et surélévation, érosion et géosynclinaux, sont le résultat de forces agissant constamment en accord avec les lois physiques. Ils fournissaient la toile de fond pour le grand scénario de Darwin. Quand on en arrive à l'évolution de la vie, les termes ont une signification moins précise, bien qu'encore acceptable. Génétique et sélection naturelle se présentent comme la loi de la nature, et les événements sont déterminés par le hasard au cours de longs âges. Mais nous ne pouvons pas dire grand-chose à propos du pourquoi et du comment de telle ou telle forme spécifique, à propos du moment où les espèces, les types, les cultures bifurquèrent. L'évolution animale reste globalement une hypothèse historique qui s'appuie sur un ensemble convenable de données et sur le manque de toute alternative. Mais dans le détail, elle soulève un nombre effrayant de questions auxquelles nous n'avons pas de réponses. Notre ignorance demeure immense, mais ce n'est pas surprenant.

Et enfin nous arrivons à l'histoire, et l'idée évolutionniste réapparaît, venant comme quelque chose de naturel en négligeant les questions d'échelle. L'apport d'idées vraisemblables continue, son flux porté de manière imperceptible par la « loi naturelle » depuis l'époque de Spencer. Tout ceci se tient dans une sorte de *Naturphilosophie* non vérifiée. Car si nous y réfléchissions bien, nous serions d'accord pour estimer que, aussi loin qu'il s'agit du « destin » humain, l'évolution organique a cessé avant que ne commence l'histoire ou même la préhistoire. Nous sommes à une autre échelle de temps. Ce n'est plus la nature qui agit sur l'homme, mais l'homme qui agit sur la nature. On aime à penser à la constance des lois qui s'appliquent à nous, mais l'homme est une loi en soi.

Quand, chevauchant sur la vague de « l'évolutionnisme » général, Ernst Haeckel et ses fidèles disciples proposèrent de résoudre une fois pour toutes les « énigmes du monde », Rudolf Virchow[62] avertit à maintes reprises que sur cette question soufflait un « vent du diable ». Il rappela à ses collègues la liste des crânes préhistoriques déterrés et fit observer la quantité identique de cerveau possédée par les espèces *Homo sapiens*. Mais ses contemporains ne firent pas attention à ses avertissements ; et encore moins les humanistes qui appliquèrent, sans sourciller, le strict schéma biologique de l'évolution des organismes à l'histoire des espèces élémentaires *Homo sapiens*.

Dans les siècles à venir, les historiens pourront nous déclarer tous fous de ne pas avoir détecté immédiatement cette incroyable bévue et ne pas l'avoir réfutée avec la détermination qui convenait. Notre méprise entre l'histoire de la culture et un processus d'évolution progressive nous a privés d'un raisonnement perspicace sur la culture. Il va sans dire que cette habitude encore plus moderne de remplacer « culture » par « société » a bloqué le dernier étroit chemin qui menait à la compréhension de l'histoire. Notre ignorance non seulement restait considérable, mais de plus devenait prétentieuse.

Un coup d'œil à quelques *Pensées* peut montrer l'abîme béant qui existe entre nous et un penseur sérieux de ces jours dorés d'avant l'explosion de « l'évolution ». Voici la question que posait Pascal : « Que sont nos principes naturels sinon des coutumes ? Chez les enfants il y a ce qu'ils ont reçu des habitudes de leurs pères, comme la chasse chez les animaux. Une coutume différente aurait produit des principes naturels différents. » Et « la coutume est une seconde nature qui détruit la précédente. Mais qu'est ce que la nature ? La coutume n'est-elle pas naturelle ? J'ai très peur que la nature soit elle-même une coutume première, comme la coutume est une seconde nature[63]. »

Cette sorte de question qui visait de véritables problèmes aurait été suffisante pour régler son compte à l'anthropologie sociale d'il y a deux siècles, et aussi à la sociologie anthropologique. Bien que pleinement conscient du nœud d'effrayants problèmes qui surgit à partir des résultats de la plus moderne neurophysiologie, la construction de microneurones dans le cerveau après la naissance, etc., nous ne sommes en aucune sorte habilités à formuler des hypothèses, mais tout ce que l'on peut dire est que le maître cerveau qui tôt ou tard façonnera une nouvelle anthropologie philosophique et le méritera, quelqu'un qui sera capable de rendre compte de toutes les nouvelles implications se trouvera confronté à ces mêmes quelques questions de Pascal.

Quelques mots doivent encore être dits à propos d'un problème qui est tout à fait à la source de nombreuses incompréhensions, celui de la traduction. La plupart des textes furent écrits, si tant est qu'ils furent écrits au départ, dans des langages à moitié effacés depuis une période très reculée dans le temps. La tâche de traduction a été dirigée par une confrérie de philologues consacrés, hautement spécialisés, qui ont eu à reconstruire les dictionnaires et les grammaires de ces langages. Il y aurait mauvaise grâce à dénier leurs efforts, mais on doit prendre en compte plusieurs strates d'erreurs : (1) des erreurs personnelles ou systématiques provenant de leur conception *a priori* et de préjugés bien installés dans leur époque (psychologiques et philosophiques).

(2) La structure même de notre propre langage, l'architecture de notre propre système verbal dont très peu d'individus sont conscients. Il y eut autrefois un splendide article d'Erwin Schroedinger dont le titre était le suivant : « Y a-t-il des sauts quantiques ? » qui dévoila beaucoup de malentendus dans le cadre qui fonctionnait bien des physiques modernes. Et tout ceci est lié à une autre source majeure d'erreur qui est la sous-estimation dans laquelle on tient les penseurs du passé éloigné. Nous rejetons l'idée que, il y a 5 à 10 000 ans, il a très bien pu y avoir des penseurs de l'ordre de Kepler, Gauss, ou Einstein, travaillant avec les moyens de leur époque.

En d'autres termes, nous devons prendre le langage au sérieux. Un langage imprécis révèle le manque de précision de la pensée. Nous avons appris à prendre le langage d'Archimède ou celui d'Euxodos au sérieux, simplement parce qu'ils peuvent se traduire directement en formes modernes de pensée. Il faudrait que ceci soit étendu à des formes de pensée en apparence absolument différentes des nôtres. Prenez ce grand travail réalisé sur le langage hiéroglyphique, incorporé dans l'imposant dictionnaire égyptien d'Erman-Grapow. Pour notre simple mot « ciel », il indique 37 termes dont les nuances sont laissées à l'appréciation du traducteur et utilisées conformément à ses lumières. Ainsi les instructions élaborées dans le *Livre des Morts*, se référant au voyage de l'âme, se traduisent en discours « mystique », et doivent être traitées comme un charabia sacré. Mais, par ailleurs, les traducteurs modernes croient si fermement en leur propre conviction selon laquelle le monde inférieur doit être recherché à l'intérieur de notre globe, au lieu d'être recherché dans le ciel, que même la présence de 370 termes astronomiques spécifiques ne les fait pas changer d'idée.

Un petit exemple peut montrer la manière dont les textes sont « améliorés ». Dans les inscriptions de Dendera, révélées par Dümichen, la déesse Hathor est appelée « dame de toute joie ». Pour une fois Dümichen ajoute : « Littéralement, la dame de tout circuit du cœur[64]. » Cela ne signifie pas que les Égyptiens avaient découvert le circuit de la circulation du sang. Mais le signe déterminant de figuration pour « cœur » ressemble souvent au plomb situé à l'extrémité d'un fil, provenant d'un instrument bien connu d'astronomie ou de topographie, le *merkhet*. À l'évidence, « cœur » est quelque chose de très spécifique, comme si c'était le « centre de gravité[65] ». Et ceci peut conduire vers une tout autre direction. Les Arabes, en plus d'appeler Canope l'étoile *Kalb at-taiman* (cœur du sud[66]), conservaient le nom de *Suhail el-wezn*, « *Canopus ponderosus* », la Canope poids lourd, un nom promptement déclaré sans signification par les experts, mais qui pourrait bien avoir appartenu à un système archaïque dans lequel Canope était le poids à l'extrémité du fil à plomb, comme il convenait à son importante position, en tant que lourde étoile située au pôle Sud des « eaux d'en dessous ». Voici une chaîne de déductions qui peuvent être ou non valides, mais il est au moins admissible d'en tester la pertinence, tandis que l'on ne voit pas bien de déduction possible à partir de la « dame de toute joie ». La direction semble établir que Hathor (= Hat Hor, « Maison d'Horus ») gouverne la révolution d'un corps céleste spécifique, qu'il s'agisse ou non de Canope, à moins qu'il faille se fier à une traduction de « tout » correspondant à la révolution de tous les corps célestes. Au regard de l'identité de la dame qui gouverne, il y aurait une plus grande éventualité pour qu'il s'agisse de Sirius, mais Vénus ne peut être exclue. À Mexico aussi, Vénus est appelée « cœur de la terre ». Le lecteur est invité à imaginer par lui-même combien de nombreux milliers de telles pseudo-primitives ou poétiques interprétations doivent conduire à une interprétation défigurée de la vie intellectuelle égyptienne.

Le problème de l'astrologie

Le plus grand écart qui existe entre la pensée archaïque et la pensée moderne réside dans l'usage de l'astrologie. Par cela on ne veut pas parler de l'astrologie ordinaire ou critique qui est devenue une fois encore une marotte et une mode pour le public ignorant, une évasion hors de la science officielle, et pour le commun une sorte de magie noire de grand prestige mais dont on ne comprend pas plus les principes. Il est nécessaire de revenir aux temps archaïques, à un monde totalement incapable de soupçonner notre science et la méthode expérimentale sur laquelle elle est fondée, inconsciente du terrible art de la séparation qui permet de distinguer le vérifiable de l'invérifiable. C'était un temps, riche d'une autre connaissance qui fut perdue plus tard et qui recherchait d'autres principes. Cela donna la *lingua franca* du passé. Sa connaissance fut celle des correspondances cosmiques, qui trouvaient leur preuve et le sceau de la vérité dans un déterminisme spécifique, ou plutôt un surdéterminisme soumis à des forces complètement non localisables. La rigueur du Nombre et la fascination qu'il exerçait en faisaient le garant de l'authenticité des correspondances sous de nombreuses formes (Kepler dans ce sens est le dernier archaïque). La multiplicité des relations observées ou dont on avait l'intuition, conduisait à l'idée d'une convergence selon laquelle l'univers apparaissait déterminé non pas sur un, mais sur plusieurs niveaux à la fois. C'était la signature du « pouvoir d'un esprit pan-mathématique ». Cette idée peut bien avoir conduit à une harmonie préétablie à un nombre infini de niveaux. Leibnitz nous a montrés combien cela pouvait aller loin étant donné les outils modernes : tout l'univers conçu à la fois, complet avec ses destinées pour tous les temps à partir du « rayonnement » de l'esprit divin. Quelque Leibnitz pythagoricien préhistorique ou protohistorique, dont l'existence est loin d'être inconcevable, peut bien avoir caressé ce rêve impossible, le poussant jusqu'à l'extrême, plus innocemment que notre propre philosophe historique. En partant du pouvoir du Nombre, une logique d'ensemble est imaginable dans cette perspective. *Fata regunt orbem, certa stant omnia lege.* (Le destin dirige le monde, toutes les choses obéissent à une loi déterminée.)

Le seul penseur de l'Antiquité qui put se protéger de cette tentation fut Aristote, car il pensait que les formes étaient seulement un pouvoir-être à leur début et venaient à leur achèvement seulement au cours de leur vie, subissant ainsi leur destin en tant qu'individus. Mais c'est parce qu'Aristote refusait les mathématiques depuis le début. Il avait ses raisons pour s'opposer au synchronisme universel (le terme et l'idée furent inventés par C. G. Jung, remplaçant l'espace par le temps, ce qui tend à montrer que le système archaïque a plus de vies qu'un chat).

Cependant, ici à nouveau, Dante vient au premier plan comme témoin ; car par l'art de Grammaire, comme on a eu l'habitude de le dire simplement, il franchit tout l'itinéraire, ou dirions-nous le *cheminement de la pensée*[67], entre deux époques du monde. Complètement aristotélicien, baigné à la discipline du thomisme, et par conséquent par héritage anti-mathématicien, son esprit comprend les étoiles, dans le sens de leurs implications pythagoriciennes. Dans son ascension vers le royaume du ciel, il rencontre son ami et ancien compagnon de leur jeunesse romantique et débauchée, Charles Martel[68] (*Paradiso*, VIII, 34-37), qui lui dit ce que signifie de se trouver parmi les élus : « Ici nous participons au même tour, au même mouvement et à la même soif que les princes célestes, auxquels dans le monde tu as dit :

"Vous qui, comprenant la Gloire de Dieu, connaissez le mouvement du Troisième ciel."[69] ». C'est l'un de ses premiers poèmes, célèbre, qui communique avec les intelligences célestes dans un esprit de culte platonicien effréné. L'avancement de son chant au travers des trois royaumes, le montrera de plus en plus absorbé dans les harmonies platoniciennes, ainsi qu'il en avait beaucoup rêvé dans sa jeunesse, et cela en fait confirmera sa croyance dans l'astrologie en tant que don divin qui maintient la nature en ordre. Ainsi les exigences des deux doctrines ont été prises en compte : la disposition de la nature en genres et espèces (Aristote) et le libre développement de soi même (Thomas d'Aquin) dans une sorte de compromis platonicien éclipsé par l'« Harmonie des Sphères », tel était le propre et inimitable « art de Grammaire » de Dante.

Ils se trompent quand ils croient m'abandonner
S'ils passent près de moi, je suis les ailes
Je suis celui qui doute, et le doute même
Je suis l'hymne que chantent les Brahmanes.

Emerson, *Brahmâ*

CHAPITRE V
LE SCÉNARIO INDIEN

Le parallèle entre le récit de Kai Khusrau et l'intrigue finale de la grande épopée hindoue, le *Mahābhārata*, a retenu l'attention depuis plus d'un siècle. Ce fut noté par le grand orientaliste James Darmesteter. Les traducteurs de Firdausi ne l'ignorent pas, et ils analysent ainsi la dernière phase des événements :

> La légende de la mélancolie de Kai Khusrau, son expédition dans les montagnes, et son arrivée au ciel sans avoir connu la mort, trouve son parallèle dans le *Mahābhārata*, où Yudhisthira, le plus âgé des cinq Pāndavas, lassé du monde, se résout à se retirer du pouvoir et à acquérir du mérite par le pèlerinage. En entendant son intention, ses quatre frères, Bhima, Arjuna, et les jumeaux Nakula et Sahadeva, décident de suivre son exemple et de l'accompagner. Yudhisthira nomme des successeurs pour ses différents royaumes. Les citoyens et les habitants des provinces, prenant connaissance des paroles du roi, devinrent anxieux et les désapprouvèrent. « Il ne devrait pas en être ainsi », dirent-ils au roi. Le monarque, bien instruit des changements apportés par le temps, n'écouta pas leurs avis. Doté d'une âme vertueuse, il persuada le peuple de consentir à ses vues... Alors le fils de Dharma, Yudhisthira, le roi de Pāndavas, rejetant ses ornements, se vêtit d'écorces d'arbres. Les cinq frères, auxquels s'était jointe Draupadi (l'épouse commune), et un chien, se mirent en route. Les citoyens et les femmes de la maison royale les suivaient à quelque distance. Les habitants de la ville s'en revinrent alors (exactement comme les sujets de Kai Khusrau l'avaient fait). Nos sept pèlerins étaient partis. Ils errèrent

d'abord vers l'est, puis vers le sud et ensuite vers l'ouest. Finalement, ils se dirigèrent vers le nord et traversèrent l'Himālaya. Ensuite, ils virent devant eux un vaste désert de sable et au-delà le mont Meru. L'un après l'autre les pèlerins allèrent au bout de leur fatigue et moururent, d'abord Draupadī, ensuite les jumeaux, ensuite Arjuna, ensuite Bhīma ; mais Yudhiṣṭhira, qui jamais ne se retourna sur ses compagnons tombés, força encore le pas et, suivi par le fidèle chien qui se trouvait être Dharma (La Loi) déguisé, entra dans le ciel dans son corps de mortel, n'ayant pas connu la mort.

Parmi les traits communs mineurs, Warner insiste particulièrement sur ceux-ci :

> Les deux voyagent dans les montagnes avec une compagnie dévouée, le nombre de compagnons est le même dans les deux cas, et les deux sont accompagnés par un être divin : il est indiqué que la place du chien dans la légende indienne est prise par Surūsh, l'ange d'Urmuzd dans la légende iranienne. Dans les deux cas, les chefs vont au ciel sans mourir. Une légende par conséquent doit dériver de l'autre, à moins que, et ceci semble être plus probable, elles se réfèrent toutes deux à une origine commune de la haute Antiquité[70].

Ces légendes doivent effectivement provenir de la haute Antiquité ; sinon il n'y aurait pas une telle similitude avec les fins respectives attribuées à Enoch et à Quetzalcoatl. En fait, de même que les paladins de Kai Khusrau n'écoutèrent pas le conseil du Shāh de ne pas rester avec lui jusqu'à son ascension, et que la foule tant bien que mal avait été laissée derrière, ainsi Enoch pressa sa suite à retourner sur ses pas : « Rentrez chez vous, de peur que la mort ne vous rattrape si vous me suivez plus loin. » La plupart d'entre eux, ils étaient 800 000, tinrent compte de ses paroles et s'en retournèrent, mais bon nombre restèrent avec lui durant six jours... Au sixième jour du voyage, il dit à ceux qui l'accompagnaient encore : « Rentrez chez vous, car demain je monterai au ciel, et qui que ce soit qui sera alors près de moi mourra. »

Cependant quelques-uns de ses compagnons restèrent avec lui en disant : « À quelque endroit que tu ailles, nous irons. Par le Dieu vivant, seule la mort nous séparera. » Au septième jour, Enoch fut porté au ciel dans un chariot enflammé tiré par des chevaux de feu. Le jour suivant, les rois qui étaient repartis à temps envoyèrent des messagers pour s'enquérir du sort des hommes qui avaient refusé de se séparer d'Enoch, et dont ils avaient noté le nombre. Ils trouvèrent de la neige et des grêlons à l'endroit où Enoch s'était élevé, et, quand ils cherchèrent à côté, ils découvrirent les corps de tous ceux qui étaient restés derrière Enoch. Lui seul n'était pas parmi eux ; il s'était élevé au ciel[71].

Les paladins de Quetzalcoatl, « les esclaves, les nains, le bossu moururent là de froid, sur eux tous tombait la neige », au col de la montagne entre Popocatepetl et Iztactepetl[72]. « Quetzalcoatl, pleurant, et finalement seul, eut encore un peu de chemin à parcourir avant de s'envoler sur son serpent, en annonçant qu'il reviendrait un jour, pour juger les vivants et les morts. » (annexe 3).

S'il y avait seulement le fait de l'ascension de Yudhiṣṭhira, et la fin de ses compagnons là-haut dans les montagnes, nous pourrions somme toute nous épargner le dédale du *Mahābhārata*. Mais, dans le labyrinthe de cette épopée de douze volumes, le mythe indien offre des clés pour pénétrer dans des endroits secrets, que l'on ne trouvera nulle part ailleurs, et la même chose vaut pour les *Purāṇas*.

Le *Mahābhārata* raconte la guerre des Pāṇḍavas et des Kauravas, c'est-à-dire des frères Pāṇḍu et des frères Kuru, qui correspond à celle des Iraniens et des Turaniens, des fils de Kaleva au peuple d'Untamo, etc. Jusqu'ici la situation générale ne nous est pas étrangère. Mais l'épopée établit nettement que cette terrible guerre eut lieu dans *l'intervalle entre le Dvāpara et le Kali Yuga*[73].

Cette aurore entre deux âges du monde sera détaillée ultérieurement. La véritable âme et force, du côté des Pāṇḍavas est Kṛṣṇa, comme le dit Arjuna : « Lui, qui était notre force, notre puissance, notre héroïsme, notre vaillance, notre prospérité, notre éclat, nous a quittés et s'en est allé[74]. »

Or Kṛṣṇa (« le Noir ») est le plus éminent avatar de Viṣṇu. Et c'est seulement quand Kṛṣṇa reçut une flèche au talon (ou à la plante de pied), le seul endroit de son corps véritablement vulnérable, par le chasseur Jarā (âge avancé) que les Pāṇḍavas aussi se résolurent à partir, de même que Kai Khusrau le fit après la mort de Kai Kā'ūs. Voici la déclaration que fit Kai Khusrau : « Et maintenant je considère qu'il est préférable de partir, car ces trône et couronne Kaian disparaîtront. » Et l'on en arrive au point crucial : quand cette part de Viṣṇu (qui était née de Vasudeva et Devakī) retourna au ciel, l'âge Kali commença. Tant que la terre avait été foulée de son pied sacré, l'âge

Kali ne put l'affecter. Dès que l'incarnation de l'éternel Viṣṇu fut partie, le fils de Dharma, Yudhiṣṭhira, avec son frère, abdiqua la souveraineté. Le jour où Kṛṣṇa sera parti de la terre verra le début de l'âge de Kali et cela durera 360 000 années de mortels[75].

Et comme Kṛṣṇa est à nouveau réuni en Viṣṇu, comme Arjuna retourne en Indra[76], et Balarāma dans le Serpent-Śeṣa, ainsi il arrivera aux autres héros. Ainsi, quand Yudhiṣṭhira est finalement rejoint au ciel par toute la famille Pāṇḍu, le poète Sauti explique que les différents héros, après avoir épuisé leur Karma, soient réunis avec cette divinité dont ils sont des avatars[77].

Yudhiṣṭhira est réuni avec Dharma, déguisé en chien fidèle[78]. Comparée à cette position avantageuse, l'épopée finnoise semble constituer un lointain reflet sans grande signification. Kullervo, accompagné du chien noir Musti, la seule âme qui a survécu, gagne la forêt, où il se jette lui-même sur son épée.

Maintenant que dire à propos de Kṛṣṇa, la divinité la plus aimée du panthéon hindou ? Quelques-unes de ses innombrables actions et aventures victorieuses avant son « départ » paraîtront familières.

Le jeune Kṛṣṇa est le neveu persécuté d'un oncle cruel, Kansa (ou Kaṃsa), les deux étant, ainsi que le décrit Keith[79], « protagonistes dans un combat rituel ». Ce en quoi il ne minimise pas la situation, mais il se trompe grossièrement : Kansa est un Asura (annexe 4), et Kṛṣṇa est un Deva, et cela signifie à nouveau que l'affaire concerne en fait les grands « groupes » divins (iraniens-turaniens, et autres). L'oncle, averti au préalable par des prophéties du danger que représente le huitième fils de Devakī et Vasudeva, tue six enfants de ce couple, mais le septième (Balarāma) et le huitième (Kṛṣṇa) échappent et vivent avec des gardiens de troupeau. Là le jeune Kṛṣṇa réalise quelques-unes des actions du « Vigoureux Garçon ».

Si Kullervo, âgé de trois jours, détruit son berceau, on peut s'attendre à quelque chose de spectaculaire de la part de Kṛṣṇa, et nous ne sommes pas déçus :

> En une occasion, tandis que Madhusūdana était endormi au-dessous du chariot, il cria pour obtenir le sein, et donnant des coups de pied il retourna le véhicule, et tous les pots et casseroles furent renversés et cassés. Les vachers et leurs femmes entendant le bruit, accoururent et s'exclamèrent : « Ah ! ah ! », et ils trouvèrent l'enfant dormant sur le dos. « Qui a bien pu

renverser le chariot ? », « Cet enfant », répliquèrent quelques garçons, qui avaient été témoins de la scène. « Nous l'avons vu crier et donner des coups de pied sur le chariot, et c'est ainsi qu'il a été retourné : il ne s'agit de personne d'autre ». Les vachers en furent extrêmement étonnés[80].

Un jour l'enfant désobéit à sa mère à plusieurs reprises et elle se mit en colère.

> Elle attacha une corde autour de sa taille et le lia à l'*Ulūkhala*[81] fabriqué dans une lourde pièce de bois, et comme elle était très fâchée, elle lui dit : « Et maintenant, méchant garçon, détache-toi de là si tu peux. » Ensuite elle se rendit à ses affaires du ménage. Dès qu'elle fut partie, Kṛṣṇa aux yeux de lotus, essayant de se délivrer, traîna la pièce de bois après lui jusqu'à un endroit situé entre deux arbres arjuna qui poussaient ensemble près de là. Ayant traîné la pièce de bois entre ces arbres, celle-ci se coinça en travers, et comme Kṛṣṇa la tirait, il arracha les troncs des arbres. En entendant le bruit du craquement, les gens de Vraja vinrent voir ce qu'il en était, et découvrirent les deux grands arbres avec leurs troncs fracassés et leurs branches cassées, étendus sur le sol, tandis que l'enfant était attaché entre eux, avec une corde autour du ventre, riant, et montrant ses petites dents blanches qui commençaient à percer... Les plus âgés des vachers s'alarmèrent en voyant cette situation et la considérèrent comme un augure du diable. « Nous ne pouvons pas rester en ce lieu, dirent-ils, allons-nous en vers d'autres parties de la forêt. »

Ainsi, ils se rendirent à Vrindāvana, exactement où l'enfant l'avait souhaité. L'Harivaṃśa explique le déplacement vers Vrindāvana de la sorte :

> Kṛṣṇa change les poils de son corps en centaines de loups, qui harcelèrent et alarmèrent tant les habitants de Vraja, lesdits vachers, que ceux-ci décidèrent d'abandonner leurs maisons[82].

Dans le mythe indien, cette fois-ci, l'épisode des poils de Kṛṣṇa se transformant en centaines de loups paraît une chose sans importance, en comparaison des loups de Kullervo qu'il « changea en bétail et les ours en bœufs » ; tout au plus Kṛṣṇa « harcèle et alarme » les vachers. Ces bêtes sauvages, cependant, indispensables au « *Urkind* » (l'Enfant primordial), soit Kullervo ou Dionysos (voir ci-dessus, p. 58), sont présentes dans l'histoire de Kṛṣṇa, et c'est à souligner.

Kansa[83], entendant parler des actions de Kṛṣṇa et Rāma, décide de faire venir les garçons dans sa capitale Mathurā et là de leur donner la mort, s'il ne peut pas les assassiner avant. Inutile de dire que tout ceci est en vain : Kṛṣṇa tue Kansa et tous ses soldats, et place le père de Kansa sur le trône.

Kṛṣṇa ne prétend pas être un fou, un simplet. Il insiste seulement, maintes et maintes fois, pour dire qu'il est un simple mortel alors que tout le monde souhaite l'adorer comme le plus grand dieu, ce qu'il est réellement. Il n'est pas connu particulièrement non plus comme « vengeur ». Il a été missionné depuis de plus hautes régions pour libérer la terre, « accablée » comme elle l'était avec Asura, ainsi qu'il l'a déjà fait d'autres fois dans ses précédents avatars. Kṛṣṇa est d'ici cependant, parce que la tradition indienne a préservé la conscience du cadre cosmique, et c'est ceci seulement qui donne sens à l'incidence de la guerre et à la notion du crime et de la punition comme elles apparaissent dans le mythe.

Il est utile de garder soigneusement la distinction entre philosophie et mythologie, et malgré tout les nombreux dieux et héros qui vengent leurs pères, à commencer par « Horus, le-vengeur-de-son-père » et « Ninurta qui a vengé son père » ont une fonction qui leur est destinée, de la même façon que la longue série des mauvais oncles. Ces personnages paient réparation et expiation les uns les autres pour leur injustice mutuelle *dans l'ordre du temps,* comme dit Anaximandre. Anaximandre était un philosophe. En dépit de son langage fantastique, l'épopée indienne a une affinité avec sa pensée. Viṣṇu revient régulièrement à sa capacité de « vengeur », recueillant les « réparations » des mauvais oncles « selon l'ordre du temps ». Dans le *Mahābhārata,* il le fait sous le nom de Kṛṣṇa, mais il reviendra sous la forme d'un autre avatar pour débarrasser la terre des Asuras qui l'accablent. Les Asuras aussi deviennent des « personnages autoritaires » strictement selon l'ordre du temps. Sous le nom de Kalki, on attend du personnage Viṣṇu qu'il introduise un nouveau Kṛta Yuga (Âge d'or), lorque notre Kali Yuga actuel sera parvenu à sa fin misérable.

C'est ce retour régulier des avatars de Viṣṇu qui aide à clarifier les choses. Parce que c'est la fonction de Viṣṇu de revenir se venger à des intervalles de temps fixes, il n'y a pas besoin dans l'épopée d'insister sur la revanche prise par Kṛṣṇa sur Oncle Kansa. Mais, en Occident, la continuité des processus cosmiques ainsi qu'ils sont décrits par le mythe, de même que la connaissance que les dieux sont des étoiles, ont été oubliés. Une grande importance est donnée à cette même vengeance parce que c'est un événement isolé qui ne se répète pas, accompli par un personnage, soit dieu soit héros, dont, en plus, on attribue la création à quelque poète plein d'imagination. L'introduction de la tradition indienne rend possible la découverte du contexte dans lequel des personnages, tels que l'Amleth de Saxo ou les typiquement malchanceux personnages comme Kullervo, prennent leur sens. Une fois qu'on a pleinement réalisé que « le jour où Kṛṣṇa sera parti de la terre sera le premier du Kali Yuga », la bonne perspective est acquise. Notre héros se tient précisément sur le seuil entre un âge terminé et un nouveau Temps Zéro. En fait il clôt le temps ancien.

Les plus petits détails prennent du sens quand on les observe de ce point de vue. Par exemple Saxo, sans insister, sépare la biographie d'Amleth en deux parties (soit dit en passant impliquant le héros en bigamie), de la même manière que Firdausi nous raconte les neuf dixièmes des aventures de Kai Khusrau dans le livre sur Kai Kā'ūs. Et c'est en fait le personnage le plus énigmatique des deux que Firdausi nous décrit : « Car à partir d'aujourd'hui de nouvelles fêtes et coutumes prennent date ; parce que cette nuit est né Shāh Kai Khusrau. » Firdausi, qui était bien versé en astrologie, insistait sur la naissance du Shāh parce que, dans le sens astrologique, la naissance est un moment décisif. Mais ici, et dans les cas exposés où la chronologie est en question, c'est le moment de la mort, celui du départ de la scène, qui compte. Le départ de Kṛṣṇa donne la clé du système, dans son chapitre sur « Les Fêtes des Mois des Perses », décrivant la fête *Naurūz* (« Nouveau Jour ») au premier mois du printemps, écrit :

> Au 6ᵉ jour de Farwardīn, le jour Khurdādh, est le Grand Naurūz, une fête de grande importance pour les Perses. Ce jour-là, disent-ils, Dieu termina la création car c'est le dernier des six jours… Ce jour-là Dieu créa Saturne, et par conséquent les heures les plus propices sont celles de Saturne. Ce même jour, disent-ils, le tirage au sort de Zarathustra vint célébrer la communion avec Dieu, et *Kaikhusrau s'éleva dans l'air*. Le même jour les heureuses destinées sont distribuées parmi les habitants de la terre. Par conséquent les Perses l'appellent « le jour de l'espoir[84] ».

La dynastie appelée Kay, les « Héros » selon la *Chronologie* d'Al-Bīrūnī, succédant à la première dynastie Pīshdād (« Les Justes »), est supposée avoir commencé avec Kai Kubād, son fils Kai Kā'ūs, et le petit-fils Kai Khusrau de ce dernier, et s'être terminée avec Sikander, Alexandre le Grand, avec la mort duquel une nouvelle ère commença effectivement. Mais il est évident que quelque chose de nouveau commence avec l'assomption au ciel de Kai Khusrau. Ainsi, les Warners déclarent que avec notre Shāh « le vieux cycle d'épopée du poème arrive à sa fin, et jusqu'à ce point le Kay peut être considéré comme le complément de la dynastie Pīshdād[85] ».

Cependant, dans leur introduction à la traduction de Firdausi, les Warners prétendent que le poème est divisé en deux périodes, une mythique, l'autre historique[86] : Cette distinction est fondée non pas tant sur la nature du contenu que sur les noms des personnages de chefs. À un certain point dans le poème, les noms cessent d'être mythiques et deviennent historiques. La période mythique s'étend depuis le commencement du récit jusqu'aux règnes inclus des deux derniers Shāh de la dynastie Kay... Les Shāh en question sont Darā, fils de Darāb, mieux connu comme Darius Codoman, et Sikander (Alexandre)[87].

Firdausi dit clairement que la période mythique se termine seulement avec la mort d'Alexandre (les deux derniers Shāh étant Darius Codoman et Alexandre qui le vainquit). Après lui commence la période « historique » du poème. En d'autres termes, « l'histoire » commence seulement après que l'Empire iranien a disparu de la scène, pour être remplacé par les successeurs d'Alexandre. Retirer de l'histoire les grands règnes historiques de Darius I, Xerxes, Cambyse, etc., est paradoxal pour un poème qui a l'intention de célébrer l'empire iranien. On peut présumer que Firdausi voulait dire qu'aussi longtemps que la religion zoroastrienne régnait le temps était sacré et ainsi appartenait au mythe plutôt qu'à l'histoire ordinaire. Ceci est confirmé par une étrange affirmation des Warners : « À tort ou à raison, la tradition zoroastre relie Alexandre à Zahhak et Afrāsiyāb comme l'un des trois adversaires de la foi[88]. »

Les grands mythes de la religion de l'*Avesta* ont triomphé de la chronologie et l'ont réorganisée à leur dessein. Les vrais rois de Perse ont disparu en dépit de leur gloire et sont remplacés par des souverains et des combats mythiques. Kai Khusrau répète un rôle « Jamshīd » à ses débuts, et avec sa montée au ciel, dont la date marque le début de la Nouvelle Année, l'Empire sacré arrive en fait à sa fin. Le combat s'est déroulé partout entre les dieux et les démons.

LE SCENARIO INDIEN

Nous avons suivi l'histoire de pouvoirs qui arrivent à une fin, incarnée d'abord dans les « rois » iraniens et ensuite indiens, une histoire qui est différemment mise en relief dans deux légendes différentes. Chaque légende a une troublante similarité avec l'autre, et chacune tire son récit depuis quelque modèle classique connu, contraignant les événements vers une conclusion catastrophique qui est clairement commandée par le Temps lui-même, et par une chaîne de causes très différente de ce qui est indiqué dans la séquence véritable d'événements dans les textes.

Pour éviter l'incompréhension, on doit insister sur le fait qu'il n'est pas encore possible de savoir précisément qui est qui, ou d'accréditer des identifications telles que Brjam est Yudhiṣṭhira ou Kṛṣṇa. Mais les indices fournis par les Iraniens et les Indiens peuvent conduire à une meilleure compréhension de Kullervo (« Kaleva est réincarné en lui »), et peut indiquer que l'exploit du « fou furieux », Brutus fou et canin en chassant les rois, avait un sens qui dépassait celui de la sphère politique. Il ne s'agit pas de nier le fait que les rois furent expulsés, mais plutôt de pointer un ensemble spécial de « figures de rhétorique » solidement inventées, dérivées de « grands » changements ou renversements (tels que l'attaque de Kali Yuga) qui purent être et furent appliqués à des événements historiques mineurs.

La pierre que les bâtisseurs refusèrent
Est devenue la pierre angulaire.

Psaume CXVIII, 22 ; Luc XX, 17

Quiconque retombera sur cette pierre sera brisé
Mais quiconque sur qui elle tombera sera moulu en poudre.

Luc XX, 18

CHAPITRE VI
LA MEULE D'AMLÓÐI

Ces évocations suggestives venues d'autres continents permettent désormais de porter un regard nouveau sur le Doux Prince de Shakespeare, un intellectuel cultivé et savant, le miroir de la mode et le modèle des convenances de son temps à la cour danoise. Autrefois il était connu comme un personnage au pouvoir extraordinaire, citoyen du monde, et, dans le nord, propriétaire d'un formidable moulin.

Bien formé par l'Église, Saxo pouvait écrire un latin excellent et imagé ce qui représentait un exploit rare en son temps. Bien qu'inspiré par son patriotisme pour écrire les grandes chroniques de son propre pays, il était au Danemark un poisson isolé, mais respectable poisson dans un petit étang de province. Il restait imprégné de la culture dominante de son temps que représentait celle de l'Islande. D'elle il devait tirer la plupart de ses informations même s'il s'efforçait à les rendre danoises, comme nous le voyons dans l'histoire d'Hamlet où tous les traits s'orientent vers une histoire dynastique locale. Mais il tirait d'Islande des éléments d'un savoir déjà « historique ». Il ne pouvait pas, comme le fit Snorri Sturluson, exploiter les ressources procurées par une haute position au sein même de la riche culture bilingue islandaise, ni celles d'une expérience de vie aventureuse et de larges pérégrinations. Il n'a jamais pu avoir formé, comme Snorri, le grand projet de réorganiser le corpus de la tradition païenne et poétique à l'intérieur d'un environnement déjà chrétien.

Saxo semble avoir connu, passablement bien, l'islandais, mais pas assez pour comprendre le précieux et difficile langage de l'ancienne poésie.

Il n'était pas assuré sur ses bases et simplement arrangeait son histoire du mieux qu'il pouvait même si le nom du père d'Hamlet, Orvendel (voir Annexe 2), aurait dû être suffisant pour l'avertir qu'il s'agissait d'une dérivation d'un mythe supérieur. C'est Snorri qui fournit un élément décisif d'information : comme on l'a noté plus haut, il s'agit au chapitre 16 de son *Skáldskaparmál (Art poétique)*, d'un recueil de *Kenningar*, c'est-à-dire de tournures de phrases des anciens bardes. Il est rédigé dans un langage que même les savants modernes ne peuvent traduire sans hésitation. L'Annexe 5 contient une discussion sur les nombreuses versions possibles. Celle citée à nouveau ici est celle de Gollancz (p. xi), qui paraît être celle qui a été traduite avec le plus de prudence :

> Il est dit, chantait Snaebjörn, que très très loin, là-bas, les Neuf Jeunes Filles de l'île du Moulin actionnent avec force la meule de l'île rocheuse, propriété de l'hôte cruel, elles qui au temps passé moulaient la farine d'Hamlet. Le bon commandant creuse la farine avec la pointe de la proue de son bateau. Ici la mer est appelée le moulin d'Amlóði.

Le moulin est ainsi non seulement très grand et ancien, mais il doit aussi être au centre de l'histoire originelle d'Hamlet. Il réapparaît dans le *Skáldskaparmál*, où Snorri explique pourquoi l'or est interprété comme « la farine de Fróði »[89]. Fróði apparaît dans les chroniques, mais son nom est réellement un pseudonyme de Freyr, l'un des grands *Vanir* ou Titans du mythe nordique. Mais Snorri, qui aime donner aux choses une résonance historique comme il convient à son éducation chrétienne, fixa son Fróði « à la même époque que celle où l'empereur Auguste établit la paix dans l'ensemble du monde, et lorsque naquit le Christ ». Sous le roi Fróði, l'état général des choses était semblable à celui de l'Âge d'or, et on l'appela « la paix de Fróði ». Saxo fait de même et attribue sans hésitation une durée de trente années à cette paix[90].

Or Fróði se trouvait être le propriétaire d'un énorme moulin, ou meule, qu'aucune force humaine n'était capable de bouger et dont le nom était Grotte[91], « le broyeur ». On ne nous dit pas comment il rentra en sa possession, mais il en fut ainsi, comme dans un conte de fées. Il voyagea partout, cherchant quelqu'un qui puisse le faire fonctionner, et en Suède il recruta deux géantes, Fenja et Menja, qui étaient capables d'actionner *le Grotte*. C'était un moulin magique, et Fróði leur demanda de moudre de l'or, de la paix et du bonheur. Ainsi firent-elles. Mais Fróði dans sa cupidité exigeait qu'elles travaillent nuit et jour. Il leur permettait seulement de se reposer le temps que prenait la récitation d'un certain couplet. Une nuit, alors que tout le monde dormait, la géante Menja en colère arrêta de travailler et proféra une incantation néfaste.

Cette obscure imprécation prophétique, ainsi que Müllenhoff l'a montré, est le plus ancien document qui existe encore de littérature poétique, précédant de loin le conte de Snorri. Il contient la biographie des sinistres sœurs.

> Fróði ! Tu n'as pas été/Assez prudent
> Toi ami des hommes/Quand tu achetas ces femmes
> Tu regardas leur force/Et leurs beaux visages
> Mais tu ne posas aucune question/À propos de leur origine
>
> Hrungner était dur/Et son père ;
> Cependant Þjazi était/Plus fort qu'eux
> Et Iði et Örnir/Nos amis, et
> Les frères des géants de la montagne/Qui nous nourrirent toutes les deux
>
> Si Grotte n'était pas venu/Depuis le gris des montagnes,
> Ni cette pierre dure/sortie de la terre ;
> Les femmes des géants de la montagne/N'auraient pas eu à moudre
> En fait toutes deux ne savions/Rien du moulin.
>
> Telles étaient nos actions/Autrefois
> Que de courageux héros/On pensait que nous étions.
> Avec nos pieux pointus/Héros nous transpercions,
> Ainsi le sang coulait/et nos glaives rougissaient
>
> Maintenant nous sommes venues/À la maison du roi,
> Personne ne nous plaint/Des femmes ligotées nous sommes.
> La saleté mange nos pieds/Nos membres sont froids,
> Donneuses de paix nous tournons/C'est dur au domaine de Fróði
>
> Maintenant les mains empoigneront/Les dures lances,
> Les armes ensanglantées/Éveille-toi maintenant Fróði, éveille-toi !
> Si tu écoutais/Nos chants,
> Nos adages anciens
>
> Je vois le feu brûler/À l'est de la ville
> Montent des nouvelles de guerre/Il s'agit d'un avertissement.

> Un hôte ici/S'approche avec hâte
> Pour brûler du roi/L'orgueilleuse demeure.
>
> Tu ne siégeras pas plus longtemps/Sur le trône de Hleiðr
> Et ne régneras sur les rouges/Enceintes et le moulin.
> Maintenant nous devons moudre/De toute notre force,
> Nous ne tirerons aucune chaleur/À partir du sang des morts.
>
> Maintenant la fille de mon père/Bravement tourne le moulin.
> La mort de nombreux/Hommes elle peut voir.
> Maintenant se brisent les grandes/Armatures soutenant le moulin
> Les armatures aux liens de fer/Moulons encore !
>
> Moulons encore !/Le fils d'Yrsa
> Prendra sa revanche sur Fróði/La mort d'Hálfdan.
> D'Yrsa il sera appelé/le descendant
> Et cependant le frère d'Yrsa./Nous deux le savons.

Bien qu'obscure la prophétie trouva son plein accomplissement. Les femmes avaient chanté une incantation qui parlait d'une vérité pour Fróði, et ce même jour Mýsingr, le roi de la Mer, débarqua et tua Fróði. Mýsingr « fils de la Souris » (voir annexe 6) chargea Grotte sur son bateau, et prit aussi avec lui les géantes. Il leur ordonna de moudre à nouveau. Mais cette fois elles moulurent du sel.

« Et à minuit elles demandèrent si Mýsingr n'était pas dégoûté du sel. Il leur commanda de moudre plus longtemps. Elles continuèrent mais après peu de temps le navire sombra. »

> Les énormes étais sortirent de leur coffre,
> les rivets de fer éclatèrent,
> la barre se brisa,
> le coffre s'abattit
> la massive pierre de meule se rompit en deux[92].

« Et depuis ce temps il y eut un tourbillon dans la mer à l'endroit où l'eau tombe en traversant le trou dans la pierre de meule. Ce fut alors que la mer devint salée. »

Ici se termine le récit de Snorri (annexe 7). Trois thèmes fondamentaux et de grande portée ont été abordés : la meule brisée, le tourbillon, le sel. Comme pour la malédiction des meunières, cela se présente de façon isolée comme un mégalithe abandonné dans le paysage. Mais, fait surprenant, on peut aussi trouver quelque chose d'équivalent, sous une étrange apparence, dans le monde d'Homère, deux mille ans auparavant[93].

C'est la dernière nuit dans l'*Odyssée* (20. 103-19, Rouse trad.), qui précède la confrontation décisive. Ulysse a débarqué sur Ithaque et se cache grâce à la formule magique d'Athéna qui lui permet de ne pas être reconnu. Exactement comme dans Snorri, tout le monde dort. Ulysse prie Zeus de lui envoyer un signe encourageant avant la grande épreuve.

Immédiatement il tonna depuis le brillant Olympe, d'en haut des nuages ; et Ulysse fut largement satisfait. De plus, une femme, une meunière, cria d'une voix d'augure depuis l'intérieur de la maison, tout près, où se tenaient les meules des bergers. À ces meules à main douze femmes en tout accomplissaient vigoureusement leur tâche, faisant de la farine d'orge et de blé, l'essence des hommes. Désormais toutes les autres dormaient, car elles avaient moulu leur ration de grain, seule une ne se reposait pas encore, étant la plus faible de toutes. Alors elle arrêta sa meule et dit un mot, fit un signe à son Seigneur (*épos phato sema anakti*). « Zeus mon père, qui gouverne les autres dieux et les hommes, tu as tonné fortement depuis le ciel étoilé, cependant on ne peut voir nulle part un nuage : c'est sûrement un présage que tu envoies à quelque mortel. Accomplis maintenant, je t'en prie, toute misérable que je suis, la demande que je te fais. Puissent les prétendants, aujourd'hui, pour la dernière des dernières fois festoyer dans les palais d'Ulysse ! Eux qui m'ont brisé les genoux avec ce cruel travail de moudre leur farine d'orge, puissent-ils maintenant avoir leur dernière gorgée. »

Cette femme est « la plus faible de toutes », mais tout de même une véritable géante. Dans la structure serrée et bien faite du récit, l'épisode est disposé habilement, cependant il apparaît comme une pierre cyclopéenne posée dans une maison. Il y a beaucoup de choses de la sorte chez Homère.

Revenons à Grotte, le nom a une intéressante histoire. Il est encore utilisé aujourd'hui en norvégien pour le « bloc de l'axe », c'est-à-dire le bloc de bois rond qui remplit le trou dans la pierre de meule et dans lequel l'extrémité de l'essieu de la meule est fixée. Dans le Färöer, aussi bien que dans le dialecte shetland, on le tient pour le « moyeu dans la meule ». Le *nabhi* du sanscrit originel a un intéressant rapprochement :

« *nave* = moyeu », et « *navel* = milieu, centre », et il faut garder cela à l'esprit. Dans l'histoire c'est évidemment le moyeu qui compte, car il se fit un trou lorsque l'arbre de la meule en sortit, et le tourbillon se forma dans le trou. Mais « milieu de la mer » était un ancien nom pour les grands tourbillons. Gollancz, avec son instinct très sûr, vit immédiatement la connexion : réellement on ne peut pas s'empêcher de penser à une possible référence au merveilleux Maelström, le plus grand de tous les tourbillons, une des merveilles du monde ; *Umbilicus maris* selon les anciens géographes, *gurges mirabilis omnium totius orbis terrarum celeberrimus et maximus,* comme Fr. Athanase Kircher le décrit dans son fascinant ouvrage *Mundus Subterraneus*. Selon Kircher, on supposait que tout tourbillon se formait autour d'un rocher central : une grande caverne ouvrait au-dessous ; sous cette caverne, l'eau se précipitait ; le mouvement giratoire était produit comme dans un bassin se vidant par un trou central. Kircher donne une curieuse description de cette théorie, avec une référence spéciale au Maelström[94].

Clairement, le Moulin n'est pas un « choix occasionnel » comme le disent les avocats dans leur jargon. Il appartient à l'équipement permanent de l'univers ancien. Il revient tout le temps, même si ses connotations (annexe 37) sont rarement agréables. D'un autre souvenir voici les lignes de *John Barleycorn* de Burns :

> Ils le consumèrent sur une flamme rousse
> Jusqu'à la moelle des os
> Mais un meunier lui fit pire que tout encore
> Car il l'écrasa entre deux pierres.

La simulation de tragédie de la fête rurale annuelle fait partie de l'immense corpus que nous avons sur les rites de fertilité et que Frazer a révélé, avec les lamentations rituelles sur la mort de Tammûz, Adonis, le « germe d'Osiris » d'Égypte ; il est indiscutable que les fêtes de Tammûz étaient un rituel saisonnier célébrant la mort et la renaissance de la végétation. C'est un lieu commun. Mais était-ce la signification d'origine ? Un irrésistible préjugé fait penser que lorsque les rites paysans sont liés à la végétation, on touche le niveau du mythe le plus élémentaire et le plus primitif dont tous les autres dérivent. Cela est porteur également d'informations morales spécifiques : « Si le grain ne meurt... » qui conduisait à la plus haute pensée religieuse.

La *Carta Marina* de Olaus Magnus (XVIᵉ siècle)
montre l'« *horrenda caribdis* » c'est-à-dire,
le Maelström, en bas à droite, avec des navires,
des animaux marins, destructeurs,
et des icebergs sur la gauche.

Le tourbillon, ici appelé *Norvegianus Vortex*,
mais dont il est habituellement parlé comme
de *gurges mirabilis* par Athanase Kircher,
ainsi qu'il est dépeint dans son *Mundus Subterranéus*.

LA MEULE D'AMLODI

Une conception plutôt curieuse de Kircher du flux
des fleuves souterrains peut avoir été suscitée par le
dernier récit de Socrate, mais transposé à un niveau
strictement géologique. Le dessin illustre la connexion
souterraine entre le tourbillon à l'ouest de la Norvège
et la mer Baltique.

Dans les véritables cultes archaïques, cependant, tel que celui des Sabiens d'Harrān[9], et aussi dans le *Livre de L'agriculture nabatéène* d'Ibn Wahšiyya, la mort et la pulvérisation de Tammûz est célébrée et pleurée par les idoles de tous les dieux de la planète rassemblés dans le temple du soleil suspendu « entre terre et ciel » de la même façon qu'autrefois ils pleuraient et se lamentaient sur le passage de Jamshīd (ou Janbūšād comme ils l'appelèrent ensuite). C'est un commentaire étrange et inhabituel, très non agraire, qui mérite un examen plus attentif.

Mais ceci renvoie au mythe nordique du moulin, et en fait à Snorri lui-même, qui dans son *Mystification de Gylfi* fait des observations sur un vers du *VafÞrúðnismál* qui a été beaucoup discuté depuis. Dans ce poème ancien est raconté le dépeçage d'Ymer. Ymer est le « premier » géant du monde à partir du corps éparpillé duquel le monde est fabriqué. Snorri déclare que le sang d'Ymer causa une inondation qui noya tous les géants excepté Bergelmer qui, avec sa femme, « s'installa sur son *Lúðr* et y resta, et de là se fit la descendance des géants ». Le mot *Lúðr,* comme le dit Snaebjörn, signifie moulin. Mais dans *VafÞrúðnismál* (chapitre 35), Oðinn demande au sage géant VafÞrúðnir quel est le plus ancien événement auquel il peut penser, et il obtient cette réponse : « Aux âges sans nombre avant que la terre fut formée, Bergelmer était né. La première chose dont je me souviens est lorsqu'il *'a var Lúðr um lagiðr* » (annexe 8). Rydberg interprète ces mots comme « couché sur un moulin », et les comprend comme « couché sous une pierre de meule ». En conséquence, il explique le *limelðr* de Snaebjörn, que le grand moulin moud, comme « membre à moudre[96] ». Comme il apparaîtra ultérieurement, il y a une interprétation différente à proposer.

Le problème, cependant, reste ce qui arrive. Dans le *Lokasenna* (43 sq.), Freyr, le maître originel de Grotte, est directement mis en scène. L'occasion est un banquet auquel Ægir invita les dieux. Loki, non invité, y fit son apparition pour mélanger des substances nocives à la bière des dieux et empoisonner leur plaisir. Mais quand Loki raille Freyr, Byggver, le fidèle suivant, se met en colère au nom de son maître (annexe 9) :

> Appartenant à la lignée
> de Ingunar Freyr
> J'ai été honoré de siéger ici
> Sache que je te moudrai

Plus finement que la moelle, toi corneille diabolique,
et t'écraserai membre après membre.

Ce à quoi Loki répond :

Quel petit garçon est celui
Que je vois agiter sa queue
Et manger comme un parasite ?
Près des oreilles de Freyr
Tu te trouves toujours
Et fais du bruit sous la pierre de meule.

Il y a plusieurs indices supplémentaires qui suggèrent que cette meule sur laquelle Bergelmer s'était « hissé » avait une fonction mythologique très spécifique, même si elle est secondaire, indices que l'on ne peut pas ignorer. Or, si on remarque que Bergelmer n'était pas dans la situation de produire une descendance pour les géants en se trouvant couché en fait sous la pierre de meule, on peut faire un rapprochement avec un exemple venant du Mexique, « l'os bijou », ou « l'os sacrificiel », que Xolotl ou Quetzalcuatl procure depuis le « monde d'en dessous », l'apportant dans le Tamoanchan (ainsi appelé « Maison de la descendance »). Là, la déesse Ciua cuatl ou Quilaztli moud le précieux os sur la pierre à moudre, et la substance moulue est mise dans le bol joyau *(chalchiuhapaztli)*. Plusieurs dieux se mutilent, faisant couler le sang de leur pénis sur la « farine ». C'est à partir de cette mixture qu'est façonnée l'espèce humaine.

Ces histoires peuvent ne pas être d'un goût exquis, mais au moins elles sont suffisamment complexes et tordues pour nous enlever nos illusions en une compréhension facile ou intuitive de récits naïfs chantés par des paysans dansant sur l'herbe. De véritables comparaisons cosmologiques sont tout sauf faciles.

Il reste une question à discuter. Qui était Snaebjörn, cet obscur personnage, dont le peu d'écrits a apporté tant de révélations ? Les savants ont cherché et déterré un véritable trésor dans l'ancien *Livre des Islandais*[97]. Il relie le poète à la première découverte de l'Amérique ? Dans ce livre, écrit Gollancz :

Il y a un tableau vivant de l'aventurier arctique du Xe siècle nommé Snaebjörn, qui allait dans une périlleuse expédition découvrir la terre inconnue, *Le Récif de Gunnbjörn*, après s'être vengé du meurtre d'une belle parente, et être devenu un gentleman chevaleresque de l'époque. Il est généralement accepté, et il y a peu de doute possible, que ce Snaebjörn est le même que le poète Snaebjörn.

Son histoire familiale n'est pas sans intérêt. Son grand-père Eywind l'Easterling, ainsi appelé parce qu'il était venu aux Hébrides depuis la Suède se marier avec la fille de Cearbhall, seigneur d'Ossory, qui fut souverain comme roi de Dublin de 882 à 888, un des principaux souverains de l'Europe au temps où l'Islande était peuplée par les nobles et autres personnes qui avaient fui la tyrannie de Harold Hárfagr. Cearbhall descendait de Connla, le petit-fils de Crimhthann Cosgach, le victorieux roi d'Irlande, dont on dit qu'il régna dans la prospérité environ un siècle avant l'ère chrétienne. Lann ou Flann, la demi-sœur de Cearbhall, s'était mariée à Malachy I., roi d'Irlande dont Cearbhall avait épousé la fille. Flann était la mère du roi Sionna et de la dame Gormflaith, qu'un cruel destin poursuivait ; une fille de roi, la femme de trois rois, fut forcée à la fin à mendier son pain de porte en porte. Environ à la date de l'expédition arctique de Snaebjörn (aux alentours de 980), on dit que son cousin, Ari Marson, a débarqué sur la « Terre de l'Homme blanc », ou la « Grande Islande », cette partie de l'Amérique du Nord qui s'étend de la baie de Chesapeake, incluant la Caroline du Nord et du Sud, la Géorgie et la Floride, et est devenu célèbre comme l'un des premiers découvreurs du Nouveau Monde[98].

Ainsi Snaebjörn, comme membre d'une famille royale irlandaise, représente l'influence mutuelle des cultures celtique et scandinave, entre 800 et 1000 apr. J.-C., cette influence qui a été retrouvée dans les chants eddiques par Vigfusson dans son *Corpus Poeticum Boreale*. L'histoire d'Hamlet elle-même est significative de cet échange. Car une forme plus primitive et plus simple de cette histoire a pu être apportée en Islande depuis l'Irlande, où les Vikings ont à l'origine emprunté l'histoire du fils du grand Orvendel.

Ceci place Hamlet dans le cercle non seulement de la tradition nordique, mais de ce prodigieux trésor du mythe archaïque qu'est l'Irlande celtique dont on a retrouvé beaucoup de traits au Proche-Orient. L'universalité du personnage d'Hamlet devient plus compréhensible.

*Il y a un moulin qui moud par lui-même,
se balance de lui-même, et disperse la poussière
à cent verstes à la ronde. Et il y a un pôle d'or
avec une cage en or au sommet
qui est aussi le Point exact du Nord.
Et il y a un très sage gros chat qui grimpe
et descend sur ce pôle. Quand il descend,
il chante des chansons ; et quand il grimpe,
il raconte des histoires.*

Conte des Ostyaks de l'Irtych[99]

CHAPITRE VII
LE COUVERCLE MULTICOLORE

Le *Kalevala* est vaguement connu par le grand public comme l'épopée nationale finlandaise. C'est un récit à l'imagination sauvage, absurdité séduisante et traits merveilleusement primitifs, en réalité magiques et cosmologiques. C'est pour ainsi dire le plus important dans ce que la tradition finno-ougrienne a de racines différentes de celles des Indo-Européens.

Jusqu'au XIXe siècle, l'épopée existait seulement en fragments confiés à la transmission orale parmi les paysans. De 1820 à 1849, le Dr. Elias Lönnrot entreprit de les rassembler par écrit, se rendant de lieu en lieu dans les territoires les plus reculés, vivant avec les paysans et mettant bout à bout ce qu'il avait entendu pour tenter une sorte d'enchaînement. Quelques-uns des chants les plus précieux furent découverts dans les régions d'Archangel et d'Olonetz, dans le Grand Nord, qui maintenant appartiennent à nouveau à la Russie. L'édition finale de 1849 de Lönnrot comprend 22 793 vers en cinquante chants runiques ou chansons. Un grand ensemble d'autres matériaux a été découvert depuis.

Le poème tient son nom de Kaleva, un mystérieux personnage ancestral qui n'apparaît nulle part dans le récit. Mais dont les protagonistes sont ses trois fils : Vaïnämöinen[100], « vieux et honnête », le maître du chant magique ; Ilmarinen, le forgeron primitif, l'inventeur du fer, qui peut forger plus de choses que l'on peut en trouver sur la terre et sur la mer ; et le « bien aimé » ou l'« animé », Lemminkainen, une sorte de Don Juan arctique. Kullervo, le semblable d'Hamlet, celui dont l'histoire a été racontée plus haut, Kullervo à la belle chevelure « avec des bas d'un bleu des plus bleu », est un autre « fils de Kaleva », mais ses aventures semblent se dérouler séparément. Elles se croisent seulement en un point avec Ilmarinen, et semblent appartenir à un cadre du temps différent, à un autre âge du monde.

Il est temps maintenant de présenter les grandes lignes des événements. L'épopée ouvre sur une très poétique théorie sur l'origine du monde. La vierge, fille de l'air, Ilmatar, descend à la surface des eaux, où elle reste à flotter durant sept cents ans jusqu'à ce qu'Ukko, le Zeus finnois, lui envoie son oiseau. L'oiseau fait son nid sur les genoux d'Ilmatar et dépose là sept œufs, ce qui est étranger à ce qui arrive dans le monde visible. Mais ce monde reste vide et stérile jusqu'à ce que Vaïnämöinen naisse de la vierge et des eaux. Âgé dès sa naissance, il joue un rôle, comme s'il faisait « accoucher » la nature en lui faisant créer des animaux et des arbres à l'aide de son chant magique. Un magicien secondaire de Laponie, Youkahainen, le provoque au chant et est progressivement enlisé dans le sol, jusqu'à ce qu'il trouve son salut en promettant sa sœur à Vaïnämöinen, la ravissante Aino. Mais la jeune fille ne veut pas de Vaïnämöinen, il est trop vieux. Elle erre au désespoir et finalement va jusqu'à un lac. Là elle nage jusqu'à un rocher, cherchant à mourir ; « quand elle se tint debout sur le sommet, sur la pierre multicolore, celle-ci coula dans les vagues au-dessous d'elle ». Vaïnämöinen essaie de la repêcher, elle nage dans son filet sous la forme d'un saumon, se moque de lui de ne pas la reconnaître, et ensuite s'échappe pour toujours. Vaïnämöinen décide de chercher une autre épouse et part en quête. Son but est le pays de Pohjola, le « Pays du Nord », une terre brumeuse « cruelle pour les héros », imprégnée de magie, vaguement identifiée comme la Laponie. Les événements se déroulèrent comme dans un rêve, avec un manque d'à-propos surréaliste. La naïveté, le charme capricieux et le non-sens brillant font penser à Jack et la tige de haricot, mais derrière eux apparaissent les éléments fossilisés d'un conte aussi vieux que le monde, au moins ce monde de la conscience de l'homme dont la signification et le fil ont été perdus il y a longtemps. Les thèmes archaïques immaculés restent présents comme des ruines monumentales.

La principale séquence est construite autour du travail de forge et de la conquête d'un grand moulin, appelé le Sampo (la rune 10 traite du travail de la forge, les runes 39-42 du rapt du Sampo).

Les études de Comparetti ont montré que l'aventure du Sampo est une unité distincte (comme le voyage d'Ulysse vers le monde souterrain), « une formation mythique qui est restée indépendante de tout récitatif » et qui ensuite fut raccordée avec plus ou moins de cohérence au reste du récit[101]. La légende populaire a perdu sa signification et traite le Sampo comme un vague dispenseur de libéralités, une sorte de Corne d'abondance, mais l'histoire originelle est tout à fait précise.

Väinämöinen, « sage et honnête », magicien du plus haut niveau, est jeté sur la côte de Pohjola, de la même façon qu'Ulysse qui débarque après son naufrage. Il est reçu avec hospitalité par Louhi, la Maîtresse (aussi appelée la Prostituée) de Pohjola, qui lui demande de construire pour elle le Sampo, sans autre commentaire. Il lui dit que seul Ilmarinen, le forgeron primitif, peut le faire, aussi elle envoie Väinämöinen chez lui sur un bateau pour aller le chercher. Ilmarinen, qui répond à son « frère » et bon compagnon, avec la désinvolture d'un menteur et vain bavard, n'est pas intéressé par le projet, aussi Väinämöinen, ancien à son époque et sage parmi les sages, a recours à un stratagème indigne. Il attire le forgeron avec une histoire de grand pin, qui, dit-il pousse :

> Près d'où le champ d'Osmo est bordé
> Sur la cime la lune brille
> Dans les branches où l'Ourse repose.

Ilmaren ne le croit pas. Ils se rendent là tous les deux, à l'extrémité du champ d'Osmo :

> Alors le forgeron arrêta ses pas
> Étonné par le pin
> Avec la Grande Ourse dans les branches
> Et la lune à son sommet

Ilmarinen rapidement grimpe à l'arbre pour saisir les étoiles.

> Ensuite le Väinämöinen âgé,
> Éleva la voix en chantant :
> « Éveillez-vous, Ô Vent, Ô Trombe de vent
> Rage avec grande rage, Ô cieux
> Dans ton bateau, vent, place-le

Dans ton bateau, ô vent d'Est
Avec toute ta vitesse emporte-le
Jusqu'à Pohjola la ténébreuse[102]. »

De cette façon tout à fait inattendue, Ilmarinen débarque en Pohjola, et pas même les chiens n'aboient, ce qui étonne Louhi plus que tout. Elle se montra hospitalière :

Donna au héros pleinement à boire,
et lui offrit profusion de festins.

Ensuite elle lui parla ainsi :

Ô toi forgeron, ô Ilmarinen,
Toi le grand artisan premier
Si tu peux seulement forger un Sampo
Avec son couvercle multicolore,
Depuis les extrémités en plumes blanches d'ailes de cygne,
Depuis le lait d'une génisse stérile,
Depuis un petit grain d'orge,
Depuis la laine de mouton en été [103],
Accepteras-tu alors cette femme,
Comme récompense, ma charmante fille ?

Ilmanen accepte la proposition et cherche aux alentours pendant trois jours un bon emplacement sur lequel ériger sa forge, « dans les champs hors de Pohja ». Les trois jours suivants ses serviteurs s'occupèrent à installer les soufflets.

Au premier jour de leur travail
Ilmaren le forgeron lui-même,
Se pencha, regardant attentivement
Au fond du foyer
Si peut-être au milieu du feu
Quelque chose de brillant s'était développé.
Des flammes s'éleva une arbalète,
Un arc d'or sorti du foyer ;
C'était un arc d'or avec des extrémités d'argent
Et le cuivre du manche brillait.
Et l'arc était beau à contempler,
Mais de nature diabolique

Et chaque jour il demandait une tête,
Et les jours de fête en demandait deux,
Le forgeron Ilmarinen lui-même,
N'en était pas très satisfait,
Aussi il brisa l'arc en morceaux
Et le rejeta dans le foyer.

Le jour suivant, Ilmaninen regarda à nouveau :

Et un bateau s'éleva du foyer,
De la fournaise sortit un bateau rouge,
Et la proue était colorée d'or,
Et les tolets étaient en cuivre.
Et le bateau était beau à contempler,
Mais de nature diabolique ;
Il n'allait au combat que lorsqu'il n'y en avait pas besoin,
Et ne combattait que lorsqu'il n'y avait pas de raison.

Ilmarinen rejeta le bateau dans le feu, et le jour suivant il contempla à nouveau le fond du foyer :

Et une génisse ensuite sortit,
Avec ses cornes toutes brillantes d'or,
Avec les étoiles-ours sur son front ;
Sur sa tête apparaissait le disque solaire.

Et la vache était belle à contempler
Mais de nature diabolique ;
Dormant toujours dans la forêt,
Elle gaspillait son lait qui se répandait sur le sol.

Par conséquent Ilmarinen le forgeron
Ne prend pas le plus léger plaisir avec elle,
Et il coupe la vache en morceaux
Qu'il rejette dans le foyer.

Le quatrième jour :

Et une charrue sortit du foyer,
Avec le soc en or brillant,
Soc en or et monture de cuivre,
Et les poignées aux extrémités d'argent.

Et la charrue était belle à contempler,
Mais de nature diabolique,
Labourant les champs de blé du village,
Labourant les prairies ouvertes,
Par conséquent Ilmarinen le forgeron
Ne prend pas le plus léger plaisir avec elle.

Et il brisa la charrue en morceaux,
La rejeta dans le foyer,
Appela les vents pour activer les soufflets
Jusqu'au maximum de leur pouvoir.

Alors les vents se levèrent en furie,
Le vent d'est soufflait, le vent d'ouest soufflait,
Et le vent du sud encore plus fortement,
Et le vent du nord hurlait et soufflait en rafales.

Ainsi ils soufflèrent un jour, un second,
Et le troisième jour semblablement.

Le feu lançait des éclairs par les fenêtres,
Des portes les étincelles volaient
Et la poussière s'élevait jusqu'au ciel
La fumée se mélangeait aux nuages.

Alors à nouveau Ilmarinen le forgeron,
Au soir du troisième jour,
Se pencha et regarda attentivement
Au fond du foyer
Et il vit le Sampo en train de se former
Avec son couvercle multicolore.

Sur quoi Ilmarinen le forgeron
Lui le grand artisan primitif,
Le souda et le martela
Dirigea vers lui les souffles rapides
Et forma ingénieusement le Sampo
Et d'un côté était le moulin à blé
De l'autre un moulin à sel
Et du troisième un moulin à monnaie.

> Maintenant le nouveau Sampo était en train de moudre,
> Et faisait tourner le couvercle peint,
> Il moud des charges jusqu'au soir,
> D'abord il a moulu une charge pour la nourriture,
> Et une autre pour échanger
> Et une troisième pour la conserver.
>
> Maintenant la Vieille femme de Pohja s'est réjouie,
> Et transporta le volumineux Sampo,
> Jusqu'aux collines rocheuses de Pohja,
> Et dans le mont de Cuivre,
> Et le mit en lieu sur derrière neuf serrures.
>
> Là il prit racines autour de lui,
> Qui mesuraient neuf brasses de profondeur,
> Une racine dans la Mère Terre profondément,
> Sur la grève la suivante fut plantée,
> Et la troisième dans le mont le plus proche.

Ilmarinen ne gagne pas sa récompense, pas encore. Il s'en revient sans épouse. Pour un long temps, nous n'entendons plus du tout parler du Sampo ; d'autres choses arrivent : des aventures, la mort et la réanimation de Lemminkainen, ensuite les aventures de Vaïnämöinen dans le ventre de l'ogre. Cette dernière histoire mérite d'être racontée. Vaïnämöinen entreprend de construire un bateau, mais quand il en arriva à mettre la proue et la poupe, il trouva qu'il avait besoin de trois mots dans sa rune qu'il ne connaissait pas, alors il les rechercha intensément. En vain il regarda sur les têtes des hirondelles, sur les cous des cygnes, sur les dos des oies, sous les langues du renne[104]. Il trouva de nombreux mots mais pas ceux qu'il cherchait. Ensuite il pensa à les chercher au royaume de la Mort, Tuonela, mais en vain. Il s'échappa en retour vers le monde des vivants seulement grâce à une puissante magie. Il lui manquait encore ses trois runes. Un berger lui dit ensuite de chercher dans la bouche d'Antero Vipunen, l'ogre géant. La route, lui dit-on, passait au-delà des glaives et des haches acérées.

Ilmarinen fabriqua pour lui des chaussures, une chemise et des gants de fer, mais l'avertit qu'il trouverait mort le grand Vipunen. Cependant le héros partit. Le géant reposait sous terre, et les arbres poussaient sur sa tête. Vaïnämöinen trouva son chemin jusqu'à la bouche du géant et planta dedans son bâton de fer. Le géant s'éveilla et soudain ouvrit son énorme bouche. Vaïnämöinen glissa à l'intérieur et fut avalé. Dès qu'il eut atteint l'énorme estomac, il pensa à en ressortir. Il se construisit un radeau et flotta, montant et descendant à l'intérieur du géant. Le géant se sentait chatouillé et lui dit des mots nombreux, et sans hésitation où il pouvait aller, mais il ne lui donna pas de runes. Alors Vaïnämöinen construisit une forge et commença à marteler son fer sur une enclume, torturant les entrailles de Vipunen, qui hurla des chants magiques pour le rejeter en le maudissant. Mais Vaïnämöinen le remercia, il se trouvait très bien et ne partirait pas s'il ne lui donnait pas les mots sacrés. Alors Vipunen enfin déverrouilla le trésor de ses puissantes runes. Il chanta de nombreux jours et nuits, et le soleil et la lune et les vagues de la mer et les cascades restaient à l'écouter. Vaïnämöinen les recueillit toutes soigneusement et finalement accepta de sortir. Vipunen ouvrit ses grandes mâchoires, et le héros se dégagea pour aller enfin construire son bateau.

L'histoire ensuite change de façon abrupte pour introduire Kullervo, ses aventures, inceste et suicide. Quand Kullervo incidemment tue l'épouse que Ilmarinen avait achetée si chèrement à Pohjola, le récit revient à Ilmarinen. Il forge pour lui-même « Pandora », une femme en or. Ne trouvant aucun plaisir avec elle, il retourne à Pohjola et demande la seconde fille de Louhi. Elle lui est refusée. Ilmarinen alors capture la fille, mais elle est si malveillante et infidèle qu'il la change en mouette. Alors il rend visite à Vaïnämöinen qui lui demande des nouvelles de Pohjola. Tout est prospère là-bas, dit Ilmarinen, grâce au Sampo. Ils décident, par conséquent, de saisir le Sampo, même contre la volonté de Louhi. Tous les deux vont en bateau, bien qu'Ilmarinen préfère beaucoup la route terrestre, et Lemminkainen se joint à eux. Le bateau se plante dans l'épaule d'un énorme brochet. Vaïnämöinen tue le poisson et construit avec les os de ses mâchoires (annexe 10) le Kantele, une harpe dont personne ne peut jouer convenablement à part Vaïnämöinen lui-même. Là, suit un chapitre complètement orphique à propos de la musique du Kantele de Vaïnämöinen, tout le monde tombant sous son charme. Finalement ils arrivent à Pohjola, et Louhi, comme il fallait s'y attendre, ne veut pas se séparer du Sampo, ni le partager avec les héros. Vaïnämöinen alors joue du Kantele jusqu'à ce que tout le peuple de Pohjola soit plongé dans le sommeil. Alors les frères entreprennent de voler le Sampo, ce qui se révèle être une tâche difficile.

Alors le vieux Väinämöinen
Doucement se met à chanter
À l'entrée de la montagne de cuivre,
Là auprès de la forteresse de pierre,
Et les portes du château furent secouées,
Et les gonds de fer tremblèrent
Sur quoi Ilmarinen le forgeron,
Aidé par les autres héros,
Enduit les serrures avec du beurre,
Et frotta les gonds avec du jambon
Pour que les portes ne grincent pas,
Et que les gonds ne craquent pas.
Ensuite il tourna les serrures avec les doigts,
Et souleva les barres et les verrous
Et cassa les serrures en morceaux
Et les puissantes portes furent ouvertes.

Ensuite le puissant Väinämöinen
Prononça fortement les mots suivants :
« Ô toi vivant fils de Lempi,
De mes amis le plus illustre
Tu viens ici pour prendre le Sampo,
Et te saisir du couvercle peint. »

Alors le vif Lemminkainen,
Lui le beau Kaukomieli,
Toujours impatient, bien que non invité à le faire,
Prêt, bien que les hommes ne lui fassent pas des louanges,
Vint pour porter le Sampo,
Et saisir le couvercle peint…

Lemminkainen poussa,
Se retourna, et poussa
En s'appuyant avec les genoux sur le sol,
Mais il ne pouvait bouger le Sampo, ne pouvait pas déplacer le couvercle peint,
Car les racines étaient fermement enracinées,
À la profondeur de neuf brasses.

Il y avait alors un taureau à Pohja,
Qui avait atteint une taille énorme,

Et ses flancs étaient gras et luisants,
Et ses tendons parmi les plus forts ;
Il avait des cornes de la longueur d'une brasse,
Une moitié plus que l'épaisseur de son mufle,
Aussi ils le conduisirent depuis la prairie,
En lisière du champ labouré,
Ils labourèrent les racines du Sampo,
Celles qui fixaient le couvercle peint,
Ensuite ils commencèrent à déplacer le Sampo,
Et à faire osciller le couvercle peint.

Ensuite le vieux Vaïnämöinen,
Et secondement Ilmarinen le forgeron,
Et troisièmement, le vif Lemminkainen,
Portèrent le puissant Sampo,
Depuis la montagne de pierre de Pohjola,
Depuis la colline de cuivre,
Jusqu'au bateau ils le portèrent,
Et dans le navire ils l'arrimèrent.

Dans le bateau ils arrimèrent le Sampo,
Dans la cale le couvercle peint,
Ils poussèrent le bateau dans l'eau,
Et dans les vagues ses flancs descendirent.

Ilmarinen, le forgeron,
Demanda ainsi :
« Où porterons-nous le Sampo,
où désormais allons-nous le convoyer,
Après l'avoir pris dans ce maudit pays,
Cette misérable terre de Pohja ? »

Vaïnämöinen, vieux et inébranlable,
Répondit avec les paroles suivantes :
« Là nous porterons le Sampo,
Et le couvercle peint,
Jusqu'au cap de l'île brumeuse,
À l'extrémité de l'île à l'ombre.
Là en sécurité nous pourrons le conserver
Là il peut rester pour toujours,

> Il y a un petit endroit qui reste,
> Encore un petit coin abandonné,
> Où ils ne mangent, ni ne combattent,
> Où jamais les hommes d'armes ne s'aventurent. »

Le Sampo, alors, est apporté à bord du navire, juste comme Mýsingr le pirate apporta Grotte à bord de son bateau, et les héros rament en s'éloignant aussi rapidement que possible. Lemminkainen veut de la musique ; « vous pouvez ramer beaucoup plus vite avec elle », prétend-il. Väinämöinen déclare forfait, aussi le fils de Lempi chante complètement seul, avec une voix forte mais en fait à peine musicale :

> Sur une souche une grue était assise,
> Sur un tertre s'élevant au-dessus du marécage,
> Et elle comptait ses orteils,
> Et elle soulevait ses pieds,
> Et était extrêmement terrifiée
> Par le son de Lemminkainen.

> Ils laissèrent la grue à son étrange comportement
> Qui criait de terreur avec sa voix stridente,
> Sur Pohjola en terreur
> Et dans son va-et-vient
> Quand elle atteignit le marécage de Pohja,
> Criant encore, et criant de façon stridente,
> Criant au plus fort,
> Réveilla le peuple de Pohjola,
> Et fit se lever cette maudite nation.

Ainsi, commence la poursuite. Louhi, la misérable hôtesse de Pohjola, jette sort sur sort magique au travers de leur chemin mais Väinämöinen les surmonte. Il provoque le naufrage du navire de guerre de Louhi sur une falaise qu'il a fabriquée par enchantement, mais en cette occasion sa Kantele bien-aimée, la harpe, sombre au fond de la mer. Finalement Louhi se change elle-même en un énorme aigle qui remplit tout l'espace entre les vagues et les nuages, et elle arrache le Sampo.

> Du bateau elle tira le Sampo,
> D'en bas elle traîna le couvercle peint,

> De la cale du bateau rouge elle le tira,
> Au milieu des eaux du lac bleu le jeta,
> Et le Sampo se brisa en morceaux,
> Et le couvercle peint fut fracassé.

Des fragments du couvercle coloré flottent à la surface de la mer. Vaïnämöinen rassemble beaucoup d'entre eux, mais Louhi prend seulement un petit morceau ; En conséquence, la Laponie est pauvre, Suomi (la Finlande) riche et fertile. Vaïnämöinen sème les fragments de Sampo et des arbres poussèrent.

> De ces semences la plante germe
> Un bien-être durable s'installe
> Ici le labour, ici l'ensemencement,
> Ici est toute sorte de développement.
> De là vient la ravissante lumière du soleil,
> Sur les plaines productives de Suomi,
> Et la belle terre de Suomi.

Vaïnämöinen construit un nouveau Kantele, en bois de bouleau cette fois, et avec pour cordes les cheveux d'une jeune femme ; mais les cordes arrivèrent les dernières. Avant qu'il demande :

> Maintenant que j'ai construit la caisse,
> À partir du tronc d'arbre pour un plaisir durable,
> À partir de quoi fabriquer les goujons,
> À partir de quoi fabriquer des chevilles qui me conviennent ?

> Tu étais un chêne avec des branches égales,
> Et sur chaque branche un gland,
> Dans les glands des grains d'or,
> Sur chaque grain était assis un coucou.
> Quand tous les coucous chantaient,
> Dans le chant cinq sons sonnaient
> L'or s'écoulait de leurs bouches,
> Aussi ils éparpillaient l'argent autour d'eux,
> Sur une colline l'or s'écoulait,
> Sur le sol là s'écoulait l'argent,
> Et de ceci il fit les goujons de la harpe,
> Et à partir de cela il se procura des chevilles.

Une fois de plus, Vaïnämöinen commence à jouer sur son irrésistible instrument, mais cette fois Louhi trouve moyen de capturer le soleil et la lune. Elle était capable de le faire parce que :

> La lune venait de sa maison,
> Se tenant sur un bouleau courbé,
> Et le soleil venait de son château,
> Assis sur le sommet d'un sapin,
> Pour écouter le kantele
> Étaient remplis d'émerveillement et de joie.

La cupide Louhi cache le soleil et la lune dans une montagne de fer. Ilmarinen forge des substituts de soleil et de lune, mais ils ne brillent pas convenablement. En fait, Louhi laisse les astres libres, car elle devient effrayée par les héros. À plusieurs reprises elle se plaint que sa force l'a abandonnée avec le départ du Sampo.

Mais le temps s'en va, aussi, pour le vieux Vaïnämöinen. Tout ce qu'on lui laisse faire est d'allumer un nouveau feu, et ainsi fait-il. En remontant loin en arrière, il avait chanté tout ce qu'il y avait à chanter.

> Jour après jour infatigable il chantait,
> Nuit après nuit il avait tenu des discours sans cesse,
> Il avait chanté les chansons des temps passés,
> Les mots cachés de la sagesse ancienne,
> Des chants que tous les enfants ne chantent pas,
> Tous au-delà de la compréhension des hommes,
> Dans ces temps d'infortune
> Lorsque la course est proche de sa fin.

Maintenant un Enfant miraculeux était né, annonçant une nouvelle ère. Vaïnämöinen savait qu'il n'y avait pas de place pour eux deux dans le monde. Si l'enfant vivait, il devait partir. Il dit au revoir à son pays :

> Et il commença ses chants magiques,
> Pour la dernière fois il les chanta fortement
> Chanta lui-même un bateau de cuivre,
> Avec la disposition d'un pont en cuivre.
> À la poupe il s'assit lui-même,
> Naviguant sur les flots étincelants,

Encore il chantait comme il naviguait :
« Puisse le temps passer rapidement sur nous,
Un jour passe, il en vient un autre,
Et à nouveau on aura besoin de moi,
Les hommes me chercheront et je leur manquerai,
Pour construire un autre Sampo,
Et une autre harpe pour que je fasse,
Que je fasse une autre lune miroiter
Et un autre soleil briller.
Quand le soleil et la lune sont absents,
Dans l'air aucune joie ne demeure. »
Alors le vieux Vaïnämöinen
Poursuivit son voyage en chantant,
Naviguant dans son navire de cuivre,
Dans son vaisseau fait de cuivre,
Navigua jusqu'à des régions plus élevées,
Jusqu'à la terre au-dessous des cieux.

En fait, il y a d'autres runes qui racontent le départ de Vaïnämöinen, comme nous l'apprenons de Haavio. Il plonge :

Vers les profondeurs de la mer ;
vers la mer la plus basse
vers les plus basses entrailles de la terre
vers les plus basses régions des cieux
vers les portes de la grande embouchure de la mort.

Ou, il naviguait :

Dans la gorge du tourbillon
dans la bouche du tourbillon,
dans la gueule du tourbillon,
dans la panse du monstre de la mer.

C'est le Vortex qui avale toutes les eaux, celui qui vient de la destruction de Grotte, qui doit être examiné ultérieurement. Son nom norvégien est Hvergelmer ; son nom le plus ancien est Eridu. Mais ce nom appartient à une autre histoire et un autre monde.

Il est difficile pour les modernes de saisir la qualité de cet ancien poème, le *Laulo*, constitué de seulement quelques notes continuant interminablement avec des « cadenzas » verbales librement improvisées, néanmoins avec un cœur de formules strictement préservé sous sa forme canonique. Ce n'est pas en fait poésie populaire dans le sens habituel même si ses « copistes », ses « imprimeurs » et ses « éditeurs » sont seulement des paysans avec une mémoire de fer[105]. Un vieux *laulaja* qui racontait l'origine du monde dit à Lönnrot : « Toi et moi savons que c'est la Vérité réelle à propos de la façon dont le monde commença » ; il dit ceci après des siècles de chrétienté, ne doutant jamais, car l'essence de la rune était une incantation, chantée ou murmurée (voir l'allemand *raunen*), qui ramène les choses à leur véritable commencement, aux « origines profondes ». Pour guérir une blessure faite par un glaive, le *laulaja* doit chanter la rune de l'« origine du fer », et un mot erroné aurait ruiné son pouvoir. Dans ce sens des fragments d'antiquité sans âge restaient encastrés dans une vivante poésie populaire. Ceux que les Grecs appelaient les « sans noms », *typhlòs anèr*, qui ont préservé les rhapsodies épiques, arrivent presque jusqu'à nous aujourd'hui, dans ces humbles villages du Grand Nord, leurs noms de notre époque : Arhippa Perttunen, Simana de Mekrijärvi, Okoi de Audista, Ontrei, le trafiquant de cigarettes.

En dehors de toute cette histoire déroutante, une chose est établie au-delà de la controverse, c'est que le Sampo n'est rien d'autre que le ciel lui-même. L'adjectif invariable *Kirjokansi*, « multicolore » s'appliquait à la partie supérieure de la voûte céleste dans la poésie populaire finnoise, comme Comparetti et d'autres l'ont montré il y a longtemps. Comme pour le nom de Sampo, il résista aux efforts des linguistes, jusqu'à ce que l'on trouve que le mot était dérivé du sanskrit *skambha*, « pilier », « pôle »[106]. Parce qu'il « moud », Sampo est évidemment un moulin. Mais l'arbre du moulin est aussi l'axe du monde, ainsi l'investigation retourne au moulin norvégien, et à l'ensemble de significations impliquées dans le difficile mot *Lúðr* (avec le radical *r*) qui se présente pour les bois de charpente du moulin et réapparaît comme *loor*, un instrument à vent. Ceci implique le temps de deux manières : l'installation et la scansion du temps. Cela ne présente pas d'ambiguïté embarrassante, mais une signification plus riche, qui pour les premiers penseurs devait renvoyer au ciel.

Le Sampo est, ou était, le dispensateur de toutes les bonnes choses et ceci est délicieusement souligné par les nombreuses variantes qui disent que parce qu'il est tombé dans la mer, la mer est plus riche que la terre. Les hommes ont été obligés de comparer la vie grouillante des eaux arctiques avec la terre dénudée du Grand Nord. Mais le Sampo subit une catastrophe alors qu'on le transportait, et cela confirme le parallèle avec Grotte. L'idée astronomique sous-tendant ces étranges représentations a été décrite dans l'*Intermezzo*, et sera reprise à nouveau au chapitre IX.

Avec ce vil métal une clé peut être limée
Qui déverrouillera la porte derrière laquelle ils hurlent.

Omar Khayyām

CHAPITRE VIII
CHAMANES ET FORGERONS

En plus du Sampo, il y a de nombreux autres mythes présents dans le récit du *Kalevala* dont l'analyse offrirait des surprises. Il y a la dispute entre Vaïnämöinen et Youkahainen (voir p. 138), un malveillant magicien lapon qui semble être son adversaire permanent. Youkahainen essaie de vaincre le vieux sage en lui posant des énigmes cosmogoniques, mais Vaïnämöinen enlise progressivement le Lapon dans le marais jusqu'à la gorge et ne se décide à lui chanter sa formule magique de « résiliation » pour le libérer que lorsque le Lapon lui a promis Aino, son unique sœur. Il y a aussi le récit de Vaïnämöinen recherchant dans le ventre du géant mort les trois runes perdues. Ces récits, à moins de les prendre seulement « pour des histoires », ressemblent beaucoup à « de grossiers blocs de pierre fossiles » déposés en Finlande du temps des glaciations. Car il est possible de retrouver la trace en Égypte de cette formation archaïque[107]. Un jeune Égyptien appelé Setna (ou Seton Chamwese) voulait voler le livre magique de Thot placé près du corps de Nefer-ka Ptah, l'un des grands dieux égyptiens, qui fut souvent représenté sous forme de momie. Ptah, cependant, était éveillé et lui demanda : « Peux-tu t'emparer de ce livre avec l'assistance d'un scribe ou bien veux-tu me vaincre au Jeu de dames ? Joueras-tu Cinquante-Deux[108] ? » Setna accepta, et le damier avec ses « chiens » (pions) ayant été apporté, Nefer-ka Ptah gagna une partie, dit une formule, abattit le damier sur la tête de Setna et fit s'enfoncer celui-ci dans le sol jusqu'aux hanches. La troisième fois, il le fit s'enfoncer jusqu'aux oreilles ; alors Setna cria fortement pour appeler son frère, qui le sauva.

On trouve aussi un récit populaire finnois qui reproduit l'histoire babylonienne bien connue d'Etana et de l'Aigle[109]. Ici, au lieu du roi, c'est le « Fils de la Veuve » (aucune raison n'est donnée pour cette épithète, qui apparaît de prime abord appartenir à Perceval, mais nous le trouvons à nouveau dans une tradition maçonnique plus tardive)[110] qui est enlevé dans l'air par un griffon et voit la terre devenir de plus en plus petite sous lui. Quand la terre n'apparaît « pas plus grosse qu'un pois » (on trouve aussi des similitudes dans Etana), le griffon plonge directement au fond de la mer, où le héros trouve un certain objet qu'il avait cherché partout, et finalement il est ramené à terre. Ceci ressemble à la totalité de l'histoire qui est interrompue à moitié dans le cunéiforme babylonien parce que la tablette est brisée : ce pourrait être la première version de la légende d'Alexandre explorant les Trois Royaumes. À l'endroit où Lönnrot le plaça dans l'enchaînement du récit, il apparaît comme un personnage incongru, semblant venu d'un autre âge, ainsi que cela a été dit. Il y a beaucoup d'incongruités de ce type. Sur la base de certaines variantes, il a été audacieusement suggéré qu'il était destiné à apparaître seulement après le départ de Vaïnämöinen ; en fait qu'il serait lui-même l'Enfant miraculeux qui contraint Vaïnämöinen à quitter la scène, et que ce serait la raison pour laquelle ils ne se sont jamais rencontrés. Aujourd'hui on comprend que l'Enfant est le Christ lui-même, mais c'est une version transformée sous l'influence de l'Église chrétienne (L'Enfant dans le quatrième Églogue de Virgile fut aussi désigné comme le Christ, et Virgile y gagna une réputation de magicien grâce à sa supposée capacité prophétique). Pour en revenir au *Kalevala*, la mère, en fait, dit de son illégitime petit-fils et de celui de Vaïnämöinen (50. 199 sq) : « Il sera un puissant conquérant, fort comme Vaïnämöinen lui-même. » Ceci frappa le rédacteur anglais du *Kalevala*, d'autant plus que le bébé est appelé aussi « le Kaleva âgé de deux semaines » ; car Kullervo est aussi bien en finnois que dans la tradition estonienne *le* fils de Kaleva, « Kalevanpoika » ou « Kalevipoeg », beaucoup plus explicitement que les autres héros, qui sont « fils » seulement génériquement. Pour des raisons qui apparaîtront bientôt évidentes, cela conviendrait bien dans le paysage mythique d'avoir ainsi un avatar tragique et lié au temps succédant à Vaïnämöinen, ce sage hors du temps.

Mais alors, qui est Kaleva ? Il est une mystérieuse entité qui brille par son absence, et cependant constitue la présence éponyme qui traverse tout le poème. La connotation de « géant » lui est attachée : dans quelques-unes des versions finnoises du Vieux Testament les gigantesques Rephaim et Enakim sont appelés les « enfants de Kaleva ». Mais il y a beaucoup de raisons pour interpréter cette appellation dans le sens de forgeron[111]. Kaleva pourrait être un forgeron même plus primitif qu'Ilmarinen. Il y a une étrange phrase dans la formule décrivant l'origine du fer : « Pauvre Fer, homme Kaleva, en ce temps tu n'es ni grand ni petit. » En tout cas, la notion habituelle que Kaleva est une « personnification » de la Finlande, une sorte de Brittania avec son trident, peut être écartée faute de sérieux. Ce n'était pas l'époque pour les figures rhétoriques. Kaleva reste pour le présent vide de signification. Mais Setälä note que les *bylini* russes, les voisins proches des runes estoniens, chantent les fêtes de Kolyvanovič, le fils de Kolyvan, et ne disent presque rien de Kolyvan lui-même.

Les textes russes donnent le nom entier de Samson Kolyvanovič, de même qu'en Finlande c'est Kullervo Kalevanpoika. Ici peut-être par chance un nom se présente qui court comme un fil à peine visible au travers de toute la tradition. Nous avons Samson dans le *Kalevala* juste dans la première rune ; son nom est Sampsa Pellervoinen, qui « sème les arbres » et qui aussi aide Vaïnämöinen à les couper[112]. Son nom, « l'homme du champ » ou le « procréé par la terre », le montre comme une divinité rurale qui pourrait correspondre au Grec Triptolemus, ou à l'Étrusque Aruns Velthymnus. On ne peut pas plus avant affirmer qu'il avait un rôle dans l'organisation originelle du poème. C'est assez qu'il soit là. Par ailleurs la connaissance du moulin commence à s'étendre à d'autres horizons. Ce ne sera pas une surprise dans ce sens de trouver Lykophron[113], le maître mythologue, parler de Zeus le Meunier (435). Avec cela, paradoxalement, vient à nouveau le nom de Mylinos, « Meunier », donné au chef de la Bataille des Géants contre les Dieux. La lutte fut interprétée évidemment comme celle pour le contrôle du Moulin du Ciel.

Ainsi ce n'est peut-être pas par hasard que le nom de Samson apparaît dans le Grand Nord. Car Samson lui-même, Samson Agonistes, doit avoir une place d'honneur parmi les héros géants du moulin. Il est en fait le premier dans notre littérature. On nous dit (Livre des Juges XVI, 21) comment il faisait tourner la meule, « aveugle dans Gaza, au moulin, avec des esclaves », jusqu'à ce que ses cruels ravisseurs le délient pour qu'il les « amuse » dans leur temple, et avec sa grande force il saisit le milieu des piliers et brisa le temple en l'écrasant sur la tête des Philistins. Comme Menja[114], il avait pris sa revanche.

Mais Samson nous conduit au-delà des limites de son sujet dans un contexte plus large du monde. Il met en jeu des concepts plus hermétiques. Le chapitre XI sera ultérieurement consacré à ce thème.

Or, à la fin de l'étrange histoire du Sampo, on est en droit de demander : est-ce que tout ceci a un sens en soi ? Y a-t-il quelque pertinence au-delà de l'histoire littéraire ? Comparetti, le grand vieux savant qui au siècle dernier s'était attaqué à la difficile étude de la poésie finnoise, posait lui-même une nette et classique question philologique. Cela nous aiderait-il de comprendre comment sont nés les poèmes d'Homère ? Oui, répondait-il. Cependant il admet que la question d'Homère reste ouverte. En d'autres termes, la célèbre « commission d'experts orphiques et pythagoriciens installée par Pisistrate pour rassembler les rhapsodies éparpillées » n'a guère été capable de produire plus que Lönnrot, incapable de produire par elle-même des travaux tels que l'*Iliade* et l'*Odyssée*. Par conséquent, en conclusion, il y a bien dû y avoir un Homère. Ce qui conduit à dire que l'idée conventionnelle du génie épique reste un mystère même pour le philologue comparatiste. Mais Comparetti est prompt à montrer que ces experts n'étaient pas des savants au sens actuel, ils appartenaient à une époque où mythe, poésie et création intellectuelle ne faisaient qu'un.

Il aurait mieux valu peut-être prendre la question par l'autre bout. En supposant que Lönnrot aurait été lui-même une sorte d'« orphique et pythagoricien » au sens ancien, ne pourrait-il pas avoir produit une meilleure reconstruction que le très intelligent rapiéçage auquel il devait se limiter ? N'était-il pas gêné par son ignorance du contexte archaïque ? Firdausi en fait *connaissait* les doctrines astrologiques au travers desquelles ses sources éparpillées trouvaient une cohérence, et c'est sans doute ce qui lui permit de réunir son *Shāh-nāma* dans un véritable ensemble. Lönnrot ne le fit pas, mais les « chansons courtes » de la tradition paysanne finnoise étaient beaucoup trop éloignées de la pensée originelle pour que quelqu'un puisse la faire revivre. Ses successeurs qui découvraient un déroutant nombre de variantes à chaque simple rune ont laissé intacte la confusion. Au lieu de contraindre le volumineux rapiéçage à rentrer dans un ensemble arbitraire, les « Compagnons du folklore finnois » (F.F. pour raccourcir) ont adopté la mythologie comparée, le seul moyen par lequel on peut en fait établir un ordre.

En ce qui concerne Homère et les présupposées rhapsodies homériques, c'est un terrain dangereux. Pas tant parce que Homère appartient en propriété libre à la redoutable compagnie des savants homériques, Comparetti en qualité de membre respectable de la compagnie a pu proposer des variantes, mais essentiellement parce qu'il ne convient pas d'essayer de réduire à un « schéma » ce qui reste un prodigieux et subtil travail artistique, dont la limpidité et le caractère immédiat ne doivent pas être altérés. C'est malheureusement un préjugé courant de faire des déductions à partir des allusions hautement théoriques contenues dans le texte, ce qui réduit celui-ci à une énigme hors de propos, tandis que, par exemple, le *Catalogue des Navires* étudié littéralement révèle des beautés cachées au lecteur. C'est assez de suggérer ici que Homère trouva à sa portée des matériaux préexistants, des blocs équarris et des pierres bien taillées, qu'il transforma en poésie. L'un de ces morceaux préfabriqués, la malédiction de la Meunière, est situé dans le chapitre IV, et on en témoignera à nouveau ultérieurement. L'habileté d'Homère repose réellement dans sa capacité à reformer et humaniser ces matériaux si bien qu'ils deviennent discrets. Dans le cas des tragédies grecques, on en connaît plus grâce à Apollodore. Sa *Bibliothèque* de mythes, avec le supplément des merveilleuses notes de Frazer, montre que la *Bibliothèque* fournissait le « recueil » pour chaque tragédie, ceux que nous avons et ceux qui sont perdus, ceux qui sont écrits et ceux qui ne l'ont jamais été. Cependant Eschyle ou Sophocle décidèrent d'en transformer le sens pour en faire une œuvre d'art.

Beaucoup plus près et mieux connues sont les sources de la *Divine Comédie*, histoire, philosophie et mythe, mesures et intervalles qui fournissent une structure virtuellement complète sans discontinuités. Cependant, à cause de cela, Dante n'en est que plus un vrai créateur. Évidemment, c'est la notion même de « poète », *poiètès*, qui doit être redéfinie en se rapprochant des sources traditionnelles. *Veteres docti poetae,* comme dit Ovide, lui-même pas le moindre d'entre eux. « Instruit » est le mot-clé, pas en métaphores ou allégories théoriques, mais dans les substances vivantes de la doctrine mythique.

Mais ici à nouveau l'usage courant est trompeur. Aujourd'hui un homme instruit est d'habitude quelqu'un qui comprend ce qui l'entoure. Dante était certainement ainsi. Mais était-ce le cas jadis ? Il y a des raisons d'en douter. Une doctrine ésotérique, ainsi que définie par

Aristote, est apprise longtemps avant d'être comprise. Une bonne partie de l'éducation des écoliers chinois, jusqu'à une période très récente, était dispensée de la sorte. La compréhension restait quelque chose d'à part. Cela pouvait ne jamais venir du tout, et au mieux venir lorsque l'enseignement était complètement achevé. Il y avait d'autres voies.

On peut donner un cas extrême avec Rome. Athénée[115] dit qu'il existait un mime très applaudi, du nom de Memphis, dont on disait que dans une courte danse il exprimait parfaitement toute l'essence de la doctrine pythagoricienne. On ne dit pas qu'il la comprenait : il pouvait en avoir le pressentiment, mais le reste était dû à son sens extrêmement aigu de l'expression. Il avait, pour ainsi dire, une compréhension morphologique qu'il pouvait seulement exprimer en action. Son public ne comprenait sûrement pas plus que lui : mais il était un juge strict et impitoyable. *Dictum sapienti sat*, aurait dit le sage. Mais ici même le mot manquait. Ses spectateurs criaient frénétiquement malgré tout, dans leur propre langage populaire : « Tu me plais, Jack. » Et pour la plus légère erreur par rapport à la forme exacte, ils étaient prêts à jeter des œufs et des tomates trop mûres. Voici un cas de communication véritable qui ne nécessite pas de compréhension. Cela prend place seulement au travers de la forme, *morphè*. Dans les rites mystérieux, il y avait des choses qui « pouvaient ne pas être dites » *(arrhèta)* mais seulement être vécues.

De tels événements doivent être gardés à l'esprit quand on essaie de déterminer à quel point le poète comprenait l'information qu'il avait à sa disposition. Une incompréhension créative peut avoir été de l'essence de sa « liberté » : mais le strict respect était là malgré tout. La rune de l'« origine du fer » (la neuvième du Kalevala) était incompréhensible pour le *laulaja*, cependant il savait qu'il avait à réciter cette « origine profonde » pour contrôler les pouvoirs mortels du fer froid. Magie et insinuations prophétiques étaient toujours présentes dans le travail menaçant du forgeron, comme elles l'étaient dans le travail élevé du poète. La compréhension se tenait au-delà d'eux.

Chaque époque, naturellement, a librement inventé ses propres ballades, romances, chansons et fables pour se divertir. C'est un autre sujet. Ceci concerne le poète, *poiètès*, comme il était compris aux premiers temps. Il y avait un complexe originel de sens qui comprenaient les mots poète, *vates*, prophète. Chaque savoir et loi, écrivait Vico[116] dans un éclair de génie il y a deux siècles, doit avoir une fois été « poésie sérieuse », *poesia seriosa*. C'est dans ce sens qu'Aristote à une époque sophistiquée se réfère encore respectueusement au « grave témoignage des poètes ».

Maintenant que ces documents des premiers âges de l'écriture sont disponibles, on est frappé par une caractéristique complètement inattendue. Ces premiers prédécesseurs, au lieu de passer leurs caprices avec une liberté semblable à celle des enfants, se comportent comme des commentateurs inquiets et remplis de doute : ils essayent toujours une exégèse d'une tradition vaguement comprise. Ils se déplacent parmi les termes techniques dont le sens est à moitié perdu pour eux, ils s'arrangent avec les mots qui apparaissent sur ce tout premier horizon déjà « chancelant avec l'âge » comme le dit J. H. Breasted, des mots destinés bientôt à disparaître de notre connaissance. Longtemps avant que la poésie puisse commencer, il y eut des générations d'étranges écoliers.

Les experts ont noté l'incertitude prévalant dans la succession des textes anciens, les tentatives pour en établir les noms corrects et leur signification à partir de formules obsolètes et d'idéogrammes. S. Schott, traitant des premières listes des étoiles en Égypte[117], signale la perplexité des dernières générations concernant les noms des constellations même celles des « plus grands dieux des décans, Orion et Sothis, qui dans l'ancienne Égypte sont appelés par les noms des anciens hiéroglyphes, sans que personne ne sache, dans les temps historiques, ce que ces hiéroglyphes avaient pu signifier. Durant toute la longue histoire de ces noms nous rencontrons des essais d'interprétation. » Cette dernière phrase vaut pour chaque texte ancien, pas seulement pour les noms contenus dans ce cas : il n'y a pas de fin aux commentaires sur les *Textes des Pyramides*, les *Textes sur les Sarcophages* et le *Livre des Morts*[118], sur le *Rg-Veda*, le *I-Ging*, ni sur l'Ancien Testament[119]. W. von Soden regrette que nous dépendions des documents de la « renaissance de la culture sumérienne » (environ 2100 av. J.-C.) au lieu d'avoir le véritable ancien document à notre disposition[120]. Le simple fait que le sumérien était le langage des Babyloniens et des Assyriens instruits, l'existence de nombreux « dictionnaires » sumérien-akkadien et les nombreuses traductions de l'épopée de Gilgameš témoignent de l'activité de plusieurs académies responsables pour l'édition de textes officiellement reconnus. On peut presque voir les savants s'interrogeant de façon sourcilleuse sur les textes. Et au Mexique, ce fut la même chose. Dans le *Memorial Breve* de Chimalpahin, nous trouvons des notes telles que « Dans l'année « maison 5 » certains hommes âgés interprétaient quelques pictographes pour dire que le roi Hueymac de Tollan (la mythique cité de l'Âge d'or) était mort[121]. » Cela se passait avant la venue des Espagnols. La « Renaissance » grecque, pas moins que celle des millénaires précédents au Proche-Orient, fut le résultat d'un effort semblable dans l'Antiquité. Hésiode en porte encore la marque.

Ces quelques notions doivent être présentes dans toutes les idées au sujet de la « transmission ». Celle-ci n'implique pas nécessairement « compréhension » de la part de ceux qui transmettent, et ceci est vrai depuis les premiers âges jusqu'aux chanteurs contemporains. Comme il a été noté, il est facile de glisser dans l'histoire littéraire ordinaire si les origines ne font pas l'objet d'une sérieuse investigation. Est-ce que le récit du Sampo a un plus large intérêt que cela ? Quelques beaux motifs cosmiques éparpillés dans des récits de magie pourraient avoir atteint la Finlande au travers des « corridors du Temps » depuis d'autres cultures sans que quelque signification y soit attachée. Bref, tout pourrait être « de la poésie populaire » au sens habituel.

Les rédacteurs du *Kalevala* eux-mêmes décrivaient avec insistance le contexte comme « chamanistique » par lequel ils comprenaient simplement quelque sorte de « religion » primitive. Cela correspondait dans leur esprit à la magie primitive, instinctive que l'on trouve dans les cinq continents, associée avec l'« homme-médecine » tribal. Ensuite vint Frazer pour introduire le clivage entre « magie » et « religion » comme des formes distinctes, pour compliquer davantage la question. Le chamanisme restait jusqu'à récemment un slogan de sorte incertaine, un mot-valise pour spécialistes, une notion vague pour le public, de la sorte qui donne à chacun l'impression plaisante de comprendre tout ce dont il s'agit, comme cet autre trop célèbre terme, *mana*. L'un des auteurs de ce livre veut admettre de façon désabusée qu'il insista autrefois sur la parenté de Pythagore et Épiménide avec les chamanes thraces, avec juste ce qu'il fallait de réflexion pour montrer qu'il y avait beaucoup, chez eux tous, de l'éternel homme-médecine[122]. C'était il y a plusieurs années et cela semblait correspondre à l'état de la question. Ce n'est plus le cas. Avoir découvert qu'il n'est pas admissible d'utiliser ce terme de façon générale revient au mérite de la courte mais dense et logique étude de Laszlo Vajda sur le sujet[123]. Vajda a montré qu'aucun verdict historique fondé sur de telles généralités n'est valide. Il est inadmissible de réduire le chamanisme aux souvenirs des *angekoks* eskimo ou à une « technique de l'extase provoquée », ou de le dériver de tel phénomène de l'Asie du Nord où, indéniablement, cette sorte particulière d'étrangeté est encouragée.

« Chamane » est un mot toungou. Le chamanisme a son épicentre en Asie Oural-Altaï, mais c'est un très complexe phénomène de *culture* qui peut-être expliqué ni par les psychologues ni par les sociologues, mais seulement par la voie de l'ethnologie historique. Pour faire court, un chamane est élu par les esprits, ce qui veut dire qu'il ne peut pas choisir sa profession. Les épileptiques et les personnes mentalement un peu dérangées sont des candidats évidemment privilégiés. Une fois élu, le futur chamane va à l'« école ». Les chamanes plus âgés lui apprennent son métier, et il est accepté seulement après la cérémonie qui conclue son éducation. La véritable initiation chamanistique de l'âme se produit dans le monde des esprits, tandis que son corps repose inconscient sous sa tente durant des jours, et démembre le candidat de la manière la plus drastique et minutieuse et le recoud après avec du fil de fer, ou le reforge, de telle sorte qu'il devient un nouvel être capable de faits qui vont au-delà de l'humain. Les devoirs d'un chamane sont de guérir les maladies qui sont causées par des esprits hostiles qui ont pénétré le corps du patient, ou qui se produisent parce que l'âme a quitté le corps et ne peut retrouver la voie pour le réintégrer. Souvent le chamane est responsable de guider les âmes des morts jusqu'à leur demeure, comme aussi il escorte les âmes des animaux sacrifiés vers le ciel. Son aide est nécessaire aussi, lorsque la saison de la chasse est mauvaise ; il doit découvrir où est le problème. Dans le but de découvrir toutes choses qu'on attend qu'il connaisse, le chamane doit monter au ciel le plus haut pour obtenir l'information de son dieu, ou aller dans le monde souterrain. Sur son chemin il doit combattre des esprits hostiles, et/ou des chamanes rivaux, et il y a de terribles duels. Les deux combattants ont avec eux leurs esprits sous forme d'animaux qui les aident, et beaucoup de changements de forme se produisent. En fait, ces duels fantastiques constituent la masse des histoires des chamanes. Les derniers accents sont appelés « vols magiques » dans les contes. L'âme du chamane s'élève au ciel quand il est en état d'extase ; afin de se mettre dans cet état, il a besoin de son tambour qui lui sert de « cheval », la baguette de tambour qui lui sert de « fouet »[124].

Or le « cadre » dans lequel s'exercent les actes propres du chaman, c'est-à-dire la conception du monde du chamanisme de l'Oural-Altaï, a été retrouvé en Inde (sous ses aspects hindouistes et bouddhistes, incluant le lamaisme tibétain et le Bön-po) aussi bien qu'en Iran. Quand on lit les nombreux volumes de Radloff, on se heurte à chaque instant à des Bodhisatvas insuffisamment déguisés (Manjirae = Mañjuśrī ; Maiterae, ou Maidere = Maitreya, etc.), mais le document le mieux organisé a été fourni par Uno Holmberg (Uno Harva)[125], qu'on a noté ici et qui le sera fréquemment.

Cette conception du monde, cependant, avec ses trois « domaines », avec sept ou neuf ciels, l'un par-dessus l'autre, et avec des « mondes souterrains » correspondants, avec le « pilier du monde » courant à travers tout le système, couronné par le « Clou du nord », ou le « Clou du Monde » (Polaris c'est-à-dire l'Étoile polaire), va plus loin en arrière que les cultures indienne et iranienne. Elle renvoie au plus ancien Proche-Orient, d'où l'Inde et l'Iran tirèrent leur idée d'un « cosmos » (un concept loin d'être évident). Le chamane grimpant les « escaliers » ou entailles de son poteau ou arbre, prétendant que son âme monte en même temps jusqu'au ciel le plus haut, fait exactement la même chose que ce que faisait le prêtre mésopotamien quand il montait au sommet de sa pyramide à sept degrés, la ziggurat, représentant les sphères planétaires[126]. Depuis le majestueux temple de Borobudur à Java jusqu'aux gracieux *stupas* qui parsèment le paysage indien se déploie un souvenir schématique des sept ciels, les sept entailles, les sept niveaux. Uno Holmberg dit : « Ce modèle des sept niveaux peut à peine être imaginé comme l'invention des populations turko-tatar. Pour le chercheur, l'origine des dieux gouvernant ces différents niveaux n'est pas un mystère, car ils désignent clairement les dieux planétaires de Babylone, qui, déjà à leur origine très éloignée, régnaient sur sept cercles étoilés superposés[127]. » C'était aussi la conclusion retenue, il y a des années, par Paul Mus. Avoir qualifié cette conception de plusieurs ciels et mondes souterrains de prélogique et donc primitive était une grave bévue qui déforma la perspective historique des derniers deux siècles. Cela provient du fait que les philologues et les orientalistes ont perdu tout contact avec l'imagination astronomique, ou même les fondamentaux de l'astronomie. Quand ils trouvent quelque chose qui tient indéniablement du savoir astronomique, ils trouvent le moyen de le qualifier de « pensée prélogique » ou quelque chose comme cela.

Mais même en dehors de la céleste « échelle » et du voyage au ciel de l'âme du chamane, un examen attentif des items des chamanes révèle toujours les anciens modèles. Par exemple, le *tambour*, le plus puissant instrument du chamane, représentant l'Univers, d'une façon spécifique est sans erreur le petit-fils du tambour *lilissu* de bronze du prêtre Kalu mésopotamien (responsable pour la musique et le service du dieu Enki/Ea)[128]. Le *dessus* du tambour *lilissu* doit provenir d'un taureau noir, « qui représente le Taureau au ciel » dit Thureau-Dangin[129]. Allant plus loin, W. F. Albright et P. E. Dumont[130] comparaient le sacrifice du taureau mésopotamien, dont la peau devait recouvrir le tambour *lilissu*, avec l'Ashvamedha indien, le sacrifice d'un énorme cheval que seulement le roi le plus couronné de succès pouvait s'offrir. Ils trouvèrent que le cheval indien doit avoir le *Krittika*, les Pléiades, sur son front, et c'est aussi, selon Albright, ce que prescrit le texte akkadien concernant le taureau. Ce devrait être suffisant pour montrer le *niveau* de phénomènes qui entrent en jeu.

Frapper le tambour recouvert de cette peau spécifique du taureau signifiait un contact avec le ciel à son point le plus important, et à l'Âge du Taureau (vers 4000-2000 av. J.-C.), c'était aussi explicitement dit représenter Anu, maintenant fortuitement identifié comme « Dieu du Ciel ». Mais Anu était une entité plus précise. En écriture cunéiforme, Anu est écrit avec une forme de coin, qui compte pour le nombre 1 et aussi pour 60 dans le système sexagésimal (les pythagoriciens auraient dit : il figure le Un et la Dizaine). Tout ceci ne signifie pas quelque symbolique ou mystique, ni quelque quantité ou qualité magiques, mais la mesure du temps fondamental des événements célestes (c'est-à-dire des mouvements)[131]. Frapper le tambour était impliquer (cette fois, magiquement) le Temps et l'Espace essentiels dans le ciel.

Il n'est pas clair de savoir si les chamanes sibériens étaient ou non encore conscients de ce passé. La somme du savoir très pertinent sur les étoiles collecté par Holmberg et les innombrables personnages de caractère définitivement astronomique trouvés sur les tambours chamaniques pourraient très bien signifier qu'ils disposaient de bien plus de perspicacité que ce que les ethnologues leur attribuent. Mais ceci est hors de propos pour l'instant. Ce qui est évident et à-propos est que les chamanes sibériens n'ont pas *inventé* le zodiaque, et tout ce qui va avec lui.

Il n'y a pas besoin d'une inspection détaillée des tambours mythiques chinois, simplement quelques lignes d'un *Océan d'Histoires* :

Dans la mer Orientale, fut trouvé un animal qui ressemble à un bœuf. Son aspect est vert et il n'a pas de cornes. Il a seulement un pied. Quand il se déplace dans l'eau ou hors d'elle, il produit du vent ou de la pluie. Son éclat est semblable à celui du soleil et de la lune. Le bruit qu'il fait est comme celui du tonnerre. Son nom est K'uei. Le grand Huang-ti, l'ayant capturé, fit un tambour à partir de sa peau[132].

Cela ressemble à première vue à la description d'un ancien cas *de delirium tremens*, mais le contexte le rend assez discret. C'est une sorte d'Histoire naturelle contre-nature qui ne s'attache pas beaucoup aux êtres vivants, mais traite des événements depuis un autre monde. On peut, en particulier, suivre la trace de L'Être à Une Jambe au travers de nombreuses apparences commençant avec le Hunrakán des Mayas, dont chaque nom signifie « unijambiste ». De là vient notre « ouragan » et ainsi il n'est pas étonnant qu'il dispose très largement du vent, de la pluie, du tonnerre et des éclairs. Mais il n'est pas pour tout cela un simple dieu du climat, car il est un aspect de Tezcatlipoca lui-même et le vrai originel UniPied qui regarde vers le bas depuis le ciel étoilé. Son nom n'est tout de même pas bien choisi.

Et ainsi nous revenons par des chemins inattendus aux tambours mythiques et à leur usage imaginable. On pourrait trouver beaucoup plus en explorant cette incroyable mine sur la pensée archaïque miraculeusement préservée parmi les peuples mande de l'Ouest soudanais[133]. Dans le vaste et complexe mythe de la création des Mande, il y a deux tambours. Le premier fut apporté depuis le ciel par l'ancêtre des bardes, peu après que l'Arche (avec les huit ancêtres jumeaux) ait atterri sur le champ primitif. Ce tambour fut fabriqué à partir du crâne de Faro et était utilisé pour produire de la pluie. (Les experts dénomment habituellement Faro « le Moniteur », évitant ainsi de se tromper d'étiquette qui le désignerait comme héros culturel, sauveur ou dieu.) Le premier sanctuaire fut construit, et la « Première Parole » révélée (elle comprenait 30 mots) à l'humanité par la bouche de l'un des ancêtres jumeaux, qui « parlait toute la nuit, cessant seulement quand il vit le soleil et Sirius s'élevant en même temps ». Quand la « Seconde Parole » dut être révélée (comprenant 50 mots cette fois), et connectée à nouveau avec le lever héliaque de Sirius, l'ancêtre « décida de sacrifier dans le sanctuaire sur la colline les premiers jumeaux de sexes opposés. Il demanda au barde de fabriquer un tambour à bras avec la peau des jumeaux[134]. L'arbre dans lequel il sculpta le tambour poussait sur la colline et symbolisait la seule jambe de Faro[135]. »

Ici à nouveau on trouve d'importants personnages unijambistes, dont le nombre est étonnant partout dans le monde avec des fonctions diverses. Il n'est pas nécessaire de pénétrer dans cette jungle, excepté pour noter que le temporaire faux roi de Siam, qui était installé pour les cérémonies expiatoires annuelles, devait aussi se tenir sur une jambe sur un dais d'or durant toutes les cérémonies du couronnement, et il avait le titre qui sonnait bien de « Seigneur des Armées célestes[136] ». Le Chinois K'uei n'est donc pas un personnage isolé. Le mythe chinois est plus explicite que les autres et devient plus compréhensible parce que les Chinois étaient extrêmement conscients de l'importance du ciel. Leurs monstres coupables sont jetés dans des fosses ou bannis vers d'étranges régions montagneuses pour le péché d'avoir bouleversé le calendrier.

K'uei lui-même, présenté de façon engageante comme une créature ressemblant à un bœuf vert de la mer Orientale, va révéler sa nature de façon surprenante. Marcel Granet écrit que l'empereur Shun fit de K'uei un « maître de musique », en fait ordonna à une puissance pas moindre que le Soleil (Chong-li) d'aller le chercher dans la brousse et de l'amener à la cour, parce que K'uei seul avait le talent de mettre en harmonie les six flûtes et les sept modes, et Shun, qui voulait apporter la paix à son empire, était fidèle à l'opinion que « la musique est l'essence du ciel et de la terre »[137]. K'uei pouvait aussi faire danser les « cent animaux » en touchant la pierre musicale, et il aidait Yü le Grand, cet infatigable voyageur terrestre parmi les cinq premiers empereurs, à accomplir son travail de « régulation » des rivières. Et K'uei était non seulement Maître de la danse, mais aussi Maître de la forge. Il fut un remarquable compagnon pour Yü le Grand, dont le modèle de danse (le Pas de Yü) « concurrençait » la Grande Ourse[138].

C'est assez des tambours et de leur usage chamanique. Au moins ils ont cessé d'apparaître comme de simples tam-tams tribaux. Ils sont en relation avec le temps, le rythme et le mouvement dans le ciel.

Déplaçons nous maintenant vers un autre grand thème, et même un très grand, il est possible de retrouver la signification du *forgeron* dans le chamanisme asiatique, particulièrement le forgeron céleste qui est l'héritier légitime du divin « architecte » du cosmos. Plusieurs représentants de ce type que nous appelons *Deus Faber* ont encore deux fonctions, celles d'architecte et de forgeron en même temps. C'est le cas du Grec Héphaïstos, qui construit les maisons étoilées pour les dieux et forge les chefs-d'œuvre, et le Koshar-wa-Hasis de Ra Shamra, qui construit le palais de Ba'al et forge aussi des chefs-d'œuvre.

Les Yakoutes prétendent : « Forgeron et chamane viennent du même nid » et ils ajoutent : « Le Forgeron est le plus ancien frère du chamane[139] », ce qui pourrait être valable aussi pour Vaïnämöinen, couplé avec Ilmarinen, dont on dit qu'ils ont « martelé ensemble le toit du ciel ». C'est le Forgeron primitif qui fabriqua le Sampo, ainsi que nous l'avons vu, et forgea le ciel et les astres en Estonie. On est en droit de penser que le représentant du forgeron céleste, le roi, puisse lui-même être fréquemment intitulé « Forgeron ». Genghiz Khān avait le titre de « Forgeron »[14] et la bannière de l'Empire perse était le tablier de cuir stylisé du forgeron Kavag (annexe 11). Les empereurs mythiques chinois Huang-ti et Yü sont de tels infaillibles forgerons que Marcel Granet en tira sans cesse des conclusions historico-sociologiques, oubliant que Huang-ti, l'Empereur Jaune, est reconnu comme étant Saturne. Et de même que les Shāh persans tenaient leur fête du jubilé royal après avoir régné trente ans, ce qui est la durée de révolution de Saturne, aussi le pharaon égyptien célébrait son jubilé après trente ans, fidèle à l'« inventeur » de cette fête, Ptah, qui est le Saturne égyptien, et aussi le dieu Faber. Il était nécessaire de pénétrer ce sujet très en profondeur et d'insister sur tous ces points parce qu'autrement les charmantes et apparemment inoffensives runes finnoises n'auraient pas été vues pour ce qu'elles sont, les fragments bien endommagés de ce qui autrefois constituait un tout, un « couvercle multicolore ». Il n'y a pas de mal à faire de Vaïnämöinen un « chamane » aussi longtemps que l'on reste conscient du contexte du chamanisme. En fait, on approfondit la question quand on se rend compte que Vaïnämöinen a abandonné le tambour qui reste le seul instrument de ses cousins lapons ; il a créé la harpe, et ceci signifie qu'il doit être considéré comme l'Orphée du Nord.

On ne reconnaît pas aisément la tradition. Cela demande de l'expérience, et on ne peut s'attendre à ce qu'un lecteur de « poésie populaire » qui ne se doute de rien repère des personnages divins bien connus quand ils vont leur chemin habillés selon la métrique de Longfellow[141]. Par exemple en lisant le *Kalevala* 9.107 sq, il n'est pas facile de découvrir le puissant dieu du Temps iranien Zurvan akarana, qui est représenté se tenant sur l'œuf du monde, portant dans ses mains les outils de l'architecte :

> Alors naquit le forgeron Ilmarinen
> De cette façon naquit et de cette façon fut éduqué
> Né sur une colline de charbon de bois,
> Élevé sur une plaine de charbon de bois,
> Dans ses mains un marteau de cuivre,
> Et ses petites pinces de même.
> Ilmari naquit la nuit,
> Et le jour il construisit sa forge.

Parce que la Chrétienté a bien réussi à détruire les anciennes traditions, on trouve souvent des survivances traditionnelles altaïques et sibériennes bien plus compréhensibles que les runes finnoises, mais même les Lapons parlent encore de *Waralden olmay*, « l'Homme Monde » et c'est le même que Saturne[142]. Ni Jupiter ni Mars ne sont absents, le premier étant appelé Hora Galles (Thorkarl), le second Bieka Galles, l'« Homme Vent »[143]. Vogoules, Yakoutes et Mongols parlent des sept fils de Dieu, ou sept dieux (ou neuf), parmi lesquels sont un « Homme Scribe »[144], et un « Homme observateur du Monde ». Ce dernier a été comparé immédiatement avec Kullervo par Karl Kerényi[145] qui prétend que son nom est la traduction littérale de *Avalokiteśvara*, le très grand Bodhisatva, connu en Chine comme Kuan-yin, littéralement « digne des modes (musicaux) ». On se demande si cet « Observateur du Monde » ne remonte pas plus loin à Gilgameš. Nous devons garder à l'esprit que les Babyloniens appelaient leurs textes d'après les mots du début du texte ; par exemple, ils appelaient l'Épopée de la Création *Enūma eliš*, c'est-à-dire « Quand au-dessus » ; ainsi, ce que nous appelons l'épopée de Gilgameš était pour eux *Ša naqba īmurū*, « Qui vit tout ». Tels sont les étonnants changements qui retentissent au cours du temps sur les grands thèmes familiers. Et il y a plus. En fait, quand il était encore jeune, ce Vogoulien « Homme observant le Monde », Avalokiteśvara lui-même, cette grande et vénérée divinité des pays bouddhistes, était, comme Kullervo, un orphelin très tourmenté, d'abord dans la maison de son oncle, ensuite dans celle du « Russe » et dans celle du « Samoyède ». Après des années de misère, une très spécifique misère « maîtrisée »[146], il tue tous ses tourmenteurs. La revanche qu'il prend est pour lui-même, car son père, qui avait descendu son fils bien-aimé dans son berceau depuis le ciel, était resté dans le ciel.

Ces indications suffiront pour l'instant. Il n'importe pas ici de savoir si des parties ou même l'ensemble de la tradition cosmologique vint tardivement jusqu'aux populations oural-altaïques, c'est-à-dire si le manichéisme eut une part dans leur propagation. Les manichéens prirent la succession de tout le paquet des anciennes traditions, changeant seulement les signes, comme il se produit avec chaque système gnostique. Les gnostiques n'ont jamais été du genre inventif. Leur titre même, dérivé du mot clé, donne la combinaison, *gnòsis tès hodou* = connaissance du chemin. Le « Chemin » qui devait être appris par cœur est celui qui conduit vers l'extérieur et vers le haut au travers des sphères planétaires, au-delà des menaçantes « tours de guet » du zodiaque jusqu'à la Lumière recherchée hors du temps, au-delà de la sphère des étoiles fixes, au-dessus de l'étoile Polaire : au-delà et au-dessus de tout, où le dieu inconnu *(agnostos theos)* réside éternellement[147].

Ce « Chemin » n'est pas exactement le même pour tout le monde, et les plus grandes routes ne sont pas éternelles, mais le principe reste inchangé. Le chamane voyage à travers les cieux tout à fait de la même manière que le faisait le pharaon, bien équipé avec le texte de sa Pyramide ou le Texte de son Sarcophage, qui représentaient son indispensable emploi du temps et contenaient les adresses fixes de chaque individu céleste qu'il devait s'attendre à rencontrer[148]. Le pharaon comptait sur son texte particulier comme le moins distingué des morts comptait sur sa copie de chapitres du *Livre des Morts*, et il était préparé (comme l'était le chamane) à changer de forme en serpent Sata, un scolopendre, ou bien en toute forme de « condition » céleste par laquelle il fallait passer, et à réciter les formules appropriées pour dominer les êtres hostiles[149].

Pour résumer, que le chamanisme soit un ancien ou relativement jeune rejeton de l'ancienne civilisation est hors de propos. Il n'est pas primitif du tout, mais il appartient, comme toutes nos civilisations, à la vaste assemblée des héritiers ingrats de quelque presque incroyable ancêtre du Proche-Orient, qui le premier osa comprendre le monde comme créé selon le nombre, la mesure et le poids. Si les runes finnoises et les légendes altaïques semblent plutôt inoffensives, de même le sont les traditions populaires de la plupart des pays européens, Grèce comprise : ces sortes de mythologie racontées par Bulfinch[150]. Mais ici il y a pour le moins d'autres traditions moins populaires qui ont davantage préservé l'esprit sévère et le style des anciennes traditions. Ainsi le treizième Hymne orphique à Cronos s'adresse au dieu comme « Père des dieux bénis aussi bien que de l'homme, toi aux formes changeantes... puissant Titan qui dévores tout et l'engendres de nouveau (litt. : « toi qui consommes tout et le fait grandir au contraire de toi-même »), toi qui tiens l'indestructible lien selon l'*apeiron*[151] (illimité) commandement d'Aiòn, Cronos père de tous, Cronos à l'esprit rusé, descendant de Gaia et du stellaire Ouranos... vénérable Prométhée ». De tels propos apportent soudainement une information qui sort des modèles habituels et montre les pensées véritablement professionnelles de l'ancienne mythologie, élaborant leurs théorèmes. Le seul attribut conventionnel est « Fils d'Ouranos et de Gaia ». Cronos est qualifié de titan, et non de « dieu », mot qui appartient à proprement parler à la génération de l'Olympe, tandis que l'empire de Saturne n'est pas de « ce monde », pas plus que celui de l'Indien Asura et celui du roi du Kṛta-Yuga d'or, Varuṇa : et l'on trouva encore la formule dans le médiéval « Kaiser-Sage ». À la fin du règne de Thidrek (Théodoric) lorsqu'il restait seulement des cadavres, un nain apparaît et demande au roi de le suivre : « Ton empire n'est plus de ce monde[152]. » Plus inexplicable, Cronos « est » cet autre titan, Prométhée, cet autre adversaire des « dieux », celui qui allume le Feu. Il « est » beaucoup plus de personnages, aussi, mais cela prendra quelque temps à l'éclaircir. Nous sommes au cœur de la « complexité ».

« Celui qui tient le lien indestructible », l'Assyrien Ninurta, aussi, tient « le lien entre le ciel et la terre ». Nous entendrons aussi une invocation magique (voir p. 188) qui s'adresse à Cronos comme « fondateur du monde dans lequel nous vivons ». Ces mots sont, cependant, insuffisants et ambigus. Non seulement ce sont des traductions généralement imprécises, mais à notre époque de déclin accéléré du langage, même le lecteur le mieux intentionné est susceptible de négliger de tels mots que « lien » ou « fonder ». Si au lieu de cela il lisait « à l'échelle d'un pouce » et « faire des mesures », une fondation divine est chaque fois un « *temenos* »[153], il réagirait rapidement d'une manière différente. Cronos-Saturne a été et reste le seul qui possède l'« échelle d'un pouce », qui donne les mesures, de façon continue, car il est l'« initiateur du temps », comme le dit Macrobe, bien que le pauvre homme le confonde avec le soleil pour cette même raison[154]. Mais « Hélios le Titan » n'est pas Apollon, tout à fait explicitement.

À part cela, à part aussi le rapport de Plutarque, selon lequel Cronos, dormant dans cette caverne d'or en Ogygie, rêve de ce que Zeus est en train de planifier[155], il y a un fragment orphique du plus grand intérêt, préservé dans le commentaire de Proclus sur *Le Cratyle*[156] de Platon. Le texte orphique étant du genre difficile, nous ne citerons seulement que quelques phrases :

> Le très grand Cronos de là-haut donne les principes d'intelligibilité au Démiurge (Zeus), et il préside à toute la « création » *(demiourgia)*. C'est pourquoi Zeus l'appelle « Démon » selon Orphée, disant : « Met en mouvement notre genre, excellent Démon ! » Et Cronos semble avoir avec lui les plus hautes raisons de connexions et de séparations... Il est devenu la cause de la continuation de la procréation et de la propagation et la tête de tout le genre des Titans dont est originaire la division des êtres *(diairèsis tòn ontòn)*.

Le passage se termine ainsi :

> Nyx lui aussi lui fait des prédictions (mais occasionnellement) tandis que le père fait ainsi sans s'interrompre *(prosechòs)* et il lui donne toutes les mesures de l'ensemble de la création[157].

Ces mêmes phénomènes qui semblent simplement plats et enfantins, simplement « étymologisant », lorsqu'ils sont traités par d'autres, paraissent extrêmement difficiles, ce qu'ils sont de fait quand ils sont traités par Proclus. Ainsi comparons brièvement avec la façon dont Macrobe traite de la responsabilité de Cronos pour la « division des êtres » (*Sat.* 1.8.6-7). Après avoir mentionné l'identification banale de Cronos (Saturne) et de Chronos (le Temps), si souvent contestée par les philologues, Macrobe déclare :

> Ils disent que Saturne coupa les parties privées de son père Caelus (Ouranos), les jeta dans la mer, et d'elles naquit Vénus qui, d'après l'écume dont elle fut formée, accepta le nom d'Aphrodite. De ceci ils concluent que, quand il y avait le chaos, le temps n'existait pas, dans la mesure où le temps est une mesure établie dérivée de la révolution du ciel. Le Temps commence là ; et de ceci on croit qu'il est né Cronos, qui est Chronos, comme nous l'avons dit précédemment (voir annexe 12)[158].

Le fait est que la « séparation des parents du monde » accomplie au moyen de l'émasculation d'Ouranos signifie l'instauration de l'obliquité de l'écliptique : le commencement du temps mesurable. Le même

CHAMANES ET FORGERONS

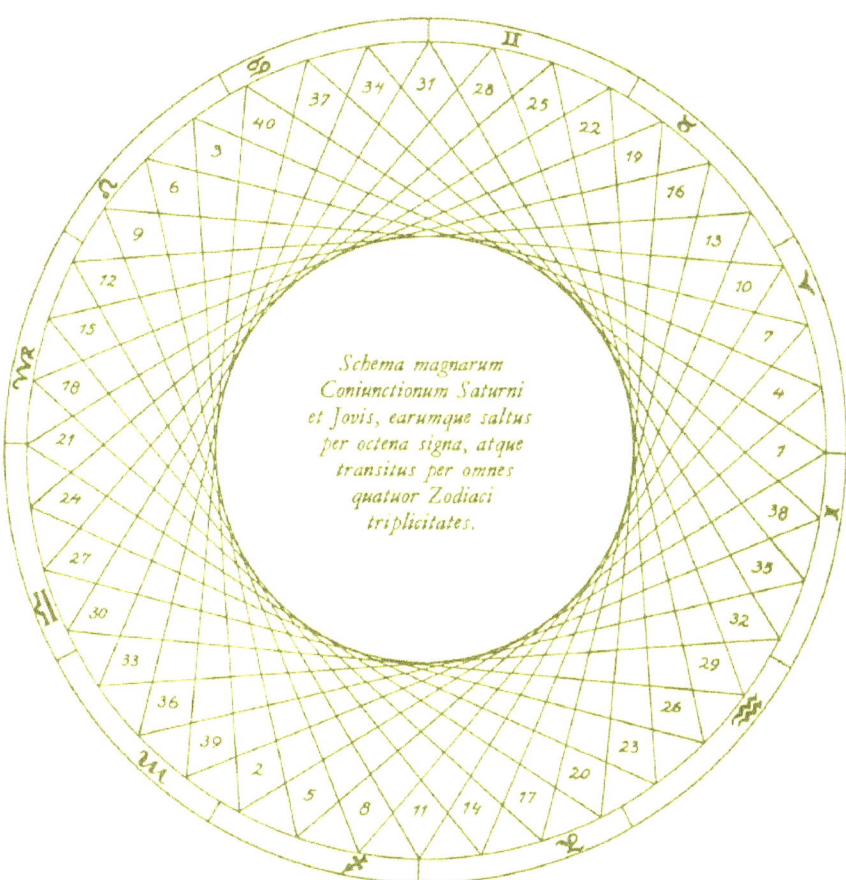

Comment Cronos, continuellement, donne à Zeus
« toutes les mesures de toute la création » :
La présentation de Kepler du trigone construit
par les Grandes Conjonctions de Saturne et de Jupiter
chaque vingt années. Le mouvement de ce trigone,
le long des signes du zodiaque sous-divisait le cycle
de la Précession, agissant comme une sorte de vernier
pour ce grand cycle. Pour faire le tour de tout
le zodiaque, il prend un angle du trigone,
approximativement 2400 ans ; pour se déplacer
depuis un signe d'une division ternaire élémentaire
jusqu'au signe suivant du même élément,
cela prend environ 800 ans.

« événement » fut compris par Milton comme l'expulsion du Paradis (Annexe 13). Et Saturne a été « désigné » comme celui qui l'instaurait par ce qu'il s'agit de la planète la plus extérieure, la plus proche de la sphère des étoiles fixes[159]. « Cette planète fut tenue pour celle qui communiquait le mouvement à l'Univers et qui était, pour ainsi dire, son roi » ; c'est ce que Schlegel rapporte de la Chine *(L'Uranographie chinoise,* p. 628 sq).

Saturne donne les mesures : c'est le point essentiel. Comment allons-nous concilier cela avec Saturne le Premier Roi, le souverain de l'Âge d'or qui est maintenant endormi aux confins du monde ? Le conflit est seulement apparent, comme on le verra. Pour l'instant, il est essentiel de reconnaître que, si l'on parle du Saturne mésopotamien, Enki/Ea, ou de Ptah d'Égypte, il est le « Seigneur des Mesures », l'écrire *mè* en sumérien, *parshu* en akkadien, *maat* en égyptien. Et de même ceci vaut pour Sa Majesté, l'Empereur Jaune de Chine, jaune, par ce que l'élément terre appartient à Saturne, « Huang-ti instaura partout le fonctionnement du soleil, de la lune et des étoiles[160] ». Le thème reste le même. Il peut être utile pour comprendre l'idée générale, et particulièrement la réflexion de Proclus, d'examiner le diagramme de Kepler, qui représente le triangle mobile formé par « les Grandes Conjonctions », c'est-à-dire les conjonctions entre Saturne et Jupiter. Un de ces points demande environ 2 400 années pour se déplacer à travers tout le zodiaque. Le chapitre suivant montrera pourquoi c'est de haute importance : ici il suffit de montrer une méthode possible selon laquelle les mesures apparaissent dans leur « continuité ».

Saturne, délivrant les mesures du cosmos, reste l'« Étoile de la Loi et de la Justice » à Babylone[161], et aussi l'« Étoile de Nemesis » en Égypte[162], le Souverain de la Nécessité et du Jugement, bref, l'Empereur[163]. En Chine, Saturne a le titre de « Génie du pivot », comme le dieu qui préside le Centre, le même titre que celui donné à l'étoile Polaire[164]. C'est déconcertant au premier abord, et tel est aussi le laconique énoncé venant du Mexique : « En l'an, 2-Reed Tezcatlipoca se changea en Mixcouatl, par ce que Mixcouatl a son siège au pôle Nord et, étant maintenant Mixcouatl, il fora le feu avec les bâtons à feu pour la première fois. » Ce n'est pas dans la ligne de l'astronomie moderne d'établir un lien connectant les planètes avec le pôle, ou avec quelque étoile, réellement, hors d'atteinte des éléments du système zodiacal. Cependant de telles figures de style constituaient une partie essentielle de la technique idiomatique de l'astrologie archaïque, et ces experts dans les anciennes cultures qui ne pouvaient pas comprendre de tels idiomes restaient complètement désemparés devant la théorie. Qu'est-ce que Saturne, la planète éloignée, avait à faire avec le pôle ? Cependant, s'il ne peut être reconnu comme le « génie du pivot », comment est il possible de soutenir la demande d'Amlóði d'être le propriétaire légitime du moulin ?

Toupies de différentes sortes, et poupées articulées,
Et belles pommes d'or des Hespérides à la voix claire...
Orphée le Thrace

Sans être par nature irascible ni trop prompt à agir
J'ai cependant quelque chose en moi de dangereux
Que tu ferais sagement de craindre...

Hamlet, Acte V

CHAPITRE IX
AMLÓÐI LE TITAN ET SA TOUPIE

C'est avec raison que l'on a mentionné l'extrême ancienneté et continuité de certaines traditions concernant le ciel. Même si la meule d'Amlóði, le Grotte et le Sampo sont des mythes dont on ne peut pas retrouver la trace en remontant avant le Moyen Âge, ils proviennent de différentes manières de ce grand et durable patrimoine de la tradition astronomique du Moyen-Orient.

Désormais il est temps de localiser l'origine de l'idée du moulin et d'identifier ce que sa présumée destruction, qui donne naissance au Tourbillon, peut bien vouloir dire. Le point de départ est la Grèce. Cléomède[165] (150 apr. J.-C.), en parlant des latitudes nord, déclare (1.7) : « Le ciel ici tourne de la même façon qu'un moulin. » Al-Farghani[166] en Orient développe la même idée, et ses collègues en fourniront les détails. Ils appellent l'étoile Kochab, *beta Ursae Minoris*, « la pointe du moulin », et les étoiles de la Petite Ourse, autour du pôle Nord, et Fa's 'ar-raḥḥâ (« le trou de la pointe ») « parce que c'est comme si elles représentaient un trou (l'anneau axial) dans lequel tourne l'axe du moulin, car l'axe de l'équateur (l'axe polaire) doit être trouvé dans cette région, bien proche de l'étoile Al-ǧadi (bouc, pôle : *alpha Ursae Minoris*). » Ce sont les mots du cosmographe arabe Al-Qazvînî[167]. Ideler commente[168] :

> Qutb, le nom ordinaire du Pôle, signifie en fait l'axe de la partie supérieure mobile du moulin qui passe au travers de la partie basse fixe qui est appelée le « fer du moulin ». C'est sur cette ambiguïté que se fonde l'ana-

logie mentionnée par Kazvini. On imaginait que la sphère du ciel était un moulin qui tournait, et le pôle Nord, l'azimut dans lequel tourne le fer du moulin... Fas est donné par Giggeo... pour *rima*, *scissura*, etc. Le *Fa's 'arraḥḥâ* de notre texte, que l'on trouve aussi dans le globe de Dresde, proche du pôle Nord de l'équateur, doit par conséquent représenter l'azimut.

Plus loin vers l'est, en Inde, la *Bhāgavata Purāṇa* nous dit comment le vertueux prince Dhruva fut appelé l'étoile Polaire[169]. La « vertu » particulière du prince, qui effraya les dieux eux-mêmes, mérite d'être mentionnée : il se tenait sur une jambe durant plus d'un mois, sans bouger. Voici ce qui lui avait été annoncé : « Les étoiles et leurs images, et aussi les planètes tourneront autour de toi. » En conséquence, Dhruva monte au plus haut pôle, « jusqu'au siège haut placé de Viṣṇu, autour duquel les sphères étoilées errent à jamais, comme les bœufs de labour font sans fin le tour de l'axe vertical du moulin à farine ».

La comparaison des bœufs que l'on fait marcher en rond n'est pas inconnue en Occident. Elle est demeurée dans nos langues grâce au latin *Septentriones*, les sept bœufs de battage de la Grande Ourse : « Ce que nous avons l'habitude d'appeler les Sept Bœufs », selon la traduction d'Aratus de Cicéron.

À un niveau plus familier, une remarque de Trimalcion dans Pétrone (*Satyricon 39*) : « Ainsi tourne le globe du ciel comme un moulin, et toujours nous broie en tournant. » Ce n'était pas une idée étrangère aux Anciens que les moulins des dieux moulaient lentement, et qu'il en résultait habituellement de la souffrance.

Ainsi l'idée se répand au loin et largement par de nombreuses voies, atteint le nord par la voie de la transmission celtique-scandinave et apparaît dans le récit que Snaebjörn fait de son voyage de découverte en Arctique. On doit ajouter à ses propos énigmatiques ce que l'on sait désormais du contexte de la Connaissance scandinave. Les neuf menaçantes déesses qui « autrefois moulaient la farine d'Amlóði » et aujourd'hui la « meule de l'île rocheuse de l'hôte cruel » au-delà de la limite du monde, ne sont en ce qui les concerne que les agents d'un obscur pouvoir de contrôle appelé *Mundilfoeri*, littéralement « le maître de la poignée » (annexe 14). Le mot *mundil*, dit Rydberg, « n'est jamais utilisé dans la littérature de l'ancien Nord à propos d'autres objets que le bras ou la poignée avec lequel est tournée la meule mobile du moulin »[170] et il est soutenu par le dictionnaire de Vigfusson qui dit que *mundil* dans *Mundilfoeri* se réfère clairement au « mouvement giratoire ou à la révolution du ciel ».

Le point est ainsi établi. Mais il y a une ambiguïté ici qui révèle davantage la profondeur de l'idée. « *Moendull* vient du sanskrit *Manthati* », dit Rydberg, cela signifie « se balancer », « se tordre », « percer » (de la racine *manth-*, d'où plus tard le latin *mentula*), qui apparaît dans plusieurs passages du *Ṛg-Veda*. Son application directe se réfère toujours à la production de feu par friction[171].

C'est ainsi en effet. Mais Rydberg, après avoir établi l'étymologie, n'a pas poursuivi la recherche de la signification. Les ingénieurs de locomotrices et les pilotes d'avion qui inventèrent le terme « manche à balai » auraient pu deviner. Car le sanskrit *Pra-Mantha* est le bâton à feu mâle, ou le bâton giratoire, qui sert à faire le feu. Et Pramantha est devenu le Grec Prométhée, un personnage sur lequel il serait nécessaire de revenir fréquemment. Ce qui semble induire une profonde confusion vient seulement en réalité de deux différents aspects d'une même idée complexe. Le feu éclairant au pôle fait partie de cette idée. Mais le lecteur n'est pas le premier à être perplexe devant une imagerie qui tient compte de la présence des planètes au pôle, même si c'était seulement dans le but d'allumer le « feu », qui devait se maintenir durant un nouvel âge du monde, cet âge que le méticuleux *Pramantha* était destiné à maîtriser. La poignée, *moendull* et le foret du feu sont complémentaires : les deux ont de grands développements qui se surimposent l'un à l'autre et dans une multitude de mythes. Les obstacles que l'imagination doit surmonter sont les associations qui sont connectées spontanément avec le « feu », c'est-à-dire le feu qui brûle réellement dans la cheminée ou le foyer, et la sorte de « feu » associée avec le « manche à balai ». Les deux sont sans rapport pour autant que cela concerne la terminologie cosmologique, mais ils donnèrent leur nom au véhicule linguistique qui fut utilisé pour transporter les idées de l'astronomie et de l'alchimie.

Il est bien établi maintenant que « le feu est en fait un grand cercle allant depuis le pôle Nord de la sphère céleste jusqu'à son pôle Sud », d'où de tels étranges propos comme dans le *Ṛg-Veda 5. 13. 6 :* » Agni ! Comme la jante[172] autour des rayons, ainsi tu entoures les dieux. » (Agni est appelé le « dieu du feu », ou le feu personnifié.) L'Atharva Veda dit, de plus, que les bâtons à feu appartiennent au *skambha*[173], l'axe du monde, ce même *skambha* dont le Sampo a été tiré (voir au-dessus, p. 142).

L'identité du moulin, dans ses nombreuses versions, avec le ciel est ainsi universellement comprise et acceptée. Mais jusqu'à présent personne ne semble s'être étonné à propos de la seconde partie de l'histoire, qui apparaît aussi dans de nombreuses versions. Comment et pourquoi arrive-t-il toujours que ce moulin, la pointe constituant l'Étoile polaire, devait être abîmé ou détraqué ? Autrefois l'esprit archaïque s'était emparé de la rotation qui durait à jamais, qu'est-ce qui l'amena à penser que l'axe saute hors du trou ? Quelle mémoire d'événements catastrophiques a créé cette histoire de destruction ? Pourquoi Vaïnämöinen (et il n'est pas le seul) dût-il déclarer qu'un autre moulin devait être construit (voir p. 150) ? Pourquoi Dhruva dut-il être appelé à jouer le rôle d'étoile Polaire, et pour un cycle donné[174] ? Car l'histoire ne se réfère en aucune façon à la création du monde. On peut même se demander, comme la solution alternative au contesté « moudre des membres » de Rydberg, si Bergelmer n'était pas tiré de la même manière « sur le moulin », c'est-à-dire appelé à jouer le rôle d'étoile Polaire (voir ci-dessus, p. 133).

La réponse, simple, s'appuie sur des faits. L'étoile Polaire *sort* de son emplacement, et durant quelques milliers d'années une autre étoile doit être choisie qui approche au mieux la position. Il est bien connu que la Grande Pyramide, qui fut orientée avec beaucoup de précision, ne le fut pas vers notre étoile Polaire mais vers *alpha Draconis*, qui occupait la position de pôle il y a 5000 ans. Mais, ainsi qu'il a été mentionné ci-dessus (*Intermezzo*, p. 103), il est extrêmement difficile pour les modernes d'imaginer que les hommes dans ces âges éloignés aient pu garder la trace de tels imperceptibles changements, alors que beaucoup d'entre eux n'étaient pas même conscients des phénomènes les plus simples. Ainsi que le Dr Alexander Pogo, l'astronome de l'observatoire Palomar, l'a écrit avec résignation : « Je renonce à citer davantage d'exemples de la croyance obstinée de nos égyptologues dans l'immobilité du pôle céleste[175]. »

Cependant, toute une série de mythes montre qu'il fut un temps où l'on réalisa que la sphère des étoiles fixes n'était pas destinée à tourner à jamais selon le même degré. Plusieurs mythes disent comment l'Étoile polaire fut abattue, ou destituée en quelque autre façon. Une annexe (15) est consacrée à cela.

La plupart de ces mythes, cependant, apparaissent sous un nom trompeur. On a compris qu'ils traitaient de la fin du monde. Mais il y a extrêmement peu de mythes « eschatologiques » qui relèvent de cette qualification. Par exemple, le Crépuscule des Dieux est compris comme la fin du monde, cependant il existe un témoignage sans ambiguïté du contraire dans la *Völuspá* et d'autres chapitres de *l'Edda*. C'est seulement, en fait, la fin d'*un* monde, au sens d'une Ère du monde. La catastrophe nettoie le passé, qui est remplacé par « *un nouveau ciel et une nouvelle terre* » et gouverné par une « nouvelle » étoile Polaire. Le déluge de la Bible fut aussi la fin d'un monde, et l'aventure de Noé est répétée dans de nombreuses traditions et sous beaucoup de formes tout autour de la planète. Les Grecs avaient entendu parler de trois destructions successives.

La cohérence sera rétablie dans cette masse de traditions si l'on réalise que ce à quoi l'on se réfère est le plus imposant des phénomènes célestes, la Précession des équinoxes. Ce phénomène a déjà été traité dans le chapitre *Intermezzo*, mais il est assez essentiel d'en reparler plus d'une fois. Étant si lent, et à une échelle de temps de l'humanité si imperceptible, il a été considéré comme admis[176] que personne n'a pu détecter la Précession avant Hipparque, présumé avoir découvert le phénomène en 127 av. J.-C. Hipparque découvrit et prouva que la Précession tourne autour du pôle de l'écliptique[177]. Il est dit qu'il faut avoir utilisé un instrument presque moderne pour détecter le mouvement sur la brève durée d'un siècle, et c'est certainement exact. Personne ne prétend, cependant, que la découverte fut déduite à partir d'observations durant un siècle. Et le changement d'un degré en soixante-douze ans, s'accumulant au cours des siècles, produira des changements appréciables dans certaines positions cruciales, si les observateurs ont assez d'esprit d'acharnement et de connaissance pour mémoriser les résultats. La technique d'observation était relativement simple. Elle était fondée sur le lever héliaque des étoiles, qui restait une caractéristique fondamentale de l'astronomie babylonienne. Le télescope des premiers temps, comme sir Norman Lockyer l'a dit, était la ligne d'horizon. Si un jour vous veniez à réaliser la disparition d'une certaine étoile, qui avait l'habitude de se lever juste avant le soleil d'équinoxe, il était clair que les mécanismes du ciel s'étaient modifiés. Si cette étoile était la dernière d'une figure donnée du zodiaque, cela signifiait que les équinoxes emménageaient dans une nouvelle figure.

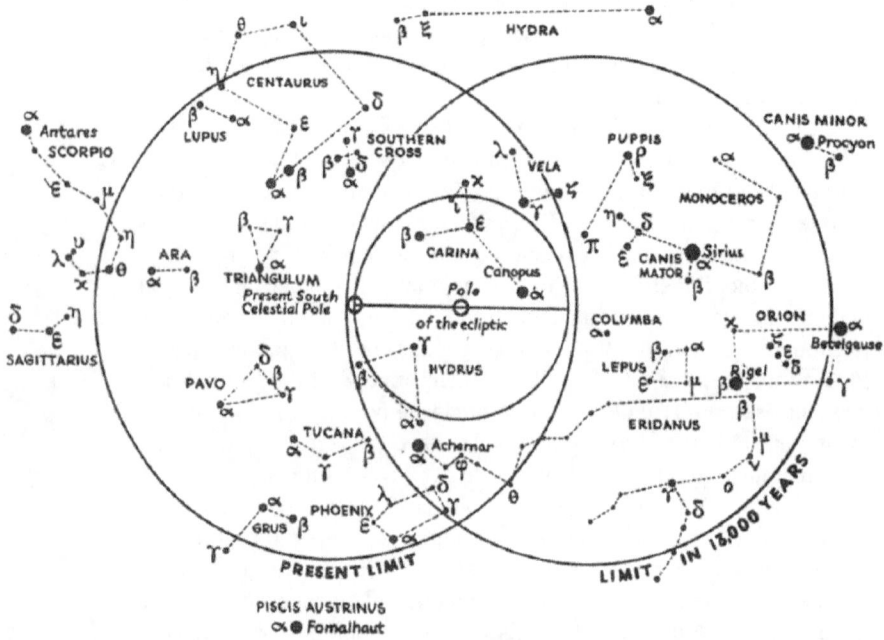

Limite des étoiles circumpolaires Sud depuis Paris
(c'est-à-dire de ces étoiles qui ne se lèvent jamais
au-dessus de l'horizon à Paris au cours du mouvement
diurne), maintenant et dans 13 000 ans (ou il y a
13 000 ans).

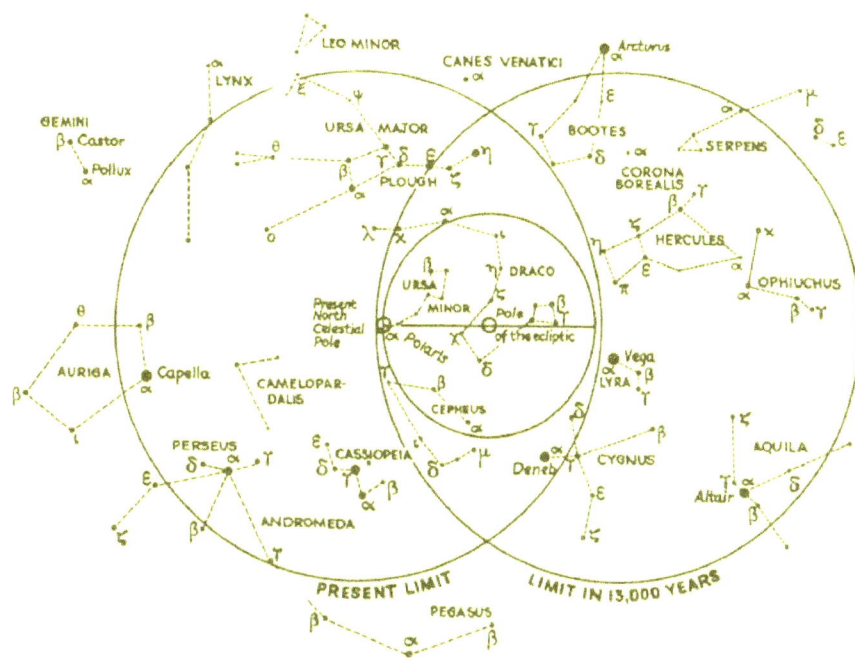

Limite des étoiles circumpolaires Nord depuis Paris, aujourd'hui et dans environ 13 000 ans (ou il y a 13 000 ans). Le centre de la limite du cercle pivote autour du pôle de l'écliptique, et nous avons indiqué sa trajectoire, qui permet de dessiner la limite du cercle pour les dates intermédiaires.

Il n'y a pas non plus de doute, ce qui a déjà été dit, que la lointaine Antiquité était déjà consciente du changement de l'étoile Polaire. Mais était-elle capable d'établir la connexion entre ces deux mouvements ? C'est ce sur quoi ont longtemps hésité les spécialistes modernes, travaillant chacun selon leur propre angle de vue spécifique.

Qu'est-ce que la Précession ? Très peu se sont donné la peine de le savoir, cependant, pour tout homme d'aujourd'hui, qui sait que la terre pivote autour de son axe, l'exemple d'une toupie avec son axe incliné tournant doucement en cercle lui en donne une connaissance intuitive. Quiconque a joué avec un gyroscope connaît tout au sujet de la Précession. Dès que son axe est dévié de la verticale, le gyroscope commencera ce lent et obstiné mouvement autour de la boussole qui change sa direction tandis que son inclinaison reste constante. La terre, une toupie avec un axe incliné conformément à l'attraction solaire, se comporte comme un gyroscope géant, qui réalise une révolution entière en 25 920 ans.

L'Antiquité ne s'était probablement pas rendu compte de cela, car la connaissance des dynamiques apparut seulement dans l'humanité avec Galilée. Hipparque et Ptolémée ne pouvaient pas comprendre le mécanisme. Ils pouvaient seulement décrire le mouvement. Nous devons essayer de voir avec leurs yeux et penser seulement en termes de cinématique. Au-delà d'une période d'un millier d'années les observateurs anciens pouvaient discerner dans le changement séculaire du Grand Gyroscope (c'est ici en fait que le mot « séculaire », maintenant utilisé en mécanique, trouve son origine) un mouvement d'environ dix degrés. Une fois qu'ils étaient habitués au mouvement séculaire, ils étaient capables de détecter dans le ronronnement journalier du ciel autour du pôle, dans son mouvement de rotation annuel des saisons, dans le mouvement redoutablement lent du pôle au cours des années, un point qui semblait intrinsèquement plus stable que le pôle lui-même. C'était le pôle de l'écliptique [178], auquel on se référait souvent comme le Trou ouvert dans le Ciel parce que, dans cette région, il n'y a pas d'étoile pour le caractériser. Les symétries de la machine prenaient forme dans leurs esprits. Et, à la vérité, c'était la machine du temps, ainsi que la comprend Platon, « l'image mouvante de l'éternité ». La « puissante marche et l'embrasement d'or », cycle après cycle, même jusqu'aux changements à peine perceptibles par-delà les siècles, étaient les Générations du Temps lui-même, le symbole cyclique de l'éternité ; car, comme le dit Aristote, ce qui est éternel est circulaire, et ce qui est circulaire est éternel.

Cependant cette machine du temps œuvrant uniformément pouvait être caractérisée par d'importantes stations. L'inclinaison gyroscopique provoque un mouvement perpétuel de notre équateur céleste, qui coupe le cercle incliné de l'écliptique le long d'une succession régulière de points, bougeant uniformément depuis l'est vers l'ouest. Or les points où les deux cercles se croisent sont les points d'équinoxe. Par conséquent, le soleil, se déplaçant sur l'écliptique à travers l'année, rencontre l'équateur en un point qui bouge régulièrement avec les années le long de l'anneau des signes du zodiaque. C'est ce qui est appelé la Précession des équinoxes. Elles « précèdent » parce qu'elles vont à l'inverse de l'ordre des signes déterminé par le sens de la marche annuelle du soleil. L'équinoxe de printemps, nous l'appelions précédemment le « point de référence », qui était traditionnellement le début du printemps et le commencement de l'année, prenait place dans un signe après l'autre. Ceci donne une grande importance au changement des signes dans lesquels le soleil équinoxial vient à se lever.

On peut ici apporter quelques explications supplémentaires alors que l'on évoque les « signes », ceux « dans » lesquels le soleil se lève. Depuis environ deux mille ans, la terminologie officielle a utilisé seulement les « signes » zodiacaux, chacun d'entre eux occupant 30 degrés des 360 degrés de l'ensemble du cercle. Ces signes ont les noms des constellations zodiacales, mais les constellations et les signes ne sont pas conformes, le signe équinoxial (le premier 30°) étant appelé le Bélier indépendamment de la constellation qui en fait s'élève devant le soleil d'équinoxe. Aujourd'hui, la constellation dont le lever héliaque se produit le 21 mars, est celle des Poissons, mais le « signe » reste appelé celui du Bélier et continuera à l'être lorsqu'à l'avenir le Verseau dirigera l'équinoxe de printemps. Priorité au signe sur la constellation[179]. Pour ce qui concerne la seconde expression ambiguë, à savoir le lever du soleil « dans » une constellation (ou un signe), cela signifie que le soleil s'élève avec la constellation, rendant celle-ci invisible. Il y a plusieurs raisons pour supposer qu'une constellation (et une planète qui se trouvait là), « dans » laquelle le soleil d'équinoxe se levait, était appelée à être « sacrifiée », « attachée au poteau sacrificiel » ; et ceci pourrait expliquer en fin de compte pourquoi le Christ, qui ouvrit l'ère dans laquelle se produisit le lever héliaque des Poissons au printemps, fut compris comme l'agneau sacrificiel. Quand les Poissons est la dernière constellation visible à l'est avant le lever du soleil, le soleil se lève en même temps c'est-à-dire « dans » la constellation suivante, le Bélier.

Depuis le commencement de l'histoire, l'équinoxe de printemps s'est déplacé au travers du Taureau, du Bélier et des Poissons. C'est tout ce que l'expérience historique de l'humanité a pu voir : une section d'environ le quart de l'ensemble du cercle principal de la machine. Que cela puisse revenir au plein cercle était au mieux une inférence. Cela pourrait aussi avoir été une partie d'une oscillation, d'un va-et-vient, et en fait il y eut deux écoles de pensée à ce propos, et la théorie de l'oscillation semble avoir exercé une plus grande attraction sur les anciens mythographes.

Pour nous le système copernicien a déshabillé la Précession de ce qu'elle inspirait de crainte, la réduisant à un phénomène purement terrestre, les oscillations de la course individuelle d'une planète moyenne. Mais *si*, comme il apparaissait autrefois, c'était le comportement mystérieusement décrété de la sphère céleste, ou du cosmos dans son ensemble, alors qui pourrait échapper à l'émotion astrologique ? Car la Précession se charge d'une signification accablante. Elle devient le vaste modèle impénétrable de la fatalité elle-même, avec une ère succédant à une autre, comme l'aiguille invisible de l'équinoxe glissait le long des signes, chaque âge apportant avec lui le lever et la chute de souverainetés et de configurations astrales, avec leurs conséquences terrestres. Des légendes ont dû être racontées aux populations pour leur dire comment les successions de souverainetés se sont produites depuis une origine, et leur parler de la création véritable du monde, mais pour les initiés, l'origine était seulement un point dans le cercle précessionnel comme le 0 = 24 de nos cadrans. Nos horloges, aujourd'hui, ont seulement deux aiguilles. Mais les conteurs de ces jours anciens, faisant face à l'immense machine de l'éternité au mouvement lent, devaient garder la trace de sept aiguilles planétaires à côté de la révolution quotidienne de la sphère fixe et de son mouvement séculaire dans la direction opposée. Tous ces mouvements traduisaient des éléments du temps et de la fatalité.

Que les choses ne soient pas comme elles avaient l'habitude d'être, que le monde soit manifestement de mal en pis, semble avoir été une idée avérée au travers des âges. La détérioration du moulin résulte du mouvement de l'axe du monde. C'est à cause du mouvement que se produit le naufrage. Le moulin est « transporté » qu'il s'agisse de Grotte ou du Sampo. Le chant de Grotte dit explicitement que les géantes moulurent d'abord en avant de l'action ennemie partout où fut emmené le moulin et, peu de temps après, moulurent du sable, et la machine fit naufrage. C'était la fin de la « paix de Fróði », l'Âge d'or. Même dans les célèbres vers de Snaebjörn, les sinistres déesses « aux limites extérieures du monde » sont celles qui « moulurent la farine d'Amlóði aux temps passés ». Elles peuvent à peine le faire maintenant, parce que la meule naufragée est au fond de la mer, avec son trou devenu l'entonnoir du gouffre tourbillonnant. Ainsi ce moulin a été transféré vers les eaux, et il est maintenant la mer elle-même qui est devenue « la baratte d'Amlóði ». Le moulin céleste a été réajusté, il continue à travailler dans un nouvel âge. Autrefois, il baratta de l'or, ensuite du sel, et aujourd'hui du sable et des pierres. Mais on ne peut pas attendre de la rude mythographie nordique, dont les légendes sont centrées sur l'orage et le naufrage, qu'elle suive la fin de ce premier âge.

Même Hésiode est loin d'être clair au sujet des premiers combats et cataclysmes : c'est assez que dans son œuvre *Les Travaux et les Jours* il marque une succession de cinq âges. On peut seulement construire un tableau plus cohérent à partir de la convergence de plusieurs traditions, et ce sera la tâche de futurs chapitres. Mais, pour l'instant, il y a au moins un âge désigné comme le premier, lorsque le moulin moulut la paix et l'abondance. C'est l'Âge d'or, dans la tradition latine, *Saturna regna*, le règne de Saturne ; en grec, Cronos. Dans cette vague et énigmatique silhouette existe une extraordinaire concordance au travers des mythes du monde. En Inde, c'était *Yama* ; dans l'ancien *Avesta* persan, c'était Yima-Xšaēta[180], un nom qui devint en nouveau Persan *Jamshīd* ; en latin *Saeturnus*, ensuite *Saturnus*. Saturne ou Cronos dans beaucoup de noms a été connu comme le Souverain de l'Âge d'or, de ce temps lorsque les hommes ne connaissaient pas la guerre et les sacrifices sanglants, ni l'inégalité des classes. Seigneur de la Justice et des Mesures, comme Enki depuis les temps sumériens, l'Empereur Jaune et le législateur en Chine.

Si on veut trouver les traces de son moulin naufragé dans la mythologie classique, elles ne manquent pas[181]. La plus ancienne doit être trouvée là où on ne l'attendrait pas, dans le Grand Papyrus magique de Paris, qui est daté d'environ la première moitié du IV⁰ siècle apr. J.-C[182]. Dans ses recettes, on trouve le « très demandé Oracle de Cronos, que l'on appelle Petit Moulin » :

> Prenez deux mesures de sel de mer et moulez-le avec un moulin à main, répétant tout le temps la prière que je vous donne, jusqu'à ce que le Dieu apparaisse. Si vous entendez le pas lourd d'un homme et le bruit sec des fers, c'est le dieu qui vient avec ses chaînes, portant une faucille. N'ayez pas peur, car vous êtes couverts par la protection que je vous donne. Soyez drapés dans un vêtement blanc tel que le portent les prêtres d'Isis (ici suivent nombre de rites magiques). La prière à réciter pendant que l'on moud est la suivante : « Je t'appelle, grand et Un sacré, fondateur de tout le monde où nous vivons, toi qui souffris des mains de ton propre fils, toi qu'Hélios lia avec des chaînes de fer, afin que Tout ne tourne pas à la confusion. Homme-Femme, père du tonnerre et des éclairs, toi qui règnes aussi sur ceux qui sont sous terre (là suivent plusieurs rites de protection, ensuite la formule pour congédier) : Vas, Seigneur du Monde, Premier Père, retourne à ta place, afin que le Tout reste bien gardé. Sois miséricordieux, Ô Seigneur[183]. »

Les sorciers et les prestidigitateurs sont sur terre les gens les plus conservateurs qui soient. Il ne leur revient pas de demander la raison. Ils font seulement appel au Pouvoir en termes qu'ils ne comprennent plus, mais ils doivent donner une liste exacte des attributs archaïques du dieu déchu, et produire du sel de mer à partir du Petit Moulin, le modèle du gouffre tourbillonnant qui marqua sa chute. Ce qui fut autrefois science est devenu avec eux pure technologie, déterminée par le fait de la conservation. A. Barb autrefois imagina une comparaison ; cependant il avait à l'esprit non la science mais la religion révélée ; traitant de la relation entre les pratiques magiques et la religion, il fit remarquer Mathieu xxiv, 28 et Luc xvii, 37 : « Partout où se trouve un cadavre, des aigles seront rassemblés » et « de trop nombreux savants pointilleux ont été prêts à tenir pour établi que le cadavre est par conséquent une création des aigles. Mais les aigles ne créent pas. Ils défigurent, détruisent et distribuent ce que la vie a laissé, et nous ne devons pas confondre l'étalage coloré de la décadence avec les bourgeons et les fruits de la vie[184]. » Aussi émouvante que soit cette idée, c'est-à-dire de montrer la véritable conséquence circonstancielle, elle omet de considérer la fonction conservatrice de la magie et de la superstition : que serait l'historien de la culture sans ces « aigles » ?

Pour tous les titres et symboles qui ont été listés, il y a une justification dans le mythe archaïque. Ici, il y a seulement un point important à souligner. Le Seigneur du moulin est déclaré être Saturne/Cronos, lui que son fils Zeus détrôna en le jetant à bas de son char, et le bannit en l'« enchaînant » dans une île bienheureuse, où il demeure en sommeil, car étant immortel il ne peut disparaître mais est destiné à vivre une vie dans la mort, drapé dans un vêtement funéraire, jusqu'à ce que son temps, disent certains, vienne et qu'il se réveille à nouveau ; il renaîtra pour nous comme un enfant.

CHAPITRE X
LE CRÉPUSCULE DES DIEUX

Il y eut autrefois un Âge d'or. Pourquoi, comment, a-t-il disparu ? De tout temps cela a été un thème de profonde préoccupation pour l'humanité, reflétée dans des centaines de mythes, expliqué de mille façons qui toujours ont exprimé le chagrin, la nostalgie, le découragement. Pourquoi l'homme a-t-il perdu le jardin d'Éden ? On en a toujours attribué la cause à quelque péché originel. Mais l'idée que la responsabilité en incombe à l'homme seul, qu'Adam et Ève sont les seuls coupables, n'est pas très ancienne. Les auteurs de l'Ancien Testament avaient fait preuve d'une certaine suffisance et la Chrétienté se trouva dans l'obligation, afin de sauvegarder et restaurer la dimension cosmique, d'affirmer avec insistance que Dieu seul pouvait s'offrir en rédemption.

Aux temps archaïques, cela avait semblé aller de soi. Les dieux seuls pouvaient diriger ou détruire l'univers. C'est là que nous devons rechercher l'origine du démon. Car le démon reste un mystère. Il n'est pas dans la nature. L'infaillible et toute-puissante machine céleste n'aurait dû produire qu'harmonie et perfection, un règne de justice et d'innocence, des rivières où n'auraient coulé que le lait et le miel. Ce fut ainsi, mais cela n'a pas duré. Pourquoi l'histoire est-elle arrivée ? L'histoire est toujours terrible. Les philosophes depuis Platon jusqu'à Hegel ont donné une réponse savante : L'Être en soi a nécessairement rencontré le Non-Être, et engendré le Devenir, qui est une affaire incertaine et sans garantie. C'était en substance la réponse originelle aux temps archaïques mais, faute de capacités d'abstractions, elle était exprimée en termes de mouvements célestes.

Aristote, le maître de ceux qui savent, a éclairé cette question dans l'un des plus importants passages, et pourtant plutôt ignoré, du livre lambda des *Métaphysiques* (1074b) où il parle de Cronos, Zeus, Aphrodite, etc. :

> Nos ancêtres des temps les plus reculés *(archaioi kai panpalaioi)* ont transmis à leur postérité une tradition sous la forme *(schéma)* d'un mythe indiquant que ces substances corporelles sont des dieux et que le divin embrasse l'ensemble de la nature. Le reste de la tradition a été ajouté plus tardivement dans la mythologie... ; disant que ces dieux ont pris la forme d'hommes ou de quelques autres espèces animales... Mais si on séparait le premier point et ne retenait que lui à l'exclusion des additions ultérieures, à savoir que les substances premières sont des dieux, alors on devrait le considérer comme une parole inspirée. Tandis que probablement chaque art et chaque science ont souvent été poussés aussi loin que possible et ont disparu, ces opinions traditionnelles, parmi d'autres, ont été préservées jusqu'à aujourd'hui comme des reliques *(leipsana)* de l'ancien trésor.

Aristote, qui est un vrai Grec, ne peut pas concevoir de progrès au sens où nous l'entendons. Le Temps procède pour lui par cycles de floraison et de flétrissure. Mais cette absence d'idées préconçues modernes lui a permis de rester perméable à une ancienne certitude. Cette certitude était lumineuse au travers de la brume des temps anciens et au travers de langages indistinctement compris que l'attention aux événements célestes formait les pensées des hommes d'avant l'histoire ; mais puisqu'il n'y avait pas encore d'écriture, ces pensées s'étaient évanouies, comme le diraient les astrophysiciens, sur « l'événement horizon ». Elles n'ont pu survivre qu'au travers de fragments de contes et de mythes qui constituaient le seul langage technique de ces temps.

Cependant, cette organisation du ciel, en nommant les constellations et en identifiant le parcours des planètes, suppose un énorme exploit intellectuel. De savantes et complexes théories furent élaborées pour mesurer les mouvements du cosmos. On pourrait s'étonner de cette préoccupation obsessionnelle pour les étoiles et leurs mouvements, si ce n'était le fait que ces premiers savants pensaient qu'ils avaient localisé les dieux qui gouvernent l'univers et avec cela aussi la destinée de l'âme ici-bas et après la mort.

En langage moderne, ils avaient identifié les invariants essentiels où réside l'Être. En rendant hommage à ces ancêtres, Aristote se montre clairement conscient que cette quête philosophique commença avec eux.

On devrait faire attention aux informations cosmologiques contenues dans les anciens mythes, informations du chaos, de la lutte et de la violence. Elles ne sont pas de simples projections d'une conscience inquiète : elles représentent des tentatives pour dépeindre les forces qui semblent avoir pris part à la formation du cosmos. Les monstres, les titans, géants impliqués dans la bataille avec les dieux et essayant d'escalader l'Olympe, sont des fonctions et des composants de l'ordre qui est finalement établi.

D'emblée une distinction est claire. Les étoiles fixes sont l'essence de l'Être, leur assemblée représente les délibérations cachées et les lois non exprimées qui dirigent le Tout. Les planètes, vues comme des dieux, représentent les Forces et la Volonté, toutes les forces qui existent, chacune d'entre elles vue comme un aspect du pouvoir céleste, chacune d'entre elles représentant un aspect de la nécessité et de la précision impitoyables exprimées par le ciel. On doit aussi dire que, tandis que les étoiles fixes représentent le pouvoir royal, silencieux et impassible, les planètes sont le pouvoir exécutif.

Sont-elles en totale harmonie ? C'est le rêve que l'esprit contemplatif a caressé encore et encore, que Kepler essayait d'établir en écrivant son *Harmonie des Sphères*, et qui était consacrée à la « rotation » du ciel. C'est la confiance exprimée par les savants anciens en la Grande Année, au cours de laquelle tous les mouvements célestes ramèneront l'ensemble des planètes à leur configuration originelle. Mais les calculs apportèrent le doute et avec lui l'anxiété. Il est rare de trouver un exposé technique explicite de ces considérations. En voici un, tiré du *Livre des Morts* égyptien, Osiris parle :

> Salut, Thot ! Qu'est-il arrivé aux enfants divins de Nout ? Ils ont livré bataille, ils ont entretenu des conflits, ils ont commis des meurtres, ils ont produit des désordres: en vérité dans toute leur action le puissant a œuvré contre le faible. Veuille, Ô puissance de Thot, que ce que le Dieu Atoum a décrété (puisse être accompli) ! Et ne tient ni pour malveillance ni ruse ce qui te mit en colère quand ils *menèrent leurs années à la confusion et se pressèrent et poussèrent à troubler leurs mois* ; car en tout cela ils ont œuvré vers toi, ils ont *produit l'injustice en secret*[185] !

Thot est le dieu de la Science et de la Sagesse ; comme Atoum, il a préséance, pour ainsi dire, sur la hiérarchie divine. Décrit seulement en termes métaphysiques, il est l'entité mystérieuse dont jaillissait le Tout : son nom pourrait être commencement et fin. Ainsi il est la Présence et le secret Conseil que l'on est tenté d'assimiler avec le ciel étoilé lui-même. Ses ordonnances doivent être d'une perfection immuable. Mais voici que des forces apparaissent qui ont produit l'injustice en secret. Ces forces apparaissent partout et, régulièrement, elles sont dénoncées comme « accablantes », « injustes », ou les deux. Mais ces forces ne sont pas injustes depuis le début : elles deviennent accablantes au cours du temps : seul le temps transforme en « producteurs d'injustice » ces Titans, qui autrefois gouvernaient l'Âge d'or (voir l'annexe 12). L'idée de mesurer impliqua la volonté de faire apparaître le crime fondamental de ces « pécheurs » : c'est aller trop loin, outrepasser le degré fixé, et ceci est signifié littéralement[186].

Le *Mahābhārata* dit à propos des Titans indiens, les Asuras : « Sans aucun doute les Asuras étaient originellement justes, bons et charitables, connaissaient le Dharma et sacrifiaient et possédaient de nombreuses autres vertus. Mais ensuite comme ils se multiplièrent en nombre, ils devinrent fiers, vains, querelleurs. Ils mirent de la confusion partout. Sur quoi au cours du temps ils furent condamnés[187]. »

Ainsi il fallait s'attendre à de graves conséquences lorsque la Genèse 6, 1 débute avec la formule : « Lorsque les hommes commencèrent à se multiplier à la face de la terre... » et à coup sûr, dix versets plus loin, le temps pour de graves décisions est venu : « Et Dieu dit à Noé : "J'ai décidé de donner une fin à toute chair." » Plus explicite est le dix-huitième chapitre du Livre d'Énoch, dans lequel un ange sert de guide à Énoch à travers le paysage céleste. En lui montrant les régions destinées aux personnalités coupables d'injustice, l'Ange dit à Énoch : « Ces étoiles qui arrivent au-dessus du feu sont celles qui, aux temps de se lever, outrepassèrent les ordres de Dieu : *Elles ne se levèrent pas à leur temps convenu*. Et Il fut courroucé avec elles, et il les fixa pour 10 000 ans jusqu'à ce qu'elles se soient acquittées de leurs péchés[188]. »

Cependant on doit se méfier des simplifications. La formulation « sans aucun doute les Asuras étaient originellement justes, bons et charitables » vaut pour les Titans, aussi les forces du premier âge du monde. Mais du point de vue de la situation précédente, les Titans, les Asuras et leurs semblables ont commis des atrocités dès le début. Et ainsi fit Saturne, le « créateur du temps », et d'une manière drastique il se mit à opérer la « séparation des parents du monde », qui consiste à donner une inclinaison différente aux axes de l'équateur et de l'écliptique. Avant cette séparation, le temps n'existait pas. Ces « parents unis », cruellement appelés « chaos » par Macrobe, furent indignés par la destruction de l'éternité originelle par les forces qui produisaient en secret de l'injustice[189]. Ces forces comme elles apparaissent dans le *Enūma eliš*, que l'on appelle l'épopée de la création babylonienne, sont les enfants d'Apsû et de Tiamat et ceux-ci s'entassèrent entre leurs parents. « Ils troublèrent Tiamat comme ils allaient et venaient ; en vérité, ils troublèrent l'humeur de Tiamat. Apsû ne pouvait pas modérer leur clameur... Désagréables étaient leurs manières, ils étaient exigeants[190]. »

Cependant, alors qu'elle ne s'était pas encore multipliée, la première génération du monde réalisa l'Âge d'or sous la direction de Celui aux noms multiples : Enki, Yima, Freyr et beaucoup d'autres. « Mais ces fils qu'il engendra lui-même, le grand Ciel *(megas Ouranos)* avait l'habitude de les appeler avec reproche Titans (ceux qui se rebellent en tirant), car il disait qu'ils se rebellaient et faisaient présomptueusement un acte effrayant, et que pour cela la vengeance apparaîtrait plus tard », comme l'a écrit Hésiode (*Théogonie* 207-10)[191]. Et ainsi le voulut-il, après leur « multiplication », quand ils se furent rebellés en dépassant la mesure. Et cela arriva nécessairement à nouveau lorsque les futures générations voulurent construire « des voies interdites vers le ciel »[192], ou construire une tour qui se trouvait être trop haute. La seule mesure assurée, la « corde d'or » de l'année solaire[193], est étendue au-delà de sa limite. Le soleil équinoxial a été graduellement poussé hors de son « signe » de l'Âge d'or, il a commencé à prendre le chemin de nouvelles conditions, de nouvelles configurations. C'est l'événement effrayant, le crime inexpiable qui fut attribué aux Enfants du Ciel. Ils ont poussé le soleil hors de son emplacement et, maintenant qu'il était en marche, l'univers était détraqué et rien, rien, les jours, les mois ou les années, le lever ou le coucher des étoiles, n'allait plus longtemps retomber à la bonne place. Le point d'équinoxe avait été poussé et était parti le nez en avant, tout à fait de la même manière qu'une voiture avec le levier de vitesse automatique partira le nez en avant à moins que l'on mette le point mort, et il n'y a pas moyen de mettre l'équinoxe au point mort. La pression et compression infernale des Enfants du Ciel avaient séparé les parents, et maintenant la machine du temps s'était mise à rouler pour toujours, produisant à chaque nouvel âge « un nouveau ciel et une nouvelle terre » selon les paroles de l'Écriture. Comme le dit Hésiode, le monde est entré désormais dans une seconde étape, celle des géants, qui menèrent une bataille décisive avec les forces modératrices avant leur chute.

L'Edda donne une vision de l'ensemble d'un âge du monde avec sa chute. Cela apparaît dans le tout premier poème, le Chant de la Sibylle, *la Völuspá*, dans lequel la prophétesse Vala embrasse le passé et le futur dans un langage suffisamment étrange et obscur. Au commencement de l'âge de l'Æsir, les dieux se rassemblent en conseil et donnent des noms au soleil et à la lune, aux jours et aux nuits et aux saisons. Ils ordonnent les années et assignent leurs places aux étoiles. Sur *Idavollr* (« le champ du tourbillon » ; *ida* = tourbillon), ils établissent leur siège « à l'Âge d'or » et jouent aux échecs avec des pièces d'or, et tout est bonheur jusqu'à ce que « les trois affreuses jeunes filles » arrivent (c'est un autre mystère)[194]. Mais un temps exista auparavant, est-il suggéré, ou il y eut une « guerre mondiale » entre Æsir et Vanir, qui se termina par un partage du pouvoir. Dans une vision selon laquelle le passé et le futur se mélangent en un éclair, Vala voit l'issue et l'annonce aux « haut et bas enfants de Heimdallr », c'est-à-dire à tous les hommes. Elle leur demande d'ouvrir les yeux, de comprendre ce que les dieux devaient savoir : la destruction de la paix, le meurtre de Thjassi, Oðinn lui-même encourageant le crime et clouant au ciel les yeux de Thjassi. Avec ceci le rideau est tiré en peu de mots sur une période du passé. Car Thjassi appartient aux pouvoirs qui précédèrent l'Æsir. De même que chez les Grecs, les Titans vinrent avant les dieux. La lignée principale Vana ou les forces titanesques (dans la reconstruction prudente de Rydberg) est constituée des trois frères, Thjassi/Volund, Örvandil/Eigil, et Slagfin : le Constructeur, l'Archer, et le Musicien. Ceci finalement situe Örvandil l'Archer comme le père d'Amleth. Il est l'un des trois « fils d'Ivalde », de même que leurs homologues dans l'épopée finnoise sont les « fils de Kaleva »[195]. Et Ivalde, comme Kaleva, est à peine mentionné, jamais décrit, au moins pas sous le nom d'Ivalde : on l'entrevoit sous son autre nom, Wate. Comme Kaleva, il est un vide porteur de sens. Mais tout ceci appartient au passé. La vision de la Sibylle se bouscule vers la fin. En vérité, Loki a été enchaîné en enfer car il a provoqué la mort de Balder, de même qu'est enchaîné le grand loup Fenrir, autrefois imaginé avec ruse par Loki lui-même, et ils sont constitués de matériaux aussi peu substantiels que le pas d'un chat, les racines d'un rocher, la respiration d'un poisson, la salive d'un oiseau[196].

Maintenant les pouvoirs de l'Abîme commencent à apparaître, le monde est désassemblé. À ce point, Heimdallr vient au premier plan. Il est la vigie d'Ásgarðr, le gardien du pont entre ciel et terre, le « Blanchissime de l'Æsir, » mais son rôle, sa liberté d'action, sont strictement limités. Il a de nombreux dons, il peut entendre l'herbe pousser, il peut voir à cent miles au loin, mais ces pouvoirs semblent rester inefficaces. Il possède le Gjallarhorn, le grand cor de bataille des dieux ; il est le seul capable d'en sonner, mais il soufflera dedans seulement une fois, quand il appellera les dieux et héros d'Ásgarðr à leur dernier combat.

La méditation nordique jusqu'à Richard Wagner s'est appuyée avec une sombre délectation sur le Ragnarök[197], le Crépuscule des Dieux, qui détruira le monde. Voici la prédiction dans le Chant de la Sibylle, et aussi dans Gylfaginning de Snorri : quand le grand chien Garm aboie en face de la caverne de Gnipa, quand le loup Fenrir brise ses chaînes et vient de « l'embouchure de la rivière[198] », ses mâchoires s'étirant depuis le ciel jusqu'à la terre, et est rejoint par le Serpent Midgard, alors Heimdallr soufflera dans le Gjallarhorn, dont le son atteindra toutes les parties du monde : la bataille est déclarée. Mais il est écrit que les forces de l'ordre descendront pour expier la faute initiale commise par les dieux. Le monde sera perdu, le bon et le mauvais ensemble. Naglfar, le vaisseau des morts, construit avec les rognures d'ongles des vivants, voguera sur les eaux sombres et amènera l'ennemi dans le combat. Alors ajoute Snorri :

> Les cieux sont soudain déchirés en deux, et en sortent les fils de Muspel chevauchant en escadrons brillants, et Surt avec son épée flamboyante, à la tête des fylkings[199].

Des flammes dévastant tout s'échappent avec Surt « le Noir, » qui tue Freyr, le Seigneur du moulin. Snorri fait de Surt le « Seigneur de Gimle » et le roi de la félicité éternelle « à l'extrémité sud du ciel[200] ». Il doit être quelque force hors du temps qui apporte le feu destructeur au monde ; mais on verra cela plus tard.

Jusqu'ici tout a été sinistrement et catastrophiquement et obscurément confus comme cela devait être. Mais le personnage d'Heimdallr soulève nombre de questions importantes. Il est apparu sur la scène comme « le fils de neuf mères » ; être le fils de plusieurs mères est une distinction rare, même en mythologie, et que Heimdallr partage seulement avec Agni dans le *R̥g-Veda*[201], et avec le fils d'Agni, Skanda dans le *Mahābhārata*. Skanda (littéralement « celui qui saute » ou « le sauteur ») est la planète Mars, aussi appelé Kārtikeya, étant donné qu'il fut porté par les Krittika, les Pléiades. Le *Mahābhārata*[202] insiste sur *six* comme le nombre des Pléiades aussi bien que comme les mères de Skanda et donne une très large et impétueuse description de la naissance et de l'installation de Kārtikeya « par les dieux réunis... comme leur général en chef, » qui est d'une façon ou d'une autre étonnante, et très peu compréhensible[203].

Les neuf mères de Heimdallr font inévitablement penser aux neuf déesses qui tournent le moulin. L'hypothèse n'est pas infondée. Deux de ces « mères », Gjalp et Greip, semblent apparaître avec des noms ou des générations modifiés comme Fenja et Menja[204]. Rydberg prétend que Heimdallr est le fils de Mundilfoeri. Le récit est alors astronomique. Où conduit-il ? Grâce aux indices fournis par Jacob Grimm, Rydberg et O. S. Reuter, et grâce à de nombreux indices cachés dans le *R̥g-Veda,* l'*Atharva Veda* et en d'autres endroits innatendus, on peut fournir une conclusion probable : Heimdallr se présente comme l'axe du monde, le Skambha. Sa tête est le « mesureur » *(mjotudr)* des mêmes mesures que la Sibylle prétend comprendre : « Neuf mondes je sais, neuf espaces de l'arbre-mesure qui est au-delà *(fyr)* de la terre. » « Arbre-mesure » est la traduction de *mjotvidr*[205], que les versions dites poétiques habituellement donnent pour « arbre du monde. » Le mot *fyr* apparaît ici à nouveau ; il suggère la priorité ; dans ce verset 2 de la *Völuspá,* il est traduit comme « au-dessous » dans la plupart des cas. La question « qui mesure quoi ? » requiert un supplément d'analyse ; ici, où il n'y a pas besoin de tant de détails, il importe seulement d'apprendre que Heimdallr est honoré par un deuxième nom, *Hallinskíði* (annexe 16) ; on dit que ce nom signifie un piquet ou un poteau courbé, recourbé ou biseauté. Être courbé ou incliné convient à l'axe du monde et tout ce qui lui appartient, à l'exception de l'observateur qui se tient exactement au pôle Nord terrestre. Pourquoi ne pas l'appeler « oblique » ou biseauté, immédiatement[206] ? Que ce soit courbe ou oblique, Grimm dit avec justesse qu'il est « valable de remarquer que Hallinskíði et Heimdallr sont cités parmi les noms pour le Bélier[207]. Heimdallr est le « veilleur » du Pont très emprunté par les dieux qui finalement se brise à Ragnarök ; sa « tête » mesure les croisements de l'écliptique et de l'équateur à l'équinoxe de printemps dans le signe du Bélier[208], une constellation qui est appelée « tête » aussi par Cleomedes[209] et d'innombrables illustrations astromédicales montrent le Bélier dirigeant la tête (les Poissons, les pieds). On pourrait dire que la Sibylle s'adresse aux « hauts et bas enfants d'Aries ».

Se rappelant du Rigvedique Agni, fils de sept à neuf mères comme Heimdallr, et se souvenant de ce qui a été dit du « feu », qu'il signifie un grand cercle connectant les pôles célestes, le système devient plus compréhensible. Heimdallr représente le cercle équinoxial qui « accompagne » le lent mouvement tournant, axe complètement abstrait et invisible le long de la surface de la sphère. Il se dégagera bientôt que cet « axe » signifie toujours l'ensemble du « cadre », donné par les cercles équinoxiaux et solsticiaux[210] d'un âge du monde. Plus compréhensible aussi devient un autre épithète de Heimdallr, à savoir, *Vindlér*, dont Rydberg affirme (p. 595) : « Le nom est une sous-forme de *vindill* et vient de *vinda*, tordre ou tourner, enrouler, retourner rapidement quelque chose. Comme l'épithète "le tourneur" est donné à ce dieu qui apporta le feu par frottement (feu foré) à l'homme, et qui est lui-même la personnification de ce feu, alors il doit être synonyme de "foreur". »

La prophétie de la Sibylle ne finit pas avec les catastrophes, mais elle se déplace du tragique vers un mode plus lyrique, pour chanter l'aube du nouvel âge :

> Maintenant je vois
> La Terre neuve
> Se lever toute verte
> Depuis l'écume à nouveau...
> Alors les champs non semés
> Portent de nouvelles récoltes
> Tous les maux sont réparés.

Même si cette génération de dieux a péri, les plus jeunes restent : Balder et Höðr, aussi les deux fils de Þórr, et Vidar le fils d'Oðinn. La Maison du Sage Vanir n'est pas affectée dans sa totalité, même si Freyr tomba dans la bataille. Comme les Vanir appartiennent à un âge passé, la crise apparemment ne les intéresse pas. Il y a en fait une certaine irréalité perversement cauchemardesque ou névrotique à propos de la tragédie dans sa totalité. Les fers du Loup étaient fabriqués avec rien, mais il fut capable de les couper seulement quand advint le temps où Oðinn et le Soleil devaient être dévorés. L'instant suivant, le jeune Vidar tue le monstre simplement en enfonçant sa chaussure dans sa gorge (il a une seule chaussure comme Jason). C'est la culpabilité et le chaos qui suit, plus que les forces réelles, qui entraînèrent la chute des institutions une fois que le temps fixé fut venu, comme ordonné par le destin et sonné par le Gjallarhorn.

Ce qui arrive ensuite (ou arriva, ou arrivera un jour, car ce mythe est écrit dans le futur) est raconté dans la *Völuspá*, mais est aussi approfondi dans *Gylfaginning* de Snorri (53), un récit d'une étrange rencontre du roi Gylfi avec les Æsir eux-mêmes, déguisés en hommes, qui ne révèlent pas leur identité mais acceptent de répondre aux questions : « Ce qui arrive quand l'ensemble du monde est brûlé, que les dieux sont morts, et toute l'humanité partie ? Tu as dit plus tôt que chaque être humain continuera à vivre dans ce monde-ci ou celui-là. » C'est ainsi, est-il répondu, il y a plusieurs mondes pour les bons et les mauvais. Alors Gylfi demande : « Y aura-t-il des dieux qui survivront, et quelque chose de la terre et du ciel existera-t-il encore ? » Et la réponse vient :

> La terre sort à nouveau de la mer, et elle est verte et belle et tout pousse sans avoir été semé. Vidar et Vali sont vivants, car ni la mer ni le feu de Surt ne les ont blessés et ils demeurent à Idavoll, là où se trouvait autrefois Ásgarðr. Là viennent aussi les fils de Þórr, Móði et Magni, et ils apportent son marteau. Là viennent aussi Balder et Höðr depuis l'autre monde. Tous s'assoient et conversent ensemble. Ils répètent leurs runes et parlent des événements des anciens jours. Ensuite ils trouvent dans l'herbe les tablettes d'or avec lesquelles jouaient autrefois les Æsir. Deux enfants d'hommes seront aussi trouvés épargnés par les grandes flammes de Surt. Leurs noms sont Lif et Lifthrasir, et ils se nourrissent de la rosée du matin et à partir de ce couple humain viendra une large descendance qui remplira la terre. Et c'est étrange à dire, le soleil, avant d'être dévoré par Fenrir, aura donné naissance à une fille, non moins belle et allant sur le même chemin que sa mère.

Alors, tout à coup, conclut le récit de Snorri de manière narquoise, un craquement de tonnerre fut entendu de toutes parts, et quand le roi regarda à nouveau, il se trouva sur la plaine découverte et le grand château avait disparu.

Les époques et les temps sont délibérément brouillés, mais les énoncés des faits, même s'ils sont elliptiques, sont chargés de leur ancien sens. La découverte des morceaux du jeu éparpillés dans l'herbe, déjà décrite dans la *Völuspá*, devient plus claire si l'on pense au *Rg-Veda*, où il est dit que les dieux eux-mêmes circulent comme *ayas*, c'est-à-dire comme un lancer de dés[211]. Cela devient plus compréhensible encore quand on considère que le nom des époques hindoues du monde (*Yuga*) a été tiré de l'expression du jeu de dés[212]. Mais ces deux références pourraient être rejetées comme non probantes si ce n'était le rappel que dans plusieurs sortes d'« ancêtres du jeu d'échecs », pour utiliser une expression de J. Needham, les jeux de table et de dés étaient combinés : le nombre indiqué par le dé déterminait le personnage qui devait être bougé[213]. Que cette même règle ait été aussi valable pour *tafl*, le jeu de table mentionné dans la *Völuspá*, a été montré par A. G. van Hamel[214]. Ainsi le dé contraignait la main du joueur d'échecs, un jeu appelé « batailles planétaires » par les Hindous, et au XVIe siècle, en Europe, intitulé « Guerre céleste », « Jeu de l'Astrologue »[215], tandis que le jeu d'échecs chinois montre la Voie lactée divisant les deux camps. Ce qui tend à montrer que les Islandais savaient de quoi ils parlaient.

Finalement il y a une remarquable et troublante coïncidence à partir de la même direction. Il est connu que dans la bataille finale des dieux, les légions massées du côté du « commandement » sont les guerriers morts, les *Einherier* qui autrefois tombèrent au combat sur terre et qui ont été transférés par les Walkyries pour résider avec Oðinn en Valhöll ; un thème beaucoup réutilisé dans la poésie héroïque. Le dernier jour, ils jaillissent pour la bataille en un déploiement martial. Le *Grímnismál* (23) dit : cinq cents portes et quarante de plus se trouvent dans le puissant bâtiment de Walhalla ; huit cents *Einherier* sortent de chacune de ces portes ; à l'heure ils sortent en défense contre le Loup.

Cela en fait 432 000 en tout, un nombre significatif depuis très longtemps. Ce nombre doit avoir eu en effet une très ancienne signification, car il est aussi le nombre des syllabes dans le *Rg-Veda*. Mais il renvoie au chiffre de base 10 800, le nombre de strophes dans le *Rg-Veda* (40 syllabes pour une strophe) qui, ensemble avec 108, apparaît avec insistance dans la tradition indienne. 10 800 est aussi le nombre qui a été donné par Héraclite pour la durée de l'Aiôn, selon Censorinus (*De die natali* 18), tandis que Berossos établit la Grande Année babylonienne aux 432 000 dernières années. À nouveau, 10 800 est le nombre de briques de l'autel du feu indien *(Agnicayana)*[216].

« Ergoter sur une telle coïncidence », remarque Schröder, « ou l'imputer au hasard, est à mon avis pratiquer le scepticisme au-delà des limites[217] ». Ajoutera-t-on Angkor à la liste ? Il a cinq portes, et à chacune d'entre elles conduit une route, franchissant par un pont ces fossés d'eau qui entourent l'ensemble du lieu. Chacune de ces routes est bordée par une rangée d'énormes personnages de pierre, 108 par avenue, 54 de chaque côté, au total 540 statues de Deva et Asura, et chaque rangée porte un énorme serpent Naga à neuf têtes. Seulement, elles ne « portent » pas ce serpent, on montre qu'elles le « tirent », ce qui indique que ces 540 statues barattent l'Océan de lait, représenté (pauvrement, il est vrai) par ce fossé d'eau[218] utilisant le mont Mandara comme un instrument pour baratter, et Vasuki, le prince des Nagas, comme la corde servant d'axe pour forer. (Juste pour bien comprendre : on avait précédemment demandé sa permission à Vasuki, et il avait aimablement consenti, et donc avait consenti l'avatar tortue de Viṣṇu, qui allait servir de base fixe pour cet « incomparablement puissant barattage », et même l'Océan de lait avait exprimé clairement que c'était sa volonté d'être baratté.) L'ensemble d'Angkor devient ainsi un modèle colossal érigé pour un « mouvement alternatif » avec les véritables imagination et incongruité hindoues pour contrecarrer l'idée de la Précession d'une façon continue de l'ouest vers l'est.

Or il y a un dernier paragraphe dans le *Gylfaginning*, qui est habituellement considéré comme le dernier mot, et sa paternité est mise en doute, car on suppose que l'*Edda* de Snorri fut complétée par Ólafr Hvítaskáld (=1259), le neveu de Snorri. En tout cas, cet ajout est un peu hors du contexte précédent, mais il le renforce :

> Les Æsir maintenant s'assirent pour parler, et tinrent leur conseil, et se souvinrent de tous les récits qui avaient été dits à Gylfi. Ils donnèrent aux hommes et lieux qui étaient là, exactement les mêmes noms que ceux qu'ils avaient auparavant. Et ils firent cela pour la raison que, lorsqu'un long temps serait passé, les hommes ne puissent avoir de doute que ceux

auxquels les mêmes noms étaient attribués étaient tous identiques. Il y en avait un qui est appelé Þórr, et c'est Asa-Þórr, l'ancien. Il est Oeku-Þórr (Þórr le Char) et à lui sont attribuées les grandes actions d'Hector à Troie.

Comme pour la renaissance du monde, un autre « Crépuscule » vient à l'esprit. C'est dans le *Kumulipo*, un mythe cosmogonique polynésien d'Hawaï. Bien que nous ayons la source de toutes les choses à partir du chaos, c'est un chaos qui est simplement la destruction et la ruine d'un monde antérieur[219]. »

> Maintenant le balancement du temps se retourne sur le monde consumé
> Revient le grand retournement des choses à nouveau
> Comme encore sans soleil le temps de la lumière voilée ;
> Instable, comme sous la pâle lueur lunaire
> Sortie d'un voile de nuages de Makalii sombre comme la nuit
> Exalte, de même que l'ombre, la préfiguration du monde à venir[220].

Ainsi chantait il y a longtemps un Empédocle océanien. Le poème était tiré d'une tradition royale très ancienne, de même que Virgile avait tiré le sien de l'histoire de la *Gens Julia*, car la véritable lignée originelle des rois d'Hawaii était supposée venir de Kane, le dieu démiurge du Pacifique.

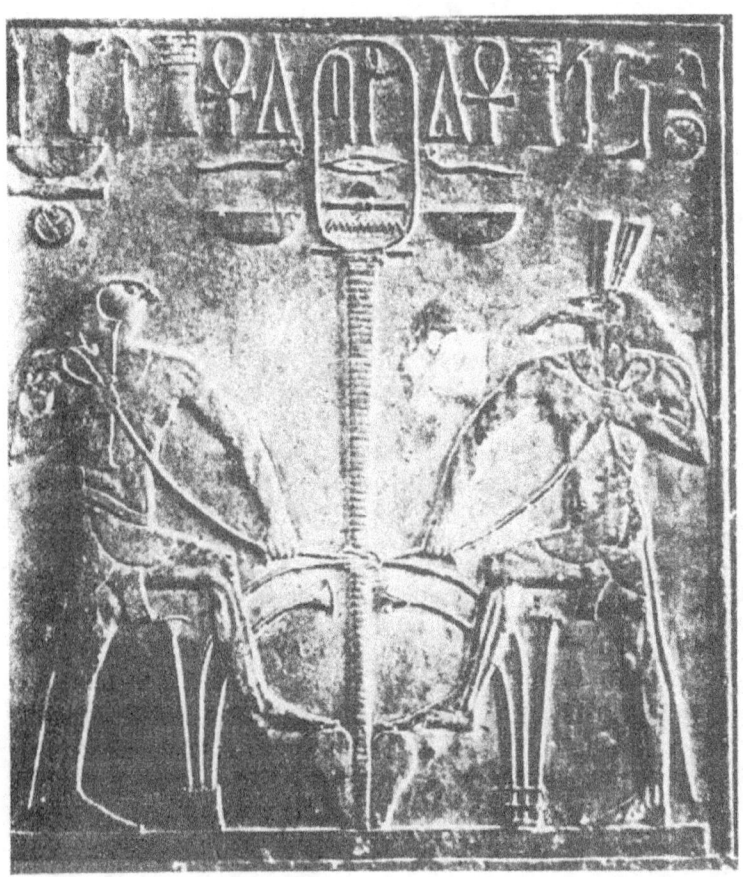

Horus et Seth dans l'action de forer et de baratter.
Horus a la tête d'un faucon ; la tête de Seth-Typhon
montre le mélange particulier de chien et d'âne
qui sont caractéristiques de ce qu'on appelle la « bête
Seth ». Cette représentation est toujours mal légendée
ainsi : l'« unification des deux pays ». En fait soit
Horus et Seth assurent le service du barattage,
soit, comme c'est plus souvent le cas, ils représentent
ce qu'on appelle les « Dieux du Nil ».

L'« incomparablement puissant barattage »
de la mer de Lait, comme décrit dans le Mahabharatta
et Ramayana. Les têtes des divinités à droite sont
les Asura, avec d'incontestables traits « typhoniens ».
Elles représentent le même pouvoir que les Titans,
les Turaniens, et le peuple d'Untamo, en bref,
la « famille » du mauvais oncle, parmi laquelle Seth
est le plus vieux représentant, opposé à Horus,
le vengeur de son père Osiris.

La version simplifiée de l'Amṛtamanthana (ou barattage de l'Océan de lait) montre encore le mont Mandara utilisé comme un pivot ou bâton de barattage, reposant sur la tortue. Et ici aussi la tête à droite a des traits « typhoniens ».

LE CRÉPUSCULE DES DIEUX

Le manuscrit maya Tro Cortesiano présente
le même événement dans une « projection » différente.
L'illustration est plus difficile à décoder, comme
le sont toutes les images mayas ; mais la corde,
la tortue et la baratte (indiquant un sablier ?)
peuvent être distingués, et « kin », le glyphe du soleil,
glisse le long de la corde-serpent.

Pourquoi mon éducation fut-elle ordonnée et prescrite
Comme celle d'une personne distincte de Dieu,
Destinée à de grands exploits, si je dois mourir
Trahi, captif, et avec les deux yeux retirés...
Ô obscurité, obscurité, obscurité, au milieu de l'éclat de la lune,
Irrévocablement obscure, éclipse totale
Sans aucun espoir de jour !
Ô rayon premier créé, et toi magnifique Parole,
« Que la lumière soit, et la lumière fut »
Pourquoi suis-je privé de cette façon, de ton principal jugement ?

Samson Agonistes

CHAPITRE XI
SAMSON SOUS PLUSIEURS CIEUX

L'histoire de Samson apparaît dans la Bible comme un grand tissu d'absurdités. Les élèves du catéchisme ont dû rester longtemps perplexes à propos de son arme pour tuer les Philistins. Mais il y a encore bien plus énigmatique à son sujet (Livre des Juges XV) :

15. Et il trouva un nouvel os de mâchoire d'un âne, il étendit la main pour le prendre, et avec tua un millier d'hommes.
16. Et Samson dit : « Avec l'os de mâchoire d'un âne, un grand, grand nombre, avec la mâchoire d'un âne, j'ai tué un millier d'hommes. »
17. Et quand il eut fini de parler, il jeta l'os de mâchoire et l'on appela cet endroit Ramathle'hi.
18. Et il souffrait de la soif, et s'adressa au Seigneur et dit : « Tu as mis cette grande délivrance dans la main de ton serviteur et maintenant est-ce que je vais mourir de soif et tomber dans les mains des infidèles ?
19. Mais Dieu fendit un endroit creux qui se trouvait dans la mâchoire, et il en sortit de l'eau ; et quand il eut bu, son esprit se ranima, et il reprit vie : c'est pourquoi il donna à cette source le nom de En-hak'ko-re, qui est en Le'hi jusqu'à ce jour.
20. Et Samson fut juge d'Israël pendant vingt années, à l'époque des Philistins.

Le passage a été expurgé dans la version révisée pour la rendre plus plausible, mais la strophe 19 est un inébranlable rappel qu'il ne s'agissait ni d'un os ni même d'un « endroit » ordinaires comme cela a été suggéré récemment. Car cette mâchoire est dans le ciel. C'était le nom donné par les Babyloniens aux Hyades, qui étaient placées dans la constellation du Taureau comme la « Mâchoire du Taureau ». Si nous nous souvenons de la citation classique « les pluvieuses Hyades », c'est parce que Hyades signifie « humide ». Dans l'épopée babylonienne de la création, qui précède l'histoire de Samson, Marduk utilise les Hyades comme une arme boomerang pour détruire la couvée des monstres du ciel. Toute l'histoire prend place parmi les dieux. Il est connu aussi que l'arme puissante d'Indra, *Vajra*, la Foudre fabriquée à partir des os de Dadhyank à tête de cheval, n'était pas de cette terre (voir annexe 19).

L'histoire est si universelle qu'elle doit être considérée à l'échelle du globe. En Amérique du Sud, où les taureaux étaient encore inconnus, les Arawaks, les Tupi, les Quechua d'Équateur parlaient de la « mâchoire du tapir », qui était en relation avec le grand dieu, Hunrakán, l'Ouragan, qui certainement sait comment tuer par milliers. Dans notre ciel, le nom du Samson céleste est Orion, le puissant chasseur, alias Nemrod. Il reste tel, même en Chine comme « le Seigneur Tsan de la Guerre », le maître chasseur de la chasse d'automne, mais les Hyades sont changées là en un filet pour attraper les oiseaux. Au Cambodge, Orion lui-même devient un piège pour les tigres ; à Bornéo, où ils n'existent pas, ce sont des porcs qui leur sont substitués ; et, en Polynésie, privée de toute sorte de gros gibier, Orion prend la forme d'un énorme piège pour oiseaux. C'est ce piège que Maui, héros créateur et escroc, utilisa pour attraper l'Oiseau de Soleil ; mais l'ayant capturé, il se mit à le battre, et avec quoi ? L'os de mâchoire de Muri Ranga Whenua, sa propre respectable grand-mère.

Si on ramène Samson, le Shimshon biblique, sur terre, il devient un personnage absurde, ou plutôt pas un personnage du tout, excepté pour sa violence qui tient de la folie et pour ses passions soudaines. Après avoir lu le compte rendu de cette vie chaotique et fantasque, on a comme un choc : « Et il fut juge en Israël durant vingt années. » Car si quelqu'un était dépourvu de jugement, c'était bien ce furieux. Comme le remarque Frazer, on doute qu'il ait particulièrement valorisé le tribunal ; cependant sa personne prend une mystérieuse importance. Sur son personnage, on trouvait compilée une masse de contes classiques, comme « l'homme dont l'âme était placée autre part » (le corps sans âme), et le motif persistant d'être trahi de façon décisive par les femmes, le motif d'Heraklès et Llew Llaw Gyffes[221].

Plus que cela, il est un montage incongru de fonctions inhumaines que l'on ne parvenait pas à rassembler de manière intelligible, et qui furent accumulées avec une hâte toute cinématographique. Même ses exploits semblables à ceux d'un jeune Héraclès, attaquant le lion, dont la carcasse en un instant abrita un essaim d'abeilles, rappellent le *bougonia* honoré par le temps du Quatrième Livre des *Géorgiques* de Virgile[222].

Parmi les nombreux exploits dépourvus de sens il y en a quelques-uns qui prennent un relief particulier à partir du contexte. Samson fut contrarié (Livre des Juges XIV-XV) à cause de la femme de son cœur, une Philistine, qui avait livré aux enfants de son peuple le sens de son énigme sur le lion : « De celui qui mange est sorti ce qui se mange, et du fort est sorti le doux », de telle sorte qu'il fut contraint à payer le tribut pour son dernier pari[223].

XIV

19. Et l'Esprit du Seigneur vint sur lui, et il descendit à Ashkelon, et tua trente de leurs hommes, et prit leurs dépouilles, et fit un échange de vêtements avec eux qui avaient interprété l'énigme. Et la colère le prit, et il monta à la maison de son père.

20. Mais la femme de Samson fut donnée en cadeau à son compagnon, qu'il considérait comme son frère.

XV

1. Mais il arriva un peu de temps après, au moment de la moisson, que Samson rendit visite à sa femme et lui porta un chevreau ; et il dit, je veux aller avec ma femme dans la chambre. Mais le père de sa femme ne voulut pas le laisser entrer.

2. Et le père de sa femme dit : « Je pensais réellement que tu la haïssais et donc je l'ai donnée à ton compagnon. Est-ce que sa jeune sœur n'est pas plus belle qu'elle ? Prends-la, je te prie, au lieu de reprendre ta femme à ton compagnon. »

3. Et Samson leur dit : « Cette fois je ne serai pas coupable envers les Philistins, si je leur fais du mal. »

4. Et Samson s'en alla et attrapa trois cents renards, et prit des flambeaux, et les mit queue à queue, et mit un flambeau au milieu d'entre deux queues.

5. Et quand il eut allumé les flambeaux, il lâcha les renards dans la récolte des Philistins, et brûla à la fois les gerbes, et aussi la récolte sur pied, avec la vigne et les olives.

6. Alors les Philistins dirent : « Qui a fait cela ? » On répondit : « Samson, le gendre de Timnite, parce que celui-ci a pris sa femme et l'a donnée à son compagnon. » Et les Philistins surgirent et la brûlèrent, elle et son père.
7. Et Samson leur dit : « Vous avez agi ainsi, je ne m'arrêterai qu'après m'être vengé de vous. »
8. Et il les frappa de toutes parts en faisant un grand massacre : et il descendit et habita au sommet du rocher Etam.

En quittant le grand Samson assis là au sommet de son rocher, bref interlude avant qu'il ne redescende vers le chemin de ses caprices et avec sa manière irréfléchie et colérique de provoquer ses ennemis, on est amené à s'interroger.

Attraper et enfermer trois cents renards, et les attacher par paires par la queue, juste pour assouvir une rancune, semble plus ressortir du rêve d'un délinquant juvénile ou un Paul Buyan[224] ou un « Hans le Fort »[225] que de l'exploit d'un guerrier. C'est comme si l'Écriture s'était souvenue qu'il devait se présenter sous la forme d'un chasseur, mais avait mal placé l'occasion de ses chasses. Après tout, on ne trouve pas des lions derrière chaque haie mais, et c'est contrariant, on trouve seulement des renards. Or nous savons depuis Ovide (*Fasti* 4, 631 sq) qu'en avril, à la fête de Cérès, des renards avec la fourrure enflammée étaient chassés à travers le Circus. Ce pourrait être le véritable contexte. Les explications modernes du « rite de fertilité » sont si futiles qu'il pourrait être plus à propos de se rappeler l'épisode des trois cents « chiens » d'élite que Gédéon recrutait pour sa troupe, et qui restent encore inexpliqués[226]. On devrait aussi considérer un événement plus important sur lequel Felix Liebrecht a attiré l'attention : la « fête de Sadeh », » durant laquelle des animaux étaient excités et chassés, enflammés, à travers toute la campagne iranienne. Ceci, cependant, ramènerait au Livre des Rois de Firdausi, et au-delà de cela à tout le problème de Kynosoura[227], qui ne peut pas être abordé à ce point de l'exposé parce qu'il suppose un examen de tout ce qui était impliqué par le démarrage des feux célestes.

Mais le principal thème de l'histoire apparaîtra plus clairement s'il est transposé dans une tradition narrative complètement différente, les aventures de Susanowo le dieu japonais. On les trouve dans les Écritures sacrées japonaises, dans ce cas, les *Nihongi*, compilées environ au VIIIe siècle apr. J.-C., mais remontant à des temps inconnus.

Elles sont tout à fait l'équivalent de ce que la Bible fut dans notre passé récent, et même plus, car « ce corps de légende, folklore pour nous mais histoire crédible pour le peuple de l'archipel, est enchevêtré dans les racines de tout ce qui est japonais ». La citation est de Post Wheeler, qui prépara la dernière édition du corpus mythologique japonais. Pour le citer plus loin : « Dans aucun autre pays nous ne trouvons la légende sacrée d'un peuple autant interconnectée avec la pensée et la vie quotidiennes de l'individu. Ses épisodes nous interpellent depuis chaque recoin et chemin détourné. Le mythe primitif du massacre du Serpent à Huit Fourches par la divinité Mâle Brave Rapide Impétueux, frère de Brillante Lumineuse, la déesse du Soleil, est reproduit sur les billets de papier-monnaie japonais. Je l'ai vu produit au grand sérieux[228] au Théâtre impérial de Tokyo, la même semaine que l'une des tragédies d'Ibsen et une opérette viennoise[229]. »

La majeure partie de la mythologie hébraïque porte le vêtement simple fait de chanvre des paysans et des patriarches de Palestine. Le mythe japonais porte, lui, la marque d'un monde féodal déjà raffiné et pervers, en arrière duquel il y a l'élégance et la fantaisie baroques de l'ancienne culture chinoise. Sur cette base, voici l'histoire du Samson japonais, Susanowo, dont le nom signifie Mâle Brave Rapide Impétueux. Il n'y a pas de meilleur ensemble d'attributs pour Mars ; il est aussi officiellement un dieu, car sa sœur Amaterasu, la déesse du Soleil, est encore aujourd'hui l'ancêtre adorée de la dynastie impériale ; les antécédents aristocratiques sont nettement avérés et le héros n'a nul besoin de garder le masque d'un rustre de la tribu de Dan qui chahutait à Ashkelon et se suicidait à Gaza.

Or, Susanowo fut banni du ciel pour avoir jeté la partie arrière de la croupe écorchée de son étalon de couleur pie dans la salle affectée au tissage de sa sœur Amaterasu. Ces subits gestes discourtois semblent faire partie du code : Enkidu a ainsi jeté la partie arrière du Taureau du Ciel à la face d'Istar, mais ici il y a la caractéristique codée supplémentaire de l'animal au train arrière écorché. Le geste de Susanowo conduisit la dame du Soleil à se retirer dans une cave : le monde fut plongé dans l'obscurité. Les 80 000 dieux s'assemblèrent dans la Voie lactée pour tenir conseil, et à la fin trouvèrent un dispositif pour encourager le Soleil à sortir de la cave et mettre fin à la grande panne de lumière. C'était une ruse de mauvaise comédie, faisant partie du fonds de commerce qui est utilisé pour enjoler Rã en

Égypte, Déméter en Grèce (la dénommée Agelastos ou Déméter qui ne rit pas) et Skaði dans le Nord, c'est-à-dire évidemment un autre dispositif codé[23].

Or la lumière était revenue sur le monde, mais sur terre le dieu-héros sortant de l'obscurité n'avait nulle part où reposer la tête. Il errait et réussit à tuer le « Serpent aux Huit Fourches », en sauvant ainsi une demoiselle.

Après cela, il mit en œuvre « Le Tracé des Terres » et l'ensemencement du sol, donnant aux îles la forme qu'elles ont maintenant. Finalement, Mâle Brave Rapide Impétueux, ayant voyagé aux limites du ciel et de la terre, et même jusqu'au Mur Limitant Verticalement le Ciel, demeura sur le mont de la Lande aux Ours et enfin se rendit dans le Monde inférieur, aussi appelé Terre lointaine de l'Enfer.

Dans cet au-delà vint un Jason, c'est-à-dire le Kami (Prince divin) Grand Maître de la Terre, qui cherchait quelque dispositif pour lutter contre ses frères, « les 80 Kami », qui avaient réussi à le tuer plusieurs fois (Producteur du Ciel l'avait ressuscité à chaque fois). Avant d'atteindre la maison de Susanowo, il se maria avec sa fille, Princesse Impatiente, et cette Médée le soutint fidèlement, afin qu'il survive aux différentes « positions » que Susanowo lui avait préparées[231] comme lieux destinés à un hôte particulier : le feu, la maison aux serpents, la maison des guêpes et scolopendres (Svidrigaïlov de Dostoïevski a dû être un grand voyant) :

> Alors Mâle Brave Rapide Impétueux, ayant tiré une flèche sifflante au centre d'une lande herbeuse, l'envoya la chercher, et quand il eut pénétré sur la lande, y mit le feu de tous côtés. Mais comme Grand Maître de la Terre ne trouvait pas d'issue, alors vint une souris qui dit : « L'intérieur est un trou creux ; l'extérieur est étroitement étroit. » À l'instant où elle parlait ainsi, il marcha sur l'endroit, et tombant dans le trou, s'y cacha jusqu'à ce que le feu eût fini de brûler, et la souris lui apporta la flèche sifflante dans sa bouche, et les plumes de la flèche furent apportées de la même façon par ses petits.
>
> Or sa femme, Princesse Impatiente, en pleurant, préparait les funérailles, et son père, pensant que Grand Maître de la Terre était mort, sortit et se tint sur la lande, mais il trouva son hôte qui se tenait là, qui apporta la flèche et la lui donna. Alors le grand Kami Susanowo l'installa dans le palais et dans une salle très spacieuse où il lui fit retirer les poux de la tête,

parmi lesquels se trouvaient de nombreuses scolopendres. Sa femme, cependant, lui donna des baies d'aphanante et de la terre rouge, et il mâcha les baies et les recracha avec la terre rouge qu'il tenait dans sa bouche, de telle sorte que le grand Kami, le croyant en train de mâcher et de cracher des scolopendres, commença à s'attendrir et s'endormit.

Alors le Grand Maître de la Terre lia solidement la chevelure de Mâle Brave Rapide Impétueux aux chevrons du palais, et bloquant la porte avec un rocher hissé par cinq cents hommes, prit sa femme Princesse Impatiente sur son dos, prit possession de la grande épée préservant la vie du Grand Kami, son arc et ses flèches, et son luth Parlant au Ciel, et s'enfuit. Mais le luth Parlant au Ciel frappa un arbre de telle sorte que la terre résonna, et le grand Kami (Susanowo) s'éveilla à ce son et fit écrouler le palais.

Cependant, tandis qu'il libérait sa chevelure des chevrons, Grand maître de la Terre s'était enfui très loin ; aussi le poursuivant jusqu'à la Frontière de la Terre Nocturne, et le voyant au loin, Mâle Brave Rapide Impétueux l'appela en disant : « Avec la grande épée préservant la vie et l'arc et les flèches que tu emmènes, poursuis tes frères de basse naissance jusqu'à ce qu'ils se réfugient sur les pentes des collines et qu'ils soient emportés par les courants de la rivière ! Et fais-le, camarade, fais honneur à ton nom de Grand Maître de la Terre, et ton nom d'Esprit de la Terre Vivante, et fais de ma fille Princesse Impatiente ta principale épouse, fabrique de solides colonnes pour ton palais au pied du Mont de la Recherche, au fond du rocher le plus bas, et élève ses traverses de construction vers la Plaine du Haut Ciel, et demeure là ! »

Alors, portant la grande épée et le livre, le Grand Maître de la Terre poursuivit et dispersa les 80 Kami, disant : « Ils ne seront pas autorisés dans le cercle de la barrière bleue de montagnes. » Il les poursuivit jusqu'à ce qu'ils se réfugient sur chaque pente de colline, il les poursuivit jusqu'à ce qu'ils fussent emportés dans chaque rivière, et alors il commença à gouverner la terre. (Par conséquent le lieu où il les rattrapa fut appelé Venir Rattraper[232].)

Plus tard, on montrera que la partie « Genèse » du *Nihongi* rejoint très exactement les conditions de la théorie archaïque. Même des incidents qui semblent être des ornementations mineures, la petite souris dans son terrier, sont réellement des éléments récurrents dans l'ancienne fugue. Parce qu'il est nécessaire de traiter un seul thème à la fois, une bonne part du récit de Susanowo apparaît sauvagement arbitraire mais ni plus ni moins que celui de Samson. Aussi la narration interfère confusément avec d'autres intrigues classiques, on voit bien celle de Thésée et des Argonautes. Et cependant il y a Susanowo, qui fabrique l'obscurité à midi, Samson dont la force est dans la chevelure, qui « partit avec la cheville de la poutre et l'enchevêtrement » partant brusquement avec les chevrons et les rochers et les portes et les poteaux, faisant écrouler un palais (le sien, pour changer), frappant et éparpillant les faiseurs d'injustice de basse naissance « n'étant pas autorisés à nouveau dans le cercle de la barrière bleue ». Mais le *Nihongi* montre le système plus large dans lequel l'ancien ordre est détruit et la nouvelle fondation d'un ordre est entreprise : « Fabrique de solides colonnes pour ton palais au pied du mont de la Recherche dans le fond du rocher le plus bas, et élève ses traverses de construction vers la Plaine du Haut Ciel, et demeure là. »

Le dieu n'a pas seulement jugé et distribué, il a aussi établi et semé pour le futur dans sa compétence en qualité de nouveau roi du Monde souterrain ; il est allé dormir dans son Ogygie, et a nommé son successeur comme souverain du nouvel âge. De plus, le Grand Maître de la Terre devait obtenir quelque chose dans la Terre éloignée de l'Enfer (au Japon les morts y descendent par la terre, par un chemin aux innombrables sinuosités, attendu que le gouffre tourbillonnant dans l'océan est utilisé seulement pour y transporter la « boue pécheresse »). Il a été envoyé là pour prendre « conseil » de Susanowo (qui l'identifia au premier regard comme : « Voici le Kami Affreux Mâle des Plaines aux roseaux »), de fait il l'obtint la précieuse épée préservant la vie que Susanowo avait trouvée dans la queue du Dragon aux Huit Fourches et l'« arc et les flèches » et son luth orphique Parlant au Ciel, sans oublier Princesse Impatiente. Une affaire compliquée. Mais le Grand Maître de la Terre joue indéniablement le rôle de Jupiter contre le Mars de Susanowo, d'autant que sa Princesse Impatiente bien-aimée devient extrêmement jalouse.

À présent, après cet interlude dans l'Est lointain, la propre tragédie de Samson peut être observée sous un meilleur angle (Livre des Juges XVI) :

> 19. Et (Dalila) le fit dormir sur ses genoux ; et elle appela un homme, et elle le lui fit raser les sept tresses de sa tête ; et elle commença à le dompter, et sa force sortit de lui.
>
> 20. Et elle dit : « Les Philistins sont sur toi Samson. » Et il s'éveilla de son

sommeil et dit : « Je vais sortir comme les fois précédentes, et me dégagerai. » Et il ne savait pas que le seigneur s'était retiré de lui.

21. Alors les Philistins le saisirent et lui crevèrent les yeux, et le descendirent à Gaza, et l'attachèrent avec des chaînes d'airain ; il tournait la meule dans la prison. (annexe 17)

22. Cependant la chevelure de sa tête commença à repousser après qu'elle eut été rasée.

23. Alors les seigneurs des Philistins se rassemblèrent pour offrir un grand sacrifice à leur dieu Dagon et se réjouir : car dirent-ils, notre dieu nous a livré Samson notre ennemi.

24. Et quand le peuple le vit, ils prièrent leur dieu en disant : « Notre dieu a livré entre nos mains notre ennemi, et le destructeur de notre pays, qui a massacré beaucoup d'entre nous. »

25. Et il arriva, comme leurs cœurs étaient heureux, qu'ils dirent : « Faisons venir Samson, et qu'il nous divertisse. » Ils firent sortir Samson de la prison ; et il joua devant eux ; ils le placèrent entre les colonnes.

26. Et Samson dit au jeune homme qui le tenait par la main : « Permets-moi de sentir les colonnes sur lesquelles tient le temple, que je puisse m'appuyer sur elles. »

27. Or le temple était rempli d'hommes et de femmes ; et tous les seigneurs des Philistins étaient là. Et il y avait sur le toit environ trois mille hommes et femmes, qui regardaient Samson pour leur amusement.

28. Et Samson s'adressa au Seigneur et dit : « Ô Seigneur Dieu, souviens-toi de moi, je t'en prie, et donne-moi la force, je t'en prie, seulement cette fois-ci, Ô Dieu, que je puisse être à l'instant vengé des Philistins pour mes deux yeux. »

29. Et Samson se saisit des deux colonnes du milieu sur lesquelles se tenait le temple et sur lesquelles il s'appuya, l'une était à sa droite, et l'autre à sa gauche.

30. Et Samson dit : « Fais-moi mourir avec les Philistins. » Et il se tendit de toute sa puissance ; et le temple s'écroula sur les seigneurs, et sur tous les gens qui se trouvaient là. Ainsi il provoqua plus de morts en mourant qu'il ne l'avait fait durant sa vie.

Telle est la grande histoire, et elle s'est propagée au travers d'innombrables versions.

L'intention générale de la tragédie est évidemment blâmable, plus même que dans la plupart des narrations de la Bible qui sont superbement indifférentes à de telles considérations. Si Samson a été élevé comme « une personne distincte de Dieu » par le soin du Seigneur « qui cherchait une occasion contre les Philistins », il ne peut être comparé à des chefs tels que Josué et Gédéon. Il reste, mythologiquement parlant, un projectile malencontreux. La plupart des grands exploits du passé mytho-historique auraient retenu l'attention des nouveaux médias, mais les actes de Samson ont si peu de sens, même à la micro-échelle des pouvoirs politiques de la Palestine, que Milton trouve difficile de justifier les chemins de Dieu vers l'homme. Certains événements « centraux » comme l'écroulement des temples royaux, soit en Grèce ou à Babylone ou au Danemark, sont porteurs d'une plus véritable et plus profonde répercussion. C'est pourquoi de grands thèmes comme « l'obscurité à midi » et « la démolition de l'édifice » se combinent dans un thème plus grand, évidemment cosmique, qui est ici obscurci. Le *Nihongi* trouve plus justement sa place dans ce modèle plus large.

Dans l'arabesque des motifs entrelacés, on peut noter ceux où le thème de « démolition de la structure » est mis en évidence. Le puissant héros maori Whakatau était tout à sa vengeance :

> Il se saisit de la corde qu'il avait passée autour des poteaux du temple, et se ruant au dehors, la tira de toutes ses forces, et immédiatement le temple s'écroula, écrasant tout avec lui, de telle sorte que toute la tribu périt, et Whakatau y mit le feu[233].

Cela nous est familier. Au moins un tel événement plonge-t-il vaguement dans l'histoire. Cela se produisit pour la toute première salle de réunion de la secte pythagoricienne, et sa chute est considérée comme le résultat d'un conflit politique, mais la légende de Pythagore avait été si astucieusement construite aux premiers temps, sans paraître préfabriquée, que le doute est permis. L'essence du vrai mythe est de se dissimuler derrière des détails de tous les jours qui paraissent objectifs et qui sont empruntés à des circonstances connues. Quoi qu'il en soit, dans beaucoup d'autres histoires la destruction du bâtiment est liée à un *filet*. L'Amleth de Saxo ne fait pas écrouler des colonnes ; celui-ci réapparaît au banquet donné par le roi pour ses propres funérailles supposées, comme le Grand Maître de la Terre lui-même. Il jette le filet-tapis noué, préparé par sa mère, sur la foule enivrée et brûle le château. Au Japon le parallèle ne va pas plus loin que cela mais il a néanmoins sa propre pertinence. Il suggère la chute du temple d'Atreus. Le filet jeté par Clytemnestre sur le roi qui l'étrangle dans son bain ne peut pas être venu là par hasard. Mais c'est une direction incertaine jusqu'à maintenant.

Le Livre sacré de l'ancien Maya Quiche, le célèbre *Popol Vuh* (le Livre du Conseil) parle de Zipacna, fils de Vucub-Caquix (= sept Arara). Il voit 400 jeunes gens tirant une énorme bûche dont ils veulent faire une panne faîtière pour leur temple. Zipacna apporte seul l'arbre sans effort jusqu'à l'endroit où un trou a été creusé pour le poteau qui doit supporter la panne. Les jeunes gens, jaloux et effrayés, essayent de tuer Zipacna en l'écrasant dans le trou, mais il s'échappe et fait s'écrouler le temple sur leurs têtes. Ils sont élevés au ciel et ils donnent leur nom aux Pléiades (annexe 18).

Par ailleurs, il y a un vrai vengeur-de-son-père, le Tuamotuan Tahaki, qui, après de longs voyages, arrive dans l'obscurité à la maison des gobelins qui torturèrent son père. Il conjure sur eux « le froid intense de Havaiki » (l'autre monde) qui les plonge dans le sommeil.

> Alors Tahaki rassembla le filet qui lui avait été donné par Kuhi, et le porta à la porte de la longue maison. Il mit le feu à la maison. Quand les innombrables gobelins s'écrièrent ensemble « où est la porte ? » Tahaki appela : « Elle est ici. » Ils pensèrent que c'était l'un de leur propre troupe qui avait appelé ainsi, et aussitôt ils se ruèrent, tombant la tête la première dans le filet, et Tahaki les fit brûler dans le feu[234].

Ce que le filet pouvait être est connu à partir de l'histoire de Kaulu. Ce héros aventureux, voulant détruire une femme cannibale, vola d'abord vers Makalii, le grand dieu, et lui demanda ses filets, les Pléiades et les Hyades, dans lesquels il avait emmêlé le diable avant qu'il eût brûlé sa maison[235]. On voit clairement qui était le propriétaire des filets. Les Pléiades sont dans la main droite d'Orion sur le globe Farnèse[236] et étaient habituellement appelées le « lagobolion » (filet à lièvre). Les Hyades étaient en faveur du Grand Jeu[237].

À la fin de cette exploration qui nous a menés loin, il est juste de se demander, qui Samson pouvait-il bien être ? Clairement un dieu, et un pouvoir planétaire, car tels étaient les dieux des anciens temps. Comme Mâle Brave Rapide Impétueux, comme le Fort Nazirite, il a tous les mots de passe qui appartiennent à Mars, et à aucun autre. Clairement, alors qu'on tente de construire l'épisode conclusif de l'investigation sur Amleth-Cronos, roi du moulin cosmique, quelque chose d'autre nous est apparu, le nouveau et formidable personnage de Mars, ou Arès comme les Grecs l'appelaient. Il reviendra plus d'une fois. Cependant, il n'y a pas de problème sauf que le nom de Samson vient spontanément en relation avec le Sampo, la pierre de meule originelle. Même Susanowo se substitue à Cronos dans son même règne du Monde souterrain. Il aurait été souhaitable de présenter les pouvoirs séparément, chacun sous sa propre forme, comme il sera fait plus loin. Mais le récit aux nombreux fils a ses propres règles, et ceci donne l'exemple de l'un d'entre eux, important. Il n'y a pas de pouvoirs plus différents que ceux de Saturne et Mars ; cependant ce n'est pas la seule fois où ils apparaîtront comme un doublet confus et inexpliqué.

L'un des motifs, la destruction, est souvent associé avec le personnage d'Amleth. L'autre appartient plus spécifiquement à Mars. Il y a un aspect singulièrement aveugle en direction de Mars, appuyé à la fois sur les mythes d'Harran et du Mexique. C'est même répété dans Virgile : *Caeco Marte*. Mais il ne présente pas seulement une violence aveugle. Il faut le chercher dans le Monde de l'enfer, ce qui viendra bientôt. En attendant, voici la première présentation de Mars et de Cronos. Au Mexique, il ressort de façon effrayante dans les formes grotesques du noir et du rouge Tezcatlipoca. Il y a une certaine étape dans le Grand Récit, évidemment, dans laquelle les pouvoirs de destruction de Mars déchaîné constituent une combinaison fatale avec l'intention de vengeance implacable de Saturne. Shakespeare a, avec sa perspicacité surnaturelle, fait allusion aux deux, quand Hamlet avertit Laertes en rage, avant leur rencontre finale :

> Sans être irascible ni trop prompt à agir,
> J'ai pourtant quelque chose en moi de dangereux
> Que tu ferais sagement de craindre...

Mais, évidemment, il y a plus, et ce qui émerge ici lève le voile d'un dessein archaïque fondamental. Les acteurs réels sur la scène de l'univers sont en petit nombre, si leurs aventures sont nombreuses. L'essentiel de l'« ancien trésor », selon le mot d'Aristote, qui nous fut laissé par nos prédécesseurs des hauts et éloignés temps passés, a été l'idée que les dieux sont réellement des étoiles, et qu'il n'y en a pas d'autres. Les forces résident dans les cieux étoilés, et toutes les histoires, personnages et aventures narrés par la mythologie se concentrent sur les pouvoirs actifs parmi les étoiles, qui sont les planètes. Une prodigieuse attribution peut-il sembler pour ces quelques planètes de rendre compte de toutes ces histoires et aussi de diriger les affaires de tout l'univers. Les mouvements divers de ces pointeurs sur le cadran, au caractère abstrait pour les hommes modernes, constituaient, aux temps sans écriture, quand on faisait totalement confiance aux images et à la mémoire, le Grand Jeu joué sur les siècles. Il s'agissait d'un récit ne finissant jamais de positions et de relations, partant d'un Temps Zéro assigné, un tissu complexe de rencontres, de drames, d'accouplements et de conflits.

Lucien de Samosate, cet écrivain des plus charmants de l'Antiquité, l'inventeur de la « science-fiction » moderne, qui savait comment être léger et ironique sur des sujets sérieux sans frivolité, et qui était pleinement conscient de l'« ancien trésor », remarqua une fois que l'histoire risible de Héphaistos, le boiteux, surprenant sa femme Aphrodite au lit avec Mars, et obligeant le couple avec un filet d'exhiber leur honte aux autres dieux, n'était pas un caprice oiseux, mais devait se référer à une conjonction entre Mars et Vénus, et il est juste d'ajouter, une conjonction dans les Pléiades.

Cette petite comédie peut servir à illustrer l'intention, qui devient constante : on imaginait les constellations comme les dispositions, ou les influences dominantes, ou même seulement les vêtements du temps fixé par les pouvoirs, sous des déguisements divers sur leur chemin au travers de leurs aventures célestes.

Personne ne contestera, dans le cas de l'épiphanie Amleth-Samson, que ce redoutable pouvoir, ou combinaison passagère de pouvoirs, porte ici la figure d'Orion, le géant aveugle, appelé aussi Nemrod le Chasseur, brandissant les Hyades, faisant fonctionner le moulin des étoiles, comme Talos le géant de bronze de Crète. En ce qui concerne la caractéristique décisive, elle a été évoquée. Orion était aveugle, le seul personnage aveugle du mythe constellaire. On a dit qu'il avait en fait recouvré la vue, comme il convient à un personnage éternel. Mais c'est ainsi que la légende le portrait, pataugeant dans la ruée du courant du tourbillon à ses pieds (où il apparaîtra à nouveau), guidé par les yeux du petit Tom Pouce assis sur son épaule, dont le nom, Kédalion[238], suggère un rôle dans une comédie burlesque. Mais qui sommes-nous pour imposer Mme Grundy[239] à l'assemblée des cieux ?

*En contemplant [Bérénice], je devins en moi-même
tel que devint Glaucus, quand il eut goûté l'herbe
qui le rendait égal aux autres dieux des mers.*

Dante, *Paradiso* 1. 67

CHAPITRE XII
LA DERNIÈRE LÉGENDE DE SOCRATE

Ce qu'un homme a à dire lors des dernières heures de sa vie est digne d'attention. Et plus particulièrement si cet homme est Socrate, attendant l'exécution dans sa prison et conversant avec les amis de Pythagore. Il a déjà laissé le monde derrière lui, réalisé son testament philosophique et il est désormais tranquillement en communion avec sa propre vérité. C'est la fin du *Phédon* (107D-115A), et c'est exprimé sous la forme d'un mythe. Assez curieusement, d'innombrables commentateurs n'ont pas pris la peine de l'examiner à fond, et se sont contentés d'en extraire quelques pieuses généralités à propos des récompenses de l'âme. Cependant, c'est un exposé réfléchi et minutieux, attribué à une autorité que Socrate (ou Platon) préfère ne pas nommer. Dans sa forme, c'est habillé d'une étrange façon, mais cela vaut la peine d'accepter la proposition de Platon d'y accorder une juste attention. Socrate se déplace tranquillement dans l'autre monde, il en est déjà un habitant, et l'on dirait que ses propos correspondent à un rite de passage :

« On a l'habitude de dire que lorsqu'un homme meurt, sa divinité gardienne, dont la mission était de veiller sur cet homme tandis qu'il vivait, entreprend de le conduire en quelque lieu où ceux qui y sont réunis doivent soumettre leurs cas au jugement avant le voyage vers l'autre monde ; et ils le font avec le guide dont la tâche a été assignée de les amener là. Quand en ce lieu ils ont rencontré leurs propres destins et attendu le temps prescrit, un autre guide les ramène ici, après de nombreux et longs cycles de temps. Le voyage, alors, n'est pas ce que dit le *Télèphe* d'Eschyle : il dit, lui, qu'un simple chemin conduit à l'autre monde, mais je ne pense pas du tout qu'il soit « simple » ni « unique ». S'il l'était, il n'y aurait pas besoin de guides. Personne ne se perdrait s'il n'y avait qu'une route. Les choses étant ainsi, il semble qu'il y ait beaucoup de carrefours et d'endroits où trois routes se rejoignent. Je dis cela en me fondant sur les sacrifices et les rites qui sont effectués ici. L'âme disciplinée et sage suit son chemin et n'ignore pas ce qui l'attend ; mais celle qui est attachée au corps, comme je l'ai dit précédemment, après sa longue période d'excitation passionnée à propos du corps et du monde visible, est entraînée seulement après beaucoup de combats et de souffrances, par la force des choses, avec grande difficulté, aux côtés de sa divinité gardienne. Quand elle arrive où se trouvent les autres, l'âme impure, coupable de quelque acte pour lequel l'expiation n'a pas été faite, souillée par un méchant meurtre ou la perpétration de quelque autre crime qui est apparenté à cela tel qu'en commettent des âmes de même nature, est fuie et évitée par chacun, et personne ne sera son compagnon de voyage ou guide, mais elle erre seule, victime d'un grand doute, jusqu'à ce que certaines périodes de temps se soient écoulées, et quand le moment est venu, la nécessité la porte vers le séjour qui lui convient, elle est portée forcément à sa propre habitation. Mais cette autre âme qui a passé sa vie d'une manière pure et modérée trouve des compagnons et des guides divins, et chacune demeure à l'endroit qui lui est réservé. Il y a beaucoup de merveilleux endroits sur la terre, et la terre elle-même n'est pas telle, ni si grande que se le figurent ceux qui ont coutume de discourir sur sa nature, d'après ce que j'ai entendu dire à quelqu'un qui m'a convaincu. »

« Que veux-tu dire par là, Socrate ? », demanda Simmias. « J'ai entendu aussi bien des choses au sujet de la terre, mais pas la doctrine qui a eu ta faveur. J'aimerais beaucoup pouvoir l'entendre. »

« Bien, je ne pense pas que cela demande l'habileté d'un Glaucus[240] pour exposer ma théorie ; mais prouver que c'est vrai serait une tâche, je pense, trop difficile pour l'habileté d'un Glaucus. En premier lieu, je ne serais probablement pas même capable de le prouver, et ensuite non plus, même si je savais comment le faire, je ne pense pas que ma vie serait assez longue pour donner cette explication. Il n'y a cependant aucune raison pour ne pas te dire ce que je crois être la forme de la terre et de ses différentes régions. »

« Certainement », dit Simmias.

« Je suis convaincu, dit-il, en premier lieu que si la terre est sphérique et située au milieu de l'univers, elle n'a pas besoin d'air ou de toute autre force de la sorte pour ne pas tomber ; la symétrie de l'univers et son propre équilibre sont suffisants pour la maintenir. Une chose qui est en équilibre et placée au milieu de quelque chose de symétrique ne sera pas disposée à s'incliner plus ou moins vers quelque direction particulière ; étant en équilibre elle restera fixe. C'est le premier point », dit-il, « dont je suis convaincu[241]. »

« Et à juste raison », dit Simmias.

« En outre, je suis persuadé que la terre est immense », dit-il, « et que nous qui vivons entre la rivière du Phase et les colonnes d'Hercule, n'en habitons qu'une petite partie, vivant près de la mer comme des fourmis ou des grenouilles près d'une mare, tandis que beaucoup d'autres peuples vivent ailleurs, dans beaucoup de régions semblables. Partout sur la terre, il y a de nombreuses cavernes de toutes sortes de formes et de tailles, dans lesquelles l'eau et la brume et l'air sont réunis. La terre elle-même est une pure chose située au milieu des cieux purs, dans lesquels il y a les astres ; et la plupart de ceux qui ont l'habitude de parler à propos de telles choses appellent les cieux, l'éther. Ils disent que ces choses que j'ai mentionnées sont la précipitation de l'éther et se déposent continuellement dans les cavernes de la terre. Nous ne réalisons pas que nous vivons dans les cavernes de la terre, et supposons que nous vivons au-dessus du sommet de la terre, exactement comme si quelqu'un vivant au fond de la mer supposait qu'il vivait au sommet de la mer et alors, observant le soleil et les étoiles à travers l'eau, imaginait que la mer était le ciel. Dans sa pesanteur et sa faiblesse il ne pourrait jamais atteindre le sommet de la mer, ni avancer et se hisser hors de la mer dans cette région afin de voir combien c'est beaucoup plus pur et plus beau que chez lui ; ni même avoir entendu parler quelqu'un qui l'aurait vu. C'est exactement ce qui nous est arrivé : nous vivons dans une caverne de la terre, mais supposons que nous vivons à son sommet ; et nous appelons l'air, le ciel, comme si c'était le ciel et que les astres s'y déplaçaient. Mais la vérité de la question est tout à fait la même, dans notre faiblesse et lenteur, nous ne sommes pas capables de nous élever à la limite de l'air. Si quelqu'un pouvait grimper jusqu'à la surface de l'air, ou qu'il lui pousse des ailes et qu'il vole, alors, comme ici les poissons de la mer sortent leur tête et voient notre monde, ainsi il hisserait sa tête et aurait une vision de cette région supérieure ; et si sa nature était telle qu'il puisse conserver cette vision, il en viendrait à réaliser que cela était le véritable ciel et la véritable lumière et la véritable terre. Cette terre où nous sommes, et les pierres, et toute la région ici sont altérées et corrodées, exactement comme les choses dans la mer sont corrodées par la saumure ; et dans la mer il ne pousse rien qui vaille d'être noté, et pratiquement rien n'est parfait, il y a juste des trous et du sable et de la boue et de la fange indescriptibles, partout il y a la terre aussi, et il n'y a rien, en aucune façon, de comparable avec les belles choses de notre monde. Mais ces choses dans le monde supérieur, à leur tour, paraissent surpasser de loin les choses de notre monde. Si je puis recourir au mythe, alors vous écouterez, Simmias, et entendrez à quoi ressemblent réellement les régions de la terre situées au-dessous du ciel. »

« Certainement, nous aimerions beaucoup entendre ce mythe, Socrate », dit Simmias.

« En premier lieu, alors, mon ami, on dit que la terre véritable apparaît vue d'en haut à chacun, comme ces balles qui sont faites de douze pièces de cuir, bigarrées, un patchwork de couleurs, dont les couleurs que nous connaissons ici, celles qu'utilisent nos peintres, sont des échantillons pour ainsi dire. Là-haut l'ensemble de la terre est diapré de telles couleurs et de couleurs beaucoup plus éclatantes et plus pures que celle-ci : une partie est pourpre, d'une merveilleuse beauté, et une autre partie couleur d'or, et toute cette partie qui est blanche est plus blanche que la blancheur de la craie ou de la neige ; et de même elle est parée de toutes les autres couleurs, et même d'un plus grand nombre et de plus belles couleurs que celles que nous voyons. Réellement ces mêmes cavernes de la terre, remplies d'eau et d'air, brillent au milieu de la variété de toutes les couleurs, en sorte que la terre apparaît comme un tableau continuellement varié. Et dans ce monde coloré on peut en dire autant des choses qui poussent, les arbres et les fleurs et tous les fruits. Et de la même façon à nouveau la douceur et la transparence et les couleurs des étoiles sont plus belles que dans *notre* monde. Nos petites pierres, celles qui sont très hautement estimées, les sardoines et les jaspes et les émeraudes et ainsi de suite sont ici seulement sous forme fragmentaire alors que là-bas, disent-ils, *tout* est comme cela ou même plus beau que ces pierres que nous possédons. La raison en est que là les pierres sont pures, ni corrodées ni corrompues, comme le sont les nôtres, par la rouille et la saumure, comme un résultat de tout ce qui est assemblé ici, apportant saleté et maladies aux pierres et au sol, et aux animaux et aux plantes. La terre elle-même, disent-ils, est décorée de toutes ces choses et de plus avec de l'or et de l'argent et toutes choses de cette sorte. Elles sont exposées à la vue à la surface, considérables en nombre et en dimension, partout sur la terre, de telle sorte que la terre est un spectacle pour les bienheureux qui la voient. Elle porte sur elle beaucoup de créatures vivantes, y compris des hommes. Certains vivent à l'intérieur des terres, d'autres vivent près des lisières de l'air comme nous le faisons au bord de la mer, tandis que d'autres enfin vivent sur des îles entourées par l'air à proximité des continents. En un mot, ce que l'eau et la mer sont pour nous, l'éther l'est pour eux. Leur climat est tel qu'ils sont exempts de la maladie, et ils vivent beaucoup plus longtemps que les habitants de notre monde, et nous surpassent pour la vue, l'ouïe, la sagesse et ainsi de suite, d'autant que la pureté de l'air surpasse celle de l'eau, et la pureté de l'éther surpasse celle de l'air. De plus il y a des bois et des temples sacrés pour les dieux, dans lesquels les dieux demeurent réellement, et des voix et des prophéties et des visions des dieux. Ainsi ils communiquent avec eux directement et face à face. Et ils voient le soleil et la lune et les étoiles comme ils sont réellement et leur béatitude pour le reste n'est pas moindre.

C'est la nature de la terre dans son ensemble. Quant aux régions qui sont enfermées dans les cavités partout sur sa surface, elles sont nombreuses, certaines plus profondes et plus larges que celle dans laquelle nous vivons, d'autres plus profondes mais avec une ouverture plus étroite que la nôtre, tandis que d'autres également sont de plus faible profondeur que celle-ci et plus larges. Toutes communiquent les unes avec les autres par des passages souterrains, certains plus étroits, d'autres plus larges, percés en beaucoup de différents endroits ; et ils ont des canaux dans lesquels coule beaucoup d'eau, d'une région à l'autre, comme dans des bassins ; et ils ont, aussi, d'énormes rivières souterraines intarissables et d'énormes sources chaudes et froides et beaucoup de feu et d'énormes rivières de feu, et beaucoup de rivières aussi de boue humide, certaines plus légères, certaines plus denses comme les rivières de boue qui coulent avant la lave en Sicile, et la lave elle-même ; et elles remplissent plusieurs régions dans lesquelles, régulièrement, elles parviennent à couler. Elles sont toutes mises en mouvement, vers le haut ou vers le bas, par une sorte de pulsation dans la terre. L'existence de cette pulsation est due à quelque chose comme ceci : l'un des gouffres de la terre est non seulement le plus grand de tous mais perce la terre *de part en part*. C'est celui dont parle Homère quand il dit que c'est très loin, où se trouve le plus profond abyme de tous, au-dessous de la terre. Homère ailleurs, et encore de nombreux autres poètes l'ont appelé Tartare. Or dans ce gouffre toutes les rivières coulent ensemble et ensuite toutes ressortent à nouveau ; et leurs natures sont déterminées par la sorte de terre au travers de laquelle elles coulent. La raison pour laquelle tous ces fleuves sortent de ce gouffre et y reviennent est que leurs eaux ne trouvent là ni fond ni appui ; ils oscillent simplement et se soulèvent et s'abaissent, et l'air et le vent autour en font de même ; ils le suivent, chaque fois qu'il se précipite vers l'autre côté de la terre, et à nouveau chaque fois qu'il se précipite en revenant vers ce côté, et comme la respiration des hommes qui est toujours successivement exhalée et inhalée, ainsi le vent vibre à l'unisson avec l'eau, créant de terribles rafales comme il entre et comme il sort. Chaque fois que l'eau se retire vers ce que nous appelons les régions basses, elle afflue à travers la terre dans les courants qui sont de ce côté et les remplit, comme des canaux d'irrigation ; lorsqu'au contraire elle quitte ces lieux et se précipite à nouveau ici, elle alimente les courants à nouveau de ce côté, et quand ceux-ci sont remplis ils coulent par leurs nombreux canaux au travers de la terre, et se rendent chacun respectivement aux endroits particuliers où ils trouvent leur chemin frayé, cela crée des mers et des marais et des fleuves et des sources ; et alors, pénétrant à nouveau à l'intérieur de la terre, dans de nombreuses larges régions et dans de moindres plus petites, ces courants reviennent dans le Tartare à nouveau. Certains d'entre eux s'y écoulent beaucoup plus bas que le point d'où ils sont partis, d'autres seulement un peu plus bas, mais tous coulent plus bas que d'où ils ont surgi. Certains coulent dans la même partie de Tartare d'où ils jaillirent, certains dans la partie opposée ; et d'autres également font un cercle complet, s'enroulant autour de la terre plusieurs fois comme des serpents, avant de descendre aussi bas que possible et de se rejeter à nouveau dans le Tartare.

Ils peuvent descendre dans chaque direction jusqu'au centre, mais pas au-delà, car de chaque côté du centre une pente escarpée s'oppose aux courants de l'un et l'autre hémisphère.

Il y a beaucoup de grands courants de toutes sortes, mais parmi eux, il y en a quatre que je voudrais mentionner en particulier. Le plus grand, celui qui coule en un cercle complet le plus éloigné du centre, est appelé Océan ; tout au contraire de celui-ci, et coulant dans la direction opposée, est l'Achéron, qui coule à travers de nombreux déserts, et finalement comme il coule sous la terre, atteint le lac d'Acherus, où arrivent les âmes de la plupart des morts et où elles passent certaines périodes déterminées, avant d'être renvoyées vers les générations de créatures vivantes. Le troisième de ces fleuves jaillit entre les deux précédentes, et se jette dans une vaste région où brûle un grand feu et où s'est formé un marécage qui est plus large que notre mer, bouillant d'eau et de boue. De là il suit son chemin, turbulent et boueux, et comme il s'enroule à l'intérieur de la terre, il gagne d'autres lieux, aux limites du lac d'Acherus, mais il ne se mélange pas avec l'eau du lac ; et s'étant enroulé de nombreuses fois en dessous de la terre, il revient couler en un point plus bas du Tartare. C'est le fleuve qu'on nomme Pyriphlegethon, et des volcans en vomissent de la lave dans différentes parties du monde. Encore en face de celui-ci, le quatrième fleuve s'écoule, dans une région qui est terrible et sauvage, toute d'une couleur bleu gris acier, appelée la région de la nuit noire du Styx ; et le marécage qui est formé par le fleuve est appelé le Styx. Après s'être écoulé dans le marais et avoir reçu de terribles pouvoirs dans ses eaux, il s'enfonce dans la terre et continue en s'enroulant dans la direction opposée de celle de Pyriphlegethon, et alors le rencontre provenant du chemin opposé au lac d'Achérus. De même l'eau de ce fleuve ne se mélange avec aucune autre, et lui s'enroule et ensuite retourne dans le Tartare à l'opposé de Pyriphlegethon ; et le nom de ce fleuve, selon les poètes, est Cocyte.

Telle est la nature du monde ; et quand les morts atteignent la région vers laquelle les emmènent leurs divins guides, ils sont d'abord jugés, ceux qui ont vécu noblement et pieusement, aussi bien que ceux qui ne l'ont pas fait. Et ceux qui ont vécu ni particulièrement bien, ni particulièrement mal voyagent jusqu'à l'Acheron, et embarquant sur des vaisseaux qui ont été fournis à leur intention, arrivent au lac. Là ils demeurent et sont purifiés ; après s'être acquittés des peines exigées, ils sont absous de tous les péchés qu'ils ont commis, et reçoivent des récompenses pour leurs bonnes actions, chacun selon ses mérites. Ceux qui sont jugés incurables à cause de l'énormité de leurs crimes, ayant commis de nombreux actes de sacrilège haineux ou beaucoup de meurtres ou crimes traîtres et abominables de la même grandeur, sont violemment renvoyés à leur destinée appropriée, dans le Tartare d'où ils n'émergeront plus jamais. Ceux qui sont jugés coupables de crimes qui sont curables mais cependant importants, ceux, par exemple, qui ont fait quelque acte de violence colérique envers leur père ou mère, et passé le reste de leur vie à se repentir de leur méchanceté, ou qui ont tué quelqu'un dans des circonstances similaires, doivent être précipités dans le Tartare. Mais après y être tombés et y avoir séjourné une année, la vague les rejette, les meurtriers dans le Cocyte, ceux qui ont frappé leurs pères ou leurs mères dans le Pyriphlegethon ; et lorsqu'ils sont portés au bord du lac d'Acherus, ils appellent de toutes leurs forces et crient vers ceux qu'ils ont tués ou outragés, et les appelant ils leur demandent et les implorent de les laisser sortir dans le lac, et qu'ils y soient admis ; et s'ils peuvent les fléchir, ils sortent et leurs malheurs cessent, mais s'ils n'y parviennent pas, ils sont emportés à nouveau dans le Tartare, et de là, une fois de plus dans les fleuves, et ils ne cessent pas de souffrir cela jusqu'à ce qu'ils puissent convaincre ceux auxquels ils ont fait du mal, car telle est la sentence que les juges ont prononcée pour eux. Enfin, ceux dont on trouve qu'ils se sont distingués par la sainteté de leurs vies sont exemptés de séjourner dans ces régions souterraines et il leur est permis de les quitter comme s'ils quittaient une prison, et ils atteignent l'endroit de la demeure pure au dessus et vivent à la surface de la terre ; parmi eux, ceux qui se sont suffisamment purifiés par les moyens de la philosophie demeurent libres de leur corps pour tous les temps à venir, et arrivent dans des habitations qui sont même encore plus belles que celles-ci, habitations qu'il n'est pas facile de décrire ; et je ne dispose pas d'assez de temps pour essayer de le faire maintenant. Mais, pour ces raisons, Simmias, que je viens d'exposer, nous devons faire tout ce qui est en notre pouvoir pour réaliser une certaine dose de vertu et de sagesse durant nos vies, car grande est la récompense, et grande l'espérance.

Aucun homme sensé ne pourrait affirmer de façon décisive que tout ceci est exactement tel que je l'ai décrit. Mais la nature de nos âmes et de leurs demeures est soit comme je l'ai décrit soit très semblable, car l'âme se présente comme immortelle, et je pense qu'un homme doit risquer de tenir cela pour juste, car le risque en vaut la peine. Et on devrait répéter et répéter ces choses à chacun, comme des paroles magiques, ce qui est précisément la raison pour laquelle j'ai passé si longtemps à exposer l'histoire maintenant.

Pour ces raisons donc, un homme ne devrait pas avoir de craintes à propos de son âme, si tout au long de sa vie il a rejeté les plaisirs et les parures du corps, parce qu'il les jugeait aliénants et plus propres à faire du mal que du bien, et s'est concentré sur les plaisirs de la connaissance, et ayant paré son âme non d'une parure aliénante mais de celle qui lui convient, tempérance et justice et courage et liberté et vérité, continue à attendre, ainsi préparé, le temps à venir pour lui du voyage vers l'autre monde. Comme pour toi, Simmias et Cebes et vous tous, vous entreprendrez vos voyages respectifs plus tard, au moment fixé ; mais dans mon cas, comme un personnage dans une tragédie pourrait le déclamer, le Destin m'appelle déjà ; et il est presque le temps pour moi d'aller me baigner. Je pense qu'il est préférable de se baigner avant de boire le poison, et de ne pas donner aux femmes la corvée de laver un cadavre[242]. »

La fin a une irréductible beauté, calme et sereine, reflétant déjà l'immortalité, et cependant préservant cette légère ironie sceptique qui fait un « homme sensé » dans ce monde. Elle met le sceau de la confiance sur ce qui pourrait autrement être en fait une incantation que l'on se répète à soi-même dans ses derniers moments.

Les lecteurs qui sont insensibles à cette magie seront tentés de rejeter le mythe comme autant de non-sens poétiques. Socrate, ou plutôt Platon, parle réellement d'un système de fleuves souterrains, alors qu'il ne comprend évidemment pas le premier mot de l'hydraulique, et a seulement laissé libre cours à son imagination. Mais en examinant à nouveau le dispositif, on commence à se demander s'il se réfère en quoi que ce soit à la terre telle que nous la connaissons. Il mentionne un certain lieu où *nous* vivons, qui ressemble à un marais dans une caverne ou peut-être au fond d'un lac, plein de rochers, et de cavernes, et de sable, « et un bourbier sans fin de boue ». La « terre véritable », qui est comme une balle de douze morceaux colorés, est au-dessus de nous, et on peut penser instinctivement que Platon se réfère aux limites supérieures de la stratosphère, mais naturellement il n'en a jamais entendu parler. Il s'occupe d'un « autre » monde au-dessus de nous, et bien qu'il imagine de beaux paysages et des animaux et des pierres précieuses, c'est bien dans l'« éther » que les Grecs le comprenaient. C'est au-dessus de nous, et centré comme « notre » lieu, quel qu'il soit, au centre de l'univers. Là, les corps célestes sont devenus clairs pour l'esprit, et les dieux sont visibles et présents. S'ils ont des « temples et des maisons » dans lesquels ils demeurent réellement ceux-ci ressemblent beaucoup aux maisons du zodiaque. Bien que quelques traits sont brouillés pour conserver l'impression de merveilleux, on pense que c'est un ciel pur et simple. Alors apparaît avec évidence le concept géométrique.

Ce monde est un dodécaèdre. C'est ce que la sphère de douze morceaux signifie : il y a la même comparaison dans le *Timée* (55C), où il est dit d'ailleurs que le Démiurge avait décoré les douze faces avec des personnages *(diazographòn)* qui certainement signifient les signes du zodiaque. A. E. Taylor déclarait qu'il est inimaginable que la bande zodiacale soit uniformément distribuée sur une sphère céleste, et suggéra que Platon (et Plutarque après lui) avait en fait un dodécagone à l'esprit et qu'ils ne savaient pas de quoi ils parlaient. C'est une manière douteuse de traiter Platon, et sa *suffisance*[243] mit bientôt le professeur Taylor en difficulté. Pourtant Plutarque l'avait prévenu : le dodécaèdre « semble ressembler à la fois au zodiaque et à l'année ».

> Ils ont raison ceux qui pensent que le globe a été fait à partir d'un dodécaèdre et que Dieu se servit de ses bases et de ses angles obtus, pour lui donner sa flexibilité et éviter toute rectitude, et ainsi par tension circulaire, comme des globes fabriqués avec douze peaux, il devint circulaire et complet. Car il a vingt angles solides, chacun d'entre eux est contenu par trois plans obtus, et chacun de ceux-là contient un et un cinquième d'angle droit. Or il est fait de douze fois cinq angles équilatéraux et égaux (ou *pentagones*), chacun d'eux se compose de trente des premiers triangles scalènes. Par conséquent il paraît ressembler à la fois au zodiaque et à l'année car étant divisé en le même nombre de parties que ceux-ci[244].

En d'autres termes, c'*est* en stéréométrie le nombre 12, aussi le nombre 30, le nombre 360 (« les éléments qui sont produits quand chaque pentagone est divisé en cinq triangles isocèles et chacun de ces derniers en six triangles scalènes »), la section d'or elle-même. C'est ce qui signifie penser comme un pythagoricien.

Platon ne se souciait pas beaucoup des futures critiques de la profession. Il fournissait seulement une idée plaisante, et laissait à la postérité le soin d'en trouver la solution. Mais ce qui résiste fermement, c'est la terminologie. Après que le Démiurge a utilisé les quatre premiers corps parfaits pour les éléments, dit le *Timée,* il avait en plus le dodécaèdre, et il l'utilisa pour la *forme de l'ensemble.* Il n'est pas besoin de rentrer dans les raisons géométriques et numériques qui s'accordaient avec la « sphère des douze pentagones », ainsi qu'on l'appelait. Ce qui comptait c'était l'ensemble, le *cosmos*, dont on voulait parler. Platon restait fidèle à la tradition pythagoricienne originelle, qui appelait *cosmos* l'ordre du soleil, de la lune et des planètes avec ce qu'il contenait. En âme errante et libre, vous pouvez contempler cet ordre *depuis le dessus.* (Archimède dans l'*Arénaire* utilise encore le terme *cosmos* employé assez librement dans ce sens, mais en référence à l'usage ancien.)

Pour conclure : la « terre véritable » n'était rien d'autre que le cosmos pythagoricien, et on peut difficilement imaginer comme strictement terrestres les rivières qui coulaient sur sa surface jusqu'au centre et en revenaient : : bien qu'avec ce curieux enchevêtrement archaïque du ciel et de la terre qui est devenu familier et qui fait que les grands fleuves coulent depuis le ciel jusqu'à la terre, il n'est pas surprenant de se trouver en présence de « véritables » courants enflammés comme Pyriphlegethon connectés avec le feu volcanique. Mais où est le Styx ? À peine en dessous d'ici, avec son paysage bleuté. Et l'immense abyme du Tartare balayé par les orages n'est pas une caverne sous le sol, il appartient quelque part à l'espace « extérieur ».

C'est tout le monde des morts, depuis la surface en bas et à travers le monde. Il se localise aussi difficilement que le monde infernal de la *République*. Les rivières sinueuses, qui convoient les morts et qui s'en reviennent, s'inspirent plus de l'astronomie que de l'hydraulique. Le mouvement de « va-et-vient » de la terre (ce doit être la « véritable terre ») doit bien être le balancement de l'écliptique et du ciel avec les saisons. Il n'est pas besoin maintenant de rentrer dans les détails de la description qui confond terre et enfer, excepté pour noter que Numenius d'Apamée, un important exégète de Platon, soutient nettement que les rivières de l'autre monde et le Tartare lui-même sont « les régions des planètes ». Mais Proclus, un érudit exégète encore plus important, se déclare nettement contre l'affirmation de Numénius[245]. On en connaît assez, vraiment plus qu'assez, de la confusion des traditions orientales sur les Fleuves du Ciel avec leur déroutant mélange d'imagerie astronomique et biologique, qui culmina dans l'idée d'Anaximandre du « Flux infini », l'*Apeiron*, pour voir d'où la Grèce primitive tira sa science. On peut ne pas s'en occuper ici. Mais Socrate cite une version orphique, d'où sa modération en nommant ses autorités, et ses étranges entités, telles que Okéanos et Chronos, sont dignes d'attention. Ce qui est en question ici n'est pas Cronos, Saturne, mais réellement Chronos, le Temps. Pour ce qui concerne Okéanos, même Jane Harrison, qui ne pouvait guère être accusée d'une tendance à rechercher les dieux quelque part ailleurs qu'à la surface ou à l'intérieur de la terre, doit admettre : « Okéanos est beaucoup plus que l'Océan et d'une autre naissance[246]. » À ses yeux, il est « un démon de l'air supérieur ». Une importante concession qui peut mener loin.

Nous contournons pour le moment l'imposant travail d'Eisler, *Weltenmantel und Himmelszelt* (1910), un inépuisable filon, mais qui fournit plus des informations que des directions. Les *Origines de la Pensée européenne* offre une plus récente appréciation[247]. Il compare Okéanos à Acheloüs, la rivière originelle constituée d'eau qui « était conçue comme un serpent avec une tête humaine et des cornes ». Il continue :

L'élément de procréation dans chaque corps était la psyché, qui apparaissait sous la forme d'un serpent. Okéanos était, comme on peut maintenant le voir, la psyché primitive, et celle-ci aurait été conçue comme un serpent en relation avec le liquide procréatif... Ainsi nous pouvons voir, pour Homère, qui se réfère allusivement à la conception partagée par ses contemporains, que l'univers avait la forme d'un œuf encerclé par « Okéanos qui est le géniteur du Tout »... Nous pouvons peut-être aussi mieux comprendre... pourquoi dans cette version orphique (Frgs. 54, 57, 58 Kern) le serpent était appelé Chronos et pourquoi, quand il était demandé qui était Chronos, Pythagore répondait que c'était la psyché de l'univers. Selon Pherekydes, c'était à partir de la semence de Chronos que le feu et l'air et l'eau étaient produits.

La grande entité Orphique était Chronos Aiòn (Le *Zurvan akarana* iranien), communément compris comme « Le Temps Illimité », et dans « Aiòn » le professeur Onians voit « le fluide procréatique avec lequel la psyché était identifiée, la moelle épinière identifiée pour prendre la forme du serpent » et ce peut bien être ainsi, car ce sont des idées intemporelles qui vivent encore aujourd'hui dans les cultes ophidiens et dans la *kundalini* du Yoga indien. Mais Aiòn signifiait certainement « une période de temps », et l'âge, donc « l'âge du monde » et ultérieurement « l'éternité », et il n'y a pas de raison de penser que la signification biologique ait pu être prioritaire et dominante. Il est connu que pour les orphiques, Chronos était accouplé à Ananke, la Nécessité, qui aussi, selon les pythagoriciens, entoure l'univers. Le Temps et la Nécessité entourant l'univers, c'est une conception bien claire et fondamentale ; elle est liée à des mouvements du ciel indépendants de la biologie, et elle conduit directement à une idée du temps de Platon comme « l'image mouvante de l'éternité ».

Cela rendrait service que les historiens de la pensée archaïque s'en tiennent d'abord franchement aux données, sans faire entrer et enfermer leur matériau dans une forme qui reflète leur conclusion préconçue, selon laquelle les images biologiques sont prioritaires dans la psychologie « primitive » comme tout ce qui est concerné par la création.

Si on veut de la psychologie, on peut revenir à Socrate dans une période très différente de sa vie, où il parle réellement de psychologie dans le *Théétète* (152 E) : « Quand Homère chante la merveille de l'Océan d'où jaillirent les Dieux et leur Mère Tethys, ne veut-il pas dire que toutes les choses sont le produit du flux et du mouvement ? » La question qui se pose, l'océan serait-il une image de flux s'il n'y avait pas les marées ? Mais la mer Égée de Socrate n'a pas de marées. L'image lui vient de la description d'Okéanos par Hésiode (*Théogonie* 790 sq.) : « Avec neuf courants tourbillonnant, il tourne autour de la terre et du large dos de la mer, et ensuite tombe dans le canal principal. Mais le dixième sort d'une roche, un vrai et difficile problème pour les dieux. » Ce dixième qui inspire la crainte est le Styx. Jane Harrison avait raison, Okéanos est « d'une autre naissance » que notre Océan.

L'autorité de Berger permet de reconstruire l'image[248]. Les attributs d'Okéanos dans la littérature sont « de couler profondément », « de couler en revenant sur lui-même », « infatigable », « coule placidement », « sans vagues ».

Ces images, remarque Berger, suggèrent le silence, la régularité, la profondeur, la tranquillité, la rotation, ce qui appartient réellement au ciel étoilé. Ultérieurement le nom fut transféré à un autre concept plus lié à la terre : la mer actuelle, qui était supposée entourer la terre immergée de tous côtés. Mais la distinction explicite, souvent répétée, de « principal » montre que ce ne fut jamais l'idée originelle. Si Okéanos est un fleuve « tourbillon d'argent », avec de nombreux affluents qui évidemment jamais ne furent sur la mer ou la terre, alors le principal n'est pas la mer qu'il s'agisse de *pontos* ou de *thalassa*, ce doit être les Eaux Au-dessus. L'Okéanos du mythe préserve ces caractéristiques imposantes d'isolement et de silence. Il était celui qui pouvait demeurer chez lui quand Zeus commandait à tous les dieux d'être présents dans l'Olympe. C'était lui qui envoyait ses filles se lamenter sur Prométhée proscrit et enchaîné, et offrait sa puissante médiation. Il est le Père des Fleuves ; il apparaît vaguement dans la tradition, réellement, comme le dieu originel du ciel dans le passé. Il se place dans un hymne orphique[249] comme « extrémité bien aimée de la terre, souverain du pôle », et dans ce célèbre ancien lexique, l'*Etymologicum magnum*, on cite son nom comme dérivé du mot « ciel ».

*Dieux, souverains des âmes, ombres silencieuses,
Chaos et Phlégéthon, lieux muets étendus dans la nuit,
Permettez-moi de dire ce que j'ai entendu...*

Virgile, *Énéide* VI. 264, trad. A.-M. Boxius et J. Poucet.

CHAPITRE XIII
DU TEMPS ET DES FLEUVES

L'habitude inimitable de Socrate de discuter de choses sérieuses tandis qu'il raconte une histoire invraisemblable fait que cela vaut la peine de regarder de plus près son étrange système de fleuves.

Celui-ci est également présent chez Virgile, presque comme une pièce ajustée. L'*Énéide* est une noble poésie de cour, et n'avait pas pour intention de parler énormément de la destinée des âmes. On ne peut pas s'attendre à y trouver les graves et explicites notations pythagoriciennes du *Rêve de Scipion* de Cicéron. Mais malgré son imagerie conventionnelle et son grand style littéraire officiel qui convenait pour une glorification de l'Empire romain, on est récompensé de l'attention que l'on porte à ses idées, car Virgile n'était pas seulement un poète subtil mais aussi très instruit. Ainsi tandis qu'Énée pénètre dans Hadès avec une ouverture au bruit retentissant de bois obscurs, spectres, grottes sombres et rites nocturnes d'une force impressionnante, qui accompagnaient une véritable descente en Érèbe sous la terre, il se trouve bientôt plongé dans un paysage beaucoup plus vague. *Ibant obscuri sola sub nocte per umbram...* « Là ils avançaient indistinctement, au-dessous de la nuit solitaire au milieu des ténèbres, à travers les demeures vides de Dis et son royaume sans substance, de même que sous la faible lueur d'une lune inconsistante se trouve un chemin dans la forêt. »

La beauté des vers dissimule que le voyage ne se fait pas réellement à travers des cavernes souterraines remplies de morts innombrables, mais à travers de grands déploiements de vide suggérant l'espace de la nuit, et une fois que le groupe a traversé les fleuves et passé les portes de l'Élysée grâce à la magie du Rameau d'or, ils sont dans une terre calme « où, dans le monde du dessus, le puissant flot d'Eridan roule au milieu de la forêt ». Or Eridan est et était au ciel, et, dans ce contexte, sûrement pas dans la plaine de Lombardie. Et ici aussi « un éther plus ample habille les prairies d'une lumière rosée, et ils connaissent leur propre soleil et propres étoiles ». Il n'est pas fait mention ici des « blêmes plaines d'asphodèles » à la manière d'Homère. Ces âmes en suspension, « peuples et tribus innombrables, » sont clairement sur la « véritable terre dans le ciel », car il est aussi établi que beaucoup d'entre elles attendent le temps de naître ou de renaître sur terre selon la théorie pythagoricienne. Et il y a plus qu'une allusion orphique dans les mots du père Anchise : « Ardente est la vigueur et divine la source de ces semences de vie, aussi loin que les corps nuisibles ne les entravent pas… » Mais après avoir vécu, à leur mort, « nécessairement beaucoup de souillures s'y sont étonnamment implantées en profondeur ». Dès lors elles sont soumises à des peines, pour certaines les méfaits sont nettoyés sous les flots tourbillonnants ou brûlés dans le feu ; chacun de nous doit souffrir selon ses actes. Certaines restent dans l'au-delà et deviennent des âmes pures ; certaines, après mille ans (ceci vient de Platon) sont nettoyées dans le Léthé et ensuite renvoyées à la vie et à de nouveaux jugements.

C'est exactement la croyance de Socrate. Les mots « au-dessus » et « au-dessous » sont prudemment équivoques, ici comme là, pour respecter la religion établie ou les croyances ataviques populaires, mais c'*est* l'autre monde de Platon.

Quand Dante releva la sagesse de Virgile, ses fortes opinions chrétiennes préconçues le contraignirent à localiser le monde de la punition ultime « physiquement au-dessous. » Mais son Purgatoire est à nouveau au-dessus, sous le ciel ouvert, et pour la plupart sinon tous il ne fait pas de doute que le monde de Virgile est un Purgatoire et définitivement « au-dessus » aussi. Les étranges descriptions de Socrate sont restées vivantes.

Mais Virgile offre même plus que cela. Dans les *Géorgiques* (1. 242sq.) il est dit : « Un pôle est toujours haut au-dessus de nous, tandis que dans l'autre, sous nos pieds, on peut voir le Styx noir et les ombres infernales » *(sub pedibus Styx atra videt Manesque profundi)*. Qu'est-ce que cela peut signifier, à part que le Styx coule en vue de l'autre pôle ? Le cercle qui commença avec Hésiode est maintenant refermé[250].

Les grands poètes semblent se comprendre les uns les autres, et utiliser des informations habituellement refusées au public ; Dante poursuit où s'était arrêtée *l'Énéide*. Comme des vagabonds, Dante accompagné de l'ombre de Virgile comme guide se fraient leur chemin au travers des régions supérieures de l'Enfer (*Inferno* VII. 102) et traversent une petite rivière qui sourd hors du rocher. (« son eau était plus sombre que le gris bleu ») ; c'est le Styx, et comme ils le longeaient, ils arrivèrent au noir marais du Styx, où sont immergées les âmes de ceux qui haïssaient « la vie dans la douce lumière du soleil » et passaient cette vie dans les ténèbres et la rancune. Alors ils eurent à faire face aux murs de la fière cité de Dis, les remparts de l'Enfer intérieur, gardés par des légions de diables, par les Furies avec l'effrayante Gorgone elle-même. Il fallut l'intervention d'un messager du Ciel pour faire se lever les portes munies de barreaux avec un coup de baguette (une variante du Rameau d'or d'Énée) et faire admettre les vagabonds dans la Cité de Perdition. Comme ils progressent le long du cercle intérieur, il y a un fleuve d'eau bouillante rouge, qui en fait se transformera en une chute d'eau plongeant vers le fond de l'abîme (*baratro* = Tartare). À ce point, Virgile remarque (XIV. 85) : « De tout ce que je vous ai montré depuis que nous avons franchi la porte fermée, il n'y a rien que vous ayez vu d'aussi remarquable que ce flot, dont les vapeurs nous cachent la pluie de feu. » Ce sont des paroles importantes, après tout ce qu'ils ont traversé : alors vient l'explication, plutôt tirée par les cheveux : « Au milieu de la mer » commence Virgile, « là se trouve un pays en ruines qui est appelé Crète, sous le roi de qui (c'est-à-dire Saturne) le monde était sans vice. » Là, au cœur du mont Ida où Zeus était né de Rhéa, il y a une vaste caverne dans laquelle se tient une grande statue. Dante revient là sur une ancienne tradition trouvée chez Pline, selon laquelle un tremblement de terre provoqua l'ouverture d'une caverne dans la montagne et où une énorme statue fut trouvée. Il n'en est pas dit grand-chose excepté qu'elle était haute de 46 cubits[251] ; mais Dante fournit la description à partir d'une célèbre vision de Daniel, quand le Roi Nabuchodonosor demanda au prophète de lui dire ce qu'il avait vu dans un rêve effrayant dont il ne pouvait se souvenir. Daniel demanda à Dieu de lui révéler ce rêve.

> Toi, Ô roi, tu as vu une grande statue. Cette grande statue, dont la taille était immense, se tenait devant toi ; et sa forme était terrible. La tête de

l'image était faite d'un bel or, sa poitrine et ses bras d'argent, son ventre et ses cuisses de bronze. Ses jambes de fer, ses pieds en partie en fer et en partie en argile.

Tu as observé ainsi jusqu'à ce qu'une pierre fût enlevée, sans qu'une main l'ait fait, qui frappa l'image sur ses pieds qui étaient de fer et d'argile, et les brisa en morceaux... et la pierre qui brisa le portrait devint une grande montagne et remplit la terre entière.

À ce point Dante prend congé de Daniel, et avec cette liberté qui le caractérise même quand il parle des saints prophètes qu'il traite comme ses égaux, il renvoie à Babylone. Son instinct lui dit que la vision doit réellement avoir à faire avec des sujets plus anciens et plus élevés, avec le cosmos lui-même. Par conséquent, il continue en complétant la vision de son propre chef. Les quatre métaux se présentent comme les quatre âges de l'humanité, et chacun d'eux à part l'or (symbole de l'Âge de l'innocence) est doté d'une crevasse humide d'où jaillissent les rivières qui apportent les péchés de l'humanité au monde de l'Enfer. Ce sont l'Acheron, le Styx, et le Phlegethon. Nous avons noté qu'il décrit le flot original du Styx comme de couleur gris bleu sombre, ou bleu acier, juste comme il est écrit dans Hésiode et Socrate qu'il n'a jamais lus. Cela lui est peut-être venu par l'intermédiaire de Servius ou de Macrobe, cela ne pose pas de problème. Ce qui est remarquable, c'est l'exactitude avec laquelle il préserve la tradition vaguement comprise du paysage de lapis-lazuli du Styx, que l'on verra se répandre partout dans le monde. Aussi loin que va le Phlegeton, le cours du courant suit tout à fait exactement ce que Socrate avait dit à propos du Pyriphlegethon, la « rivière enflammée ». Nous avons vu dans le *Phédon* une région basse brûlante traversée par un courant de lave, qui même expédie un feu réel à la surface de la terre. Tandis que certains exégètes pensaient qu'il coulait à l'intérieur de notre terre, d'autres transféraient le Pyriphlegethon, comme les autres rivières, dans l'âme humaine[252], mais il fait peu de doute qu'à l'origine c'était ainsi que Dieterich l'a affirmé[253], un courant de lumière enflammé dans le ciel, comme l'était Eridan. En tout cas le torrent enflammé, comme le décrit *l'Énéide* descend en spirales minutieusement tracées dans la topographie de Dante, jusqu'à ce qu'il tombe en cascade avec les autres rivières vers le lac glacé du Cocyte, « au-delà duquel on ne descend plus » car c'est le centre, le Tartare où Lucifer lui-même est gelé dans la glace. (Dante a été respectueux de la tradition chrétienne qui rend l'univers, pour ainsi dire, diabolocentrique.) Mais pourquoi dit-il que la rivière de feu est particulièrement remarquable ?

G. Rabuse[254] a résolu cette énigme dans une soigneuse étude analytique des trois mondes de Dante. Premièrement, il a trouvé grâce à un petit manuscrit peu connu de l'Antiquité tardive, appelé le « Troisième Mythographe du Vatican », que le territoire circulaire occupé par la Rivière rouge en enfer était désigné « par certains écrivains » comme l'exacte contrepartie du cercle de Mars dans les cieux « parce qu'ils font commencer les cieux dans le monde de l'enfer » (3.6.4)[255]. Ainsi Numenius ne se trompait pas, après tout. Les fleuves sont planétaires. Dante souscrit à la doctrine et l'arrangea avec une richesse de caractéristiques parallèles. Mars pour lui était important parce que centralement placé dans le système planétaire, il renfermait la plus grande force pour le bien et le mal *en action*. Comme la note centrale sur la portée musicale, il peut *aussi* devenir la force d'harmonie. À la fois la tradition hermétique et Dante lui-même sont très explicites à ce sujet. Est-il le pouvoir planétaire qui représente Apollon ? Cela demande une investigation complémentaire.

Dans le ciel de Mars de son Paradis, Dante plaça le signe de la croix (« je viens apporter non pas la paix mais une épée »), un symbole de valeur téméraire et de sacrifice complet, montré par son propre ancêtre le croisé avec lequel il s'identifiait passionnément. Dans le cercle de Mars en Enfer, il plaçait, quoiqu'à contrecœur, la plupart des grands personnages qu'il admirait réellement, depuis Farinata, l'empereur Frédéric II, son chancelier Pier della Vigna, jusqu'à Brunetto, Capaneus et de nombreux fiers conquérants. En vérité, même Ulysse en fait partie, habillé de l'« ancienne flamme » plus symbolisé par son « courroux » que par sa ruse. Les vertus semblent négatives : elles se présentent comme un ardent refus, « avidité aveugle et colère folle » et se punissent elles-mêmes : mais leurs possesseurs sont pourtant dans l'ensemble nobles, comme dans le *Nihongi*, Mâle Brave Rapide Impétueux, la force d'action par excellence. Les humbles peuvent hériter de la terre, mais du Royaume du Ciel il a été écrit : *violenti rapiunt illud*. Le Christ se présente chez Dante comme l'Heliand, le héros conquérant, le juge des vivants et des morts : *rex tremendae majestatis*.

Cependant l'équivalence du dessus et du dessous, des fleuves et des planètes, reste établie. Par artifice Dante introduit à ce point le personnage du colosse de Crète fait de matériaux mythiques archaïques. En identifiant les fleuves avec les âges du monde, il insiste sur l'identité des fleuves avec le Temps : pas ici le temps de l'être, mais celui qui passe, le temps qui emmène avec lui la « saleté pécheresse », la charge des erreurs de la vie comme elle est vécue.

Les pensées des hommes du XIIIe siècle étaient encore très proches de la structure archaïque. Mais par-dessus cela, en passant par le cercle de Mars, une idée inattendue se présente. À travers l'architecture solennellement chrétienne du poème, à travers l'organisation logique, au-delà du « voile des vers étranges » et l'intention qu'ils masquaient, il y a une vision fugitive de ce à quoi l'auteur tenait plus que ce qu'il voulait en dire, du propre choix existentiel de l'homme Alighieri. Les poètes ne peuvent cacher leur propre vérité. Ulysse se mettant en route vers le sud-ouest dans une dernière tentative désespérée, destinée à échouer par la force des choses, essayant d'atteindre le « monde refusé aux mortels », avalé par le tourbillon alors qu'il est en vue de son objectif, *ceci* est un symbole. Il est révélé, non pas par la pensée consciente du poète, mais, par le pouvoir des vers eux-mêmes, si complètement éloigné comme la lumière provenant d'un objet « quasi stellaire ». Il est certain que le Grec se retrouvait perdu en enfer pour son habileté sans pitié dans la vie, autant que pour son impiété : il fut stigmatisé par Virgile comme « néfaste et redoutable » ; la sentence fut acceptée. Mais il était celui qui avait voulu à la fin, même contre Dieu, conquérir l'expérience et la connaissance. Son élévation luciférienne reste dans notre mémoire plus que la suprême harmonie des chœurs célestes.

Pour poursuivre cette hasardeuse recherche la première source est Homère, « l'enseignant d'Hellas ». Le voyage d'Ulysse vers Hadès est la première expédition de cette sorte dans la littérature grecque. Il est entrepris par le héros las de consulter l'ombre de Tirésias à propos de son futur. Le conseil qu'il obtient en fait est de manière saisissante extérieur au cadre de ses aventures et de l'*Odyssée* elle-même (10. 508 sq.) Il sera nécessaire de revenir sur cette étrange prophétie. Mais autant que le voyage s'engage, Circé donne au héros ces instructions de navigation :

> Installe ton mât, hisse ta voile, et tiens serré : le vent du nord te fera avancer. Quand tu auras traversé l'océan, tu verras une côte basse, et les bosquets de Perséphone, de grands peupliers et des saules aux fruits

sauvages ; là échoue ton bateau auprès du profond tourbillon d'Okeanos, et va par toi-même jusqu'à la demeure humide d'Hadès.
Là dans l'Acheron, la rivière de la souffrance, deux courants coulent, le Pyriphlegethon embrasé, et le Cocyte résonnant de lamentations, qui est un affluent de l'eau détestable du Styx : là se trouve un rocher devant lequel les deux courants grondants s'unissent. Approche-toi près de ceci, homme brave, et sois attentif à faire ce que je t'ordonne. Creuse une fosse carrée d'environ un cubit (0, 46 m [NdT]) de longueur en long et en large, et remplis la d'offrande à boire pour les âmes...

Plusieurs siècles plus tard, un remarquable commentaire de ce passage fut fait par Krates de Pergamon, un mathématicien et mythographe de la période d'Alexandre. Il a été conservé par Strabon[256].

Ulysse venant de l'île de Circé, navigant vers l'Hadès et revenant, « doit avoir emprunté la partie de l'Océan qui va depuis le tropique hivernal (du Capricorne) jusqu'au pôle Sud, et Circé l'aida en envoyant le vent du nord ». C'est une géographie énigmatique, mais qui prend sens astronomiquement, et Krates semble avoir eu de bonnes raisons à lui pour faire du pôle Sud l'objectif.

L'information suivante vient d'Hésiode dans sa *Théogonie* (775-814), et elle est très obscure. Après avoir entendu les « palais faisant écho » de Hadès et Perséphone, il dit :

Et là demeure la déesse détestée par les dieux immortels, là, le fleuve qui coule vers sa source. Elle vit à l'écart des dieux dans son glorieux palais couronné par de grands rochers et dressé vers le ciel avec des colonnes d'argent de tous côtés. La fille de Thaumas, Iris aux pieds rapides y vient rarement apporter un message sur le large dos de la mer.
Il a fallu que querelle et contestation surviennent parmi les dieux immortels ; Et quand l'un d'entre eux qui vit dans le palais de l'Olympe a menti, Zeus envoie Iris chercher dans un pot d'or le grand serment des dieux éloignés, la célèbre eau glacée qui tombe depuis un haut rocher abrupt.
Loin sous la terre aux larges chemins un bras de l'Océan coule à travers la nuit depuis le fleuve sacré. Il représente un dixième de son eau. Avec les neuf autres, en tourbillons d'argent l'océan tourne autour de la terre et du large dos de la mer, et ensuite tombe dans le lit majeur ; mais le dixième coule hors d'un rocher et constitue un fléau pour les dieux. Car quiconque parmi les dieux immortels qui tiennent les cimes de l'Olympe enneigé, répand cette eau pour appuyer un parjure reste gisant sans souffle jusqu'à

ce qu'une année pleine soit passée. Jamais il ne peut goûter à l'ambroisie et au nectar. Il reste couché sans esprit et sans voix sur un lit couvert de sable : et une lourde hypnose le saisit.

Mais quand il a passé une longue année dans sa maladie du sommeil, une autre et plus dure pénitence suit la première. Pour neuf années il est séparé des dieux éternels et jamais ne participe à leurs conseils ou à leurs fêtes, neuf années pleines. Ce n'est que la dixième année qu'il revient se joindre aux assemblées des dieux immortels qui vivent dans le palais de l'Olympe. Tel est le serment dont les dieux ont pris pour garantie l'eau éternelle et antique du Styx qui court à travers un pays farouche.

Et là, côte à côte, se trouvent les sources et les extrémités de la terre sombre et du brumeux Tartare et de la mer inféconde *(pontos)* et du ciel étoilé, repoussant et humide, que les dieux eux-mêmes abhorrent. Et il y a des portes resplendissantes et un inébranlable seuil de bronze ayant des racines sans fin et que la nature a fait croître. Et au-delà de ce seuil, loin de tous les dieux, se trouvent les Titans, au-delà le ténébreux Chaos.

C'est la version d'Hésiode des « Fondations de l'Abyme ». Ses détails ajoutent encore à la confusion, comme il convient au sujet. Le mot difficile *ogygion*, traduit souvent par « antique », semble désigner vaguement les choses au-delà du temps et de l'espace ; on peut parler du trésor caché à l'extrémité de l'arc-en- ciel. C'était aussi le nom pour le lieu du repos de Cronos, où il attendait le temps de son retour. Mais le paradoxal amoncellement des sources, extrémités, « racines sans fin » de la terre, de la mer, du ciel et le Tartare aussi, enlève toute idée d'une localisation au cœur de la terre, telle que les mystérieuses paroles cherchèrent à transmettre. Ce « plus profond que le profond » doit avoir été « au-delà de l'autre coté de la terre », et pour des raisons de symétrie, opposé à notre pôle. Les portes resplendissantes et l'inébranlable seuil de bronze sont appelés ailleurs dans le texte, les portes de la Nuit et du Jour. Deux siècles plus tard, Parménide, discutant du langage allégorique d'Hésiode, parle à nouveau de ces portes de la Nuit et du Jour[257]. Mais son image devient plus claire, comme il convient à son invincible imagination géométrique. Les portes sont « haut dans l'éther », conduisant à la demeure de la déesse de la Vérité et de la Nécessité, et dans son cas aussi elles doivent être au pôle pour des raisons explicites de symétrie. Autrefois nous avons suggéré avec hésitation le pôle Nord, mais beaucoup d'indices contraires indiqueraient aujourd'hui plutôt l'autre, l'inconnu, le complètement inaccessible. Hésiode dit que le Styx est un bras d'Okéanos dans le ciel, « sous la terre aux larges chemins » ; sa déesse redoutée vit dans un palais « dressé vers le ciel avec des colonnes d'argent de tous côtés », l'eau ruisselle depuis un haut rocher. Il peut être atteint par Iris venant avec son arc-en-ciel « depuis l'Olympe enneigé au nord ». Cette région *ogygion*, que les dieux abhorrent, doit être à la fois sous et par-delà la terre ; ceci devait signifier quelque chose comme « de l'autre côté du ciel ». Homère ne parla jamais de « au-dessus » et « au-dessous » au sens strict. Il fit simplement s'échouer Ulysse sur une côte plate, très loin.

Mais qu'en est-il de l'effrayant Styx qui semble être le cœur du mystère ? Un fleuve de mort, même pour les dieux, qui peuvent au moins s'attendre à sortir de leur coma au moment convenu. Il est hostile à toute substance : il fend le verre, le métal, la pierre, tout récipient. Seulement le sabot d'un cheval lui résiste, dit la légende[258]. Ajoutons que pour les hommes cette eau est inexplicablement morte, excepté pour un jour de l'année, que personne ne connaît, quand elle devient une eau d'immortalité. Ceci conduit finalement à la tragique ambiguïté qui rend dramatiques les légendes de Gilgameš et d'Alexandre.

Il est clair désormais que les fleuves sont compris comme étant le Temps, le temps du ciel. Mais les images ont leur propre logique. Où sont les sources ? Le colosse de Crête est une invention propre à Dante. Avant lui, il y eut beaucoup d'autres récits de fractures qui ponctuèrent les âges du monde. Kai Khusrau, l'Amleth iranien, persécuté par un oncle meurtrier, réalisa un Âge d'or et ensuite se retira dans la mélancolie dans le grand Au-delà. Le mauvais oncle Afrāsiyāb, dans ses efforts désespérés pour saisir la légitimité sacrée, la « Gloire » *(Hvarna)*, s'est transformé lui-même en une créature des eaux profondes et a plongé dans le mystique lac Vurukaša, plongeant après la « Gloire ». Trois fois il plongea, mais chaque fois « cette gloire échappa, cette gloire s'en alla » ; et à chaque tentative, elle s'échappait au travers d'un orifice qui conduisait à une rivière vers l'Au-delà. Le nom du premier orifice était Hausravah, le nom avestique originel de Kai Khusrau. Ceci devait rendre l'âge et l'intention passablement évidents.

Une histoire également ancienne de trois orifices vient d'Hawai. Elle apparaît dans l'inestimable *Récit* du Juge Fornander compilé il y a un siècle, lorsque la tradition était encore vivante. Les « eaux vivantes » appartiennent à Kane, le démiurge créateur du monde ou le dieu artisan. Ces eaux se trouvent dans un pays divin invisible, Pali-uli (= montagne bleue), où Kane, Ku, et Lono créèrent le premier homme, Kumu honua (« enraciné en terre ») ou alternativement, les eaux vivantes sont l'« île volante de Kane » (le Grec Héphaistos vivait aussi sur une île flottante). Fornander décrit la source de ces « eaux vivantes » comme :

> D'une belle transparence et claires. Ses rives sont splendides. Elle a trois orifices : un pour Kane, un pour Ku, un pour Lono ; et au travers de ces orifices le poisson pénétrait dans l'étang. Si les poissons de cet étang étaient jetés sur le sol ou sur le feu, ils ne mouraient pas ; et si un homme avait été tué et était ensuite arrosé avec cette eau, il revenait bientôt à la vie[259].

Un thème extraordinaire est introduit ici, celui du « poisson ressuscité » qui apparaîtra lui-même plus tard comme central dans le mythe du Moyen-Orient, depuis Gilgameš jusqu'à Glaukos, jusqu'à Alexandre lui-même. Et ensuite il y a à nouveau les trois orifices. Ceux-ci peuvent aider à individualiser la notion de « source de vie » de Kane, qui pourrait autrement rappeler aux folkloristes un lieu commun, comme celui de la fontaine de jouvence. Mais on peut trouver quelque chose de réellement saisissant dans la saine tradition pythagoricienne. Plutarque, dans son essai « Pourquoi les Oracles ne répondent plus », nous dit (422 E) que Petron, un pythagoricien de la première école italienne, un contemporain et ami du grand docteur Alcmaeon (vers 550. av. J.-C.) avait une théorie selon laquelle il devait y avoir de nombreux mondes, 183 en tout. Kleombrotos, une des personnes prenant part à la conversation au sujet de l'obsolescence des oracles, donna plus de précisions à propos de ces 183 mondes. Il avait reçu son information d'un homme « mystérieux » ayant l'habitude de rencontrer des êtres humains seulement une fois chaque année près du golfe Persique, passant « les autres jours de sa vie en compagnie des nymphes vagabondes et des demi-dieux » (421A). Selon Kleombrotos, il plaçait ces mondes sur un triangle équilatéral, soixante de chaque côté, et un supplémentaire à chaque coin. Aucune raison supplémentaire n'est donnée mais :

> Ils étaient si réguliers que l'un en touchait toujours un autre dans un cercle, comme des danseurs dans un cercle. La plaine dans le triangle est la fondation et le *commun autel* à tous ces mondes. Elle est appelée la *Plaine de la*

Vérité, dans laquelle reposent les intentions, les modèles, les idées et les exemples invariables de toutes les choses passées ou futures ; et s'y trouve *l'Éternité, d'où coulait le Temps, comme depuis un fleuve, vers les mondes.* Il faut ajouter que les âmes des hommes, si elles ont bien vécu dans ce monde, voient ces idées *une fois en dix mille ans ;* et que la plupart des cérémonies sacrées qui sont organisées ici ne sont rien de plus qu'un rêve de cette vision sacrée[260].

Qu'est ceci ? Une préfiguration mythique de la métaphysique de Platon ? Et pourquoi cette *triangulaire* « Plaine de la Vérité, » qui se trouve à nouveau être un lac des Eaux vivantes ? Les pythagoriciens ne se donnèrent pas la peine d'expliquer. Pas plus que ne le fit Plutarque[261]. Mais ici on trouve au moins une voie originale pour lier l'éternité avec le flux du temps. Quand il s'agissait de l'imagination géométrique, nul n'était en mesure de surenchérir sur les pythagoriciens.

« Trois fois le fit virer parmi les eaux.
Et à la quarte lever la poupe en haut,
la proue en bas, comme il plut à un autre
jusqu'à ce que la mer fut refermée sur nous »,

Dante, Inferno (Chant XXVI), trad. poétique d'André Pératé.

CHAPITRE XIV
LE GOUFFRE TOURBILLON

Dante tenait la tradition du tourbillon comme une fin significative pour les grands personnages, même dans le cas où c'était le fruit de la Providence. Ulysse a navigué dans sa « folle aventure » au-delà des limites du monde, et après avoir traversé l'océan, il a vu une montagne apparaissant indistinctement au loin, « floue avec la distance, et si haute que je n'en avais jamais vue de la sorte ». C'est le mont du Purgatoire, interdit aux mortels.

« Nous nous réjouîmes, mais bientôt cela se transforma en pleurs, car de cette nouvelle terre surgit un tourbillon, qui frappa notre bateau sur le flanc. Trois fois cela le fit tourner en tourbillonnant avec l'eau, pour à la quatrième soulever sa poupe vers le haut, enfoncer sa proue, comme s'il s'agissait de la volonté de Quelqu'un, jusqu'à ce que la mer se soit refermée sur nous. » Ulysse, « celui qui pense beaucoup », est sur la voie de l'immortalité, même si ce doit être l'Enfer.

Le gouffre tourbillon appartient au fonds de commerce des légendes anciennes. Il apparaît dans l'Odyssée comme Charybde dans le détroit de Messine, et également dans d'autres cultures, dans l'océan Indien et dans le Pacifique. On le trouve là aussi, assez curieusement, surmonté d'un figuier, aux branches duquel le héros peut s'agripper alors que le bateau plonge, soit qu'il s'agisse de Satyavrata en Inde, ou de Kae au Tonga. Comme la montagne magnétique de Sindbad, cela se perpétue dans les histoires de marins à travers les siècles. Mais la récurrence de détails exclut la libre invention. De telles histoires ont appartenu à la littérature cosmographique depuis l'Antiquité. Les écrivains médiévaux, et après eux Athanase Kircher, localisaient le *gurges mirabilis*, le tourbillon merveilleux, quelque part au large de la côte de Norvège, ou de Grande-Bretagne ; c'était le Maelström, plus probablement un souvenir de Pentland Firth[262]. C'était généralement dans la direction nord, nord-ouest, de même que l'île de Saturne, Ogygie, a été vaguement placée par les Grecs « au-delà » des îles Britanniques.

En cherchant plus loin, cette juxtaposition semble être le résultat de la confusion habituelle entre uranographie [263] et géographie. Il y a fréquemment un « trou » au nord-ouest (« Nine-Yin » pour les Chinois) du ciel et, attendu que la trame de la carte de la terre était dérivée de celle du ciel, le trou était identifié ici comme le Maelström, ou Ogygie. Les deux notions sont loin d'être évidentes, comme le sont les localisations, et il est tout à fait remarquable qu'elles apparaissent fréquemment associées.

Pour les Scandinaves (voir chapitre VI) le gouffre tourbillon résultait du fait que le moulin Grotte était détraqué : le Maelström vient du trou dans la meule engloutie. Ceci se trouve chez Snorri. Les strophes plus anciennes de Snaebjörn qui décrivaient le moulin d'Hamlet affirmaient que les neuf femmes du moulin insulaire qui dans les temps anciens moulaient la farine d'Amlóði conduisent désormais « la meule de pierre de l'hôte cruel ». Que cette meule de pierre soit le tourbillon, et pas seulement l'océan Nordique, est justifié par quelques vers supplémentaires qu'Ollancz attribue à Snaebjörn ; non qu'ils soient d'une limpide clarté, mais à nouveau moulin et tourbillon sont mis en rapport :

> Le moulin insulaire verse le sang des inondations des sœurs des déesses [c'est-à-dire les vagues de la mer], de telle sorte qu'il éclate depuis les collines de la terre : le tourbillon devient fort[264].

Aucune localisation n'est ici indiquée, tandis que les Finnois indiquent des directions qui sont moins vagues qu'elles ne semblent. Leur exposé selon lequel le Sampo a trois racines, une au ciel, une dans la terre, la troisième dans le tourbillon, a un sens précis, comme on le montrera. Mais ensuite, Vaïnämöinen conduisant son bateau de cuivre dans la « gueule du Maelström » est dit naviguer vers « les profondeurs de la mer », vers les « plus basses entrailles de la terre », vers les « plus basses régions des cieux ». Terre et Ciel, un contraste significatif. En ce qui concerne le lieu où se trouve le tourbillon, on lit :

> Avant les portes de Pohjola,
> Au-dessous du seuil de Pohjola couvert de couleur,
> Là les pins tombent avec leurs racines
> Les pins tombent la cime la première dans le gosier du tourbillon[265].

Ensuite dans la tradition germanique, on trouve chez Adam de Brème (XIe siècle) :

> Certains nobles frisons firent un voyage au-delà de la Norvège en montant vers les limites les plus éloignées de l'océan Arctique, avancèrent dans une obscurité que les yeux peuvent à peine pénétrer, furent exposés à un Maelström qui menaçait de les faire descendre vers le chaos, mais finalement gagnèrent de manière tout à fait inattendue hors de l'obscurité et du froid une île qui, entourée par un mur de hauts rochers, contient des cavernes souterraines, où reposent, cachés, des géants. Aux entrées des demeures souterraines s'étend un grand nombre de cuves et de vases d'or et d'autres métaux qui « pour des mortels semblent rares et de valeur ». Autant qu'ils le purent, les aventuriers emportèrent ces trésors avec eux et se hâtèrent vers leurs navires. Mais les géants, représentés par de grands chiens, se ruèrent après eux. L'un des Frisons fut rattrapé et déchiré en morceaux devant les yeux des autres. Les autres réussirent, grâce à notre Seigneur et saint Willehad, à retourner sains et saufs à bord de leurs navires[266].

Le texte latin (Rydberg, p. 422.) utilise le nom familier classique d'Euripe. L'Euripe, qui était déjà présent dans le *Phédon*, était un véritable chenal entre l'Eubée et le continent, dans lequel l'affrontement des flux de marées retourne le courant pas moins de sept fois par jour, avec pour conséquence de dangereux tourbillons, en fait une configuration de très hautes vagues plutôt que celle d'un véritable tourbillon[267].

> Et ici l'instable Euripe de l'Océan, qui reflue vers les origines de sa source mystérieuse, tirait avec une force irrésistible vers le Chaos les malheureux marins, qui ne pensaient déjà plus qu'à la mort. On le tient pour être la gueule de l'abyme, cette profondeur inconnue dans laquelle on comprend que le flux et le reflux de toute la mer sont absorbés et ensuite rejetés à nouveau, ce qui est la cause des marées.

Ceci renvoie à ce qui a été une idée populaire durant l'Antiquité. Mais voici une version de la même histoire en Amérique du Nord[268].

Elle concerne l'aventure en pirogue de deux Cherokees à l'embouchure de Suck Creek. L'un d'eux fut saisi par un poisson, et on ne le revit jamais. L'autre fut :

> Pris à tourner et retourner jusqu'au centre le plus bas du tourbillon, lorsqu'un autre mouvement circulaire l'attrapa et le porta vers l'extérieur. Il dit après que lorsqu'il eut atteint le cercle le plus étroit du Maelström, l'eau semblait s'ouvrir au-dessous et il pouvait regarder en bas comme à travers la solive de toiture d'une maison, et là, au fond du fleuve, il avait vu une multitude d'individus qui se tournaient vers lui et lui faisaient signe de venir, mais comme ils élevaient leurs mains pour le saisir, le courant rapide l'attrapa et le porta hors de leur atteinte.

On peut se demander si finalement les Cherokees n'ont pas conservé le meilleur souvenir de ces régions étrangères, habitées par « cette multitude d'individus », qui pouvaient aussi bien être des morts, ou des géants avec leurs chiens, en ce lieu, où dans « le plus étroit cercle du Maelström l'eau semblait s'ouvrir au-dessous[269] ».

Snorri qui a conservé pour nous la *Chanson de Grotte* n'y nomme pas en fait le tourbillon, mais seulement, à proximité, le *Hvergelmer* dans la demeure infernale des morts, depuis et vers lequel « toutes les eaux trouvent leur chemin[270] ». Rydberg dit :

> Il apparaît que la mythologie concevait *Hvergelmer* comme un vaste réservoir, la fontaine mère de toutes les eaux du monde. En premier lieu sont mentionnés de nombreux fleuves souterrains qui prennent leur source dans *Hvergelmer*, et de là cherchent leur cours dans des directions variées. Mais les eaux de la terre et du ciel viennent aussi de cette immense fontaine, et y retournent après avoir achevé leur parcours.
> Le mythe à propos d'*Hvergelmer* et sa connexion souterraine avec l'océan donnaient à nos ancêtres l'explication du flux et du reflux des marées. Haut placé, dans les détroits nordiques, le fond de l'océan s'ouvrait dans un tunnel creux, qui conduisait en bas vers le « chaudron hurleur », « celui qui rugit dans son bassin » (*hverr* = chaudron ; *galm* = anglo-saxon *gealm* = un rugissant). Quand les eaux de l'océan se déversaient à travers ce tunnel descendant vers le puits d'Hadès, c'était la marée descendante, quand l'eau retournait de son trop-plein c'était la marée montante.
> Entre le royaume de la mort et l'océan il y avait, par conséquent, un lien de connexion, peut-être plusieurs. La plupart des gens qui se noyaient ne

restaient pas avec Rán. La femme d'Ægir, Rán, leur donnait l'hospitalité, selon les sagas islandaises du Moyen Âge ; elle avait un château au fond de l'eau, où ils étaient accueillis et où leur étaient offert... un siège et un lit. Son royaume était seulement une antichambre des royaumes de la mort[271].

Il y a plusieurs caractéristiques du *Phédon* ici, mais on les trouvera également avec Gilgameš. Ceci n'est pas pour nier que *Hvergelmer*, et d'autres tourbillons, expliquent les marées, comme indiqué précédemment (peut-être serait-il possible de découvrir ce que les marées « veulent dire » à l'échelle céleste). Mais il est clair que le Maelström en tant que cause des marées n'explique pas les autres caractéristiques, pas même le petit nombre de celles mentionnées par Rydberg, par exemple, la femme d'Ægir, le dieu de la Mer, qui reçoit aimablement les âmes des marins noyés dans son antichambre au fond de la mer, ni la circonstance selon laquelle les aventuriers frisons, aspirés dans le Maelström, soudain se trouvèrent sur une île brillante remplie d'or, où des géants se tenaient cachés dans des cavernes montagneuses. Cette île commence à ressembler beaucoup à Ogygie, où Cronos/Saturne dort dans une caverne montagneuse en or. En effet, le château de réception de Rán (son mari Ægir était célèbre pour brasser la bière, et ce fut dans son château que Loki offensa tous ses dieux camarades comme il est reporté dans le *Lokasenna*) suggérerait plutôt Ogygie II, l'île de Calypso, sœur de Prométhée, appelée *Omphalos Thalasses*, le Nombril de la Mer. Calypso était la fille d'Atlas « qui connaissait les profondeurs de toute la mer ». Elle, Calypso, a été de bonne source comparée[272] à la divine serveuse Siduri, qui demeure dans les profondeurs de la mer et que l'on retrouvera plus tard dans le récit de Gilgameš.

La mythologie, sous sa forme poétique et significative de légende, nous a été d'une grande utilité, mais elle ne peut pas nous aider plus avant. L'île d'or de Cronos, l'île ceinte d'arbres de Calypso, restent non localisables, malgré tous les efforts des spécialistes d'Homère. À partir d'une analyse précise des données de navigation, l'un d'eux (Bérard) a situé Calypso dans l'île de Perejil près de Gibraltar, un autre (Bradfield) à Malte, d'autres même au large de l'Afrique. On présume qu'elle ne devrait pas être trop éloignée de la Sicile, car Ulysse l'atteint en chevauchant le mât de son bateau, juste après avoir échappé à Charybde dans le détroit de Messine, dans la disposition qu'Homère décrit avec tant de vraisemblance. Elle apparaît au fil du temps en de nombreux endroits[273].

Quelques données chez Homère semblent correspondre à une géographie exacte, comme l'île de Circé avec son temple de Feronia, ou la Terre de Laistrygones, qui doit être la baie de Bonifacio. Mais la plupart des éléments du mythe passé, comme Charybde ou les Planktes, sont des illusions ; La géographie, à commencer par celle des Argonautes eux-mêmes, est d'abord imaginaire.

Sans essayer de pénétrer le mystère d'Ogygie, ou Ogygos, l'adjectif « Ogygien » (qui a été utilisé comme référence pour désigner les eaux du Styx), a aussi pris la connotation d'« antédiluvien ». Comme pour *Hvergelmer*, « chaudron rugissant », il est le « nombril des eaux », mais il est certainement « là-bas », comme est l'étrange « *Bierstube* » d'Ægir. Et comme on verra (plus loin) que Utnapištim (le constructeur de l'Arche, que l'on peut seulement atteindre en prenant la route qui conduit à travers le bar de la divine Siduri et par conséquent on pourrait dire à travers l'auberge de Ægir qui brasse la bière) vit pour toujours à l'« embouchure des fleuves », ceci pourrait avoir inspiré Socrate avec son idée de confluences, mais cela ne rendra pas les choses plus claires.

Cependant il y a quelques prises pour poser le pied et remonter de l'abyme ; On sait (Chapitre XII) que Socrate et les poètes faisaient en fait référence au ciel « vu depuis l'autre côté ».

On a montré que la voie à travers le « nombril des eaux » fut empruntée par Vaïnämöinen, et nous verrons (Chapitre XIX) que la même chose vaut pour Cronos-Phaéthon, et aussi bien pour d'autres puissantes personnalités, qui atteignaient la terre du Sommeil où le temps avait cessé. On peut prévoir que la signification est finalement astronomique. D'où, en quittant l'aspect légendaire, on peut revenir demander de l'aide à la Science royale.

Qu'il se trouve un tourbillon dans le ciel est bien connu. C'est le plus probablement la chose essentielle, et c'est localisé avec précision. Il s'agit d'un groupe d'étoiles que l'on appelle *(zalos)* au pied d'Orion, près de Rigel (*beta Orionis*, Rigel étant le mot arabe pour « pied »), dont le degré était appelé « mort », selon Hermès Trismegiste [274] tandis que les Maoris prétendent carrément que Rigel marquait le chemin vers Hadès (Castor indiquant la patrie primordiale). Antiochus l'astrologue énumère le tourbillon parmi les étoiles qui se lèvent avec le Taureau. Franz Boll trouve vivement à redire quant à la pertinence de sa description, mais pourtant conclut que les *zalos* doivent, de fait, être Eridan « qui inonde depuis le pied d'Orion[275] ». Or Eridan, le tombeau humide de Phaethon (la carte des étoiles de l'hémisphère Sud d'Athanase Kircher montre encore la forme mortelle de Phaethon étendue dans le courant) a été considérée comme une rivière étoilée conduisant vers l'autre monde. La forme initiale se tient debout, cette fois tracée dans le ciel. Et ici on trouve une confirmation fondamentale. Ce mystérieux endroit, *pi nārāti*, littéralement « l'embouchure des fleuves, » signifiant, cependant, la « confluence » des fleuves, était traditionnellement assimilée à Eridu par les Babyloniens. Mais le site archéologique d'Eridu est nullement situé auprès de la confluence des deux fleuves de Mésopotamie. C'est entre le Tigre et l'Euphrate, qui se jettent séparément dans le golfe persique, et placé plutôt haut. L'explication proposée, selon laquelle ce fut l'expansion de la terre alluviale qui déplaça Eridu depuis l'« embouchure » commune des fleuves, ne contribua pas à faire mieux comprendre le lieu mythique de *pî nārāti* et quelques philologues perplexes supposèrent, en désespoir de cause, que ces mêmes peuples archaïques qui avaient construit de tels impressionnants ouvrages de drainage n'avaient jamais su dans quel sens coulaient les eaux et avaient cru, à l'inverse, que les deux fleuves prenaient leur source dans le golfe Persique.

Cette question particulièrement difficile fut résolue par W. F. Albright, qui intervertit les mots « embouchure » et « source »[276] ; il nous laissa sans aide (une très typique situation mythique, soit dit en passant), dans les montagnes d'Arménie autour de la « source ». Et bien qu'il ait insisté, à juste titre, sur le fait qu'Eridu, *pī nārāti*, ne pouvait pas avoir de sens en géographie, il le situa directement à l'intérieur de la planète terre.

Finalement la « source » est aussi peu révélatrice que l'« embouchure, » ou que toute autre localisation géographique. Eridu, ^{mul}NUN^{ki} sumérien, est Canope, *Carène alpha*, la brillante étoile près du pôle Sud, comme il a été établi sans doute possible par B. L. van der Waerden[277], un distingué historien contemporain de l'astronomie. Il a déjà[278] été déterminé que les différentes parties d'Argo avaient une signification de la même façon qu'avaient une signification l'imposante configuration de mythes autour de Canope d'une part, et la prépondérance de l'« embouchure des fleuves », d'autre part. Ce lieu unique sera traité ultérieurement.

Il reste encore un problème. On a pensé que le chemin des morts vers l'autre monde était la Voie lactée, et cela depuis les temps les plus reculés de la haute civilisation. Cette image était encore vivante avec les pythagoriciens. Quand et comment Eridan arriva-t-il ? Une supposition raisonnable est que ce fut en connexion avec le changement observé de la colure équinoxiale[279] due à la Précession. Mais l'analyse de ce problème complexe des fleuves sera faite au chapitre de la Galaxie.

En attendant une chose est sûre : la voie royale, originelle du gouffre tourbillon repose dans le ciel. Avec ce résultat on peut se plonger à nouveau dans la jungle déroutante des mythes « terrestres » concernant les Eaux depuis les Profondeurs.

Le glacier frappe dans l'armoire
Le désert soupire dans le lit
Et la fente dans la tasse de thé ouvre
Un passage vers la terre des morts.

W. H. Auden, *As I walked out one evening (Comme je sortais un soir)*.

CHAPITRE XV
LES EAUX DEPUIS LES PROFONDEURS

Il y a une tradition à Bornéo d'une « île gouffre tourbillon » avec un arbre qui permet à un homme de grimper au ciel et de rapporter des semences utiles depuis la « terre des Pléiades[280] ». Les Polynésiens n'étaient apparemment pas d'accord sur la localisation exacte de leur tourbillon servant dans la plupart des cas d'entrée à la demeure des morts ; ils supposaient qu'il se trouvait « à la fin du ciel et au bord de la Voie lactée.[281]

Du côté de l'Atlantique, les Indiens Cuna aussi connaissaient le système fondamental[282], mais eux aussi se refusaient à en donner une localisation acceptable : « Le tourbillon propre au dieu » *(tiolele piria)* était juste au-dessous de l'arbre Palluwalla, « L'Arbre à Eau salée », et quand le Dieu-Soleil, ou le Tapir, un Quetzalcoatl légèrement déguisé, coupa l'arbre, l'eau salée jaillit pour former les océans du monde.

Il y a trois éléments ici, qui se combinent en un curieux enchevêtrement : (a) le tourbillon représente, ou bien est, la *connexion* du monde des vivants avec le monde des morts ; (b) un arbre pousse près de lui, fréquemment un arbre donnant ou épargnant la vie ; (c) le tourbillon apparaît parce qu'un arbre a été coupé ou déraciné, ou un axe de moulin détraqué, ou quelque chose de similaire. Ce système fondamental se retrouve dans de nombreuses variantes et caractéristiques dans plusieurs parties du monde, et cela représente un véritable paradoxe, une énigme : c'est comme si les eaux particulières cachées sous l'arbre, la colonne, ou l'axe de moulin attendaient seulement le moment que quelqu'un enlève ce bouchon, arbre, colonne, ou axe de moulin, pour jouer des tours.

Il ne s'agit pas d'une notion provenant d'une mode récente. Alfred Jeremias remarque en passant « l'ouverture du nombril apporte le déluge ». Quand David voulut enlever la pierre centrale (« nombril ») à Jérusalem, une inondation se produisit (voir ci-dessous p. 267). À Hierapolis, en Syrie, on montrait l'autel de Xisuthros (= Utnapištim) dans la caverne où le flot s'était tari[283].

On a un exemple dans l'épopée indonésienne de Rāma[284]. Quand Rāma construit l'énorme digue pour Laṅkā (Ceylan), les singes serviables jettent montagne après montagne dans la mer, mais toutes disparaissent très vite. Enragé, Rāma va tirer sa flèche magique dans la mer désobligeante, quand une dame sort des eaux qui l'avertit que juste à cet endroit se trouvait un trou dans l'océan conduisant au monde souterrain, et l'informe que l'eau dans ce trou était appelée l'Eau de Vie.

Finalement Rāma, menaçant de sa flèche, semble avoir réussi car la digue fut construite. Mais la même histoire se retrouve en Grèce lorsque Héraclès traverse la mer dans le but de voler le troupeau de Geryon. Okeanos, représenté ici comme un dieu, déchaîne les eaux dans un tumulte semblable à celui de l'inondation originelle ; Héraclès menace avec son arc bandé, et le calme est rétabli.

Ni le tourbillon ni la confluence (ou embouchure) ne sont mentionnés dans ces derniers exemples, mais ils s'y rattachent clairement. Ceci donne une grande importance à l'histoire paradigmatique de Catlo'ltq en Amérique du Nord-Ouest (voir chapitre XXII) avec la jeune fille qui tire sa flèche dans le « nombril des eaux qui était un vaste tourbillon », acquérant ainsi le feu. Quelque idée très fondamentale doit se cacher derrière l'histoire, et de plus passablement ancienne, car on disait d'Ištar que c'est « elle qui remue l'*Apsû* avant Ea[285] ».

Un étrange passe-temps pour la reine du ciel, mais cela semble avoir été plutôt un divertissement céleste. Le huitième Yasht de l'*Avesta*[286], dédié à Sirius-Tištriya, dit de cette étoile : « Nous adorons la splendide, brillante Tištriya, qui s'élève rapidement vers le lac Vurukaša, comme la flèche aussi rapide que la lumière, que Urxsa l'archer, le meilleur archer parmi les Aryens, tira depuis le mont Aryōxsuθa jusqu'au mont Huvanvant[287]. » Et que fait Sirius vers cette mer ? Il fait « monter d'un seul coup le lac Vurukaša, inonder, se répandre ; le lac Vurukaša submerge tous les rivages, submerge le centre » (Yt. 8. 31 ; voir aussi 5. 4). Tandis que Pline[288] veut nous assurer que « toute la mer est consciente du lever de cette étoile, comme elle est le plus clairement observée dans les Dardanelles, car les herbes marines et les poissons flottent à la surface, et tout apparaît depuis le fond ». Il remarque aussi qu'au lever de l'Étoile-chien le vin dans les caves commence à s'agiter et que l'eau immobile se met à bouger (2. 107), et l'*Avesta* donne comme explication (Yt. 8. 41) que c'est Tištriya, en vérité, par qui sont dénombrées les eaux, « les tranquilles et celles qui bougent, celles des sources et des fleuves, celles des détroits et des étangs[289] ».

Ceci cependant n'est pas une invention iranienne : le texte rituel du nouvel an babylonien s'adresse à Sirius comme « [mul]KAK. SI. DI. qui mesure la profondeur de la mer ». « Mul » [[mul]] est le préfixe annonçant l'étoile ; KAK. SI. DI signifie « flèche » et c'est cette flèche particulière qui est derrière la plupart des déroutants récits d'archerie. L'arc dont elle est envoyée sur sa trajectoire est une constellation, constituée des étoiles d'Argo et de Canis major, qui est commune aux sphères de la Mésopotamie, de l'Égypte et de la Chine[290]. Et puisque le nom d'Ištar est partagé à la fois par Vénus et Sirius, on peut deviner qui « agite l'*Apsû* avant Ea ».

Et voici ce que le « feu » accomplit, selon une rune finnoise d'origine[291] après qu'il ait été « bercé... là-bas sur le nombril du ciel, sur le pic de la célèbre montagne » quand il se rua directement au travers de sept ou neuf ciels et tomba dans la mer : « L'étincelle... roula... jusqu'au fond du lac Aloe, en rugissant elle se rua jusqu'au fond de la mer, en bas jusqu'à l'étroite dépression [?]. Ce lac Aloe alors, trois fois dans la nuit d'été, s'éleva écumant jusqu'à la hauteur de ses bois de sapins, emporté en furie au-delà de ses berges. Sur quoi à nouveau le lac Aloe par trois fois dans la nuit d'été s'assécha jusqu'au fond, les poissons échouant sur les rochers et sur les îles. »

Cela semble avoir été une violente étincelle : cependant, n'est-il pas dit aussi du vieux Sage : « Vaïnämöinen dans la bouche du tourbillon bout comme le feu dans l'eau[292] ? » Ceci nous montre que le « feu » mythique signifie plus que l'on croit. En fait, les événements énigmatiques dans « le lac Aloe » ne peuvent pas être séparés de ceux qui arrivent dans le lac Vurukaša et l'apparition des « trois orifices », dont le premier avait le nom Hausravah/Kai Khusrau (voir Chapitre XIII « Du temps et des fleuves » p. 137).

La constellation mésopotamienne de l'Arc
et de la Flèche (mulBAN et mulKAK.SI.DI, ou gag.si.sa.),
comme reconstruite à partir du témoignage des textes
cunéiformes astronomiques ; gag.si.sa/KAK.SI.DI
est Sirius, l'« Étoile-Flèche ».

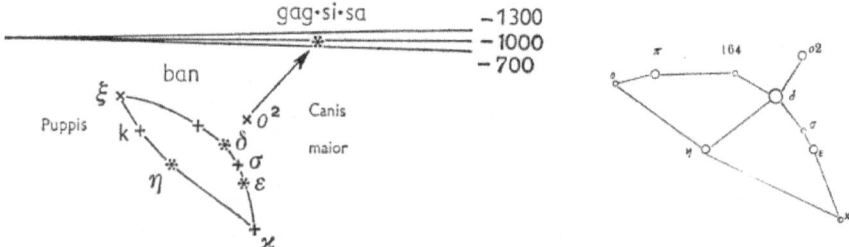

La constellation chinoise se constituait des mêmes
étoiles. En Chine, cependant, la flèche est plus courte ;
Sirius n'est pas l'extrémité de la flèche, mais la cible :
le chacal céleste T'ien-lang.

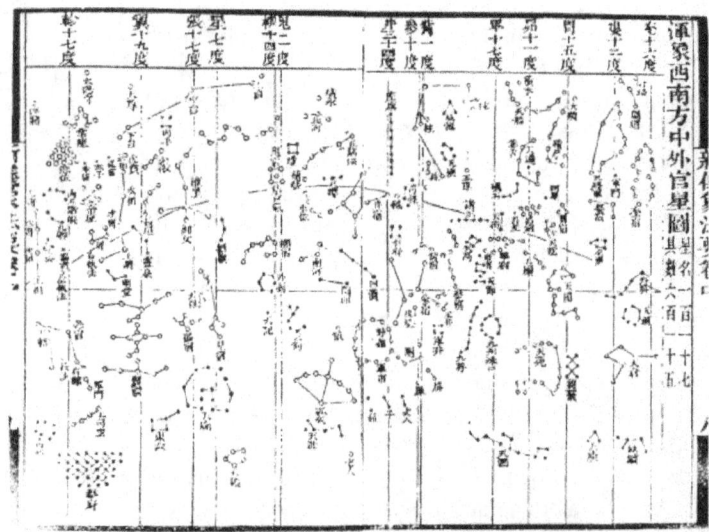

Les cartes des étoiles pour le globe céleste
dans le Hsin I Hsiang Fa Yao de 1092 projection
de « Mercator ». On voit la constellation de l'arc
près du centre de la moitié inférieure.

LES EAUX DEPUIS LES PROFONDEURS

Tirant l'arc vers Sirius, le chacal céleste, comme le faisaient les empereurs mythiques de la Chine ancienne.

Dans ce qu'on appelle le « zodiaque rond » de Dendera (Égypte romaine), la déesse Satit pointe sa flèche depuis le même arc vers l'étoile placée sur la tête de la vache Sothis, Sirius à nouveau (sur la droite, moitié inférieure). La conception égyptienne est plus proche de celle des Chinois que celle des Babyloniens.

263

Avant que nous abordions de nombreux motifs dont on montrera qu'ils sont en relation avec ce même « champ du tourbillon », il est opportun de noter intégralement une version d'une histoire de feu et d'eau des Indiens de Guyane. Celle-ci non seulement fournit de plaisantes variations, mais présente la plus rare des divinités, un pouvoir créateur ni prétentieux, ni susceptible, ni jaloux, ni querelleur, ni empressé à réprimander les infortunés qui ont « le péché inné », mais un dieu conscient que ses pouvoirs ne sont pas réellement sans limites. Il se comporte modestement, raisonnablement, de façon réfléchie et est récompensé par une coopération sincère de ses créatures, du moins à une exception près.

> Les Ackawois de Guinée britannique disent qu'au commencement du monde le grand esprit Makonaima (ou Makunaima ; c'est un héros jumeau ; l'autre est appelé Pia) créa les oiseaux et les animaux et installa son fils Set pour les gouverner. De plus, il fit se lever de terre un grand et très merveilleux arbre, qui portait une sorte différente de fruit sur chacune de ses branches, tandis qu'autour de son tronc des bananes, des plantains, du manioc, du maïs et du blé de toutes sortes poussaient à profusion ; des ignames aussi se rassemblaient autour de ses racines ; bref toutes plantes désormais cultivées sur terre prospéraient dans la plus grande abondance sur ou autour ou sous cet arbre merveilleux.
>
> *Afin de diffuser* les bénéfices de l'arbre partout dans le monde, Sigu décida de *le couper* et de planter des boutures et des graines de l'arbre partout, et il fit cela avec *l'aide de tous* les animaux et oiseaux, tous *excepté* le *singe* brun, qui, étant à la fois paresseux et espiègle, refusa de participer au grand travail de plantation. Aussi pour l'empêcher de faire des sottises, Sigu envoya l'animal chercher de l'eau du torrent dans un panier ajouré, calculant que la tâche occuperait ses énergies mal employées pour quelque temps à venir.
>
> Pendant ce temps-là, procédant au travail d'abattage de l'arbre miraculeux, il découvrit que *la souche était creuse et pleine d'eau* dans laquelle le fretin de chaque sorte de *poisson* d'eau vive nageait. Le bienveillant Sigu décida d'approvisionner tous les fleuves et les lacs de la terre avec le fretin à une si large échelle que chaque sorte de poisson essaime dans chaque eau.
>
> Mais cette généreuse intention fut frustrée de manière inattendue. Car *l'eau dans la cavité,* étant *connectée avec le grand réservoir* quelque part dans les entrailles de la terre, *commença à déborder ;* et pour arrêter la montée du

flot Sivu couvrit la souche avec un *panier étroitement tressé*. Ceci eut l'effet désiré. Mais malheureusement le singe brun, fatigué de sa tâche infructueuse, revint à la dérobée, et sa curiosité étant éveillée à la vue du panier il fut intrigué, il imagina qu'il devait dissimuler quelque chose de bon à manger. Aussi il le leva avec précautions et jeta un coup d'œil dessous, et il en sortit le flot, balayant le singe lui-même et inondant tout le terrain. Rassemblant les autres animaux, Sigu les conduisit jusqu'aux points les plus élevés du pays, où poussaient quelques hauts cocotiers. En haut des arbres les plus hauts il fit monter les oiseaux et les animaux grimpeurs ; et quant aux animaux qui ne pouvaient pas grimper ou n'étaient pas amphibies, il les enferma dans une caverne avec une entrée très étroite, et en ayant scellé l'ouverture avec de la cire il donna aux animaux à l'intérieur une longue épine afin de pouvoir percer la cire et ainsi s'assurer quand l'eau se serait calmée. Après avoir pris ces mesures pour la préservation des espèces les plus vulnérables, lui et les autres créatures grimpèrent au cocotier et se nichèrent parmi les branches.

Durant l'obscurité et l'orage qui suivirent, ils souffrirent tous intensément de froid et de faim ; les autres supportaient leurs souffrances avec une stoïque force morale, mais le rouge singe hurlant criait son angoisse en de tels horribles hurlements que sa gorge enfla et est restée distendue depuis lors ; c'est ainsi la raison pour laquelle jusqu'à ce jour, il a une sorte de tympan osseux dans la gorge.

En attendant Sigu laissait de temps en temps tomber des graines du palmier dans l'eau pour juger de la profondeur à l'éclaboussure. Comme l'eau s'enfonçait, l'intervalle entre la chute de la graine et l'éclaboussure dans l'eau devint plus long ; et à la fin, au lieu d'une éclaboussure Sigu à l'écoute, entendit le bruit sourd des graines frappant le sol mou. Alors il sut que le flot s'était retiré, et lui et les animaux se préparèrent pour descendre. Mais l'oiseau-trompette était tellement pressé de descendre qu'il s'affala en ligne droite dans un nid de fourmis, et les insectes affamés s'accrochèrent à ses pattes et les rongèrent jusqu'à l'os. C'est pourquoi l'oiseau-trompette a encore des pattes fuselées. Les autres créatures tirèrent leçon de ce terrible exemple et descendirent de l'arbre prudemment et en sûreté.

Sigu frotta alors deux morceaux de bois ensemble pour faire du feu, mais juste comme il produisait la première étincelle, il se trouva qu'il regarda ailleurs, et la dinde à queue, prenant l'étincelle pour une luciole, la goba et s'envola. L'étincelle brûla le gosier de l'oiseau glouton, et c'est pourquoi les dindes ont de rouges caroncules sur leurs gorges jusqu'à aujourd'hui.

L'alligator se tenait à côté à ce moment, ne faisant de mal à personne ; mais comme il était pour quelque raison un personnage impopulaire, tous les autres animaux l'accusèrent d'avoir volé et avalé l'étincelle. Afin de récupérer l'étincelle des mâchoires de l'alligator, Sigu arracha la langue de l'animal, et c'est pourquoi les alligators n'ont pas de langue pour parler jusqu'à ce même jour[293].

Il y a beaucoup d'autres histoires de par le monde d'une bonde qui une fois retirée provoque une inondation : avec les Agaria, une tribu de l'Inde centrale qui forge le fer, c'est le fait de casser un clou de fer qui provoque l'inondation de leur ville de l'Âge d'or de Lohripur[294]. Selon les Mongols, l'étoile Polaire est « une colonne qui se tient solidement et dont dépend la rotation correcte du monde, ou une pierre qui ferme une ouverture : si la pierre est poussée, l'eau se déverse par l'ouverture pour submerger la terre[295] ». Dans le mythe babylonien d'Utnapištim, « Nergal (le dieu du monde d'en bas) arrache les pieux. ; et en amont se tient Ninurta qui en fait autant des digues » (EG 11. 101sq.). Mais le nouveau point à prendre en compte est l'apparition de l'Arche dans le déluge, de Noé ou d'un autre.

La première arche fut construite par Utnapištim dans le mythe sumérien ; on apprend de différentes sources qu'il s'agissait d'un cube, de dimension modeste, mesurant 60x60x60 fathoms, qui représente l'unité dans le système sexagésimal où 60 est écrit comme 1. Dans une autre version, il n'y a pas d'arche, juste une pierre cubique, sur laquelle repose une colonne qui va de la terre au ciel. La pierre, cubique ou non, est couchée sous un cèdre, ou un chêne, prête à lâcher une inondation, sans raisons évidentes.

Dans toute cette confusion, cela semble fournir le nouveau thème. Dans les légendes juives, il est dit que « depuis que l'arche a disparu il y eut une pierre à sa place... qui fut appelée la pierre de fondation ». Elle fut appelée pierre de fondation « parce que à partir d'elle le monde fut fondé (ou commença) ». Et on dit qu'elle est couchée au-dessus des eaux qui sont au-dessous du saint des saints.

Ceci pourrait ressembler à une série de rêves, mais c'est étayé par une tradition très substantielle, adoptée par les juifs mais que l'on trouve aussi dans la tradition finno-ougrienne[296]. L'histoire juive continue ensuite :

> Quand David creusa les fondations du Temple, un tesson de poterie fut trouvé à une profondeur de 1500 cubits[297]. David était sur le point de le

retirer quand le tesson s'exclama : « Tu ne peux pas faire cela. » « Pourquoi pas ? », demanda David. « Parce que je repose sur l'abyme. » « Depuis quand ? » « Depuis l'heure à laquelle la voix de Dieu fut entendue prononcer les mots depuis le Sinaï : "Je suis le Seigneur, votre Dieu", faisant trembler et sombrer le monde dans l'abyme. Je suis couché ici pour recouvrir l'abyme. »

Malgré tout David retira le tesson, et les eaux de l'abyme s'élevèrent et menacèrent d'inonder la terre. Ahithopel se tenait à proximité et il pensa pour lui-même : « Maintenant David va trouver la mort et je serai roi. » Juste alors David dit : « Qui que ce soit qui sait comment contenir le niveau des eaux et fait défaut pour le faire, un jour s'étranglera. »

Sur quoi Ahithophel inscrivit le nom de Dieu sur le tesson et le jeta dans l'abyme. Les eaux immédiatement commencèrent à se retirer, mais elles s'enfoncèrent à une si grande profondeur que David eut peur que la terre perde son humidité, et il commença à chanter les quinze « chants des ascensions » pour que les eaux remontent à nouveau.

La pierre de fondation ici est devenue un tesson et son nom dans la tradition est *Eben Šhetiyyah*, qui est dérivé d'un verbe qui a de nombreuses significations[298] : « être installé, satisfait ; boire ; fixer les sédiments alluviaux, poser les fondations de », parmi lesquelles « fixer les sédiments » est la plus révélatrice, et un souvenir de l'importance soutenue des « structures » ; dans cette « structure », il y a un soulèvement et un abaissement des eaux en dessous (comme dans le mythe du *Phédon*) qui suggère des catastrophes non enregistrées par l'histoire mais indiquées seulement par la terminologie hautement colorée des cosmologues. Auraient-ils seulement connu la suspension à la Cardan, le monde pourrait avoir été conçu comme plus stable.

Les recherches de Hildegard Lewy[299] sur *Eben Šhetiyyah* firent état d'un passage dans les Annales de Assur-nasir-apli dans lequel le nouveau temple de Ninurta à Kalhu est décrit comme fondé à la profondeur de 120 couches de briques en bas « jusqu'au niveau des eaux » ou, en bas vers la nappe d'eau. Ceci renvoie aux eaux de la profondeur dans leur position naturelle. Mais ce que les gens voient en elles est quelque chose d'autre à nouveau. Si David et le roi assyrien creusèrent jusqu'à l'eau du sous-sol, les constructeurs de la Ka'aba à La Mecque en firent autant. À l'intérieur de celui des plus saints de tous les lieux de pèlerinage il y a un puits, à travers l'ouverture duquel a été placée, aux temps préislamiques, la statue du dieu Hubal. Al-Bīrūnī dit que dans la première période islamique c'était un vrai puits, où les pèlerins pouvaient étancher leur soif au moins au moment du pèlerinage arabe. La statue de Hubal avait été destinée à empêcher les eaux de monter. Selon les légendes, la même croyance avait autrefois été courante à Jérusalem. De là le saint tesson de poterie. Mais La Mecque dit plus. Hildegard Lewy montre que, dans les temps préislamiques, le dieu Hubal était Saturne, et que la Pierre sainte de la Ka'aba avait le même rôle, car c'était un cube, et par conséquent originellement Saturne. Le polyèdre de Kepler inscrit dans la sphère de Saturne est seulement le dernier témoin d'une tradition d'un âge ancien.

L'humble petit tesson de poterie fut introduit par une légende pieuse pour dire que ce qui comptait était le pouvoir du Saint Nom. Mais la chose réelle était le cube : soit comme l'arche d'Utnapištim ou, dans d'autres versions, comme une pierre sur laquelle repose une colonne qui va de la terre au ciel. Même le Christ est comparé à une « montagne en forme de cube, sur laquelle une tour est érigée[300] ». Hocart écrit que « les Sinhalese plaçaient fréquemment à l'intérieur de leur tumuli une pierre carrée représentant Meru. S'ils plaçaient au centre d'un tumulus une pierre représentant le centre du monde, ce devait avoir été qu'ils prenaient le tumulus pour représenter le monde[301]. » Mais il est dit autrement que cette pierre, la pierre de fondation, est couchée sous un grand arbre, et que de sous la pierre « une vague s'éleva jusqu'au ciel ».

Cela semble comme un amalgame tardif, sans que la raison en soit donnée ; la manière de déchiffrer les motifs originels est de les prendre séparément.

Mais, en premier lieu, il convient à ce point de dresser un inventaire. Il y a bon nombre de personnages à mettre en relation. Le singe brun, auteur de trouble dans la création idyllique de Sigu, est familier sous plusieurs déguisements. C'est le Serpent de l'Éden, le dissident solitaire. Il est Loki qui persuada le gui de ne pas pleurer sur la mort de Balder, brisant ainsi l'unanimité des créatures. Sigu lui-même, roi bienveillant de l'Âge d'or, est sans se tromper un personnage saturnien, qui demeurait parmi ses créatures, et ainsi est Iahvé, au moins quand encore « il marchait avec Adam dans le jardin ». Un souverain qui « a de bonnes intentions » est un personnage saturnien. Personne en dehors de Saturne ne demeurait parmi les hommes. Un extrait orphique dit : « Orphée nous rappelle que Saturne demeurait ouvertement sur terre et parmi les hommes[302]. » Denis d'Halicarnasse (1. 36. 1) écrit : « Ainsi avant le règne de Zeus, Cronos dirigeait cette même terre », ce sur quoi Maximilien Mayer note d'un ton tranchant : « Nous trouvons nulle part un tel séjour terrestre de la part de Zeus[303]. » De la même façon, Sandman Holmberg affirme en ce qui concerne Ptah, le Saturne égyptien : « L'idée de Ptah comme un roi terrestre revient encore et encore dans les textes égyptiens », et aussi note « le fait remarquable que Ptah est le seul des dieux égyptiens qui est représenté avec une royale barbe droite, au lieu d'une barbe arrondie[304] ».

Les Saturnales de Rome jusqu'au Mexique commémoraient précisément cet aspect de la souveraineté de Saturne, avec leurs amnisties générales, les maîtres servant les esclaves… même si Saturne n'était pas toujours directement mentionné. Quand ce festival se produisit en Chine, à proprement parler *sub delta Geminorum*, plus correctement, delta et les étoiles des Gémeaux 61 et 56 de Flamsteed, « il y eut un banquet au cours duquel toutes les distinctions hiérarchiques furent mises de côté… Le souverain invita ses sujets à travers le Chant des Cerfs[305] ».

Le cube était la figure de Saturne, comme le montra Kepler dans son *Mysterium Cosmographicum* ; c'est la raison de l'insistance sur les pierres cubiques et les arches cubiques. Partout, le pouvoir qui avertit « Noé » et le presse de construire son arche est Saturne, comme Jéhovah, comme Enki, comme Tane, etc. Le panier stoppeur de Sigu était évidemment une version inadéquate du cube vue à travers l'imagination d'indigènes qui tressaient des paniers. Ceci conduit à la conclusion que l'arche de Noé originellement eut le rôle défini d'arrêter l'inondation. Une conclusion intéressante et inattendue pour les spécialistes de la Bible.

L'un des grands motifs de la mythologie est celui de l'arbre merveilleux si souvent décrit comme s'élevant jusqu'au ciel. Il y en a beaucoup, le frêne Yggdrasil dans l'*Edda*, le chêne qui assombrit le monde du *Kalevala*, le chêne du monde de Pherecyde drapé dans le manteau étoilé, et l'Arbre de vie en Éden. Cet arbre est souvent coupé aussi. L'autre motif est la pierre de fondation, qui quelquefois devient une arche cubique.

LE MOULIN D'HAMLET

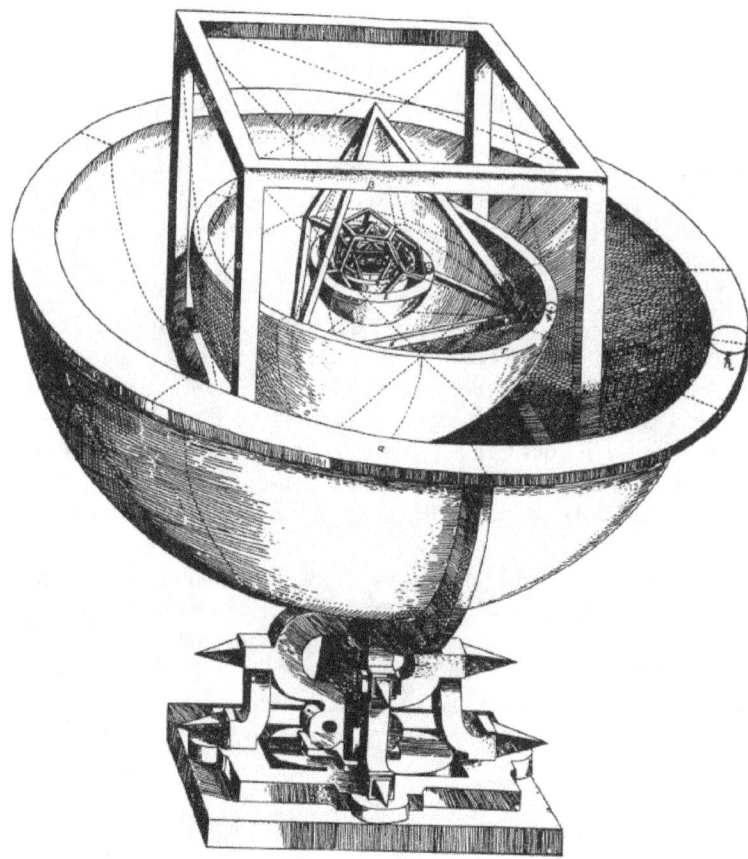

Le polyèdre inscrit dans les orbites planétaires.
Le dessin de Kepler relève d'une pure imagination
géométrique, mais il est destiné à correspondre à la
relation véritable entre les rayons des orbites planétaires.
Le plus important ici est le cube, emboîté dans la sphère
la plus extérieure de Saturne.

Ces motifs doivent d'abord être recherchés jusqu'au bout. Après avoir lu la belle histoire de l'arbre merveilleux de Sigu, dans la souche duquel se trouvent tous les poissons pour peupler le monde, il faut de la patience pour se débrouiller avec la pierre cubique qui est trouvée au milieu de la mer, sous laquelle demeure un personnage mystique dont les apparences varient depuis un poisson miraculeux, même une baleine, jusqu'à un « feu vert », le « roi de tous les feux », le « feu central », jusqu'au diable lui-même. Les sources principales pour lui sont des formules magiques russes[306] et finnoises, et ces « superstitions » (« survivances ») sont des fragments de l'Âge de pierre de la dureté du silex enfoncés dans la structure plus molle de la couche historique. Les matériaux magiques résistent au changement, juste en raison de leur résistance à l'érosion du sens commun. Aussi loin que l'on trouve ces formules magiques, elles deviennent encastrées dans un contexte chrétien comme les populations déterminées subirent la conversion, mais elles restent comme des témoignages pour une véritable compréhension différente du cosmos. Par exemple, les runes finnoises sur l'origine de l'eau affirment que « tous les fleuves viennent du Jourdain, dans lequel tous les fleuves s'écoulent », que « l'eau a son origine dans le tourbillon du fleuve sacré, c'est l'eau du bain de Jésus, les larmes de Dieu[307] ». D'un autre côté les formules scandinaves insistent sur le point que le Christ « obstrua le Jourdain » ou « la mer de Noé » (Mansikka, p. 297, n. 1) qui, à son tour, s'accorde avec le *Pasteur de Hermas*, où le Christ est comparé à une « montagne en forme de cube » (voir ci-dessus p. 268). À partir de ceci il n'est pas étrange que la croix devienne le « nouvel arbre », marquant les nouveaux croisements de routes. On n'a pas besoin d'aller aussi loin qu'en Russie pour cela. Dans les célèbres fresques de Piero della Francesca à Arezzo il y a « la découverte de la Vraie Croix », cela commence avec la mort d'Adam étendu au pied de l'arbre. Le bois de l'arbre fournira plus tard le matériau pour la croix. Plus tard encore, sainte Hélène, mère de Constantin, la voit dans un rêve et fait creuser le bois pour qu'elle devienne la plus sainte des reliques. Piero n'illustra rien qui n'était déjà dans la bonne tradition médiévale. C'est, on peut le dire, un terrain sensible.

À Xanadu, Kubla Khan
A ordonné la construction
D'un majestueux palais de plaisir
Où coulait Alph, la rivière sacrée
Au travers des cavernes hors de dimensions pour l'homme
Descendant vers une mer sans soleil.

Coleridge, *Kubla Khan*[308]

CHAPITRE XVI
LA PIERRE ET L'ARBRE

Le terrain, en vérité, est non seulement sensible mais également difficile et changeant. Si le tourbillon se retrouve dans la théorie de la croix, c'est certainement sans le consentement des théologiens. Cependant les exemples donnés jusqu'ici ne sont pas isolés. Il faut traiter des documents qui peuvent apparaître suspects au lecteur historien, prompt à se méfier de *omne ignotum pro magnifico*[309]. On doit, par conséquent, préfacer ce chapitre avec une petite histoire, qui peut montrer la ténacité infrangible de certains documents transmis, fragments d'une sorte que la mémoire officielle a tendance à écarter ou à négliger.

Dans l'Évangile selon Marc III.17, les « jumeaux » Jacques et Jean, les fils de Zebedée, reçoivent de Jésus le nom de Boanerges, que l'évangéliste traduit comme « Fils du Tonnerre[310] ». Cela a été longtemps négligé, mais en fait est devenu le titre d'un ouvrage d'un savant distingué, trop tôt oublié, Rendel Harris. Dans celui-ci, il était montré que les jumeaux du tonnerre existaient dans des cultures aussi différentes que la Grèce, la Scandinavie et le Pérou. Ils rappellent les rôles de Magni et Móði, pas en fait appelés jumeaux, mais successeurs de Þórr, dans le Ragnarök. Mais pour citer Harris :

> Nous avons montré qu'il ne suit pas obligatoirement que lorsque la parenté du Tonnerre est reconnue, elle s'étend nécessairement aux deux jumeaux à la fois. Les Dioscures peuvent être appelés de manière unique, fils de Zeus ; mais une recherche plus approfondie montre en conclusion qu'il y avait

une tendance dans les premiers cultes grecs à considérer un jumeau comme d'origine divine et l'autre d'origine humaine. Ainsi Castor est attribué à Tyndare, et Pollux à Zeus... l'enfant supplémentaire créait le trouble, et était attribué à une source extérieure. Seulement plus tard la difficulté pour les distinguer conduira à la reconnaissance des deux comme des garçons du Ciel ou des garçons du Tonnerre. Un exemple d'une civilisation lointaine montrera que c'est la juste voie à suivre.

Par exemple, Arriaga, dans son *Extirpation de l'idolâtrie au Pérou* nous dit que « lorsque deux enfants sont issus d'une même naissance, ils les appellent Chuchos ou Curi, et dans le Cuzco Taqui Hua-hua, ils tiennent cela pour un événement abominable et impie, et ils disent, que *l'un d'eux est l'enfant de l'éclair,* ce qui exige une sévère pénitence, comme s'ils avaient commis un grand péché ».

Et il est intéressant de noter que quand les Péruviens, dont parle Arriaga, devinrent chrétiens, ils remplacèrent le nom de Fils du Tonnerre, donné à l'un des jumeaux, par le nom de Santiago, ayant appris de leurs professeurs espagnols (missionnaires) que saint Jacques (Santiago) et saint Jean ont été appelés Fils du Tonnerre par Notre Seigneur, une phrase que ces Péruviens semblent avoir comprise, là où les grands commentateurs de l'Église chrétienne n'avaient pas saisi la signification...

Un autre curieux et assez semblable transfert de langage de l'histoire de Marc vers le folklore d'un peuple, distant à la fois dans le temps et l'espace... peut être trouvé, aujourd'hui encore, chez les Danois... À côté des armes et haches conventionnelles en silex, qui communément passent pour des projectiles du tonnerre partout dans le monde, les Danois regardent le fossile d'oursin comme une pierre de tonnerre, et lui donnent un nom particulier. De telles pierres sont appelées dans le Salling, pierres-*sebedaei* ou *s'bedaei*. Dans le nord Salling elles sont appelées pierres-*sepadeje*. Dans le Norbaek, dans le district de Viborg, la paysannerie les appelait les pierres *Zebedee* ! À Jebjerg, dans la paroisse de Cerum, district de Randers, ils les appelaient pierres-*sebedei*... le nom qui est donné à ces pierres de tonnerre est, par conséquent, très bien avéré, et il semble certain qu'il est dérivé de la référence aux Fils de Zebedée dans l'Évangile comme fils du tonnerre. *Le paysan Danois, comme l'indigène péruvien, reconnaissaient autrefois ce que voulait dire Boanerges,* et appelait la pierre de tonnerre d'après son saint patron[311].

Ceci pourrait avoir fait hésiter ultérieurement de grands savants comme Bultmann, avant de procéder à « démythologiser » la Bible. On ne sait jamais ce sur quoi on marche. Inversement, cela montre que tout malentendu au-delà de la connaissance des experts doit être expliqué avant de traiter de l'ensemble de l'information. Ainsi on ne souhaite pas écarter les légendes et runes abondantes traitant du bois de la croix. Le manque de temps cependant ne permet pas une recherche suffisante [312] et autorise seulement quelques remarques sur les idées finnoise et russe à propos du « Grand Chêne », qui est le plus proche « parent » des arbres sumériens. L'une des runes finnoises dit : « Long chêne, large chêne. Quel est le bois de ses racines ? L'or est le bois de ses racines. Le ciel est le bois de la cime du chêne. Un enclos dans le ciel. Un grenier à grain sur la corne du bélier châtré[313]. » La version suivante place hardiment « le grenier à grain au sommet de la croix ». Selon une version supplémentaire, dans la couronne du chêne il y a un berceau avec un petit garçon, qui a une hache sur son épaule. Des actions plus étonnantes se produisent chez un apocryphe russe où Satan planta l'arbre au paradis avec l'intention de tirer de lui une arme contre le Christ : « Les branches de l'arbre se répandirent sur tout le paradis, et couvrirent aussi le soleil. Sa cime toucha le ciel, et de ses racines jaillirent des fontaines de lait et de miel[314]. »

La dernière idée à son tour correspond à la tradition médiévale selon laquelle les fleuves du paradis jaillissaient de dessous la croix. Il y aura d'autres « arbres » déroutants dans le chapitre sur Gilgameš, mais là aussi on ne tentera pas d'épuiser le témoignage énorme et ambigu.

Mais avec les avertissements distillés depuis les fils du tonnerre, et les exemples similaires, il est possible de prendre les données étranges davantage en considération. D'abord, il y a dans l'*Atharva Veda*, tout un hymne dédié à ce qui peut être appelé le pilier du monde (un très polyvalent pilier), appelé le *skamba* dont (voir ci-dessus, p. 151) est dérivé le Sampo finnois. À ce point seulement un vers servira, dans lequel le monstre enflammé des profondeurs est mentionné[315] :

> AV 10. 7. 38. Un grand monstre *(yaksa)* au milieu de la création, marche à grands pas en pénitence sur le dos de la mer ; sur lui se trouvent tout ce qu'il y a de dieux, comme les branches d'un arbre autour du tronc.

Ou, pour prendre un témoignage des « dernières » sources astrologiques, ces affirmations données par le *Liber Hermetis trismegisti* qui devint si célèbre au Moyen Âge, jusqu'au point de *Taurus* (Gundel, p. 54 sq., 217 sq.) :

18-20° *oritur Navis et desuper Draco mortuus, vocatur terra* (se lève le Navire et sur lui le Dragon mort, appelé Terre).

21-23° *oritur qui detinet navem, Deus disponens universum mundum* (se lève celui qui garde (ou détient) le navire, le Dieu qui dirige tout l'univers).
  (*Disponere* correspond au grec *kosmeō*.)

Quel qu'il soit, celui qui dirige « en dessous » semble, en vérité, une entité véritablement omniprésente : Il y a, après tout, très peu, s'il y en a, de personnages dont on dit simplement qu'ils « dirigent tout l'univers ».

On reviendra sur ce remarquable « Cosmocréateur » ; la créature enflammée enfouie au fond de la mer, pourtant, doit être renvoyée à une annexe. C'est important pour tout le système si on considère en fait que « Vaïnämöinen dans la bouche du gouffre tourbillon entre en ébullition comme le feu dans l'eau[316] » (annexe 19).

Les paroles d'Hermès Trois Fois Grand, qui semblent énigmatiques, font partie du langage technique hautement organisé des astrologues ; nous ne voulons pas dire ceux qui disaient la bonne aventure aux gens pour de l'argent, mais ceux qui spéculaient sur le système traditionnel du monde et faisaient usage de tout ce que l'astronomie, la géographie, la mythologie, les textes sacrés des lois du temps et du changement, pour construire un système ambitieux. Abū Ma'šar[317] et Michael Scotus[318] furent plus tard méprisés comme des joueurs, de faux prophètes, et des magiciens, mais Tycho[319] et Kepler les tenaient encore en haute estime : ils représentaient tout ce qu'il y avait de science véritable au XIIIe siècle, et produisaient beaucoup d'idées audacieuses. Il est concevable que l'*ignotum* (l'inconnu) puisse devenir *magnificum* (le beau).

Le fait de ne citer qu'un petit nombre de dires décousus peut être interprété comme un manque de méthode et une absence de sens. Ceci sera renforcé avec des documents supplémentaires. En fait, nous avons dû condamner ce chapitre qui autrefois était « gonflé » au point de devoir éclater à chaque craquement, au plus maigre des régimes, jusqu'à ce qu'il se ratatine dans son présent état émacié et d'apparent manque de cohérence. Mais auparavant, on doit comprendre ce qu'implique ce modèle géométrique que l'on a entrevu déjà à maintes reprises dans les précédents chapitres.

*Le mythe est né de la science ;
la science seule l'expliquera.*

Charles Dupuis

CHAPITRE XVII
LA STRUCTURE DU COSMOS

Dans la mythologie grecque, la structure du cosmos est décrite dans la célèbre vision de Er dans le 10ᵉ livre de la *République*. Nous y trouvons Er l'Arménien, qui fut ressuscité du bûcher funéraire juste avant que celui-ci soit embrasé, et qui décrit son voyage dans l'autre monde (10. 615 sq.). Il s'agit de lui-même et du groupe d'âmes destiné à renaître qui l'accompagne dans ce voyage à travers l'autre monde. Ils arrivèrent à « un rayon rectiligne de lumière, comme un pilier, s'étendant depuis le dessus au travers de tout le ciel et la terre, et là, au milieu de la lumière, ils virent, s'étirant depuis le ciel, les extrémités de ses chaînes ; car cette lumière attache les cieux, tenant ensemble tout le firmament en rotation comme les câbles d'un navire de guerre. Et depuis les extrémités s'étirait l'axe de Nécessité, au moyen duquel tournent tous les cercles ».

Conford ajoute dans une note : « On débat pour savoir si le câble tenant l'univers rassemblé est simplement le droit rayon axial ou une bande circulaire de lumière, suggérée par la Voie lactée[320], entourant le ciel des étoiles fixes[321]. » Eisler, curieusement[322], comprenait qu'il s'agissait du zodiaque. Car ces « câbles » de la trirème ne parcouraient pas le bateau horizontalement, mais étaient destinés à sécuriser le mât (l'« arbre » du bateau) qui s'oriente vers le haut, nous voulons dire, par principe, la Galaxie, qui, cependant, devait plus tard être « remise en place » par d'invisibles colures[323]. Mais Er aussi parle des aventures des âmes entre chaque incarnation, et dans ce contexte nous pouvons compter sur la Voie lactée.

Assurément le « modèle » est loin d'être clair, et ceci est fait exprès comme l'admet Conford lui-même. Et, en effet, quelques paragraphes plus tard, apparaît le planétarium complet avec ses « spires », l'« Axe de la Nécessité » tenu par les déesses, à côté duquel siègent les Parques alors qu'elles déroulent les fils des vies des hommes. Les âmes peuvent écouter le Chant de Lachésis, si elles sont encore dans la « prairie », mais les chaînes et le rayon ou le câble ne sont plus dans le tableau. Platon refuse d'être un bon géomètre de l'autre monde, de même qu'il ne prétendait pas avoir l'esprit pratique sur son système hydraulique. Mais antérieurement, dans le *Phédon*, Socrate s'est montré ironique au sujet des « vérités » de la science, et a insisté pour dire que les vérités du mythe sont d'un autre ordre, et rebelles à la logique ordinaire. C'est ici comme si Platon avait juxtaposé maintes traditions mythiques révérées (incluant l'harmonie planétaire) sans prétendre à ce qu'elles s'ajustent dans un ordre particulier. Et ainsi son image de la « structure » du cosmos reste sans conclusion. Mais d'une façon ou d'une autre l'axe et le câble et les chaînes apparaissent ensemble, et ceci, peut-on conclure, a été l'idée originelle. La rotation de l'axe polaire ne doit pas être disjointe des grands cercles qui se décalent avec lui dans le ciel. Le cadre et l'axe sont imaginés comme un tout. Ceci renvoie à l'autorité pythagoricienne dont Platon était censé s'être inspiré (Timon dit même méchamment qu'il avait plagié) et que Socrate cite souvent avec un respect non dissimulé. Il s'agit de Philolaos, assurément un astronome créateur de haut niveau, dont il subsiste seulement quelques fragments, et dont l'authenticité a été imprudemment mise en cause par de nombreux philologues modernes[324]. Dans le fragment 12 de Philolaos, il y a une brève définition du cosmos, bien dans l'esprit du dodécaèdre de Platon cité au chapitre XII. « Dans la sphère il y a cinq éléments, à l'intérieur de la sphère, feu, et eau et terre et air et ce qui est la coque de la sphère, le cinquième[325]. » Malgré le dorique inélégant de Philolaos, la déclaration est parfaitement claire. La « coque », *(olkas)* était le nom commun pour les navires de charge, construits pour la cargaison, larges dans les travers. C'est réellement plus adéquat que la mince trirème de Platon. Et c'est plus proche dans la forme de ce que les deux hommes voulaient dire apparemment : le dodécaèdre, la « coque, » c'est-à-dire la sphère, la véritable structure du contenant. Il est clair depuis Platon que le « cinquième » est la sphère qu'il appelle éther qui contient les quatre éléments terrestres, mais en est complètement distincte. Aristote devait la changer en une « matière » céleste cristalline dont il avait besoin pour son système, mais cela restait pour lui une « cinquième essence ». Ainsi par deux fois a été évoquée la « coque » originelle, la structure qui était recherchée. Ainsi qu'on l'a noté au chapitre VII, on fut amené à découvrir que l'étymologie de Sampo était en sanskrit *skambha*.

L'idée abstraite d'un simple axe terrestre, si naturelle aujourd'hui, n'était en aucune façon aussi logique pour les Anciens, qui pensaient toujours à l'ensemble de la machinerie du ciel se déplaçant autour de la terre, stable au centre. Une ligne en impliquait toujours beaucoup d'autres dans une structure. Ainsi, apparemment, on doit accepter l'idée de la structure du monde comme un *complexe* (utilisé comme il l'est ici et après, ce mot comprend les attributs nécessaires qui sont associés avec un concept : par exemple le centre et la circonférence d'un cercle, les parallèles et les méridiens impliqués par une sphère), dont le Grotte et le Sampo étaient les modèles rudimentaires avec leurs lourdes parties mobiles.

Comme l'axe du moulin, l'arbre, le *skambha*, représente aussi l'axe du monde. Ceci suggère instinctivement une droite, un poteau dressé, mais le mot *axe* est une simplification du concept réel. Il y a l'axe invisible, naturellement, qui est couronné par le Clou du Nord, mais cette image nécessite d'être enrichie par deux dimensions supplémentaires. Le terme *axe du monde* est une abréviation de langage comparable à l'abréviation visuelle réalisée en projetant les étendues du ciel sur une carte plate des étoiles. Il vaut mieux ne pas penser l'axe en termes analytiques de droite, une ligne à la fois, mais de le considérer ainsi que la structure à laquelle il est connecté comme un tout. Ceci implique l'utilisation de termes polyvalents et la reconnaissance d'une implication convergente de significations inhabituelles.

De même que *rayon* appelle automatiquement *cercle* à l'esprit, ainsi *axe* doit évoquer les deux grands cercles déterminants à la surface de la sphère, les colures équinoxiale et solsticiale. Imaginé de la sorte, l'*axe* ressemble à une complète sphère de bracelets. Il se présente comme le système de coordonnées de la sphère et représente la structure d'un âge du monde. En fait la structure définit un âge du monde. Parce que l'axe polaire et les colures forment un tout indissociable, la structure entière est détraquée si une partie est déplacée. Quand cela se produit, une nouvelle étoile polaire avec ses propres colures spécifiques doit remplacer le dispositif obsolète.

Ainsi le sanskrit *skambha*, le pilier du monde, ancêtre du Sampo finnois, est montré comme un élément intégral dans le système des choses. L'hymne 10. 7 de l'*Atharva Veda* est dédié au *skambha*, et Whitney, son traducteur et commentateur[326], semble perplexe dans sa note au 10. 7. 2 : « *Skambha*, littéralement : étai, support, pilier, utilisé étrangement dans cet hymne comme structure de l'univers ou la personnification de son âme. » Voici deux vers de cet hymne :

12- Dans laquelle terre, atmosphère, dans lequel ciel est installé, où le feu, la lune, le soleil, le vent se tiennent fixes, que Skambha dise...

35- Le Skambha soutient à la fois ciel et terre ; le skambha soutient la grande atmosphère, le skambha soutient les six grandes directions ; dans le skambha entrait cette existence tout entière.

Le bon vieux Sampo semble moins prétentieux, mais il a ses trois « racines », « l'une au ciel, une autre dans la terre, une autre dans le tourbillon[327] ». Faire un dessin d'un arbre ressemblant à un pilier (laissons tranquille le moulin), avec ses racines distribuées de la manière indiquée, serait un vrai travail. En particulier, il prend l'« énorme taureau de Pohja », évidemment un taureau cosmique, pour déraciner ces étranges racines : les héros finnois n'ont pas été capables par eux-mêmes de déraciner le Sampo.

Dans le cas d'Yggdrasil, le frêne du monde, Rydberg fit tout son possible pour localiser les trois racines, pour les imaginer et les dessiner. Parce qu'il regardait avec une inébranlable détermination à l'intérieur de notre globe, le résultat ne fut pas excessivement convaincant. On dit que l'une des racines appartient à Asa dans le ciel, et au-dessous c'est la fontaine la plus sacrée de Urðr. On trouve la seconde dans les régions des géants givrés « où Ginnungagap se trouvait autrefois » et où le puits de Mimir se trouve désormais. La troisième racine appartient à Niflheim, le royaume des morts, et sous cette racine se trouve Hvergelmer, le Tourbillon (*Gylf.* 15)[328].

Ceci exclut tout schéma terrestre. Tout se passe comme si l'« axe », impliquant les colures équinoxial et solsticial, traverse les « trois mondes » suivants décrits grossièrement et avec peu de précisions :

le ciel au nord du tropique du Cancer, c'est-à-dire le ciel spécifique, domaine des dieux.

Le « monde habité » du zodiaque entre les tropiques, le domaine des « vivants ».

Le ciel au sud du tropique du Capricorne, alias l'Océan d'Eau douce, le royaume des morts.

Le plan de démarcation entre la terre ferme et la mer est représenté par l'équateur céleste ; par conséquent la moitié du zodiaque est sous l'« eau » l'écliptique sud, limitée par les points d'équinoxe. Il y a en plus des subdivisions fines, pour être sûr, « zones » ou « ceintures » ou « climats, » divisant la sphère du nord au sud et, le plus important, le « ciel » aussi bien que les eaux du sud ont une partie dans le « monde habité » qui leur est réservée[329]. Ce résumé est d'une simplification presque superficielle, mais pour le moment il peut être suffisant.

En attendant, il est nécessaire d'expliquer à nouveau pourquoi cette « terre » est ce que de modernes interprètes aiment à prendre pour une crêpe. La terre mythique *est*, en fait, un plan, mais ce plan n'est pas *notre* « terre » du tout, ni notre globe, ni une présupposée terre homocentrique. La « terre » est le plan impliqué au travers des quatre points de l'année, marqués par les équinoxes et les solstices, en d'autres termes, l'écliptique. Et ceci est la raison pour laquelle on dit très fréquemment que cette terre est quadrangulaire. Les quatre « coins », c'est-à-dire les constellations zodiacales dont le lever héliaque se fait aux équinoxes et solstices, parties de la « structure » *skambha*, sont les points qui déterminent une « terre ». Chaque âge du monde a sa propre « terre. » C'est pour cette même raison que l'on dit que les « fins du monde » prennent place. Une nouvelle « terre » se lève, quand un autre ensemble de constellations zodiacales apporté par la Précession détermine les points annuels.

Une fois que le lecteur aura fait l'ajustement nécessaire pour penser structure et non « pilier », il comprendra aisément de nombreuses scènes étranges qui seraient strictement contre nature concernant des planètes qui réalisent des mouvements à des endroits comme les deux pôles en dehors de leur portée. Il comprendra pourquoi une force prévoyant de déraciner (ou couper) un arbre, ou de détraquer un moulin, ou simplement retirer un bouchon, ou une goupille n'a pas, pour le faire, à « monter » ou « descendre » tout le chemin vers le pôle. Cette force peut s'exercer avec le même effet en tirant simplement la partie disponible de la « structure » la plus proche dans le monde habité.

Voici quelques exemples de cette manipulation de la structure, en commençant avec une survivance des plus anodine ce qui la rend d'autant plus étonnante. Les tribus turkmènes du Turkestan Sud disent à propos d'une colonne de cuivre qu'elle marque le « nombril de la terre » et ils affirment que « seulement le héros de neuf ans Kara Pār est capable de la soulever et de l'arracher[330] ». Il va sans dire que cela peut sembler une étrange idée que quelqu'un puisse être déterminé à « arracher le nombril de la terre ». Quand le jeune Arthur le fait avec Excalibur, les événements correspondent déjà à une trame plus familière et ne soulèvent pas de questions.

Dans son style grandiose, le *Mahābhārata* présente un prodige similaire comme suit :

> Ce fut Viśvāmitra qui en colère créa un second monde et de nombreuses étoiles en commençant avec Śravaṇa... Il peut, par sa magnificence, brûler les trois mondes, il peut, par trépignement (du pied), faire trembler la Terre. Il peut *disjoindre le grand Meru de la Terre* et le lancer avec violence à distance. Il peut faire le tour des 10 points de la Terre en un moment[331].

Viśvāmitra est l'une des sept étoiles de la Grande Ourse, ceci au moins a été découvert. Mais chaque planète est représentée par une étoile de la Grande Ourse, et vice versa, ainsi ce point ne semble pas de grand secours[332].

On peut manquer la mention d'un événement cosmique de premier ordre parce que celui-ci se dissimule modestement dans un conte. Ce qui suit, tiré de l'« Océan de Contes » indien, dit parlant de Śiva : « Quand il enfonça son trident dans le cœur de Andhaka, le roi des Asuras, bien qu'il fut seul, la pointe que ce monarque avait enfoncée dans le cœur des trois mondes, c'est étrange à dire, fut arrachée[333]. »

Une intrigue peut aussi se réduire jusqu'à devenir insignifiante et non reconnaissable quand elle se produit dissimulée dans un conte, mais le conte suivant au moins a été attribué à un personnage historique spécifique, et même a été vérifié par un sérieux historien militaire comme Arrianus, qui nous dit ce qui suit :

> Alexandre, alors, atteignit Gordium, et fut saisi par un ardent désir de monter à l'acropole, où était le palais de Gordius et de son fils Midas, et de regarder le chariot de Gordius et le nœud de l'attelage. Il y avait une tradition largement répandue au sujet de ce chariot dans les alentours ; Gordius, disait-on était un pauvre homme des anciens Phrygiens, qui cultivait une maigre parcelle de terre et avait seulement deux attelages de bœufs : avec

l'un il labourait, avec l'autre, il conduisait son chariot. Une fois, comme il labourait, un aigle se posa sur l'attelage et y demeura, perché là, jusqu'à ce qu'il fût temps de délier les bœufs ; Gordius fut étonné du présage, et alla consulter les prophètes des Telmissiens, qui étaient habiles dans l'interprétation des présages, héritant, y compris femmes et enfants, du don de prophétie. Approchant d'un village telmissien, il rencontra une jeune fille tirant de l'eau et lui raconta l'histoire de l'aigle ; elle, étant aussi de la lignée des prophètes, lui commanda de retourner à l'endroit et de faire un sacrifice à Zeus, le roi. Alors Gordius lui demanda de venir avec lui et de l'aider pour le sacrifice ; et à l'endroit il fit un sacrifice exactement selon ses directives, il épousa la jeune fille, et eut un fils appelé Midas.
Midas était déjà un homme adulte, beau et noble, quand les Phrygiens connurent le trouble d'une guerre civile ; ils reçurent un oracle qu'un chariot leur amènerait un roi et que celui-ci arrêterait la guerre. À dire vrai, tandis qu'ils discutaient de cela, Midas arriva avec ses parents, conduisant le chariot jusqu'à l'assemblée. Les Phrygiens, interprétant l'oracle, décidèrent qu'il était l'homme que les dieux leur avaient désigné qui viendrait avec un chariot ; sur quoi ils le firent roi, et il mit fin à la guerre civile. Il installa le chariot de son père dans l'acropole comme une offrande de remerciement à Zeus le roi pour avoir envoyé l'aigle. Au-delà et au-dessus de ceci il y avait un conte au sujet du chariot, que quiconque délierait le nœud de l'attelage serait le seigneur de l'Asie. Ce nœud était fait en écorce de cornouiller, et on ne pouvait en voir ni le commencement ni la fin. Alexandre, incapable de trouver comment délier le nœud, et ne supportant pas de partir en le laissant lié, de crainte que ceci puisse provoquer quelque trouble dans le petit peuple, le frappa de son glaive, coupa le nœud, et s'exclama, « Je l'ai détaché ! », ainsi du moins disent certains, mais Aristobulus suggère qu'*il arracha la goupille du pôle*, une cheville dirigée droite au travers du pôle, tenant le nœud, et ainsi il *déplaça l'attelage du pôle*. Je ne cherche pas à dire précisément comment Alexandre, de fait, fit avec ce nœud. De toute façon, lui et sa suite quittèrent le chariot avec l'impression que l'oracle au sujet du nœud libéré avait été pleinement réalisé. Il est certain qu'il y eut cette nuit-là des coups de tonnerre et des éclairs, qui le confirmèrent. Aussi Alexandre en remerciements offrit le jour suivant un sacrifice aux dieux quels qu'ils fussent qui avaient envoyé les signes et certifié la fin du nœud[334].

Sans rentrer maintenant dans une comparaison pertinente de documents on doit insister sur le fait que dans ces cas où les « rois » siègent dans un chariot (grec : *hamaxa)*, c'est-à-dire un véhicule à quatre roues, il s'agit la plupart du temps de la Grande Ourse.

Alexandre était un véritable créateur de mythes, ou plutôt, un véritable aimant attirant les mythes. Il avait un don pour attirer sur sa personnalité fabuleuse la tradition de toute sorte qui, autrefois, avait été créée pour Gilgameš.

Mais le temps n'est pas encore venu de parler soit d'Alexandre, soit de Gilgameš, soit d'exposés plus tardifs au sujet des divinités ou des héros qui pourraient avoir retiré des goupilles, des bondes et des colonnes. La question présente concerne les caractéristiques décisives du paysage mythique et leur localisation possible, ou leur fixation dans le temps. Il est essentiel de savoir où et quand le premier tourbillon a été l'héritier du Grotte d'autrefois, du moulin d'Amlóði qui avait été détruit. Cependant, cette expression est trompeuse parce que notre terminologie est encore beaucoup trop imprécise. Il vaudrait mieux dire la première sortie depuis, ou entrée vers, le tourbillon. Il apparaît judicieux de récapituler les éléments d'information qui ont été rassemblés sur le tourbillon dans son ensemble :

– Le Maelström, résulte d'un moulin brisé, d'un arbre coupé, ou autre, et « se trouve partout sur le globe », selon les Finnois. Il en est de même de Tartare, selon Socrate. Pour le répéter avec les paroles de Guthrie : « La terre dans ce mythe de Socrate est sphérique, et le Tartare, le gouffre sans fond, est représenté dans cette géographie mythique par un abîme qui transperce la sphère tout droit d'un côté à l'autre[335]. »

– C'est la source et l'embouchure de toutes les eaux.

– C'est la *voie*, ou une parmi d'autres, vers le royaume des morts.

– Les géographes médiévaux l'appellent *Umbilicus Maris*, Nombril de la Mer, ou « Euripe ».

– Antiochus l'astrologue l'appelle Eridan en particulier, ou quelques lieux abstraits non loin de Sirius, « zalos », c'est-à-dire le tourbillon.

– M. W. Makemson cherche le tourbillon polynésien, dit être « à la fin du ciel », « au bord de la galaxie » en Sagittaire.

– Un héros Dyak, grimpant à un arbre dans « l'île du Tourbillon », débarque dans les Pléiades.

– Mais généralement, on « le » cherche plus ou moins dans une direction nord-ouest-nord-nord-ouest, une direction où, également vaguement, Cronos-Saturne est supposé dormir dans sa caverne d'or en dépit des affirmations tranchées (par Homère) que Cronos fut jeté dans le plus profond Tartare.

– Et depuis ces régions « infernales », particulièrement depuis (Ogygie) le paysage du Styx, « on », mais qui d'autre à part les âmes ?, voit le pôle Sud céleste, invisible pour nous.

Le lecteur peut convenir que ce résumé montre clairement l'insuffisance de la terminologie générale acceptée par le plus grand nombre. La confusion verbale conduit à avoir de la sympathie pour Numenius (voir ci-dessus, p. 233), et le troisième mythographe du Vatican qui prend les fleuves pour des planètes, leurs orbites planétaires respectivement. Nous pensons que le tourbillon représente le « monde de l'écliptique » marqué par le tourbillon des planètes, embrassant tout ce qui tourne obliquement en cercle en rapport avec l'axe polaire et l'équateur, oblique de 23 1/2 degrés, plus ou moins, chaque planète ayant sa propre obliquité en rapport aux autres et au parcours du soleil, qui est l'écliptique spécifique. Il a été mentionné plus haut (p. 471, n. 267) que dans l'axe du cirque de Rome il y avait un *Euripe*, et les autels des trois planètes intérieures (Vénus, Mercure, la Lune) sur les deux côtés de la pyramide du soleil, et qu'il n'y avait pas plus de sept circuits parce que les « planètes sont seulement sept ».

L'écliptique comme un tourbillon est seulement un aspect du célèbre « complexe ».

On doit garder à l'esprit que, étant le siège de tous les pouvoirs planétaires, elle représentait, à proprement parler, l'« Institution » elle-même. Il n'y a pas de meilleur symbole de la pensée de ces civilisations mésopotamiennes impressionnées par les planètes que le plan arrogant des cités royales elles-mêmes, comme il a été reconstitué par des générations d'orientalistes et d'archéologues. Ninive se proclamait elle-même comme le siège de l'ordre stable et du pouvoir par son cercle de murs sept fois crénelé, coloré avec les couleurs des sept planètes, et si épais que les chars pouvaient circuler dessus. Le symbolisme planétaire s'étend jusqu'en Inde, comme nous l'avons vu au chapitre VIII, et culmina dans ce prodigieux schéma cosmologique que constitue le temple Barabudur à Java[336]. C'est encore évident dans les innombrables *stupas* qui marquent la campagne indienne, dont les couronnes superposées représentent les cieux planétaires. Et ici nous avons l'Institution vue comme un Chemin vers le Haut et vers l'Au-delà, comme Numenius l'avait vu immédiatement, la succession des sphères de transition pour l'âme, une tranquille promesse de transcendance qui marque le système gnostique et hindouiste. La carte schématique manquera toujours une ou l'autre dimension. Le Tourbillon est-il alors un chemin vers le haut ou un chemin vers le bas ? Héraclite dirait qu'il s'agit d'un seul et même chemin. On ne peut pas mettre tout à la fois dans un système.

Cette conception générale du tourbillon comme le « monde de l'écliptique » n'aide pas, naturellement, à comprendre chaque simple détail. Partant de l'idée du tourbillon comme un chemin vers l'autre monde, on doit regarder la situation ainsi que la voit une âme destinée à s'y rendre. Elle doit se déplacer de l'intérieur vers l'extérieur, pour « monter » depuis la terre géocentrique au travers des sphères planétaires « haut » vers la sphère fixe, qui est, droit au travers de l'ensemble du tourbillon, le monde de l'écliptique. Mais dans le but de quitter la structure de l'écliptique, il doit y avoir un arrêt pour changer de train à l'équateur. On s'attendrait à ce que cette gare soit au croisement des coordonnées écliptiques et équatoriales, aux équinoxes. Mais évidemment ce n'était pas la disposition. Une route beaucoup plus ancienne était suivie. Il est vrai qu'il semble parfois que les points de transfert étaient aux équinoxes. La tradition astrologique qui suivit Teukros[337], par exemple, fournit une riche offre de localisations célestes pour Hadès, le lac d'Acherus, Charon le passeur, etc., tous sous le chapitre *Libra*. Mais c'est un piège et l'on peut seulement espérer que beaucoup de malheureuses âmes n'aient pas été trompées. Car ces textes astrologiques signifient le *signe* Libra, pas la constellation. Toutes les « gares de changement peuvent être invariablement trouvées dans deux régions : l'une au sud entre le Scorpion et le Sagittaire, l'autre au nord entre les Gémeaux et le Taureau ; et c'est valable au travers du temps et de l'espace, depuis Babylone jusqu'au Nicaragua[338]. Pourquoi toujours cette première place ? En raison de la galaxie, dont les croisements avec l'écliptique se font entre le Sagittaire et le Scorpion au sud, et entre les Gémeaux et le Taureau au nord.

*Voie lactée, ô sœur lumineuse
Des blancs ruisseaux de Chanaan,
Et des corps blancs des amoureuses,
Nageurs morts suivrons-nous d'ahan
Ton cours vers d'autres nébuleuses.*

Apollinaire, *La Chanson du mal-aimé*

CHAPITRE XVIII
LA GALAXIE

On pensait que les âmes demeuraient dans la Voie lactée entre chaque incarnation. Cette conception s'est transmise comme une tradition orphique et pythagoricienne[339] traitant du phénomène de la migration de l'âme. Macrobe, qui a produit le plus important rapport sur la question, affirme que les âmes montent par le chemin du Capricorne, et ensuite, afin de renaître, descendent à nouveau à travers la « Porte du Cancer[340] ». Précisément Macrobe parle de *signes* ; les constellations s'élevant aux solstices en son temps (et encore dans le nôtre) étaient les Gémeaux et le Sagittaire : la « Porte du Cancer » est le signe correspondant aux Gémeaux. En fait, il déclare explicitement (1. 12. 5) que cette « Porte » est le lieu « où le zodiaque et la Voie lactée se croisent ». Plus loin, les anciens Mangaiens (îles Australes, Polynésie), qui conservaient le cours de l'horloge précessionnelle au lieu de changer pour des « signes », prétendent que c'est seulement dans la soirée des jours de solstice que les esprits peuvent entrer au ciel, les habitants des parties nord de l'île à un solstice, les habitants du sud à l'autre[341]. Cette information, donnant des dates fixes et précises, a plus de valeur que les déclarations générales indiquant que les Polynésiens tenaient la Voie lactée pour « la route des âmes alors qu'elles se rendent vers le monde de l'esprit[342] ». Dans le mythe polynésien, aussi, les âmes n'ont pas la permission de s'établir avant qu'elles n'aient atteint une étape de perfection sans tâche, ce qui probablement n'arrive pas fréquemment. Ainsi, tôt ou tard, les âmes polynésiennes doivent à nouveau retourner dans des corps[343].

Deux exemples de notions significatives chez les Indiens d'Amérique valent sans conteste la peine d'être mentionnées. Le point important est que la tradition est ici plus ou moins intacte. Parmi les Sumo au Honduras et au Nicaragua leur « Mère Scorpion... est considérée comme résidant à l'extrémité de la Voie lactée, où elle reçoit les âmes des morts, et à partir d'elle, représentée comme une mère avec de nombreux seins que les enfants aiment à téter, viennent les âmes des nouveau-nés[344] ». De leur côté, les Pawnee et les Cherokees disent[345] : « Les âmes des morts sont reçues par une étoile à l'extrémité nord de la Voie lactée, là où elle bifurque, et les guerriers sont dirigés vers la branche sombre et difficile, tandis que les femmes et les personnes âgées le sont vers le chemin plus clair et facile. Les âmes ensuite voyagent vers le sud. À l'extrémité du chemin céleste elles sont reçues par l'étoile de l'Esprit, et là elles établissent leur demeure. » On peut discrètement ajouter « pour le moment » ou dire « qu'elles établissent là leur emplacement provisoire ». Hagar tient l'« étoile de l'Esprit » pour Antarès *(alpha Scorpii)*. Qu'il s'agisse ou non précisément d'Antarès, parce que cette étoile marque l'« extrémité » sud de la galaxie, au croisement sud avec l'écliptique, elle est en tout cas une étoile du Sagittaire ou du Scorpion[346]. Ceci correspond à la « Mère Scorpion » du Nicaragua et à la « Déesse âgée à la queue de scorpion » des Mayas, comme cela correspond aussi à la déesse Scorpion Selket-Serqet de l'ancienne Égypte et à l'Išḫara tam. tim des Babyloniens. Išḫara de la mer, déesse de la constellation du Scorpion, était aussi appelée « Dame des Fleuves » (comparer annexe 30).

Considérant le fait que les croisements entre l'écliptique et de la galaxie sont « résistants à la crise », c'est-à-dire ne sont pas concernés par la Précession, le lecteur peut vouloir savoir pourquoi les Mangaiens pensaient qu'ils pouvaient aller au ciel seulement aux deux jours des solstices. Parce que, dans le but de « changer de train » confortablement, les constellations qui servent de « portes » à la Voie lactée doivent « se tenir » sur la « terre » signifiant qu'elles doivent s'élever héliaquement soit aux équinoxes, soit aux solstices. La galaxie est une très large artère, mais malgré cela il dut y avoir quelques millénaires cruels quand aucune porte n'était plus directement accessible, l'une étant suspendue en plein ciel, l'autre s'étant transformée en une entrée sous-marine.

Le Sagittaire et les Gémeaux marquent encore les solstices à la fin des années de l'âge des Poissons. Le prochain arrivant est le Verseau.

Les Anciens auraient sans aucun doute considéré les troubles de notre temps, la surpopulation, le « travail secret du malheur » comme un prélude inévitable à un nouveau renversement, à un nouvel âge du monde.

Mais l'arrivée des Poissons fut longtemps attendue, annoncée comme celle de l'âge béni. Elle se fit connaître par la Grande Conjonction trois fois répétée de Saturne et Jupiter en Poissons en l'An 6 av. J.-C., l'étoile de Bethléem. Virgile annonça le retour de l'Âge d'or sous le règne de Saturne, dans son célèbre *Quatrième Églogue* : « Maintenant la Vierge revient, le règne de Saturne revient, maintenant une nouvelle génération descend du ciel. Seulement toi, pure Lucina, tu souris à la naissance d'un enfant, sous lequel cesseront les races du fer tandis que jaillira une race d'or à travers le monde ! » Bien que promu, grâce à ce poème, au rang de « chrétien *Honoris causa* », Virgile n'était pas un « prophète » ni le seul qui attendait le retour de Cronos-Saturne[347]. *Iam Redit et Virgo, redeunt Saturnia regna.* Qu'est-ce que cela signifie ? Où suppose-t-on que la Vierge se soit rendue pour que l'on ait attendu le « retour » de la constellation ?

Aratus, dans son célèbre poème astronomique (95-136), dit comment Thémis-La Vierge, qui avait vécu en paix parmi les humains, se retira à la fin de l'Âge d'or sur les « collines », ne se mêlant pas plus longtemps avec la foule de l'Âge d'argent qui avait commencé à peupler la terre. Elle éleva son habitation céleste près de la constellation du Bouvier[348], quand l'Âge du bronze commença[349]. Et voici Virgile annonçant le retour de la Vierge. Ceci facilite l'estimation de l'époque et du « lieu » de l'Âge d'or. Il faut seulement faire tourner vers l'arrière l'horloge d'« un quart de tour » de la Précession (environ 6 000 ans pour Virgile), pour trouver la Vierge se tenant fermement au coin solsticial d'été du plan abstrait « terre ». « Retournant », c'est-à-dire se déplaçant, la Vierge indiquerait l'équinoxe d'automne au temps où les Poissons prirent la direction du gouvernement céleste de l'équinoxe de printemps, au nouveau croisement.

Une fois que la Précession fut découverte, la Voie lactée prit une nouvelle et décisive signification. Car ce n'était pas seulement le plus spectaculaire ruban du ciel, c'était aussi un point de référence dont on pouvait imaginer qu'il avait été le point de départ de la Précession. Ceci se serait produit quand le soleil d'équinoxe de printemps avait quitté sa position dans les Gémeaux dans la Voie lactée. Lorsqu'on réalisa que le soleil *avait* été là autrefois, l'idée se dégagea alors que la Voie lactée pouvait marquer la trace abandonnée du soleil, un espace éteint, de ce qui fut une étoile dans le ciel. Les notions décisives doivent cependant être décrites plus soigneusement : ainsi disons que la Voie lactée était un « point » de référence d'où on pouvait dire que la Précession avait pris son départ, et l'idée n'était pas que la Voie lactée pouvait témoigner de la trace abandonnée du soleil, mais que la Voie lactée était une image d'une trace abandonnée, une formule qui offrait de riches possibilités pour la « narration » de changements célestes compliqués.

Avec cette image et quelques connaissances galactiques supplémentaires, il est maintenant possible de se concentrer sur la formule par laquelle la Voie lactée devint la voie des esprits des morts, une route abandonnée par les vivants. La route abandonnée est probablement la forme originelle des idées élaborées avec persistance autour d'un Temps zéro que l'on imaginait. Si la Précession a été interprétée comme la grande horloge de l'univers, le soleil, comme il se déplaçait à l'équinoxe, restait la mesure de toutes les mesures, la « corde d'or », comme le dit Socrate dans le *Théétète* de Platon (153C). En fait à part les intervalles harmoniques, le soleil était la seule mesure absolue fournie par la nature. Le soleil doit être compris comme conduisant les fugues planétaires à chaque moment donné comme le montra aussi Platon dans le *Timée*. Ainsi, quand ce soleil étalon se déplaçait vers la Voie lactée, les planètes, aussi, étaient appelées à parcourir et marcher sur cette voie.

Ceci ne semble pas avoir beaucoup de sens du point de vue de la géométrie, mais montre comment une image peut dominer les esprits des hommes et mener sa propre vie. Cependant il ne faut pas oublier le caractère technique de ces images, et c'est pourquoi on utilise souvent les verbes « désigner » et « déchiffrer » plutôt que le plus courant verbe « croire ».

Pour les Indiens des plaines américaines, la Voie lactée était la trace poussiéreuse le long de laquelle le bison et le cheval autrefois firent une course à travers le ciel[350]. Pour les Fiote de la côte africaine Loango, la course était celle du soleil et de la lune[351]. Les Turu d'Afrique orientale la prenaient pour la « piste du bétail » du frère du créateur[352], ce qui est très proche de la légende grecque d'Héraclès déplaçant le troupeau de Geryon[353]. La convergence de tant de pistes d'animaux le long de cette voie céleste prouve, une fois encore, qu'il ne s'agit pas d'une conjonction de fantaisies qui ne riment à rien. Les Arawak de Guyane appellent la galaxie « le chemin du Tapir ». Ceci est confirmé dans un conte des Chiriguano et quelques groupes des Tupi-Guarani d'Amérique du sud. Selon Lehman-Nitsche, ces peuplades parlent de la galaxie comme du « chemin du vrai père du Tapir », une divinité Tapir qui est elle-même invisible[354].

Or, si cette divinité cachée se trouve être Quetzalcoatl lui-même, souverain de Tollan, ville de l'Âge d'or, « Tixli cumatz », le serpent-tapir demeurant au « milieu du ventre de la mer », ainsi que le décrivent les tribus mayas du Yucatán[355], les indices commencent à converger. Finalement, la combinaison pertinente se trouve dans cette tradition cuna décrite plus haut : le Tapir coupa l'« Arbre de l'eau salée » aux racines duquel se trouve le tourbillon de Dieu, et quand l'arbre tomba, l'eau salée coula à flots pour former les océans du monde.

Si l'on trouve que le Tapir manque suffisamment de dignité, l'on ajoutera quelques témoignages asiatiques. Le Bundahišn persan appelle la galaxie le « Chemin de Kay-us » après le grand-père et corégent de Kai Khusrau, l'Hamlet iranien[356]. Parmi les populations altaïques, les Yakoutes appellent la Voie lactée les « pistes de dieu » et ils disent que, tandis qu'il créait le monde, Dieu errait dans le ciel ; le terme plus généralement utilisé semble avoir été « piste du ciel du fils de dieu », tandis que les Vogouls la dénommaient « piste du ciel de l'homme de la forêt ». Et ici les pistes des hommes s'effacent, bien que restent les raquettes. Pour les Tungus, la galaxie est « piste en raquette de l'Ours ». Mais si le personnage est le fils de dieu, l'homme de la forêt, ou l'Ours, il chassait un cerf le long de la Voie lactée, le déchirait et dispersait ses membres dans le ciel à droite et à gauche du chemin blanc, et ainsi Orion et la Grande Ourse étaient séparés[357]. Le « Pied du Cerf » rappelait immédiatement à Holmberg la « Cuisse du Taureau » de l'ancienne Égypte, la Grande Ourse. Avec sa grande perspicacité, il est aisément parvenu à reconnaître dans cette cuisse puissante l'« unijambiste » isolé de Texcatlipoca, la Grande Ourse à nouveau, au Mexique, le signe journalier « Crocodile » (Cipactli) le lui avait enlevé par morsure, le grand Hunrakán (= une jambe) du Quiché maya[358].

Il y a une persistante association ici, juste dissimulée, qui est encore révélée par le vieux nom hollandais pour la galaxie, *Brunelstraat*. Brunel, Bruns, Bruin (le Brun) est le nom familier de l'ours dans le roman de Renard, et est aussi ancien que tout ce que l'on peut retrouver[359]. Il y a beaucoup de personnages étranges que l'on a rendus responsables de la Voie lactée : des dieux et des animaux quittant le sentier qui avait été emprunté du temps de la « création[360] ». Mais où allaient-ils, ceux que nous avons mentionnés, et les nombreux autres auxquels nous n'avons pas prêté considération ? Cela dépend, pour ainsi dire, d'où ils partaient. C'est souvent difficile à déterminer, mais le thème de la « chute » sera traité prochainement.

Comme pour la Vierge, qui a quitté la « terre » à la fin de l'Âge d'or, l'endroit où elle se trouvait à l'Âge d'argent a pu être décrit comme étant « au milieu du ciel ». Beaucoup de méchants personnages furent bannis en ces lieux. Soit qu'ils y aient été rejetés, soit qu'ils y furent envoyés ; Lilith demeura là pour un temps, et le roi David[361], Adonis aussi[362], la tour de Babel elle-même, et le premier de tous, le Chasseur sauvage (annexe 20). Cette assemblée de personnages « au milieu du ciel » aide à donner du sens à un autre récit qui ne rime à rien, un véritable fossile trouvé dans le folklore westphalien : « Les géants appelèrent à l'aide Hackelberg (= Oðinn comme Chasseur sauvage). Un orage se leva et déménagea un moulin dans la Voie lactée, qui après ceci fut appelée la Voie du Moulin[363]. » Il y a d'autres fossiles aussi, le plus frustre étant peut-être celui des Cherokees qui appelaient la galaxie « le lieu où courait le chien ». Ce devait être un chien très spécial, ayant l'habitude de dérober de la farine dans un moulin à maïs appartenant aux « gens du sud » et l'emmenant en courant vers le nord ; le chien jetait la farine tandis qu'il courait et cela a produit la Voie lactée[364]. Il est difficile ici de reconnaître Isis éparpillant des épis de blé dans son vol depuis Typhon[365]. Et cependant, l'attirance de tous ces nombreux chiens mythiques, renards, coyotes, et même du fenek « ouvrant la voie » dans l'ouest soudanais, pour de la farine et toutes sortes de grains, plus exactement « les huit sortes de grains » (une caractéristique que l'on discerne à peine dans notre mère Nature), aurait pu attirer l'attention des experts sur ces personnages canins. Ils ne doivent pas être considérés seulement selon leur apparence pseudo-zoologique.

Ainsi, chacun et chaque chose ont quitté la route. Chasseur sauvage, chien et moulin, au moins sa moitié supérieure, car à travers le trou dans la partie inférieure de la pierre de meule, le tourbillon bouillonne en montant et descendant.

Celui du soleil, qui, s'égarant, fut brûlé,
À la prière fervente de la terre,
Quand Jupiter secrètement fut juste

Dante, *Purg.* XXIX, 11[366]

CHAPITRE XIX
LA CHUTE DE PHAÉTON

Le grand et officiel mythe concernant la galaxie est celui de la transgression de Phaéton et le flétrissement du ciel dû à sa course folle. Manilius le dit dans son poème astrologique[367] :

Ce fut autrefois la route
Où Phébus conduisait son char ;
échauffée au cours de longues années
La route prit feu et brûla les étoiles.
La couleur changea, les cendres se répandirent sur la voie,
Qui garde toujours des traces du déclin :
D'ailleurs, dit la renommée, renommée que l'âge rendait vénérable,
Phébus donna son char à son fils.
Et alors que le jeune homme délaisse la route
Admirant l'étrange beauté des signes,
Fier de sa charge, car il conduisait les chevaux impétueux,
Et il allait surpasser son père dans sa course.
Le nord se réchauffa, et le feu inhabituel
Fit fondre la neige, et fit disparaître les ours.
Le reste de la terre non plus n'était pas sûr, chaque pays déplorait
La destinée commune et brûlait dans ses villes.
Ensuite depuis le char éclaté s'élevèrent des éclairs,
Et tous les cieux ne furent plus qu'une flamme continue.
Le monde prit feu, et dans les nouvelles étoiles embrasées
Il porte le brillant souvenir de son destin.

Le mythe de Phaéton a été raconté largement et magnifiquement par Ovide (*Met.* 1. 747-2.400) et par Nonnos (*Dionysiaka* Livre 38). Gibbon, dans ses vieux jours, se rappelant son adolescence, parle de sa découverte extasiée de la beauté de la poésie latine alors qu'il lisait la description par Ovide de l'aventure tragique de Phaéton. L'histoire commence lorsque Hélios, prêtant serment sur les eaux du Styx, promit d'exaucer tout vœu de son imprudent jeune fils Phaéton, qui lui rendait visite pour la première fois. Le garçon avait seulement un désir, conduire une fois le char du soleil, et les prières les plus désespérées de son père ne parvinrent pas à le faire changer d'avis. Bien qu'il sache parfaitement que rien ne pourrait empêcher l'issue fatale de cette aventure, Hélios fit de son mieux pour enseigner à Phaéton tous les dangers dissimulés à chaque pas du trajet. Une occasion bienvenue pour les deux poètes de présenter les mises en garde paternelles selon une sorte d'« introduction à l'astronomie ». Comme le craignait son père, Phaéton était incapable de maîtriser les chevaux et sortit du bon chemin. Ovide affirme que le garçon jeta les rênes à la vue du Scorpion. Il en résulte une incroyable confusion ; aucune constellation ne reste à sa place, et la Terre est terriblement brûlée. Au désespoir, « elle » s'adresse en criant à Jupiter pour qu'il fasse immédiatement quelque chose : « Regarde comment tes cieux s'enflamment d'un pôle à l'autre ; si le feu les consume, tout l'univers tombera en poussière. Dans la douleur, dans l'inquiétude, Atlas ne parvient presque pas à équilibrer le brûlant axe du monde sur ses épaules[368]. » Et Nonnos déclare (38. 350sq.) : « Il y eut du tumulte dans le ciel *secouant les articulations* de l'inébranlable univers et même *l'axe* qui traverse le milieu des cieux en rotation *se plia*. L'Atlas libyen pouvait à peine supporter le firmament tournant des étoiles, alors qu'il était à genoux avec le dos courbé sous cette énorme charge. »

Zeus doit intervenir et lance un violent coup de foudre sur le garçon. Phaéton tombe dans la rivière Eridan où, selon Apollon de Rhodes, la puanteur de son cadavre à moitié brûlé rendit les Argonautes malades pour plusieurs jours quand ils l'empruntèrent au cours de leurs voyages (4.619-23).

L'histoire de Phaéton a souvent été interprétée comme la commémoration de quelque grand et éclatant événement dans les cieux, soit qu'il s'agisse d'une comète, soit d'un météore. Tout le monde se précipite par instinct, ou plus exactement par habitude, sur ce que l'on appelle une explication naturelle. Mais à l'examen, la question n'apparaît pas si facile. La narration du cataclysme peut être fantaisiste et impressionniste, comme si les poètes prenaient plaisir à décrire le dérèglement impressionnant des régulières orbites célestes, mais leur récit a aussi un sens technique, comme pourrait s'en douter toute personne qui aurait lu la solide recherche de Stegemann[369] sur Nonnos comme l'héritier de l'astrologie de Dorotheos de Sidon. De même pour Ovide, dont la position de savant est déjà incontestée et qui, en fait, cite de strictes formules cosmologiques avec une autorité surprenante. C'est par exemple le cas de sa description des « montagnes cachées » émergeant des vagues et qui s'élèvent comme de nouvelles îles, quand les mers reculent devant le sable (2.260sq.). Combien est préférable cette image des « sommets montagneux » et des « îles » pour illustrer les étoiles des constellations qui se lèvent, l'une après l'autre (à l'équinoxe de printemps), que, celle par exemple de la formulation islandaise sur l'émergence d'« une nouvelle terre » !

En tout cas, une confirmation neutre émerge dans la version que donne Platon de la crise, dans *Le Timée* 22CE. Le prêtre égyptien parlant avec Solon déclare que la légende de Phaéton « a l'air d'une fable ; mais la vérité sous-jacente est une *déviation (parallaxe)* des corps qui tournent dans le ciel autour de la terre, et une destruction, *se produisant en longs intervalles*, de choses sur terre par une grande conflagration ». C'est une déclaration claire, et qui est en accord avec Ovide et avec Nonnos, comme il se doit, car elle ressort d'une tradition *pythagoricienne*, nous dit Aristote[370].

Les pythagoriciens n'étaient pas d'oisifs conteurs. Ils n'étaient pas non plus, même modérément, intéressés par d'extraordinaires « catastrophes » spectaculaires provoquées par des météores, ou autres. En fait le prêtre égyptien dit à Solon, concernant la légende de Phaéton, « l'histoire est *aussi* en cours dans votre partie du monde ». Où peut-on donc trouver cette histoire en Égypte ? Comme le langage cosmologique égyptien était plus technique, au sens ancien, que celui des Grecs, cela prendra quelque temps pour établir le parallèle précis. N'importe comment, en Égypte, le Phaéton jeté violemment à terre a été appelé « celui à l'œil perdu », ou plutôt un parmi ceux « à l'œil perdu ». L'œil était « perdu » dans ce qu'on appelait la « source mythique du Nil », la source de toutes les eaux. Ainsi il est surprenant d'observer qu'Ovide savait (*Met. 2.254* sq) qu'à cause de la chute de Phaéton, « le Nil courait avec terreur jusqu'à l'extrémité de la terre pour cacher sa tête qui maintenant n'a pas encore été vue[371] ». En quittant un instant le cas égyptien, il convient de citer deux survivances largement distinctes, en relation avec le thème de Phaéton. Elles sont utiles parce qu'elles proviennent de points très éloignés du paysage grec et par conséquent ne peuvent pas se trouver connectées avec quelques catastrophes locales qui sont censées avoir exercé une si terrible impression sur l'esprit grec. Les Fiote de la côte Loango en Afrique, déjà mentionnés, disent : « La route stellaire (galaxie) est la route pour une procession funéraire d'une énorme étoile qui, autrefois, brillait plus dans le ciel que le soleil[372]. » C'est opportunément court, et sans termes techniques. La version de l'Amérique du Nord-Ouest est plus large. En raison de l'absence de chars dans l'Amérique précolombienne[373], le personnage de Phaéton des Indiens Bella Coola, qui était allé rendre visite à son père le soleil au moyen d'un enchaînement de flèches, veut porter à sa place les flambeaux du soleil. Hélios accepte, mais il met en garde son fils de ne pas faire de mal et brûler les gens. « Au matin », il dit, « j'allume une première torche, et augmente lentement leur nombre jusqu'à midi. Dans l'après-midi, je les éteins à nouveau peu à peu. » Le matin suivant, « Phaéton, grimpant la route du soleil, non seulement enflamma toutes les torches qu'il avait mais il le fit trop tôt, de telle sorte que la terre devint rouge de chaleur : les bois commencèrent à brûler, les rochers à se fendre, beaucoup d'animaux sautèrent dans les eaux, mais les eaux commencèrent à bouillir également ». « Jeune femme », la mère du Phaéton Bella Coola, couvrit les hommes de son manteau et réussit à les sauver. Mais le père Soleil jeta violemment à terre son fils, en lui disant : « À partir de maintenant le Vison sera sur toi[374] ! »

Il est nécessaire de rappeler aussi quelques autres très anciennes notions disparues aujourd'hui. Le fait qu'Eridan soit le fleuve Pô dans le nord de l'Italie, était une notion courante et simple dans la Grèce d'Euripide. Dans l'une de ses grandes tragédies *(Hippolyte)*, le chœur exprime sa nostalgie pour échapper à ce monde de culpabilité, et gagner des montagnes, des nuages, des terres lointaines :

> Où les eaux d'Eridan sont claires
> Et les tristes sœurs de Phaéton près de son tombeau
> Pleurent dans l'eau, et chaque larme
> Reflète une goutte d'ambre dans les vagues.

Tout auditeur aura compris que les tristes sœurs de Phaéton étaient les peupliers alignés le long des bancs du fleuve, et que la « goutte d'ambre » était une allusion aux richesses de la « route de l'ambre » qui va de la mer Baltique jusqu'aux proximités familières de l'Adriatique. Jusqu'ici, ça va bien. Mais que penser de Strabon, un auteur plus tardif (5.2115) qui appelait Éridan : « Nulle part existant sur terre », et ainsi se référait clairement à la constellation Éridan dans le ciel, et que veut dire Aratus (360) quand il parle de « ces pauvres restes d'Éridan » parce que la rivière fut « brûlée au travers de la chute de Phaéton ». S'agit-il du même fleuve, ample et bordé de peupliers qui coule dans le delta du Pô ?

Apollon de Rhodes, en racontant les voyages héroïques des Argonautes, préserva soigneusement le double niveau de signification, car si les aventures se tiennent dans un contexte terrestre, elles n'ont cependant, géographiquement parlant, strictement aucun sens. Les explorateurs remontent le Pô où ils sont confrontés, comme il a été dit, à la puanteur des restes de Phaéton, mais ceux-ci pourraient être localisés plus haut dans une cascade dans les Alpes, près de Dammastock, comme un distingué savant aime à le suggérer. Car l'*Argo* se déplace depuis le Pô jusqu'au lac de Genève et le Rhône, descend vers la mer à nouveau, et navigue en suivant la même longitude. Ensuite, grâce à une considérable prouesse de portage, traverse le Sahara complètement jusqu'à la côte de l'Afrique de l'Ouest, et atteint Fernando Po. C'est tout au moins la manière dont ceux qui comprennent le texte comme une géographie le lisent sans sourciller. Assurément, il y a plus de bon sens à traiter Éridan comme une caractéristique des cieux, où il est déjà clairement marqué avec Argo ; et traiter de la sorte l'ensemble de l'aventure permettra au moins de disposer d'une histoire qui a un sens, même si cela ne dissipe pas le mystère des Argonautes.

Ainsi selon la tradition, après l'épouvantable chute de Phaéton, et lorsque l'ordre fut rétabli, Jupiter « catastérisa » Phaéton, c'est-à-dire le métamorphosa et le plaça parmi les étoiles, comme Le Cocher (Héniochos et Erichthonios grecs) ; et en même temps Éridan fut catastérisé. Manilius fit seulement allusion à cet événement dans les lignes suivantes : « Le monde prit feu, et dans les nouvelles étoiles enflammées/il porte le brillant souvenir de son destin. » Nonnos donna un compte rendu plus détaillé (38.424-31)[375] :

Mais Zeus le Père fixa Phaéton dans l'Olympe, comme un conducteur de char, et portant ce nom. Comme il se tient dans le radiant du char du ciel avec un bras brillant, il a la forme d'un conducteur de char commençant sa course, comme si même parmi les étoiles il désirait fortement à nouveau le char de son père. Le fleuve enflammé monta aussi vers la voûte étoilée avec le consentement de Zeus, et dans le cercle des étoiles court le flot sinueux du brûlant Eridan.

Or, aux temps où le mythe était encore une forme sérieuse de pensée, on ne retenait parmi les objets dans le ciel que ceux qui occupaient une position dominante. C'était le cas de la Voie lactée. Le problème de l'assimilation a été soulevé par Richard H. Allen, remarquant que « la Voie lactée fut longtemps connue sous le nom d'Eridan, le courant de l'océan »[376] et par le traducteur de Nonnos, W. H. D. Rouse, qui commenta brièvement Eridan comme la « Voie lactée ». Certes Il y a un peu d'audace à dire de la galaxie qu'elle fait des méandres ; en fait le texte grec affirme qu'elle se déplace selon une spirale *(helissetai)*. Mais à part cette image incongrue de la Voie lactée « comme une spirale », le mythe de Phaéton était censé pour les pythagoriciens parler du détournement du soleil et des planètes de leur ancienne route, et de l'intronisation d'Eridan, qui avec Le Cocher, devaient remplacer la fonction de la Voie lactée : c'est pourquoi ils furent « catastérisés » ensemble. De l'aveu général, on assiste à une effrayante confusion entre les rivières du ciel et celles de la terre, et les noms qui furent donnés aux deux sortes de cours d'eau. Mais avec de la patience, les fils peuvent être dénoués.

Prenons d'abord les fleuves de notre globe, ce ne fut pas seulement le Pô qui reçut le nom d'Eridan, mais aussi le Rhône[377] et le Nil et le Gange. Finalement dans l'*Anacalypsis* de Higgins, il y a une citation, sans la source ancienne, mais raisonnablement crédible : « Le Gange qui est aussi appelé le Pô[378]. » Ainsi il n'est pas surprenant que beaucoup plus tard, à l'époque médiévale, plusieurs rédactions du *Roman d'Alexandre* montrent des opinions différentes à propos du nom du fleuve emprunté par le roi pour voyager vers le paradis dans le but de gagner l'immortalité. Dans un roman Français en prose du XIVe siècle, Alexandre navigue sur le Nil, tandis que dans une version latine du XIIe siècle, il emprunte le Gange : comme les Indiens le lui ont dit, le Gange prenait sa source au paradis[379]. De même, à vrai dire, que tous les grands fleuves de la mythologie.

Dans le ciel, les candidats sont au nombre de trois. En plus de la Voie lactée, les Catastérismes d'Eratosthène qui font autorité appelaient la constellation Eridan, le Nil ou l'Océan[380]. Mais les astrologues Teukros et Valens classèrent Eridan parmi les *paranatellonta* du Verseau. Les *Paranatellonta* sont les constellations qui « se lèvent en même temps » que telle ou telle en particulier, c'est-à-dire dans ce cas, le Verseau. C'est ce qu'ils appelaient le flot jaillissant du pot du Verseau Eridan. Encore, ce flot jaillissant depuis la jarre du Verseau signifiait joindre *notre* constellation Eridan sous le Poisson Austrae[381]. Manilius dit (1.438 sq) :

Ensuite nage le Poisson du sud, qui porte un nom
Du vent du sud, et propage une faible flamme.
Pour lui les flots en amples enroulements tournent
Une fontaine coule à partir de la source froide du Verseau ;
Et rencontre l'autre où elles unissent leurs cours
Une voie poursuit son chemin, et mêle les rayons des étoiles.

Les Catastérismes d'Eratosthène compliquent un peu plus le tableau, mais permettent finalement d'y voir clair. Différant de ceux d'Aratus (360 sq) et de Ptolémée, ils retiennent Canope dans la constellation Eridan, plutôt que dans celle d'Argo, et ainsi donnent au fleuve une autre direction[382]. L'ensemble du « nœud gordien » de malentendus provient du nom *Eridan*, et l'on ne peut rien faire de mieux que de suivre le bon exemple donné par Alexandre et « retirer l'axe du pôle ». Eridan, manquant d'une étymologie grecque convenable, trouve un dérivé raisonnable à partir d'*Eridu*, ainsi que proposé par Kugler, Eridu étant le siège de Enki-Ea, ^{nui}NUN^{ki} sumérien = Canope (*alpha Carinae*)[383]. Eridu marquait, et *signifiait*, la « confluence des fleuves », un lieu de très haute importance vers lequel, en commençant avec Gilgameš, les grands « héros » se rendent en pèlerinage essayant en vain de gagner l'immortalité, en incluant Moïse selon la 18e surate du Coran. À la place de cette faveur inaccessible, ils obtiennent « les mesures, » ainsi que nous le verrons. « Eridu » étant connu comme la « confluence des fleuves », Eridan devait rejoindre, à proprement parler, quelque « fleuve », quelque part dans le sud, ou bien devait couler tout droit jusqu'à Eridu-Canope, comme les catastérismes le prétendaient. Il y a eu des « solutions » encore plus drastiques. La première est donnée par Servius (*Énéide* 6.659) qui prétend qu'Eridan et Phaéton ne faisaient qu'un[384]. La seconde, présentée par Michael Scotus[385], s'accorde avec Servius concernant l'identité de Phaéton et d'Eridan, mais va beaucoup plus loin. Il place dans le « signe » Eridan la « *Figura sonantis Canoni* », constituée de dix-sept étoiles, qu'il appelle Canope et prétend que Canope touche Argos. Et au sujet de ce personnage énigmatique Eridan-Phaéton, Scotus dit qu'il « empêcha le travail du soleil par le son de son luth, parce que les chevaux l'écoutaient, et exaspéra Jupiter qui le transperça d'éclairs[386] ».

Eridan était compris par les astrologues comme étant le tourbillon *(zalos)*, comme on l'a vu, coulant à travers le monde souterrain et ses nombreux royaumes, incluant ceux depuis lesquels on voit le pôle Sud céleste. Virgile écrivait dans les *Géorgiques* (1.242 sq) : « Un pôle est toujours haut au-dessus de nous, tandis que sous nos pieds on voit l'autre, du Styx noir et des ombres infernales. » Mais pourquoi Auriga (Le Cocher) fut-il catastérisé en même temps qu'Eridan, et quelle est la « fonction » de ces deux constellations pour prendre la relève de la Voie lactée ? La galaxie était et reste la ceinture connectant le nord et le sud, l'en dessus et l'en dessous. Mais à l'Âge d'or, quand l'équinoxe de printemps était dans les Gémeaux, l'équinoxe d'automne en Sagittaire, la Voie lactée représentait une colure équinoxiale visible ; plutôt floue, à dire vrai, mais le nord et le sud célestes étaient connectés par cette large voûte ininterrompue qui entrecoupait l'écliptique à ses croisements avec l'équateur. Les trois grands axes étaient unis, l'avenue galactique embrassant les « trois mondes » des dieux, des vivants et des morts. Cette situation « d'or » fut révolue, et à Eridan fut confiée la fonction galactique de lier le « monde habité » avec la demeure des morts dans le sud (partiellement) invisible. Auriga (Le Cocher) devait remplacer les fonctions nordiques de la galaxie, connectant autant qu'il était possible le monde habité avec le monde des dieux. C'en était fini du lien visible et continu enchaînant ensemble, immortels, vivants et morts : Cronos seul vivait parmi les hommes dans une paix glorieuse.

À ce point, on doit faire une proposition. Pour cela, on doit considérer le fait que *alpha Aurigae* (constellation du Cocher) est Capella, la Chèvre. Ce remarquable personnage était la nurse de l'enfant Zeus dans la caverne de Dictée, et à partir de sa peau Héphaïstos devait plus tard fabriquer l'Égide : Amalthée. La corne de Capella-Amalthée était la Corne d'abondance pour les immortels, et la source de nectar et d'ambroisie. Les mortels l'appelaient « la seconde table », le dessert, pour ainsi dire[387]. Or il y a deux passages transmis par Proclus de la tradition orphique qui semblent révélateurs. Le premier dit que Déméter *séparait* la nourriture des dieux, la partageant, pour ainsi dire, entre une « part » liquide et une « part » solide, c'est-à-dire entre l'ambroisie et le nectar[388]. Le second déclare que Rhéa devint Déméter après qu'elle eut engendré Zeus[389]. Et *Eleusis* pour nous un simple « nom de lieu », était compris par les Grecs comme « Avant » ; le Nouveau testament utilise le mot pour l'Avant du Christ. Déméter, anciennement Rhéa, femme de Cronos, quand elle « arriva », partagea les deux sortes de divine nourriture ayant leur source dans *alpha Aurigae*. En d'autres termes, il est possible que ces traditions au sujet de Déméter se réfèrent au changement décisif du colure équinoxial vers *alpha Aurigae*.

Mais on doit aussi regarder quelques autres traditions. En se tournant vers l'Inde, qui est souvent utile parce que prolifique, c'était le Gange qui se présentait pour la galaxie, presque naturellement[390], mais le *Mahābhārata* et les *Purāṇa* disent au moins comment le lien fut conçu : le Gange naquit de la Voie lactée. Le *Viṣṇu Purāṇa* dit[391] :

> Ayant sa source dans l'ongle du grand orteil du pied gauche de Viṣṇu, Dhruva (Étoile polaire) la reçoit, et la soutient jour et nuit avec dévotion sur sa tête ; et pour cette raison les sept Ṛṣi pratiquent l'exercice d'austérité dans ses eaux, enroulant les boucles de leurs tresses de cheveux avec ses vagues. Le globe de la lune, entouré par son flot rassemblé, tire un éclat accru de ce contact. Tombant de haut, comme il s'écoule de la lune, il se pose sur le sommet du mont Méru (la montagne du Monde au nord), et par conséquent coule vers les quatre régions de la terre, pour sa purification... Le lieu où le fleuve procède, à la purification des trois mondes, est la troisième division des régions célestes, le siège de Viṣṇu.

Ce fut en fait un événement colossal lorsque « le flot Air-Gange tomba des cieux » et sa violence fut seulement atténuée par sa réception dans les boucles de la chevelure de Śiva. On peut ajouter qu'il le porta « durant plus de cent ans, pour l'empêcher de tomber trop soudainement sur la montagne ». L'imagination indienne est en roue libre, et porte peu d'attention aux notions de temps, mais il est clair que le flot est perpétuel. Si ce n'était la chevelure de Śiva agissant comme un captage, la terre aurait été inondée par les Eaux d'au-dessus. Elles proviennent, on vient de le voir, de la troisième région du ciel, le « chemin de Viṣṇu » entre la Grande Ourse et l'étoile Polaire. Wilson déclarait en 1840 : « La situation des sources du Gange dans le ciel assimile celui-ci à la Voie lactée[392]. »

Mais si le flot est perpétuel, il a cependant un point de « départ » et on trouve cela dans le *Bhāgavata Purāṇa* (Wilson, p. 138, n. 11) : « Le fleuve coulait vers le grand orteil du pied gauche de Viṣṇu, qui avait précédemment, comme il l'avait levé, fait une fente dans la coquille de l'œuf du monde, et ainsi avait procuré une entrée au cours d'eau céleste ». Comment la Voie lactée peut-elle déverser ses eaux sur l'Étoile polaire ? Et comment peuvent-elles couler vers les quatre régions de la terre ? Les schémas indiens restaient imaginatifs, de la même manière que ceux de l'Occident médiéval. Cela prend du temps pour quelqu'un qui regarde le grand tympan à Vézelay de réaliser qu'ici se trouve un schéma d'espace-temps, en quelque sorte, de l'histoire du monde centrée sur le personnage du Christ. L'effet est d'autant plus grand pour les transpositions. Il n'était pas non plus complètement absurde, pour les cosmologies archaïques d'avoir des localisations double, l'une, par exemple, sur l'écliptique et une autre circumpolaire. Si Tezcatlipoca forait le feu au pôle pour « enflammer les étoiles », si le Saturne chinois avait aussi son siège à cet endroit, l'orteil de Viṣṇu pouvait bien également avoir une double localisation : l'une « au-dessus » dans la troisième région, l'autre en *beta Orionis-Rigel* (le mot arabe pour « pied »), la « source » d'Eridan. (Et la source Rigel ne pouvait-elle pas aussi représenter l'Orteil d'Oervandil, catastérisé par Þórr ?) Car Rigel marquait le chemin vers Hadès dans la tradition des Maoris de Nouvelle-Zélande aussi bien que dans le livre d'Hermès Trismégiste.

Imaginatif assurément, mais ni Voie lactée réelle ni le Gange terrestre n'offraient le fondement pour l'imagerie d'un fleuve coulant vers les quatre régions de la terre « pour la purification des trois mondes ». On ne peut pas rejeter la « complexité » et il est maintenant nécessaire de considérer la légende d'une nouvelle carte schématique, alias *skambha* : le colure équinoxial s'était déplacé vers une position où il circulait au travers des étoiles du Cocher et à travers Rigel. *Skambha*, comme nous l'avons dit, était l'Arbre du Monde constitué pour sa plus grande part de coordonnées célestes, une sorte de sphère bracelet d'un imaginaire extravagant. Et tout devait changer quand une coordonnée changeait.

Il y a des figures de style autres que la « catastérisation » (c'est-à-dire être promu au ciel parmi les constellations), pour décrire les modifications dans le ciel. Ainsi une tablette cunéiforme babylonienne dit : « L'étoile de la Chèvre est aussi appelée l'étoile de la Sorcière ; la fonction divine de Tiamat la tient dans ses mains. » L'étoile de la Chèvre (mulUZA = enzu), outre qu'elle représente Vénus, « se lève en même temps que le Scorpion » et a été assimilée à Véga[393]. Si l'on peut s'appuyer sur cette assimilation, elle semble décrire la situation comme vue par-delà le ciel : le changement de Sagittaire en Scorpion, et Véga remplaçant la part nordique de la « fonction » de la galaxie. Que Tiamat soit la Voie lactée, et non la « Grande Mère » au sens freudien, plus que Ganga, Anāhitā et autres, semble déjà évident. Et il en est de même pour la Nūt égyptienne[394], bien que l'histoire soit là en des termes différents : Mère Nūt est changée en une vache et on lui commande de « porter Rā », c'est, incidemment, un nouveau Rā : l'ancien Rā ayant dit tout à fait clairement qu'il voulait se retirer pour de bon, allant quelque part « où personne ne pouvait l'atteindre » (annexe 21).

As-tu pénétré dans les sources de la mer ?
Ou as-tu marché à la recherche de la profondeur ?

Job XXVIII. 16.

CHAPITRE XX
LES PROFONDEURS DE LA MER

Il serait utile maintenant de jeter un rapide regard comparatif aux différents « dialectes » du langage mythologique tels qu'appliqués à « Phaéton » en Grèce et en Inde. Les pythagoriciens font tomber Phaéton dans l'Éridan, en brûlant une partie de ses eaux, rougeoyantes encore à l'époque où les Argonautes y passèrent. Ovide déclarait que depuis cette chute le Nil dissimule ses sources. Le *Ṛg-Veda* 9. 7. 3.3 dit que le grand Varuṇa a caché l'océan. Le *Mahābhārata* explique dans son style particulier pourquoi le « Gange céleste » doit être descendu[395]. À la fin de l'Âge d'or *(Kṛta-Yuga)* une classe d'Asuras qui avaient combattu contre les « dieux » se cacha dans l'océan où les dieux ne pouvaient pas les atteindre, et prévirent de renverser le gouvernement. Aussi les dieux implorèrent Agastya (Canope, *alpha Carinae* = Eridu) de les aider. Le grand Ṛṣi fit ce qui lui avait été commandé, il but l'eau de l'océan, et ainsi découvrit les ennemis qui furent alors massacrés par les dieux. Mais à présent, il n'y avait plus d'océan ! Imploré par les dieux de remplir la mer à nouveau, Celui qui est sacré répliqua : « Cette eau en vérité, je l'ai digérée. Vous devez, par conséquent, penser à quelque autre moyen, si vous désirez essayer de remplir l'océan. » Ce fut ce triste état de choses qui rendit nécessaire de faire « descendre » la galaxie. Ceci fait penser à un détail dans la tradition juive à propos d'Eben Šhetiyyah : les eaux s'enfoncèrent si profondément que David dut réciter les « quinze chants de l'ascension » pour qu'elles s'élèvent à nouveau.

Or Agastya, le grand Ṛṣi, était de « basse » origine, de même que Erichthonios *(Auriga)*, qui naquit de Gaia, « la Terre », à partir de la semence qu'Héphaistos avait laissé tomber tandis qu'il regardait Athéna[396]. Dans le cas du Ṛṣi :

> Il provenait de la semence de Mitra et de Varuṇa, qui la laissèrent tomber dans une cruche d'eau à la vue d'Urvaśī céleste. Depuis cette double parenté, il est appelé *Maitrāvaruṇi*, et parce qu'il était né depuis une cruche il reçut le nom de *Khumbasaṃbhava* »[397] (Khumba est le nom du Verseau en Inde et en Indonésie, prétendument selon une influence grecque tardive.)

Tout à fait en même temps et à la même occasion, naquit le Ṛṣi Vasiṣṭha, fils de Mitra et Varuṇa, seulement dans ce cas la semence ne tomba pas dans la cruche mais sur le sol. C'est sans aucun doute *zeta Ursae majoris*, et l'alignement de Canope avec *zeta*, plus souvent avec Alcor, la minuscule étoile près de *zeta* (Tom Pouce, à Babylone l'étoile-« renard ») qui est resté une caractéristique plutôt constante, en Arabie Suhayl et as-Suha. C'est la « naissance » des représentants légitimes des deux pôles, les fils de Mitra et de Varuṇa et aussi de leurs successeurs. Suivre le long et laborieux chemin conduisant du Rigvedique MitrāVaruṇa (couple) jusqu'aux derniers jours de l'Empire romain où nous trouvons encore un commentaire disant *mithra funis, quo navis media vincitur* ; « mithra est la corde, au moyen de laquelle est attaché le milieu du bateau », outrepasserait largement le cadre de cet essai. Robert Eisler[398] s'appuyant sur la vaste matière dont il disposait, mettait directement en relation cette « corde », lien mithra, avec la « ceinture du bateau » du dixième livre de la *République* de Platon.

De l'inséparable couple MitrāVaruṇa, Varuṇa est celui qui présente le plus grand intérêt, particulièrement parce que c'est lui qui « étudia la première création » (RV 8.41.10), qui dissimula l'Océan (Ovide affirmait que les sources du Nil étaient cachées) et qu'on appelle lui-même « l'Océan caché » (RV8.41.8). Varuṇa déclare au sujet de lui-même : « J'ai attaché le ciel au siège de Rita » (RV4.42.2). Et à ce « siège de Rita », nous trouvons *Svarṇara* que l'on dit être « le nom de la source céleste », que Soma choisit pour en faire sa demeure[399]. Ce n'est pas autre chose que *hvarna* (*melammu* babylonien) que le « mauvais oncle » Afrāsiyāb essaya de dérober en creusant au fond du lac Vurukaša, bien que hvarna appartenait à Kai Khusrau (voir ci-dessus, p. 68, 245). Ainsi en n'importe quel dialecte, le phénomène s'explique, le souverain déchu de l'Âge d'or est tenu de demeurer au plus près du pôle Sud, particulièrement en Canope qui marque la barre de gouvernail d'Argo, Canope à la « confluence des fleuves ». C'est vrai soit de Varuṇa qui attacha le ciel au siège de Rita (et son propre siège), soit d'Enki-Ea-Enmešarra, demeurant à Eridu, qui tenait toutes les normes et mesures (Rita, *me* sumérien : *parsu* akkadien) (Thorkild Jacobsen l'appelait avec beaucoup de pertinence le « Seigneur *modus operandi* ») ou soit de Cronos-Saturne qui ne cessait pas de donner « toutes les mesures de l'ensemble de la création » à Zeus tandis que lui-même dormait en l'Ogygie la primordiale.

Et il y a peu de doute, en fait aucun, que Phaéton (dans l'étrange transformation des décors des âges successifs) en vint à être assimilé à Saturne. Il y a le témoignage des catastérismes d'Ératosthène[400], selon lequel la planète Saturne était Phaéton qui tomba du char en Éridan, et Stéphane de Byzance[401] appelle Phaéton un titan. Il y a, de plus, la formulation orphique de la question : « Après que Cronos eut émasculé Ouranos, Zeus jeta son père (Cronos) hors du char et l'« entartarisa » sur le champ, si l'on traduit le mot littéralement[402]. Les mots-clés essentiels sont aisément pris par erreur pour des détails insignifiants, comme dans ce cas le « char, » d'où Cronos/Phaéton fut jeté dans le Tartare. Le véhicule en question est le char de course à deux roues, l'*harma* grec, le *currus* latin, le *narkabtu* babylonien. C'est le char d'Auriga à Babylone, survivant dans la « Sphaera barbarica » des astrologues[403], tandis que dans notre sphère, le conducteur de char est dépossédé de tout véhicule. Et, en vérité, nul autre que Erichthonios (un nom grec pour Auriga, en plus de Hēniochos) est prétendu avoir inventé le char de course à deux roues tiré par quatre chevaux (*Erat. Catast.* No. 13, pp. 98-101) qui doit être soigneusement distingué du plus important chariot à quatre roues, la Grande Ourse, c'est-à-dire l'*hamaxa* grec, le *plaustrum* latin, le ^{mul}MAR. GID. DA sumérien = Le Grand Chariot.

Des traditions un peu mystérieuses reviennent dans les textes cunéiformes, mais elles font clairement allusion au même « événement ». Ainsi, par exemple, « le char de l'Élam, sans siège, porte le cadavre de Enmešarra. Les chevaux qui lui sont attelés sont le démon de la mort de Zu. Le roi qui se tient dans le char est le roi-héros, le seigneur Ninurta ». Laissant de côté les deux dernières phrases qui n'ont pas, en réalité, le degré de noirceur qu'elles semblent avoir au premier coup d'œil, le traducteur, Erich Ebeling[404], ne laisse aucun doute que le

« char d'Elam » est identique à la constellation « Char d'Enmešarra », que les autorités de l'astronomie babylonienne ont identifié avec *beta et zeta Tauri*[405]. Or cet Enmešarra a un nom « révélateur » : En. ME. SARRA est « le Seigneur de tout le *me* » c'est-à-dire le Seigneur des « normes et mesures », aussi appelé « Seigneur de l'ordre du monde », « Seigneur de l'Univers = Ea » et, ceci est important, « celui qui exerce une grande influence dans le monde souterrain » et « le souverain du monde souterrain[406] ».

Le « monde souterrain » est trompeur cependant ; le mot est *Arallû*. Les experts généralement, et pas seulement les assyriologues, préfèrent parler de *noms*, au pluriel, donnés au *seul* « monde souterrain », au lieu d'essayer de trouver les lieux précis des provinces multiples de cet énorme pays, et définir quel nom pourrait convenir à chaque région. Comme si on ne connaissait pas la pluralité des « enfers » et des « cieux ». Ici, cependant, il n'est pas nécessaire de mettre de l'ordre dans les régions de l'Hadès mésopotamien et, pour l'instant, il suffit que le Seigneur de l'ordre du monde, Enmešarra, soit Enki-Ea, parce qu'il est connu, n'importe comment, qu'il demeure « au siège de Rita » : Eridu-Canope. Et parce que le « char d'Enmešarra » est le véhicule d'Auriga, *beta zeta Tauri*, il y a peu de doute que la tradition de la chute de Phaéton était déjà un mythe sumérien (annexe 22). Et comme en Grèce, où l'on trouve la version radicale des orphiques, d'Hésiode et autres côtoyant celles de Plutarque et Proclus, selon lesquelles Cronos donne selon sa faveur paternelle « toutes les mesures de l'ensemble de la création » à son fils Zeus[407], ainsi, aussi, nous avons en Mésopotamie des versions qui paraissent plus cruelles que d'autres. Par exemple, quand Marduk construit son « monde » et reçoit cinquante nouveaux noms, son père Ea lui donne son propre nom, déclarant (EE 7.141sq.) : « Son nom sera Ea. Il administrera tous mes rites réunis ; il s'acquittera de toutes mes instructions. » Et en ce qui concerne Ea sous le nom d'Enmešarra, Edzard déclare : « Il est possible qu'une incantation du temps des Néo-Assyriens, utilisant l'épithète de Emmesharra qui transférait le sceptre et la souveraineté à Anu et Enlil dissimule l'abdication volontaire du dieu[408]. »

L'une des questions appelant des réponses est, *de quelles* mesures, parle-t-on, et comment Saturne accomplit-il sa mission « de les donner continuellement » à Jupiter ? Et même si l'on admet que son « siège » est Canope comment peut-il, de là, donner les mesures ? Sans prétendre bien comprendre le système pour l'instant, il y a quelques explications qui semblent être les plus plausibles.

Ci-dessus (p. 174), on a attiré l'attention sur la signification de la révolution de ce trigone qui est construit par la « Grande Conjonction » de Saturne et de Jupiter, et qui était encore comprise par Kepler (voir figure). Maintenant, quiconque essaie d'imaginer le degré de difficulté auquel les anciens « mythographes » étaient confrontés réalisera combien il dut être bienvenu de trouver des périodes qui s'ajustaient, au moins approximativement. Ce trigone de la Grande Conjonction se présentait comme l'instrument par lequel on pouvait « limiter » le rythme presque imperceptible de la Précession. Pour se déplacer au travers de l'ensemble du zodiaque, l'un des angles du trigone nécessite approximativement 3x794 1/3 = 2 383 années. Cela s'approche de façon tolérable d'une double heure du plus grand « jour » de la

Une illustration détaillée des mouvements du Trigone des Grandes Conjonctions depuis 1583-1763.

Précession de 25 900 ans (annexe 23). Un nouveau signe zodiacal fut appelé à « maîtriser » le départ depuis le jour d'une grande conjonction à l'endroit du « passage ». Le point marginal du décompte du temps grec était la date des premiers Jeux olympiques : ils avaient été fondés en mémoire de la lutte entre Cronos et Zeus, nous dit Pausanias. La constellation céleste, cependant, régissant les différentes dates traditionnelles des premiers Jeux olympiques ne justifie pas ce titre ; en d'autres termes, on ne sait pas encore quelle fut dans la mémoire la grande conjonction particulière dont on suppose qu'elle introduisit les Jeux. Notre propre Ère, l'Âge des Poissons, commença avec une grande conjonction en Poissons, dans l'année 6 av. J.-C.

Au moyen de ce trigone Saturne donne *panta ta metra* continuellement à son « fils » Zeus, et ce même trigone apparaît être appelé *genus* dans le fragment orphique déjà cité (155 Kern), où Zeus s'adresse à Cronos en ces termes, « mets-le en mouvement, excellent démiurge ». Et Proclus fait une allusion à cela dans cette déclaration (*ibid.*) : « Et Cronos semble avoir ses raisons les plus élevées de rassembler ou de séparer les planètes. » Et encore selon Macrobe il était le « créateur » du temps (*Sat.* 1.22.8 : *Saturnus ipse qui auctor est temporum*[409]).

C'en est assez pour Saturne l'immuable planète glissant le long de son orbite. Saturne comme le souverain déchu de l'Âge d'or et retiré à Eridu est une proposition beaucoup plus difficile. Bien qu'il y ait aussi preuve du contraire, il y a beaucoup d'indications selon lesquelles le pôle Sud, Canope, était considéré comme statique, exempté de la Précession[410]. Et ceci signifierait, au moins il pourrait signifier, parce qu'il correspond si bien à ces notions de « temps et de fleuves » que les périodes expirées retournent « chez elles » dans l'intemporalité, qu'elles s'écoulent dans l'éternité d'où elles sont issues. L'accès à la Confluence des fleuves, embouchure et source des éternités et des ères, le véritable centre de l'immortalité, a toujours été refusé à toute manifestation du « temps, l'image mobile de l'éternité ». Car l'éternité exclut le mouvement. Mais depuis ce pays désiré et sans mouvement, source et embouchure des temps, le souverain du monde doit procurer les mesures normatives valables pour son âge. Elles sont toujours fondées sur le temps, comme il a été dit, et c'est toujours la même chose soit qu'il s'agisse de Marduk qui le premier « traversa les cieux et en étudia les différentes contrées ; il quadrilla le pays d'*Apsû*, celui au-dessus de Nudimud (= Ea) ». Comme le seigneur il mesura les dimensions d'*Apsû*, et ensuite construisit son palais « semblable » à celui d'*Apsû*. Soit qu'il s'agisse de Sun le singe chinois qui alla chercher son arme irrésistible au « nombril de la profondeur », une énorme colonne de fer au moyen de laquelle, autrefois, Yü le Grand avait touché le fond le plus reculé de la mer. En tout cas, que la description soit sublime ou qu'elle ait le charme du non-sens, c'est littéralement la tâche du souverain de « creuser » vers des lieux où les temps commencent et finissent, pour se saisir d'un nouveau « premier jour ». Comme le disent les Chinois, dans le but de régner sur l'espace, on doit être le maître du temps.

Au point où nous en sommes, le lecteur peut se demander si Hamlet n'a pas complètement été oublié. En fait le cheminement a été long et détourné, mais la relation est toujours là. Même dans une tradition si tardive et détériorée que celle de Saxo Grammaticus, chaque motif trouvait autrefois son sens dans les temps très anciens. S'il est difficile de reconnaître la signification centrale de la « barre de gouvernail » d'Ulysse[411], est-il plus difficile de repérer le « gouvernail de direction d'Argo » = Canope-Eridu, dans la devinette enfantine d'Amleth ? Et cependant, la « mesure de la profondeur de la mer » est présente tout le temps ; l'enfant Kullervo osa le faire avec une louche, arrivant au résultat effrayant de « trois louches et un petit peu plus ». Et on a même une mesure moins appropriée, un véritable stylo. Jacob Grimm raconte l'histoire : « Le poème médiéval hollandais de Brandaen... contient une caractéristique très remarquable : Brandaen rencontra sur la mer un homme de la taille d'un pouce, flottant sur une feuille, tenant dans sa main droite un petit bol, dans sa main gauche un stylo ; le stylo qu'il maintenait incliné dans la mer et en laissant l'eau en couler goutte à goutte dans le bol ; quand le bol était plein, il le vidait, et recommençait à le remplir. On lui avait ordonné, dit-il, de mesurer la mer jusqu'au jour du Jugement[412]. » Cette sorte particulière d'« instrument » semble révéler l'observateur en charge de cette situation spéciale. Mercure était le scribe céleste et gardien des archives et des registres, « et il était l'inventeur de beaucoup d'arts, tels que l'arithmétique, le calcul, la géométrie, l'astronomie, et le dessin et les dés, mais sa grande découverte fut l'usage des lettres », comme l'affirme Platon (*Phèdre* 274).

Il reste à voir si toutes les planètes-mesure peuvent être reconnues à leurs méthodes particulières de prendre les mesures. On sait comment procèdent Saturne et Jupiter. Jupiter « jette » et Saturne «

Le berger est montré sur la gauche visant d'abord l'étoile Polaire, et sur la droite observant le transit au travers du méridien des étoiles formant le facilement reconnaissable W de Cassiope.

tombe ». Mais, ainsi qu'il a été dit précédemment, Saturne donnant les mesures comme habitant en Canope est difficile à imaginer. Peut-être que toutes les clés disponibles pour ouvrir cette porte n'ont pas été essayées ? En observant tellement de personnages occupés à mesurer la profondeur de la mer, on trébuche sur l'étrange nom donné à Canope par les Arabes : ils l'appellent « le poids » et les Tableaux d'Alphonse de Castille la dénomment « *Suhel ponderosus* » la Canope poids lourd[413]. Ce « poids » est le plomb à l'extrémité du fil à plomb, au moyen duquel la profondeur est mesurée. Jusqu'ici ça va bien. Mais que vient faire Saturne ? On peut l'interpréter comme le fil à plomb « vivant »[414]. Ce serait difficile à croire si l'histoire de cette observation n'était pas racontée par le fil à plomb lui-même, Phaéton. Seulement quand il le dit, il avait un autre nom, comme il convient aux manières et coutumes des personnages célestes : Héphaistos[415].

Dans le premier livre de l'*Iliade* (1. 589 sq), Héphaïstos essaye de tranquilliser sa mère Héra qui est très en colère contre son mari Zeus, et lui dit :

> Il est difficile de lutter contre l'Olympien. Il fut un temps autrefois avant ce temps où j'avais à l'esprit de t'aider et il m'attrapa par le pied et me jeta du seuil magique, et tout au long du jour je tombais, impuissant, et environ au coucher du soleil j'atterris à Lemnos, et là j'étais presque sans vie.

Héphaïstos mentionne l'événement une fois de plus, quand Thétis lui demande de forger le bouclier pour son fils Achille (18. 395 sq) :

> Elle me sauva quand je souffrais au temps de ma grande chute à cause de ma propre mère au visage de chienne[416], qui voulut me faire disparaître parce que j'étais boiteux. Alors mon cœur aurait beaucoup souffert si je n'avais pas été recueilli par Thétis et par Eurynome. Eurynome, fille de l'Océan, le fleuve qui s'écoule en regagnant sa source. Avec elles j'ai travaillé neuf ans en qualité de forgeron.

Engagé comme forgeron à nouveau, comme Kullervo.

Krates de Pergamon[417] explique cette caractéristique dans le sens que Zeus aspirait à établir la mesure de l'ensemble du monde (*anametrēsin tou pantos*). Il réussit en déterminant les mesures du cosmos par « deux flambeaux se déplaçant à la même vitesse » : Héphaïstos et le Soleil. Zeus jeta violemment le premier depuis le seuil sur la terre au même moment où le second démarrait du point est sur

Le tableau chinois illustre dans un véritable esprit archaïque (qui signifie que l'on donne seulement des allusions, et le spectateur doit évaluer par lui-même la signification des détails) l'observation de l'univers. Les deux personnages entourés par les constellations sont Fu Hsi et Nu Kua, c'est-à-dire le dieu artisan et sa parèdre, qui mesurent la « forme carrée de la terre » et la « forme ronde du ciel » avec leurs instruments, le carré avec le plomb au bout du fil et le compas. Les corps des divinités entrelacés comme des serpents indiquent assez clairement, bien que dans une particulière « projection », les orbites circulaires qui se croisent selon des intervalles réguliers.

son chemin vers l'ouest. Les deux atteignirent leur but en même temps : le soleil se coucha lorsque Héphaïstos atterrit à Lemnos.

Krates était convaincu qu'Homère parlait d'une sphère, et parce qu'il était lui-même très intéressé par le système d'ensemble de la sphère il ne trouvait pas incongru d'avoir une lecture dans ce sens du bouclier d'Agamemnon (*Iliade* 11.32 sq) et de celui d'Achille (18.468 sq)[418]. Il concevait aussi le voyage d'Ulysse depuis l'île de Circé jusqu'à l'Hadès comme un voyage depuis le tropique du Capricorne jusqu'au pôle Sud. L'idée n'est pas si étrange qu'on pourrait le croire. Zeus, établissant le colure équinoxial en jetant violemment à terre le fictif « Phaéton », introduisit un nouveau *skambha* ; on se souvient de ce que dit Platon à propos de cela : « Cela a l'air d'une fable…[419] » Mais il y a aussi l'idée de Cornford de la vision d'Er[420], selon laquelle « les âmes (de Platon) voient en fait dans leur vision non pas l'univers lui-même, mais une maquette, un mécanisme primitif sous une forme ressemblant grossièrement à un fuseau »…

Il est triste et assurément singulier d'observer combien peu de savants font confiance à leurs propres yeux et paroles, comme dans le cas de Jane Harrison qui remarquait à propos des Titans : « Ils sont constamment conduits en bas au-dessous de la terre jusqu'au Tartare le plus inférieur et ils réémergent toujours. La violence et persistance mêmes avec lesquelles ils sont envoyés au dessous montrent qu'ils appartiennent à l'au-dessus. Ils rebondissent comme de divines balles en caoutchouc[421]. » Il est plutôt évident que ces divines balles en caoutchouc n'étaient pas réellement envoyées au dessous : c'étaient les âges expirés ensemble avec les noms de leurs souverains respectifs qui étaient renversés.

Mais à présent la scène galactique est vide et il est presque temps d'observer le travail du prochain *skambha* produisant le « destin » pour la première génération postdiluvienne. Toutefois avant d'affronter le héros de la plus ancienne, la plus difficile et la plus singulière des épopées, voici un entracte. Nous saisissons l'occasion d'insérer un chapitre sur les méthodes, présentées au moyen d'un épisode bien connu.

CHAPITRE XXI
LE GRAND PAN EST MORT

Chacun a lu une fois, car il apparaît à de nombreuses reprises dans la littérature, l'histoire de ce pilote sous le règne de Tibère, qui, comme il naviguait dans la mer Égée par un soir tranquille, entendit une voix forte annonçant que « le grand Pan était mort ». Ce mythe attrayant fut interprété de deux manières contradictoires. D'une part, il annonçait la fin du paganisme : Pan avec ses flûtes, le démon du matin ensoleillé, le dieu païen des clairières, des herbages et de l'idylle rurale, avait cédé devant le surnaturel. D'autre part, le mythe a été interprété comme annonçant la mort du Christ dans la 19ᵉ année de Tibère : le fils de Dieu qui était tout depuis l'alpha jusqu'à l'oméga était identifié à Pan = « Tout »[422].

Voici l'histoire, telle qu'elle est racontée dans le dialogue de Plutarque : « Sur pourquoi les oracles en arrivent à se tromper » (419 B-E) :

> Le père d'Aemilianus l'orateur, que certains d'entre vous ont écouté, était Epitherses, qui vivait dans notre ville et fut mon professeur de grammaire. Il disait qu'une fois en faisant un voyage en Italie, il embarqua sur un bateau transportant du fret et de nombreux passagers. C'était déjà le soir quand, près des îles Echinades, le vent tomba et le bateau dériva près de Paxi. Presque tout le monde était éveillé, et une grande partie n'avait pas terminé son alcool d'après-dîner.
> Soudain depuis l'île de Paxi, on entendit la voix forte de quelqu'un appelant Thamus, de telle sorte que tous furent étonnés. Thamus était un pilote

égyptien, que nombreux à bord ne connaissaient pas sous ce nom. Deux fois il fut appelé, et ne donna pas de réponse, mais la troisième fois il répondit ; et celui qui appelait, élevant la voix, dit : « Quand tu arriveras en face de Palodes, annonce que le grand Pan est mort. » En entendant cela, tous, dit Epitherses, furent stupéfiés et discutèrent entre eux de savoir s'il valait mieux s'acquitter de l'ordre ou refuser de s'en mêler et laisser aller. Dans ces circonstances, Thamus se dit que s'il y avait une brise, il naviguerait sans rien dire, mais que s'il n'y avait pas de vent et que la mer était calme à cet endroit, il annoncerait ce qu'il avait entendu. Aussi, quand il arriva en face de Palodes, et qu'il n'y eut ni vent ni vague, Thamus depuis la poupe, en regardant vers la terre, répéta les mots tels qu'il les avait entendus : « Le grand Pan est mort. » Avant même qu'il eût fini il y eut un grand cri de lamentation, pas d'une seule personne, mais d'un grand nombre, mêlé d'exclamations d'étonnement. Comme il y avait beaucoup de personnes sur le navire, l'histoire se répandit vite à Rome, et Tibére César fit venir Thamus. Tibère fut si convaincu de la véracité de l'histoire qu'il fit faire une recherche et investigation au sujet du Pan ; et les savants, nombreux à sa cour, firent l'hypothèse qu'il s'agissait du fils né d'Hermès et de Pénélope.

On ne prêta pas attention à la version de Plutarque, et on lui opposa une explication « simple ». Comme le bateau dérivait le long de la côte près d'un village côtier, les passagers furent frappés par les protestations et lamentations rituelles proférées sur la mort de Tammûz-Adonis, celui que l'on appelait le dieu grain, comme c'était l'habitude au Moyen-Orient en plein été. D'autres cris confus furent interprétés par le pilote Thamus comme à lui adressés[423]. Hors de cela, l'imaginaire naïf enjoliva la légende, ajoutant des détails pour comme d'habitude renforcer la crédibilité. Cela semblait bon. Le récit avait ainsi été normalisé, c'est-à-dire rendu insignifiant.

Qu'il soit encore permis de se demander pourquoi on a pu faire tant d'histoires à l'époque à propos d'exclamations qui devaient être familières aux contemporains, et pourquoi, à moins que Plutarque soit un menteur, les plus instruits des mythologues et l'empereur Tibère lui-même pensèrent que le sujet valait la peine d'y prêter attention.

Et c'est pourquoi, malgré tout le respect dû aux savants concernés, cela vaut la peine d'essayer de trouver une autre explication. On peut estimer qu'il ne s'agissait pas d'un bruit de fond, comme on dit aujourd'hui, mais qu'il y avait un véritable message qui transparaissait : « Le grand Pan est mort », *Pan ho megas tethnêke*, et c'était Thamus qui devait l'annoncer.

Un message fut suffisant pour que le comité d'experts de Tibère *(philologoi)* décide qu'il se référait à Pan, le fils de Pénélope et d'Hermès, numéro 3 dans la liste de Cicéron donnée dans *De natura deorum* 3. 56[124]. Pénélope, quelle qu'elle fut réellement, dut avoir une existence après les événements racontés dans l'*Odyssée*[125]. Dans ces milieux, il semble que la mythologie était une science exercée avec soin.

Si l'on décide d'accorder du crédit au message, on est conduit à considérer beaucoup d'histoires similaires, certaines d'entre elles rassemblées par Jacob Grimm, mais la plupart par Mannhardt[126]. Elles se situent strictement au niveau du conte folklorique, ce qui au moins préserva leur innocence de l'interférence littéraire. Il y a toute une série d'histoires du Tyrol concernant les *Fanggen*, une sorte de « petits hommes » (ou de géants), dryades ou esprits des arbres dont l'existence est liée aux arbres, de telle sorte que la chute d'un arbre anéantissait un *Fangga*. Autrefois ils voulaient vivre avec les paysans sous la forme de domestiques et apporter la bénédiction sur le foyer[127], mais disparaissaient aussi inexplicablement. Une histoire favorite est celle du maître de maison allant chez lui et racontant à sa famille qu'il avait entendu une voix lui dire l'étrange message suivant : « Porteur de joug, porteur de joug, dit au *Ruchrinden* (écorce rugueuse) que *Giki-Gàki* est mort sur le Hurgerhorn » ou « Porteur de joug, porteur de joug, dit au *Stutzkatze* (aussi Stutzamutza, chat à la queue coupée) que *Hochrinde* (écorce élevée) est mort. » À ce point, la domestique éclate en un cri de lamentation et s'en va en courant pour toujours.

Ou ce pouvait être que, tandis que la famille était assise pour dîner, une voix appelait trois fois par la fenêtre : « Salome, viens ! », et la domestique disparaissait. Cette histoire a une suite : quelques années plus tard un boucher retournait chez lui à minuit depuis Saalfelden en traversant une gorge, quand une voix l'appela depuis la paroi rocheuse : « Boucher, quand tu arriveras à tel ou tel endroit *(zur langen Unkener Wand)*, lance un appel dans la fente du rocher : Salome est mort. » Avant l'aube, l'homme arriva à ce point, et il cria trois fois son message dans la fente. Et immédiatement, depuis les profondeurs de la montagne, vinrent beaucoup de hurlements et de lamentations, de telle sorte que l'homme courut chez lui apeuré. Quelquefois le message délivré est suivi par les « criailleries » de toutes les tribus du Petit peuple : c'était leur « roi » dont la mort avait été annoncée[428]. Il est remarquable que dans la plupart des cas enregistrés, on s'adressait au maître en qualité de « porteur de joug ». Personne ne sait pourquoi. Mais la farouche domestique disparaissait invariablement.

Felix Liebrecht parle des manières de certains loups-garous fantômes, les « Lubins » qui hantaient la Normandie médiévale. Ces timides fantômes chassaient en meute, mais à la moindre petite chose, par exemple l'arrivée d'un intrus, ils se dispersaient au moindre bruit en hurlant : « Robert est mort, Robert est mort[429]. » Cette histoire dépourvue de sens gagne en perspective une fois que l'on retrouve sa trace dans la « Montagne aux Loups » en Arcadie avec les « Jeux de Loup » de Lycaon, cousins du festival des Lupercales à Rome, qui se tenaient sur ce mont Lycée.

On dit que Pan est né là [430] et y avait un sanctuaire. Là aussi Zeus inclina un « plateau », endroit auquel fut donné le nom de Trapèze, parce que Lycaon lui avait servi un plat de chair humaine, provenant de son propre fils. Zeus transforma Lycaon en loup-garou, et en inclinant le « plateau » provoqua l'inondation de Deukalion, le « plateau », naturellement, étant le plan de la terre au travers de l'écliptique. C'est l'événement signifiant du récit, et l'ensemble est tellement long qu'aucune personne raisonnable ne se risquerait à le résumer.

Le suivant est le cas de Robert, connu comme Robert le Diable, prétendument un personnage historique qui fut supposé être par moments un loup-garou et ensuite faire pénitence « en se couchant sous l'apparence d'un chien sous l'échelle ». Et c'est toute l'énigme de la dynastie des Scaligeri à Vérone (nous nous souvenons tous du prince Escalus dans *Roméo et Juliette*) dont le puissant fondateur fut Can Grande della Scala, « le grand Chien de l'échelle », qui devint un hôte pour Dante qui errait en exil, et un mécène de la *Divine Comédie*. Ses successeurs, Mastino, Cansignorio, avaient aussi des noms de chien[431].

Or, pour ce qui l'en est de cet essai, on en terminera avec cette piste si ce ne sont les deux allusions suivantes. Premièrement, Pythagore appelait les planètes « les chiens de Perséphone ». Deuxièmement, il y a seulement une énorme échelle, la galaxie, et seulement un personnage canin se couchant sous l'échelle, Sirius. Mais à ce stade nous rappelons cela seulement à tout hasard.

Ce qui importe ici est la survivance persistante de motifs dans le milieu familier. Descendant d'un niveau dans le folklore, il y a une histoire répandue partout en Europe du Nord (Mannhardt 1, 93) dont voici la version anglaise (la fin provient d'une variante allemande). On trouve une couvée de chats dans une maison abandonnée et en ruines, où un homme les observe sans être vu. Un chat saute sur le mur et s'écrie : « Dites à Dildrum que Doldrum est mort. » L'homme rentre chez lui et raconte cela à sa femme. Sur ce, le chat de la maison saute et miaule : « Alors je suis le roi des chats ! » et disparaît dans la cheminée.

C'est ainsi que le « corps » de la tradition préservé comme les mouches dans l'ambre survit à la mort de l'« âme », brisée, avec toutes ses idées envolées. Les dieux grecs sont devenus des chats et des servantes parmi des personnes illettrées : les pouvoirs passent, mais l'information subsiste. En notant les répétitions on a le message de la Voix sous sa forme canonique : « Vagabond, va dire à Dildrum que le grand Doldrum est mort. » Le porteur du message peut être un pilote inconnu, un passant, un animal, un veilleur. La substance est qu'un pouvoir est passé et que la succession est ouverte. Le cosmos a, à sa manière, enregistré quelque événement clé.

Pour un autre exemple de survivance à peine crédible, il y a aussi les découvertes de Léopold Schmidt sur « Pélops et la Sorcière Noisetier »[432], un recueil de contes des vallées alpines du sud Tyrol. Il s'agit à nouveau de servantes et de paysans. L'histoire dit qu'une servante de ferme observe accidentellement le dîner de quelques sorcières, au cours duquel une femme de chambre est bouillie et consommée par ses camarades sorcières. Une côte est jetée à la jeune femme, et lorsqu'après le repas les sorcières recréent et font revivre la fille, cette côte manque et doit être remplacée par une branche de noisetier. Au même moment où la servante raconte à son maître que sa femme de chambre est une sorcière noisetier, la femme de chambre décède. Ce n'est pas une ruse de sorcière noisetier, c'est simplement une répétition du conte archaïque de Pélops, fils de Tantale, le titan, qui a été bouilli et servi pour dîner par son père qui est un diable à la table des dieux. Les dieux, dit-on, écartèrent cette nourriture qui paraissait suspecte, tous à l'exception de Déméter, qui, perdue dans son chagrin de la mort de Perséphone, distraitement mangea une omoplate en croyant que c'était du mouton. Les dieux ramenèrent l'enfant à la vie. Mais une omoplate manquait et fut remplacée par de l'ivoire. Pélops devint un héros célèbre, qui donna son nom au Péloponnèse, et il gagna la course à pied à Olympie du roi Oinomaos, inaugurant ainsi les Jeux olympiques. Les deux sont représentés avant la course sur le fronton du temple de Zeus à Olympie. Oinomaos se tient là semblant très raide, Pélops très détendu, et au-dessus d'eux le grand personnage d'Apollon avec les bras étendus, comme s'il consacrait l'événement. Mais Olympie devint sacrée parce que ce fut le lieu où Zeus triompha de son père Cronos[433] et le jeta hors du char royal. Près d'Olympie, vous pouvez voir la colline Kronion, qui porte encore l'empreinte du postérieur céleste. Sortent les personnages officiels. Seuls les grands Jeux olympiques demeuraient un événement « international » qui se produisait tous les quatre ans et devint la façon pour les Grecs de compter le temps. Qu'est-ce que tout cela a à voir avec une petite femme de chambre de légende dans les Alpes autrichiennes, des milliers d'années plus tard ? Rien au premier coup d'œil, et cependant, si on creuse plus profondément l'histoire de cette omoplate, cela pourrait constituer un bon exemple d'histoire qui a réussi[434]. La tradition se perpétue avec ténacité, même au travers des âges où la connaissance a disparu. Au moins, maintenant, on s'éloigne et on prend le contre-pied de rites tels que ceux de la fertilité de Frazer et d'autres, qui comptaient les choses de manière un peu trop commode. C'est une amélioration importante.

Si l'on revient au texte de Plutarque, le style de conversation du dialogue donne une impression de parler désinvolte, mais sur ces questions Plutarque habituellement en savait plus qu'il ne voulait bien en dire. Il y avait un pilote, un *kybernetes*, faisant une annonce depuis le pont arrière *(prumne)* de son bateau. Ces détails ne semblent pas être fortuits. Car il y a un pont arrière et un pilote qui ne peuvent pas échapper à la mythologie. La poupe est celle de la constellation Argo, un bateau qui est constitué d'une poupe et de pas grand-chose d'autre. On comprend que c'est le Bateau des morts avec Osiris à bord (il est le *strategos* du bateau, selon l'*Isis et Osiris* de Plutarque 359 EF), et l'étoile Pilote à la poupe est Canope elle-même, le site du grand dieu babylonien Ea (Enki sumérien), son nom en sumérien étant $^{mul}NUN^{ki}$, et Enki est le père de Tammûz, qui pourrait nous ramener vers la piste.

Mais le point frappant est que Canope mésopotamien porte le nom « étoile-joug de la Mer »[435], « l'étoile-joug du Ciel » étant Draco. Par ailleurs, ici il y a un destin de mort, un pilote, et un porteur de joug dans un complexe insoupçonné mais suggestif. Ayant affaire à d'aussi profonds experts du mythe archaïque que Platon et Plutarque, on n'est pas susceptible d'échapper au « roi égyptien Thamus » dans *Phèdre* (274C-275B, voir ci-dessous, chapitre XXIII), qui conduit à Thot-Hermès, qui était très fier d'avoir juste inventé l'écriture, cette nouvelle technique qui était une amélioration extrêmement contestable. Ce dut être un « roi » puissant pour avoir osé critiquer les mérites de Mercure. Mais, d'ailleurs, le chapitre sur la galaxie et la chute de Phaéton a montré que les termes géographiques ne doivent pas être pris pour leur valeur apparente, et « l'Égypte », un synonyme du Nil ambigu, moins que tout autre.

Pour découvrir quelque chose de plus sur la substance du message, nous reviendrons de nombreux siècles en arrière, à un texte certainement ancien, mais de date indéterminée. Il est appelé *L'Agriculture nabatéenne* et a peu à voir avec l'exploitation agricole mais beaucoup avec les rites agraires. L'auteur, Ibn Waḥšiyya, prétendait l'avoir tiré d'une source chaldéenne presque primitive[436]. Les critiques modernes ont déclaré qu'il avait une origine incertaine et parlé de falsification. Quoi qu'il en soit, ce n'est pas l'original. De telles choses ne sont pas fabriquées avec des matériaux traditionnels. Maïmonides jugeait cependant qu'il méritait d'être cité, Chwolson et Liebrecht l'analysèrent, le comparant avec l'étude de 'An-Nadim sur la fête Tammûz des Harrāniens, qui se tenait au mois de juillet et s'appelait el-Būqat ûqat, les « femmes en pleurs »[437]. Voici d'abord un passage étudié par Liebrecht[438] :

> Il est dit qu'autrefois les Sakain (anges) et les statues des dieux se lamentèrent sur Janbûshâd, exactement comme tous les Sakain s'étaient lamentés sur Tammûz. Le conte ajoute que les statues des dieux se rassemblèrent de tous les coins de la terre dans le temple du Soleil, autour de la grande statue d'or, qui était suspendue entre ciel et terre. La grande statue du Soleil se trouvait au milieu du temple, entourée par les statues du Soleil de partout, et aussi par les statues de la Lune, ensuite celles de Mars, ensuite celles de Mercure, de Jupiter, de Vénus, et finalement de Saturne[439].

La partie du texte de Chwolson continue :

> Cette idole (qui était suspendue entre terre et ciel) tomba à ce point et commença à se lamenter sur Tammûz et à raconter son affligeante histoire. Ensuite toutes les idoles pleurèrent et se lamentèrent à travers la nuit ; mais au lever de l'étoile du matin, elles s'envolèrent et retournèrent à leurs propres temples dans tous les coins du monde.

Telle est l'histoire, dit Liebrecht, qui était répétée dans les temples après les prières, avec d'autres pleurs et lamentations. C'est, alors, la configuration archaïque. Elle concerne les dieux planétaires, le grand culte d'Harran. Deux d'entre eux ressortent, presque *ex æquo* : Tammûz et Janbûshâd. Or ce dernier n'est autre que Jamshīd de Firdausi[440]. On a déjà vu (p. 187) que Jamshīd est en avestique Yima-Xšaēta, le nom dont provient le Latin Saturnus. Il n'y a pas de question alors, c'est à peu près Saturne/Cronos, le dieu du Commencement, Yima (Yama indien), le seigneur de l'Âge d'or. Une lamentation sur la disparition de Cronos aurait été dans l'ordre des choses même en Grèce[441] car il avait été détrôné et remplacé par Zeus.

Mais qui était Tammûz ? Le dieu grain mourant avec la saison, l'Adonis rural, cadrait difficilement en telle haute compagnie. Or il est clair qu'il était astronomiquement le premier de tous. Il a été tellement écrit au sujet de ses rites de fertilité que cela prit du temps pour identifier la date véritable donnée par Cumont[442]. La lamentation sur Adonis-Tammûz ne tombait pas simplement « tard dans l'été » : elle prenait place dans la nuit entre le 19 et le 20 juillet, la date exacte qui marquait l'ouverture de l'année égyptienne, et subsista pour déterminer le calendrier Julien. Depuis 3000 ans, elle a marqué le lever héliaque de Sirius.

Tammûz fut extrêmement persistant, car on le trouve comme Dumuzi à Sumer, faisant déjà l'objet de lamentations à la mi-été. On a vu qu'il était adoré comme le fils d'Enki, qui était le Cronos sumérien. Le culte se poursuivit en Harran jusqu'au XIIIe siècle, longtemps après que les musulmans eurent englouti la population Sabienne. En dépit du sévère mécontentement du calife de Bagdad, il connut de sporadiques mais intenses renaissances dans une région qui s'étend depuis l'Arménie jusqu'à Quzistan[443]. La célébration était appelée ūqat, « les femmes en pleurs ». Et la lamentation était principalement sur le dieu qui fut cruellement tué en étant broyé entre les pierres de meule, exactement comme Jean Grain d'Orge dans la rime que nous avons citée plus haut[444] :

> Ils grillèrent sur un feu ardent
> La moelle de ses os
> Mais un meunier s'en servit, pire que tout
> Pour le moudre entre deux pierres.

Quelle sorte de broyage cela a-t-il pu être ? Sûrement, la lamentation se référait-elle dans la conscience populaire à la mort du dieu blé, appelé aussi Adonis (le Seigneur), massacré par un sanglier, mais l'aspect céleste est prédominant et plus ancien aussi que l'aspect agraire ; d'autant que le « sanglier » était Mars[445].

Ceci reste une histoire pleine de nœuds à démêler. On est gêné par un trop grand nombre d'« identifications » prises pour argent comptant par les savants qui avec un zèle magnifique ont extirpé la dimension du temps dans toute la mythologie. En fait, on ne sait pas encore qui est Tammûz[446]. Il ressemble presque à un titre, exactement comme « Horus » était un titre. Il y a un doute sur son « identité », comme prise dans le sens courant, avec Adonis, et avec Osiris[447]. Attis, Balder[448] et les autres. L'« Agriculture nabatéenne » ne laisse aucun doute qu'il y eut bien des lamentations sur Tammûz et Janbûshâd/Jamshîd. Les Égyptiens se lamentaient sur le compte de Cronos et Maneros[449] (*Herodote* 2.79). Tammûz après tout n'est pas la seule étoile qui vint à tomber au cours de la Précession. (Et le roi Fróði n'était-il pas une réplique de Freyr, Kai Khusrau une réplique de Jamshîd, comme Apis était la réplique de Ptah, l'Égyptien Saturne-Héphaïstos, et Mnevis celle de Ra ?)

C'est un long itinéraire depuis le grand Pan, et il n'est toujours pas clair de savoir qui ou quoi fut supposé se manifester du temps de Tibère, autrement dit, qui est « Pan ». Creuzer[450] prétendait d'emblée qu'il était Sirius (et toute suggestion de la part de Creuzer a encore beaucoup de poids), la première étoile du ciel et la cheville ouvrière de l'astronomie archaïque. Et Aristote dit (*Rhet.* 2. 24, 1401 a 15) que, désirant circonscrire un « chien », on avait le droit d'utiliser l'« Étoile-Chien » (Sirius) ou Pan, parce que Pindare le décrit comme le « chien changeant de forme de la Grande Déesse » *(O makar, honte megalas theou kyna pantodapon kaleousin Olympioi)*[451]. Mais ceci est assez éloigné pour l'instant. La signification étonnante de Sirius comme leader des planètes, comme la huitième planète[452] pour ainsi dire, et de Pan, le maître de danse *(choreutēs)* aussi bien que le véritable *kosmokrator*, régnant sur les « trois mondes »[453], prendrait tout un volume. Le point important est que le rôle extraordinaire de Sirius n'est pas le produit de l'imagination de stupides pontifes, mais un fait astronomique. Durant l'ensemble des 3 000 ans d'histoire de l'Égypte, Sirius se leva tous les quatre ans le 20 juillet du calendrier Julien.

En d'autres termes, Sirius n'était pas influencé par la Précession, ce qui doit avoir conduit à la conviction que Sirius était plus que juste une étoile fixe parmi les autres. Et ainsi quand Sirius tomba, le grand Pan mourut.

Or, Creuzer ne fut pas le seul à trouver en Égypte l'origine des idées en relation avec Pan, de même que nous ne l'avons pas inventé par nous-mêmes. W. H. Roscher entreprit cette tâche dans son article sur « La Légende de la Mort du Grand Pan »[454], car il était convaincu que l'on ne pouvait pas comprendre le mythe au seul moyen des idées et des opinions grecques, ainsi que nous en informe Hérodote dans le passage suivant :

> En Grèce, on pensait que les dieux les plus jeunes étaient Héraclès, Dionysos, et Pan ; mais en Égypte Pan est très ancien, et autrefois l'un des « huit dieux » qui existaient avant les autres[455] ; Héraclès est l'un des « douze » qui apparurent plus tard, et Dionysos l'un du troisième ordre qui descendait des douze. J'ai déjà mentionné la longueur de temps qui selon le décompte égyptien séparait la venue d'Héraclès du règne d'Amasis ; On dit que Pan est encore plus ancien, et même Dionysos, le plus jeune des trois, apparut, disaient-ils, 15 000 ans avant Amasis. Ils prétendent être tout à fait certains de ces dates, car ils ont toujours conservé un registre soigneusement écrit du passage du temps. Mais depuis la naissance de Dionysos, le fils de Semélé, fille de Cadmos, jusqu'au jour présent il y a une période d'environ 1 600 ans seulement ; depuis Héraclès, le fils d'Alcmène, environ 900 ans ; depuis Pan, le fils de Pénélope (il est supposé par les Grecs être le fils de Pénélope et d'Hermès) pas plus d'environ 800 ans, un temps plus court que celui passé depuis la guerre de Troie[456].

On ne fera pas de commentaires sur les nombres détaillés qui sont donnés ici afin d'attirer l'attention sur leur modestie ; quiconque tient ces années écoulées pour historiques[457] présuppose un cadre de pensée égyptien spécial (et babylonien, indien, etc.), une nature humaine, en fait, qui est fondamentalement différente de la nôtre, oubliant que nous sommes tous membres de la même espèce, l'Homo sapiens.

Gilgameš dit à Uršanabi, le batelier :
grimpe sur le mur d'Uruk
et examine si les sept hommes sages
n'en ont pas jeté la fondation.

L'Épopée de Gilgameš 11.301-305

CHAPITRE XXII
L'AVENTURE ET LA QUÊTE

La première version de l'épopée de Gilgameš remonte au temps de Sumer[458]. Elle a été répétée ensuite avec des variantes par les Hurrites et les Hittites, par les Babyloniens, par les Assyriens. Même dans les meilleures versions du texte, il subsiste de grands vides, beaucoup de tablettes sont abîmées au-delà de toute possibilité de réparation, et qui plus est les nombreuses interprétations de spécialistes ont contribué encore à obscurcir le texte.

L'histoire a été racontée de nombreuses fois et sa trame générale est assez assurée pour mériter de figurer au patrimoine de la littérature mondiale.

Pourtant le cheminement au travers de ces textes est incroyablement glissant et trompeur. Pour l'instant on ne soulèvera pas trop d'objections. On donnera seulement une brève esquisse du schéma bien accepté de la version de Heidel. Par la suite on reviendra sur certaines interrogations susceptibles en fin de compte de renverser entièrement ce schéma.

On prétend que Gilgameš a été l'un des premiers rois d'Uruk (ou Erech). Les circonstances de sa naissance légendaire font de lui un dieu pour les deux tiers et un homme pour un tiers, c'est-à-dire dans le système sexagésimal mésopotamien, il est les deux tiers de 60 (Anu) et donc il est un 40, le nombre qui caractérisait Enki-Ea[459]. Ce dernier était d'ailleurs dénommé « Šanabi (qui signifie 2/3 de 60), ou Nimin (qui signifie 40 en Sumérien)[460] ». Quoi qu'il en soit, on dit qu'il vit dans la splendeur et la débauche, et indispose tout le monde jusqu'à ce que les dieux soulagent son peuple en créant un être humain, soit jumeau, soit homologue[461], capable de lui résister. C'est Enkidu, l'homme des Régions sauvages, une sorte d'enfant-loup aussi simple que les bêtes avec lesquelles il joue, un fils heureux de la nature, tout couvert de poils, adulte pourvu d'une force énorme. Une prostituée lui est envoyée afin de le séduire, et avec elle il apprend l'amour et les manières des hommes, et se laisse entraîner dans la cité (annexe 24).

Sa première rencontre avec Gilgameš donne lieu à une féroce bataille qui ébranle la maison commune et semble endommager le montant de porte (annexe 25). Mais bientôt le roi parvient à amadouer Enkidu et va devenir son ami et compagnon.

Ensemble, ils organisent une expédition vers la grande forêt, pour vaincre le terrible ogre Ḫuwawa ou Ḫumbaba[462], que le dieu Enlil[463], qu'on appelle « dieu de l'orage », a attaché à sa garde. En vérité, « Enlil l'a attaché comme une septuple terreur pour les mortels... son rugissement est (semblable à) une crue d'orage, sa bouche est le feu, son haleine est la mort[464] ! »

Même s'il est entendu que les combats avec les dragons et les ogres constituaient autrefois un sujet populaire, quelques informations de base sur ce « monstre » ne sont pas inutiles. Il « est invariablement désigné comme un dieu dans les textes[465] » et semble correspondre au dieu d'Elam[466], Ḫumba ou Ḫumban, partage le titre « le dominant, le fort » avec les planètes Mercure et Jupiter et avec Procyon *(alpha Canis Minoris)*. Il fait partie, de plus, d'un ensemble portant le déterminatif « mul » [^{mul}] (^{kakkab} babylonien) désignant les étoiles, ainsi ^{mul}Ḫumba (annexe 26). L'identification avec Procyon pourrait bien finalement constituer le facteur décisif qui réconcilie la version sumérienne avec les nombreuses autres.

Les textes anciens ne deviennent pas plus clairs si l'on en retire les éléments qui paraissent étranges. Ainsi il ne sert à rien d'occulter la considération selon laquelle Ḫumbaba est d'une certaine manière le « dieu des intestins ». Plus que cela, sa tête ou son visage est constitué d'intestins, et Langdon (MAR 5, 254) attire l'attention sur le fait que « le visage de ce monstre... est dessiné d'un seul trait en un mouvement sinueux, excepté les yeux ». Bohl, de plus, dans son étude sur l'origine babylonienne du labyrinthe[467], désigna la notion babylonienne des entrailles comme un labyrinthe, « forteresse d'intestins ».

Voilà donc à propos de la « personne » d'Humbaba, qui, à l'évidence, n'est pas du tout un monstre primitif, alors que son visage peu attractif ressemble de manière frappante aux traits de Tlaloc, que les Aztèques appellent le « dieu de la pluie », et dont le visage est constitué de deux serpents. Des assimilations hâtives conduisent seulement à jeter le trouble[468] et le « cas Humbaba » n'est pas résolu, même partiellement, en dépit de beaucoup d'efforts.

Les seules caractéristiques avérées de l'histoire semblent être que les héros atteignirent la forêt de cèdres, dont on dit qu'elle s'étend sur « dix mille heures doubles »[469] (c'est-à-dire 112 000 km), et qu'ils coupèrent la tête de Humbaba après avoir abattu, apparemment, le plus grand des cèdres confié à la garde d'Humbaba par Enlil, mais l'exploit n'est pas accompli sans l'aide puissante de Šamaš-Hélios[470] « qui envoie un grand orage pour aveugler le monstre et le mettre à leur merci ».

Revenu à Uruk, Gilgameš lave sa chevelure et s'habille en parure de fête. Comme il met sa tiare, Ištar, la déesse de l'amour (en sumérien, Inanna), est séduite par son apparence et lui demande de l'épouser. Gilgameš la rejette, lui rappelant avec mépris ce qui est arrivé à ses compagnons précédents, y compris l'infortuné Tammûz, connu plus tard sous le nom d'Adonis.

Il n'est pas inhabituel pour un héros de refuser l'amour, et les offres incroyables d'une déesse. Dans chaque cas de la sorte seulement deux personnalités célestes sont des candidates possibles pour ce rôle : la planète Vénus, et Sirius, alias Sothis, qui a quelque peu la réputation d'une prostituée.

Il y a aussi l'histoire d'Aqht d'Ougarit, qui montre une arrogance moqueuse envers 'Anat [471], de Picus qui refuse carrément l'offre de Circé et qui est en conséquence transformé en pivert par la déesse en colère ; il y a Arjuna, une « partie d'Indra » qui rejeta la Urvaśī céleste, qu'il regardait comme « parente de ma race, et objet de vénération pour moi... et il t'appartient de me protéger comme un fils[472] ».

Il y a aussi Tafa'i de Tahiti (maori : Tawhaki) qui alla avec ses cinq frères courtiser une princesse du monde souterrain. Comme épreuve, on disait aux soupirants d'arracher par les racines un arbre *ava* qui était en possession d'un démon, et qui avait provoqué la mort de tous ceux qui avaient essayé de l'arracher. Trois des frères furent dévorés par le démon. Tafa'i les ressuscita, et ensuite renonça volontiers à la

LE MOULIN D'HAMLET

Ce masque de terre cuite montre le visage hideux de Ḫumbaba-Ḫuwawa, le gardien du cèdre abattu par Gilgamesh et Enkidu. Le titre de « Dieu de la forteresse des intestins » lui est aussi attribué, et quelques spécialistes en concluent, ainsi que de l'œuvre peinte, que Ḫumbaba était l'habitant et le seigneur du labyrinthe, un prédécesseur du Minotaure.

L'AVENTURE ET LA QUÊTE

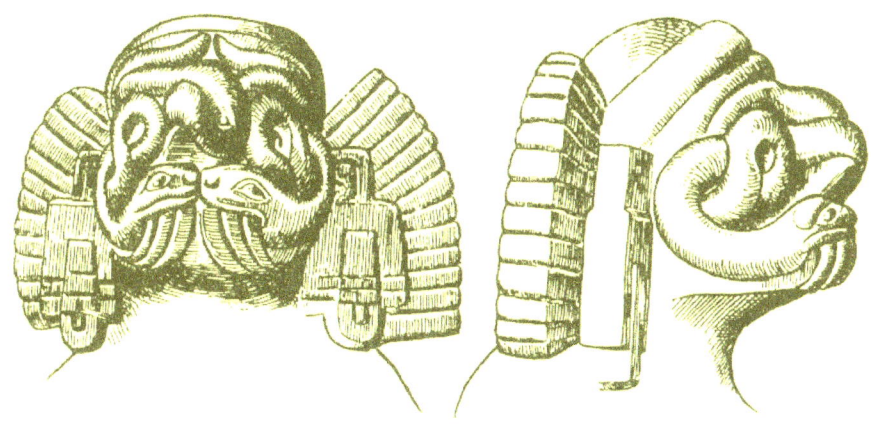

Aussi effrayants que le visage de Humbaba sont les traits de Tlaloc, qu'on appelle « dieu de la pluie » au Mexique. Ils sont révélateurs cependant : formée de deux serpents, la tête de Tlaloc représente, en quelque sorte, le caducée d'Hermès/Mercure.

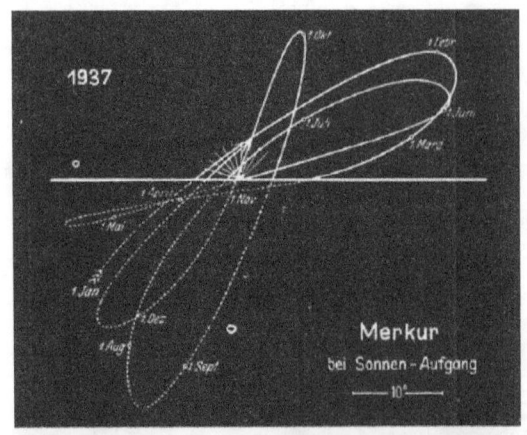

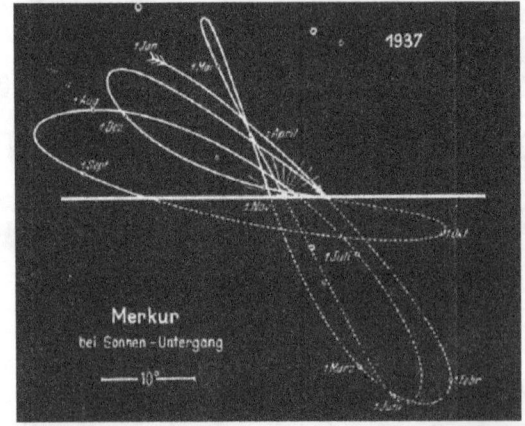

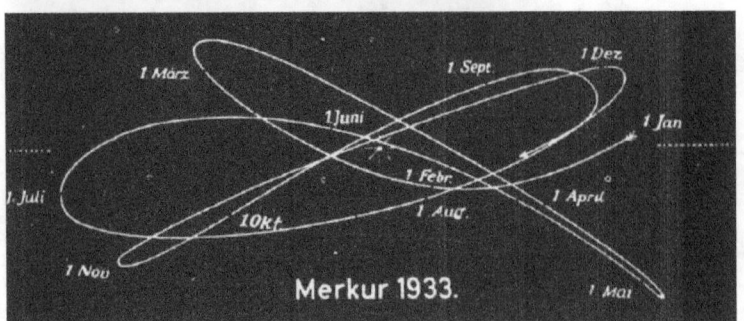

L'AVENTURE ET LA QUÊTE

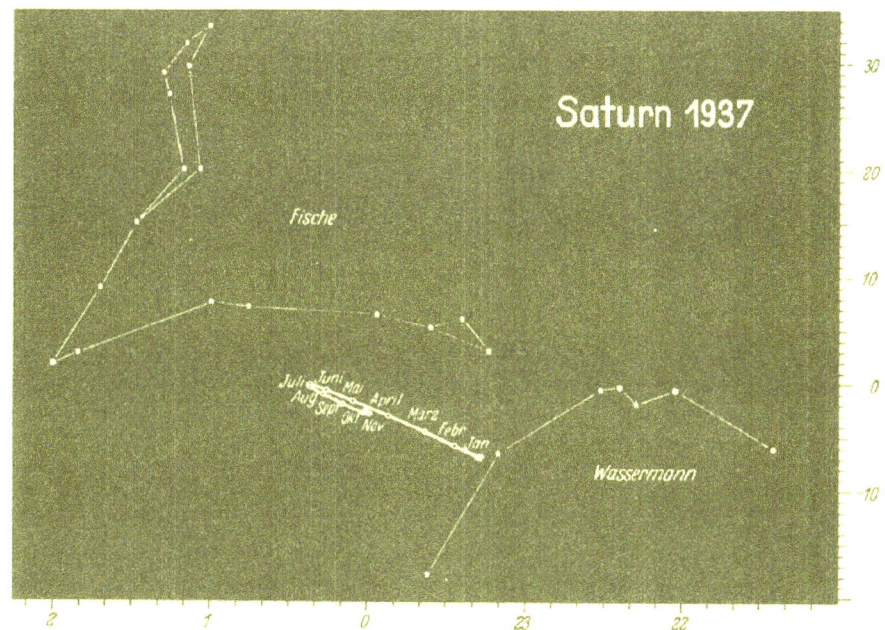

La raison pour laquelle le caducée, le visage
de Tlaloc, et l'idée d'un « dieu des intestins » désigne
exclusivement Mercure, l'une des planètes inférieures
(avec Vénus) qui sont plus près du Soleil que notre
planète Terre, devient évidente à partir des figures
3-5, qui illustrent les mouvements de Mercure.
Cela devient même encore plus évident si les
représentations du tracé de la course de Mercure
en une année solaire sont comparées à celles de
l'une des planètes supérieures dans le même temps
(figure 6). Cela prend trente ans à Saturne pour
accomplir sa révolution autour du Soleil, retournant
à la même étoile fixe ; Mercure fait le tour en
quatre-vingt-sept jours (révolution sidérale),
cent quinze jours (révolution synodique).

La déesse égyptienne Serqet, ou Selket.

Un scarabée de jaspe vert d'origine grécophénicienne
(vie-ve siècle av. J.-C.) montre la déesse avec
« l'arrière d'un scorpion ailé à quatre pattes » ;
les archéologues reconnaissent « la partie antérieure
d'Isis », mais le Scorpion femelle est clairement
en évidence.

L'AVENTURE ET LA QUÊTE

Dans le Codex maya Tro-Cortèse nous trouvons à nouveau la « vieille déesse avec la queue de scorpion », bien qu'avec une très différente manière graphique. Au Nicaragua et au Honduras, « Mère Scorpion, qui demeure à l'extrémité de la Voie lactée », est décrite comme ayant de nombreux seins.

main de la princesse[473] (or *Ava* ou encore *Kawa*[474], constitue le « meilleur substitut » à *Amrita*[475], la boisson de l'immortalité qui est la propriété des dieux ; mythologiquement le Kawa polynésien ressemble presque exactement au Soma de la littérature védique ; même le rôle de « filtre à Kawa » est une ancienne réminiscence hindoue ; et comme il convient à la pseudo-boisson de l'immortalité, elle est volée, par Maui, ou par Kaulu, exactement comme il arrive en Inde, dans *l'Edda*, et ailleurs).

En attendant Ištar, dédaignée, remonte au ciel en rage, et arrache à Anu la promesse qu'il enverra en bas le Taureau du Ciel pour la venger[476]. Le Taureau descend, il est d'une force impressionnante à voir.

Lors de son premier ébrouement, il terrasse cent guerriers. Mais les deux héros l'attaquent. Enkidu le saisit par la queue, de telle sorte que Gilgameš ainsi qu'un matador peut s'introduire entre les cornes pour la mise à mort. Les artisans de la ville admirent la taille de ces cornes : « Elles contenaient trente livres de lapis-lazuli » (lapis-lazuli est la couleur sacrée du Styx comme nous l'avons vu. Au Mexique c'est le turquoise).

Ištar apparaît sur les murs d'Uruk et maudit les deux héros qui l'ont humiliée, mais Enkidu arrache la cuisse droite du Taureau du ciel et la jette au visage de la déesse, en l'injuriant brutalement (annexe 27). Cela semble constituer une façon de faire établie dans ces milieux. Susanowo en fit de même envers la déesse solaire Amaterasu, et ainsi fit Oðinn, le Chasseur sauvage, à l'homme qui s'était mis en travers de sa route.

Suit une scène de triomphe populaire et de réjouissances. Mais les dieux ont décidé qu'Enkidu doit mourir, et il en est averti au cours d'un sombre rêve alors qu'il est tombé malade[477].

La composition de l'épopée a été jusqu'à présent grossière et répétitive, elle devient ici poétique. Le désespoir et la terreur de Gilgameš alors qu'il est averti de la mort de son ami est une scène plus saisissante que la « découverte » de la mortalité par le prince Gautama[478].

Écoutez-moi, Ô Anciens, (et prêtez-moi l'oreille)
C'est pour Enkidu, mon ami, que je pleure,
Pleurant amèrement comme une femme plaintive
(Mon ami)[479], mon plus jeune frère, qui donnait la chasse
à l'âne sauvage de la campagne et à la panthère de la steppe.
Qui saisit et (tua) le taureau du ciel ;
Qui vainquit Ḫumbaba, celui qui (habitait) dans la forêt de (cèdres) !

Maintenant quel est ce sommeil qui te tient ?
Tu es devenu sombre et ne peux m'entendre.
Mais il ne lève pas (les yeux).
Il toucha son cœur, mais il ne battait pas.
Alors il veilla (son) ami comme une jeune mariée [...]
Il éleva la voix comme un lion
Comme une lionne à qui on a dérobé ses (petits)...

« Quand je mourrai, ne serai-je pas comme Enkidu ?
Le chagrin est entré dans mon cœur.
J'ai peur de la mort et erre dans le désert...
(Lui le destin de l'humanité l'a rattrapé)
Six jours et sept nuits j'ai pleuré sur lui
Jusqu'à ce que les vers attaquent son visage.
Comment puis-je rester silencieux ? Comment puis-je rester tranquille ?
Mon ami, que j'aimais, est retourné en poussière.[480] »

Gilgameš n'a pas un tempérament métaphysique comme le seigneur Bouddha. Il organise son grand voyage pour trouver Utnapištim le Lointain, qui demeure à « l'embouchure des fleuves » et qui peut-être lui dire comment atteindre l'immortalité. Il arrive au col de la montagne de Māšu (« Jumeaux »), « dont les sommets s'élèvent aussi haut que les berges du ciel, jusqu'au monde souterrain, le peuple du scorpion veillant à sa porte, celui dont le rayonnement est terrifiant et dont le regard est mortel, dont la splendeur effroyable[481] écrase les montagnes, qui au lever et au coucher du soleil reste à veiller sur le soleil[482] ».

Le héros est saisi « de peur et d'épouvante », mais comme il les supplie, les hommes scorpions reconnaissent sa nature partiellement divine. Ils l'avertissent qu'il va voyager dans une obscurité où personne n'a voyagé, mais lui ouvrent la porte.

« Le long de la route du soleil (il alla ?), dense est l'obscurité et il n'y a pas de lumière » (Tabl. 9, col. 4, 46). Des périodes successives de 1, puis 2, puis 3 et jusqu'à 12 heures doubles se passent, il voyage dans l'obscurité. À la fin, c'est la lumière, et il se trouve dans un jardin de pierres précieuses, onyx et lapis-lazuli, où il rencontre Siduri, la divine serveuse, « qui demeure au bord de la mer ».

Sous le contrôle des sérieux philologues, esclaves de l'exacte « vérité », on n'ose pas apporter un éclairage nouveau sur ce thème prétendument « géographique » contenant une vague et piquante connotation surréaliste. Voici une divine serveuse au bord de la mer, appelée par de nombreux noms en de nombreux langages. Son comptoir doit être aussi long que celui célèbre à Shanghai, car elle a tout au long de ses étagères non seulement du vin et de la bière, mais en plus des boissons bizarres et surannées de nombreuses cultures, boissons telles que l'hydromel, le soma, le sura (une sorte de brandy), le kawa, pulque, cocktail de peyote, décoctions de ginseng. Bref, de partout elle dispose des boissons rituelles enivrantes qui consolent les âmes tristes auxquelles est refusée la boisson d'immortalité. On pourrait appeler ces boissons *Léthé*, après tout (annexe 29).

De savants traducteurs ont conclu sérieusement que la « mer » au bord de laquelle demeure la serveuse doit être la Méditerranée, mais il y a aussi eu des propositions pour les montagnes d'Arménie. Cependant l'itinéraire du héros suggère plutôt le paysage céleste, et les hommes-scorpions doivent être recherchés autour de la constellation du Scorpion. De plus des Scorpii tels que *lambda epsilon* sont comptés parmi les constellations *māšu* babyloniennes, et ces jumeaux, *lambda epsilon*, jouent aussi un rôle important dans ce que l'on appelle la Création épique babylonienne, en tant qu'armes de Marduk.

En tout cas, Siduri, qui doit être étroitement apparentée à Ægir et Rán de l'*Edda* avec leur étrange *Bierstube* (cave à bierre) aussi bien qu'à la nonne Gertrude, dans le débit de boisson de laquelle les âmes passaient leur première nuit après la mort (voir, p. 471, n. 271), prend pitié de Gilgameš qui est tout en haillons, écoute le récit de son chagrin, mais lui conseille de retourner chez lui et de faire le mieux qu'il peut de sa vie. Même Šamaš vient à lui et lui dit : « La vie que tu recherches tu ne la trouveras pas. » Mais Gilgameš continue à avoir peur du sommeil éternel : « Laisse mes yeux voir le soleil, afin que je puisse me rassasier de la lumière[483]. » Et il insiste pour qu'on lui montre le chemin vers Utnapištim. Siduri l'avertit : « Gilgameš, il n'y a jamais eu une traversée réussie ; et personne venu ainsi autrefois n'a été capable de traverser la mer (d'ailleurs), qui hormis Šamaš peut le faire ? L'emplacement pour traverser est difficile… et les eaux de la mort sont profondes, qui en barrent l'approche. » Et elle lui indique que, aux eaux de la mort, « il y a Uršanabi, le batelier d'Utnapištim. Laisse-le voir ton visage[484]. »

Siduri-Sābītu est assise « sur le trône de la mer » *(kussû tamtim)*, et W. F. Albright[485], relevant une idée de P. Jensen, compare complètement Siduri et Calypso, dont l'île Ogygie est appelée par Homère « le Centre de la Mer » *(omphalos thalassēs)*. De plus, Albright désigne « le personnage comparable à Išḫara tamtim », Išḫara de la mer, cette dernière étant la déesse du Scorpion[486] correspondant à Selket la déesse du Scorpion égyptienne, et à « Mère Scorpion »... demeurant à l'extrémité de la Voie lactée, où elle reçoit les âmes des morts ; et d'elle, représentée comme une mère avec de nombreux seins que les enfants viennent sucer, proviennent les âmes des nouveau-nés. Cette dernière mention de « Mère Scorpion » est celle d'une légitime citoyenne du Nicaragua et du Honduras[487] anciens, une ramification des Mayas « La Vieille Déesse avec une queue de scorpion[488] ».

Ici une fois encore il est décourageant d'observer la difficulté des savants à communiquer entre eux. Les orientalistes, prenant l'histoire de Gilgameš comme une « épopée au pied de la lettre », cherchent ses traces dans le paysage physique du Moyen-Orient, ignorant le travail de savants également érudits, experts du ciel, qui disposent d'outils performants et disponibles pour aider à la recherche. On se demande si les orientalistes, désireux de comprendre les textes, ont même jamais entendu parler, tant ils les ignorent, de Boll et de Gundel et de leurs semblables. En tout cas, il convient ici de mentionner une fois encore deux ensembles d'outils valables réunis par Franz Boll[489], présentant toute la tradition sur les constellations « Hadès », « Lac Achérusia », « l'homme de fer », avec tous les détails nécessaires. On trouve ces toponymes rassemblés à l'entour des croisements sud de la galaxie et de l'écliptique, entre le Scorpion et le Sagittaire. Boll montre que, au lieu des gens du Scorpion[490], Virgile (*Énéide* 6.286) et Dante affectaient des centaures à l'entrée du monde souterrain, représentant le Sagittaire.

Et donc, retour à la quête. Gilgameš affronte Uršanabi, attendant d'être transbordé sur les eaux de la mort. Le batelier soulève des objections : « Les images de pierre » ont été brisées par Gilgameš (annexe 31). Mais à la fin il charge le pèlerin de couper 120 perches, chacune de soixante cubits (30 yards) de longueur. Avec cela il doit conduire le bateau de telle sorte que ses mains ne touchent pas les eaux de la mort. Finalement ils atteignent la rive éloignée ; voici Utnapištim le Lointain. Le héros est déconcerté : « Je te regarde, ton apparence n'est pas différente, tu es comme moi. Mon cœur t'avait imaginé comme quelqu'un de parfait pour avoir mené une telle bataille ; (mais) tu reposes (oisivement) sur le flanc ou sur le dos ; (dis-moi), comment as-tu pénétré dans la compagnie des dieux et obtenu la vie (éternelle)[491] ? »

Cependant Utnapištim est assez vif pour raconter avec beaucoup de détails l'histoire du Déluge. Il raconte comment Enki-Ea l'a averti de la décision d'Enlil d'exterminer l'humanité, et le chargea de construire l'Arche, sans parler aux autres de ce danger imminent. « Ainsi tu leur diras : je descendrai jusqu'à l'*Apsû* et demeurerai avec Ea, mon seigneur. » Il décrit avec grand soin la construction et le calfatage du bateau, six ponts, un *Ikû* (acre) de surface de plancher, autant pour chaque côté, de telle sorte que ce soit un cube parfait, exactement comme Ea lui a ordonné de le faire. Cette mesure « I-Ikû » est le nom du carré de Pégase, et le nom du temple de Marduk à Babylone, ainsi qu'il est connu depuis le rituel du nouvel an à Babylone, où il est dit : « L'étoile Ikû, Esagil, image du ciel et de la terre[492]. » Šamaš avait fait savoir à Utnapištim quand entrer dans le bateau et fermer la porte. Ensuite les cataractes du ciel s'ouvrirent, « Irragal (= Nergal) arracha les mâts (annexe 32) ; Ninurta arrive et fait se rompre les digues ; les Anunnaki[493] levèrent leurs torches, éclairant la terre de leur clarté ; la fureur d'Adad atteignit le ciel et transforma en obscurité tout ce qui était lumière[494]... (Même) les dieux furent frappés de terreur par le déluge. Ils prirent la fuite et montèrent au ciel d'Anu ; Les dieux tremblèrent comme des chiens et se tapirent en détresse[495]. Ištar poussait des cris comme une femme en travail ; la femme des dieux à la jolie voix se lamentait « comment ai-je pu ordonner un tel mal dans l'assemblée des dieux ! Car c'est moi qui les ai mis au monde[496]. » Les dieux Anunnaki pleuraient avec elle ; les dieux accablés étaient assis et pleuraient. »

La fin de l'histoire est presque exactement celle du débarquement de Noé sur la montagne, à part que Noé lance dehors un corbeau et par deux fois la colombe, tandis que Utnapištim laisse s'envoler la colombe, l'hirondelle, le corbeau[497].

Comme Enlil était encore en colère parce qu'une famille échappait, Enki-Ea, « qui seul comprend chaque chose » (11.176), le réprimanda : « Comment, ô comment as-tu pu sans réfléchir déclencher le déluge ? » Il ajouta sévèrement qu'Enlil aurait dû punir seulement les pêcheurs mais épargner les innocents. C'est une remarque que méditent encore les pieux exégètes de la Bible. Alors Enlil monta vers l'Arche et s'excusa. Il donna à Utnapištim et à sa femme le pouvoir « d'être comme nous les dieux. Dans le lointain, à l'embouchure des fleuves, demeurera Utnapištim » (11.194-95).

« Mais maintenant en ce qui te concerne », le vieil homme conclut son récit en se tournant vers Gilgameš, « qui réunira les dieux pour toi afin que tu puisses trouver la vie que tu recherches ? Viens, essaie de ne pas dormir durant six jours et sept nuits. »

Nous recueillons là un témoignage de « l'Ancêtre » en sumérien, *Ziusudra*, selon Berose, *Xisuthros*[498], aussi appelé Atramḫasīs, « le Supersage ». Il revient à ceci : « Jeune homme, tu es venu jusqu'au pays où le temps est arrivé à une fin, et l'immortalité qui nous a été accordée consiste, dans un demi-sommeil, à rester conscient et être admis à la connaissance de la vérité. Maintenant fais toi-même l'essai. » Mais Gilgameš ne peut pas. « Comme il est accroupi (là), il s'endort comme si un brouillard l'avait enveloppé » (11. 200sq.).

On peut imaginer comment Atramḫasīs-Utnapištim expliqua l'essentiel durant le sommeil de Gilgameš. Le Supersage parla de « son semblable », de Cronos dormant dans sa cave d'or en Ogygie, ainsi que décrit par Plutarque[499], et cependant donnant sans interruption « toutes les mesures de l'ensemble de la création » à son fils bien-aimé Zeus, ainsi que décrit par Proclus[500]. Le Supersage évoqua librement des personnages très éloignés dans le temps[501] et dans l'espace, comme seulement *lui* est habilité à le faire, Kiho-tumu, par exemple, dieu créateur des îles Tuamotu, Kiho-Tumu… « la Source de Tout » qui dort, face au sol, dans le « Grand Havaiki inatteignable » et cependant agit quand l'« administration » outrepasse les « lois » et « mesures » qu'il a données. Utnapištim avec des mots aimables exhorta aussi les enfants de notre siècle à percevoir les momies divines de Ptah et d'Osiris (Osiris le « *stratège* » du Navire Argo)[502], et les momies des dieux en général. Il les exhorta à penser à l'idée des Sept Dormants d'Ephèse à bord de l'Argo, aux informations données dans le *Liber Hermetis Trismegisti* concernant la mesure en degrés de Saturne (en Taureau, correspondant aux latitudes sud du Bateau) et délivrant le message : *continua vero delectatio, diminutio substantiæ, remissio malorum*[503]. Il parla encore du Chinois « Ancien Immortel du pôle Sud céleste », des nombreux empereurs dormant dans les Cavernes montagneuses (annexe 33). Ainsi les heures passèrent comme des secondes, mais on sait que Utnapištim, rêvant à moitié, enseignant à moitié, avait tout le temps un œil sur le « héros » qui dormait. Il dit à sa femme : « Est-ce là cet homme fort qui veut la vie éternelle ? » Et alors il éveilla l'homme au septième jour, et Gilgameš en sursaut réagit ainsi : « À peine le sommeil m'a-t-il recouvert, que rapidement tu me touches et m'éveille. »

Les jeux sont faits. On donne à Gilgameš de quoi changer de vêtements et on lui dit de rentrer chez lui ; on dit à Uršanabi, le batelier, de l'accompagner, et il n'y a, évidemment, pas de retour à nouveau pour lui à *pī nārāti*, à l'embouchure des fleuves. Mais à la dernière minute, la femme d'Utnapištim dit à son mari : « Gilgameš est venu ici, il est fatigué, il s'est donné du mal, que lui donneras-tu (avec quoi) il puisse rentrer chez lui ? » Utnapištim a de la compassion et s'adresse au héros :

> Gilgameš, je révélerai (à toi) une chose cachée... Il y a une plante comme une épine... Comme une rose (?) ses épines piqueront tes mains. Si tes mains obtiennent cette plante (tu trouveras la vie nouvelle) (11.264-70).

« Vie Nouvelle » semble trompeur, et Speiser remarque : « Notez que le processus est celui du rajeunissement et non celui de l'immortalité[504]. »

Pour obtenir cette plante, poussant apparemment dans une galerie conduisant à l'Apsû que le héros doit ouvrir, Gilgameš a plongé profondément, se lestant de pierres. Mais alors qu'il retourne ensuite vers chez lui accompagné du batelier, il s'arrête pour prendre un bain dans un puits, et un serpent (littéralement, lion de la terre) sort de l'eau, s'empare de la plante et, retournant dans l'eau, se dépouille de sa peau. Le dernier espoir est perdu, au moins semble-t-il dans les traductions.

Puisque ce n'est pas un manuel sur l'épopée de Gilgameš, toute cette affaire de la plante, du plongeon, du bain fatal dans le puits, doit rester comme elle est, même si chaque mot qu'elle contient n'est rien de plus qu'un piège (annexe 34), pour en arriver au point qui est ici d'un particulier intérêt.

Laissant le bateau sur le rivage, Gilgameš et le batelier marchèrent durant une autre période de cinquante heures doubles sur le chemin du retour.

> Quand ils arrivèrent en Uruk les Clos, Gilgameš dit à Uršanabi, le batelier : « Uršanabi, grimpe sur le mur d'Uruk (et marche de part et d'autre) ; inspecte la fondation des remparts et examine la maçonnerie, (pour voir)

si elle n'est pas faite de briques cuites, et (si) les sept hommes sages n'en ont pas jeté la fondation ! (11.301-305).

De fait avant que ne commence l'épopée, il était dit que « les Sept Sages » avaient posé la fondation des remparts d'Uruk. Ainsi la boucle est bouclée.

Mais qu'est-ce que cela signifie ? Pourquoi demande-t-on à Uršanabi, entre tous, d'étudier Uruk, enceinte, selon la règle par sept murs ? Et qu'est-ce qu'ont les Sept Sages à faire avec la fondation de la ville de Gilgameš ?

Pour prendre d'abord la dernière question : les Sept Sages sont les étoiles de la Grande Ourse, le Saptarṣi indien, les Sept Ṛṣi[505]. Le colure solsticial, appelé « Ligne des Sept Ṛṣi », arriva à passer à travers l'une après l'autre de ces étoiles durant plusieurs millénaires (en commençant avec êta, environ 4000 av. J.-C.) ; et constituer cette colure est « universellement » appelé « suspendre le ciel », les Babyloniens appelaient la Grande Ourse « lien du ciel », « lien mère du ciel », les Grecs l'appelaient « Omphalos ».

Autre chose, pourquoi est-ce l'affaire du batelier depuis la « confluence des fleuves » (c'est le sens de *pī nārāti*) de vérifier les mesures d'Uruk ? Il est avéré que le nom du batelier signifiait « serviteur (ou prêtre) des 40 ou des 2/3[506] », et cela faisait de lui une « partie », ou toute autre désignation que l'on veut, de Enki-Ea, appelé Šanabi = 2/3 (de 60 = 40). La résidence de Enki est Eridu, à la confluence des fleuves, à ^{mul}NUN^{ki} = Canope (*alpha Carinae*), le siège du *me*, les normes et mesures. De là ces *me* doivent être obtenus. Uršanabi, cependant, semble être apparenté par des liens familiaux étroits avec Enki-Ea, en fait il est son gendre et le mari de Nanše[507].

De nombreux textes et inscriptions montrent que Enki-Ea, seigneur de l'*Apsû*, était responsable du plan des fondations des « temples », soit du ciel soit terrestres. En fait c'était Nanše, la fille d'Enki, qui dessinait les plans, avec le « diamant sacré » d'Eridu. Et pour elle, femme d'Uršanabi le batelier, la poupe sacrée du bateau était consacrée[508].

Considérant qu'Argo est seulement une poupe, qu'Eridu-Canope marque le gouvernail d'Argo, il est facile de conclure que Gilgameš, amenant avec lui Uršanabi en personne, a obtenu « le *me* d'Eridu ». C'est ainsi qu'il est dénommé dans le « dialecte » sumérien[509]. Dans le langage mythologique universel, le terme technique se lit « mesurer la

Le sceau cylindrique mésopotamien montre
dans la partie supérieure le « dieu Bateau » ;
dans la partie inférieure des gens construisent
une ziggurat, la proposition étant que le bateau
apporte le *me* depuis Eridu-Canope, les mesures
de la création.

Le « dieu Bateau » entouré du croissant de lune, trois
simples étoiles, et des constellations ; reconnaissables
sont le Scorpion, la Charrue (mulAPIN, *Triangulum*), et
peut-être le Lion suivant directement derrière le
bateau ; la cruche au-dessus du Lion pourrait indiquer
Aquarius.

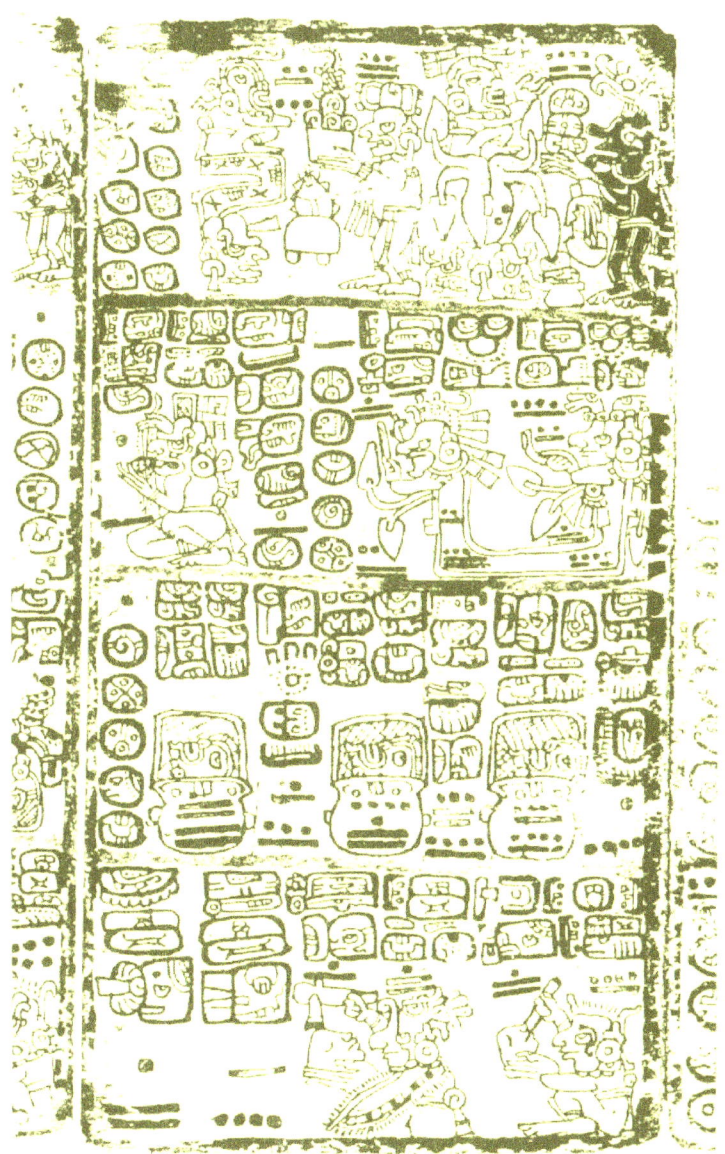

Le même personnage apparaît clairement
dans le Codex maya Tro-Cortèse, seconde rangée.

Le « dieu Bateau » entouré du croissant de lune, trois simples étoiles, et des constellations ; reconnaissables sont le Scorpion, la Charrue (^{mul}APIN, *Triangulum*), et peut-être le Lion suivant directement derrière le bateau ; la cruche au-dessus du Lion pourrait indiquer *Aquarius*.

profondeur de la mer ». Ulysse, plus avancé et donc considérablement plus modeste que Gilgameš, ne prit même pas la rame de Tirésias. Il obtint seulement le conseil de ce dernier, selon lequel il devait, plus tard, prendre une rame et l'apporter à terre jusqu'à ce qu'il trouve des gens qui n'avaient jamais entendu parler d'un (ou vu) un bateau (annexe 35).

Or le fait que Gilgameš « observe » le monde est explicitement exprimé dans un texte. (On peut noter avec un peu d'ironie que le traducteur mentionne cette vérité sans en avoir nécessairement compris le sens). L'invocation, citée par Lambert, dit :

Gilgameš, roi suprême, juge des Anunnaki,
Prince délibérant, le […] des peuples,
Qui observe les régions du monde, régisseur du monde souterrain,
Seigneur des peuples du dessous,
Tu es un juge et as une vision comme un dieu.
Tu te tiens dans le monde souterrain et donnes le verdict final.
Ton jugement n'est pas altéré, ni n'est ta proclamation négligée.
Tu questionnes, tu t'enquiers, tu donnes ton jugement, tu observes et tu rends les choses justes.
Šamaš a confiance en tes verdicts et tes décisions.
En ta présence, les rois, les régents et les princes s'inclinent.
Tu observes les augures à leur sujet et donne ta décision[510].

Il va sans dire que ni ceci ni d'autres claires allusions ne font la moindre impression sur ceux qui une fois pour toutes sont evhéméristes. Tout étudiant impartial s'interrogerait au moins quelques minutes à propos de cette galerie d'eau ouverte ou ce puits dans lequel le « héros » a pris un bain, quand il vient à découvrir un texte, aussi mentionné par Lambert (p. 43), traitant de l'acte de creuser des puits. Dans ce texte en effet « on donne des instructions pour prononcer les mots *le puits de Gilgameš…*, tandis que l'on creuse le puits. Depuis, quand on atteint l'eau, une libation doit être faite à Šamaš, l'Anunnaki, et tout esprit connu, le puits est considéré comme une connexion avec le monde souterrain » (annexe 36).

Il semble évident que tôt ou tard les données sur Gilgameš, qui pour le moment semblent incohérentes, doivent être assemblées avec un commun dénominateur. Mais il est peu vraisemblable que cela puisse être accompli sans que les spécialistes renoncent à plusieurs de leurs solides préjugés et sans qu'ils se fassent à l'idée d'un minutieux réexamen de l'ensemble de la question.

Pour le moment il vaut mieux prêter attention à l'information telle que celle donnée par Strabon (16.1.5) sur le tombeau de Bēl *(ho tou Bêlou taphos)* à Etemenanki, la tour de Babylone, et s'occuper des textes mésopotamiens déconcertants traitant des dieux se coupant le cou et s'arrachant les yeux mutuellement. Cela pourrait bien valoir la peine de regarder les tombeaux d'Anu et de Marduk[511] pour considérer le rôle fondamental de l'Abaton à Philae, tombeau d'Osiris[512], et d'une façon générale des tombeaux divins. La principale difficulté à surmonter est notre ignorance de la signification concrète du mot « tombeau », soit qu'on ait à faire à l'Omphalos de Delphes, tombe du Python[513], au « tumulus du dansant Myrina » *(Iliade* 2.814), au tumulus de la mère nourricière de Lugh Lamhfada, autour duquel les jeux de Taillte furent exécutés, ou à beaucoup d'autres.

Ce qui nous obsède, c'est l'hypothèse qu'« Uruk » constitue un « nouveau » royaume des morts, et que Gilgameš est celui qui était destiné à « ouvrir la voie » à cette demeure et à en devenir le roi, et le juge des morts, comme Osiris, et aussi Yama, dont le *R̥g-Veda* dit (10.14.1-2) : (1) « Lui, qui a suivi le cours des grands fleuves, et qui a découvert la voie pour beaucoup, le fils de Vivasvat, le rassembleur des peuples, le roi Yama que nous honorons avec des sacrifices. (2) Yama est celui qui le premier découvrit la voie ; nous n'abandonnons pas ce chemin fréquenté ; sur cette voie où nos ancêtres voyagèrent quand ils nous quittèrent, sur cette voie où les nouveaux font chacun leur trace[514]. »

Que ni la « voie » de Yama, ni celle de Gilgameš n'aient eu l'intention de durer éternellement, va sans dire. Encore et encore le *me* doit être apporté depuis Eridu, respectivement la profondeur de la Mer doit être mesurée, et encore et encore le ciel doit être « suspendu » au moyen de la « Ligne des Sept R̥ṣi », l'énorme horloge Précessionnelle ne s'arrête pas. Ce qui s'est interrompu, en revanche, c'est la compréhension par les héritiers du langage mythique qui, par ignorance, n'ont pas su saisir le sens de ces situations « d'avant ». Sans réfléchir, ils ont transformé un film en une série d'images arrêtées, ont fait d'un mouvement complexe des images conventionnelles, et détruit, par là, toute la signification d'un système soigneusement élaboré[515].

On pourrait négliger cela comme une tragédie sans importance, mais c'est précisément l'une de ces « mesures de progrès » qui interrompt violemment la continuité de la tradition. Il doit y avoir eu ainsi plusieurs téméraires « ruptures », sinon comment comprendre que l'on trouve dans nos textes anciens autant de commentaires et interprétations différents de l'antédiluvien « Livre des Sept Sceaux » ? Dans le cas de cette tragédie négligée, juste mentionnée[516], une tragédie venant de la distraction, le coup final fut porté à la tradition qui « nous » avait installé, le genre humain, en tant qu'unité. Et si nous n'avions pas eu le *Timée* de Platon, cela aurait été une tâche complètement désespérée de comprendre la raison qui rendit obligatoire en ces temps « archaïques » d'observer l'immense horloge cosmique avec le plus grand soin. Platon lui-même, pour s'en assurer, commença par la voie de l'intellect pur, allant de la pensée à la littérature, de la littérature à la philologie, avant de dériver vers rien ; mais comprenons-nous bien, cela ne diminue en rien notre inconditionnel respect pour lui.

Cet essai pourrait passer de nombreux chapitres sur le *Timée*, ce « topos » d'où viennent et où retournent tous les « fleuves » de la pensée cosmologique, et plusieurs chapitres supplémentaires sur *Phèdre* et *Politikos*, sur le *Epinomis* (entartré par l'étiquette « Pseudo »), mais finissons-en. Nous laissons de côté la « création » même que *Timée* réalise comme s'il construisait un planétarium, qui est exactement ce qui rend cette création difficile pour les non-mathématiciens. Mais ici on peut faire sans cela. Ce qui compte est ceci : « Quand le Démiurge Timéen eut construit la structure, *skambha*, gouvernée par l'équateur et l'écliptique, appelée par Platon le Même et l'Autre, qui représente un X (prononcer Khi, écrire X) et lorsqu'il eut réglé les orbites des planètes selon des proportions harmoniques, il fit les âmes. En les fabriquant, il utilisa les mêmes ingrédients qu'il avait utilisés quand il avait fait l'Ame de l'Univers, les ingrédients n'étant, cependant, pas aussi purs qu'avant. Le Démiurge fit les âmes en nombre égal à celui des étoiles *(psychas isarithmous tois astrois)*, et les distribua, chaque âme à son étoile. »

> Et, y ayant fait monter les âmes comme sur un char, il leur révéla la nature de l'univers, et leur exposa les lois de la Destinée *(nomous tous heimarmenous)* : la première naissance serait établie identique pour toutes, afin qu'aucune ne fût moins bien traitée par lui ; il fallait que, disséminées dans les instruments du temps, *chacune dans celui qui lui convenait*, l'âme devînt la créature qui, parmi les vivants, vénérât le plus les dieux ; et puisque la

nature humaine est double, voilà quelle serait l'espèce la meilleure, celle qui par la suite allait être appelée « mâle ».

Et celui qui aurait vécu, comme il faut, le temps prévu, celui-là retournerait, dans l'astre qui lui a été affecté, pour y habiter, pour y vivre une vie bienheureuse et conforme à sa condition ; en revanche, s'il échouait, il serait changé en femme à sa seconde naissance ; et si, dans cet état, il ne cessait de commettre le mal, il serait, suivant le genre de faute qu'il commettrait, transformé en une bête, dont la nature présenterait toujours une ressemblance avec l'origine de ce genre de faute. Soumis à ces métamorphoses, il ne verrait pas la fin de ses souffrances, avant d'avoir soumis à la révolution du Même et du Semblable en lui cette masse énorme, venue ultérieurement s'ajouter à sa nature et faite de feu, d'eau, d'air et de terre. Cette masse tumultueuse et déraisonnable, c'est après l'avoir dominée par la raison, qu'il retournerait à la condition de son état premier et meilleur.

Après leur avoir fait connaître tous ces décrets pour ne pas être responsable du mal que par la suite pourrait commettre l'une ou l'autre, il sema ces âmes les unes sur Terre, les autres sur la Lune, et celles qui restaient sur tous les autres instruments du temps (*Timée* 41 E-42 D)[517].

Il n'est pas besoin de s'engager dans la tâche futile de discuter l'impartialité du Démiurge et sa déclaration que toutes les âmes ont les mêmes chances dans leur première incarnation. Que Dieu soit nécessairement innocent et que l'homme soit coupable, de toute façon, n'est pas un sujet suffisant pour se disputer avec Platon. En fait, c'est l'hypothèse sur laquelle repose tout le grand édifice de la religion chrétienne et de notre système juridique.

En tout cas, l'infaillible démiurge sema les âmes, en nombre égal à celui des étoiles fixes, dans les « instruments du temps » (soit les planètes), parmi lesquelles Timée compte la Terre ; il sema, en fait, « chacune dans celui qui lui convenait ».

Qu'est-ce que cela signifie ? Timée se rapporte ici à un ancien système connectant les membres fixes et errants de la communauté des étoiles, qui concerne non seulement les « maisons » et « aspects » zodiacaux des planètes, mais aussi les étoiles fixes en général. On connaît cette approche des tablettes cunéiformes sur l'astrologie qui contiennent un nombre considérable d'énoncés sur les représentants fixes d'une planète, et vice-versa. Mais c'est insuffisant pour expliquer les règles de ce système sophistiqué. On peut dire avec Ernst Weidner : « En tout cas nous avons affaire à un système très compliqué. Seulement un recueil renouvelé et une révision de toute la matière nous permettront peut-être de résoudre les énigmes qui subsistent encore[518]. » Ptolémée rapporte le caractère planétaire des étoiles fixes dans son *Tetrabiblos* (1.9 « Du pouvoir des Étoiles Fixes »), et ainsi firent tous les astrologues de l'Antiquité et du Moyen Âge. Et on doit ajouter, ainsi firent les astrologues indiens et mexicains. (Voir ci-dessus p. 198, au sujet du privilège dont jouissait Mars et les Pléiades de se représenter les unes les autres à Babylone et en Inde.)

Les âmes étaient, alors, évacuées de leurs étoiles fixes et déplacées vers leurs représentants planétaires correspondants, le tout selon des règles et des prescriptions. Le Démiurge se retira, se transformant en un personnage connu sous le titre *Deus otiosus* et la machine du temps fut éteinte.

Cornford, dans sa traduction et commentaire sur le *Timée*, déclare (p. 146) : « dans la machinerie du mythe, il est naturel de supposer que la première génération des âmes est semée sur Terre, les autres attendent leur tour, désincarnées, dans les planètes ».

Avec tout le respect dû à Cornford, cela a du mal à fonctionner, et aucune hypothèse « naturelle » ne peut être admise. Le démiurge du *Timée* est trop méthodique pour que l'on retienne cette solution. Au contraire, il est fondé sur la raison, si l'on observe soigneusement la manière selon laquelle le dieu artisan graduellement et systématiquement diminue son mélange originel d'Être, du domaine du Même et du domaine de l'Autre, ainsi que décrit dans le *Timée* 35, que quelque nouveau principe, quelque nouvelle « dimension, » doivent être introduits ici.

L'éternité demeure dans l'unité d'un « extérieur » plus haut et plus éloigné. À l'intérieur, le temps, sa ressemblance éternelle, se déplace selon le nombre, faisant ainsi au moyen de la rotation quotidienne de la sphère fixe dans le sens du « Même », l'équateur céleste, et au moyen des instruments du temps, les planètes, se déplaçant dans la direction opposée le long de l'« Autre, » soit l'écliptique. Pris ensemble, ils représentent les « huit mouvements ». Avec l'étape suivante, depuis les planètes jusqu'aux créatures vivantes, le mouvement selon le nombre est rendu impossible. La qualité fondamentalement différente de « mouvement » par génération doit le remplacer (au grand regret de Platon).

Les planètes, bien que « autres » que l'éternité qui réside dans l'unité, aussi bien qu'« autres » que le mouvement régulier de la sphère des constellations, restent au moins « elles-mêmes » et sept en nombre. L'âme de l'homme est non seulement réincarnée maintes et maintes fois, mais elle est subdivisée de plus en plus, car le genre humain se multiplie, comme fait le grain auquel l'homme est si fréquemment comparé. Cette comparaison, mal interprétée à maintes reprises par les fanatiques de la fertilité, doit être prise très au sérieux, et littéralement. Le démiurge ne créa pas les âmes individuelles de chaque homme à naître pour tout l'avenir, il créa les premiers ancêtres des peuples, dynasties, etc., la « semence de l'humanité » qui se multiplie et est moulue en poussière de farine dans le Moulin du Temps. L'idée d'« âmes des étoiles fixes » depuis lesquelles démarra la vie mortelle, et auxquelles d'exceptionnellement vertueuses « âmes une fois libérées » peuvent retourner n'importe quand, tandis que la « farine » ordinaire du moulin doit attendre patiemment le « dernier jour » pour espérer en faire de même, cette idée est non seulement une partie vitale du système archaïque du monde, elle explique jusqu'à un certain degré l'intérêt presque obsessionnel pour les mouvements célestes qui gouverna les millénaires antérieurs.

Bien qu'encore, à notre époque, la plupart des enfants sont exhortés à se comporter convenablement, sous peine de ne pas aller au ciel, les chrétiens ont aboli le schéma timéen. Ils ont condamné comme hérétique l'opinion d'Origène selon laquelle après le jugement dernier les âmes ressuscitées auront un corps léger et sphérique *(aitherion te kai sphairoeides)*. Ce concept fondamental a trouvé un écho en de nombreuses langues à travers la « ceinture de haute civilisation ». Quelquefois l'imagerie est reconnaissable, quelquefois elle est assez ambiguë pour tromper complètement les interprètes modernes, comme quand la « semence » étoilée de groupes de population nous interpelle sous la forme d'un « totem ». Mais parmi la catégorie reconnaissable se trouve la tradition rabbinique qui dit que dans Adam étaient contenues les 600 000 âmes d'Israël comme autant de fils enroulés ensemble dans la mèche d'une bougie ; de plus, comme il est dit aussi : « Le fils de David (le Messie) ne viendra pas avant que toutes les âmes qui ont été sur le corps du premier homme n'arrivent à une fin[519]. » Reconnaissable aussi est le mythe du Skidi Pawnee des grandes plaines traitant du « dernier jour » : « L'ordre pour la fin de toutes choses sera donné par l'Étoile du nord, et l'Étoile du sud exécutera les ordres. Notre peuple a été fabriqué par les étoiles. Quand le temps viendra pour toutes les choses de finir, notre peuple se transformera en petites étoiles et volera vers l'Étoile du sud dont il dépend[520]. »

Ainsi qu'il est mentionné dans le chapitre sur l'Inde (p. 114), le *Mahābhārata* rapporte comment les Pāṇḍavas gravirent péniblement la montagne enneigée et se perdirent, et comment Yudhiṣṭhira fut finalement enlevé corporellement vers le ciel. Bien qu'ils aient été des « héros » planétaires, la manière dont ils succombèrent est révélatrice du respect pour de simples êtres humains. Lesdits héros sont appelés « parties » des dieux, et quand le troisième monde arrive à sa fin et le Kali Yuga commence, il pourrait ne pas commencer « aussi longtemps que la plante du pied sacré de Kṛṣṇa touchait la terre », ces « parties » sont réunies avec les dieux dont ils participent. Kṛṣṇa retourne en Viṣṇu, Yudhiṣṭhira en Dharma, Arjuna est absorbé par Indra, Balarāma par le Serpent-Śeṣa, et ainsi de suite.

Ces exemples suffisent. Ils démontrent ceci : le *Timée*, et en fait les mythes les plus platoniciens, agissent comme un projecteur qui envoie des rayons de lumière sur l'ensemble de la « haute mythologie ». Platon n'*inventa* pas ses mythes, il les utilisa dans le contexte *juste*, de temps en temps sur un ton moqueur, sans divulguer leur signification précise : Quiconque était habilité à connaître la terminologie spécifique les comprendrait. Il ne se souciait pas beaucoup de la « farine » après tout.

Vivant aujourd'hui, où rien n'est caché à la presse et où chaque science difficile est « vulgarisée », nous ne sommes pas dans les meilleures conditions pour imaginer le secret strict qui entourait la science archaïque. Ces conditions sont en fait si mauvaises que l'exacte réalité est souvent regardée comme une méchante légende. Elle ne l'est pas. Le besoin de traiter la science comme une connaissance réservée est gravement affirmé par Copernic lui-même dans son œuvre immortelle, les *Révolutions des globes célestes*. Adhérent depuis ses jours studieux en Italie à la conception pythagoricienne, il se montre reconnaissant envers l'inspiration qu'il doit aux grands noms de l'École, comme Philolaos et Hicetas, qu'« il a appris des classiques, et qui, dit-il, lui a donné le courage de s'opposer aux idées philosophiques en vigueur à son époque ». « Je ne me soucie de rien », écrit-il dans sa dédicace au pape, « de ceux, même docteurs de l'Église, qui répètent des préjugés courants. Les mathématiques sont à l'intention des mathématiciens... » C'est l'autorité de ces anciens maîtres qui lui donne l'indépendance de jugement pour découvrir la position centrale du soleil au centre du système solaire. Savant timide et réservé, il en appelle à cette grande tradition, qui même à l'époque de Galilée fut appelée « la persuasion pythagoricienne », pour avancer ce qui fut communément considéré comme une théorie révolutionnaire et subversive. Mais s'il ne se décida pas lui-même à publier jusqu'à ses derniers jours, ce ne fut pas par peur de la persécution, mais en raison d'une aversion incarnée envers le fait que le sujet puisse être débattu par le public. Dans le premier livre, il tire une citation de la « correspondance » entre d'anciens adeptes qui est probablement un ancien pastiche, mais qui montre leur façon de penser : « Il serait bien de se souvenir des préceptes du Maître, et de communiquer les cadeaux de la philosophie à ceux qui n'ont jamais même rêvé d'une purification de l'âme. Pour ceux qui essayent de transmettre ces doctrines dans un mauvais ordre et sans préparation, ils sont comme les gens qui verseraient de l'eau pure dans une citerne boueuse : ils peuvent seulement remuer la boue et ils perdent l'eau. »

Créant le langage de la philosophie du futur, Platon parlait encore l'ancienne langue, représentant, en quelque sorte, une vivante « pierre de Rosette ». Et en conséquence, aussi étrange qu'il puisse paraître aux spécialistes de l'Antiquité classique, une longue expérience a démontré cette règle empirique : chaque système qui apparaît dans les mythes depuis l'Islande via la Chine jusqu'à l'Amérique précolombienne, et auquel Platon fait allusion, est « chancelant avec l'âge » et peut être accepté pour argent comptant. Cet argent « Proto pythagoricien » vient de quelque part dans le Croissant fertile qui, autrefois, créa le langage technique et le distribua aux pythagoriciens (parmi beaucoup d'autres clients, il va sans dire). Étrange, il faut l'admettre, mais cela fonctionne. Cela a fonctionné avant le temps où il fut décidé de choisir Platon comme suprême juge d'appel dans les cas douteux de mythologie comparée, par exemple, quand H. Baumann[521] reconnut le mythe du symposium de Platon (raconté par Aristophane) comme le schéma clé pour ouvrir les portes de mille et un mythes traitant de dieux bisexuels, d'âmes bisexuelles, etc.

Platon savait, et il y a des raisons de penser qu'Eudoxe savait aussi, que le langage du mythe est, en principe, aussi grossièrement généralisant que l'est le « parler technique » moderne. La façon dont Platon s'en sert, les phénomènes qu'il préfère exprimer dans l'expression mythique, révèlent sa profonde compréhension. Il n'y a pas d'autre technique, apparemment, que le mythe, qui réussit dans une structure orale (à nouveau, rappelons-nous Kipling, et la façon dont il aborda le problème en parlant du « bateau qui se trouva lui-même », voir ci-dessus, p. 78.). Le « stratagème » est le suivant : vous commencez par décrire le contraire de la réalité connue, prétendant qu'« il fut un temps » où les choses étaient ainsi, et s'organisaient d'une très étrange manière, mais ensuite il arriva que… rien ne compte sinon le résultat, le résultat des événements racontés. Généralement, on oublie que cette manière de faire est seulement un stratagème technique, et les anciens mythographes sont accusés d'avoir « cru » que dans les temps antérieurs tout était à l'envers (voir p. 479, n. 478, au sujet des déplorables Mésopotamiens qui n'étaient pas conscients de leur propre immortalité avant que l'épopée de Gilgameš ne fût écrite).

Car c'est un véritable langage, l'expression mythique apporte avec elle l'émergence de la poésie. Chaque philologue classique doit admettre, par exemple, que Hyginus[522] et ses semblables rendent compte plutôt fidèlement des actions mythiques dans un langage « exact », mais guère plus attractif qu'un rapport administratif, tandis que ce langage instrument, quand il est utilisé par Eschyle, fait frémir même encore aujourd'hui. Mais malgré la grande différence de valeur poétique entre les mythographes, il a été conçu une terminologie longtemps avant les poètes dont les noms nous sont familiers. Dire « terminologie », cependant, semble trop sec et inadéquat, car cela a donné naissance à des types et des aventures caractérisés, survivants par exemple dans les jeux de nos enfants, dans nos personnages de jeux d'échecs et nos jeux de cartes. Et cette imagerie orale a survécu à l'ascension et à la chute des empires et s'est accordée à de nouvelles cultures et à de nouveaux environnements.

Il s'est trouvé que le principal mérite de ce langage a été son ambiguïté inhérente. Le mythe peut être utilisé comme un véhicule pour transmettre une solide connaissance indépendamment du degré de finesse des gens qui font réellement le récit des histoires, fables, etc. Dans les temps anciens, de plus, il permettait aux membres de l'élite de « parler boutique » sans être affectés par la présence des laïcs : le danger de trahir quelque chose était pratiquement nul.

Et maintenant, si l'on revient un instant à « L'Aventure et la Quête », il faut insister sur le fait que c'est, naturellement, une satisfaction de disposer de tablettes cunéiformes et que c'est rassurant que les experts sachent comment lire les différents langages de l'ancien Proche-Orient ; mais Gilgameš et sa recherche de l'immortalité n'était pas inconnue avant l'époque du déchiffrage de l'écriture cunéiforme. C'est le résultat de ce mérite particulier de la terminologie mythique qu'elle se soit transmise indépendamment de la connaissance du récitant. (L'inconvénient évident de cette technique est que l'ambiguïté persiste ; nos experts contemporains sont aussi tranquillement exclus du dialogue que le furent les laïques d'alors.) Ainsi, même si on suppose que Platon fut parmi les derniers qui réellement comprenait le langage technique, « les histoires » restaient vivantes, assez souvent dans la véritable ancienne formulation. C'est pourquoi, on peut observer comment le héros du *Roman d'Alexandre*, dans sa propre et incontestée personnalité historique, enfilait le costume de Gilgameš, et qu'en même temps disparaissaient tous les épisodes de la simple histoire.

Alexandre devait mesurer la profondeur de la mer, il était transporté par des aigles haut dans le ciel, et il voyageait vers les plus incroyables « mers » à la recherche de l'eau de l'immortalité. Attendant d'être au paradis, il naviguait sur le Nil, ou le Gange (mais pourquoi répéter le chapitre sur Eridan ?). En véritable réplique de Gilgameš, Alexandre naviguait vers l'endroit magique où toutes les eaux arrivent et vers lequel elles retournent. Et si ce fut, comme on le prétend, un serpent (« lion-terre ») qui priva Gilgameš de la plante du rajeunissement, Alexandre de la légende fut frustré sans le savoir par un poisson, un simple poisson dans du sel qu'il avait pris comme provision pour son voyage. Mais il fut délibérément trahi par le cuisinier Andréas (selon pseudo-Callisthènes), qui avait remarqué que le poisson était en train de revenir à la vie après être tombé dans la fontaine, et qui, sans parler à Alexandre de sa découverte, but lui-même de l'eau. Le roi, dans son indignation vertueuse, le fit jeter dans la mer avec une meule autour du cou, empêchant ainsi efficacement le cuisinier de jouir de son immortalité.

Le champ des variations chargées de sens des nombreuses histoires d'Alexandre exclut toute remarque superficielle à leur sujet, et c'est valable aussi pour Gilgameš qui a, forcément, été abandonné dans une obscurité qui est en grande partie artificielle. On peut hasarder quelques questions qui permettraient de débloquer le problème de Gilgameš. Il y a aussi un détail qui va dans le sens d'une proposition déjà avancée concernant Gilgameš (p. 356).

Alexandre, dit la fable, interroge l'Oracle de Sarapis en Égypte exactement comme Gilgameš interrogea Utnapištim. Sarapis répond évasivement en ce qui concerne la durée de vie assignée à Alexandre, mais il indique la création d'Alexandrie et annonce que le roi durera dans cette ville « mort et non mort », Alexandrie étant son sépulcre. Dans une autre version Sarapis déclare : « Mais après ta mort, tu seras placé parmi les dieux, et recevras de beaucoup l'adoration divine et les offrandes, quand tu seras mort et, cependant, non mort. Car ton tombeau sera la ville même que tu auras fondée[523]. »

Le grotesque monstre Huwawa apparaît être l'indicateur ; quelle que soit l'approche qui est choisie, la connexion d'Huwawa avec Procyon, Jupiter et/ou Mercure[524] doit être prise en considération, d'autant plus, que les fragments Hurriens semblent connaître le poème sous le titre de l'« Épopée de Huwawa[525] ». Et seulement avec cette considération, une attention précise devra être apportée au nom babylonien de Cancer, à savoir *Nangar (u)*, « le Charpentier ». C'est essentiel, parce que dans la douzième tablette de l'épopée de Gilgameš, préservée seulement en langage sumérien, Gilgameš se plaint amèrement d'avoir perdu ses *Pukkû et Mikkû*, au lieu de les avoir laissés « dans la maison du Charpentier »[526], où apparemment ils auraient été en sécurité[527].

Quiconque lit l'épopée dans de nombreuses traductions ne peut laisser passer les indications d'une « clôture » et/ou d'un « montant de porte » ou d'un encadrement de porte à un endroit aussi incongru que la grande « forêt » de cèdres d'Huwawa. Pourquoi ne pas essayer aussi de prêter attention à l'« enfermement de Gog et Magog » accompli par Alexandre et raconté encore dans la 18ᵉ Sourate du Coran, la même Sourate qui traite de la venue à la vie du poisson, provision de voyage de Moïse à l'« embouchure des fleuves » ?

Cet « enfermement » est un grand thème du folklore médiéval, maintenu redoutablement vivant par la soudaine apparition des invasions mongoles. L'histoire courait qu'Alexandre avait construit des portes de fer aux cols des montagnes, et que la monstrueuse race des Huns, se multipliant au-delà des plaines sans limites de l'est, avait été gardée en respect par des trompettes sonnant depuis le col et montrant le héros « aux deux cornes » qui veillait sur les cols comme un conquérant semblant immortel. Mais les trompettes sont soudain devenues silencieuses, et un nain depuis la horde se risqua sur le chemin du col, et trouva la porte désertée. Les trompettes n'étaient rien que des harpes éoliennes rendues immobiles par une couvée de hiboux qui était nichée dedans[528].

L'ancienne histoire de Gog et Magog, ressuscitée par les Arabes, joue un rôle tellement décisif dans le *Roman d'Alexandre* que nous pouvons nous appuyer sur l'ancienneté du schéma : en fait elle doit se produire dans notre épopée. Considérant que Gilgameš semble ouvrir un nouveau passage, le précédent doit être fermé. Ceci eut lieu aussi dans le cas d'Ulysse. Une fois qu'il arriva en Ithaque, aux conditions d'un nouveau traité avec Poséidon, les pauvres Phéniciens étaient morts. Il n'y avait plus de Scheria. Cette place étant fermée, les montagnes grandissant barraient la belle île de Nausikaa qui était, par conséquent, « hors limites » pour les voyageurs. Il y a quelques parallèles frappants disponibles en Polynésie centrale : quand le plus jeune Maui vola le feu du « vieux Maui » (Mauike, Mahuike, etc.) dans le monde souterrain, le passage qu'il avait utilisé fut fermé à partir de ce jour-là. C'est particulièrement remarquable parce que « ce fut par le chemin du trou de Tiki que Maui descendit dans le logis de Mauike à la recherche du feu ». Tiki (Ti'i) était le « premier homme » et « le trou de Tiki avait été la route par laquelle les âmes étaient supposées descendre vers (H) Avaiki ». Ainsi, les âmes devaient trouver un autre chemin « après que ce trou ait été fermé »[529], c'est-à-dire après que le jeune Maui ait accompli le vol du feu.

La notion de feu, sous des formes variées, a été l'un des thèmes récurrents de cet essai. Gilgameš, comme Prométhée, lui est intimement associé. On approche au mieux à travers eux le principe du feu, et les moyens de le produire ou de l'acquérir.

*Quand les esprits bienheureux
Dans la Voie de Laict auront fait
Nouveaux feux...*

Agrippa d'Aubigné

CHAPITRE XXIII
GILGAMEŠ ET PROMÉTHÉE

Le feu est, en vérité, un mot-clé, méritant une étude particulière. Pour le moment, cependant, il n'est pas essentiel de tout comprendre au sujet des différentes normes et mesures, règles et régulations qui doivent être fournies par les dieux ou héros et qui sont destinées à ouvrir de « nouvelles voies ». On peut ignorer ici la vraie nature et identité des « trésors » divers, qu'ils soient appelés « rame » ou « passeur », ou « *hvarna-melammu* » ou « toison d'or », ou « feu ». On ne dit pas que tous ces termes sont différents noms pour désigner la même chose, mais qu'ils distinguent plusieurs aspects de la même structure[530].

Il sera utile de récapituler les notions sur la structure, telle qu'on l'a retrouvée au travers des traditions grecques. Elle est partie en toute innocence de la comparaison avec la charpente d'un bateau (voir ci-dessus, p. 279 sq), telle que la décrirent les Grecs, et finalement s'est terminée avec le déroutant « arbre du monde » appelé le *skambha*, que même Platon paraît avoir trouvé difficile à saisir. À la fin, il s'agit tout simplement de la structure des colures du monde, même si cela se mélange un peu après de nombreux siècles de verbiage hindou.

Un autre point dont il faut se souvenir est la pertinence cosmologique des « ouvreurs de voies » et des « inventeurs de chemins » comme Gilgameš. Ce sont eux qui apportent les mesures de diverses sortes depuis ce centre mystérieux appelé Canope ou Eridu, ou le « siège de Rita ». On peut illustrer le schéma général au moyen de deux aventures.

Les Argonautes, avec la Toison d'or à bord, durent passer les Symplegades, les rochers flottants. Il avait été décidé autrefois par les « consacrés » *(makaroi)* que lorsqu'un bateau avec son équipage serait passé sain et sauf au travers[531], les Symplegades deviendraient fixes et ne seraient pas plus longtemps des rochers flottants[532]. Après avoir « accepté les nouvelles lois de la terre fixe, » ils durent « offrir un passage facile à tous les bateaux, une fois qu'ils eurent appris leur défaite[533] ». Il s'agit seulement d'*une* étape sur le long « voyage d'ouverture » des Argonautes transportant la Toison d'or (d'un bélier), entrepris en toute probabilité pour introduire l'Âge du Bélier[534], mais elle illustre au mieux le point important, à savoir, « les lois nouvelles ».

C'est un exemple décisif car on trouve un autre exemple d'une Ouverture de la Voie qui nous vient de Catlo'Itq en Colombie britannique[535]. Nous pourrions l'appeler une encyclopédie de poche du mythe :

> Un homme avait une fille qui possédait un arc et une flèche merveilleux avec lesquels elle était capable d'abattre tout ce qu'elle voulait. Mais elle était paresseuse et dormait constamment. Cela mettait son père en colère qui disait : « ne dors pas toujours ainsi, mais prends ton arc et tire au centre de l'océan, de telle façon que nous puissions acquérir le feu. »
>
> Le centre de l'océan était un grand tourbillon dans lequel flottaient des bâtons pour fabriquer le feu. À cette époque les hommes n'avaient pas encore le feu. Or la jeune femme saisit son arc, tira dans le centre de l'océan, et le matériau pour frotter le feu jaillit sur la côte.
>
> Alors le vieil homme fut satisfait. Il alluma un grand feu ; et comme il voulait le conserver pour lui, il construisit une maison avec une porte qui happait en haut et en bas comme une mâchoire et tuait quiconque voulait entrer. Mais le peuple savait qu'il était en possession du feu, et le cerf décida de le voler pour eux. Il prit du bois résineux, le fendit et planta les morceaux dans sa chevelure. Ensuite il attacha deux embarcations ensemble, les recouvrit avec des planches, dansa et chanta dessus, et ainsi vint à la maison du vieil homme. Il chanta : « Ô, je viens chercher le feu. » La fille du vieil homme l'entendit chanter, et dit à son père : « Ô, laisse l'étranger rentrer ; il chante et danse si bien. »
>
> Le cerf aborda et s'approcha de la porte, chantant et dansant, et en même temps sauta jusqu'à la porte et fit comme s'il voulait entrer. Alors la porte happa, sans le toucher cependant. Mais tandis qu'elle était à nouveau en train de s'ouvrir, il sauta rapidement à l'intérieur de la maison. Là il s'assit

près du feu, comme s'il voulait se sécher, et continua à chanter. En même temps il courba la tête au-dessus du feu, de telle sorte qu'il devint couvert de suie, et à la fin les morceaux de bois dans sa chevelure prirent feu. Alors il sauta dehors, courut et apporta le feu au peuple.

Telle est l'histoire de Prométhée en Catlo'ltq. Elle est plus que cela. Car le cerf a longtemps représenté Cronos. Dans la tradition hindoue, il est Yama que l'on a précédemment rencontré comme Yama Agastya, et qui, « suivant le cours des grands fleuves, découvrit la voie pour beaucoup ». Ce cerf se retrouve au loin et largement dans le monde archaïque, avec les mêmes connotations. Et il est l'archaïque Prométhée-Cronos, « toi, qui dévores tout et le fais renaître à nouveau par l'ordre illimité de l'Aion, à l'esprit rusé, toi de conseil tortueux, vénérable Prométhée ». En grec, *semnē Prometheu*. Cela ne laisse aucun doute. L'invocation orphique à Cronos, citée au tout commencement p. 38, le définit comme « vénérable » et l'associe avec Cronos le Titan, et nous ne continuerons pas à citer le nom terrible de Prométhée pour ne pas compliquer les choses. Pour éviter de confondre sans motif les problèmes, le nom Prométhée a jusqu'à présent été modérément utilisé. Il fait appel à une formidable complication ; le commentateur de Sophocle qui donna la référence, citant Polemon et Lysimachides qui sont maintenant des sources perdues, explique : « Prométhée fut le premier et le plus ancien qui tenait le sceptre dans sa main droite, Héphaïstos le dernier et second[536]. »

Ce sont les zones obscures de la mythologie grecque, auxquelles l'école de Frazer et Harrison a encore à peine prêté attention dans sa recherche sur les cultes et symboles préhistoriques dans le monde classique. Cependant ici l'ancien mythe grec émerge soudain en pleine lumière, miraculeusement préservé, parmi les tribus indiennes d'Amérique. L'anormalité même du récit montre combien d'étapes se sont télescopées ou ont été omises au cours des âges. À un moment le Tourbillon émerge comme le porteur des bâtons à feu de Pramantha et Tezcatlipoca. Mais pourquoi doivent-ils être dans le tourbillon ? Le mythe a sa propre logique de notation pour raconter ces bâtons à feu flottant vers le tourbillon cosmique. Et cette logique continue à lier ensemble les thèmes de base, l'arc et la flèche du royaume céleste, l'arc et la flèche destinée à (ou finissant en) Sirius, *stella maris* (comparer annexe 2 sur Orendel).

Le chant et la danse du cerf sont de façon embrouillée impliqués dans un thème proto-pythagoricien. Et le thème apparaît à part entière dans un autre récit du Nord-ouest. Le fils de Woodpecker, avant de tirer son arc, entonna une chanson, et dès qu'il eut trouvé la note juste, les flèches jaillissantes se plantèrent dans les cous des uns et des autres jusqu'à ce qu'elles constituent un pont de flèches jusqu'au ciel ; Sir James Frazer lui-même assimila ce motif avec celui de l'escalade de l'Olympe dans la gigantomachie. Mais là il y a plus. Bien qu'il ne soit pas dit explicitement que les « portes happantes » (la précession des équinoxes) du vieux propriétaire du feu, cessèrent de happer, sûrement le cerf ouvrit une nouvelle voie en passant la porte au juste moment prédestiné dans sa quête du « feu ».

Il y avait peu de place pour l'invention et la variation dans ce jeu solennel avec les grands thèmes, même si l'imagination conservait quelque liberté. Ainsi on pourrait être tenté de voir de l'imagination pure dans la paresse irresponsable de la fille du vieil homme. Et cependant, était-ce imagination, si l'on découvre en elle le prototype d'Ištar, dont il était dit (voir ci-dessus p. 261) qu'elle « ranime l'Apsû avant Ea » ? Les femmes archers étant une espèce rare, il faut prêter attention au grand texte astronomique babylonien, que l'on appelle « séries ^{mul}APIN » (= séries Étoile-Charrue, l'Étoile Charrue étant le *Triangulum*), quand il dit : « L'étoile-Arc est l'Ištar de Elam, fille d'Enlil. » On a mentionné la constellation de l'Arc, construit avec les étoiles d'Argo et Canis Major, Sirius servant d'« Étoile flèche » (voir ci-dessus, p. 261 et figures p. 262-263). Il n'est pas moins significatif que la divine archeresse égyptienne, Satit, pointe sa flèche vers Sirius, comme on peut le voir sur le cercle zodiacal de Dendera.

Quand on découvre un bref récit qui miraculeusement résume de grands mythes en peu de mots, on est conduit à soupçonner que de tels récits sont des fragments de narrations longues et compliquées destinées à tenir leur audience pendant des heures ; en fait ils font de même qu'« Apollodore » ou « Hyginus » qui transmettaient l'information essentielle en courts résumés. Mais derrière eux se tient une tradition littéraire pleinement constituée et puissante avec les poètes grecs pour donner la chair et le sang des idées, tandis qu'avec un peuple néolithique illettré tel que les Catlo'ltq, seule la simple trame, même les « Hygini Fabulae », apparaissent avoir survécu, à moins que nous fassions l'hypothèse que les informateurs aient cachée aux ethnologues des versions plus riches. (Un collègue autrefois nous parla d'un musicien tibétain qui, disposé à réciter la saga de Bogda Gesser Khan, demanda s'il devait donner la grande version ou la petite : la grande aurait pris des semaines pour la réciter convenablement.)

Il a été exposé plus haut et doit être réexposé ici que l'*on pensait que « le feu » était un grand cercle allant d'un pôle céleste à l'autre*, et aussi que les bâtons à feu appartiennent au *skambha (Atharva Veda* 10.8.20), comme une partie essentielle de la structure. Parmi les choses qui nous aidèrent à reconnaître le *« feu » comme la colure d'équinoxe*, il faut mentionner ici seulement le fait, que les Aztèques prirent Castor et Pollux *(alpha beta Geminorum)* pour les premiers bâtons à feu, dont l'humanité apprit comment forer le feu.

Ceci est connu depuis Sahagún [537]. Considérant que le colure équinoxial de l'Âge d'or circulait au travers des Gémeaux (et du Sagittaire), les bâtons à feu en Gémeaux offrent une rime correcte à un vers dans une prière nuptiale de Mongolie qui dit : « le Feu naquit, quand le Ciel et la Terre se séparèrent[538] » ; en d'autres termes, avant la chute séparée de l'écliptique et de l'équateur, il n'y avait pas de « feu », le premier étant allumé à l'Âge d'or des Gémeaux. Il n'y a aucune certitude cependant s'il y a ou non des règles fixes, selon lesquelles un feu doit être rapporté depuis le Nord, et l'autre depuis le Sud ; les deux méthodes sont employées. Les Finns, par exemple, insistent sur le « berceau du feu au centre du ciel », d'où il se précipite à travers sept ou neuf ciels dans la mer, jusqu'au fond en fait[539]. Et on prétend que Tezcatlipoca siège aussi au pôle Nord céleste, quand il fore le feu l'année 2-du Roseau, après l'inondation, tandis que l'on dit de celui qu'on appelle le dieu du feu de Mésopotamie :

> Gibil, le héros élevé que Ea embellissait d'un terrible éclat (= melammu), qui grandit dans le pure Apsû, celui qui en Eridu, le lieu de (détermination) des destins, est infailliblement préparé, dont la lumière pure atteint le ciel, sa langue lumineuse brille comme l'éclair ; la lumière de Gibil flambe soudainement comme le jour[540].

Gibil est aussi appelé, brièvement, « héros, enfant d'Apsû ». Si le « feu » embelli d'un « terrible éclat », *melammu/hvarna*, est préparé en Eridu, on doit pouvoir conclure que c'est là qu'on se l'est procuré, exactement comme le rigvedique Agni-Matarishvan, un parmi les Agnis, « feux », dû être cherché à l'« embouchure des fleuves » (annexe 38).

Mais que le « feu » vienne d'« au-dessus » ou d'« au-dessous, » les êtres divins ou semi-divins (ou deux tiers divin comme Gilgameš) qui l'apportent de l'un ou l'autre des topos pouvaient tous être appelés d'après leur fonction commune, comme c'est le cas au Mexique, où Quetzalcouatl est aussi appelé *Ce acatl* = 1-Roseau[541] et Tezcatlipoca, *Omacatl (Ome acatl)* = 2-Roseau. De la même façon nous pouvons appeler les héros correspondants de l'ancien monde « 1-Férule-narthex », « 2-Férule-narthex », et ainsi de suite, d'après le « roseau » dans lequel le feu volé fut apporté par le plus célèbre titan, Prométhée, une « partie » de Saturne[542].

Sans prendre parti dans la discussion animée sur l'interprétation du nom même Gilgameš, dGIS. GIN. MEZ/MAS, et autres formes, on peut mentionner que GIS signifie « bois, arbre » et MEZ/MAS une sorte particulière de bois[543], et qu'il y a des raisons pour comprendre notre héros comme un vrai Prométhée.

Ici cela vaut la peine de se tourner rapidement vers un texte récemment traduit de nouveau et annoté par P. Gössmann, les tablettes de *L'Épopée d'Era*. C'est un poème sinistre, dont la violence épouvantable émerge dans presque chaque mot, dédié comme il l'est au dieu de la Mort, Era (aussi appelé Irra), une partie de Nergal. Le sujet est entièrement mythologique, traitant de la fin d'un monde en termes pires que ceux de l'*Edda*, et traitant à nouveau du déluge en termes des plus lugubres dans l'esprit de la Genèse. Mais ici quelque chose apparaît nettement que les commentateurs de la Genèse ont manqué. Ils l'ont manqué si complètement que même de nos jours quelques fondamentalistes bien intentionnés ont sollicité la permission de rechercher les restes de l'Arche sur le mont Ararat. L'accès leur en fut refusé avec impatience par les autorités soviétiques, qui les suspectaient d'espionnage en couverture de la CIA car elles ne croyaient pas qu'on puisse être aussi naïf. La naïveté évidemment s'étend aux chercheurs des Instituts des études sumériennes, qui allèrent rechercher Eridu dans le golfe Persique, et la demeure de la divine serveuse Siduri sur les côtes de la Méditerranée. Mais il est évident que les événements du Déluge dans l'épopée Era, quelque vivant que soit le langage, s'appliquent sans erreur aux événements dans les cieux austraux et à rien d'autre.

Il devient évident que toutes les aventures de Gilgameš, même si elles sont toujours tellement décrites comme des aventures terrestres, n'ont pas de réalités concevables sur terre. Elles sont conçues astronomiquement de A à Z, de même que la colère d'Era ne s'applique pas à quelque « seigneur Orage » météorologique mais à des événements qui sont imaginés pour prendre place parmi les constellations. Les auteurs de Sumer et de Babylone décrivent les catastrophes du Déluge à se faire dresser les cheveux sur la tête sans une pensée à des événements qui seraient terrestres. Leur imagination et leurs calculs aussi bien que leur pensée dépendent entièrement des étoiles. Leur capacité de transposition semble avoir été absolument perdue pour nous terriens, de la terre terreuse, qui pensent seulement à des images et des expériences primitives qui puissent expliquer le récit si intensément et humainement projeté. Peut-être sont-ils des mutants depuis notre type. En tout cas ils semblent se situer au-delà de la compréhension des esprits adultes contemporains, qui se sont réglés confortablement aux standards mentaux du Singe Nu de Desmond Morris de leur propre invention.

Ces fantômes étant désormais au repos, on se trouve en train de s'occuper d'ancêtres entièrement inconnus, dont les rages et passions bibliques doivent être lues dans un contexte entièrement nouveau. Pour être sûr, les planètes sont encore des voisins : Mars, qui est Era et Nergal, est seulement à quelques minutes à la vitesse de la lumière, Marduk-Jupiter environ huit minutes, Saturne une heure. Mais elles sont toutes également perdues dans l'espace cosmique, leur évidence optique, comme celle de fantômes, également insaisissables, également puissants ou impuissants en termes de normes physiques présentes, également et terriblement présents selon *ces* autres normes.

Era est sévèrement réprimandé par Jupiter/Marduk pour avoir envoyé ses armes pour détruire ce qui restait après le Déluge (Ea autrefois réprimanda Enlil mais de la même manière après le premier Déluge). Mais Marduk épargna sept sages *(unmâni)* en les faisant descendre vers Apsû ou l'Abîme, et vers les précieux arbres *mes*, en changeant leurs emplacements. « En raison de cette œuvre, Ô héros, que tu ordonnas de faire, où est l'arbre *mes*, chair des dieux, ornement des rois ? » « L'arbre *mēsu* », dit Marduk, « avait ses racines dans la grande mer, dans la profondeur d'Arallû, et son sommet atteignait le ciel élevé. » Il demande à Era où sont les lapis-lazuli, les dieux des arts, et les sept sages de l'Apsû. Il pourrait bien demander où est Gilgameš lui-même, qui est plus qu'un héros humain, maintenant transformé en un signal de lumière depuis un arbre *mes* aux dimensions de l'autre monde. Tel est le destin des héros, comme ils se sont succédé depuis

Amlóði, soit qu'ils viennent comme une étincelle dissimulée dans un narthex comme Prométhée, ou le feu depuis les morceaux de bois dans la chevelure du cerf, ou deviennent un rayon de Canope-Eridu. Perdus dans les profondeurs de l'Océan du sud, ils étaient capables de donner la dimension des profondeurs de la mer à nos ancêtres, et maintenant sont capables d'avoir les systèmes directionnels de nos missiles accrochés sur eux pour un combat interplanétaire, ils restent des points, des cercles, des géométries de lumière pour guider l'humanité passée et future sur son chemin.

Et ainsi sous les circonstances présentes il est nécessaire de quitter la sombre prophétie inaccomplie d'Era, relative comme elle le fait à un âge à venir du monde :

> Ouvre la voie, je prendrai la route,
> Les jours sont terminés, le temps fixe est passé.

Mais avec elle vient la déclaration la plus claire jamais exprimée par des hommes ou des dieux concernant la Précession. Marduk dit :

> Quand je me levais de mon siège et laissais l'inondation faire irruption,
> Alors le jugement de la Terre et du Ciel se disloqua...
> Les dieux, qui tremblaient, les étoiles du ciel,
> Leur position changeait, et je ne les rétablissais pas.

Tandis que chaque art et science a souvent été développé aussi loin que possible, et ensuite à nouveau a péri, ces opinions, avec d'autres, ont été préservées jusqu'à présent comme des reliques (leipsana) de l'ancien trésor.

Aristote, *Métaphysique* Bk. Lambda 1074b.

ÉPILOGUE
LE TRÉSOR PERDU

I

En chemin vers la conclusion de cet essai, une opportunité ou un hasard ou encore une aimable intention nous[544] ouvrit les yeux, après de nombreuses années, sur l'œuvre d'un auteur qui avait été notre guide quand nous tentions d'obtenir une première compréhension du savoir humain le plus reculé dans le temps. Il s'agissait de l'œuvre de Cassirer sur la pensée mythique. Et avec tout le respect qui est dû au grand historien de la philosophie de la Renaissance, nous en sommes restés confondus. Nous avancions à travers la prose persuasive et limpide, retraçant la croissance successive du concept des débuts sauvages et frustres jusqu'au niveau de la conscience kantienne. Nous tournions notre regard à nouveau vers le cortège majestueux des grands savants et chercheurs, Humboldt, Max Muller, Usener et Wissowa, Frazer et Cumont et tant d'autres, l'imposante phalange dans laquelle la philologie, l'ethnologie, l'histoire des religions, l'archéologie, et non des moindres, la philosophie, déployaient leur progrès bien unis et en bon ordre, pour être finalement passés au crible et éclaircis par l'historien moderne de la culture. Et alors, en prenant de plus en plus conscience que se trouvait là la matière qui allait alimenter l'enseignement pour les études avancées dans les immenses universités du futur, produire le brillant corpus des humanités générales destiné au plus grand nombre, bénéficiant de l'audiovisuel et de l'imprimerie électronique, nous avons soudain été frappés par le souvenir obsédant de cet infatigable et ridicule duo, Bouvard et Pécuchet. L'ironie impitoyable de Flaubert n'était pas de mise assurément dans le cas de Cassirer, mais le même génie qui avait créé Madame Bovary nous faisait soupçonner que certaines choses allaient arriver. Une noble entreprise était destinée à échouer, pire, était déjà éreintée par l'avènement du *Dictionnaire des Idées reçues*. Ce que les pathétiques petits personnages autodidactes de Flaubert avaient en commun avec le souverain historien de la culture était clair : c'était l'orgueil intellectuel. Ils jugeaient depuis les hauteurs du progrès, la pensée des innombrables siècles du passé archaïque comme un babillage primitif et naïf, comparable par analogie à celle des « primitifs » survivants à notre époque. Mais ce caractère primitif se trouve surtout dans la tête de ces observateurs. Il fallut l'étrange pénétration d'autres observateurs exercés comme Griaule pour découvrir soudain l'univers de pensée qui était demeuré caché pour des générations d'africanistes modernes.

Le grand mérite d'Ernst Cassirer tient au fait d'avoir exhumé la présence de « formes symboliques » du passé au milieu de l'histoire de la culture. Qui en dehors de lui aurait été capable de discerner ainsi les traits du mythe archaïque ? Cependant il demeura aveuglé par sa propre condescendance. La théorie évolutionniste, une brillante idée biologique sur notre propre passé, institutionnalisée en une banalité universelle, le tenait captif. Il perdit de sa perspicacité en raison de la confusion fatale que cette idée avait introduite entre le temps biologique, le temps de l'évolution, et le temps de l'humanité. Le temps de l'homme et le développement de la pensée renvoient à des dizaines de millénaires, mais il n'est pas à l'échelle du temps biologique. Maintes et maintes fois dans notre texte, nous avons attiré l'attention sur cette confusion qui n'a fait que s'aggraver de la pire manière. Si la notion de pensée mythique de Cassirer est déjà démodée, comme le sont ses sources, on peut s'attendre à ce que de futures études aillent plus loin dans le même sens, en intégrant la psychologie sociale et la sociologie anthropologique, jusqu'à ce que toutes les traces du passé aient été effacées. Le monde disposera alors d'une culture de lieux communs fondée sur les idées véhiculées au cours des deux derniers siècles d'histoire. Même Cassirer, qui pourtant était capable de discerner les liens entre langage et pensée dans la science moderne, acceptait sans critique les rapports les plus vides des missionnaires, et les intuitions les plus naïves des spécialistes de son temps qui enfonçaient des portes ouvertes. Du coup son œuvre appartient au « passé ». C'est le prix à payer du péché d'orgueil intellectuel. Selon le même processus consistant à assimiler symbolisme non discursif et « caractère primitif », il se coupa de la synthèse kantienne.

Où sont les neiges d'antan ? Au tout début de *Langage et Mythe*[545] l'auteur relève cette citation des dialogues de *Phèdre* où Platon raille en présentant comme de simples exercices intellectuels le mythe et les « mythèmes ». Clairement le professeur Cassirer entend mettre le lecteur dans son camp, et lui rappelle avec l'autorité du Maître qu'une pensée claire est une pensée bien ordonnée, même quand il s'agit de cette « sagesse paysanne » qu'est le mythe. Mais qu'en est-il du *Timée ?* Dans celui-ci, l'un de ses derniers dialogues, Platon traite gravement et solennellement de la création et de la fin de l'univers et du destin de l'âme. Et cependant le *Timée* est, ouvertement, explicitement, un grand mythe et rien d'autre. Dans ce cas Platon manque-t-il de « sérieux » comme d'ailleurs il aimerait perversement que certains savants le croient ? Ils ont marché dans le piège. Car Platon non seulement a mis dans son ouvrage toute la science qu'il a pu obtenir, il l'a investi d'une connaissance confidentielle de toute première importance, héritée de ses ancêtres archaïques, et il adjure simplement le lecteur de ne pas prendre le sujet trop au sérieux, ni d'en faire un thème d'étude, mais simplement de le comprendre, s'il le peut. Le savant se trouve déjà pris dans un tel enchevêtrement désespéré, qu'il lui faut l'aide du Seigneur.

Une simple conclusion serait d'admettre que le mythe n'est ni une fantaisie irresponsable, ni un objet de sérieuse psychologie, ou quelque chose comme cela. C'est « tout à fait autre chose », et exige d'être regardé avec les yeux bien ouverts. C'est ce que nous avons essayé de faire.

Wandelt sich schnell auch die Welt / Wie Wolkengestalten Alles Vollendete fällt / Heim zum Uralten. *

R. M. Rilke, *Sonette an Orpheus*

* Le monde change si rapidement / comme les formes des nuages/
Seulement reste l'Accompli/ Bercé dans l'Antiquité Intemporelle.

II

Afin de s'orienter, on peut revenir pour un instant à la pensée de deux auteurs modernes essentiels : Tolstoï, le dernier grand écrivain épique, et Simone Weil, la dernière grande sainte de la chrétienté, même si elle est gnostique. Tolstoï, dans ses dernières années, était tourmenté par la question de savoir si l'on pouvait trouver une voie qui ait un sens en dépit des événements de l'histoire telle qu'il la connaissait. Il parvint à la conclusion désespérée qu'il n'y a aucun sens à trouver, qu'en dépit des justifications des philosophes, ceux qui soi-disant font l'histoire sont les marionnettes de la Fatalité. La réalité de la guerre détruit tout semblant de rationalité, et laisse seulement une terrible confusion. La connaissance moderne est destinée à affronter les événements bruts, dont on peut seulement tirer des conclusions pragmatiques, partant de ce qui est avéré comme le *fait accompli*[546].

Et ici, peut-être, nous sommes confrontés à l'un des paradoxes de Tolstoï poussé jusqu'à un point bien près de l'insupportable. Dans sa lettre mémorable et désespérée à Gandhi de 1908, alors un obscur avocat, qui commençait à s'engager sur la voie d'enseigner la non-violence, *satyagraha*, Tolstoï dénonce les diverses formes de violence, de meurtre, et d'imposture sur lesquels est fondée la société, qui perpétue les distinctions de classe et d'éducation dans leur ensemble. Il y inclut toutes les religions officielles.

Et ensuite il désigne la science comme le grand coupable, parce qu'elle enseigne à l'homme essentiellement la violence envers lui-même et envers la nature. Évidemment, Tolstoï pense à l'arrogant esprit de *scientisme* avec ses doctrines froides et insensibles. Il ne pense pas que la science puisse être autre chose dans un esprit de pure recherche et de détachement serein. Nous dirions aujourd'hui que c'est la technologie qui est coupable. Mais le doigt est pointé sans équivoque vers notre notion moderne et vulgarisante de « science pour tous » et de société de consommation. Contre cela, Tolstoï retient une chose, l'amour chrétien, pur et simple, comme complètement spontané, naturel et irrésistible. Nous dirions, en gardant quelque distance avec Tolstoï et ses illuminations, que ce qu'il revendique est une limite sacrée aux voies mystérieuses du cosmos lui-même, le respect de la vie et de la spontanéité qui existent parmi les êtres doués d'une conscience. Ce faisant Tolstoï oublie peut-être sa propre recherche de l'harmonie qui fait de lui, dans *Guerre et Paix*, le digne successeur du grand K'wei, ce singulier « Maître de Musique » dans le nouvel Empire des Lettres. Il y prône une connaissance réservée. Celle-là aussi, inaccessible à celui que nous appelons « l'homme ordinaire », car le Christ lui-même s'adressait exclusivement à « ceux qui avaient des oreilles pour entendre ».

D'autre part, Simone Weil, perdue dans le tumulte de la seconde guerre mondiale, croyait trouver une réponse rétrospective chez les Grecs, chez Homère lui-même, qui avait été appelé le professeur de la Grèce. Elle appelait *l'Iliade* le « Poème de la Force » parce qu'il montre la Force au centre de l'histoire humaine, un puissant et clair miroir de la condition humaine, sans qu'y soient ajoutées des absurdités apaisantes. La mort pour les vaincus, le châtiment mérité pour le conquérant. Ce sont les deux facteurs de l'équation. L'expiation à proprement parler géométrique qui est liée à l'abus de force était le principal thème de la pensée grecque. Cette idée persistait partout où la pensée grecque s'était propagée. Et cependant, l'homme occidental, l'héritier de la tradition judéo-chrétienne, l'a perdue, si complètement que dans aucun langage occidental il n'existe un mot pour l'exprimer. Les notions de limite, de mesure, de commensurabilité, qui guident la pensée des sages ont survécu seulement dans la science grecque et dans la *catharsis* de la tragédie. Ceci semblait tracer la frontière de l'intelligence. C'est une étrange vérité, note Simone Weil, que les hommes aujourd'hui devraient être géomètres seulement pour ce qui concerne la matière. Pourtant la célèbre conférence perdue de Platon sur le Bien est connue pour avoir été fondée sur une démonstration géométrique. Il en a été ainsi depuis le commencement en Grèce. Non seulement l'équilibre éthique du cosmos d'Anaximandre, mais toute la théorie pythagoricienne a été fondée sur ces trois sciences mathématiques : le nombre, la musique, l'astronomie. Ici on se trouve droit au cœur de la vérité sur laquelle le Bien peut s'appuyer et pour le reste cela concerne les ingénieurs. Même dans Thucydide, il y a une sorte de *reductio ad absurdum*. Et cela montre que si les Grecs n'étaient pas moins misérables que nous dans la vie, leur grande idée épique demeure encore : pas de haine pour l'ennemi, pas de mépris pour la victime. Les mesures du cosmos exposaient les faits. Force, Nécessité, devaient être conçues comme obéissant à un ordre. Le mot crucial reste celui du *Timée* : « La Raison domine la Nécessité, en la persuadant de réaliser la plupart des choses dans les meilleures conditions possibles » (48A). Il y a là une grande idée. C'est la limite de ce que l'esprit pouvait considérer tout en restant capable de comprendre la réalité. C'est ce que les Grecs ont accepté comme la frontière de la pensée. Si originaux qu'aient été leurs esprits, on peut dire que l'héritage des mesures archaïques a constitué pour eux un patrimoine indestructible.

L'homme est allé au-delà de cela. Il a amené le merveilleux pouvoir mathématique à la conquête de la matière, aussi profondément qu'au cœur de l'atome, aussi loin que les nébuleuses extragalactiques. Mais précisément ainsi que le remarquait Simone Weil, les hommes sont des géomètres seulement pour ce qui concerne la matière et l'énergie. Le reste doit composer avec les événements, les probabilités, la physique de la poussière. L'homme demeure à regarder fixement ce qui dans sa propre structure est le refus de la pensée, *le fait accompli*. Il n'ose pas même examiner les conséquences de cette géométrie ; il cherche son chemin craintif devant ces corollaires frappés de fatalité tels que l'« information » ou la « tuerie massive » qui se transforment sous ses yeux en *faits accomplis*. La perspective que lui offre l'histoire n'appelle pas l'homme à la contemplation mais à une expérience de la vérité qui est en contradiction avec la foi qu'il avait « avant l'histoire » en la continuité. La prédiction scientifique, à l'échelle subatomique, s'éloigne des « catastrophes instantanées », se heurte à la résurgence perpétuelle de l'incertitude. Tout ce qui est expression authentique dans l'art, épuré de son contexte, se disperse dans l'incessante variété des styles, des réponses, des événements et découvertes ; pour nous le temps actuel n'est pas même un présent qui nous trompe mais l'instant éclaté.

*L'histoire est un cauchemar
dont j'essaie de m'éveiller.*

James Joyce, *Ulysse*

III

Par contraste avec le monde présent, le passé archaïque a beaucoup à dire sur le sujet. Il était fondé sur une très haute culture, artistique d'un ordre élevé comme chacun sait, et également une connaissance scientifique. Il apporta la première révolution technologique, sur laquelle ce qu'on a appelé l'Antiquité devait s'appuyer durant des millénaires. Ce passé archaïque a vécu, a permis au monde de vivre et s'épanouir. Aujourd'hui on se complaît à ignorer cette science archaïque parce qu'elle démarra sur des bases fausses et en tira un grand nombre de fausses conclusions. Cependant les historiens savent que l'erreur n'est pas un test pertinent et qu'une conduite de raisonnement peut être scientifiquement juste indépendamment de ses résultats. Nos ancêtres construisirent leur vision du monde à partir de l'idée qu'on appellerait aujourd'hui géocentrique ; ils concluaient par des spéculations au sujet du destin de l'âme humaine dans un cosmos où la géographie connue et la science du ciel étaient encore imbriquées. Pire, peut-être, ils les construisirent sur une conception du temps qui est complètement différente de la métrique moderne, linéaire, conception monotone du temps. Leur univers dérivé de l'apparente révolution des étoiles, à partir d'une pure cinématique, était très différent du nôtre. Il a fallu un grand effort intellectuel de la part de beaucoup de grands savants pour se resituer dans cette perspective. Les résultats ont été étonnamment fructueux. Car ces ancêtres ne construisirent pas seulement le temps dans une structure, *un temps cyclique*, mais à partir d'elle leur est venue l'idée créative de Nombre comme secret des choses. Quand ils disaient : « Les choses sont des nombres », ils décrivaient un immense arc sur l'ensemble du champ des idées, astronomiques et mathématiques, dont la science véritable allait naître. Ces génies inconnus installèrent la pensée moderne sur sa base, raccourcirent le temps de son évolution. Mais leurs idées étaient au moins aussi compliquées que les nôtres.

Le Temps cosmologique, la « danse des étoiles » comme l'appelait Platon, n'était pas une simple mesure angulaire, un réservoir vide, comme il est devenu aujourd'hui le réservoir de ce qu'on appelle l'histoire, c'est-à-dire le réservoir de surprises effrayantes et dépourvues de sens que les gens se sont résigné à appeler le *fait accompli*. Il était ressenti comme ayant suffisamment de pouvoir pour contrôler les événements avec inflexibilité, comme il les façonnait en une diversité cosmique dans laquelle le passé et le futur s'appelaient l'un l'autre, l'océan appelant l'océan. L'impressionnante Mesure répétait en écho la structure en de nombreuses voies, donnait la scansion du Temps, les décisions inexorables au travers desquelles un instant « venait à échoir ».

Ces mesures entremêlées étaient dotées d'une dignité si transcendante qu'elles donnaient une fondation à la réalité à laquelle toute la physique moderne ne peut prétendre. Car, à la différence de la physique, elles donnaient la première idée de « la signification de l'être », et ce sur quoi on se concentrait devenait par contraste presque un mélange du passé et du futur, de telle sorte que le Temps tendait à être essentiellement oraculaire. Il présentait, il annonçait, pour ainsi dire ; il orientait les hommes vers l'événement comme le Chœur devait le faire plus tard dans la tragédie grecque. Quelque idée que l'homme pouvait concevoir par lui-même, l'événement consacré se déroulant avant lui le protégeait d'être le « rêve d'une ombre ».

À maintes reprises, au cours de cet essai, nous avons insisté sur la vanité de toute tentative de donner une « image » du cosmos archaïque, serait-elle une image que Rembrandt dessina de l'apparition cabalistique à l'Initié, ou que Faust vit soudain dans le signe de l'Esprit de la Terre. Même comme système magique, il serait un dessin d'une complexité insoluble. Bien pire, les propres savants qui nous ont précédés ont échoué quand ils se sont essayés à construire un modèle, conçu mécaniquement, un orrery[547] un planétarium peut-être, tel que Platon le propose d'un ton un peu railleur, avec ses spirales et fuseaux et structures et piliers. Un véritable modèle pourrait réellement être utile, ajoute-t-il sans sourciller, et on réalise qu'il apparaîtrait dans l'offre d'un Zeiss Planétarium, encore fidèle à la rigueur cinématique des pouvoirs célestes, mais aveugle dans son action au mouvement de leurs âmes, et la machinerie de Platon rapidement se dissout en contradictions, il ne s'agit pas du tout d'un véritable « modèle ». Platon ne renoncera jamais à son « absence de gravité », qui pour lui est une question de principe, une façon de laisser subsister le mystère tandis que la raison est respectée aussi loin qu'il est possible d'aller. Une autre image suggérée par le passé, encore plus ancienne que les modèles planétaires, était le « tissu » entrelacé dans les cieux, les pouvoirs travaillant au métier à tisser ronronnant du temps, dit Goethe, comme ils tissent le manteau vivant de la Divinité. Mais comme dans toutes ces images, les termes véritables sont vie et harmonie, de nombreuses harmonies, telles que les pythagoriciens continuèrent sans cesse à les rechercher. Notre propre « reconstruction », quelle qu'elle soit, serait aussi proche de l'harmonie que ce que notre chat réalise en s'étirant de toute sa longueur sur un clavier de piano. La tentative folle de Kepler en rédigeant les annotations de l'« harmonie des sphères » était destinée à échouer atrocement pour exprimer la véritable légitimité : ce que Platon appelait le Chant de Lachesis[548].

Les hommes ont appris à la respecter sans réfléchir. Même aujourd'hui, comme on célèbre Noël, on invoque l'unique cadeau de ce temps cyclique, le cadeau du non-historique ; son ouverture hors du temps, la vertu de planifier l'ensemble dans un présent vital, chargé de voix ancestrales, d'oracles, et de rites du passé. Avec ce qui leur est resté de sincérité, les hommes invoquent la rémission des anciens péchés, la renaissance de l'Âme même, comme il fut fait il y a plusieurs millénaires. Les gens demandent à ce Temps la force renouvelée de s'exercer contre une réalité dépourvue de sens et à leurs enfants de les aider à surmonter leur propre incrédulité.

L'histoire véritable passe par les mythes. Ses forces sont mythiques. Comme Voltaire le remarquait tranquillement, la question est, quel mythe choisissez-vous.

Le mot Révolution est un véritable terme technique de connaissance et de mythe astronomiques : ce qui retourne toujours vers le même point. Il devint fortement assimilé à l'idée du Grand changement. Dès que les hommes commencèrent à ne plus comprendre cela, l'Histoire s'installa avec ses changements irréversibles. Mais au Moyen âge, on promettait encore un retour aux origines indéfinies, à l'Âge d'or, lorsqu'Adam cultivait la terre et Ève filait la laine, ou, plus chrétiennement, quand le Seigneur était encore sur terre. Joachim de Flore[549] était encore le prophète du Grand Changement qui devait être un véritable accomplissement de prophéties anciennes. Après les âges du Père et du Fils les hommes attendaient l'âge du Fantôme sacré qui devait suivre immédiatement, quand tous les hommes seraient frères, un grand moment révolutionnaire déclenché par l'ordre de Saint François. L'idée se perpétua dans l'horizon rétréci de l'époque des Lumières, qui la fit remonter au temps des demi-dieux grecs et romains. Car déjà dans ces temps classiques, ce rêve était présent. C'était celui du retour loin en arrière, à la naissance de l'Enfant Miraculeux. Et au-delà de cela, loin en arrière encore, à l'idée plus claire de configurations cosmiques telles qu'elles existaient lorsque le temps n'avait pas encore été mis en mouvement. C'est ici qu'intervint le *Timée*.

L'idée se perpétua. Dans les Apocalypses et les Cosmogonies, dans les poèmes védiques, le temps est artificiellement brouillé et délibérément en éléments, étapes lunaires, ou proto jeu d'échecs, pour restaurer la vision, la vision sibylline et prophétique. Hors de ce brouillage réfléchi des éléments vint l'alphabet. Une conquête prodigieuse, comme la fabrication du fer, et un douloureux cadeau pour les hommes, comme Hésiode a pu le dire. Il n'y a pas de doute que l'on a à faire à des créations de génie, même si elles ne furent que des étincelles dans l'obscurité, qui ont trouvé une voie pour se perpétuer et se propager.

Il va de soi que la chronique véritable des âges archaïques est remplie d'événements « barbares ». Ce que des migrations telles que celles des Cimmériens, des Mongoles, des Peuples de la Mer réalisèrent dans le sens de la destruction et de la dispersion se situe au-delà de notre imagination. On appelle cela la manière primitive de la vie, et on conjecture allègrement l'extermination au sens biologique, oubliant que la biologie traite des exterminations entre les tribus animales. Mais c'est seulement l'homme, spécialement l'homme moderne, qui connaît l'art du meurtre total, le rapide et le lent. Les cultures archaïques, dépourvues d'histoire mais imprégnées de mythe, ne trouvaient pas dans les événements la surprise du *fait accompli*, bouleversant et écrasant pour l'esprit à la manière dont Auschwitz l'est pour nous. L'expérience mythique a ses propres voies pour rencontrer la catastrophe. Les hommes étaient capables de voir les choses superbement. Le récit devenait épopée.

La grande épopée de la chute des Nibelungen reflète à sa manière l'invasion d'Attila et de ses Huns, le « Fléau de Dieu ». L'histoire officielle peut contenir les hordes Mongoles avec la victoire romaine aux Champs

Catalauniques, mais la légende d'Attila, chef des Gog et Magog, reste plus impressionnante, même au moment où il disparaît silencieusement de la scène, que celles de Gengis ou Tamerlan avec leurs conquêtes historiques et les pyramides de crânes. Il n'est pas obligé de beaucoup agir, il est l'empereur typique du mythe. Comme Théodoric, comme Arthur, comme Kai Khusrau, il est le roi d'échec inamovible autour duquel les personnages se déplacent. L'histoire des Nibelungen montre comment la pensée mythique traite de la crise. C'est Némésis qui, à la fin, détruit les guerriers germains. Attila, « roi Etzel », souffre à son tour, sans perdre l'autorité du conquérant. Son enfant meurt dans les mains de Hagen, dernier de la couvée scandaleuse qui est abattu comme un captif par la mère furieuse, détruite, à son tour, par Hildebrand, réconciliée avec le conquérant, qui amène le drame jusqu'à la *catharsis*. Attila le Hun et Théodoric le Goth, réunis dans le récit comme alliés sont restés pour pleurer ensemble la mort de grands héros. Pour eux, ni haine, ni terreur ne subsistent, seulement l'œuvre du Destin.

Depuis la dernière nuit de Troie, anéantie dans le massacre, il reste du mythe vivant la fuite de quelques survivants vers de nouveaux rivages. Là ils deviennent à leur tour de mythiques héros fondateurs, que se disputèrent les grandes cités de l'Occident. C'est ainsi que procède le mythe, et Némésis est pressentie à la fin pour se rapprocher de l'Empire romain. L'esprit de l'immuable épopée d'Homère va diriger la pensée ancienne au cours des temps jusqu'à la fin du monde classique. Il est exempt de ressentiment et de haine. Mais on est encore impressionné par cette invocation de Virgile voyant une condamnation sur Rome alors que celle-ci s'imaginait à l'abri pour toujours : « S'il vous plaît, dieux, ayez pitié. N'avons-nous pas assez expié pour le parjure de Troie ? » *Iam satis luimus Laomedonteae peruria Troiae...* Il n'y a pas d'expiation définitive dans le rythme incessant des cycles et mégacycles, qui constituent une dialectique vivante de l'imagination mythique. Les conquêtes et les défaites qui réorganisèrent le monde avec Alexandre furent sûrement plus importantes que tous les exploits attribués à Gilgameš, le légendaire roi d'Uruk : Mais le reflet de l'autre monde de ce dernier se réfléchissait sur le Macédonien, et la tradition le fit entrer dans le modèle d'un nouveau Gilgameš, encore tendu vers la découverte et la conquête de toute la terre, l'eau, et l'air, en descendant jusqu'à l'extrémité du monde et au-delà, recherchant encore mais en vain la vie immortelle. La capacité de former un véritable mythe engendra les épisodes historiques qu'il avait besoin de faire correspondre avec lui-même dans le rôle, allait au-delà de sa personne pour constituer le demi-dieu « aux deux cornes », Dhul-karnein, celui qui érigea un mur d'airain contre la voie de la destruction venue de l'Est, le péril de Gog et Magog, une légende que même la future gloire de l'Empire romain ne sut pas imiter. Car cette sorte de temps a toujours une propension à s'éloigner vers les formes de l'intemporalité.

Revenons à la fin de la merveilleuse aventure de l'Ulysse de Dante, quand il sort du détroit de Gibraltar :

> Et ayant tourné notre poupe vers le matin,
> Nos rames nous changeâmes en ailes en fuite folle
> Toujours gagnant du terrain vers le côté gauche.

C'est-à-dire il a « tourné sa poupe vers l'est », et sa proue plein ouest. Il poursuit sa route « toujours gagnant du chemin vers la gauche ». En d'autres termes, il semble qu'il essaie de contourner l'Afrique, pas comme Colomb mais comme le fit Vasco de Gama en allant en Inde. La direction générale de sa « folle fuite » est en fait le sud, à travers l'équateur et ensuite le Tropique du Capricorne, exactement comme il l'a déjà fait dans Homère sous les directives de navigation de Circé : « Suis le vent du Nord. » Il est encore à la recherche de l'« expérience, au-delà du soleil, du monde inhabité. » Mais dans le système du monde de Dante, il se dirige clairement vers les Antipodes, qui désignent, vaguement, les mers du sud inconnues.

> Et, en fait, toutes les étoiles de l'autre pôle étaient en vue, et celles du nôtre s'étaient enfoncées si bas qu'elles ne s'élevaient pas de la mer ; cinq fois la lumière de la lune avait cru et décru, lorsque nous donnâmes le signalement d'une haute montagne, vague en raison de la distance, si haute que je n'en avais jamais vu de telle. Nous nous réjouîmes, et bientôt cela se transforma en pleurs...

Car c'était, comme nous le savons déjà (voir chapitre XIV, « Le Gouffre-Tourbillon »), le mont du Purgatoire, refusé aux vivants. En conséquence, la Providence décida d'un tourbillon qui avalait les bateaux et tous leurs équipages, et ce fut la fin.

Que fut la découverte de Colomb ? À peine plus.

La description de Dante n'était pas réellement une invention ; elle était tirée de textes de son temps, et nous la trouvons, entièrement transcrite, dans les propres extraits et notes de Colomb, écrits durant les années d'attente en Espagne, à partir de ses lectures favorites : « Subtils et brillants secrets, écrits dans la marge de papier glacé de tels livres[550]. » C'est encore le pays de l'Éden.

> Une longue distance par la terre et la mer depuis notre terre habitable ; c'est si haut que cela touche la sphère la plus basse, et les eaux du Déluge jamais ne le touchèrent... Les eaux qui descendent de cette très haute montagne forment un immense lac. La chute de ces eaux fait un tel bruit que les habitants naissent sourds. Depuis ce lac comme d'une source coulent les quatre fleuves du Paradis : Physon qui est le Gange, Gyon qui est le Nil, le Tigre et l'Euphrate... une fontaine est là au paradis qui arrose le jardin des délices et qui se diffuse dans les quatre fleuves. Selon Isidore, Jean de Damas, Bède, Strabon et Pierre Comestor... Pline et Soline, les corrections de Ptolémée de Marinus de Tyr montrent que la mer peut être traversée en peu de jours avec des vents favorables, en descendant *per deorsum Africae*, le long du dos de l'Afrique... car la terre s'étend depuis l'Espagne de plus de 180°. Et la preuve est que Ezra dit que les 6/7e du globe sont de la terre, Ambrosius et Augustin tenant Ezra pour un prophète... le degré étant égal à 52 2/3 miles Romains...

Les sources de Colomb sont bien connues, l'une d'entre elles étant le célèbre *Imago Mundi* de Pierre d'Ailly du XIVe siècle, et une autre *Historia Rerum ubicumque gestarum* de Aena Sylvius du XVe siècle. Pierre d'Ailly diffère même plus de Ptolémée en annulant ses coordonnées célestes, tandis que Æneas Sylvius offre seulement une compilation, un vague *miroir historial*, et cependant ce sont les livres qui inspirent confiance à Colomb, beaucoup plus que ses cartes, et à juste titre. Même la fameuse lettre de Toscanelli à Martius ne fait pas plus que d'attirer l'attention sur le Cipango (Japon) de Marco Polo et le place mille miles à l'est ; ce qui au moins encouragea le Génois solitaire, qui à la fin ne se douta pas de l'existence du Pacifique, et lui fit rechercher les temples d'or de Cipango alors qu'il découvrait Cuba. Son pays de légende, sa propre île de St Brandaen, doit avoir été dans son esprit quelque part entre les Canaries et l'Empire du prêtre Jean, le long du « dos de l'Afrique », et ce fut plutôt une agression pour lui de découvrir l'Amérique, ou plutôt de l'inventer hors de son enthousiasme mythique, encore tendu vers le Jardin d'Éden et ses rossignols. Comme pour Toscanelli, le « cosmographe », son élan ne tient pas tant dans son expertise géographique sur la Chine que dans sa prédiction d'un nouvel âge du monde. La claire et très moderne intention de Colomb et de Toscanelli était de « rechercher l'Est par la voie de l'Ouest » ; mais à quoi cela revint-il ? Une des autorités assura que Arym, *umbilicus maris*, où qu'il puisse être, n'était pas « au milieu de la terre habitée », mais au-delà, 90° au loin. Un autre dit que la distance entre l'Espagne et le bord est de l'Inde n'était « pas beaucoup ». Une fois dans l'Atlantique, Colomb dut renoncer en sa croyance dans le mythe intemporel, de Gilgameš à Alexandre. Pour être sur, il avait le compas, mais sa cosmographie avait perdu la notion même des cieux ; et, comme ses ancêtres odysséens et médiévaux, il devait maintenir la quête des îles du Consacré.

> Il se peut que nous trouvions les îles Heureuses
> *Et rencontrions le grand Achille, que nous connaissions...*

Ce qui le conduisit à cette découverte fut sa merveilleuse habileté de navigateur, qui lui permit de surmonter les orages d'équinoxe et de ne jamais égarer un bateau comme il faufilait ses caravelles au travers des passes difficiles des Indes. L'Amérique fut la récompense pour la foi archaïque de Paolo Toscanelli[551] et de Christophe Colomb.

Le rapport entre le mythe et l'histoire est en vérité très important, mais l'influence de l'un sur l'autre va souvent à l'encontre des interprétations de la plupart des détracteurs. Le célèbre rossignol de l'Éden dont Colomb écrit qu'il l'entendit quand il débarqua sur Watling Island est seulement un contre exemple frappant. Mais il y en a d'autres. Par exemple, le mythe a de l'influence sur la géopolitique des grands conquérants de l'Est comme Tamerlan et Mohammed II. Ces deux hommes d'action, et d'action décisive, étaient loin d'être des illettrés. Ils avaient les cultures de deux langues à leur disposition, turque et persane, et leurs esprits curieux aimaient à envisager de grands projets d'aventure vers l'ouest. Cependant, bien qu'ils étaient obsédés par la destruction de l'Empire de Rum (Rome), on a montré (von Hammer) qu'ils n'avaient jamais même entendu parler de César et de ses grands successeurs. Leur information historique n'allait pas au-delà du *Roman d'Alexandre* dans la version perse. On revient à nouveau à Gilgameš comme source première. La comparaison est toute en leur faveur. Tandis que les Européens se perdaient dans de misérables querelles, gaspillant leur potentiel, et même cherchant une alliance avec le Turc, seul le pape

Æneas Sylvius, malade et mourant, trouva les mots pour l'occasion : « Les barbares ont assassiné le successeur de Constantin et son peuple, profané les temples du Seigneur, abattu les autels, jeté aux pourceaux les reliques des martyrs, tué les prêtres, violé leurs femmes et leurs filles, même les vierges consacrées à Dieu ; ils ont traîné le long du camp la statue de notre sauveur crucifié, au cri de voici le Dieu des Chrétiens et ils l'ont profanée avec des immondices et des crachats, et *nous* semblons ne nous soucier de rien. » C'était vraiment la tragédie finale de la Chrétienté, s'évanouissant d'abord à l'ouest, puis à l'est. À ce point, seul le sultan conquérant trouva les mots pour l'occasion. « Le souverain du monde, écrit Tursum Beg, son chroniqueur, monta comme un esprit, au sommet de sainte Sophie ; là il observa les signes du déclin qui déjà arrivait, et l'exprima par un poème : « L'araignée veille en haut dans les portiques de la coupole de Khusrau. La chouette donne la sonnerie aux morts dans le palais d'Afrāsiyāb. Ainsi va le monde. Il est condamné à sa fin. »

IV

Combien de temps le monde archaïque a-t-il participé de notre propre cadre ? Son début a déjà été placé au Néolithique, sans en fixer les limites dans le passé ; laissons les archéologues de la préhistoire en décider. Le système astronomique semble imaginer l'Âge d'or, l'Ère saturnienne, comme déjà mythique, au sens propre. On peut ensuite dire qu'il prend forme environ en 4000 av. J.-C.[552], qu'il dura la protohistoire et au-delà[553]. La terrible perte de substance dont a souffert la tradition au Moyen Âge grec (la même se produisit en Égypte, avant le Royaume du Milieu) a créé une discontinuité presque complète avec ce que nous appelons l'Antiquité classique, mais il en est resté suffisamment pour assurer une continuité avec ces ancêtres que Platon et Aristote aimaient appeler « les hommes proches des dieux » et qui furent considérés ainsi même à notre Renaissance. Dans la philosophie de Platon, le Temps archaïque restait intact ; il était résolument compris comme « totalement différent » de la suite, totalement incompatible avec ce dont Parménide avait déjà rendu compte dans sa Révélation, avec ce que Démocrite avait froidement théorisé. Mais le temps archaïque est l'univers, comme lui il est circulaire et défini. Il est défini par essence, et ainsi il continue à exister pendant toute l'Antiquité classique, qui ne croyait pas au progrès mais à l'éternel retour. Dans ce monde c'était l'espace qui, pris isolément, introduisait la notion d'infini et d'incohérence. Finalement, chez Platon, l'espace était identifié avec la nature du Non-Être. Platon appelait l'espace le « Réceptacle ». Cette idée, si énigmatique pour nous qui pensons en termes spatiaux et découpons la réalité, comme le disait Bergson, le long de lignes pointillées dessinées dans l'espace, doit avoir été pour Platon une conclusion simple et naturelle. Il a hérité de l'idée que la réalité, ou plutôt l'Être, était par-dessus tout défini en termes de temps. C'était l'espace qui introduisait la confusion, la multiplicité, la résistance à l'Ordre, que Platon appelait l'insoumis et l'irrégulier qui toujours résistent à l'esprit. Au commencement, il semblerait que l'espace résista même à l'esprit du démiurge créateur, car il représentait avec le chaos originel, une sorte de corps étranger opiniâtrement *plemmelos kai atakteos*, inorganisé, dépourvu de tout rythme. Même le démiurge dut lutter pour le contraindre à prendre forme, dans les limites de son pouvoir.

Quand le monde archaïque finit-il ? Il y a de nombreux témoignages sur ce déroutant changement. Plutarque, en véritable païen, le fixa environ en 60 apr. J.-C., parce que ce fut à ce moment « que les oracles cessèrent d'apporter des réponses ». C'est à cette occasion qu'il fit le récit de la voix qui s'éleva de la mer, en disant au pilote que « le grand Pan était mort ». En le racontant précédemment (ci-dessus, chapitre XX, p. 325), on a noté que les experts de l'empereur Tibère décidèrent que cela devait être Pan n° 3. Un autre âge du monde était sur le point de passer, avec les dieux qui en faisaient partie. Pour les traditionalistes c'était en vérité un signe de plus du passage de l'Âge du Bélier et à l'avènement de l'Âge des Poissons. Historiquement, il est connu que l'avènement de la révolution chrétienne, fut marqué de nombreuses façons du signe du Poisson. Il peut aussi avoir pris place avec l'Édit de Théodose en 390 apr. J.-C. Ce dut être un changement si profond qu'il fit perdre ses repères à Plutarque. Ce fut la fin des Parques, les déesses qui vivaient le destin. Le Chant de Lachesis s'était éteint. En peu de siècles, ce fut comme si de nouvelles étoiles brillaient au-dessus des têtes des hommes élevés dans une culture classique. L'introduction de nouveaux dieux venus de l'est fut certainement une cause qui contribua à la conversion rapide de l'élite romaine, qui apparut aux chrétiens comme un miracle en soi. Les oracles et les présages avaient fait partie de la texture du temps circulaire, utilisant le langage sibyllin qui continuellement jetait un arc-en-ciel, pont entre le passé et le futur.

Comme de derniers développements devaient le montrer, la grande toile du temps cyclique subit un mal irréparable par la doctrine de l'Incarnation, mais ne se brisa pas complètement en deux immédiatement. Durant une longue période la croyance en une seconde résurrection parmi les chrétiens conserva le temps en équilibre. Mais quand il devint avéré que l'avènement supraterrestre du Christ dans le monde avait partagé le temps en un Avant et un Après absolus, que c'était un événement unique non sujet à répétition, alors la durée devint une simple extension, une attente pour le jour du Jugement, dépendant de plus en plus des vicissitudes de la croyance.

Autrefois j'ai tenté d'identifier, à partir du témoignage de l'expérience artistique, l'époque où le cadre temporel de la réalité vint à être ressenti et décrit en termes d'espace tridimensionnel[554]. Le premier signe de la Révolution scientifique, suggérai-je, coïncida avec l'invention de la perspective au XVe siècle. Cela arriva, pour ainsi dire, subrepticement, trouvant son origine dans les esprits de grands artistes et techniciens (artiste étant alors le terme pour artisan). Ce qui est clair c'est qu'à la fin de la Renaissance le temps et l'espace étaient devenus ce pour quoi *nous* les désignons aujourd'hui.

Newton concevait le cadre de l'univers comme façonné d'espace et de temps absolus. Le mode de pensée devint naturel, mais pas avant qu'Einstein n'ait soulevé de nouveaux et plus grands obstacles capables de résister à l'imagination. Aujourd'hui on doit commencer à apprécier la divine simplicité du cadre archaïque, qui prit le temps comme le *seul* cadre, même au prix terrible de façonner le cosmos lui-même dans l'« univers bouillonnant ». Ce fut une option décisive. Le choix descendit profondément jusqu'aux racines de l'être humain. Il conditionna la théorie aristotélicienne et conditionna l'imagination chrétienne. Il contraignit même Copernic et Kepler. Tous les deux se révoltèrent contre la démesure. C'est pourquoi on voit Aristarque, Bruno et Galilée pas seulement comme de hardis généralisateurs ou investigateurs de régularités, mais comme des esprits à l'audace surhumaine.

Aristarque resta un solitaire, négligé en son temps même par l'esprit souverain d'Archimède. Vingt siècles plus tard, Bruno fut moins un penseur qu'un prophète inspiré par l'infinité de Dieu, identique à l'univers lui-même. Galilée le véritable scientifique restait encore suffisamment dominé par la circularité dont il avait besoin dans son cosmos de telle sorte qu'il n'osa pas formuler le principe de l'inertie rectiligne qui était déjà présent dans son esprit. Il tenait passionnément au cosmos circulaire. Le cercle était pour lui une métaphore de l'Être qu'il voulait encore accepter même au prix d'épicycles inacceptables. Pour autant qu'il supportait la circularité parfaite pour des raisons prosaïques et de modération, cela restait pour lui d'abord et enfin une « forme symbolique », de même que la coupe aux Sept anneaux de Jamshīd, le Chaudron magique de Koridwen, et le Cromlech de Stonehenge. La Dissonance du Monde, la dissolution du Cosmos, allait venir seulement avec Descartes.

On a dit plus tôt concernant les astronomes Maya que c'étaient les connexions qui comptaient. Dans l'univers archaïque, toutes les choses étaient des signes et des signatures des uns et des autres, inscrites dans l'hologramme, pour être prédites subtilement. C'était aussi la philosophie des pythagoriciens, et cela préside à tout le langage classique, comme distinct du langage contemporain. Ceci fut relevé avec perspicacité par un critique moderne, Roland Barthes, dans *Le Degré zéro de l'écriture.* « L'économie du langage classique », dit-il, « est rationnelle, ce qui signifie qu'en lui les mots sont abrégés autant qu'il est possible dans l'intérêt de la liaison... Aucun mot n'a de densité par lui-même, il est à peine le signe d'une chose, mais plutôt le moyen de transmettre une connexion. » Aujourd'hui, l'objet d'un poème moderne n'est pas de définir ou qualifier des relations déjà conventionnellement accordées. On se sent transporté, pour ainsi dire, depuis le monde de la physique classique de Newton au monde aléatoire des particules subatomiques, dirigées par la théorie de la probabilité. Au début on ressentit cela avec Cézanne, avec Rimbaud et Mallarmé. C'est « une explosion de mots » et de formes, de mots libérés, d'objets indépendants, discontinus et magiques, non contrôlés, non organisés par une séquence de « signes neutres ». Le flot interrompu du nouveau langage poétique, remarque Barthes, « initie une Nature discontinue, qui est révélée seulement par morceaux ». La Nature devient un « espace fragmenté, fait d'objets solitaires et terribles, parce que les liens entre eux sont seulement potentiels ». De plus, ils sont arbitraires. Ils sont supposés être de la nature de l'ancien *portentum*. La seule signification à tirer de ces liens est qu'ils sont de la même nature que celle de l'esprit qui les a faits. L'esprit a abdiqué, ou il se contracte dans une terreur apocalyptique. Dans les arts, nous entendons parler d'amorphisme, ou de « désintégration de forme », du « triomphe de l'incohérence » en poésie concrète et musique contemporaine. Les nouvelles synthèses, si tant est qu'elles sont encore possibles, sont au-delà de l'horizon.

Honneur des Hommes, Saint Langage
Discours prophétique et paré...

Valéry, *La Pythie*

CONCLUSION

À partir de l'introduction du personnage d'Hamlet, thème choisi parmi de nombreux autres, cette première reconnaissance de ce que nous avons appelé un terrain en friche s'est révélée être un parcours long et tortueux. Nous nous sommes intéressés à d'immenses territoires du mythe dont de précédentes découvertes avaient signalé la vraisemblable valeur. Les trésors des traditions celtiques, de l'Égypte, de la Chine, de l'Inde tribale ou mégalithique et de l'Océanie ont tout juste été effleurés. Cependant, l'application prudente, inductive, d'une formule de critères discriminants à la zone de haute civilisation a suffi pour révéler les restes d'un « code du langage », de cohérence infaillible, antérieur à l'expression littéraire.

On ne doit pas se reprocher d'avoir suivi le raisonnement là où il nous a menés, mais il faut fortement espérer que ce qui a été découvert contrebalance les inévitables erreurs de cet essai.

Quel a bien pu être l'univers initial de l'expression parlée, cette dispersion insensée de langages démembrés et disjoints d'un passé lointain, de jargons bruts et d'expériences incommunicables dont, par un coup de chance, est né l'homme scientifique ? Pour être clair la capacité de l'homme à être attentif, à choisir certains objets inaccessibles dans l'univers, a dû avoir raison des complications et des horreurs de son psychisme. Il y eut quelques hommes, sûrement exceptionnels, qui virent que certains merveilleux points de lumière, en haut dans l'obscurité, pouvaient être comptés, pistés, et nommés. Cette connaissance innée qui guide les oiseaux migrateurs peut les avoir conduits à réaliser que les cieux disent, en vérité racontent, la gloire de Dieu, et à en conclure ensuite que le secret de l'Être s'étalait là, manifesté devant leurs yeux.

Leurs étranges idées, impénétrables à des âges plus tardifs, marquèrent le début de l'intellect et, au cours du temps, elles grandirent en un *koiné*[555], ou *lingua franca*, recouvrant le globe. Ce langage commun ignorait les croyances locales et les cultes. Il se concentrait sur les nombres, les mouvements, les mesures, systèmes globaux, schémas, sur la structure des nombres, sur la géométrie. Il fit tout cela bien que leurs inventeurs n'avaient pas l'expérience de partager entre eux, excepté les événements de leurs vies quotidiennes, et pas de symbolique par laquelle communiquer, si ce n'étaient leurs observations selon les lois de la nature.

Une expression ordonnée, c'est-à-dire une expression en accord avec ces lois ou ces règles, se présente avant la pensée organisée. Après cela, la création spontanée de légendes apparaît quand il y a un fond d'expérience directe à en tirer. Par exemple, un « langage technique » préhistorique, s'exprimant seulement selon la légitimité au sens grammatical ou naturel, peut avoir commencé en utilisant des termes qui venaient de la toute première technologie. Plus tard, comme l'expérimentation se développait la même sorte de langage utilisant les mêmes termes peut avoir été étendue pour inclure l'alchimie et d'autres symboliques. Mis en forme, ces échanges furent transformés en récits, mais en raison de leur terminologie, ils possédaient une capacité d'ordonner et de nommer qui diffusa des impulsions par-delà un océan de diversité. Finalement, ils purent produire un code de signes selon lequel les étoiles de l'Ourse devinrent un attelage de bœufs, et ainsi de suite.

Il est maintenant reconnu que l'astrologie a pourvu aux besoins de l'homme avec sa permanente *lingua franca* à travers les siècles. Mais il est essentiel de reconnaître que, au commencement, l'astrologie présupposait une astronomie. À travers l'interaction de ces deux concepts célestes, les éléments communs de connaissance prélittéraires furent rattrapés dans un bestiaire bizarre dont la taxonomie avait disparu. Avec les vestiges du système éparpillé partout dans le monde, abandonné à la dérive des cultures et des langages, il est immensément difficile d'identifier les thèmes originels qui ont subi tant de transformations.

CONCLUSION

Le langage des *Védas*, par exemple, qui dans ses hymnes transpose une profusion chatoyante de thèmes métaphysiques est en fait très éloigné de tous les autres aspects de la pensée mythique. De même que les Étoiles de l'Ourse sont éloignées de la qualification de maîtres que leur confèrent les *Védas* en prétendant que ce sont elles qui ont écrit leurs vers. Dans ces versets, il est certain que la notion de voie vers la transcendance et l'absurdité et l'exubérance sauvage de la symbolique déconcertent l'esprit occidental et le conduisent loin du sujet des origines astronomiques dans une dialectique mystique.

Et cependant la vie originelle de la pensée, née des mêmes semences que les *Védas*, faisait son chemin dans l'obscurité, prenait profondément racine jusqu'à ce que la plante vivante émerge dans la lumière sous différents cieux. Pas très loin de là il devenait possible de retrouver un itinéraire similaire de l'esprit en dépit d'aucun indice linguistique commun qui puisse être reconnu par un philologue. À partir de la plus faible des traces, l'échelle de pensée renvoyant à la symbolique protopythagoricienne fut révélée aux esprits surnaturellement perspicaces de Kircher et Dupuis. L'inévitable processus devenait perceptible, partant des phénomènes astronomiques jusqu'à ce qui pouvait être au-delà d'eux. Finalement peut-être, comme le suggérait Proclus, la succession conduit des mots aux nombres, et ensuite même au-delà de l'idée de nombre vers un monde où le nombre lui-même a cessé d'exister et où il y a seulement des formes de pensées se suffisant à elles-mêmes. Avec cette progression, le pouvoir ascensionnel de l'esprit archaïque, supporté par les nombres, a rétabli le lien entre deux mondes complètement séparés.

La nature de ce monde inconnu de forme abstraite peut aussi être suggérée au moyen des symboles musicaux, ainsi qu'il a été esquissé plus haut. L'*art de la fugue* ne fut jamais terminé. Les symétries disponibles servent seulement d'indication sur ce que cela a pu être, et l'œuvre n'est pas même telle que Bach l'a laissée. Des partitions imprimées ont été perdues et partiellement détruites. Ensuite, rassemblées une fois de plus, elles furent placées dans un ordre approximatif. Même ainsi, à regarder la création comme elle est aujourd'hui, on est obligé d'admettre qu'il fut un temps où le projet d'ensemble existait dans l'esprit de Bach.

De la même façon, l'étrange hologramme de la cosmologie archaïque doit avoir existé comme un projet conçu, réalisé au moins dans certains esprits, même jusqu'à la période sumérienne lorsqu'écrire était encore un monopole jalousement gardé par la classe des scribes. Une telle pensée peut avoir appartenu à un gardien de mémoires, mais pas à celui du mot vivant, encore moins de la pensée vivante. La plupart du projet ne fut jamais enregistré. Des morceaux nous en sont parvenus dans une forme inusuelle, hésitante, à peine indiquée, comme la sagesse et les esquisses d'Ogotemmeli, le sage aveugle centenaire, professeur de Griaule. Dans les dessins magiques de Lascaux, ou dans les récits des Indiens d'Amérique, on perçoit une mystérieuse compréhension entre les hommes et les autres créatures vivantes qui plaide pour une relation au-delà de notre imagination, infiniment éloignée de notre capacité d'analyse.

« À partir de maintenant », dit le père Soleil, s'affligeant sur Phaéton, son enfant déchu, « tu seras le Vison ». Quelle signification ceci peut-il avoir pour nous ? Pour un tel entendement entre les hommes, et les hommes et les autres créatures vivantes aussi, nous aurions besoin de l'aide que le roi Arthur avait à son service : « Gwryr interprète des langues, il convient que tu nous assistes dans cette quête. Tu connais toutes les langues, et ainsi tu peux parler tous les langages des hommes, et certains langages des oiseaux et des animaux. » Cette aptitude était aussi attribuée à Merlin et à Gwyon, ces maîtres de la sagesse cosmologique dont les noms résonnent au travers des légendes du Moyen Âge. En général, toute communication légendaire était conçue comme ayant une telle attribution, plus que la fable d'Ésope douée d'une sagesse banale et populaire.

Une bonne partie de ce livre a été peuplée avec les habitants d'une ménagerie stellaire de personnages animaux profondément significatifs. Les formes de vie animale ont varié depuis les Poissons qui se sont transformés en Gémeaux velus jusqu'à la remarquable succession de créatures ressemblant à des chiens se présentant tout autour du monde depuis l'Irlande jusqu'au Yucatán. Tous ces animaux ont été de grande signification, et chacun a été investi de fonctions clés dans le mythe cosmologique.

Il serait possible, par exemple, de réaliser la plus instructive des éditions du *Roman de Renard* en l'illustrant entièrement avec des reproductions de documents rituels égyptiens et mésopotamiens. Car il est probable que ces documents représentent la dernière forme de langage initiatique international, destiné à être dissimulé à la fois aux autorités suspicieuses et à la foule ignorante. En tout cas, ce langage constitue un excellent antidote contre cette sorte d'usage dévoyé dont parle Platon avec une surprenante gravité dans *Phèdre* (274D-275B). À l'endroit en question, Thot/Hermès se sent très fier de lui, d'avoir inventé les lettres, et il prétend que l'alphabet rendra les Égyptiens plus avisés et améliorera leur mémoire. Platon lui fait répondre par le dieu Thamus, « roi de toute l'Égypte » :

> « Ô Thot des plus ingénieux », dit le dieu et roi Thamus, « un homme a la capacité de susciter les arts, mais la capacité de juger de leur utilité ou de leur nocivité pour leurs utilisateurs appartient à un autre ; et maintenant toi, qui es le père des lettres, as été conduit par ton affection à leur attribuer un pouvoir opposé à ce qu'elles possèdent réellement. Car cette invention produira une perte de mémoire dans les esprits de ceux qui apprennent à l'utiliser, parce qu'ils ne la feront plus fonctionner. Leur confiance en l'écriture, fruit de caractères extérieurs qui ne font pas partie d'eux-mêmes, découragera en eux l'usage de leur propre mémoire. Tu n'as pas inventé un élixir de mémoire, mais de réminiscence ; et tu offres à tes élèves l'apparence de sagesse, pas la véritable sagesse, car ils liront beaucoup de choses sans instruction et par conséquent paraîtront connaître beaucoup de choses, quand ils seront pour la plupart ignorants et d'un commerce difficile, car ils ne seront pas sages, mais seulement en donneront l'apparence[556]. »

Maintenant que les appréhensions de Platon sont passées dans les faits, il ne reste rien de l'ancien savoir excepté les vestiges, fragments et traces qui ont survécu à l'usure rapide des âges. Une partie du trésor perdu peut être retrouvée à travers l'archéologie ; une partie, l'astronomie maya, par exemple, peut être reconstruite au travers d'une véritable ingéniosité mathématique ; mais aucune hypothèse ne peut permettre de reconstituer le système dans son ensemble parce que les esprits créatifs, organisés qui l'ont réalisé ont disparu pour toujours.

L'Envoi

À partir de l'harmonie, à partir de l'harmonie céleste,
L'univers fut édifié.
Quand la nature gisait au-dessous
D'un amoncellement d'atomes discordants
Et ne pouvait soulever la tête,
Des accents musicaux furent entendus venant des hauteurs,
« Lève-toi, toi plus que mort ! »
Alors le froid, le chaud, l'humide, et le sec,
Sautent en ordre vers leurs places
Et obéissent au pouvoir de la Musique.
À partir de l'harmonie, à partir de l'harmonie céleste,
L'univers fut édifié.
De l'harmonie vers l'harmonie,
Il parcourut toutes les notes de la gamme,
Le registre complet se terminant en l'Homme…
Aussi par le pouvoir de chants sacrés
Les sphères commencèrent à bouger,
Et chantèrent la louange du grand Créateur
Là-haut, pour tous les Saints ;
Aussi quand l'heure dernière et terrible
Dévorera ce décor en désagrégation,
On entendra dans les airs la trompette,
Les morts revivront, les vivants mourront
Et la Musique désaccordera le ciel !

Dryden, *Un Chant pour le jour de la Sainte-Cécile*

ANNEXES

ANNEXE 1

Le plus grand maître de ce genre d'observation jusqu'ici a été Marcel Griaule († 1956) qui a laissé une impressionnante cohorte de disciples. Ils ont renouvelé la compréhension des études africaines, montrant que de tels systèmes, que Griaule a « découverts » dans le vrai sens du terme, sont encore vivants chez les Dogons.

Comme l'écrit Germaine Dieterlen : « Le plus petit objet quotidien peut révéler un reflet conscient d'une cosmogonie complexe. Ainsi, par exemple, des techniques africaines, si pauvres en apparence, comme celles de l'agriculture, du tissage et de la forge, ont un riche contenu caché de signification. Le sacrifice d'un humble poulet, accompagné par les gestes rituels nécessaires et efficaces, évoque à l'esprit de ceux qui l'ont expérimenté une compréhension qui est immédiatement originale et cohérente de l'origine et du fonctionnement de l'univers. »

« Les Africains », continue-t-elle, « avec lesquels nous avons travaillé dans la région du Haut-Niger ont des systèmes de signes qui en comptent des milliers, leurs propres systèmes d'astronomie et de mesures calendaires, des méthodes de calcul et une connaissance extensive sur l'anatomie et la physiologie, aussi bien qu'une pharmacopée systématique. Les principes qui fondent leur organisation sociale trouvent expression dans les classifications qui embrassent maintes représentations de la nature. Et celles-ci forment un système dans lequel, pour prendre des exemples, des plantes, insectes, textiles, jeux et rites sont distribués en catégories qui peuvent être divisées encore davantage, numériquement exprimées et reliées l'une à l'autre. C'est sur ces mêmes principes que l'autorité politique et religieuse des chefs, le système familial et les droits juridiques, reflétés notablement dans la parenté et les mariages, ont été établis. En fait, toutes les activités de la vie quotidienne des individus sont en définitive basées sur eux[1]. »

ANNEXE 2

Le père de l'Amleth de Saxo était *Horwandel*, écrit aussi Orendel, Eretel, Earendel, Oervandill, Aurvandil que l'annexe au *Heldenbuch*[2] consacre comme le premier de tous les héros de tous les temps. Le peu que l'on sache à son sujet est résumé ainsi par Jacob Grimm[3] :

> Orendel, fils du roi de Trèves Eigel, fait naufrage au cours d'un voyage, trouve refuge auprès d'un patron pêcheur nommé Eisen[4], conquiert le « Manteau Sacré » et ensuite enlève dame Breida, la plus belle des femmes. La trame entière du récit nous rappelle l'Odyssée : le naufragé s'accroche à une planche, creuse lui-même un trou et tient une branche devant lui. On peut comparer également le « manteau sacré »à la voile d'Ino, le pêcheur au porcher, et les chevaliers de dame Breida seraient les prétendants de Pénélope. Des anges sont souvent envoyés ressemblant aux messagers de Zeus dans l'Odyssée. Cependant beaucoup de choses se présentent différemment, plus à la mode allemande, et des circonstances viennent s'ajouter, telle que par exemple la pose d'une épée nue entre le couple nouvellement marié, circonstance dont le récit grec ne parle pas.

On trouve également le nom du héros dans des documents en v.h.a.[5] Orendil. Orentel.... un toponyme, nom de village Orendelsal, aujourd'hui Orendensall dans les Hohenlohe...

Mais le personnage est évoqué aussi dans un autre mythe contenu dans l'*Edda*. Il s'agit de l'épisode de la pierre que Þórr a reçue sur la tête. La sorcière Groa est en train de chanter l'incantation magique pour que la pierre se retire de sa tête lorsque Þórr, pour la récompenser de ses soins, lui annonce que c'est lui qui, depuis Jötunheim dans le Nord, a porté son mari, le vaillant Örvandill, dans un panier sur son dos, et qu'il est sûr qu'il rentrera bientôt chez lui. Il ajoute en guise de gage que, comme l'orteil d'Örvandill est passé à travers le panier et a gelé, il l'a arraché et lancé dans le ciel où il en a fait une étoile qui est appelée

Örvandils-tá. Mais toute à sa joie d'apprendre ces bonnes nouvelles, Groa oublia la formule de son incantation, de sorte que la pierre ne fut jamais enlevée de la tête du dieu (*Skaldskap* de Snorri, 17).

Powell[6], de son côté, compare le héros à Orion dans une intéressante interprétation :

> L'histoire d'Orwandel (équivalent d'Orion le chasseur) doit être recherchée principalement à partir de l'*Edda*. C'était un chasseur, assez grand et assez brave pour affronter les géants. Il était l'ami de Þórr, le mari de Groa, le père de Swipdag, l'ennemi du géant Coller et du monstre Sela. L'histoire de sa naissance et celle de son aveuglement sont apparemment perdues dans les légendes germaniques, à moins que l'on admette que l'épisode de la blessure portée par la prieure traitresse à Robin des Bois jusqu'à ce que celui-ci ne puisse plus y voir une dernière réminiscence de la mort du grand archer. Le Dr Rydberg le considère, lui et sa parentèle, comme des doublets des trois preux : Egil l'archer, Weyland le forgeron et Finn le harpiste, et ceux-ci à leur tour doublets des trois artistes primordiaux, les fils d'Ivaldi dont l'histoire est racontée dans l'*Edda*.

On ignore à quelle étoile ou quelle constellation correspondait Örvandils-tá. Que son seul orteil[7] ait pu constituer la totalité d'Orion paraît un peu lourd mais, en revanche, que celui-ci puisse être identifié avec Rigel, c'est-à-dire *beta Orionis*, mérite d'être discuté : Reuter tente de se convaincre lui-même que *Corona borealis* « ressemble à un orteil »[8], parce qu'il ne peut s'empêcher de chercher une interprétation saisonnière du mythe, il n'ose pas contredire l'autorité de Ludwig Uhland[9] qui a martelé le dogme que Þórr était porteur du signe du printemps; et donc il fallait trouver une constellation qui annonce le printemps. Reuter, choisissant entre *Arcturus* et *Corona*, avait porté ses suffrages sur cette dernière.

Ce n'est pas seulement son orteil qui donne au père d'Hamlet son caractère cosmique : quelques lignes du *Christ* de Cynewulf [10]consacrent au héros les mots suivants :

> *Salut, Earendel, toi le plus brillant des anges,*
> *Envoyé vers les hommes sur cette terre du milieu !*
> *Tu as le véritable éclat du soleil,*
> *Irradiant au dessus des étoiles, et à partir de toi-même*
> *Tu illumines à jamais tout le cours des temps*[11].

Les experts ne sont pas d'accord pour dire si Earendel, ici, annonce le Christ, ou bien Marie, et si cet ange annonciateur, étoile du matin, est Vénus. D'anciennes gloses traduisent Earendel par « *Jubar* »[12] en latin. Littéralement *Juba*, c'est « la crinière d'un animal », *Jubar*, « une lumière resplendissante, une radiance », caractéristiques stellaires telles que *Jubar* est généralement tenu pour être Vénus. Il y a d'ailleurs une formulation claire de Varron[13] : à ce sujet « *iuba dicitur stella Lucifer* »[14] qui assimile *Juba* à l'étoile Lucifer[15]. Mais cela peut-être trompeur car en réalité toute étoile, constellation ou planète en lever héliaque peut tenir le rôle d'étoile du matin et de nombreux experts sont contre l'équation Orendel-Earendel = Vénus[16]. Pour sa part Gollancz s'abstient d'identifications précises mais il apporte un élément crucial à propos d'*Earendel* :

> Dans les gloses anglo-saxonnes « *earendel* »... ou « *oerendel* »est traduit par *jubar*, mais une meilleure restitution devrait probablement être « l'aurore »ou « l'étoile du matin »si l'on se réfère au seul extrait que l'on connaisse en littérature anglaise ancienne, voir les *Blicking Homilies* (p. 163, 1. 31) : *Nu seo Cristes gebyrd at his aeriste, se niwan oerendel Sanctus Johannes ; and nu se leoma thaere sothan sunnan God selfa cuman wille* ; c'est-à-dire : Alors la naissance du Christ devint manifeste, avec la naissance du nouveau jour (ou aurore) représentée par Jean le Baptiste. Alors le rayon du vrai soleil, Dieu lui-même, allait venir[17].

Ainsi Orendel-Earendel semble être une étoile qui participe de quelque « avent ». Cela rappelle le passage de l'*Odyssée* (13. 93 sq) qui traite de l'arrivée d'Ulysse à Ithaque : « Quand la plus brillante des étoiles *(astēr phaantatos)* s'est levée qui vient nous dire que l'aube est proche, le navire était sur le point d'aborder une île ». Il peut s'agir, de nouveau, de Vénus, mais il y a des raisons de penser à Sirius, la plus brillante de toutes les étoiles fixes ainsi qu'on va le voir plus loin.

Un autre sujet de discussion a été l'étymologie du nom, et dans la mesure où l'identité d'Orendel peut dépendre de son étymologie, nous devons au moins rapidement examiner ce point. Jacob Grimm a admis avec franchise :

> J'ai des doutes quant à l'étymologie et l'interprétation correctes du mot : D'une part, on a l'ensemble possible : *aurvendil, eyrvendill* en vieux norois, dont la première partie est *ôra* ou *auris*, auxquels correspondent *ôrentil* en viel haut allemand et *eárendel* en anglo-saxon. D'autre part, on a l'ensemble : *örvendill* en v.n., dont la première partie est *ör*, gen.*örvar (sagitta)*, auquel correspondent *erentil* en v.h.a.et *earendel* en a.s.[18]

Dans les deux cas, la finale du composé contient certainement *entil* = *wentil*[19].

La seconde interprétation semble préférable car dans un récit chez Saxo Grammaticus on trouve un *Horvendilus filius Gervendili*, et en v.h.a. le nom de *Kêrwentil*… et de *Gêrentil*…, et *geir (hasta)* s'accorde mieux avec *ör* qu'avec *eyra (auris)*. Une vue d'ensemble de la légende expliquerait sans doute mieux les raisons du nom. Je pense que le père d'Orentil mérite aussi attention : *Eigil* est un autre nom ancien et obscur…Est-il possible que l'histoire des périples d'Orentil soit si ancienne que nous devions voir dans Orentil et Eigil ces Ulysse et Laërte que Tacite place sur notre Rhin ? Les noms n'ont rien en commun.

Scherer (p. 179) déclare en bref : « Earendel ne s'apparente pas à *âusôs*, l'aurore, ni au vieil-anglais *éar*, épi *(Ähre)*, mais au v.a. *ae, éar* m., vague, mer, vieux norois, *aurr*, humidité. » Gollancz qui incline à mettre en relation Earendel et Eastern (*ushas, eos, aurora*, etc.) mentionne les plus courantes dérivations, parmi lesquelles aussi celles de *aurr* « humidité », et de la racine qui signifie « brûler »en grec, *euo*, latin *uro*, Ves-uvius, etc.

Décisive nous semble être la dérivation à partir de *ör* = flèche, suggérée par Grimm et par Uhland qui explique Orendel comme celui « qui opère avec la flèche »(contrastant avec son grand-père, Gerentil, qui œuvrait avec le *ger* = lance) et Simrock estime que pour sa part que le très commenté *« Earendel Jubar »* désigne Earendel explicitement comme « trait » (ou « rayon »), « qui encore en moyen-haut-allemand et en italien signifie « flèche »[20].

Simrock est allé plus loin. Prenant en considération que dans le *Heldenbuch* Orendel est graphié *Erendelle*, et à un autre endroit *Ernthelle*, il tient pour probable que ce « Ern » a été ajouté comme épithète qualifiant[21] et il conclut de là que l'histoire de Tell tirant la pomme sur la tête de son fils avait été déjà racontée à propos d'Orendel lui-même. Que Tell (personnage historique ?) n'ait pas été l'inventeur de ce fameux tir, ou même qu'il ait seulement enjolivé, paraît assuré. Comme Grimm le déclare pertinemment :

> La légende de Tell ne relate aucun événement réel. Pourtant, ni fabriquée ni mensongère, elle a surgi comme un mythe véritable du fin fond de la Suisse pour embellir un fait-divers qui s'est emparé de la conscience profonde de la nation[22].

Or l'on ne peut trouver de flèche capable de lutter avec Sirius pour ce qui est de la signification mythique. Nous connaissons ^{mul}KAK.SI.DI, l' « Étoile-Flèche » de Sumer, de même que « Tištrya », la flèche de l'ancien Iran (elle est tirée d'un arc composé par les étoiles d'Argo et de Canis Major, sumérien : ^{mul}BAN). On trouve un arc très comparable sur la voute céleste chinoise, mais là la flèche est plus courte et pointe sur Sirius, le Chacal céleste, tandis que la même flèche égyptienne vise l'étoile sur la tête de la vache Sothis, Sirius également, comme décrit dans ce qu'on appelle le « Zodiaque Rond » de Dendera. Sirius de nouveau. En Inde, Sirius est l'archer lui-même (Tištrya), et sa flèche est représentée par les étoiles du Baudrier d'Orion. Et il existe de nombreuses légendes à ce sujet. Ainsi, « Earendel, toi le plus brillant des anges » peut bien désigner la plus brillante des étoiles fixes, Sirius.

Mais même la dérivation de la racine *aurr* = humidité, *ear* = mer, n'exclurait pas Sirius. Tout au contraire. Le rituel du Nouvel An babylonien dit : « Étoile Flèche qui mesure la profondeur de la mer » ; l'*Avesta* affirme « Tištrya, par qui les eaux comptent ». Et comme

Tištrya, « la Flèche », surveille le lac Vurukasha (voir p. 215), de même l'Egil allemand est le gardien de Hvergelmer, le tourbillon, et d'Elivagar, au sud duquel « les dieux ont une demeure à l'écart dans la montagne *outgard, saeter*[23] qui est habitée par de vaillants guetteurs (ils sont appelés *snotrir vikinger* dans le *Þórrsdrapa*, 8) qui sont liés par serment à servir les dieux. Leur chef est Egil, l'archer le plus célèbre de la mythologie. De même qu'il est aussi appelé Orvendel (celui qui s'occupe de la flèche)[24]. »

Restons-en là avec Sirius la Flèche et son rôle de gardien et de « mesureur de la profondeur de la mer » ; les quelques indications qui ont été données ici doivent suffire pour montrer à quel niveau il convient de rechercher le père d'Hamlet.

Cependant, nous ne pouvons pas résister à la tentation de citer de beaux poèmes et il nous faut confesser que nous soupçonnons la « *Stella Maris* » d'être aussi Sirius. On en sait assez au sujet d'Isis/Sirius en tant que déesse gardienne des navigateurs, à laquelle appartient le « *carra navalis* », et n'était-ce pas « Marie ou le Christ » à qui l'on s'adressait avec le « salut, Earendel » ? De la même manière, l'hymne *In Annunciatone Beatae Mariae* commence avec les vers :

Ave, maris stella dei mater alma atque semper virgo felix caeli porta
Sumens illud Ave Gabrielis ore funda nos in pace mutans nomen Aevae[25].

Et il y a un autre hymne qui était chanté, selon le Bréviaire romain, après les Complies durant l'Avent et la période de Noël, et qui a été attribué à Herimanus Contractus de Reichenau († 1054), lequel a vécu et est mort invalide dans son monastère :

Alma redemptoris mater, quae pervia caeli
Porta manes et stella maris, succurre cadenti,
Surgere qui curat, populo, tu quae genuisti
(natura mirante) tuum sanctum genitorem,
Virgo prius et posterius, Gabrielis ab ore
Sumens illud Ave, peccatorem miserere[26].

« Ce que j'ai essayé de suggérer », dit l'interprète de cet hymne[27] « est que l'attrait de cette charmante prière et hymne médiéval semblerait venir, dans une large mesure, de l'ambiguïté intentionnelle, des différents niveaux de signification, et des images incorporées... La « mère nourrissante » est peut-être peinte comme une constellation fixe dans les cieux, ou peut-être comme l'étoile du matin, guidant ceux qui sont sur la mer. Elle est une voie de passage céleste, toujours franchissable et toujours accessible... La chute et le lever ont maintenant (à côté des pêcheurs qui chutent constamment) peut-être les valeurs supplémentaires de corps célestes qui se lèvent et qui tombent, peut-être de bateaux qui montent et descendent sur la mer, et finalement d'enfants qui chancellent et ont besoin de l'aide de leur mère pour marcher... Le poème est très frappant, et sa force provient, à mes yeux, des subtiles images des trois premières lignes. Elles nous offrent un symbole, une image verbale, de la situation entière de l'homme sur la terre dans son combat pour s'élever jusqu'aux étoiles, de son besoin d'une force d'un autre monde qui soit à la fois puissante et aimante. »

ANNEXE 3

En dehors de la circonstance de leur mort semblable dans le froid ou la neige quel rapport y a-t-il entre les compagnons respectifs de Khaï Khusrau, Enoch et Quetcouatl ? Le destin de ceux de Quetcouatl, et plus précisément les lieux où cet événement est censé s'être passé, peuvent aider à nous le faire comprendre. Les « cinq montagnes » du mythe mexicain, et leurs « dieux » respectifs, les *Tepictoton*[28], paraissent représenter les cinq Uayeb chez les Mayas ou les Nemontemi chez les Aztèques. Il s'agit des Epagomènes[29], ces cinq jours que Mercure a gagnés aux dépens de la Lune, au cours d'une partie d'échecs, dans le but de servir Rhea/Nūt avec des jours « en dehors de l'année » où elle pouvait accoucher des cinq planètes. Dans un chapitre qu'il consacre aux vêtements et aux attributs des dieux mexicains, Sahagún[30] fait figurer ces « Montagnes-Dieux » en fin de liste[31].

Deux autres traits partagés par Quetcouatl avec ses frères du vieux monde peuvent mériter d'être mentionnés : Quetcouatl est accusé de relations incestueuses avec sa sœur, comme l'ont été Hamlet, Kullervo, Yama et, pouvons nous ajouter, le roi Arthur[32].

ANNEXE 4

On reviendra plus tard sur l'« Oncle Kaṃsa ». Les lexicographes en font un Deva « *Mūra-deva* » c'est-à-dire, prétendent-ils, un « vénérateur de racines » (*mūla/Mūra* = racine). Dans son ouvrage *Petites Contributions* (p. 11), Jarl Charpentier veut nous faire croire que « parmi les Indiens indigènes combattant contre les envahisseurs aryens, certains étaient « des vénérateurs de racines (et également des vénérateurs de vers de terre). On ne doute pas que les espèces d'Homo Sapiens soient capables de toutes sortes de « croyances, » mais on ne perçoit pas de raison valable pour souscrire à ce point de vue de Charpentier. *Mūla-Mūra*, la « racine » est un nakshatra[33], une demeure de la Lune que l'on trouve dans les légendes : c'est le dard du Scorpion servant d'arme à Marduk dans la « Genèse babylonienne », et d'hameçon au Maui polynésien ; avec les Coptes c'est *statio translationis Caniculae...unde et Siôt vocatur*, c'est-à-dire la table copte des stations de la Lune qui prend *lambda upsilon Scorpii* comme l'exact opposé de Sirius/Sothis, ainsi que nous en informe Athanase Kircher, tandis que les tables indiennes attribuent le rôle d'exacte opposition à Bételgeuse, dirigée par « Rudra l'Archer qui détruit ». Nous ne poursuivrons pas plus loin ces légendes, mais nous pensons qu'il faut mentionner les problèmes concrets qui se posent avec des personnages tels qu'« Oncle Kaṃsa » au lieu d'accuser un véritable Asura de « vénération des racines ».

ANNEXE 5

Sem Snaebjörn krað :
Hvatt kveða hraera Grotta
Hergrimmastan skerja
út fyrir jarðar skauti
Eylúðrs níúi brudir ;
Þaer er, lungs, fyrir laungu
Lið-meldr, skipa hliðar
Baugskerðir ristr barði
Ból, Amloða mólu
Her er kallat hafit Amloða Kvern[34].

Gollancz (*Hamlet en Islande*, p. xi) qui avait traduit ce poème de Snorri Sturluson le retraduisit en vieux norois de façon à le comparer à l'original. Sa traduction se présente ainsi : *kveða níu brúðir eylúðrs hraera hvað hergrimmastan skerja grotta út fyrir jarðar skauti, Þaer er fyrir löngu mólu Amloða lið-meldr ; baugskerðir ristr skipa hliðar ból lungs barði.*

C'est ce passage que traduit Elton :

Les hommes disent que les neuf jeunes filles du moulin de l'île (l'océan) travaillent dur à la meule de l'île rocheuse (la mer) qui appartient à l'hôte dévoreur, très loin à la périphérie de la terre ; oui, depuis de très longtemps elles ont moulu au moulin d'Amlóði (la mer)[35].

Rydberg aussi propose une traduction :

Il est dit, que les neuf femmes d'EyLúðr tournent violemment le *Grotte* de l'île rocheuse dangereuse pour l'homme à l'extérieur près du bord de la terre, et que ces femmes moulurent longtemps le grain *lið*[36].

En dépit de la difficulté et des pièges du texte, Gollancz essaie d'apporter une solution à la traduction ; en fait, il est excessif (p. xxxvi) : « Le composé *ey-Lúðr*, traduit Moulin de l'Ile, peut être considéré comme un synonyme du père des Neuf Jeunes Filles. *Lúðr* est strictement *la boîte carrée dans laquelle reposent les basses et hautes pierres de meule*, d'où le moulin lui-même, ou la meule. »

Comparons avec l'explication d'O.S. Reuter : « *Lúðr* = *Mühlengebälk* (dan. *Luur* = das *Gerüst zu einer Handmühle*) » (*Germanische Himmelskunde*, p. 239 ; il inclut aussi un dessin du moulin). À la note p. 242, il présente les vers de *Skáldskap. 25* : *Neun Schärenbräute rühren den Grotti des Inselmühlkastens (eyLúðr) draussen an der Erde Ecke (út fyrir jarðar skauti)*, ajoutant : *Das (kosmische ?) Weltmeer ist als „Hamlets Mühle" gesehen*[37]. Au moins il pensait « cosmique » même si c'était entre parenthèses et en note. (Rydberg est le seul qui a compris complètement ce point).

« *Ey-Lúðr* », continue Gollancz, « est la meule de l'île, c'est-à-dire le broyeur d'îles, le Moulin Océan, la mer, le dieu mer, et finalement, Ægir. Les filles d'Ægir sont les vagues déferlantes de l'océan ; elles font fonctionner le *Grotte* broyeur, le grand Moulin Océan (ici appelé *skarja grotti*, le broyeur de rochers isolés dans la mer), au-delà des lisières de la terre, ou peut-être, mieux, au large de cette falaise éloignée surplombant la mer. Cette dernière traduction de *út fyrir jarðar skauti* conviendrait peut-être mieux, si Snaebjorn veut désigner la présence du Tourbillon. » Finalement rien n'est clair : ni *Ægir = eyLúðr*, ni les neuf jeunes filles = les vagues, déferlantes ou non.

En ce qui concerne le passage « au large de cette falaise éloignée surplombant la mer » qui paraît toujours si poétique et flou, voir J. de Vries :[38] *skaut* n. Ecke, Zipfel, Schoss, Kopftuch, eig. « etwas Hervorragendes » ...Dazu *skauti* m. « Tuch zum Einhüllen», ae. Sceata « Ecke, Schoss, Segelschote. » *fyr.* Praep. Praef. « vor. » durch, wegen, trotz, für... (lat. prae « voran, voraus, » « lat *prior* « der frühere ») ce qui nous dit, soit rien du tout ou, si nous prenons *prior* pour la bonne traduction, nous résume tout au moyen d'un seul mot ; de la même manière que le simple fait que les colonnes d'Hercule[39] appelées aussi les colonnes de Briaréos[40], et avant ce temps-là les colonnes de Cronos étaient « fyr ».

Nous restons, cependant, avec Gollancz pour quelques lignes supplémentaires. « La difficulté véritable », dit-il, « dans l'extrait de Snorri à partir de Snaebjoern est... dans son dernier vers ; la disposition des mots introduit la confusion et l'interprétation de la plus importante des phrases est extrêmement douteuse. *Lioðmeldr* en particulier a donné beaucoup de souci aux commentateurs : *meldr*, à présent obsolète en islandais, signifie farine de blé dans le moulin ; mais le mot *lið* est véritablement essentiel. Il peut être soit le nom neutre *lið*, signifiant un hôte, les gens, peuple ou navire, ou le masculin *liðr*, une articulation du corps ; Les rédacteurs du *Corpus Poeticum Boreale*[41] lisent *meldr-lið* donnant le mot vaisseau de farine ; ils traduisent ainsi le passage : qui au cours des temps passés moulurent les vaisseaux de farine d'Amlóði (l'océan) ; mais *mala*, moudre, peut difficilement être accepté comme synonyme de *hraera*, se déplacer, dans les premiers vers, et il n'y aurait pas d'explication pour les vagues moulant l'océan. Il semble, par conséquent, qu'il n'y ait pas de raison pour que *meldr-lið* soit préféré à *lið -meldr*, ce qui pourrait bien vouloir dire farine de bateau (farine de la mer), à comparer avec la phrase Eddique *graeðis meldr*, farine de mer, une périphrase poétique pour le sable côtier.

Rydberg (*Mythologie allemande* (1907), p. 570sq = p. 388-92 dans l'édition 1889), rappelant la connexion du mythe concernant le destin de Bergelmer, descendant d'Ymer, qui, selon une interprétation ingénieuse d'un vers dans *Vafþrúðnismál* fut étendu sous la pierre de meule, avançait la théorie que *lið -meldr* signifie farine de membres. Selon ce point de vue, ce sont les membres et les articulations des géants primitifs, qui, dans le moulin d'Amlóði sont transformés en farine. Snorri ne nous aide pas. La note suivant le vers de Snaebjoern ajoute simplement qu'ici, la mer est appelée meule d'Amlóði.

Dans une note Gollancz ajoute que, dans un autre manuscrit, il trouva la version : « Ici la mer est appelée farine d'Amlóði » *(Amloða melldur)*, et conclut : on ne peut pas trouver d'explication claire dans les premières poésies et sagas nordiques. Le Moulin d'Hamlet peut signifier presque tout. » Ce n'est pas si mal que cela. De plus, Gollancz (p.xvii, note) détecta des symboles de langage dans les quatre vers cités ci-dessous qu'il attribua à Snaebjörn : « Le moulin de l'île verse le sang du flot des sœurs des déesses (les vagues de la mer), de telle sorte qu'il surgit depuis la terre : le tourbillon commence fortement. »

Svád ór fitjar fjoetra,
Flóðs ásynju bolðe
(roest byrjask roemm) systra
rytr, eymylver snyter.

Ce à quoi il ajoute : « Dans aucun autre poème *drottkvoett* n'apparaît *eymylver* : cp. *eyLúðr* ci-dessus. »

ANNEXE 6

Il n'est pas aussi facile de se débarrasser de *Mýsingr* que les spécialistes le prétendent, en préférant interpréter son nom comme « gris-souris » au lieu de ce qui est également possible « fils d'une souris ». Olrik (p. 459sq.) propose d'assimiler directement « le roi Mýsingr qui tua Frith-Frothi, à la vache qui terrassa Frothi le pacifique... Le roi Mýsingr est simplement une explication rationnelle de l'ancien monstre. » (Pour la mort de Fróði par l'intermédiaire d'un hippopotame (vache de mer), voir aussi le commentaire de P. Herrmann sur Saxo, p. 380-384. Cette « vache, » (en Islande ils restent dans la structure de la zoologie et en font un cerf) était, selon Saxo, une sorcière, qui fut transpercée par les hommes de Fróði. Après ils gardèrent le secret de la mort de Fróði pendant trois ans, de la même manière que le raconta Snorri au sujet de Frey dans son *Heimsskringla*.

H. Krappe, plus observateur, compara Mýsingr à Apollon Smintheus[42], l'ancien « dieu-souris » (ARW 33 (1936), p. 40-56). Il avait à l'esprit, cependant, seulement la connexion (incontestable) entre les souris, les rats et la peste, et la mention de *Smintheus* ne permet pas de mieux comprendre Mýsingr. Cette situation changea avec la publication du travail de Henri Grégoire, R. Goosens et M. Mathieu, *Asklepios, Apollon Smintheus et Rudra : Études sur le dieu à la taupe et le dieu au rat en Grèce et en Inde*, bien qu'ils ne mentionnent même pas notre Mýsingr, et bien qu'ils fassent bruyamment l'éloge de « Meillet... d'avoir fait descendre la mythologie du ciel sur la terre », avec Rudra, et avec le rat de Gaṇeśa (qui, en passant, acquit sa tête d'éléphant parce que la planète Saturne, n'étant pas invitée au « baptême » de l'enfant, avait considéré le bébé avec son œil méchant, et ainsi avait détruit sa tête qui fut avec succès remplacée par celle d'un éléphant), l'intrigue de la souris avait trouvé un contexte beaucoup plus large. Néanmoins, l'identité et le rôle de la divinité souris sont difficiles à établir sans prendre en compte :

« la Mûs Parík à queue, parée de ses ailes ; le Soleil l'enfermait dans son propre rayon, de telle sorte qu'elle ne pouvait pas faire de mal : quand elle sera libérée, elle causera beaucoup de préjudice au monde, jusqu'à ce qu'elle soit recapturée, et revienne partager le point de vue du Soleil » ; cette énigmatique chauve-souris vient de l'horoscope du monde dans le *Bundahišn* Iranien (Chapitre V, traduction A, Anklesaria, p. 63) ;

les mythes colorés polynésiens traitant de la rate qui rongeait les « Filets de Makalii », soit les Hyades et les Pléiades ; elle pouvait le faire impunément, étant la propre sœur de Makalii ;

les guerriers, sous l'aspect de souris, de Llwyd, fils de Cil Coed, « qui jetta un sort sur les sept cantrefs de Dyfed... pour venger Gwawl, fils de Clud » dans la troisième section du *Mabinogion*.

Il y a d'autres thèmes, c'est vrai, mais nous devons quitter ce terrain.

ANNEXE 7

Nous voulons insister sur le point que les verdicts méprisants rendus par Genzmer, Olrik, et d'autres sur le récit de Snorri ne nous sont pas inconnus. Leurs opinions se trouvent dans les lignes suivantes : « *La dernière partie de l'histoire du Grotte et de Mýsingr est comment la mer moulut du sel. C'est un motif différent, en aucune façon en connexion avec la paix de Frothi*[43]. » La formulation de Genzmer est encore plus péremptoire. Le transport du moulin par Mýsingr et le broyage du sel à bord du bateau est *emprunté à une deuxième légende distincte; le final grandiose, simple et funeste de notre épopée devient fatalement compromis par un tel épisode*[44].

Il serait plus satisfaisant de déclarer que le mythe a été « fatalement endommagé » par les experts modernes, et non par Snorri. Quand nous nous rendrons au petit moulin à sel de Cronos, le lecteur comprendra mieux l'intrigue. Olrik (p. 457sq.), cependant, a quelques jolis vestiges à offrir :

> En 1895, le Dr Jakob Jakobsen, le collecteur bien connu des restes de l'ancien langage « norois » des îles Occidentales, fut informé par un vieux Shetlander, dont les parents étaient venus des Orkneys (Ronaldsey) que près de la plus au nord de ces îles il y avait un tourbillon appelé « le Swelki » (c'est le *svelgr* de Snorri, « moulin de la mer, où les eaux jaillissent à travers l'œil de la pierre du moulin »). A cet endroit un moulin se tenait au fond de la mer et moulait du sel ; et une légende de Grotti-Fenni et Grotti-Menni était relative à cela. Au cours de ses dernières investigations dans les Okneys elles-mêmes (Ronaldsey Sud) on lui parla du moulin marin moulant du sable dans le Pentland Firth. En 1909, une femme de Fair Isle dit à M. A. W. que Grotti Finnie et Lucky Minnie étaient bien connues dans son île natale, étant fréquemment évoquées pour effrayer les méchants enfants. Bien que la légende dans ces régions soit sous forme de fragments, réduite à des survivances incohérentes, la ténacité de la tradition orale montre combien cette légende est profondément enracinée dans ces îles. Hors des Orkneys ni Mýsingr ni son moulin à sel ne sont connus de la tradition excepté dans les chants de l'*Edda* qui eux-mêmes portent le timbre d'une provenance occidentale.

ANNEXE 8

Vafþrúðnismál 35 est traduit par Gering : « D'innombrables hivers avant la Création naquit Bergelmer. Depuis le début je savais que le géant expérimenté était à l'abri dans le bateau. » Simrock traduit de façon similaire, et il remarque (Hdb. Dt. Myth., § 9) : « Traduire l'inquiétant mot *Lúðr* par bateau nous place d'emblée dans le contexte de la mythologie comparée. »

R. B. Anderson (*La plus jeune Edda* (1880), p. 60sq.) traduit le vers cité par Snorri (*Gylf.* 7), comme suit : « Incalculables hivers / Avant que la terre fut fabriquée, / Bergelmer était né. / Le premier dont je me rappelle / C'est le géant habile / En sécurité il repose dans son arche. »

Neckel et Niedner (*Die Jüngere Edda*, p. 54sq.) déclarent que Bergelmer et sa femme « montèrent dans la caisse du Moulin et furent ainsi sauvés. » Ils rendent les vers ci-dessus avec les mots : « Depuis le début je savais que le très intelligent géant avait été soulevé dans les hauteurs », ajoutant dans une note : « Le fait d'assimiler généralement le terme de moulin à celui de bateau ou encore de berceau, n'a ni signification ni justification textuelle. Cette interprétation habituelle du mot à mot "meule sur un axe" n'a aucun sens. Assurément nous ne connaissons pas le contexte et nous ne savons pas non plus pourquoi le géant devait être soulevé et par qui. »

L'inquiétant mot *Lúðr* apparaît à nouveau dans Helgakviða Hundingsbana II, 2-4, où Helge, cherchant à échapper au roi Hunding, travaille dans un moulin, déguisé en femme, et détruit presque le *Lúðr*.

Rydberg combat explicitement les mythologues qui défendent le mot « bateau » dans

Vafþrúðnismál 35, et qui s'y croient autorisés en raison de la mythologie comparée (voir Simrock, cité il y a quelques lignes). Mais avec eux il a en commun l'idée que l'Arche était un navire. Il apparaîtra plus tard que cette idée générale est incorrecte.

ANNEXE 9

En fait, Simrock déjà (*Handbuch der Deutschen Mythologie*, p. 240sq.) suggérait d'interpréter Fengö (le mauvais oncle d'Amleth) comme « Celui qui moud » et Amleth comme « le grain » ; *wo selbst der Name mit Amelmehl* (grec *amylon*), *Stärkemehl, Kraftmehl übereinstimmt*. Il pensait même à la possibilité (bien que tenant cette pensée pour audacieuse, *gewagt*) de dériver le nom de famille du clan de Thidrek, le nom de l'*Amelunge*, de *Amelmehl*. Nous ne nous étendrons pas sur l'étrange information donnée par Athenaus (*Deipnosophistai* 3. 114sq.) à propos d'« Achille, ou l'excellent orge » (cf. Theophr. 8.4.2. Aristoph. *Eq.* 819 : *Achille pain*), ou sur le nom de famille de Ningišzida, à savoir Zid-zi « Farine de Vie » (K. Tallqvist, *Akkadische Götterepitheta*, p.406 ; cf. Riemschneider, *Augengott*, p.*133)*, et nous désignerons seulement les textes Ras Shamra, où la femme 'Anat moulut Mōt (Voir C. Gordon, *Ugaritic Literature*, p. 45) H. L. Ginsberg (ANET, p. 140) traduit I AB, col. II :

Elle s'empare du Pieux Mōt
Avec des épées elle le fend
Avec un van elle le vanne
Avec le feu elle le brûle
Avec un moulin à main elle le moud
Dans le champ elle le sème.
Les oiseaux mangent ses restes
Consomment ses morceaux
Voletant d'un reste à l'autre.

Une note de bas de page déclare avec étonnement : « Mais d'une manière ou d'une autre, *Mōt* revient entièrement à la vie entière *in* col. VI, et Baal même plus tôt. » Mais il n'y a absolument rien d'assez étonnant pour ébranler la ferme croyance des experts en des divinités « chtoniennes ».

ANNEXE 10

Pour la première harpe irlandaise (*cruit*), voir Eugène O'Curry, *Sur les manières et coutumes des anciens Irlandais*, vol 3 (1873), p. 236sq. ; voir aussi Rudolf Thurneysen, *Die Irische Helden- und Königssage bis zum 17. Jahrhundert* (1921), p. 264sq.

Là, autrefois vivait un couple… Et la femme éprouva de l'aversion pour lui, et elle le fuyait à travers bois et étendues sauvages ; et il continua à la suivre avec constance. Et un jour que la femme se rendit jusqu'au rivage marin de Camas… elle rencontra un squelette de baleine sur la grève, et elle entendit le son du vent passant au travers des tendons de la baleine sur la grève, et ce son l'endormit. Et son mari vint près d'elle. Et ensuite il alla dans le bois, et construisit la forme d'un *Cruit* [45] ; et il y mit des cordes à partir des tendons de la baleine ; et ce fut la première *Cruit* qui fut jamais faite.

La légende de Marbhan à propos des débuts des instruments et des vers continue :

Et à nouveau Lamec Bigamas eut deux fils, Jubal et Tubal Caïn étaient leurs noms. L'un des fils était forgeron, à savoir, Jubal ; et il découvrit à partir des sons de deux marteaux (sur l'enclume) un jour dans la forge que c'étaient des couplets (ou des notes) qu'ils émettaient, et grâce à cela il composa un couplet, et ce fut le premier couplet qui fut jamais composé.

La légende continue à rapporter pourquoi le *tympan* (un autre instrument à cordes, différent de la *cruit*) était appelé *Tympan Naimh* (ou Tympan du saint), parce que « du temps ou Noé, le fils de Lamech, pénétra dans l'Arche, il prit avec lui un certain nombre d'instruments de musique, ainsi qu'un Tympan, que possédait l'un de ses fils et qui savait en jouer ». Quand finalement ils quittèrent l'Arche, Noé ordonna à son fils d'appeler l'instrument d'après son propre nom, et qu'il le lui donnerait seulement à cette condition. « De telle sorte que Tympan de Noé est son nom depuis ce temps ; et non ainsi que vous, ignorants tympanistes l'appelez, Tympan des saints. »

Nous présentons cette légende pour plusieurs raisons : d'abord parce que nous nous sommes souvenus, de même que le fit O'Curry (p. 237), « de Pythagore, dont on dit qu'il fut amené à découvrir l'effet musical des vibrations d'une corde, en observant le son de divers souffles sur une enclume, bien que la légende irlandaise ne paraît pas porter sur les tons autant que sur le rythme de la musique ». Deuxièmement, parce qu'ici on nous parle à nouveau à propos de deux instruments à cordes successifs, séparés, pour ainsi dire, par un déluge ; Vainamoinen perdit son Kantele sur son chemin pour aller dérober le Sampo, et dut ensuite en construire un nouveau en bois. Ces traditions doivent être minutieusement comparées avec celles des différentes lyres de Grèce ; nous savons que l'une d'entre elles fut détruite par Apollon (prétendument dans un accès de repentir) après qu'il eut écorché Marsyas, et qu'Hermès en a fabriqué une autre et la lui eut présentée ; brochet et baleine des mers du nord ont apparemment remplacé la tortue du mythe Grec. Nous savons aussi que les Pléiades, appelées la Lyre des Muses par les Orphiques, côtoyaient Lyra. Et encore Michel Scotus connaissait une tortue figurant, pour ainsi dire, comme proue d'Argo, et « à partir de laquelle est fabriquée la lyre céleste »[46]. Mais avant d'être coincés entre le diable et la mer profonde, nous préférons nous arrêter, bien que cette tortue semble être placée exactement là où elle « doit » être, considérant que sur son dos l'Amritamanthana[47] était accompli. Nous en comprendrons davantage (p. 306) à propos de cet homme considérable et mystérieux, Michel Scotus.

L'essentiel dans les différentes traditions est que des instruments d'une nouvelle époque, de nouvelles cordes, ou, comme dans le cas d'Ulysse, un nouvel archet, sont appelés : une nouvelle « Harmonie des Sphères ».

ANNEXE 11

Christensen, dans son ouvrage sur les Kayanides[48] déclare : « La tradition nationale fait grand cas du forgeron Kâvag, qui s'insurgeait contre l'usurpateur Dahâg (le Dahâka des Yashts) et hissait son tablier de cuir sur une lance, ce qui fut à l'origine du drapeau de l'Empire sassanide, appelé *drafsé kâvyân*, « drapeau de Kâvag ». Cette légende, née d'un malentendu, la vraie signification du nom de *drafs ê kâvyân* étant « le drapeau royal » est inconnue dans la tradition religieuse. »

Avec de telles déclarations (sans compter l'insinuation « discrète » que Firdausi tira l'ensemble des chapitres de son *Shâh-nâma* à partir de « malentendus »), la voie pour des questions pertinentes est effectivement bloquée. L'histoire du forgeron Kâvag (aussi écrit Kâweh[49] ou Kawa), est racontée par Firdausi dans le livre traitant du gouvernement de 1000 années de Dahâk, ce tyran monstrueux à partir des épaules duquel poussaient deux serpents[50] qui devaient chaque jour être nourris avec les cerveaux de deux jeunes hommes. Le prédestiné pourfendeur de dragons, et sauveur très attendu, Faridûn de l'Avesta Thraethona, un vrai prédécesseur de Kai Khusrau, a été sauvé bébé des serpents de Dahak, et caché au loin dans les montagnes. Quand le diable en chef Dahâk réclama le sacrifice du dernier fils de Kaweh (dix-sept fils avaient déjà été donnés en nourriture aux têtes de dragons) le forgeron commença la révolution pour sauver Faridûn :

*Il prit un tablier de cuir, tel qu'en portent les forgerons
pour protéger leurs jambes quand ils sont à la forge
Le fixa à la pointe d'une lance et immédiatement
D'un bout à l'autre du champ de foire la poussière commença à s'élever...*

*Il prit la tête, et beaucoup d'hommes vaillants
Se joignirent à lui ; il entra en rébellion et alla
Trouver Farîdûn. Quand il arriva des cris s'élevèrent.
Il pénétra l'assemblée du nouveau prince, lequel désigna
Le tablier sur la lance et en appela aux augures.
Il décora le tablier avec du brocart de Rûm
Des motifs de perles sur un fond d'or,
Il plaça sur la pointe de la lance une pleine lune — un symbole*

*Présage de gloire, et l'ayant drapé
Avec du jaune, du rouge, et du violet, il l'appela
Le drapeau Kawian. À dater de ce moment quand un Shāh
Accéda au trône, et mit la couronne,*

*Il suspendit à l'humble tablier du forgeron
Encore plus de joyaux, de brocart somptueux,
Et de soie peinte venue de Chine. Ainsi il advint
Que le modèle de Kawa devint un soleil
Au milieu de l'obscurité de la nuit, apte à réconforter tous les cœurs.*

Or, s'il y avait seulement le drapeau « royal » à expliquer, pourquoi Firdausi aurait-il inventé un *forgeron* du nom de Kâweh (Kavag, Kawa), s'il n'y avait aucune relation entre la royauté et le forgeron ? Même si nous mettons de côté le motif largement répandu des grands forgerons comme pères adoptifs et éducateurs des héros[51], de même que les mythiques forgerons impériaux Chinois, et toute l'information rassemblée par Alföldi dans son article sur le forgeron comme un titre d'honneur parmi les rois des Mongoles et des Turcs[52], le nom même de la dynastie des rois iraniens qui est du plus grand intérêt pour nous, c'est-à-dire les Kayanides, est dérivé de *Kavi/Kawi*[53]. Le Shāh le plus « kawien » est Kai Kā'ūs, dont le nom même contient deux fois le mot en question, le « Kavi Kavi-Usan », qui ne peut pas être séparé de Kavy Usa (ou Usanas Kavya) du *Ṛg-Veda* et le *Mahābhārata*[54], qui montre plusieurs des caractéristiques décisives du *Deus Faber*. On dit qu'il a forgé l'arme pour Indra[55], au lieu de Tvaṣṭṛ, et qu'il a donné Soma à Indra qui, autrement, aurait volé (ou aurait juste bu) le Soma dans la « Maison de Tvaṣṭṛ » (par ex., RV 3.48.2sq.), mais on nous dit que, durant l'une des guerres incessantes entre Asura et Deva pour les « trois mondes, » les Asura élirent Kavya Ushanas pour leur « prêtre » ou « messager »[56], les Deva élirent Bṛhaspati (ou Vṛhaspati, Jupiter, en *Taittiriya Samhita* Agni). Beaucoup de guerriers furent massacrés des deux côtés, mais, ainsi dit le *Mahābhārata*, « l'intelligent Vṛhaspati ne pouvait les faire revivre, parce qu'il ne connaissait pas la science appelée Sanjivani (résurrection) que Kavya doué d'une grande énergie connaissait si bien. Et par conséquent les dieux avaient un grand chagrin »[57]. Le *Bundahišn*, à son tour, donne le rapport suivant au chapitre 32, dédié aux « palais qu'érigèrent avec gloire les Kayans, qu'ils appellent merveilles »[58] au vers 11 : « Des palais de Kay Us on dit : « L'un était d'or à l'intérieur duquel il s'était installé, deux étaient de verre où étaient ses écuries, et deux étaient de métal dans lesquels étaient ses troupeaux ; de là provenaient toutes les saveurs et les eaux des sources donnant l'immortalité, qui chassent la vieillesse : ainsi, quand un homme décrépit entre par cette porte, il ressort comme un jeune homme de quinze ans par l'autre porte, et de la sorte éloigne la mort. » Selon Firdausi, Kai Kā'ūs avait une sorte de baume au moyen duquel il aurait pu ramener Shurab à la vie, mais il ne le donna pas à Rustem, le père de Shurab qui l'en implora[59]. Ce à quoi Lommel remarque (*Mélanges Bally*, p. 212) : « *C'est le trait le plus haïssable de l'image de Kay Kāus de refuser à Rosten et Sohrab le pouvoir magique dont il disposait ».* Mais il est un peu vain de rechercher des « caractéristiques haïssables » dans le « personnage » du démiurge, même s'il est sous l'apparence d'un Shāh.

Ces quelques indications doivent suffire pour l'instant ; Pourquoi faudrait-il que la charge de la « preuve » incombe aux « défenseurs de sens » dans notre siècle décadent, tandis que quiconque présuppose le non-sens et les « malentendus » peut s'en tirer avec des affirmations des plus grotesques. En d'autres termes : même si l'individu Kāweh/Kavag *devait* avoir été inventé par Firdausi, la notion de *Deus Faber* et de Forgeron céleste comme celui qui dispose et garde la royauté[60], comme l'originel et légitime propriétaire de l'« eau de vie »[61] n'est en aucune façon une fantaisie imaginaire accidentelle[62] et la signification et le sens du tablier de forgeron comme « drapeau de Kāvag » ont dû être compris depuis la Chine jusqu'à l'Irlande.

ANNEXE 12

On doit souligner que le manque d'enthousiasme des philologues à prendre en compte le lien « essentiel » entre Chronos et Cronos, repose sur la croyance postérieure que le « dieu » Saturne n'a rien à voir avec la planète Saturne, et sur la supposition qu'un philologue classique n'a pas quoi que ce soit à apprendre des textes indiens. S'il en était autrement, ils auraient pu avoir des hésitations avec Kāla, c'est-à-dire Chronos, comme un nom de Yama, c'est-à-dire Cronos, autrement dit la planète Saturne.

Les Indiens ont en fait écrit plus à propos de leur Kāla, et les Iraniens à propos de leur Zurvan, que les Grecs à propos de Chronos. La traduction des *Védas*, étant ce qu'elle est, avec des experts partant de la conviction sans fondement que l'astrologie doit être un phénomène tardif, nous ne prétendons pas que les textes qui s'y rapportent soient transparents, ni les interprétations érudites particulièrement claires. Lancer des « identifications » ne conduit nulle part, à notre avis, aussi nous ne voulons pas simplifier en décrétant, une fois pour toutes que Kāla/Chronos est identique à Yama/Cronos/Saturne. Reconnaître Cronos/Saturne comme *auctor temporum* est tout à fait suffisant pour l'instant[63], et telles sont les idées en Inde, selon lesquelles Yama est souvent appelé Kāla ; dans d'autres passages il est le gouverneur de Kāla (et Kāla, à son tour, est le gouverneur de Mrityu, la Mort)[64].

Kāla joue déjà son rôle infaillible dans *Rg-Veda 164*, mais le *Atharva Veda* dédie à ce dieu deux hymnes entiers (19. 53 et 19. 54) et cela mérite de rappeler l'exposé d'Eisler (*Weltenmantel*, p. 499) : *Zu dieser Kāla-Lehres des Atharvaveda ist später nichts mehr dazugekommen ; die jüngeren Quellen führen nur die Vorstellungen weiter aus.*

Voici quelques versets de ces deux hymnes dédiés à Kāla, sans les nombreuses notes et comparaisons avec d'autres traductions, ainsi que les ont données Bloomfield et Whitney (*Atharva Veda*, trad. Par Bloomfield (1964), p. 224sq.) :

19. 53 :

(1)-Le Temps, le destrier, court avec sept rênes (rayons), des yeux par milliers, sans âge, riche en semences. Les prophètes, aux pensées sacrées, le montent, tous les êtres (mondes) sont ses roues.

(2)-Avec sept roues ce temps chevauche, il a sept moyeux, l'immortalité est son essieu. Il apporte ici tous ces êtres (mondes). Le Temps, le premier dieu, maintenant se hâte d'avancer.

(3)-Un récipient plein a été placé sur le Temps ; lui, en vérité, on le voit sous de nombreuses formes. Il emmène tous ces êtres (mondes) ; ils l'appellent le Temps dans le ciel le plus haut.

(4)-Sûrement il apporte ici tous les êtres (mondes), il a enveloppé en sûreté tous les êtres (mondes). Étant leur père, il devient leur fils ; il n'y a pas, en vérité, d'autre force plus haute que lui.

(5)-Le Temps engendra ce ciel-là. Le Temps aussi engendra ces terres. Ce qui fut, et ce qui sera, exhorté à avancer par le Temps, se déploie.

(6)-Le Temps créa la terre, dans le Temps le soleil brûle. Dans le Temps sont tous les êtres, dans le

Temps l'œil regarde de tous côtés...
(8)-Le Temps est le seigneur de tout, il fut le père de Prajāpati.
(9)-Par lui cet (univers) fut exhorté, par lui il fut créé, et sur lui cet (univers) fut fondé. Le Temps, réellement, étant devenu le Brahmā (exaltation spirituelle)
soutient Parameshtin (le seigneur le plus haut)
(10)-Le Temps créa les créatures (Prajāh), et le Temps au commencement (créa)
le seigneur des créatures (Prajāpati), le Kashyapa qui aime l'existence et les
tapas (ardeurs à créer) naquirent du Temps.

19.54 :
(1)-Du Temps s'élèvent les eaux, du Temps le Brahmā (exaltation spirituelle), les *tapas* (ardeurs à créer), les régions (de l'espace s'élèvent). À travers le Temps le soleil se lève, dans le temps il se couche à nouveau.
(2)-À travers le Temps le vent souffle, à travers le Temps (existe) la terre immense. Le ciel immense est fixé dans le Temps. Dans le Temps le fils (Prajāpati) engendra autrefois ce qui fut, et ce qui sera.
(3)-À partir du Temps le Rks (= le Rig Veda) s'éleva, le Yajus (= le Yajur Veda) naquit du Temps ; le Temps suggéra le sacrifice, la part impérissable des dieux.
(4)- le Temps les Gandharvas[65] et Apsaras sont fondés, sur le Temps les mondes (sont fondés), dans le Temps ces Angiras et Atharvan règnent sur les cieux.
(5)-Ayant conquis ce monde et le monde le plus haut, et les mondes sacrés (purs) (et) leurs divisions sacrées ; ayant par l'intermédiaire du Brahmā conquis tous les mondes, le Temps, le plus haut Dieu, en vérité, se hâte d'avancer.

Où nous lisons alternativement à la fois « êtres » et « mondes » le mot sanskrit est *ūūvana* du radical *bhū* (= grec *phyo*) comme distinct du radical *as*, *bhū* signifiant « être » au sens de changement perpétuel « venant à être et disparaissant », *as* étant réservé au non-changement, à l'existence sans le temps au-delà des « instruments du temps » que sont les planètes, l'*organa chronou* du *Timée* de Platon. En fait Platon avait compris tout de suite les verbes *bhū* et *as* et il pourrait bien avoir applaudi les paroles du vainqueur Daitya Roi Vali :

Ô Indra ! Pourquoi te vantes-tu tant ? Toutes les personnes sont pratiquement encouragées par Kāla à s'engager au combat. Pour les héros, la gloire, la victoire, la défaite et la mort petit à petit sont amenées à disparaître. C'est la raison pour laquelle les sages voient cet univers comme étant guidé par Kāla, et par conséquent ils ne s'affligent ni ne sont exaltés par la joie.[66]

On ne peut guère tirer grand-chose sur la « croyance primitive » d'affirmations telles que celle-ci : « Plusieurs milliers d'Indras et autres divinités ont été dépassés par Kāla au cours des périodes du monde[67]. » Mais les classiques généralement préfèrent rester silencieux au sujet de la phrase la plus révélatrice d'Anaximandre, qui nous a été transmise par Cicéron (*De Natura Deorum 1. 25.*) : « C'est le point de vue d'Anaximandre que les dieux sont nés au cours de longs intervalles de levant et de couchant et qu'ils sont d'innombrables mondes (ou *les*, très controversés, innombrables mondes. *Anaximandri autem opinio est, nativos esse deos longis intervallis orientis occidentisque eosque innumerabiles esse mundos*) » ; et s'ils ne restent pas silencieux, ils prétendent qu'il est « beaucoup plus naturel » de comprendre que ces intervalles sont dans l'espace et non dans le temps (Burnet), ce qui veut dire que toute voie vers la compréhension est effectivement bloquée.

Ceci seulement pour le moment : une plus large discussion sur l'iranien Zurvan détruirait notre système ; nous ne pensons pas cependant que Zurvan/Chronos représente un « dilemme zorastrien » ; l'appeler ainsi (avec Zaehner) est une faute supplémentaire : ce ne sont pas les « croyances » et les « religions » qui tournent et se combattent les unes les autres sans relâche ; ce qui change c'est la situation céleste.

ANNEXES

ANNEXE 13

Les uns disent que les anges reçurent l'ordre d'éloigner les pôles de la terre de l'axe du soleil de deux fois dix degrés et plus, et qu'avec un travail pénible ils poussèrent obliquement ce globe, centre de l'univers ; d'autres prétendent qu'il fut ordonné au soleil de tourner ses rênes de la route équinoxiale... autrement la terre, avec le sourire d'un printemps éternel, parée de fleurs sans cesse renaissantes, aurait joui dans toutes ses régions du partage égal des jours et des nuits, excepté pour les habitants des climats enfermés par les cercles du pôle : dans ces lieux, le jour eût brillé sans nuit ; tandis que le soleil, les indemnisant de son immense éloignement, eût tourné leur vue autour de l'horizon, et ni orient ni occident n'eût été connu d'eux. L'Estotiland et les régions australes au-delà des terres de Magellan n'eussent point été enveloppés d'une froide neige. À l'heure où fut goûté le fruit fatal, le soleil, comme à l'aspect du festin d'Atrée, a rebroussé son cours. Autrement la terre, avant le péché, n'eut-elle pas été plus qu'aujourd'hui, abandonnée tantôt à l'âpre froidure, tantôt à la chaleur dévorante ?

MILTON, *Le Paradis perdu*, chant X.

ANNEXE 14

Le nom Mundilfoeri (Mundel-fere) soulève un ensemble de problèmes, et les vagues définitions telles que celles données par de Vries (*Dictionnaire etymologique du vieux norois*, p. 395) : « *Mundilferi*, Nom du père de la Lune... *Mundill*, Nom d'un personnage légendaire », n'apportent rien.

En ce qui concerne *mund*, féminin, il signifie « poignée » (Cleasby-Vigfusson, s.v.), mais *mund* comprend le sens de tutelle, de garde (cf. l'allemand *Vormund*). *Mund* au neutre signifie « point du temps, humeur, mesure, et l'heure juste » (de Vries, *loc. cit.*).

Mundill (Mundell) est certainement un « personnage légendaire » inconnu ; nous serions heureux de savoir ce que le nom indique précisément, mais les spécialistes ne nous le disent pas. Il y a une légère mais prometteuse indication : Gering, dans son commentaire sur l'*Edda* (vol. I, p. 168), remarqua, « le nom apparaît à nouveau parmi les *saekonunga heiti* Sn. E. II. 154. » Les *Heiti* sont une sorte de dénominations (Neckel en donne « Fürnamen ») que les poètes utilisaient côte à côte avec les *kenningar* (circonlocutions) ; la liste des « rois de la mer heiti » doit être trouvée dans le *troisième traité grammatical* contenu dans l'*Edda* de Snorri (attribué à Olaf, le neveu de Snorri), et parmi les vingt-quatre *heiti*, le n° 11 est *Mýsingr*, le n° 15 est *Mundill*[68]. Quiconque est familiarisé avec les nombreux noms donnés aux personae cosmiques, noms spécifiques changeant selon l'ordre du temps, dans l'astronomie babylonienne, indienne, chinoise, etc., ne se laissera pas abuser par l'idée que ces *heiti* furent les noms de rois historiques[69]. Les conséquences résultant de la compréhension de Mýsingr et Mundill (ensemble avec vingt-deux autres *heiti*) comme représentatives de la même fonction cosmique ne seront pas résolues en détail ici : celui qui garde un œil sur les divers passeurs, pilotes, navires divins personnifiés, et rois de la mer profonde qu'il croise au cours de cet essai peut en fait se faire sa propre opinion. Comme pour le mot *fere* (dans Mundelfere), Gering tient pour certain que c'est le même mot que OHG *ferjo*, MHG *verge*, passeur, le nom signifiant « passeur de Mundell ». Gering se réfère à Finnur Jóhansson qui comprit le *mund* dans le nom comme « temps » et « expliqua le nom qu'il prit pour le nom de la lune, originellement comme *den der bewaeger sig efter bestemte tider* », soit quelqu'un qui se déplace selon des temps définis, disons : selon son emploi du temps (ou calendrier).

Il n'y a pas la moindre raison pour prendre Mundilfōri pour « originellement » le nom de la lune, cet astre n'étant pas le seul chronométreur disponible. Vafþrúðnismál 23 dit du Soleil et de la Lune, les *enfants de Mundilfōri*, qu'ils tournent autour du ciel en servant d'indicateurs du temps[70].

« Passeur du Temps » aurait un certain sens, mais pas assez cependant pour nous éclairer au sujet de Mundill « lui-même ». Il en est de même pour le plutôt imaginatif Mundilfoeri = « *Achsenschwinger* » de Simrock, « poignée pivotante sur un axe », mais Simrock a au moins réfléchi de manière raisonnable, et peut-être a-t-il réussi tout à fait à son insu. Ernst Krause, aussi, s'est torturé les méninges, demandant modestement aux experts d'examiner la relation entre ce *mundil* et le latin *mundus*[71]. Nous n'avons pas l'intention de nous immiscer sérieusement dans ce questionnement particulier, si ce n'est que *mundus* traduit par « le monde » est devenu un mot entièrement vide et insignifiant, mais il est certainement déprimant de regarder les tenants du progrès apportant leurs dernières « solutions » pour le latin *mundus*, à savoir, (1) « ornement, » (2) « bijoux de femmes »[72], sans se souvenir du grec *kosmeo* qui signifie aussi « parer », c'est sûr, mais pas « originellement » et pas essentiellement ; mettre de l'ordre, spécialement dans le sens de mettre une armée en ordre de bataille, voilà ce que signifie *kosmeo*, d'où *kosmos*. Et nous ne sommes pas autorisés à donner la plus ridicule de toutes les significations imaginables à un mot aussi central que *mundus*.

Nous aimerions approcher les mots en question au moyen de la signification objective courante sous-tendant la vaste famille des images mots engendrées par le radical *manth, math*, d'où aussi (Mont) Mandara, *mandala*, latin *mentula* (pénis), et aussi notre *möndull*,[73] qui est supposé avoir remplacé la forme plus ancienne *mandull*. En vérité, mandull/möndull n'est pas encore mundill, et mundus n'est pas assimilable à mandala, cependant toute cette série de mots dépend d'une conception centrale collant fermement à *mnt/mnd*, et ces consonnes connotent un tourbillonnant, entraînant mouvement d'ensemble. Nous sommes, ici, à la hauteur d'une véritable jungle d'incompréhensions, et plus nous y regardons de près dans l'« *ars interpretandi* » des professionnels, et plus la jungle devient impénétrable. Mais essayons d'obtenir une parcelle de sens en révélant les plus ou moins « subconscientes » bourdes accomplies par les interprètes traitant du radical *manth*, le cœur et le centre de l'Indien Amrita*manth*ana, le « Tourbillonnement d'Ambrosie », le Tourbillonnement de l'Océan de Lait dans le but d'obtenir Amrita/Ambrosie, la boisson d'immortalité. C'est quelque sorte de cas d'histoire, le « cas » étant que *manth, math* apparaît avoir deux significations fondamentalement différentes (et quelques autres), pour lesquelles nous citons le dictionnaire sanskrit de Macdonell (p. 218) : *manth*- une boisson au mélange infernal (= le mélange Soma) ; *mantha-ka* m. bâton mélangeur ; *manth-ana*, produisant le feu par friction. À la page 214 nous trouvons s.v. *math, manth* : « Tourbillonner (agnim), frictionner (un bâton à feu), baratter, mélanger, agiter, frapper, écraser, blesser, détruire... mathita déconcerté... frapper ou déchirer... déraciner, exterminer, tuer, détruire... frapper ou déchirer, arracher[74]. »

C'est bien jusque-là. Mais pourquoi insister sur de tels verbes trompeurs comme « frappant » ou « déchirant » etc. ? N'avons-nous pas entendu parler de Fenja et Menja qui « moulurent un hôte » pour Fróði, Mýsingr ? et ce n'est pas un exemple isolé. Nous connaissons, par exemple, une prière hittite extrêmement utile à l'Ištar de Nineveh auquel il est demandé « de moudre la masculinité, le pouvoir et la santé des ennemis »[75]. Les Hittites sont des membres tout à fait respectables de la famille des langages indo-européens. Soit quelque chose est gagné, soit quelque chose est perdu, paix, or, santé, têtes, virilité et autres ; c'est *écrasé*, ou moulu, quand l'image sous-jacente est un *mola-trusatilis* ; c'est *percé* ou foré, quand le mouvement du cosmos est compris comme un mouvement *alternatif*, comme dans le cas du tourbillon indien. Nous avons des raisons suffisantes pour prendre le mouvement alternatif pour la conception la plus ancienne, mais ce n'est pas utile ici et maintenant ; utile est la conception générale, exprimée par les divers mots engendrés par le radical *manth/math*, que tout événement est dû au mouvement de rotation (soit « véritable » soit alterné, comparer annexe XVII) du moulin céleste ou tourbillon[76], des mouvements combinés des sphères planétaires et de la sphère des étoiles fixes.

Au même moment, quand nous comprenons moulin et tourbillon comme la machinerie céleste, la pierre d'achoppement de « percer » contre « voler, détruire » devient insignifiante, et c'est assez important, car cela aide à clarifier le nom correct et passionnément contesté de Prométhée.

Adalbert Kuhn, assurément un grand savant, a largement traité du radical *manth*, avec Mont Mandara, le bâton à baratter utilisé par les Asura et les Deva pour baratter l'Océan de lait, et il essaya à toute force de provoquer un heureux mariage entre ce *manthana* et le grec *manthano* « apprendre, » nous confrontant avec sa plutôt étrange opinion de ce qui est « naturel ». C'est ce qu'il dit (p. 15sq.) :

> Mit der bisher entwickelten Bedeutung der Wurzel manth hat sich aber schon in den Veden die aus dem Verfahren natürlich sich entwickelnde Vorstellung des Abreissens, Ansichreissens, Raubens entwickelt und aus dieser ist die Bedeutung des Griech. Manthano hervorgegangen, welches demnach als ein an sich reissen, sich aneignen des fremden Wissens erscheint. Betrachten wir nun den Namen des Prometheus in diesem Zusammenhang, so wird wohl die Annahme, dass sich aus dem Feuer entzündenden Räuber der vorbedächtige Titane erst auf griechischem Boden entwickelt habe, hinlänglich gerhtfertigt erscheinen und zugleich klar werden, dass diese Abstraktion erst aus der sinnlichen Vorstellung des Feuerreibers hervorgegangen sein könne. Was die Etymologie des Wortes betrifft, so hat auch Pott... dasselbe auf manthano in der Bedeutung von mens provida, providentia zurückgeführt..., aber er hätte, sobald er das tat, das Sanskritverbum nicht unberücksichtigt lassen sollen... Ich halte daher an der schon früher ausgesprochenen Erklärung fest, nach welcher Prometheu aus dem Begriff von pramatha, Raub, hervorgegangen ist, so dass es einem vorauszusetzenden Skr. Pramathyus, der Räuberische, Raub liebende, entspricht, wobei jedoch wohl auch jener obeb besprochene pramantha-e, à d. le bâton droit pour forer- auf die Bildung des Wortes mit eingewirkt hat, zumal Pott auch noch einen Zeus Promantheus... aus Lycophron 537 nachweist, so dass in dem Namen auch der Feueranzündende zugleich mit ausgedrückt wäre.

Il va sans dire que nous ne pensons pas qu'il soit « naturel » ou « évident » de « développer » apprentissage depuis vol, ou providence depuis apprentissage : Prométhée (*Promantheus* de Lykophron)-pramantha fora le nouveau feu, à un nouvel endroit, à de nouveaux croisements de l'écliptique et de l'équateur ; les « dieux » n'aimèrent pas cela (nous reviendrons là dessus plus tard).

Or au sujet de *pramantha*, alias le bateau à feu mâle, avec les méchantes connotations bien connues, et avec la Loi de la fécondité à portée de main, les philologues classiques livrèrent de féroces batailles contre la proposition de Kuhn, pour le noble Prométhée qui simplement ne devait pas être un bâton à feu ou, pire le maléfice. Ces classiques fort passionnés demeurèrent victorieux sur le champ de bataille jusqu'à très récemment, lorsque nous avons appris les dernières nouvelles de Mayrhofer[77] qui commande fermement : *Manth, quirlein ist etymologisch von math-, mathnati rauben (offenbar nasallos) verschieden.* Après avoir traité des différentes significations des mots qui nous sont déjà connus, il continue : *An ausserindischen Nachweisen der Vorstufe von ai. Math- rauben... besteht vorerst nur die vorsichtig ausgesprochene, aber sehr glaubhafte Zusammenstellung vov ai. Pra-math-mit griech. Prométheús, dor. Promathéús (Narten).*

C'est bien significatif du « progrès » d'aujourd'hui : on nous sert comme tout nouveau, « la relation très crédible, prudemment exprimée, entre le sanskrit *pra-math* et le grec Prométhée » en 1963, alors que la seconde édition de Kuhn a été publiée en 1886. Nous ne voulons pas nous appesantir sur la prétendue « différence étymologique » entre les radicaux manth et math : si les philologues ne comprennent pas un sujet, ils inventent différents radicaux, qui sont « mélangés » à des époques ultérieures, prétendument, comme ici *math-* et *manth-* aux époques post-Védiques »[78]. Prométhée était un « *pramantha* » comme l'étaient Quetcouatl, Tezcatlipoca, les quatre Agni, et beaucoup d'autres, forant ou barattant avec un « Mont Mandara, » ou avec Möndull ; pourquoi ne pas l'appeler Mundilfoeri, celui qui secoue l'axe ? Nous avons, en vérité, des contes altaïques à propos de quelque Mundilfoeri « engendrant » le Soleil et la Lune. Uno Holmberg déclare (*Les Représentations religieuses des peuples voltaïques* (1938), p. 22, 63, 89sq.) :

Dans les mythes des Kalmouckes la montagne du monde Sumeru, Meru, alias Mandara apparaît comme le moyen de la création. Le monde exista, lorsque quatre puissants dieux attrapèrent le Mont Sumeru, et le firent tournoyer dans la mer primordiale, de la même façon qu'une femme Kalmoucke fait tourner son bâton pour baratter son beurre. Depuis la mer agitée avec véhémence vinrent, parmi d'autres, la Lune, le Soleil et les étoiles. On trouve le même sens assurément dans le conte des Dorbots, selon lequel il y avait une fois, avant que n'existent le Soleil et la Lune, un être qui commença à remuer l'océan primordial avec un bâton de 10 000 furlongs, faisant apparaître ainsi le Soleil et la Lune. Une création similaire est décrite dans un mythe Mongol, où un être venant du ciel- on suppose qu'il s'agit d'un lama, voir Holmberg, *Mythologie Finno-Ougrienne*, p. 328- remue la mer primordiale, jusqu'à ce qu'une partie du fluide devienne solide.

Ces « contes de la création » sont des survivances plus ou moins détériorées de Amritamanthana, « le barattage incomparablement puissant » au cours duquel une constellation après l'autre émergea de l'Océan de lait sauvagement agité[79]. Et il en est de même de la « création » produite par les « parents du monde » japonais, se tenant sur le Pont céleste, remuèrent avec la céleste lance en pierres précieuses la mer primordiale jusqu'à ce que des parties devinrent plus épaisses et formèrent des îles. L'Amritamanthana survécut aussi en Grèce, au début de l'*Iliade* 8, et dans le mythe de l'homme d'état de Platon, que Plutarque aperçut en Égypte : mais ce sujet nécessiterait un autre livre. La question était ici de situer des personnages comme Mundilfoeri, ou quelque lama survivant, ou Viṣṇu Cakravartin sur la scène cosmologique, où prennent sens leurs modes de « création ».

ANNEXE 15

En ce qui concerne la destitution de l'Étoile polaire, la version la plus drastique est racontée par les Lapons :

> Quand Arcturus (*alpha Bootis*, supposé être un archer, la grande Ourse étant son arc) tirera avec son arc et fera tomber le pôle Nord au dernier jour, le ciel chutera, écrasant la terre et mettant le feu partout.[80]

D'autres légendes préfèrent traiter du destin des étoiles circumpolaires, on parvient au même résultat.

Le Sibérien Kirghiz appelle les trois étoiles de la Petite Ourse les plus proches de l'étoile Polaire, qui forment un arc, une « corde » à laquelle les deux plus grosses étoiles de la même constellation, les deux chevaux, sont attachées. L'un des chevaux est blanc, l'autre gris bleuté. Les sept étoiles de la Grande Ourse sont appelées les sept gardiens, dont la tâche est de garder les chevaux du loup menaçant. Lorsqu'un jour le loup réussira à tuer les chevaux la fin du monde arrivera. Dans d'autres récits les étoiles de la grande Ourse sont « sept loups » qui poursuivent ces chevaux. Juste avant la fin du monde ils réussiront à les attraper. Certains même imaginent que la Grande Ourse est aussi liée à l'Étoile polaire. Une fois que tous les liens seront dénoués il y aura un grand désordre dans le ciel[81].

Selon le folklore russe du sud, un chien est enchaîné à la Petite Ourse, et essaie constamment de mordre à travers les chaînes ; quand il y parviendra, la fin du monde surviendra.

D'autres disent que la Grande Ourse est constituée d'une équipe de chevaux harnachés ; chaque nuit un chien noir ronge le harnais, afin de détruire le monde, mais il n'atteint pas son but. À l'aube, quand il court boire à la source, le harnais se régénère.[82]

Un conte très étrange et apparemment aussi ancien que l'Âge de pierre est raconté par le Skidi-Pawnee à propos du début et de la fin du monde.[83]

> Différents présages précéderont : la lune deviendra rouge et le soleil mourra dans le ciel. L'Étoile du Nord est le pouvoir qui préside à la fin de toutes les choses, de même que l'Étoile Brillante du Soir était le souverain quand la vie commença. L'Étoile du matin, le messager du ciel, qui révéla les

mystères du destin à l'humanité, dit que, au commencement, au premier grand conseil qui attribua sa place au peuple des étoiles, deux d'entre elles tombèrent malades. L'une était vieille, et l'autre était jeune. Elles furent placées sur des brancards, portés par des étoiles (la Grande Ourse et la Petite Ourse),[84] et les deux brancards furent attachés à l'Étoile du Nord. Or l'Étoile du Sud, l'Étoile de l'Esprit, ou Étoile de la Mort, monte de plus en plus haut dans le ciel, et de plus en plus près de l'Étoile du Nord, et lorsque le temps pour la fin de la vie apportera la nuit, l'Étoile de la Mort s'approchera si près de l'Étoile du Nord qu'elle se saisira des étoiles qui portent les brancards et provoquera la mort des personnes qui sont allongées malades sur ces couches stellaires. L'Étoile du Nord disparaîtra alors et partira au loin et l'Étoile du Sud prendra possession de la terre et de ses populations. L'ordre pour la fin de toutes les choses sera donné par l'Étoile du Nord, et l'Étoile du Sud portera les ordres. Nos peuples furent réalisés par les étoiles. Lorsque le temps viendra de la fin de toutes choses notre peuple se transformera en petites étoiles qui voleront vers l'Étoile du Sud auprès de laquelle elles auront leur place.

Pour revenir à des régions mieux connues, Proclus nous informe que l'étoile Renard grignote continuellement la lanière de l'attelage qui tient ensemble ciel et terre ; le folklore germanique ajoute que quand le renard réussira, le monde arrivera à sa fin[85]. Cette étoile Renard n'est autre qu'Alcor,[86] la petite étoile g près de *zeta* Grande Ourse (en Inde Arundati, la femme commune des Sept Rsi, *alpha-eta Ursae* : voir p. 286 à propos d'Arundati et Narundi d'Elam, sœur de Sibitti, la « Septième »), connue comme telle depuis l'époque babylonienne.[87]

La même étoile croise notre route à nouveau dans « le Commentaire à Aratus »[88] où l'on nous dit qu'il s'agit d'Electra, mère de Dardanos, qui quitta sa position parmi les Pléiades, désespérée en raison de la chute d'Ilion, et se retira « au dessus de la seconde étoile du rayon... d'autres appellent cette étoile Renard ».

Ce petit bout de preuve peut montrer deux choses au lecteur : (1) que la chute de Troie signifie la fin d'un véritable âge du monde. (Pour le moment, nous estimons ce que la fin de la période de l'âge des Pléiades signifie ; parmi des raisons variées, à cause du fait que Dardanos vint à Troie après la troisième inondation, selon Nonnos). (2) que la Grande Ourse et les Pléiades représentées sur le bouclier d'Achille, destructeur de Troie, ont une signification précise, et ne doivent pas être prises comme un témoignage de la fantastique ignorance d'Homère (qui connaissait très bien ces constellations), comme voudraient nous le faire croire les spécialistes. Il y a, réellement, de trop nombreuses traditions qui établissent le rapport entre l'Ourse et les Pléiades et telle ou telle catastrophe pour qu'elles soient ignorées. Parmi beaucoup nous mentionnerons seulement un exemple dans les dernières légendes juives, quelques lignes prises parmi une description des plus imaginative du déluge de Noé, citées par Frazer :[89]

> Or le déluge fut causé par les eaux mâles du ciel rencontrant les eaux femelles qui venaient du sol. Les trous dans le ciel par lesquels les eaux supérieures s'échappèrent furent réalisés par Dieu quand il supprima les étoiles de la constellation des Pléiades ; et dans le but d'arrêter ce torrent de pluie, Dieu dut boucher les deux trous avec deux étoiles empruntées à la constellation de l'Ourse. C'est pourquoi l'Ourse court après les Pléiades jusqu'à ce jour ; elle veut retrouver ses enfants, mais elle ne les retrouvera jamais qu'après le dernier jour.

ANNEXE 16

Pour *Hallinskíði* voir Reuter, p. 237 ; Simrock, *Handbuch*, p. 277 ; Gering (*Edda* trad., p. 320) : *Gebogene Schneeschuhe habend*. Beaucoup (in *Festschrift heinzel*, p. 259), mettant en relation *skíði* avec skèto celtique, skéda (anglais : « humerus », « omoplate ») et prenant *halle* pour « pierre » se hasardent à proposer la reconstruction « celui à l'épaule en pierre qui présupposerait un conte similaire à celui au sujet de Pélops et son épaule d'ivoire ».

En ce qui concerne *mjötviðr*, A. V ; Ström traduit vol. 2[90]: *Ich erinnere mich neun Welten neun im Baume (oder neun Heime), des ruhmvollen Massbaums unter der Erde.*

Et il note la déclaration d'Hallberg : *Der Baum selbst ist das mass für die Existenz der umgebenden Welt in der Zeit*[91]. La dernière remarque va sans dire, les mesures mythiques sont des mesures de temps, généralement, mais ce fait est si rarement reconnu que ce blanc corbeau doit être accueilli avec enthousiasme. La « localisation sous la terre » désigne le Sud, « invisible » du monde, comme il apparaîtra plus loin. Par cela nous ne voulons pas dire que nous avons compris le tableau énigmatique de cet arbre de mesure.

Or, Heimdallr et Loki, ennemis perpétuels tels qu'ils sont, se tuent l'un l'autre à Ragnarök, mais la mort d'Heimdallr est accomplie au moyen d'une arme très étrange, à l'aide d'une « tête ». Le *Skáldskaparmál*, 8 de Snorri (voir aussi 69) en donne une image ambiguë : « La tête d'Heimdallr est l'épée, ou, l'épée est la tête d'Heimdallr »[92], ou nous apprenons que l'épée était appelée *miötuðr Heimdaler*, et c'est, selon Jacob Grimm[93], « le mesureur (sector, messor) ». Ainsi, Heimdallr mesure-t-il (ou est-il mesuré ?) au moyen d'une épée dont on dit aussi qu'elle est sa propre tête. Étranges événements, en vérité. Ohlmark[94] déclara que l'épée était le Soleil. C'est avec lui une plaisante alternative pour une fois, quand d'habitude tout et chacun est assimilé à la Lune. Mais bien que l'instrument de mesure, qu'il s'agisse ou non de la « corde d'or » soit le soleil (voir p. 146 sur Varuṇa, et p. 230 sur Théétète 153c de Platon), nous suspectons que le cas de la tête/épée d'Heimdallr est plus compliqué, et qu'il ne sera pas résolu avant que nous en sachions beaucoup plus au sujet de Loki.

ANNEXE 17

À ceux qui nous reprocheraient trop hâtivement d'ignorer complètement « l'histoire des technologies » nous répondons que nous connaissons l'état des recherches en ce domaine.[95] Nous citerons à ce propos cette phrase éclairante de Curwen : « Nous émergeons, heureusement, de cet état de douce ignorance du sujet qui rendait possible un tel anachronisme comme le célèbre tableau de Décamp *Samson tournant la meule dans la prison* où l'on voit Samson tournant une énorme pierre de meule au moyen d'un long levier comme une barre de cabestan, à la manière des esclaves romains mille ans plus tard[96]. »

Il y a, réellement, un certain nombre de raisons pour douter de la croyance commune selon laquelle « les moulins à grain étaient rotatifs », ainsi que le déclare Moritz (p.53). Tandis que Forbes (*Études des anciennes technologies,* vol. 3, p. 155, n. 3) est en faveur des « meules rotatives à l'époque assyrienne ». Lynn White (p. 108) dit : « Mais bien que le mouvement rotatif continu a été utilisé dans cette grande meule mobile et, dans le moulin à eau qui apparaît naturellement au Ier siècle av. J-C., il n'est définitivement pas clair de savoir à quelle première date un tel mouvement qui a certainement été utilisé l'a été avec les moulins. » Il n'est pas douteux que ce véritable mouvement rotatif a été utilisé beaucoup plus tôt pour la roue du potier, ce qui est à propos car la roue du potier appartient aussi à l'instrumentation cosmologique, par exemple dans les mains de Ptah et de Khnoum. L'instrument égyptien est décisif pour creuser les vases de pierre et était peut-être monté avec une manivelle, mais il n'y a pas d'unanimité parmi les historiens des technologies sur la nature véritable de ce dispositif. Dans ce cas et dans celui du moulin, l'accent est mis sur le « véritable » mouvement rotatif, parce qu'il y a deux sortes de mouvements rotatifs, pour lesquels nous citons Gordon Childe (Singer, p. 187) sur la différence « entre le mouvement rotatif continu, véritable et complet, et le mouvement rotatif partiel et discontinu ». Pour le véritable mouvement rotatif, la partie qui tourne de l'instrument doit être libre de tourner dans la même direction *indéfiniment*. Il y a cependant un certain nombre de procédés qui impliquent un tour partiel de l'instrument, tel que de forer et creuser à la main. Il y a même des machines comme le *bow-drill* (arc perceur) ou le *pole-lather* (tour archaïque) qui permettent un certain nombre, mais seulement un nombre limité, de révolutions de la partie tournante. Un mouvement rotatif partiel de cette sorte a été utilisé par l'homme beaucoup plus longtemps que le véritable mouvement rotatif.

Or, nous ne souhaitons pas dénigrer la note de White (p. 109) où il prétend que le *Grotte* de Fenja et Menja a été « sans aucun doute » un instrument impliquant le mouvement alternatif. Ce pourrait être le cas, bien que nous ne sommes pas d'accord avec le « sans aucun doute » : plusieurs doutes en fait sont permis. Nous nous abstiendrons cependant de discuter ceci et de questions semblables tant que nous ne comprendrons pas précisément et complètement comment le « Barattage de l'océan de lait » était censé fonctionner en Inde et en Égypte, où les spécialistes insistent pour appeler le barattage céleste un « symbole de l'harmonisation des deux terres », et dans les survivances chez Homère et Platon. Pour l'instant nous pensons vraiment que le plus ancien instrument technologique utilisé dans la terminologie cosmologique a été, en fait, un instrument de barattage ou de forage, impliquant un mouvement alternatif.

La question est la suivante : le fait que Samson, ou Fenja et Menja se soient servi d'une meule oscillante ou d'un véritable moulin rotatif est un problème cosmologique qui peut difficilement être laissé à l'appréciation des historiens des technologies. Pour illustrer cela, jetons un coup d'œil à ce « moulin » des Indiens Cherokee, mentionné au chapitre sur la galaxie, où il est dit que « les peuples du sud ont un moulin à céréale - dont la farine a été volée à plusieurs reprises ; les propriétaires découvrirent le voleur, un chien qui « partit en courant en hurlant vers sa demeure au nord avec la farine tombant de sa gueule comme il courait, et laissant derrière lui une trace blanche dans laquelle on peut désormais reconnaître la Voie lactée, que les Cherokees appellent jusqu'à maintenant *Où le chien a couru*. » Dans ses notes additives (p. 443), Mooney explique : « Dans la version d'origine le moulin était probablement un mortier de bois, tel que l'on utilisait communément chez les Cherokees... » Eh bien, dans « la version d'origine » *telle que l'indiquent les Cherokees*, nous pouvons compter sur leur attestation d'un mortier, mais certainement pas en correspondance avec le véritable mythe « d'origine ». Il n'y a pas la moindre possibilité de « développer » hors de l'imagerie cosmologique des mortiers « primitifs » (ou pierres de meule) : le mortier cherokee est une forme de moulin « détériorée » (qu'il soit oscillant ou pas).

La machine cosmique (moulin, foreur ou baratte) produit des périodes de temps, elle provoque la « séparation du ciel et de la terre », etc. Le long de la voie de diffusion dans des environnements inhabituels, particulièrement aux tropiques (manque de grain, culture labourée, etc.), le moulin (ou baratte) cesse d'être compris, tandis que la mémoire retient un instrument pour écraser les denrées alimentaires. Et soudain, on nous dit dans plusieurs continents comment le Ciel, qui autrefois reposait près de la Terre, se replia en colère, en raison des femmes qui, occupées avec leurs mortiers, ne s'arrêtaient pas de cogner avec leurs pilons sur l'étendue du Ciel. Une notion tout à fait absurde, dont l'origine peut seulement être comprise quand on la ramène à la machine prodigieusement compliquée qui se présentait à l'origine (historiquement aussi bien que « conforme au sens »), et engendra tout à fait innocemment des conséquences aussi étranges.

Bien que nous n'aimions pas appliquer strictement des modèles scientifiques aux phénomènes historiques, ici nous allons maltraiter le cas d'entropie : dériver *Grotte* (*l'Amrtamanthana*, etc.) de ces femmes entièrement absurdes frappant de leur pilon contre le « Ciel » serait du même niveau que de dériver les substances originelles de l'état des gaz qui se mélangent au hasard.

Ces considérations minimales seulement pour le problème technologique. Nous gardons à dessein ces questions sous clé, et non parce qu'on s'est rendu compte que l'aspect technologique est très important. Au contraire, nous entretenons le doute que presque personne n'a l'idée des difficultés énormes soulevées par la baratte, le moulin et le foreur de feu, si on les comprend de façon appropriée comme des machines qui étaient destinées à décrire les mouvements des sphères imbriquées.

ANNEXE 18

Comparez avec *Popol Vuh : Le Livre sacré de l'ancien Quiché Maya* (Eng. Trad. Par D. Goetz et S. Morley, (1951), p. 99-102). En ce qui concerne la fuite de Zipacna, comparez la carte de répartition donnée par Frobenius (*Paideuma 1* (1938), p. 8, carte 3 *Der lausbub im Hauspfeiler*).

Pour tout le motif des piliers et des habitations écroulées, comparez avec Eduard Stucken, *Astralmythen* (1896-1907) : p.73sq pour la mort de Nebrod, selon Cedrenus, de Caïn, selon Leo Grammaticus Chron. p. 8 *(Kain, hôs legei Môysês, tês oikias pesousês ep'auton eteleutêsen)* ; p. 329sq pour le cas de Susanowo ; p. 348 pour le Depe Ghöz Turc ; p. 402sq pour Zipacna ; là, il veut aussi incorporer Job 1.18. le complet aveuglement de Stucken à la simple existence des planètes l'a empêché de mieux comprendre ; ainsi, il prétend pour le cas de Job 1.18 : « Ici aussi est la divinité Orion (Satan-Ahriman) qui cause l'effondrement de la maison pour punir la divinité des Pléiades (Hiob). » Cet aveuglement est le plus étonnant car Stucken a lu l'énorme ouvrage de Eisenmenger, *Le Judaïsme dévoilé* (1711), où il devrait avoir détecté l'identité (ainsi que le prétend la littérature rabbinique) de la planète Mars avec le serpent au paradis, avec Caïn, Esaü, Abimelech, Goliath, Samuel, le bouc émissaire, et beaucoup d'autres.

ANNEXE 19

Une remarquable quantité d'informations au sujet des créatures sous-marines est contenue dans la recherche de Mansikka sur les formules magiques russes[97]. Il est presque impossible de saisir les faits bruts dans cet ouvrage tant l'information est mêlée avec une *interpretatio christiana*, plutôt agressive de l'auteur. Cependant on peut noter avec intérêt : au milieu de la « mer Bleue » (ou « le milieu de toute la terre »), il y a soit (a) une île la plupart du temps appelée *Bujan*, du même radical que « buoy »[98], « le centre du pouvoir céleste », sur lequel il y a un arbre, ou une pierre, ou un arbre sur une pierre, quelquefois la croix ou la « montagne de Zion » lui-même[99] ; ou il y a (b) le « Blanc autel de pierre » qui est « brûlant », reposant au centre de la mer sans être supporté par une île ; sous cette pierre, il y a un « feu vert, le roi de tous les feux » ou un « éternel, inextinguible feu » que « l'on doit se procurer sous la pierre » (Mansikka, p. 188 ; on ne nous dit pas dans quel but on doit aller chercher là ce feu ; le texte dit seulement « pour brûler »). Quelquefois il est dit que sous cette pierre, sans tenir compte de son caractère « sacré » et de la « Pierre de l'Autel » et même le « Trône du Christ » se trouvait l'« habitation du Diable lui-même »[100] ; dans d'autres formules on insiste sur le point que ce feu « grille et brûle le pouvoir pourri et impur du diable » (*die verfallene, unreine Macht des Teufels*, où *verfallen* peut signifier soit « pourri » soit « perdu »). Aussi longtemps que cet inextinguible feu reste en sûreté sous une pierre, rien de dangereux ne peut arriver ; en conséquence, une formule germanique (Mansikka, p. 37) dit : « Dans le jardin du Christ il y a un puits, dans le puits il y a une pierre, sous la pierre repose un serpent d'or. » Ce serpent peut aussi être un scorpion, comme nous l'avons vu (note de bas de page n°3).

Les Mordves[101] racontent une longue histoire au sujet de Dieu, Tsham-Pas, qui se balançait de droite à gauche sur une pierre dans la mer primordiale, réfléchissant profondément comment créer le monde et comment le gouverner après, et se lamentant : « Je n'ai ni frère ni compagnon avec lequel discuter de la question. » De colère il cracha dans la mer, le crachat se transforma en une grande montagne dont Satan émergea et offrit d'être son partenaire. Tsham-Pas envoya son nouveau compagnon chercher du sable au fond de la mer, lui recommandant de mentionner son nom (Dieu) avant de toucher le sable. Satan s'en abstint, et fut brûlé largement par les flammes qui sortirent du fond de la mer ; ceci se produisit à deux reprises, et Tsham-Pas avertit Satan que, s'il ne mentionnait pas le nom divin quand il plongerait pour la troisième fois, les flammes le consumeraient complètement. Le mauvais compagnon obéit alors et rapporta finalement le sable pour la création. Mais comme il ne pouvait pas s'empêcher de jouer des tours, Dieu le chassa en disant : « Va-t-en au fond de la mer, vers l'autre monde, dans ce feu qui te brûlât quand tu étais trop fier pour citer le nom de ton créateur. Assieds-toi là et souffre pour toute l'éternité. »

En Inde, où le mot « éternité » n'est pas utilisé avec autant de désinvolture que dans les légendes européennes, le *Harivaṃśa* nous raconte ce qui suit au sujet de la progéniture du sage Aurva (« né de la cuisse », *uru*), comme nous le tenons de Dowson[102] :

> « Le sage fut pressé par ses amis d'engendrer des enfants. Il y consentit, mais il prédit que sa progéniture vivrait au prix de la destruction des autres. Ainsi il produisit de sa cuisse un feu dévorant, qui s'écria d'une voix forte : j'ai faim, qu'on me laisse consumer le monde. » Les différentes régions furent bientôt en flammes, quand Brahmā s'interposa pour épargner sa création, et promit au fils d'Aurva demeure et subsistance convenables. La demeure devait être à Baḍavā-mukha, l'embouchure de l'océan ; car Brahmā naquit et repose dans l'océan, et lui et le *feu nouvellement né* devaient consumer le monde à la fin de chaque âge, et à la fin des temps dévorer toutes les choses ainsi que les dieux, Asuras, et Rākṣasas. Le nom Aurva signifie ainsi, brièvement, le feu sous-marin. Il est aussi appelé Baḍavānala et Saṃvarttaka. Il est représenté comme une flamme avec une tête de cheval, et il est aussi appelé Kākadvaja, depuis qu'il porte une bannière sur laquelle est figuré un corbeau.

Dans le *Mahābhārata*[103], ce conte est raconté par le Ṛṣi Vasiṣṭha (*zeta Ursae Majoris*) dans le but d'apaiser son petit-fils, qui souhaite aussi détruire tout le monde sans délai :

> Alors, ô enfant, Aurva jette le feu de son courroux dans la demeure de Varuṇa[104]. Et ce feu qui consuma les eaux du grand Océan devint semblable à une grande tête de cheval que les personnes qui connaissent les *Vedas* appellent du nom de Vaḍavāmukha. Et s'échappant de cette gueule le feu consuma les eaux du puissant océan.

La brûlante tête de cheval guide le curieux tout droit vers les dédales du *Mahābhārata* et le *Śatapatha Brāhmaṇa*, récits parmi les plus impénétrables parce qu'ils traitent de l'histoire énigmatique du Ṛṣi Dadhyañc, dont la tête de cheval demeura dans le lac Śaryaṇāva, après qu'il eut révélé le « secret de madhu » (madhuvidyā = hydromel) aux Aśvin, les Dioscures[105]. À partir des os (les os du crâne du cheval) Tvaṣṭṛ forgea la foudre pour Indra, lui permettant ainsi de pourfendre « les 99 Vṛtra »[106] de même que Samson tua les Philistins avec l'os de mâchoire d'un âne, tandis que Viṣṇu utilisa cette tête pour reconquérir les *Vedas* qui avaient été emportés par deux Daitya, durant l'un de ses « sommeils yoga », avaleurs de temps. Privé des *Vedas*, Brahmā, pour qui ils constituaient des « yeux », était incapable de continuer le travail de création, de telle sorte qu'il implora le seigneur de l'univers de se réveiller. « Loué par Brahmā, l'illustre Puruṣa se secoua de son sommeil, se résolut à récupérer les *Vedas* (des Daityas qui les avaient arrachés de force). Utilisant sa puissance Yoga, il prit une seconde forme. Il prit une tête chevaline de grande brillance, qui était la demeure des *Vedas*. Le firmament, avec tous ses luminaires et constellations, lui servit de couronne sur la tête. Ayant pris cette forme ornée d'une tête de cheval, le Seigneur de l'univers disparut immédiatement, et poursuivit vers les enfers[107]. » Pour revenir avec les *Vedas*, avec succès et reprendre son sommeil, comme il va sans dire.

En d'autres termes, « la tête chevaline » est un « avatar » de Viṣṇu aussi important que d'autres avatars plus énigmatiques, et que la plus « populaire » tradition semble ignorer, bien que la Grande Épopée nous dise ce qui suit :

Jadis, pour faire le bien au monde, Nārāyaṇa (Viṣṇu) naquit comme le grand Ṛṣi Vaḍavāmukha (voir ci-dessus, le fils d'Aurva, l'embouchure de l'océan, Vḍavamukha). Tandis qu'engagé dans la pratique de sévères austérités sur le flanc de Meru, il convoqua l'Océan. L'Océan, cependant, désobéit à ses ordres (l'Okeanos grec, aussi, avait l'habitude de ne pas se présenter quand Zeus convoquait tout le monde à s'assembler.) Mis en fureur par cela, le Ṛṣi, avec véhémence, fit en sorte que les eaux de l'océan deviennent aussi salées que la sueur du corps humain. Le Ṛṣi plus tard dit : « Ton eau dorénavant cessera d'être buvable. C'est seulement quand la tête de Cheval, vagabondant en toi, boira tes eaux, que tu seras aussi doux que le miel. » C'est pour cette raison que les eaux de l'Océan à ce jour demeurent salées au goût et ne sont bues que par la tête de Cheval[108].

Le traducteur, Pratap Chandra Roy, remarque dans une note de bas de page (p. 583), sans se référer au premier livre de l'épopée :

> Les écritures indiennes mentionnent qu'il y a une tête de Cheval de grandes proportions qui vagabonde à travers les mers. Des feux brûlants sortent constamment de sa bouche et boivent l'eau de mer. Cela fait toujours un très grand bruit. C'est appelé Vaḍavāmukha. Le feu sortant est appelé Vaḍavā-nala. Les eaux de l'Océan sont comme du beurre éclairci. La tête de Cheval les boit comme le feu sacrificiel boit les libations de beurre éclairci versées sur elle. L'origine du feu Vaḍabā est quelquefois attribuée au courroux d'Urva, un Ṛṣi de la race de Jamadagni. D'où il est quelquefois appelé Aurvya le feu.

Aucune des autorités citées jusqu'à présent n'a pensé que cela valait la peine de mentionner où ce Vaḍavāmukha était censé se trouver. Seulement en recherchant le mot dans le *Dictionnaire pratique sanskrit* de Macdonell (p. 267) nous avons appris (exactement comme prévu, bien que sans doute Macdonell désigne un pôle terrestre Sud) que « *vāḍabā*, f. = jument ; l'épouse de Vivasvat, qui sous la forme d'une jument devint la mère des Aśvins - vaḍabā agni, m. feu sous-marin supposé être situé au pôle Sud vaḍabā-mukha, n. gueule de la jument = entrée de l'enfer au pôle Sud ».

Il est peu probable que nous parvenions à présenter ces intrigues obscures en une histoire claire et cohérente, en traitant, ici et maintenant, plus étroitement de Dadhyank, dont on dit que le nom signifie « tourner le lait » et qui est un « producteur d'Agni » et en comparant avec les nombreux personnages qui sont accusés d'avaler l'océan : nous espérons seulement attirer l'attention sur l'un parmi les nombreux problèmes concrets restés inaperçus.

Nous pourrions être suspectés de proposer d'identifier la tête de Cheval avaleuse de la mer avec l'également assoiffée Agastya-Canope[109] juste pour simplifier la situation. Certes il y a des éléments qui invitent à une telle « proposition »[110]. Mais le cheval est l'animal de Mars, et il est « le khshatriya Apâm Napât avec les chevaux rapides » qui « s'empare de hvarnah » le cachant au « fond de la mer profonde, le fond du profond lac »[111] : le « neveu » (*napāt*) des eaux (*apām*), et non l'originel (et élevé) souverain de l'« embouchure de l'océan » alias *pi narāti*, « la confluence des rivières », Canope, que les vieux Tahitiens appelaient « Réjouissance-d'où-vient-le-flux-de-la-mer » (T. Henry, *Tahiti Ancien* (1928), p. 363). Le fils terrifiant de Aurva est, de plus, un « feu apparu nouvellement » comme nous l'avons vu, et Apâm Napâât n'est en aucune façon le seul « Agni » ; le *Ṛg-Veda* connaît quatre « feux, » Agnis, prétendument consumés au service sacrificiel les uns après les autres. On ne pourra obtenir une bonne compréhension que si l'on cesse d'ignorer la seule dimension mythique qui compte : le temps.

Les têtes de chevaux n'étant pas connectées avec les eaux profondes tout à fait « naturellement » nous pouvons finir avec quelques contes rassemblés par Jacob Grimm (TM, p. 597sq.) qui montrent que les lacs ne peuvent supporter que leur profondeur soit mesurée. Sur le *Mummelsee*, quand les sondeurs eurent fait descendre toute la corde depuis neuf filets avec un plomb sans avoir trouvé le fond, soudain le radeau commença à couler, et ils durent chercher leur salut en une course rapide vers la terre, un homme alla en bateau au milieu du *Titisee* et laissa filer sans fin une ligne à plomb, quand sortit des vagues un terrible cri : « Mesure-moi, et je te mangerai ! » En grande frayeur l'homme renonça à son entreprise, et depuis lors personne n'a osé sonder la profondeur du lac... Il y a une histoire semblable à propos d'*Huntsoe*, dont quelques personnes tentèrent de sonder la profondeur avec un soc attaché à la ligne, et de dessous vint le son de la voix d'un esprit : *i maale vore vägge, vi skal maale jeres lägge !* Remplis de terreur, ils remontèrent la ligne, mais au lieu du soc ils trouvèrent attaché le crâne d'un vieux cheval.

ANNEXE 20

De telles histoires ne sont pas des plaisanteries, bien qu'elles donnent cette impression quand nous les croisons dans le folklore eurasien. « Aīt » est un terme strictement astronomique et par conséquent aussi « religieux ». Ainsi nous entendons de Rabbi Eleazar Pedath (ca. 270 apr. J.-C.) : *Als der Pharaoh aus Agypten auszog, die Israeliten zu vergolfen, erhoben sie ihre Augen gen Himmel und sahen den Engelssfürsten Agyptens in der Luft fliegen.*

« Cela signifie la chute de l'Égypte », ajoute Bertholet, qui mentionne ce cas dans son article sur l'« ange gardien de la Perse » (Festschrift Pavry, p. 38), commençant depuis Isa. XXIV.21 et ses interprétations rabbiniques. Il désigne aussi la parole de Rabbi Chanina (ca. 225 ap. J.C.) : *Nicht bestraft Gott eine nation eher, als bis er zuvor ihren Engelfürsten im Himmel bestraft hat*, auquel il compare Ps. XXIV.21 : « Ce jour-là le Seigneur punira l'hôte du ciel, au ciel, et les rois de la terre, sur la terre. »

Ces « anges gardiens » seront identifiés tôt ou tard, dans la mesure où ceci n'a pas encore été réalisé dans la plus ancienne littérature que nos contemporains dédaignent comme « obsolète ». L'un d'entre eux, le « seigneur-ange » d'Esau-Edom, avec qui, selon le Zohar, Jacob lutta (Gn XXXII.24-33) est la planète Mars[112]. Comment tout le système fonctionne-t-il réellement, par exemple ces punitions d'abord au « ciel » et ensuite sur « terre », et ne sera-t-il pas compris avant que le *Timée* de Platon soit pris aussi sérieusement qu'il le fut par le pythagoricien Timaios lui-même, que Platon introduit comme « *astronomikōtaton hēmōn* », l'esprit le plus astronomique parmi nous, et avant qu'il soit accepté comme la fondation à partir de laquelle on ira au-delà (voir ci-dessous, chapitre XXII, pour une touche superficielle sur ce système cosmique).

ANNEXE 21

Un vague, bien que plutôt plaisant écho de tels énormes événements, vient d'un conte (Grimm, TM, p. 599) :

Sur ses berges vivaient des hommes sauvages et cruels, qui ne labouraient jamais les prairies qu'il arrosait, ni ne semaient les champs qu'il fertilisait, mais volaient et tuaient, de telle sorte que son onde scintillante était souillée du sang des meurtres. Et le lac portait le deuil ; et un soir, il rassembla ses poissons, et s'éleva dans l'air avec eux. Les brigands entendant ce vacarme s'écrièrent : « Eim a quitté son lit, prenons ses poissons et son trésor caché. » Mais les poissons étaient partis, et l'on ne trouva rien au fond sinon des serpents, des crapauds et des salamandres, qui vinrent en rampant se nicher avec la progéniture des ruffians.

Mais Eim s'élevait de plus en plus haut, et parcourait l'air comme un nuage blanc ; les chasseurs dans les bois disaient : « Quel est ce cygne blanc qui vole dans le ciel ? » Toute la nuit, il est en suspens parmi les étoiles, très tôt le matin les moissonneurs le remarquèrent, comme il s'enfonçait, et le cygne blanc devint ressemblant à un bateau blanc, et le bateau comme un sombre nuage à la dérive. Et depuis les eaux une voix s'éleva : « Retire ta moisson, je viens demeurer avec toi. » Alors ils l'accueillirent, s'il pouvait humidifier leurs champs et leurs prairies, et il descendit et se répandit dans son nouveau lit. Ils installèrent ce lit, construisirent des digues, et plantèrent de jeunes arbres tout autour pour le rafraîchir. Il rendit leurs champs fertiles et leurs prairies vertes. Et ils dansèrent autour de lui, de telle sorte que les hommes âgés rajeunirent de joie.

Dans une note, Grimm cite l'opinion de F. Thiersch sur ce lac :

Est-ce que *Eim* ne doit pas être le même que *Embach* (mother-beck, fr. emma mother, mère) près de Dorpat, dont l'origine est rapportée comme suit ? Quand Dieu créa le ciel et la terre, il souhaita conférer un roi aux animaux, pour les gouverner, et leur ordonna de creuser pour l'accueillir un ruisseau large et profond, afin qu'il puisse marcher sur ses berges. La terre enlevée formera une colline pour que le roi puisse s'établir dessus. Tous les animaux se mirent au travail, le lièvre mesura le terrain, la queue de renard le suivant, marqua le cours du ruisseau ; quand ils eurent fini de creuser le lit, Dieu le remplit d'eau à partir de son bol d'or.

Comme la vie de la tradition est difficile. Et comme il est évident, nous voulons le dire, qu'il y a ici beaucoup plus de signification que le seul changement de lit d'une rivière ou d'un lac ; que les rivières aient leur propre méthode pour établir un nouveau cours, au lieu de s'envoler, poissons inclus, et de se tenir parmi les étoiles, est un fait qui, nous en sommes sûrs, n'était pas inconnu de nos ancêtres, qu'ils aient été Estoniens ou non.

ANNEXE 22

Nous trouvons en Inde, une vague survivance prenant évidemment un char pour un chariot. Le *Sūrya-Siddhānta* déclare : « En Taureau, le 17ᵉ degré, une planète dont la latitude est un peu plus que deux degrés sud fendra le *chariot de Rohinī*[113]. »

Selon Burgess (p. 214), le chariot de Rohinī (= Aldebaran) « contient cinq étoiles, dans le groupement desquelles les Indiens imaginent voir une figure de chariot », les Hyades, contenant *epsilon, delta, gamma, nu, alpha Tauri*. Burgess continue (p. 249) : « Le *Siddhānta* ne nous informe pas de ce que peuvent être les conséquences d'un tel fait ; ceci appartient plutôt au domaine de l'astrologie que de l'astronomie. Nous citons à partir du *Pancatrata* (238-241) la description suivante de ces conséquences, dérivée des écrits astrologiques de Varāhamihira :

Quand Saturne fend le chariot de Rohinī ici dans le monde, le Mādhava ne pleut pas sur la terre durant 12 années.

Quand le chariot de la constellation Prajāpati est fendu, la terre, comme si elle avait commis un péché, exécute à sa manière, sa surface étant couverte de cendres et d'os, la pénitence de Kāpālika. Si Saturne, Mars, sur le nœud descendant fend le chariot de Rohinī, pourquoi ai-je besoin de dire, dans une mer d'infortune, que la destruction viendra sur le monde ?

Quand la lune est stationnée au milieu du chariot de Rohinī, les hommes vagabondent sans repos, privés d'abri, mangeant la chair cuite des enfants, buvant l'eau des vases brûlés par le soleil.

Sur quelle conception ce curieux aspect de l'astrologie des anciens Indiens est-il fondé, nous l'ignorons entièrement.

Les mauvaises expériences que Saturne a connues avec le véhicule d'Auriga, qu'il s'agisse de *beta zeta Tauri* ou des Hyades, semblent avoir laissé une trace dans la mémoire des astrologues indiens.

ANNEXE 23

Voir J. Kepler, *De Stella Nova in Pede Serpentarii et qui sub ejus exortum de novo iniit Trigono Igneo*, in *Opera Omnia*, ed. C. Frisch (1859), vol. 2, p. 636. Voir aussi J. Kepler, *De vero anno quo Aeternus Dei Filius humanam naturam... assumsit*, in *Opera Omnia* (1863), vol. 4, p. 346sq.

Kepler était moins intéressé par la révolution d'un angle du trigone au travers de l'ensemble du zodiaque que par la durée de temps dont les conjonctions avaient besoin pour traverser tous les quatre « éléments » particulièrement entre les conjonctions dans la « triade du feu ». Le zodiaque est divisé en quatre trigones « élémentaires » ou triades de la manière suivante :

Feu : Bélier, Lion Sagittaire
Terre : Taureau, Vierge, Capricorne
Air : Gémeaux, Balance, Verseau
Eau : Cancer, Scorpion, Poissons

La « grande conjonction de Saturne et de Jupiter, intervenant chaque vingt années, reste environ 200 ans sans une triade ; elle se déplace à travers les quatre éléments en 800 ans (plus exactement : en 794 1/3 années). Avec la moyenne de 800 ans qui prit à la conjonction pour passer d'une « triade du feu » à l'autre, Kepler reconstruisit l'histoire :

4000 Av.	Adam	Création du monde
3200	Enoch	Brigandage, villes, arts, tyrannie
2400	Noé	Déluge
1600	Moses	Sortie d'Égypte. La Loi.
800	Isaü	Grèce, Babylone, Rome
0	Christ	Monarchie romaine. Réforme de la terre
800 Ap.	Charlemagne	Saint Empire occidental
1600	Rodolphe II	Nos vies, nos faits et vœux, nous qui les avons exposés

En ce qui concerne le futur, 2400 apr. J.-C., Kepler remarque : *« Où donc serons nous, et notre Germanie sera-t-elle seulement très brillante ? Et quels seront nos successeurs ? y aura-t-il des gens pour se souvenir de nous ? Si tant est que le monde dure »* (« Florentissima Germania ») : ceci fut écrit avant que n'ait commencé la guerre de Trente Ans).

Comparer avec H.H. Kritzinger (*L'Étoile des Sages* (1911), p. 35,44, 59) qui traite largement de la signification des « grandes conjonctions, » et qui ajoute : « Le même tableau fut repris, avec des données plus précises, par Riccioli dans son *Almagestum Novum* (Tom. 1, 672-75), commençant par ces vers :

Ignea Triplicitas, coniunctio Maxima dicta
Saturniq. Jovisque, annis redit Octigentis.

Ce qui est appelé ici « grande conjonction » se produisant tous les vingt ans, a été nommé aux premiers temps, dans l'astrologie sassanide et arabe, « petite conjonction » comme nous l'apprenons de E. S. Kennedy :[114]

Après environ 12 telles petites conjonctions de la sorte, la conjonction suivante introduira dans la triade suivante ; cet événement, appelé le changement ou transit *(intiqâl al-mamarr)* est aussi connu comme la *conjonction moyenne*... Quatre conjonctions moyennes transportent le phénomène au travers de toutes les triades et constituent une *grande conjonction*. Mais afin que le cycle entier recommence à partir d'un signe initial particulier, le Capricorne, trois grandes conjonctions sont nécessaires, celles-ci constituent une *puissante conjonction*.

Une « puissante conjonction » correspond ainsi à la révolution d'un angle du trigone des conjonctions Jupiter-Saturne, réalisé en soixante ans (plus exactement 59,6 ans), à travers tout le zodiaque, complété en 2400 ans (2383 ans respectivement).

Pour la raison particulière pour laquelle la « grande conjonction » de 800 ans doit être multipliée par 3, voir l'article d'Oscar Marcel Hinze[115] : dans la forme de la « Gestalt-Astronomie » archaïque, c'était la révolution du trigone comme un ensemble qui « comptait ». Hinze traite aussi de l'hexagone, la « Gestalt » de Mercure, révolution d'un angle d'environ vingt ans, et avec le célèbre *Pentagramma Veneris*.

En ce qui concerne le rôle des conjonctions de Saturne-Jupiter en Iran et en Inde, voir aussi D. Pingree (« Astronomie et astrologie en Inde et en Iran », ISIS 54 (1963), p. 244), et la communication prochaine de B. L. van der Waerden sur « la conjonction de 3102 av. J. C. », cette même conjonction amène le déluge du *Mahābhārata*. Prétendument, il n'y a aucune trace de grandes conjonctions dans l'astrologie hindoue et grecque. L'astrologie, cependant, ne se trouve pas seulement dans les textes qui sont reconnaissables comme tels au premier coup d'œil. En dehors de la Grèce, où nous avons, en plus du combat de Cronos et Saturne dans l'Olympe, aussi le *Daidalia*, qui se tenait dans l'intervalle de soixante ans, on ne peut pas comprendre des cycles de soixante ans en Inde, ou dans le Soudan occidental, si les savants préfèrent occulter le trigon de la conjonction de Saturne-Jupiter ;

cette occultation étant le résultat logique du refus persistant de reconnaître Saturne et Jupiter comme Saturne et Jupiter.

La conjonction décisive de l'an 6 av. J.-C. (qui ouvrit notre âge des Poissons) ayant été près de zeta Piscium, il est légèrement surprenant d'apprendre de Burgess (*Sūrya-Sidhānta*, p. 14) ce qui suit (il explique la notion Indienne de *nutation* aussi appelée libration) : « L'équinoxe de printemps donne un mouvement de libration vers l'ouest et vers l'est à partir du point fixe, près de zeta Piscium, estimé comme le commencement de la sphère sidérale, la libration se déplaçant dans les directions de l'est et de l'ouest pour vingt-sept degrés depuis le point fixe. À la p. 230 il déclare au sujet de zeta Piscium qu'elle coïncidait en longitude avec l'équinoxe de printemps en l'année 572 de notre ère. »

ANNEXE 24

Eduard Stucken (*Astralmythen*, p. 190sq.) et, plus tard, F. W. Albright (JAOS 40, p. 329sq.) attirèrent l'attention sur le fait que ce fut cette même méthode qui fut employée dans le *Mahābhārata* à l'égard de Ṛishyaśṛiṅga. Celui-ci, fils de Vibhāṇḍaka (fils de Kaśhyapa) et d'une biche, fut attiré par une courtisane, sur les ordres du roi Lomapāda, dans la ville de ce dernier, parce que seulement la présence de Ṛishyaśṛiṅga pouvait assurer à ce pays d'obtenir de l'eau. (Comparer avec H. Lüders, *La légende de Rsyasrng, Philologica Indica* (1940), p. 1-42 ; aussi Lüders, « Zur Sage von Rsyarnga », *Philologica Indica*, p. 43-73.)

La différence majeure entre l'E.G. et l'histoire racontée dans le *Mahābhārata* 3.110-13 (Roy trad., vol. 2, p. 242-48) est que Père Vibhāṇḍaka est celui « dont le corps était recouvert de poils en descendant jusqu'à l'extrémité des ongles et dont la vie fut pure et passée en méditation religieuse ; le fils séduit par la courtisane n'était donc apparemment pas un être velu mais c'était « un saint magnanime qui portait une corne sur la tête ». Ces hindous « des très anciens temps » étaient tous les deux des « saints ». Ils furent tous les deux, ces hindous « des temps hautement éloignés » qui pratiquaient des *tapas*[116], « effort ascétique » conférant des pouvoirs de la plus grande « efficacité » cosmique, si l'on peut dire.

ANNEXE 25

On ne sait pas encore avec certitude ce que le mot *sippu* signifie voir W. Baumgartner, « Recherches sur les termes akkadiens de la construction », ZA 36 (1925), p.27, 63 ; A. Schott, « Sur ma traduction de L'Épopée de Gilgameš », ZA 42 (1934), p. 105sq. Pour la manière de cette bataille, caractérisée par Cyrus Gordon comme « Lutte à la ceinture » (JNES 7, p. 264), voir A. Oppeinheim, Or. 17, p. 29sq. « Ils se saisirent l'un l'autre (par la ceinture), comme d'habiles combattants/ils luttèrent./Ils détruisirent le montant de la porte/le mur fut secoué. » Voir aussi E. A. Speiser, « Mythes et épopées akkadiens, » ANET, p. 78. Ce « montant de porte » n'est pas *quantité négligeable*[117], parce qu'un « objet » similaire se trouve à nouveau sur notre route à l'« entrée » de la Forêt de Cèdres, et fait les choses les plus diaboliques au pauvre Enkidu. (Comparez J. Friedrich, « Les fragments hittites de L'Épopée de Gilgameš », ZA 39 (1929-30), p. 48sq., traitant de fragments hittites ; il établit au moins qu'il ne s'agissait pas du verrou.) En fait si nous avions commencé notre travail par L'Épopée de Gilgameš, au lieu de lui rendre visite seulement en passant, plusieurs « portes » avec leurs « montants » ou leurs « colonnes » avec leurs « matériaux de remplissage » et leurs « seuils » nous auraient proprement paralysés de la même façon que l'œil de Méduse. En attendant, des traductions incompréhensibles sont tout à fait capables de pétrifier le lecteur.

ANNEXE 26

Voir P. Gössmann, *Planetarium Babylonicum* (1950), 99 : ᵈDapinu, le dominant, le fort, nom de *Nusku* (ici et là), de *Nabû*, de *Marduk*. Comme dieu stellaire ᵈDapinu est le Jupiter étoile Marduk, identique à ᵈSUL. PAE3, ᵐᵘˡUD. AL. TAR. Car UD. AL. TAR peut aussi signifier l'étoile fixe *Procyon*, aussi ᵈDapinu devrait avoir ce sens (Jensen, « Le terrible, le fort (= Humbaba) », ZDMG 67, S. 517). « (Pour l'identification de Nusku avec Mercure, voir H. et J. Lewy, « Le Dieu Nusku », Or. 17 (1948), p. 146-59.) Voir aussi Gössmann, 137 s.v. ᵐᵘˡUD. AL. TAR : « 1- Akkadien autant que umu dapinu, le nom complet de Jupiter, 2- Procyon. Procyon semble avoir été compté avec l'hypsoma de Jupiter, le Cancer. » Voir aussi E. Weidner, *Handbuch der Babylonischen Astronomie* (1915), p. 25. (Pour Procyon comme faisant partie du Cancer, voir RLA 3, p. 77 ; pour al. Lu₅, représentant quelquefois le signe zodiacal du Cancer, autrement Procyon, voir B. van der Waerden, « Les trente-six étoiles », JNES 8 (1949), p. 21.)

Langdon (*Mythologie Sémitique* (1931), p. 268) mentionne l'identification Humbaba = Procyon, sans donner sa source, et sans précisions.

En ce qui concerne Humba avec le déterminant « mul » (Babylonien ᵏᵃᵇᵏᵃᵇ, respectivement), Weidner (RLA 2, p. 389) nous informe de l'existence de deux listes traitant de « 7 divinités Enlil astrales ». La liste 1 déclare (nous la donnons selon Weidner, car elle n'est pas essentielle, elle convient ici pour établir si oui ou non ses identifications sont partout pertinentes) : « Persée est l'Enlil de Nippur, g Ursae Majoris est l'Enlil de Enamtilla, alpha Cassiopée est l'Enlil de Hursag-kalama, Columba est l'Enlil de Kullab, le Taureau est l'Enlil d'Aratta, ᵇHumba (= ?) est l'Enlil de Šuba (?)-Elam, Arcturus est l'Enlil de Babylone. La liste 2 oublie ᵐᵘˡHumba (comparez aussi Weidner, *Handlbuch*, pp. 58-60). Gössmann 188 déclare, montrant F. Boll-C. Bezold (*Antike Beobachtungen farbiger Sterne* (1916), p. 121), que, selon VAT 0418 III 3, ᵐᵘˡHUMBA remplace ᵐᵘˡAPIN. » Cette dernière, la « constellation de la charrue » est *triangulum et gamma* Andromède (voir van der Waerden, JNES 8, p. 13).

Or il est d'un intérêt considérable d'apprendre de Hüsing (*Les Sources indigènes de l'histoire d'Elam*) (1916), que « le dieu le plus élevé d'Elam Humban (Hanubani, Hamban-Umman, Imbi) » est, on le suppose, le même que Hanuman, le dieu singe, l'habile conseiller de Râma (Husing aussi parle d'Humban comme d'un singe) ; et de Charles Dupuis (*Origine de tous les cultes et toutes les religions* (1795), vol. 3, p. 363) le passage suivant (en français dans le texte, NdT) : « Dans l'explication des fables indiennes, nous avons toujours trouvé que *Procyon* était le fameux singe *Hanuman*. Il fixe le lever du Sagittaire, avec lequel le singe est en aspect (Kircher : *Œdipe* 2 II, p. 201). »

Considérant que Procyon a été compté parmi les étoiles du Cancer, une constellation qui avait le nom de *Nangar* = Charpentier, la Douzième Tablette de l'EG, de pure origine sumérienne, pourrait avoir une signification complètement nouvelle. Gilgameš y exprime beaucoup de « plaintes » et de « lamentations » au sujet de quelques objets qu'il laissait (ou manquait de laisser) là, où ils pourraient avoir été en sûreté, dans la « maison du Charpentier » *nangar*. En mettant de côté Procyon, le représentant établi de Jupiter et de Mercure, une fois qu'Humbaba est disculpé de sa réputation « d'ogre », le temps est venu d'approcher Kombabos et ses doubles dans les mythologies iranienne et indienne[118]. L'histoire du jeune Kombabos, qui se castra lui-même par précaution quand il fut nommé comme compagnon de voyage de la « femme de César », a été jusqu'ici incompatible avec le « monstre » de la forêt de cèdres, bien que les savants s'accordent pour dire que les noms Humbaba et Kombabos sont identiques. Cela vaudrait la peine de rechercher si oui ou non l'équation proposée Humbaba = Mercure pourrait aussi convenir à Kombabos. F. K. Movers, cependant, était enclin à prendre Kombabos pour Saturne[119].

ANNEXE 27

Voir A. Oppeiheim, « Mythologie Mésopotamienne », Or 17 (1948), p. 40 :

> Après Enkidu jeta vers elle, ce qui est par euphémisme appelé la cuisse droite du taureau, la déesse et ses adorateurs accomplissaient d'anciens rites sur cette partie du taureau.

Cette traduction est probablement bonne, mais n'apporte pas beaucoup d'explication ni ne nous dit pourquoi il s'agit de la cuisse droite (*imittu* ; comparez H. Holma, *Les Noms des parties du corps en Assyrie babylonienne*, 1911), p. 131sq. Voir pour l'« euphémisme » Holma, p. 96sq.

Le consensus des experts, en oubliant que l'EG parle explicitement du taureau céleste, les empêche de poser les questions pertinentes, et leur conviction que les Mésopotamiens et les Égyptiens avaient peu en commun les empêche de reconnaître la « cuisse du taureau » quand ils la voient. Néanmoins elle est là : *Maskheti*, la cuisse du taureau, la Grande Ourse, peinte sur les plafonds d'astronomie dans les tombes de Senmut, Seti, dans le Ramesseum, etc. Dans la mythologie altaïque, l'Ourse se transforme en la patte d'un cerf. Au Mexique nous la trouvons comme le « pied » perdu de Tezcatlipoca.

Les constellations sont dénommées selon un système, et si nous rencontrons des personnages « incomplets » ou mutilés parmi elles, nous devons en rechercher la raison, c'est-à-dire pourquoi le navire *Argo* est seulement une poupe, pourquoi Pégase est à peine la moitié d'un cheval, excepté qu'il se tient sur la tête et qu'il a des ailes, et pourquoi le Taureau est la tête et le premier tiers d'un taureau, sa « cuisse » se retournant dans la région circumpolaire. Ainsi cela pourrait être un thème de réflexion que dans le zodiaque rond de Dendera (période romaine), la « cuisse » circumpolaire montre un bélier assis dessus, regardant vers l'arrière, de plus, comme il convient au Bélier zodiacal (voir F. J. Lauth, *Zodiaques de Denderah* (1865), p. 44). G. A. Wainwright, « Un Attelage de constellations », *Études présentées à F. L. Griffith* (1932), p. 373, en référence à Bénédite, mentionne une cuisse avec la tête d'un bélier d'Edfu, appelé la « Patte de devant de Khnoum » (*Monumenti dell'Egitto e della Nubia*, Ippolito Rosellini, ed. (1844), vol. 3, planche 24).

ANNEXE 28

Dans l'E.G. Enkidu apparaît plus tard que Gilgameš sur le théâtre des événements. Ceci ne nous autorise pas à le prendre pour le prototype du « frère cadet » (voir p. ex., W. Albright, « Gilgameš et Engidu », JAOS 40 (1920), p. 312, 318). En fait, le partenaire velu des Jumeaux, le « Chien », est le prototype du plus âgé qui est dépouillé de sa primogéniture de différentes façons. Esaù, le velu, est le premier-né. ; il en est de même de Honosusori no Mikoto (*Nihongi*, trad. Par W. G. Aston (repr. 1960), p. 92-108 ; K. Florenz, *Die historischen Quellen der Shinto-Religion* (1919), p. 204-21) qui en compagnie de son fils, après avoir été négligés par le Japonais « Jacob » eut à servir comme « chiens » comme clowns, acteurs de théâtre, gardiens du palais impérial pour quatre-vingts générations ; au moment de la nouvelle année et pendant les cérémonies du couronnement ces Hayahito devaient aboyer trois fois.

Le cas de l'Égypte est particulièrement évident, où nous apprenons de H. Kees (*Les Croyances divines dans l'ancienne Égypte*) (1956), p. 193, n. 3) : « *Wtw* signifie chacal et l'aîné » et cette remarque de Kees survient quand il traite d'un cas classique de tromperie : quand Geb/Cronos déclara Horus comme le plus âgé, excluant complètement Seth/Typhon, comme il est rapporté dans l'inscription Šabaka. En fait Geb prétend que Horus est Upuaut, l'Ouvreur de la Voie, Upuaut étant le Loup ou le Chacal Égyptien supérieur. Le complexe du « Chien-Jumeau » est cependant d'une telle importance et d'un tel poids qu'il ne peut être abordé ici.

Un cas particulièrement pertinent et révélateur des inséparables « jumeaux » nous vient de la mythologie Cherokee, où les garçons du tonnerre sont appelés les « Petits Hommes ». Au début on nous parle seulement d'un garçon, né du mariage légitime entre « L'Heureux Chasseur » et « Grain », mais bientôt le garçon « découvre » son « Frère Aîné » dans la rivière, et ce dernier s'appelle « Celui qui grandit en sauvage ». Les deux organisent le monde et la vie humaine comme elle est devenue, ils sont typiquement ce que les ethnologues appellent « des héros de culture ». On attendait de Gilgameš et d'Enkidu une fois qu'ils auront finalement quitté la « terre »[120] qu'ils délivrent des « verdicts » ou des oracles.

ANNEXE 29

Nous pouvons l'appeler Léthé, et nous en satisfaire, si ce n'était la déplorable incertitude sur la localisation du Léthé, particulièrement par rapport à l'itinéraire céleste de l'âme. La Voie lactée étant si grande, cela ne nous aide pas de spécifier que l'on doit le rechercher dans une partie de la galaxie. Pire, il demeure obscur de savoir à quelle occasion les âmes étaient supposées boire de cette eau de l'oubli, soit qu'elles le faisaient brièvement en arrivant en Hadès soit avant leur réincarnation, ou les deux. Bien que l'hypothèse de boire au Léthé juste à l'entrée de l'Hadès priverait la juridiction du monde souterrain du pouvoir d'accorder bonnes et mauvaises récompenses pour la conduite antérieure, les deux points de vue ont été soutenus. (Voir Stoll, in Roscher s.v. Léthé, col. 1957 ; O. Gruppe, *Griechische Mythologie und Religionsgeschichte* (1906), p. 403-405, 1036-41. P. 760, n. 8, Gruppe note un passage, selon lequel une âme qui n'a pas encore traversé le fleuve Léthé retourne importuner les vivants.)

Nos témoins les plus compétents de la tradition orphique-pythagoricienne tiennent le Léthé pour la dernière « étape » avant la renaissance, par exemple Platon dans le mythe de Er (*La République* 10.620), et Virgile dans le sixième livre de l'*Énéide* (748-51), seul Macrobe (*Commentaire sur le Rêve de Scipion*, trad. par W. Stahl (1952), 1.12.8) prétend connaître la source de la boisson : la constellation de la Coupe, le « bol de Bacchus ». Ceci n'a pas de sens[121] mais, de toute façon, il fait descendre les âmes à travers l'intersection nord entre la galaxie et le zodiaque, prenant le croisement sud, entre le Scorpion et le Sagittaire pour l'entrée, ce qui correspond aux « constellations de l'Hadès » de la *Sphaera barbarica*. Cependant nous avons observé, en d'autres parties de notre globe (voir p. 243sq.) quelque incertitude concernant l'entrée et la sortie : la « Mère Scorpion à l'extrémité de la Voie lactée » du Nicaragua reçoit les âmes des morts, et prend soin des bébés destinés à renaître, tandis que les Cherokees apparaissent évaluer l'entrée à l' « extrémité nord » de la Voie lactée (Gémeaux-Taureau), d'où les âmes migrent vers l'Étoile-Esprit en Scorpion. Nous ne sommes pas précisément informés si les âmes suivent la Voie lactée pour un complet demi-cercle, soit vers le nord soit vers le sud, ou si elles se dirigent d'abord dans une direction et reviennent plus tard par le même chemin. Cette dernière semble être exprimée dans le *Viṣṇu Purāṇa* qui restreint la « Voie des Pères » à la région située au nord de Canope, et au sud de trois maisons lunaires en Sagittaire et Scorpion ; la « Route des dieux » (*devayāna*) court au nord des trois stations lunaires en Taureau et Bélier, et au sud des sept Ṛsi, la Grande Ourse. *Viṣṇu Purāṇa* 2.8 (trad. Wilson. (1961), p. 186) dit :

> Au nord d'Agastya, et au sud de la ligne de la chèvre (Ayavithi, lesdits trois naksatra en Scorpion et Sagittaire) s'étend la route des Pitris. Là reposent les grands Ṛsi, les offreurs d'oblation par le feu, révérant les Védas, sur les injonctions desquels la création commença et qui assumaient les devoirs des prêtres ; car comme les mondes sont détruits et renouvelés, ils instituent de nouvelles règles de conduite, et rétablissent le rituel interrompu des Védas. Descendant mutuellement les uns des autres, progéniture descendant des descendants, et descendant de la progéniture, dans la succession alternante des naissances, ils apparaissent répétitivement en différentes maisons et races tout au long de leur postérité, en pratiques ferventes et observances instituées, résidant au sud du globe solaire, aussi longtemps que durent les étoiles et la lune.

Dans une direction similaire, on peut désigner le rapport donné par Pausanias de l'oracle de Trophonios dans une profonde caverne (9.39.8) : le visiteur se rend d'abord aux « fontaines d'eau très proches les unes des autres[122]. Là il doit boire l'eau appelée l'eau de la perte de mémoire *(Lēthēs hydōr)*, il peut oublier tout ce qu'il a pensé jusque-là, et après cela il boit d'une autre eau, l'eau de mémoire *(hydōr mnēmosynēs)* qui le fait se souvenir de ce qu'il voit après sa descente. » Ce n'est pas assez, après que l'oracle a été donné et que l'interrogateur soit remonté de l'abyme (9.39.13), « il est à nouveau pris en main par les prêtres, qui l'installent dans un fauteuil appelé le *fauteuil de mémoire* (epi thronon mn.) et ils lui demandent, une fois qu'il est assis, tout ce qu'il a vu ou appris. Après avoir recueilli l'information ils le confient à sa famille. Ceux-ci le soulèvent, paralysé de terreur et inconscient à la fois de lui-même et de ce qui l'entoure. Après quoi, cependant, il retrouve toutes ses facultés, et le pouvoir de rire lui revient[123]. »

Ce « fauteuil de mémoire » ne reste pas non plus sans son partenaire : Apollodore *(Epit.* 1.24) nous parle du « fauteuil de perte de mémoire » sur lequel Thésée et Pirithous « grandirent, tenus par des anneaux de serpents ». Ce que nous apprenons aussi des « maisons » du Léthé (Plutarque, *Consolatio ad Apollonium*, ch. 15, 110ᴱ, citant un poète inconnu) ne rend pas ce logement plus clair. Sur le foie étrusque en bronze de Piacenza, *letham*, la rivière, divise le côté bas (par ailleurs vide) en partie approximativement égales, l'arc sud invisible de la Voie lactée ?

Considérant cette situation de confusion et d'incertitude, nous nous abstiendrons de le nommer pour l'instant soit le breuvage de la perte de mémoire ou celui de la mémoire, bien que l'un ou les deux pourraient très bien être trouvés sur les étagères de *Išḫara tamtim*, alias Mère Scorpion.

ANNEXE 30

Voir P. F. Gössmann, *Planetarium Babylonicum* (1950), 94 : « ᵐᵘˡGIR2-TAB dIšḫara tamtim. Anton Deimel (*Pantheon Babylonicum* (1914), p. 148sq.) prend ᵐᵘˡGIR. TAB pour *beta alpha Scorpii* seulement : '*Išḫara est dea quaedam partus, quae relationem habet ad Gestin anna, Adad.*' » Voir aussi W. J. Hinke, *Une Nouvelle Pierre Limite de Nebuchadnezzar 1 depuis Nippur* (1907), p. 223, 243 ; A. Jeremias, HAOG (1929), p. 223, 385 ; F. Hommel, *Ethnologie und Geographie des Alten Orients* (1926), p. 563, 770-74, 783 ; et D. O. Edzard, « Die Mythologie der Sumerer und Akkader », in *Wörterbuch der Mythologie*, vol. 1, p. 9.

Nous pourrions être accusés d'une contradiction maladroite pour avoir prétendu que Sirius est l'« Étoile de la Mer » à l'annexe 2, alors qu'ici il est évident que *Išḫara tamtim*, la déesse du Scorpion, a droit à cette dignité. Nous ne sommes pas seulement conscients de cette « contradiction » apparente, nous espérons aussi démêler ce mystère dans le futur. C'est un système mystérieux mais pas un cas désespéré. L'indication du nombre *un* est contenue dans la liste copte des maisons lunaires, déjà mentionnées à l'annexe 4 (A. Kircher, *Oedipus Aegyptiacus* (1653), vol. 2, pt. 2, p. 246.), où il est établi en rapport avec la vingtième maison lunaire, le dard du Scorpion *(lambda upsilon Scorpii)* : Aggia, Sancta, Arabice al Sa'ula (le « dard ») ; *statio translationis caniculae in coelum, unde et siot vocatur... Longitudo huius stationis est a quarto Sagittarii usque ad decidum septimum eiusdem. Haec statio ab Aegyptiis quoque vocatur soleka sive Astrokyon statio venationis*. Eduard Stucken (*Der Ursprung des Alphabets und die Mondstationen* (1913), p. 7) identifia ce *soleka* immédiatement comme l'Égyptien Selket/Serqet, le Mésopotamien *Išḫara tamtim*, la déesse Scorpion. Que ceci soit ou non admissible selon les lois sévères des linguistes, il est un fait que nous trouvons régulièrement Selket se tenant au-dessus des plafonds astronomiques égyptiens au-delà de la cuisse du Taureau (Grande Ourse), ce qui signifie que Selket représente l'opposition au perpétuel centre d'attention : Sirius/Sothis. (Oui, nous sommes conscients de la circonstance que quatorze degrés n'est pas une opposition idéale à une étoile.) L'indication du nombre *deux* se trouve dans les histoires racontées autour de l'Indien *mura*, « la racine » (ou celui qui pleure hors de la racine »), à nouveau *lambda upsilon Scorpii*, voir annexes 4 et 39, qui doivent être combinées avec la multitude des plus atroces récits traitant de la *Mandragore* (Alraun), la célèbre racine qui peut être seulement déterrée par un *chien* qui meurt immédiatement après avoir terminé cet exploit. L'indication du nombre *trois* est prudemment dissimulée dans les traditions du Mexique en rapport avec la fête de la chasse Quecholli (*statio venationis*, et Quecholli ne doit pas être séparé de la « chasse » pour *hikūli*, le peyote, comme entreprise par Huichol et Tarahumare), qui répète la grande « chute » des dieux qui ont cueilli les fleurs interdites, à Tamoanchan, « la maison des descendants ».

ANNEXE 31

Ces éléments inconnus, qui sont cruciaux, résistent pour l'instant avec succès à toute tentative de décodage. *Šu-ut abnē*, « ceux de la pierre », représente « une expression qui revient et n'a pas été expliquée » (S. Langdon, *Mythologie sémitique* (1931), p. 213sq., 405). Alexander Heidel (*Parallèles entre L'Épopée de Gilgameš et l'Ancien Testament* (1963), p. 74, n. 157) remarque : « La version hittite a deux images de pierre. Ces images peuvent peut-être avoir été des idoles d'un personnage apotropaïque permettant à Uršanabi de traverser les eaux de la mort. » Speiser (« Mythes et épopées akkadiens, » ANET, p. 91, n. 173) en fait « des personnages apparemment en pierre aux propriétés inhabituelles »...

Selon Speiser (version assyrienne, Tabl. 10, col. 3, 37sq., ANET, p. 92 ; cf. Heidel, p. 76) Uršanabi déclare : « Tes mains, Gilgameš ont empêché (la traversée) ; tu as brisé les Choses en Pierre... », ce qui est difficilement exact, car ils ont traversé après tout.

F. M. Th. De Liagre Böhl, dans sa traduction de l'EG, semble avoir hardiment prétendu que les « objets en pierre » faisaient « partie de la clôture de la cour de Siduri », ce pour quoi I. M. Diakonoff (article sur les traductions de l'EG de F. M. Th. Böhl et P. L. Matous, *Bibliotheca Orientalis* 18 (1961), p. 65) remarquait : « Le *šūt abnē* ne peut pas avoir quelque connexion avec la cour de Siduri » (en vérité, aucune cour de la sorte n'est mentionnée).

Luckenbill (AJSL 38 (1922), pp. 96-102) semble avoir proposé des ancres (voir *Gilgameš et sa Légende*, réd. Par P. Garelli (1958), p. 17, item 146). Oralement, il y a trois ans, Florence Day proposait « des pierres de charge ». Pour plus de propositions passionnées, voir A. Salonen, *Les Outils de voyage par eau en babylonien* (1939), p. 131sq.

Quelque nouvel éclairage vient sur ces objets depuis un fragment néo-babylonien édité par D. J. Wiseman (*Gilgameš et sa Légende*, p. 128-30), mais l'auteur lui-même déclare que la nouvelle lecture (*u šu-ut NA4.MEŠ*) « apparaît pour l'instant être de peu d'aide pour la compréhension de ce terme très discuté ». La restauration de parties de ll. 35-41, maintenant possible, montre que la fin de cette colonne décrit la manière dont Gilgameš rencontra Ur-shanabi et obtint le bateau et son équipement pour son voyage par delà les eaux de la mort.

> Quand Gilgameš entendit ceci
> Il éleva la hache dans sa main,
> Tira le poignard de sa ceinture,
> Avança lentement et descendit...
> Comme une lance il tomba parmi eux...
> Dans la forêt il s'asait et...
> Ur-shanabi vit l'éclat du poignard
> Entendit la hache et...
> Ensuite il le frappa à la tête... Gilgameš
> Saisit les ailes... sa poitrine
> Et le sūtabnē... le bateau...

Plus contrariant encore, ces choses-pierre ne sont pas les seuls points agaçants que l'on trouve dans le voisinage d'Uršanabi. Heidel simplement les laisse tomber, et traduit la ligne 29 de la version assyrienne (Tabl. 10, col. 2, p. 74) : « Avec lui sont les images pierres (?), dans les bois il enlève… » et conformément il traite de la colonne 3, 38f. : seulement les choses-pierre sont mentionnées. Speiser (ANET, p. 91) continue après les « Choses-Pierre » : « Dans les bois il ramasse des (*urnu-* serpents). » Et colonne 3 il traduit : Tu as brisé les Choses Pierre, tu as ramassé (les *urnu-*serpents). Les Choses-Pierre sont brisées, le *urnu* n'est pas (dans les bois). »

À la note 174 Speiser se réfère à Landsberger (*Die Fauna des Alten Mesopotamien* (1934), p. 63), qui montre que l'*urnu* serpent a longtemps été supposé avoir du succès avec les marins. En tout cas, quelle que puisse être la signification du terme dans la connexion présente, ses propriétés semblent être séparées de celles des Choses-Pierre.

Maintenant, exprimons d'abord notre désapprobation pour le manque d'« impartialité » de Uršanabi, juste au cas où cette traduction serait correcte : Siduri déclare comme bien connu que « Uršanabi, avec qui se trouvent les choses-pierre, ramasse des urnu serpents » dans les bois, et là il accuse Gilgameš de l'avoir fait, le tenant, évidemment, pour une chose à ne pas faire ! À la seconde ligne, B. Landsberger (*Fauna*, p. 63 ; cf. p. 45sq., 52, 60) tenta d'identifier le « urnu-serpent » (peut-être aussi « le serpent jaune (vert) » muš. Sig7. Sig7.) avec le varan, et considère, car même aujourd'hui on mange des varans, que les urnu étaient ramassés afin de servir de viande rôtie pour les marins. Il pense possible que dans les derniers temps « *urnu* » a pu vouloir dire « crocodile terrestre ». Si les urnus faisaient partie des provisions de voyage habituelles, pourquoi le ramassage de ces animaux constituait-il un empêchement à la traversée des eaux de la mort ? Bien que l'on ne devrait pas critiquer les autres, encore moins un savant du rang de Landsberger, si l'on n'a pas de proposition positive à offrir, en lisant cet ouvrage érudit, il devient de moins en moins compréhensible comment il a pu prendre ces animaux pour une faune terrestre, particulièrement les serpents, ces animaux à sept têtes, à un œil, ces créatures à une corne appartenant à Anu, Nergal, Ningišzida, etc.

ANNEXE 32

En considérant ces poteaux et chevilles déplacés, ces épingles tirées, ces axes détériorés, et ces arbres abattus qui ont accompagné toute cette investigation comme une sorte de *basso ostinato*, nous ne pouvons pas passer sous silence la super importance de ces poteaux. En considérant, d'autre part, que les détails techniques ne sont pas susceptibles de constituer une lecture agréable, nous préférons traiter de ces spécimens en dehors du texte principal, bien que nous considérions qu'il s'agit vraiment de quelque chose d'essentiel.

L'objet qu'Irragal arrache est appelé *tarkullu*, DIM. GAL sumérien, qui a été traduit en « (Ancre-)/poteau », « mât de bateau », « poteau d'amarrage » (Heidel), aussi « ancre » elle-même, et même « gouvernail » (Jensen)[124]. Dans l'épopée Era, Era (= Irragal = Nergal), quand il annonce une nouvelle catastrophe, menace qu'il va arracher le *tarkullu*, qu'il va faire dériver le bateau, briser le gouvernail de telle sorte que le bateau ne puisse pas aller à terre, et remplacer le mât et tout ce qui lui appartient[125].

Nous rencontrons le mot aussi dans des noms donnés à des temples, comme nous l'apprend Burrows[126], qui examine « la preuve de la relation des temples avec (1) le ciel, (2) la terre, (3) le monde souterrain », et nous dit ce qui suit :

1- L'idée de Lien entre le Ciel et la Terre est donnée explicitement. *Dur-an-ki*, était le nom des sanctuaires à Nippur, à Larsa, et probablement à Sippar. Aussi en *sémitique markas Šamē u iršiti*, lien entre le Ciel et la Terre, est utilisé pour le temple E-ḫursag-kur-kur-ra et pour Babylone.

2- L'idée de Lien de la Terre. Probablement par extension de l'usage religieux, le palais royal de Babylone est appelé *markas* (lien) de la Terre. Un ancien nom de temple sumérien, qui probablement

ANNEXES

exprime une idée analogue, est « dimgal de la Terre ». C'était le nom du temple de Der, un ancien centre sumérien au-delà du Tigre ; un nom donné au temple de Gudea à Lagaš ; un temple de Šauška de Ninive ; et probablement le temple de Nippur était un autre « dimgal de la Terre ». La prononciation et la signification de dimgal font débat. « Grand poteau de fixation » est peut-être une bonne traduction. Le terme religieux « dimgal de la terre » et apparenté, indique peut-être le temple comme une sorte d'imposant point de repère qui par sa hauteur était un centre d'unité.

3- L'idée du lien avec le monde souterrain. Gudea utilise dimgal aussi en référence à l'abzu, les eaux du monde souterrain : il disposait deux temenos, fondations rituelles, celui « du dessus » ou « du ciel » et celui de l'« abzu », et ce dernier est appelé « grand dimgal ». L'idée peut être que le temple est comme s'il s'agissait d'une haute colonne, s'étendant du ciel au monde souterrain, le lien vertical du monde. Le même passage mentionne, semble-t-il, un endroit de libation pour le dieu du monde souterrain. Des drains ou tubes apparemment destinés à des libations vers le monde souterrain ont été découverts à Ur. Ainsi, si ces interprétations sont correctes, les temples exprimaient non seulement, par leur hauteur, l'idée de lien avec le ciel mais aussi, par leur profondeur celle d'union avec le monde souterrain.

Si on nous parlait moins d'« imposant point de repère » et de « hautes colonnes » au bénéfice d'une simple pensée dédiée au fait que ces prétendus « temples » et « colonnes » étaient arrachés afin de déclencher un déluge, nous en serions plus satisfaits. Beaucoup plus étonnant encore, cependant, est le fait que personne ne semble avoir pris la peine de rechercher un éclaircissement approprié en Égypte, de s'occuper de l'Égyptien mnj.t.

Selon Erman-Grapow (Wörterbuch der Aegyptischen Sprache (1957), vol. 2, p. 72sq.) le mot est utilisé comme (1) expression symbolique pour le roi (als Lenker des Staatsschiffes) ; (2) expression symbolique pour Isis et Nephthys qui ramena Osiris de l'eau. C'est une constellation, l'instrument pour empaler, le poteau auquel est attachée la personne destinée à être punie. Le verbe transitif (mnj) signifie attacher à un poteau (anpflocken) ; le verbe intransitif signifie accoster depuis des personnes, et depuis des bateaux, et mourir, quelquefois avec l'ajout « à Osiris » (bei Osiris landen).

Ce mnj. t wr. t, Mercer l'écrit min. t, le « grand bâton d'accostage »[127] est dit « porter le deuil » pour l'âme des morts dans les Textes des Pyramides[128] et Mercer commente[129] que « le grand pieu » est personnifié comme une « femme pleureuse » en référence ici à Isis. Le « poteau d'amarrage » étant une constellation, comme même le Wörterbuch der Aegyptischen Sprache doit l'admettre, la question est où chercher ce mnj.t. La constellation, transcrite menat par Brugsch[130], mnit par Neugebauer[131], se présente selon deux catégories de monuments astronomiques, à savoir (1) dans les horloges stellaires Ramesside[132] et (2) dans les peintures de plafond des tombes royales, dans les zodiaques de Dendera, etc. Dans chaque cas la cheville ou poteau repose dans les mains d'Isis déguisée en hippopotame ; attachée au poteau d'amarrage se trouve une corde ou une chaîne, à l'autre extrémité de laquelle est lié Maskheti, la cuisse du taureau, la Grande Ourse, et dans l'un des textes il est déclaré (Brugsch, Thesaurus, p. 122) que « c'est la tâche d'Isis-Hippopotame de garder cette chaîne ».

Selon les horloges stellaires ramesside, mnj. t incluait six parties différentes[133] et seulement après ces six parties suit rrt « hippopotame femme » comprenant huit positions. Boll (Sphaera (1903), p. 222) remarque que cette constellation doit être estimée comme étant parallèle soit à l'équateur soit au zodiaque, et comme étant plutôt « longue » parce que autrement elle ne pourrait pas avoir besoin de plus de quatre heures pour monter.

La plupart des savants traitant des plafonds astronomiques égyptiens tiennent pour assuré que la scène principale représentait les constellations circumpolaires nord, à cause de la Grande Ourse, Maskheti, tient la position « déterminante » sur cette scène, et ils essayaient à tout prix d'assimiler Isis Hippopotame tenant le poteau d'amarrage, et portant sur son dos un crocodile, à une constellation très proche du Pôle. Or, nous n'avons pas l'intention de rentrer dans les détails de la sphère égyptienne telle que représentée dans ces décorations de plafond, ce qui est une tâche extrêmement difficile, et l'on n'a rien obtenu par le passé avec les différents efforts pour régler le problème en regardant simplement le ciel (pire, des cartes du ciel) essayant d'imiter Zeus en « catastérisant » sa propre version, et en donnant des verdicts passionnés. Disons seulement ceci : (1) étant donné qu'aucune proposition concernant l'hippopotame tenant le poteau d'amarrage n'est satisfaisante[134] ; (2) que le groupe déterminant des peintures de plafond montre des éléments décisifs de la « structure » : Lion, Scorpion, Taureau[135], servant ainsi comme une sorte de « clef » à toute la présentation[136]. Mais est-ce que cette « structure », à savoir la structure des colures, est destinée à vouloir dire où est le paysage céleste du sud ? Nous n'osons pas importuner le lecteur avec le texte impénétrable (Brugsch, *Thesaurus*, p. 122), à partir duquel nous citons seulement une phrase qui déclare que Isis-Hippopotame garde la chaîne ; au moins on reconnaît que ce texte saute depuis la Grande Ourse, via le milieu du ciel, jusqu'aux positions *sud* de Sah-Orion. »

Et ici Casanova[137] est tout à fait utile avec sa proposition de comprendre *mnj. t* (il l'écrit *menat*) comme Menouthis, la femme de Canope, timonier de Menelas, dont nous connaissons des derniers textes grecs (aussi écrit Eumenouthis). Épiphane[138] parle de la tombe des deux, Canope et sa femme, à Alexandrie. Stephane de Byzance connaît un village « à Kanobos » qui porte le nom de Menouthis[139]. Cela nous mènerait trop loin de traiter de Canope-timonier de Ménélas, et l'embouchure Canope du Nil : l'*Homo occidentalis* moderne recule devant la simple idée que le Nil représentait un cercle, où la « source » et l'« embouchure » se rencontrent, de telle sorte qu'il n'y a rien de grotesque dans la notion qu'une embouchure Canope puisse être trouvée dans le Nord géographique, et ici il n'est pas nécessaire de discuter la question. Il est suffisamment frappant de voir le poteau d'amarrage « marié » à Canope de la même façon que Uršanabi est « marié » à Nanše, la fille d'Enki, à qui est consacrée la poupe sacrée du bateau.

Il est vrai, nous savons aussi peu qu'avant où il faut chercher le *mnj. t* des horloges étoile,[140] mais nous avons au moins établi comme des plus plausible que DIM.GAL./*tarkullu*/*mnj.t.* doit être le fil à plomb décisif connectant le monde habité avec le Pôle sud céleste ou, disons, avec *l'orbis antarcticus* : Osiris étant représenté comme un cercle (voir Brugsch, *Religion uns Mythologie*, planche de revers p. 216), le verbe *mnj. t*, « accoster (à Osiris), » montre cette direction. (Nous nous rappelons une fois de plus la déclaration de Virgile selon laquelle les « ombres infernales » et le Styx voient le Pôle sud.) Il n'a pas échappé à notre attention que l'EG 11.101 semble parler de poteaux, au pluriel : comme, dans quelques textes égyptiens, nous avons le « double *mnj.t.* » Nous ne savons pas encore pourquoi ; l'épopée Era utilise le singulier, mais Era va retirer un poteau différent de celui qu'il a arraché auparavant dans l'EG sous son nom Irragal. Il y a des solutions possibles, mais nous laissons de coté cette question aussi bien que le prochain difficile problème se posant avec la similarité douteuse de la cheville du bateau avec l'os du nez de l'Oeil d'Horus (valeur numérique 1/64), bien que l'on soit tenté par ce problème.

ANNEXE 33

À la simple idée que les empereurs dorment, il est clair qu'ils sont destinés à se réveiller quelque jour[141]. Qu'il s'agisse de Quetcouatl (au cœur de la mer), l'ogygien Cronos lui-même, ou Arthur, « souverain de l'hémisphère basse » qui annonce dans une lettre imaginaire « qu'il est l'hôte des sujets des antipodes »[142] selon Étienne de Rouen (c. 1169 ; voir R. S. Loomis, *Littérature arthurienne au Moyen Âge* (1959), p. 69) ; que G. de Viterbe plaça Arthur en ligne droite dans les profondeurs de la mer a été mentionné à la p. 480, n. 501.

Peu de savants seulement, parmi lesquels Franz Kampers et Robert Eisler, ont été capables de reconnaître l'époque où de telles traditions inspiraient la crainte, et malgré cela ils ont été incapables d'appeler le très attendu « rédempteur » et « kosmokrator » par son propre nom soit : Saturne. Kampers dit, concernant l'Apocalypse apocryphe de Daniel[143] :

Alexandre ne sera pas nommé ici par son nom, mais présenté comme Jean. Après tout ce qui a été dit, il n'apparaîtra pas trop osé de reconnaître dans ce nom de Jean un chiffre prophétique. Quand Nemrod, s'appelle aussi Jean dans une légende vieux-slave, quand le roi imaginaire, sauveur des croisés, comme nous le verrons, est appelé Jean (le Prêtre Jean) et sera mis en relation avec l'Arbre du Monde, on peut faire l'hypothèse que les anciennes attentes orientales sur Oannès, encore vivantes, apparaissent là sans qu'elles se manifestent de façon concrète.

Et à ce moment, il se réfère au chapitre de Robert Eisler, « Jean-Oannès ? » qui déclare :[144]

Nous ne devrions pas même hésiter à présupposer que le même syncrétisme entre Jean et Oannès, qui semble si naturel pour les gnostiques néo-babyloniens (les Mandéens), existait aussi parmi les disciples Juifs les plus proches du Baptiste. On voit en effet qu'une influence de la croyance babylonienne en de toujours nouvelles incarnations de l'Oannès primitif (Berose connaît six réincarnations de la sorte dans les temps passés) sur les espoirs messianiques des derniers Juifs est peu crédible (in chap. 12 sq. de IV Esra, au temps de Domitien, 81-96 apr. J.-C.). On s'attend à ce que le rédempteur du monde, « l'Homme » céleste, avant sa venue, s'élève depuis le « cœur de l'Océan » comme le dit Daniel (7,13) avec les nuages du ciel, car – comme aucun homme ne peut chercher ou découvrir ce qui est dans les profondeurs de l'Océan, de même aucun mortel ne peut voir le Fils de Dieu ni ses hôtes, excepté à l'heure de Son jour.

En conséquence, nous trouvons dans 4 Ezra XIII, 3 (in E. Kautzsch (éd.), *Pseudo epigraphen des Alten Testaments* (1900) la sixième vision du prophète : « *Ich schaute, siehe da führte jener Sturm aus dem Herzen des Meeres etwas wie einen Mann hervor.* » Dans une note (p. 395) la traduction latine de la version syriaque est citée : *Et vidi et ecce ipse ventus ascendere faciebat de corde maris tanquam similitudinis hominis.*

Nous savons assez bien que l'Oannès de Berose est Ea, Saturne, dont la « demeure » est Eridu/Canope, la grande profondeur de la mer. Que l'Égyptien Cronos soit sans erreur la planète Saturne ne peut être ignoré par quiconque lit le rapport de Plutarque (*De facie quae in orbe lunae apparet* 941) des « serviteurs » de Cronos qui, chaque trente ans, quand Saturne se tient en Taureau, naviguent vers Ogygie pour rester là en service pour trente ans, après quoi ils sont libres de partir ; mais la plupart d'entre eux préfèrent rester, parce que là, dans l'île de Saturne, l'âge d'or continue. Les serviteurs passent tout leur temps aux mathématiques, à la philosophie et autres, et il n'y a pas de raison de s'inquiéter à propos de la nourriture, tout est à disposition facilement.

La réticence à reconnaître le pouvoir presque étrange des plus anciennes traditions est une invention très moderne. Kampers savait encore très bien que le « type » de l'empereur médiéval avait été forgé dans le plus ancien Proche-Orient, Alexandre étant une « réplique » de Gilgameš, et l'empereur répliquant Alexandre à plusieurs reprises. (Cf. Kampers, *Vom Werdegange*, p. 21sq., 35, et *passim*.)

ANNEXE 34

En fait, nous sommes confrontés à un récit complètement incompréhensible des événements qui se produisirent durant un voyage en mer. La plante, selon Albright (AJSL 36, p. 281, n. 2) littéralement « vigne épineuse » est supposée pousser dans l'*apsû*, et être accessible au moyen d'un « tuyau d'eau ». Ce tuyau, *râtu*, cependant, est ici seulement une hypothèse ; le mot apparaît seulement plus tard quand, après son bain dans un puits, et la perte conséquente de la plante, Gilgameš se plaint amèrement de sa frustration, d'avoir procuré un avantage au « lion de la terre » et non à lui-même. Le « lion de la terre » assimilé au serpent voleur, est estimé à son tour comme vivant « dans un puits qui communiquait avec l'apsû » (Albright, AJSL 35, p. 194). C'est alors (EG 11.298) que le héros dit : « Quand j'ai ouvert le tuyau d'eau et le matériel, j'ai trouvé ce qui a été placé comme un signe pour moi ; je me retirerai du bateau et le laisserai sur le rivage »(Speiser trad., ANET, p. 96sq.). Heidel en fait ceci : « Quand j'ai ouvert le... J'ai trouvé quelque chose qui m'a fait signe ;

je me retirerai ! » Au lieu de ce « signe » Albright (RA 16, pp. 175sq.) reconnaissait une inondation s'élevant à partir du *tuyau* (s'il en est ainsi, pourquoi Gilgameš en parle-t-il seulement après son bain dans le puits ?) : « Quand j'ouvrais le tuyau d'eau, je renversais le couvercle (?). Ne laissez pas la mer monter à mes côtés, avant cela laissez-moi me retirer » ; et ainsi firent Ungnad-Gressmann (pp. 63sq.) et Schmoekel (p. 111). De ce passage les traducteurs tirent la présence du mot *rātu* dans le premier passage, où Gilgameš plonge pour aller chercher la plante. Speiser seul[145] se réfère à une autre circonstance où le mot est utilisé, et c'est une occasion décisive ; à savoir, dans ce qui est appelé à tort l'« histoire de la création d'Eridu » (v. 11), où il est dit que, avant que tout fut créé et quand toutes les terres étaient la mer (*tamtim*), alors, « la source qui est dans la mer était un tuyau d'eau ; ensuite Eridu fut réalisé, Esagila fut construit » (Heidel, *La Genèse babylonienne* (1963), p. 61sq.). Sayce (ERE 4, p. 129) en fait un « courant » dans la mer ; avec Jensen (*Assyrisch-Babylonische Mythen und Epen* (1909), p. 41) c'est un « Wasserbecken » (*cuve*) ; avec Ebeling (AOTAT, pp. 130sq.) un « Schoepfrinne » (*broc*). Considérant que Eridu est Canope, et Esagila est « 1-Ikû », le carré Pégase entre les deux Poissons qui gouvernaient le solstice d'hiver à l'âge des Gémeaux, ce *rātu* particulier semble avoir été la connexion entre les deux profondeurs de la mer, entre les Poissons comme la profondeur de la mer salée et Canope comme la profondeur de l'*apsû*, l'océan d'eau douce.

Bien qu'il soit probable que la conception de l'un ou plus de tels « tuyaux » est la même que celle des juifs des « canaux de distribution », *shithim*, qui descendaient vers le *tehom* et étaient creusés par Dieu durant la création, ce n'est pas l'endroit pour traiter largement de cette affaire. En tout cas, Gilgameš ouvrant l'un ou l'autre *rātu* se rapproche de David, qui, quand il creusa un tel canal, trouva l'*Eben Šhetiyyah*. Le matériau pertinent (et révélateur) a été assemblé par D. Feuchtwang dans son article, *Das Wasseropfer und die damit verbundenen Zeremonien* », *Monatsschrift für Geschichte und Wissenschaft des Judentums* 54 (1910), pp. 535-52, 713-29 ; 55 (1911), p. 43-63.

D'un remarquable intérêt sont les éléments d'information traités par Langdon (MAR 5, pp. 227-29) venant de Nicandre, et Æliène (*De natura animalium* 6. 51), qui à son tour se réfère à Sophocle[146], et plusieurs poètes dont les œuvres sont perdues. Æliène, à qui, d'ailleurs, nous devons une dette pour la seule mention du nom de notre héros dans la littérature grecque (*De natura animalium* 12. 21 : Gilgamos), quand il traitait d'un petit serpent particulièrement épouvantable appelé *Dipsas* (littéralement « soif »), dit ce qui suit :

> Il est dit que Prométhée vola le feu, et le mythe poursuit en disant que Zeus fut en colère et accorda à ceux qui disposaient d'information sur le vol, une drogue pour éviter de vieillir. Ainsi firent-ils, autant que j'en suis informé, et placèrent la drogue sur un âne. L'âne avança avec la charge sur son dos ; et c'était l'été, et l'âne assoiffé vint à une source pour y boire. Or le serpent qui gardait la source essayait de l'en empêcher et de le forcer à retourner, et l'âne au supplice lui donna comme prix de l'amitié la drogue qu'il portait. Et ainsi il y eut un échange de cadeaux : l'âne eut à boire et le serpent se débarrassa de sa vieillesse, recevant en plus, ainsi le dit l'histoire, la soif de l'âne. (Le passage de Sophocle dit que depuis lors, les serpents se débarrassent de leur vieille peau chaque année, *kath'hekaston eniauton*.)

Nicander, ainsi que cité par Langdon, ajoute à l'histoire en nous parlant de la date à laquelle eut lieu cet « échange de cadeaux », à savoir à l'occasion d'une nouvelle distribution des « Trois Voies » rapportant « que quand le fils aîné de Cronos devint le maître du ciel, il partagea dans son infinie sagesse les gouvernements glorieux entre ses frères, et donna la jeunesse en récompense aux hommes à la vie courte ; en les honorant ainsi, parce qu'ils révélèrent le vol du feu, fous qu'ils furent ! car ils n'obtinrent aucun gain de leur mauvais conseil ».

ANNEXE 35

Il y a quelques signaux vagues et confus reçus des régions où coule le Styx, comme nous l'avons appris, en vue du pôle Sud céleste. Photius[147] nous parle d'Hyllos, fils d'Héraclès, qui avait une petite corne qui lui poussait sur le côté gauche de la tête, et comment Épopeus[148] de Sikyon brisa cette corne, après avoir tué Hyllos en duel, alla chercher de l'eau du Styx avec cette corne, et devint roi du pays. Pourquoi se serait-il procuré cette eau terrible, si elle n'avait pas été capable de lui permettre de devenir roi ?

Prétendument « tardives » sont les légendes affirmant que Thétis rendit l'enfant Achille invulnérable au moyen de l'eau du Styx, excepté son talon, comme nous le savons. D'un autre côté, il était légendaire qu'Alexandre fut tué avec de l'eau du Styx, comme Pausanias le signalait, bien qu'il fut sceptique (voir aussi p 471, n. 258). Ainsi les deux furent amenés au contact avec l'eau du Styx, l'un presque au bon moment, mais seulement presque, et l'autre à un moment tout à fait mauvais, loin de ce jour inconnu de l'année, où ce fluide était supposé rendre le buveur immortel, tandis qu'il apportait une mort inévitable tous les autres jours.

ANNEXE 36

Pour les conceptions correspondantes à Rome, voir Festus (128M, BT, 1965, p. 115) : *Manlem fontem dici proco, quod aqua ex eo semper manet. Manalem lapidem putabant esse ostium Orci, per quod animae inferorum ad superos manarent, qui dicuntur manes.* (Cf. F. Bömer, « Der sogenannte lapis manalis », ARW 33 (1936), p. 281 ; Kroll, RE 16 s.v. mundus, cols. 561sq. Pour empêcher une vue trop partiale des choses, voir aussi Festus 156M, p. 147 : *manes di ab auguribus vocabantur, quod eos per omnia manere credebant, eosque deos superos atque inferos dicebant.*)

À ceci on doit comparer le riche document offert par F. M. Cornford (« Les Mystères à Éleusis », *Festschrift Ridgeway* (1913), p. 160sq.) à propos des structures souterraines grecques, *phrear*, l'équivalent du latin *puteus*, et au sujet du « Lac Curtius » Lacus Curtius, représentant un *mundus*, qui devait être trouvé, selon Dion. Hal. 2.42, *en mesō tēs Romaiōn agoras*, juste au milieu du forum (voir aussi Festus 49M, p. 42.) Cornford explique (p. 162, note) :

> La légende de Curtius, dont la dévotion arrêta une inondation, et qui fut honoré avec *dona ac fruges* jeté dans son *lakkos*, peut éclairer la coutume à Athènes de jeter de la farine pétrie avec du miel dans un sillon du sol dans la zone de Gê Olympia où l'eau s'écoulait après l'inondation de Deukalion (Paus. 1.18.7).

Le puits, fermé par une pierre, ici même par un véritable général romain et son cheval, ne nous est pas inconnu, avec tout ce que nous avons entendu entre temps sur *Eben Shetiyyah*, le puits de la Ka'aba, etc. Il y a d'autres curieuses connexions entre les puits et les pierres qui mériteraient d'être examinées, en particulier sur les trois points suivants :

1- La pierre qui fut donnée par l'Enfant aux Rois Mages de l'Orient, selon une légende recueillie par Marco Polo. « Les rois Mages ne comprirent pas la signification de la pierre et la jetèrent dans un puits. Alors immédiatement descendit du Ciel un feu qu'ils emportèrent dans leur pays respectif et qu'ils placèrent dans une riche et belle église. » L. Olschki[149] mentionne aussi la version Ouigur de cette histoire, où « la pierre est détachée par l'Enfant de sa crèche et jetée dans un puits en raison de son poids écrasant qui réduisait à néant tous les efforts des humains et des animaux pour la porter. On dit qu'une colonne de feu atteignant le ciel bleu s'est élevée du puits dans lequel la pierre était tombée et a suscité l'adoration du feu par les Mages jusqu'à aujourd'hui. »

2- L'étoile des Mages qui tomba dans le puits de Bethléem, selon Gervais de Tilbury [150]après qu'elle eut atteint son but de guider les Rois Mages vers la « nouvelle voie ».

3- La chute de l'étoile qui ouvrit l'abîme, selon la Révélation, un événement futur, pour un changement. Hors de ce puits monte une fumée qui obscurcit le soleil et l'air, et Franz Boll désigna avec justesse le « cylindre de fumée, » au sud du Sagittaire et du Scorpion : Ara, l'Autel dans la galaxie[151], et sous ce même Autel, se trouvent les âmes des témoins de Dieu attendant le dernier jour (Rev. VI.9). Selon les catastérismes d'Eratosthène, à cet Autel, Zeus et ses suivants prêtèrent serment avant d'attaquer Cronos[152].

Il est probable que le lecteur va réagir fortement et contester une quelconque connexion entre les légendes concernant les trois Rois Mages, la Révélation[153], et le « Puits de Gilgameš ». Cependant, Franz Boll (*Révélation,* p. 69sq.) a reconnu dans ces étranges démons sauterelles de la Révélation (ils sortent du puits de l'abîme) qui ressemblent à des chevaux avec des têtes humaines, et ont des ailes, et des queues de scorpions, le Centaure Sagittaire des pierres de limites mésopotamiennes, que l'on trouve aussi sur le zodiaque rectangulaire de Dendera. La Révélation dit aussi qu'ils ont des couronnes comme s'ils avaient de l'or sur la tête : le Sagittaire égyptien porte une double couronne, la tradition Teukros décrit la constellation « le visage royal » (*to prosopon basilikon*, Boll, *Sphaera*, p. 181sq). Dans *L'Épopée de Gilgameš* les hommes Scorpion gardent l'entrée vers l'autre monde ; Virgile (*L'Énéide* 6.286) en fait des centaures.

Nous devons nous arrêter : le chapitre « Sagittaire et Saturne » nous mènerait trop loin. Nous voulions simplement montrer que le puits de Gilgameš et l'ouverture de nouvelles voies ne sont pas des « bêtises préhistoriques » qui n'ont rien à voir avec notre civilisation chrétienne post-grecque. Ce fut avec un véritable respect que Boll déclara (*Révélation,* p. 73, n. 4) : « L'observateur éloigné se fait difficilement une idée de la constance, de toutes les caractéristiques essentielles dans ces types d'images stellaires. »

Bien que tout ceci sera examiné ultérieurement, nous aimerions mentionner la suggestion fournie par Cornford, à savoir, « que l'un de ces *phreata* (= puits) à Eleusis était fermé à son embouchure par l'*agelastos petra* », le rocher sans rires ; Demeter était *agelastos* en raison de la perte de Perséphone, et elle était assise sur ce rocher sans rires, que Cornford (« Les Mystères éleusiniens », p. 161) propose de prendre pour « le sosie de l'*anaklēēthra* à Megara, qui comme son nom l'indique, était l'endroit où Koré était invoquée. » Il pourrait en être ainsi, mais cela n'apporte pas beaucoup de lumière à l'affaire, alors qu'il semble important de rappeler combien la situation « sans rire » de la déesse était modifiée, c'est-à-dire par les plaisanteries plutôt peu convenables de Baubo/Iambe. Or, cette même caractéristique se produit fréquemment dans le système des âges du monde. La déesse soleil japonaise, Amaterasu, qui rendue furieuse par l'incartade de Susanowo, s'était retirée dans une caverne rocheuse laissant le monde dans une complète obscurité, fut amenée à ressortir seulement grâce aux danses lascives de l'« hideuse femme ciel », Uzumue, dansant avec l'arbre bijou sur sa tête, parmi les 800 000 dieux assemblés dans la Voie lactée, pour ensuite produire le feu. Le Ra égyptien, qui s'était retiré du monde qu'il n'aimait plus, fut « persuadé » par le même type de plaisanteries par Isis de reprendre ses devoirs (« et alors le grand dieu moqua d'elle »). Le motif émerge à nouveau dans l'*Edda*, où Loki et un bouc firent rire la coléreuse Skadi, l'empêchant, ainsi, de venger le meurtre de son père, Thiassi[154]. L'histoire a aussi survécu, bien que sous un triste déguisement, dans les îles Marquises polynésiennes et, sous une excellente forme chez les Indiens Cherokees ; là l'érotisme manque, il est vrai, mais le personnage *agelastos* est la Mère Soleil, accablée par la mort de sa seule fille : une véritable Demeter (sa fille ressemblant à Eurydice : elle s'était rétablie déjà à moitié, lorsque le psychopompe fit une erreur qui la fit retourner vers l'Hadès) ; la danse indécente est remplacée par le concert d'un orchestre de jeunes.

Nous avons entendu parler (annexe 29) d'une prétendument *agelastos petra* terrestre avec une rivière coulant à ses pieds, appelée Léthé. Nous avons aussi mentionné qu'Eleusis signifie « Apparition » montrant la circonstance de l'« *arrivée* de Déméter et que, avant d'avoir donné naissance à Zeus, Déméter avait le nom de Rhéa (Orph. Frg. 145, Kern p. 188).

Le déplacement de Rhéa-Déméter vers Éleusis est une énorme et confuse histoire, réellement, impliquant des abeilles, un pic-vert, dont les filles furent promues comme prêtresses de la Déméter d'Éleusis, des chèvres, et autres, et nous ne sommes pas en mesure de traiter cet événement ici et maintenant. Que nous ayons affaire à un changement majeur de résidence peut être déduit du cas parallèle d'Amaterasu qui, après avoir été amenée à quitter sa caverne par la danse d'Uzumue, fut guidée avec respect dans une « nouvelle résidence » comme on nous le dit dans le Kogo-shui,[155] et « ensuite Ama no Koyane et Futotama no Mikoto suspendirent une haute tresse Soleil tout autour de cette résidence[156] ».

N'étant pas spécialistes des questions d'Éleusis, topographie, etc. (à la fin elles restaient secrètes), nous ne nous sentons pas autorisés à traiter sérieusement de ces thèmes au-delà du point de soulever quelques questions, telle que, quel puits fut fermé, si la proposition de Cornford est exacte, par le rocher sans rire ? S'agissait-il d'une première *pierre des manes* ? Qu'arriva-t-il à la *agelastos petra* après que Déméter eut été conduite à rire ? Et comment ce rocher a-t-il pu, en fermant un puits connecté avec le monde souterrain, être associé avec les légendes qui tenaient Déméter pour responsable d'avoir porté à l'existence la source du Styx (Æliène, *De natura animalium* 10, 40), ou pour avoir rendu noires les eaux du Styx (O. Waser, Roscher 4, 1572) ? Déméter est censée avoir modifié la couleur des eaux du Styx quand, alors qu'elle recherchait Perséphone et fuyant Poséidon était changée en jument, elle arriva à la source arcadienne du Styx et aperçut dans l'eau sa propre image déformée. Et comment, d'un autre côté, avoir porté à l'existence le Styx et s'être assis sur le rocher sans rire peut-il être associé avec l'affirmation orphique, selon laquelle Déméter « séparait la double nourriture des dieux » la partageant en Nectar et Ambroisie[157], les deux sortis de la « corne d'Amalthée », *alpha Aurigae* ?

Considérant la quantité de témoignages pour les pierres, tessons, arbres, bouchons qui ferment l'un ou l'autre puits, abîme, tourbillon, ou en étant arrachés ou simplement déplacés annoncent des changements majeurs et de grandes catastrophes, on pourrait s'attendre à ce que nous enveloppions tout ce paquet, depuis « le Saint des Saints » remplaçant l'Arche, sa fonction, respectivement, pour couvrir le *tehom*, jusqu'à Tahaki arrachant l'arbre de Tane des eaux sacrées, et jusqu'à Alexandre tirant la cheville du pôle, ou au Singe espiègle déplaçant le panier. Mais en dehors du fait qu'il y a beaucoup plus d'exemples, non mentionnés dans cet essai, qui trouveraient aussi leur place dans le dit paquet, derrière chaque arbre, pierre, et puits est tapi, en quelque sorte, le danger de simplification et d'identification impitoyable ; simplifier, cependant, est le danger que nous souhaiterions le plus éviter. En d'autres termes, nous n'avons pas l'intention de rendre « plus facile » la mythologie comparée, en procurant de simples dénominateurs communs à tous ces thèmes ; nous pensons, au contraire, que nous faisons face à une presque innombrable quantité de variables pour lesquelles les équations convenables doivent faire l'objet de longues et lourdes investigations futures.

ANNEXE 37

Une lueur est projetée sur les idées relatives au cerf par la déclaration d'Horapollon concernant l'écriture égyptienne : « Un long espace de temps : les ramures d'un cerf poussent chaque année. Leur représentation dessinée signifie un long espace de temps. »[158] Chairemon (hiéroglyphe no. 15, cité par Tzétzès) le dit plus brièvement : *eniautos : elaphos*. Louis Keimer, insistant sur l'absence de cerfs en Égypte, désignait l'oryx (*Capra Nubiana*) comme l'« ersatz »[159] approprié, dont la tête était, réellement, utilisée pour écrire le mot *rnp* = année, en fait dans le « Seigneur de l'Année » un titre fameux de Ptah.[160] Le mot semble avoir été rare comme cette façon d'écrire (le *Wörterbuch der Aegyptischen Sprache*, Erman et Grapow, vol. 2, p. 429-33, ne mentionne même pas cette variante), cela vaut la peine (comme c'est le cas pour tout sujet traité par Keimer), d'observer de plus que

Chairemon[161] continue sa liste en donnant pour le hiéroglyphe no. 16 : *eniautos : phoinix*, une durée différente de temps, la très controversée « période du Phoenix » (500 ans). Il y a de nombreux mots égyptiens pour « l'année » de même que pour les anciens langages. Ainsi nous proposons de comprendre *eniautos* comme le cycle particulier appartenant au personnage dont il est question : le simple mot *eniautos* (« en lui-même » *en heauto* ; *Cratylus* de Platon 410D) ne dit pas plus qu'exactement cela. Il ne semble pas justifié de traduire le mot comme « l'année » comme on le fait régulièrement aujourd'hui, pour la simple raison qu'il n'existe pas une chose telle que l'année ; premièrement, il y a l'année tropicale et l'année sidérale, ni l'une ni l'autre n'étant de la même longueur que l'année de Sirius. En fait les méthodes pour compter le temps des Mayas, Chinois, et Indiens devraient nous apprendre à prendre un plus grand soin dans le choix des mots que nous utilisons. Les Indiens, par exemple, comptaient avec cinq sortes d'« années » différentes, parmi lesquelles une de 378 jours, pour laquelle A. Weber n'avait pas d'explication[162]. Ce nombre de jours, cependant, représente la révolution synodique de Saturne. Il n'y a rien à gagner à la violence avec laquelle on force l'ancien système astronomique égyptien à rentrer dans la présupposée structure primitive.

L'*eniautos* du Phoenix serait de 500 (ou 540) ans ; nous ne connaissons pas cependant le calendrier propre du cerf : son « année » devrait être soit de 378 jours, soit de 30 ans, mais il y a beaucoup plus que nous l'imaginons de périodes possibles qui doivent être considérées, nous indique le *Timée*. Pour l'instant le seul point important est de devenir pleinement conscient de la pluralité des « années », et de garder l'œil ouvert pour plus d'information au sujet de la particulière « année du cerf » (ou de l'oryx), de même que pour d'autres *eniautoi*, spécialement ceux apparaissant dans les mythes grecs qui sont censés nous être si familiers, pour mentionner seulement les huit années supposées du contrat d'Apollon après avoir tué le Python (Plutarque, *De defectu oraculorum*, ch. 21, 421c), ou celui d'« une année éternelle (*aidion eniauton*) » que l'on dit être « 8 années (okto ete), que Cadmos servit Arès (Apollod. 3.4.1 ; voir aussi 2.5.11 avec une longue note de Frazer).

ANNEXE 38

Voir RV 10.46.2, ed. K. Geldner (1951) ; V. Rydberg, *Mythologie germanique* (1907), p. 587. Geldner, vague comme toujours, l'appelle « *Le logement des eaux* ». Agni, cependant, est un titre, et le *Rg-Veda* insiste à plusieurs reprises pour dire que trois Agnis sont déjà partis, « dévorés » par le « service sacrificiel ». Agni, aussi, ne vient pas seulement de la confluence des fleuves comme Gibil, mais est né aussi dans le « ciel le plus haut » (RV 6.8.2) : « Dans le ciel supérieur Agni veillait sur les règles (du sacrifice) comme leur gardien : l'ingénieux sagace mesurait l'espace céleste. » En fait, il a d'habitude trois lieux de naissance, dans les « trois mondes. » (Nous avons mentionné déjà que l'un des Agnis avait « sept mères » comme Heimdallr.)

Mais où que ce soit que l'on ait « trouvé » l'un des Agnis, c'est un expert topographe très occupé. RV 6.7.6 dit : « À travers l'œil de Vaisvānara, à travers le vrai signe de l'immortalité les hauteurs du ciel sont mesurées. Sur sa tête se tiennent tous les mondes, comme les branches ses sept bras (?) ont poussé). » RV 6.7.1-2 appelle le même Agni Vaisvānara, « chef du ciel, leader[163] de la terre, né au bon endroit, l'ombilic du sacrifice. » La strophe 5 du même hymne déclare : « Vaisvānara ! Tes hautes requêtes, cela n'a porté atteinte à aucun, Ô Agni, qui est né dans le giron de deux parents, tu as trouvé le vrai signe dans la suite des jours. » C'est d'un autre Agni, « nouveau né » « le meilleur chercheur de chemins » que RV 8.103.11 déclare : *Der bei (Sonnen-) aufgang die angebuundenen Schätze erkundet*. Quiconque conscient de la « complexité » ne va pas penser au lever de soleil journalier s'il s'agit du soleil : c'est une hypothèse de Geldner ; nous allons soit jusqu'au lever héliaque de « Agni-en-charge » à l'équinoxe de printemps, soit au jour du lever de Sirius. Nous nous demandons quand le jour glorieux arrivera où les philologues commenceront à réaliser la signification purement cosmologique de « sacrifices » et de « victimes » enchaînées à un « poteau sacrificiel » ou à une montagne.

La quantité écrasante de preuves sur Agni et Soma (« seigneur des pôles du monde ») en tant que colures devra être traitée dans le cadre approprié, au moyen d'une investigation de ce qu'on appelle les hymnes de *Śunahśpa* du premier Mandala du *Rg-Veda. Śunahśpa* étant littéralement le même que Cynosoura, « la Queue du Chien », la Petite Ourse. Dans le contexte actuel nous voulons seulement montrer un nom supplémentaire d'Agni, étant lui-même un titre, à savoir, Apām Napāt, une désignation qui appartient aussi au Tištrya iranien, Sirius ? Habituellement il est traduit en « enfant des eaux » mais nous ne pouvons pas accepter cette interprétation de *napāt* (d'où aussi Neptunus) comme « enfant ». Non seulement Boissacq accepte seulement les neveux et nièces en relation avec ce radical, mais nous avons toujours à faire à des neveux en mythologie, à commencer par notre propre héros Amleth ; avec Horus, neveu de Seth ; avec Kullervo, neveu d'Untamo ; avec Goupil le Renard, neveu d'Isengrin ; et ainsi de suite. Ce qui compte est une sorte de parenté « brisée », un sujet méritant un long chapitre, mais puisque la compréhension du signe graphique qui exprime le mieux cette « parenté » vient de la tradition Mande du Soudan occidental (où elle caractérise la circoncision, et l'étoile de la circoncision : Sirius), nous reportons l'investigation de l'ensemble du complexe.

ANNEXE 39

Suppléments sur Gilgameš

Il y a plusieurs points à partir desquels on peut démarrer de nouvelles explorations sur L'Épopée de Gilgameš, une fois identifiées les questions légitimes qui doivent être posées. Ces explorations sont nombreuses et parmi elles nous en sélectionnerons deux, sans prétendre « épuiser la question » ; la première concerne le « Passeur », la seconde les « Arbres ».

1- Le Passeur

Confronté au passeur Uršanabi, une sorte de *me* personnifié qui fut arraché à l'« embouchure des fleuves » pour vérifier les bonnes mesures d'Uruk, il est normal de rechercher des « personnages » ou des « lieux » comparables dans d'autres textes mésopotamiens. Il y a, en vérité, nul besoin d'aller très loin : l'*Enūma eliš*[164] nous fournit un point également décisif *Niburu* (ou *nēbēru*) dont dépend toute la disposition géographique dans ses grandes lignes.

Il y a trois passages de ce que l'on appelle la « Genèse babylonienne » qui fournissent, reconnaissables au premier coup d'œil, des détails sur la topographie du nouveau monde tel qu'il fut réalisé par Marduk/Jupiter. Dans la traduction de Speiser ils apparaissent ainsi (ANET, pp. 67, 69) :

4.141sq. Il traversa les cieux et contempla les régions.
Il fit un carré pour la région d'Apsû, la demeure de Nudimmud (Ea)
Tandis que le seigneur mesurait les dimensions d'Apsû,
La Grande Demeure, sa semblable, il la disposa comme Ešarra
La Grande Demeure, Ešarra, qu'il réalisa comme le firmament,
Il fit occuper leurs lieux à Anu, Enlil, et Ea.

5.1-8. Il construisit des emplacements pour les grands dieux,
Disposant leurs semblables astraux sous forme de *constellations*.
(Heidel : Il configura les étoiles, leurs semblables, en *signes du zodiaque*.)[165]
Il détermina l'année en désignant les zones ;
Il installa trois constellations pour chacun des douze mois.

> Après avoir défini les jours de l'année (au moyen) de personnages (célestes),
> *Il fonda l'emplacement de Nībiru pour déterminer leurs tranches (célestes)*
> que personne ne pouvait transgresser ou atteindre.
> À côté il installa les emplacements pour Enlil et Ea.
>
> 6.62sq. Ils élevèrent haut la tête d'Esagila égalant Apsû.
> Ils construisirent une tour à étages aussi haute qu'Apsû,
> Ils y installèrent une demeure pour Marduk, Enlil (et) Ea.

Laissant de côté la formule spécifique de ces extraits, la circonstance selon laquelle les *lieux* d'Anu, Enlil, Ea en 4.146, et leurs *emplacements* en 5.8 ne sont pas les mêmes, nous nous concentrerons sur EE 5.6 : « Il fonda l'emplacement de Nībiru pour déterminer leurs tranches (célestes) » (Speiser), ou : « Il fonda l'emplacement de Nībiru pour faire connaître leurs fonctions » (Heidel), ou : *Er setze ein den Nībirupunkt, um festzusetzen ihre Verknotung* (= *riksu* ; Weidner, *Handbuch Babyl. Astr.*, p. 33), et sur 5.8 : « À côté il installa les emplacements pour Enlil et Ea » (Speiser, ou « Il installa les emplacements pour Enlil et Ea en plus de lui » (Heidel), ou *Den Enlilpunkt und den Eapunkt setzte er bei ihm fest* (Weidner). Cela signifie que la position des « Chemins d'Anu, Enlil, Ea » était une fonction de Nībiru ; que seule l'installation des points, ou emplacements de Enlil et Ea soit mentionnée suggère que Marduk/Jupiter revendique « le bateau d'Anu » pour lui-même[166]. Les experts semblent être tout à fait satisfaits avec l'équation « Nībiru = Jupiter » (voir ci-dessous). Mais quel est son « emplacement, » sa position ? Considérant que sur ce même emplacement de Nībiru repose toute la tripartition de l'univers à l'âge où gouvernait Marduk/Jupiter, il est surprenant que les professionnels s'en soucient si peu.

La signification simple de *Nībiru* est « passe, passeur, gué », *mikis nibiri* est la redevance que l'on doit acquitter pour traverser la rivière, d'*ebēru*, « traverser. »[167] Alfred Jeremias insistait sur le point que Nībiru « dans tous les textes sur les étoiles des dernières époques » indiquait Canope, prenant cette étoile pour le pourvoyeur du méridien de la ville de Babylone.[168] Il y a eu d'autres identifications (y compris une comète !), le solstice d'été[169] ou le Pôle nord céleste ;[170] les opinions et verdicts rassemblés par Gössmann (*Planet.*, 311) montrent clairement que Nībiru reste pour l'instant un facteur inconnu.

Cette regrettable situation ne s'améliore pas avec le texte suivant où l'on rencontre à nouveau ce mot déconcertant, en EE 7.124sq. : cinquante noms y sont donnés au nouveau seigneur, Marduk/Jupiter, parmi lesquels se trouve Nībiru.

Traduction de Speiser :

> Nībiru tiendra les passages du ciel à la terre ;
> Ceux qui manquaient le passage au-dessus ou au-dessous
> Toujours se renseignent auprès de lui.
> Nībiru est l'astre qui brille dans les cieux.
> En vérité, il commande leurs virages, ils regardent vraiment vers lui
> En disant : « Celui qui traverse sans arrêt le milieu de la Mer
> Appelons le Traverseur qui contrôle le milieu.
> Il peut soutenir la course des étoiles du ciel ;
> Il peut garder tous les dieux comme un troupeau de moutons.

Traduction de Heidel :

> Nībiru contrôle les passages entre le ciel et la terre,
> Pour que quiconque au-dessus ou au-dessous qui ne peut pas trouver le passage, s'enquiert auprès de lui.
> Nīburu est son étoile qu'ils amenèrent (?) à briller dans le ciel.
> Il a pris position au point solsticial (?) ; ils peuvent lever les yeux vers lui,
> En disant : « Celui qui traverse le milieu de la mer sans repos,

Son nom sera Nibiru, qui en occupe le milieu ;
Il peut maintenir le cours des étoiles dans le ciel ;
Il peut garder tous les dieux comme un troupeau de moutons...

Von Soden (ZA 47, p. 17) :

Nibiru soll die Übergänge von Himmel und Erde besetzt halten,
Denn droben und drunten fragt jeder, der den Durchgang nicht findet,
Immer wieder ihn.
Nibiru ist sein Stern, den sie am Himmel sichtbar werden ließen ;
Er fasste Posten am Wendepunkt, dann mögen sie auf ihn schauen
Und sagen : « Der die Mitte des Meeres (Tiamat) ohne Ruhe überschreitet,
Sein Name sei Nibiru, (denn) er nimmt die Mitte davon ein.
Die Bahn der Sterne des Himmels sollen sie (unverändert) halten... »

Les experts linguistes n'ont pas l'ombre d'un doute sur ce qu'ils affirment. On peut s'en apercevoir dans la traduction des lignes 128-32 par Albrecht Götze[171] qui, à partir de sa conviction que *ebēru* = « attacher, enfermer » et que, combiné avec la « clef » selon laquelle *tam-tim* signifie « lutte », se permet apparemment de se débarrasser du « milieu de Tiâmat ».

Celui qui l'enfermait (dans son filet) véritablement en pleine lutte sans le perdre
Peut être appelé « enfermeur », qui le tient au milieu.
Il peut soutenir la course des étoiles du ciel
Il peut garder les dieux comme un troupeau de moutons.

Toutefois F. M. Th. Böhl[172] montre une certaine perplexité et admet : *Der Passus gehört zu den sachlich schwierigsten der Tafel, ohne dass der ziemlich vollständig erhaltene Kommentar hierbei wesentliche Hilfe leistet*[173]. Mais il ne poursuit pas son interrogation et soutient des versions contradictoires car fondées sur des assimilations douteuses. D'un côté il prétend que Nibiru était le nom donné à « la planète et à sa mesure hypsométrique », de l'autre il tient Nibiru pour l'étoile ou la constellation marquant le point où Jupiter entrait dans le « Chemin d'Anu », ce auquel il ajoute : « Le moment de l'observation est la nuit de l'équinoxe de Printemps, lorsque le Soleil se tient au croisement de l'Équateur et de l'écliptique dans la constellation du Bélier. » Il ne révèle pas d'où il tient cette surprenante affirmation ; il semble s'appuyer sur l'identification de « I Iku » avec Aries/Cetus, ce qui est erroné ; c'est le carré de Pégase,[174] mais la constellation n'est pas, semble-t-il, mentionnée en 7.124ff. Nous ignorons si, à l'époque de l'*Enūma eliš*, le Bélier était pris pour la mesure hypsométrique de Jupiter. Il semble y avoir des raisons pour reconnaître, déjà à cette époque, le Cancer (plus précisément : Procyon) = Nangar = le Charpentier, comme l'exaltation[175] de Jupiter[17]. En troisième lieu, si Böhl prend I-Iku pour le Bélier gouvernant l'équinoxe de printemps, comment Jupiter pouvait-il pénétrer à cet endroit le « Chemin d'Anu »[177] ? Le « Chemin d'Anu » représente une tranche, accompagnant l'équateur, s'étendant depuis 15 (ou 17) degrés nord de l'équateur jusqu'à 15 (ou 17) degrés sud de lui ; le « Chemin d'Enlil » se dirige parallèlement à celui d'Anu au Nord, le « Chemin d'Ea » au Sud[178]. Il va sans dire que, en raison du changement précessionnel des croisements de l'écliptique et de l'équateur, les étoiles se tenant dans ces trois « Chemins » ne sont pas tout le temps les mêmes.

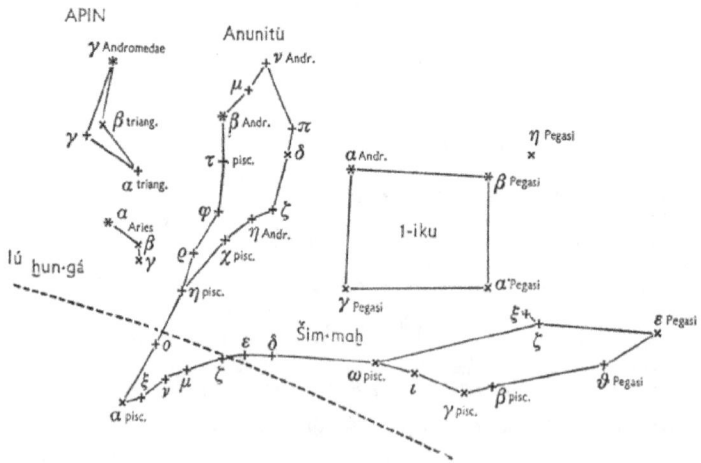

Le carré de Pégase, appelé « I-Ikû » (la mesure d'un domaine standard des Sumériens), avec les constellations circumjacentes, tel que reconstruit à partir des textes astronomiques mésopotamiens. Les Poissons, alors, doivent avoir eu une envergure plus grande que dans notre sphère.

La même contellation babylonienne, selon A. Ungnad, qui tenait « I-Ikû » pour le paradis. La position des croquis d'Ungnad est inversée en rapport avec l'ordre habituel des cartes stellaires.

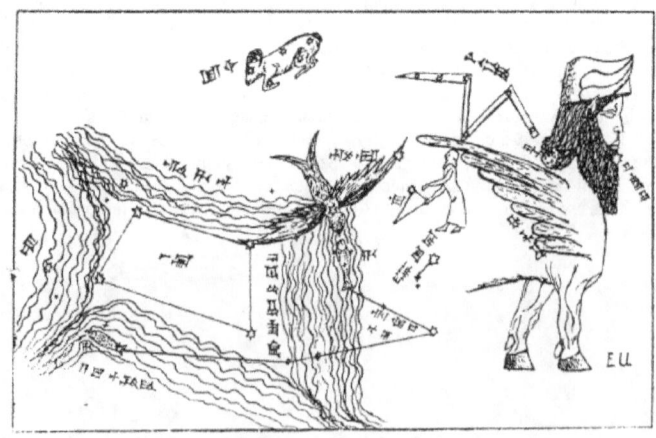

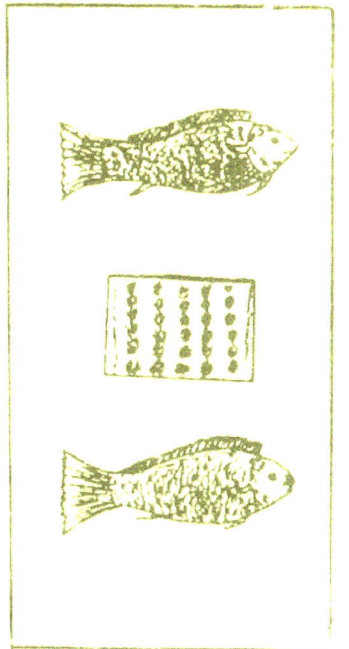

Le même carré, correctement placé entre les Poissons, comme figuré dans la série (ci-dessus) et les zodiaques rectangulaires de Dendera (Égypte romaine) (ci-dessous).

Quiconque n'est pas enclin à reconnaître qu'il est « évident » ou dans la « véritable nature des choses » de connecter un « domaine » ou un tableau avec deux poissons, ou avec deux lézards, ou une tortue à deux queues de poisson, est invité à comparer les thèmes suivants avec les trois illustrations précédentes.

Une calebasse de la côte guinéenne, Afrique.
La figure est réellement un hémisphère qu'il est
difficile de reproduire, d'où les espaces vides.

Une autre calebasse de la Côte guinéenne.

ANNEXES

Les Poissons du zodiaque tels que dessinés par le Toba Batak de Sumatra.

Cette peinture vient du Nouveau Monde, et est décrite comme « animal composite, tête et corps de tortue, double queue d'un poisson ».

Mais, en fait, « I-Ikû » auquel Böhl fait obscurément allusion, n'est pas en jeu, à savoir, en EE 6.62, cité au-dessus : « Ils élevèrent haut la tête de *Esagila égalant Apsû* ». Et concernant cet Esagila (ou Esagil) nous entendons dans le texte rituel de la fête de la Nouvelle Année à Babylone[179] que le prêtre Urigallu « sortira vers la Haute Cour, se tournera vers le nord, et bénira trois fois le temple Esagil avec la bénédiction : *Étoile-Ikû, Esagil, image du ciel et de la terre.* » « I-Ikû » le carré de Pégase (= *alpha beta gamma Pegasi, alpha Andromedae*), est, réellement, de la plus haute importance, I-Ikû représentant la mesure fondamentale,[180] et Ungnad (*Le paradis retrouvé* (1923), p. 11) entendait la constellation, entourée par les Poissons, comme celle du « Paradis », le champ primordial de mesure, pour ainsi dire. Plus important, Utnapishtim dit à Gilgameš (EG 11.57) au sujet de son arche, qu'elle était, comme l'apsû, un cube exact : « Son espace de plancher était un ikû[181]. » (Avant, 11.31, Ea avait ordonné à Utnapishtim : « Comme l'apsû tu la couvriras. ») Se souvenant de ce que nous avons entendu précédemment : « Depuis que l'arche avait disparu il y avait une pierre à sa place... qui fut appelée pierre de fondation », Eben Shetiyyah, qui recouvrait l'abîme, cette arche cubique, dont l'espace de plancher était un ikû, ne pouvait pas être sans intérêt pour nous, du moins, quand les dieux « élevèrent haut la tête de Esagila (= I-Ikû) égalant Apsû ».

Certes, ceci ne nous dit pas où était Marduk quand il reçut le titre Nīribu. Il pourrait avoir été décisif pour la planète d'avoir un lever héliaque avec I-Ikû, le céleste modèle d'Esagil (représentant la « pierre de fondation couvrant l'apsû » peut-être ?), mais quand ?[182] Le lever héliaque d'I-Ikû, précisément, *beta Pegasi*, coïncidait avec le solstice d'hiver de 4000 av. J.-C. ; il eut lieu le 25 janvier.[183] « I-Ikû », le carré de Pégase, est appelé « l'habitation de la divinité Ea, le dirigeant des étoiles d'Anu »[184] dans la « série ^{mul}APIN » (l'étoile Chariot, Triangulum), appelée par Weidner « un manuel d'astronomie[185] ». Selon van der Waerden (« Les Trente-Six Étoiles », p. 17) cette série est une compilation « réalisée environ en 700 ou quelque peu plus tôt[186], dans laquelle un document des différentes périodes comprises entre 1400 et 700 a été utilisé » : ainsi, I-Ikû comme « dirigeant » des étoiles se tenant dans le « Chemin d'Anu » se levait à la fin janvier, une période éloignée de l'équinoxe de printemps lorsque se tenait la fête de la Nouvelle Année.

Tout ceci est bien beau jusqu'à présent, et certainement pas sans le plus haut intérêt, mais savons-nous pendant ce temps ce que Niribu, « passe, passeur, gué, » pouvait bien être ? Même sans se préoccuper de Jupiter et de savoir où il est ? Nous ne le savons pas, et nous sommes tentés de dire : *Quod erat demonstrandum*, à savoir que les nombreuses traductions verbeuses, les articles éloquents, et les livres n'ont pas éclairé les points décisifs du système cosmologique gouvernant *l'Enūma eliš* , *L'Épopée de Gilgameš*, *l'Épopée d'Era* et les autres « poèmes » présumés. Nīribu est seulement un cas parmi beaucoup d'autres, mais c'est un cas modèle particulièrement significatif pour montrer qu'aucun problème concret ne sera résolu aussi longtemps que les experts en astronomie seront trop dédaigneux pour s'occuper des notions « mythologiques », fermement tenues pour simple non-sens, aussi longtemps que les historiens des religions jureront que les étoiles et les planètes rentrèrent subrepticement « très tardivement » dans les « robustes » cultes de fertilité et les légendes naïves, d'où il ressort que ces sujets malsains doivent être par principe mis de côté, et aussi longtemps que les philologues imagineront que la familiarité avec la grammaire remplace ce savoir scientifique dont ils manquent et qu'ils n'aiment pas.

Mais même lorsque les différents spécialistes condescendront à renoncer à leur attitude hautaine, nous ne pensons pas qu'il y aura beaucoup de chance de parvenir à une solution satisfaisante de détails concrets, et la compréhension adéquate du système comme un tout, sans prendre en compte les systèmes comparables dans d'autres parties de la terre : la Mésopotamie n'est en aucune sorte la seule région de haute culture où les astronomes travaillèrent avec une tripartition de la sphère, même si l'on écarte la notion prétendument la plus familière pour nous, en fait la plus inconnue, celle des « Chemins » de Zeus, Poséidon, et Hadès tels que donnés par Homère. Les Indiens ont une structure très semblable pour diviser le ciel en Chemins[187]. Il en est aussi de même des Polynésiens, qui nous racontent beaucoup de détails au sujet des étoiles appartenant aux trois zones (et par quelle planète elles sont « engendrées ») ; mais personne n'a pensé que cela valait la peine d'écouter les plus grands navigateurs que notre globe ait jamais vus ; ni aucun ethnologue de notre époque de progrès n'a cru bon de mentionner que les « sanctuaires » mégalithiques polynésiens (maraes) obtenaient leur état imposant de « sainteté » (taboo) quand les « planches d'Unu » étaient présentes, ces planches d'Unu sculptées représentant « les Colonnes de Rumia ». Rumia étant comparable au « Chemin d'Anu » où Antarès servait de « colonne d'entrée » (parmi les autres « colonnes » : Aldébaran, Spica, Arcturus, Phaeton en Amérique).

Mais maintenant, est ce que Nibiru est aussi important que cela ? Nous le pensons. Ou, pour le dire autrement ; une fois que ce terme astronomique, et deux ou trois autres, seront fixés correctement, on pourra commencer sérieusement à devenir conscient, et à traduire, la « poésie » mésopotamienne.

2 Les Arbres

Les épopées de Gilgameš et d'Era offrent de trop nombreux arbres pour nos modestes besoins. Cependant, plusieurs d'entre eux restent des énigmes pour les spécialistes qui parlent de l'« arbre du monde ».

Il y a, d'abord, l'arbre *mesh*, contenu dans le nom du héros[188], à propos de la localisation duquel Marduk pose les graves questions d'Era. Il y a aussi le cèdre de Huwawa/Humbaba qui fut, comme nous l'ont enseigné les traducteurs, abattu par Gilgameš et Enkidu. Cependant, selon le « dernier état de la question »[189] Huwawa serait « le monstre gardien du territoire du cèdre coupé ». Kramer il est vrai, lors d'une occasion antérieure souligna que « le Territoire des Vivants éloigné était aussi le Territoire du cèdre abattu »[190], mais nous n'avons pas encore trouvé ce qui pouvait résulter d'une telle indication. Pourtant on ne peut mettre en doute le sérieux des observations de Kramer sur Sumer. Ce savant n'a-t-il pas écrit en effet que pour les poètes et les prêtres sumériens les sources réelles du Tigre et de l'Euphrate dans les montagnes d'Arménie avaient peu de sens ? Ils ne comprenaient pas, comme nous le faisons, que le volume des eaux des deux fleuves dépendait de l'« alimentation » de leurs affluents, ou que c'étaient les neiges fondues de l'hiver qui produisaient la crue annuelle, ou que le Tigre et l'Euphrate vidaient leurs eaux en crue dans le Golfe persique. En fait ils pensaient juste le contraire ; c'était le Golfe persique qui était responsable des eaux du Tigre et de l'Euphrate et de leurs importantes inondations. Exprimé mythologiquement, c'était Enki qui remplissait le Tigre et l'Euphrate de son eau étincelante, et qui, en chevauchant la mer, rendait ses eaux et celles du Tigre et de l'Euphrate, turbulentes et violentes... En résumé, comme les Sumériens l'imaginèrent, ce n'étaient pas les fleuves qui alimentaient la mer... mais plutôt la mer qui alimentait les fleuves. »[191]

À part l'arbre *mes* et l'inexpliqué cèdre d'Huwawa/Humbaba, qu'il ait été abattu ou non par nos héros, *L'Épopée de Gilgameš* nous fait rencontrer l'arbre *ḫuluppu*, pris pour un saule par Labat (nos. 371, 589), pour un chêne par le *Dictionnaire Assyrien* (vol. 6, pp. 55sq), pour une sorte de *Persea* par Salonen

(Landfahrzeuge, p. 111sq.), toutes les identifications étant correctement accompagnées d'un doute interrogatif. Nous rencontrons ce spécimen dans une pièce ancienne en sumérien qui traitait du héros Gilgameš[192] dont une partie fut incorporée comme la tablette XII dans la version akkadienne ; le texte sumérien a été traduit par C. J. Gadd[193] et par S. N. Kramer[194]. Nous citons le résumé donné par Kramer dans sa première traduction (1938, p. 12) pour la simple raison qu'elle est plus courte que celle offerte dans JAOS 64 (1944), p. 19-21. Pour le moment, on a donné un nom différent à ce texte, « *Gilgameš, Enkidu, et le Monde des Enfers* ». La première moitié de la première phrase n'est, naturellement pas une citation, et n'est pas susceptible d'être signée par l'auteur.

À l'occasion d'une nouvelle distribution des « Trois Voies »[195], « à ce jour » il se produisit qu'un « arbre *ḫuluppu* (très probablement un saule) qui avait été planté sur les rives de l'Euphrate et nourri par ses eaux fut déraciné par le vent du sud et emporté par l'Euphrate. Une déesse se promenant le long de la rive saisit l'arbre qui flottait, et sur l'ordre d'Anu et d'Enlil l'apporta au jardin d'Inanna (Ištar) à Uruk. Inanna le soigna avec soin et amour, espérant faire de son bois un trône et un lit pour elle. Après que dix années eurent passé et que l'arbre fut devenu grand, l'oiseau géant Zu[196] plaça ses petits sur sa cime, et en son milieu la démone Lilith construisit sa demeure. Mais Gilgameš, informé de l'affliction d'Inanna, se rua à son aide. Faisant fi de sa lourde armure, le géant pourfendit un dragon avec son énorme hache de bronze, d'un poids de sept talents et sept minas. Sur ce l'oiseau Zu s'envola avec ses petits vers la montagne, tandis que Lilith, frappée de terreur, brisa sa maison et s'échappa vers le désert. Après que Gilgameš eut déraciné l'arbre libéré, ses serviteurs, les hommes d'Uruk, coupèrent son tronc et en donnèrent une partie à Inanna pour son trône et son lit. Du restant, racine et cime, « Gilgameš fit pour lui-même le *pukku* et *mikkû*, deux objets de bois de signification magique. »

(Il va sans dire qu'on ne trouvera pas de relent de « signification magique » dans ce texte.) Ici, le résumé de 1938 arrive à sa fin, et nous continuerons avec JAOS 64, p. 20 : « Suit un passage de douze lignes qui décrivent l'activité de Gilgameš en Erech (Uruk) avec ce *pukku* et *mikkû*, avec ce tambour et baguette de tambour[197] (voir ci-dessous). En dépit du fait que le texte est quasiment complet, il est encore impossible d'en pénétrer le sens. Il n'est pas improbable, cependant qu'il décrive en détail les emblèmes et talismans du pouvoir du souverain qui, selon la première tablette de *L'Épopée de Gilgameš*, apportaient le malheur aux habitants d'Erech (Uruk) et qui, à nouveau selon l'épopée babylonienne seulement, conduisirent à la création d'Enkidu. »

Selon ce verdict, Kramer n'essaye même pas de traduire littéralement les lignes 24-35 qui sont prétendument en « complètes ». Gadd (RA 30, p. 131) donne le passage comme suit :

22. À partir de sa racine il fabrique son *pukku* [^{giš}RIM (ellag)]
23. À partir de sa cime il fabrique son *mikkû* [^{giš}E. AG]
24. Il dit « *ellag*, » excepté (?) « *ellag* » ne le laisse pas parler
25. Disant... excepté (?)... ne le laisse pas parler
26. Les hommes de sa ville disent « *ellag* »
27. Il considérait sa petite troupe qui ne pas...
28. Sa lamentation ils faisaient (*a-geštin-nu a-geštin-nu*)
29 Lui qui avait une mère, (elle) apportait du pain pour son fils
30. Lui qui avait une femme, (elle) versait de l'eau pour son « frère »
31. Le Vin (?) était emporté (^{d}*geštin-an-na*)
32. (À) sa place où le *pukku* était installé il dessine un cercle
33. Il éleva le *pukku* devant lui et alla dans sa maison
34. Au matin il considéra son endroit où le cercle était dessiné
35. Les adultes (?) ne pas...
36. (Mais) au pleur d'une petite fille...

Kramer continue : « Quand l'histoire une fois encore devient intelligible, cela continue avec la déclaration qu'en raison du tollé des jeunes filles, le *pukku* et *mikkû* tombèrent dans le monde des enfers. Gilgameš introduisit sa main de même que ses pieds pour les retrouver, mais fut incapable de les atteindre. Et ainsi il se place à la porte du monde de l'enfer et se lamente :

Ô mon *pukku*, Ô mon *pukku*.
Mon *pukku* dont le désir était irrésistible
Mon *mikkû* dont les pulsations ne pouvaient pas être couvertes[198].

(Avec la ligne suivante, représentant la ligne 1 de la tablette XII, la traduction akkadienne dit) :[199]

En ces jours quand en vérité mon *pukku* était avec moi dans la maison du charpentier,
(Quand) en vérité la femme du charpentier était avec moi comme la mère qui m'a donné naissance
(Quand) en vérité la fille du charpentier était avec moi comme ma plus jeune sœur,
Mon *pukku*, qui s'élèvera du monde des enfers,
Mon *mikkû*, qui s'élèvera de la « face » du monde infernal ?

Son serviteur Enkidu, son constant compagnon, est volontaire pour descendre dans le monde des enfers pour les lui rapporter... Entendant la généreuse offre de son serviteur, Gilgameš l'avertit des nombreux interdits du monde des enfers dont il lui faudra se garder... Mais Enkidu ne tient pas compte des instructions de son maître et commet tous ces mêmes actes contre lesquels Gilgameš l'avait mis en garde. Et ainsi il est saisi par Kur et est incapable de remonter sur la terre.

Nous avons à faire ici, mis à part la description qui suit des événements dans le « monde souterrain » à un récit qui est commun au mythe sumérien de l'arbre *huluppu*, et à la tablette XII de l'Épopée akkadienne. Kramer (JAOS 64, p. 23) termine son étude sur les sources sumériennes de L'Épopée de Gilgameš : « En conclusion, une comparaison du texte de la douzième tablette de *L'Épopée de Gilgameš* avec celle de notre poème sumérien *Gilgameš, Enkidu, et le Monde de l'Enfer*, prouve sans aucun doute ce qui a longtemps été soupçonné, à savoir, que la douzième tablette est un appendice inorganique attaché à l'épopée babylonienne dont les premières onze tablettes constituent une unité poétique légitimement bien intégrée. » Nous ne souhaitons ni acquiescer ni démentir ; nous n'aimons pas ces « sans aucun doute », et semblables propos péremptoires, considérant combien nous en savons terriblement peu au sujet de l'Épopée. (S'il y a quelque chose qui est, réellement, « sans aucun doute » c'est seulement que les onze tablettes de l'Épopée, telles qu'elles sont traduites, ne « constituent pas une unité poétique légitimement bien intégrée ».

Naturellement, il serait pour nous d'un grand intérêt, si nous en savions plus à propos des objets *pukku* et *mikkû*, qui ont résisté aux honnêtes efforts de plusieurs savants, le premier d'entre eux étant Sidney Smith *(b/pukk/qqu* et *mekku*, RA 30 (1933), p. 153-68). On a proposé des filets, des instruments à vent (flûtes et cornes), et Margarete Riemschneider (*Augengott*, p. 50sq.) proposa un piège particulier, le même piège plutôt étonnant que l'on connaît à partir des Textes des Pyramides (concernant les « palais » de la Haute Égypte). La plupart des interprètes ont accepté la première proposition de Landsberger, « tambour » et « baguette de tambour »[201]. Il n'y a rien à dire contre cette solution bien sûr, si l'on reconnaît que la notion de tambour céleste a un sens (voir chapitre VIII, « Shamans et Forgerons »), et que l'on examine des tambours célestes comparables dans d'autres cultures par exemple en Chine. Mais ce n'est tout de même pas totalement convaincant, d'autant que Landsberger lui-même n'a pas vraiment cherché à justifier cette hypothèse par égard, dit-il, à la version « cerceau » et « manche à balai »[202]. Bref nous ne connaissons rien de la fonction de *pukku* et *mikkû*, et ce fait empêche les spéculations oiseuses.

On n'en sait pas beaucoup plus au sujet des sous-locataires indésirables d'Inanna dans son arbre huluppu, au sujet de Lilith, et au sujet du dragon à la racine ; qu'il corresponde à Niðhöggr de l'*Edda* ne nous éclaire pas en ce qui concerne son identité. L'oiseau Zu, au moins, nous est connu : c'est la planète Mars[203], mais nous ne nous risquons pas encore à tirer des conclusions trop précises de cette identification au « nid » ou à la « maison » de la planète qui lui fut enlevé.

Il est difficile de surmonter cette impasse à l'aide des seuls textes mésopotamiens, et ceci vaut pour l'arbre *huluppu*, l'arbre *mes*, le cèdre d'Huwawa, et cet arbre dans l'Épopée d'Era dont Era annonce (Tablette 4.123-26, Gössmann, p. 30sq. ; Langdon, MAR 5p. 144) : « Irkalla veut que je m'agite et les cieux trembleront. L'éclat de Jupiter (^{d}SUL.PA.È) veut que je provoque la chute et les étoiles veulent que je supprime[204]. La racine de l'arbre veut que je l'arrache et que son germe ne repousse pas. »

Au cas où nous souhaiterions aller plus loin sur cette piste dans le futur nous devrions commencer à partir de deux *naksatra* indiens (maisons lunaires) et les légendes qui leur sont reliées : *mūla* (ou *Mūra*), « la racine » aussi appelée « l'arracheur de la racine » (voir aussi annexes 4 et 30), et même « les deux détacheurs de Yama », le dard du Scorpion[205] *(lambda upsilon Scorpii),* en astronomie babylonienne ᵐᵘˡSAR. UR et ᵐᵘˡSAR. GAZ, les armes de Marduk dans la « bataille » contre Tiamat ; et le *nakshatra* contenant Antarès *(alpha Scorpii)* qui porte les noms « le plus ancien, » ou « qui fait périr le plus ancien »[206] (à Tahiti : « parent colonne du monde). »

Il nous faut aussi nous pencher sur les textes du héros Tahaki de Tuamotuan[207], déjà mentionnés, parce que celui-ci représente presque le « professionnel » vengeur de son père. Dès le début le début du récit, la mère de Tahaki se lamente que le héros soit destiné à mourir dans un pays étranger ; et à plusieurs reprises à travers le déroulement de la légende, Tahaki chante : « Je me rends au royaume de la nuit de Kiho, le dernier domaine de la tranquillité. » C'est alors qu'un enfant, son cousin, avec lequel il joue à plonger pour chercher des perles, le tue et le démembre. Mais son frère adoptif sauve ses parties vitales (contrairement au cas d'Osiris), à partir desquelles sa mère va le fait revive. Il se met en route avec son frère pour libérer son père des « myriades de lutins » (voir ci-dessus, p. 219). Quand il atteint la demeure de ses grands parents, il gagne le cœur d'Hapai, fille de Tane, le Deus Faber. Quand Hapai parle à son père du jeune homme, il repond : « Si c'est réellement Tahaki va lui dire : Tane des anciennes eaux m'a dit que si tu peux passer devant son visage tu dois être Tahaki ; si tu peux t'asseoir sur son tabouret à quatre pieds tu dois être Tahaki ; si tu peux arracher son pied sacré par les racines alors tu es sûrement Tahaki. Alors Tahaki se rendit auprès de Tane des anciennes eaux et se tint devant lui ; et immédiatement il passa devant son visage ; il s'assit sur son haut tabouret à quatre pieds, et celui-ci se cassa en morceaux sous lui. Alors Tahaki arracha son pied sacré par les racines, et Tahaki regarda en bas et vit l'entrée vers Havaiki en dessous[208]. Ensuite Tahaki et Tane des eaux anciennes chantèrent une chanson à propos de la mort de Tahaki. »[209] Pourtant, avec le consentement de Tane, le couple vécut encore « de nombreux mois jusqu'à un certain jour lorsque des problèmes survinrent entre eux... Aussi Tahaki partit au loin vers une terre éloignée espérant qu'il pourrait y être tué. Et la terre où Tahaki fut pourfendu à la fin était connue comme le Port de la pluie rafraîchissante ».

Après une incursion prolongée au Mexique avec son « arbre brisé » le symbole de *Tamoanchan*, « la maison des descendants » où les dieux étaient projetés au sol pour avoir cueilli les fleurs interdites, tandis qu'il était prétendu que l'arbre brisé était la Voie lactée (W. Krickeberg, « Der mittel-amerikanische Ballspielplatz und seine religiöse Symbolik », Paideuma 3, 1944-1949, p. 132), nous retournerons une fois de plus à l'endroit des survivances magnifiques, la Finlande, avec tout particulièrement ses nombreuses variantes de « l'abattage du grand chêne » (K. Krohn, FFC 52, 1924, p. 183-99). Cet abattage ne fut pas du tout une tâche facile à réaliser. Dès le début, lorsque (dans la seconde rune du *Kalevala*) Sämpsä Pellervöinen avait semé les arbres, seul le chêne avait refusé de pousser jusqu'à ce que quatre ou cinq charmantes jeunes filles venues de l'eau, et un héros de l'océan, eurent éclairci le sol avec du feu et planté un gland dans les cendres ; et une fois que la croissance de l'arbre eut commencé, elle ne put plus être arrêtée.

> Et le sommet atteignit le ciel
> Et ses feuilles dans l'air se répandirent,
> Il entravait la course des nuages,
> Et gênait les nuages conducteurs,
> Et il cachait la lumière brillante du soleil,
> Et la lueur de la lumière lunaire.
> Alors le vieux Vainamoinen
> Médita profondément et réfléchit,
> « Y a-t-il quelqu'un pour abattre le chêne,
> Et renverser l'arbre majestueux ?
> Triste est désormais la vie des mortels,

> Et pour le poisson nager est devenu lugubre,
> Car l'air est vide de lumière du soleil,
> Et de la lueur de la lumière lunaire.

« On rechercha au dessus dans le ciel, en-dessous, tout autour de la terre » comme nous en informent les variantes, mais alors Vainamoinen demanda de l'aide à sa divine mère.

> Alors un homme se leva de l'océan
> Des vagues un héros sortit,
> Pas le plus colossal parmi les colossaux,
> Pas le plus petit parmi les petits.
> Sa stature était semblable à celle d'un pouce d'homme ;
> Noble comme le port d'une femme.

L'« homme chétif de l'océan » dont « la chevelure atteignait ses chevilles, la barbe ses genoux » annonce : « Je suis venu pour abattre l'arbre et pour le fendre en morceaux. » Et ainsi fit-il. Dans plusieurs variantes on dit que le chêne est tombé sur la rivière Northland, de telle sorte qu'il constitue le pont vers la demeure des morts. Holmberg (cité par Lauri Honko, « Finnen, » *Wb. Myth.*, p. 369) tenait le chêne pour la Voie lactée.

Considérant que le même chétif personnage était seul capable d'abattre l'énorme bœuf (nous pouvons l'appeler simplement « taureau ») dont la seule vue faisait fuir tous les héros et monter en haut des plus hauts arbres, on ne peut s'empêcher de penser que nous nous trouvons en présence de quelque « petit fils » du chevelu Enkidu, et le chêne serait une lointaine image du cèdre. Une variante estonienne, bien que quelque peu atrophiée, semble plus comparable à l'histoire de l'arbre *huluppu*. Une demoiselle plante le gland, (il est significatif que Krohn (p. 187) qualifie de « défigurées » les versions de Carélie russe, où ce gland est appelé *taivon tähti*, étoile du ciel), l'arbre qui pousse met en péril le ciel, essayant d'« arracher les astres célestes, ou de les assombrir ». La jeune fille, par conséquent, demande à son frère de couper l'arbre. A partir de son bois des cadeaux sont fabriqués pour les parents du jeune marié, et un coffre pour la vierge elle-même.

Puisque nous n'avons pas l'intention d'entreprendre ici et maintenant une analyse comparée des traditions de l'arbre, nous allons en rester là. Que ces « arbres » mythiques ne soient pas de provenance terrestre, et que nous avons du mal à y voir clair avec les différentes et spécifiques variétés d'arbres appelés « arbre du monde » pas *bien que*, mais *parce que*, ils sont des arbres « cosmiques », était à prévoir. C'est le cas pour tous ceux qui ont passé du temps à réfléchir sur l'arbre de la Croix ; sur Yggdrasil (et Ashvatta) ; sur l'« Arbre à l'eau salée » des Indiens Cuna ; sur le chêne de Zeus, dont une partie fut construite en Argos ; sur le figuier au tourbillon qui sauva Ulysse ; sur le laurier qui ne caractérisait pas encore l'omphalos de Delphes, quand Apollon fit périr le Python (*nondum laurus erat*, Ovide), (il dut être apporté depuis Tempe après le contrat d'Apollon de huit grandes années) ; sur l'if d'Ullr (appartenant à Sirius) avec le suc duquel le père d'Hamlet fut assassiné ; sur, à part les variétés d'arbres mésopotamiennes mentionnées, le « *sombre arbre Kiškanū* » poussant à Eridu, où aucun mortel n'est jamais admis ; sur le tamaris à Be'erŝeba in Genesis XXI ; sur l'arbre de bruyère qui « en croissant enveloppait et étreignait le coffre et le dissimulait dans son tronc » le « coffre » étant le cercueil d'Osiris (Plutarque, *De Iside et Osiride*, ch. 14-15, 356 E. – 357A) ; et sur le roi du pays qui « coupa la partie qui enveloppait le coffre, et s'en servit de colonne pour soutenir le toit de sa maison » jusqu'à ce qu'Isis emporte cette « colonne ». Les incrédules pourront se rappeler les nombreuses fois où s'expriment beaucoup de regrets et de pleurs sur les arbres coupés, sciés en deux, et autres.[210] Après tout notre Yima-Jamshid même fut scié en deux, par Azhi Dahak, comme Tammūz « le seigneur du grand arbre, vaincu par la rage de ses ennemis » et les nombreuses comparaisons de temples mésopotamiens avec des arbres (M. Witzel, *Texte zum Studium Sumerischer Tempel und Kultzentren*, 1932, p. 37sq. ; Witzel, *Tammūz-Liturgien und Verwandtes*, 1935, p. 108sq.).

Ce serait abuser du lecteur qu'il écoute un tel discours sans fin sans lui dire le but que nous espérons atteindre, tôt ou tard, en creusant dans ces arbres et ces poteaux : nous voulons savoir quelle « Nouvelle Voie » fut « ouverte » par Gilgameš qui était le « bois » de l'arbre *mes*, et nous souhaitons trouver la séquence chronologique des évènements célestes comme il est dit dans l'*Enūma eliš* , *L'Épopée de Gilgameš* et l'*épopée d'Era*. Les savants se sont fourvoyés en attribuant ces textes à des « poètes ». Il est désormais clair que c'est le phénomène céleste qui bouge et change, et non l'« imagination mythopoètique » ou les « doctrines » des poètes et des religieux. Nous devons trouver par conséquent qui fut le premier dirigeant du « monde souterrain » Nergal ou Gilgameš, ou les deux à la fois, ce dont nous doutons pour l'instant. Cependant, nous avons déjà vu (p. 437sq., n. 22) que le nom de Nergal MES. LAM. TA.E.A. était attribué à Gilgameš. Comme le déclare Lambert (*La Légende de Gilgameš*, p. 39 sq) : « Après sa vie sur terre Gilgameš devint roi du monde souterrain, un Osiris babylonien. Une information précise de ceci nous est donnée dans un texte religieux tardif : Meslamtaea est Gilgameš, Gilgameš est Nergal, qui réside dans le monde souterrain. Ceci vient de l'un des textes qui explique les fonctions des divinités en les comparant avec les autres dieux ou déesses, un type de présentation plein de sens. »

Ce « type de présentation plein de sens » est, en fait, la technique des anciens poètes nordiques, et nous avons une sorte de parfait *kenningar* mésopotamien, tel que « Ninurta est le Marduk de la force », « Nergal est le Marduk de la bataille », « Nabu est le Marduk des affaires »[211], « Enzak est le Nabu de Tilmun[212] ». Or, le passage cité par Lambert dit : « ^{d}gilgames ^{d}nergal (u. gur) āšib (dúr) ersetim^{tim}. » Dans le texte (cité ci-dessus) qui s'adresse à Gilgameš comme « roi suprême, juge de l'Anunnaki... Tu te tiens dans le monde souterrain et donnes le verdict final », c'est à nouveau *Erṣetu*, et selon l'EG 12.56 c'est *Erṣetu* quí a saisi Enkidu. Ainsi cette ligne pourrait essayer de nous dire « Gilgameš est le Nergal d'Erṣetu » alors que le propre « monde souterrain » de Nergal est *Arallû* (Aralu). Albright dit[213] : « Eridu est employé comme un nom de l'*apsû*, exactement comme Kutu (Kutha), la ville de Nergal, est un nom commun d'Aralu. » Ainsi, on ferait confiance à cette coutume de donner plusieurs noms au même topos, et des « synonymes » en général, ce qui renforce, pour ainsi dire, les fausses traductions. Bien naturellement, à l'avenir, la décision finale reviendra exclusivement à ceux qui connaîtront le sumérien et l'akkadien. Instruits par une mauvaise expérience du dictionnaire égyptien (*Aegyptisches Wörterbuch*) qui traduit trente-sept termes spéciaux égyptiens avec un seul mot *Himmel*, nous suspectons les Assyriologues de manipuler de la même manière leur « monde souterrain » et aussi leur « ciel » naturellement. Il faut convenir que les auteurs du *Dictionnaire Assyrien* essayent d'être aussi précis que possible, aussi ils donnent plusieurs significations particulières pour *Erṣetu* (vol. 4, pp. 308-13) : « (1) la terre (dans le sens cosmique) ; (2) le monde de l'enfer ; (3) la terre au sens territoire, région, quartier d'une ville, zone ; (4) terre (au sens concret), sol » ; mais les traductions étant faites en fonction des attentes du traducteur, les catégories doivent paraître fondamentalement différentes, dès lors que plusieurs d'entre elles sont censées représenter des sections de la sphère.

Mais où nous conduit ce rapport selon lequel Gilgameš appartient à Erṣetu, et Nergal à Arallû ? On ne le distingue pas encore convenablement. De trop nombreuses énigmes sont tapies derrière chaque mot. Au sujet de l'arbre *mes*, Marduk savait dire (dans l'*Épopée d'Era*) qu'il « avait ses racines dans la large mer, dans la profondeur d'*Arallû*, et sa cime atteignait le Haut Ciel, » interrogeant Era avec reproche « A cause de cette œuvre que toi, ô héros, a commandé qu'elle soit accomplie, *où* est l'arbre *mes*, chair des dieux, ornement des rois ? » (S. Langdon, *Mythologie sémitique* (1931), p. 140). Concernant la montagne *mashu* (Mashu = jumeau) gardée par les hommes Scorpions, l'EG dit : « Dont les pics atteignent la voûte du ciel (et) dont la base atteint le monde de l'enfer en-dessous », ce « monde de l'enfer » étant *Arallû*. Nous avons tout le temps su, bien sûr, que nous montions jusqu'au Scorpion (probablement avec une partie de Sagittaire), mais l'énorme constellation offre un espace suffisant pour plus d'une route pour la descente. C'est pour cette raison particulièrement que nous espèrons une meilleure compréhension des maisons lunaires hindoues (1) *lambda upsilon Scorpii*, alias « la racine » alias « l'arracheur de la racine » alias « qui massacre le plus ancien » : dans le sens de la Précession, le dard du Scorpion précède Antarès.

Si nous connaissions l'« extension » précise de la déesse *Scorpion* (*Ishara tamtim*, la *Selket* égyptienne) nous serions plus satisfaits. En voici la raison : l'EG tablette 7 col. 4, 10sq. parlant des prétendues hallucinations d'Enkidu sur son lit de malade, lui fait faire des prophéties à cette « catin » (dans les textes de Boghazkoï elle porte le nom de Siduri), qui l'avait attiré en ville : « (à cause de toi (?) l'épouse, la mère de sept, sera abandonnée. » (Speiser) (A cause de toi) sera abandonnée l'épouse, (bien que) mère de sept. Ebeling, AOTAT, p. 105 : *(Um deinetwillen soll) verlassen werden die Mutter der sieben, die Hauptgattin*. Cette « mère de sept » doit être *Ishara tamtim*, la déesse Scorpion dont les sept fils sont célèbres avec elle[214]. Il est grotesque, n'importe comment, d'ajouter une ou l'autre vertueuse femme au foyer à Uruk ou ailleurs ; mais chaque fois que des savants bien élevés rencontrent une « catin » ils considèrent comme de leur devoir de trouver des considérations morales dans le texte environnant, ils sont vraiment très délicats ! La première partie de la ligne, cependant, n'a pas d'existence, et c'est, à nouveau, leur aspiration qui pousse les philologues à fournir « (à cause de toi (?)). » Ici, pour changer, Freud viendrait en aide aux traducteurs, mais pas au texte. La partie lisible de la ligne ne déclare rien d'autre que « l'épouse, la mère de sept sera abandonnée ». Mais puisque nous ne connaissons pas encore toute l'extension de la dame Ishara tamtim qui allait être abandonnée, nous ne connaissons pas encore la position de la « nouvelle voie » de Gilgameš, vers *Erṣetu*, comme nous le supposons, ou par la voie d'*Erṣetu*. *Erṣetu* pourrait avoir remplacé *Ishara tamtim*, parce que nous apprenons juste au début de l'Epopée d'Era (tablette I, 28-29, Gössmann, p. 8) qu'Anu engendre « les Sept dieux » (ilSIBItti) sur *Erṣetu*, traduit « la Terre », comme compagnons d'Era. Celui qui doute que « l'engendrement » soit fait là, pourrait commencer à méditer sur les textes Hurrian, où MAR. GID. DA, la Grande Ourse (alias les Sept Rṣi), engendre des jumeaux sur « la Terre[215] ». Il est évident que nous sommes encore loin du premier des objectifs proposés, mais nous préférons confesser cet état de choses plutôt que de tomber dans les puits sans fond de la spéculation, ces très nombreux puits tentateurs.

NOTES

PRÉFACE

[1] Le problème de Pythagore est au cœur de mes *Origines*. Mes efforts parvinrent finalement à porter leurs fruits dans mon « Prologue à Parménide » de 1964, réimprimé dans *Réflexions sur les hommes et les idées* (1968) p. 80.

[2] En français dans le texte (NdT).

[3] En français dans le texte (NdT).

INTRODUCTION

[4] Avec très peu de compassion.

[5] École où l'on transmet le savoir traditionnel (NdT).

[6] Au sens des « arts libéraux » (NdT).

[7] Mais Leverrier et Adams avaient-ils déjà les moyens optiques suffisants pour faire cette observation (NdT) ?

[8] « Newton, the Man », *The Royal Society*, Newton Tercentenary Celebrations (1947), p. 29

[9] « Il fait jour et l'homme peut encore se mouvoir. La nuit arrive et personne ne pourra plus bouger. »

CHAPITRE I

[10] Saxo, cependant, écrivit *gubernaculum* c'est-à-dire une rame de barre (3.6.10 ; *Gesta Danorum*, C. Knabe et P. Herrmann, (éd.), 1931, p. 79.)

[11] En plus de l'introduction de F.Y. Powell et l'Annexe de la traduction d'Elton du *Grammaticus* de Saxo, *Les Neufs Premiers Livres de l'histoire danoise du Grammaticus de Saxo* (1894), déjà citée au début du chapitre, voir les ouvrages suivants : P. Herrmann, *Die Heldensagen des Saxo Grammaticus* (1922) ; I. Gollancz, *Hamlet en Islande* (1898) ; R. Zenker, *Boeve-Amlethus* (1905) ; E. N. Setälä, *Kulervo-Hamlet* (1903, 1907, 1910).

[12] Voir, pour *Hrólfssaga Kraki* , scil., la jeunesse de Helgi et Hroar, et l'histoire racontée de Harald et Haldan (racontée dans le septième livre de Saxo) : Zenker, *Boeve - Amlethus*, p 121-26 ; Hermann, *Die Heldensagen*, p 271sq. ; Setälä, *Kullervo-Hamlet*, FUF 3 (1903), p. 74sq.

[13] Gollancz, p. xxi-xxiv.

[14] Zenker, p. 149sq.

[15] Gollancz, p. 105.

[16] *hapax legomen* : « chose dite une fois » soit, en linguistique, des mots dont on ne peut relever qu'un exemple (à une époque donnée). (NdT.)

CHAPITRE II

[17] FUF 3 (1903), p. 61-97, 188-255 ; 7 (1907), p. 188-224 ; 10 (1910), p. 44-127.

[18] *Kalevalastudien 6. Kullervo* (1928).

[19] Traduit par W. F. Kirby (Everyman's Library). La métrique poétique rudimentaire a été utilisée pour évoquer le « pauvre homme » du *Hiawatha* de Longfellow qui utilisait ce type de métrique.

[20] *Kullervo-Hamlet*, FUF 7, p. 192.

[21] Il y a une étrange *Diindsencha* (ce mot s'applique aux explications de toponymes qui se présentent de façon répétitive dans la tradition islandaise ; voir W. Stokes, *The prose tales in the Rennes Dindsenchas*, RC 16, p. 278sq.) au sujet de l'abattage de cinq arbres géants, trois frênes, un chêne, un if. « Le chêne tomba vers

NOTES

le sud, sur Mag n Ailte, aussi loin que le Pilier de l'Arbre de Vie, sa récolte de glands représentait 900 boisseaux et il portait trois récoltes chaque année... pommes, noix et glands. Le frêne de Tortu tomba vers le sud est, celui de Usnach vers le nord. L'if au nord est tomba aussi loin que Druim Bairr. Le frêne de Belach Dahli tomba vers le haut aussi loin que Carn Uachtair Bile. »

[22] Le Kalevipoeg estonien (= fils de Kaleva, le même que le Kalevanpoika finnois) rend le sol nu partout où il laboure avec sa charrue de bois (Setälä, FUF 7, p. 215.), mais lui aussi, abat des arbres avec bruit, aussi loin que le coup de sa hache est entendu, les arbres tombent (p. 203.). Comme pour la tradition celtique, un des *Rennes Dindsenchas* dit que la terre arable est changée en terre boisée parce que le frère a tué son frère « de telle sorte qu'un bois et des arbrisseaux rabougris recouvrirent le pays de Guaire à cause du parricide qui avait été commis » (Stokes, RC 16, p. 35). Tandis que J. Loth (*Les Mabigonion du Livre Rouge de Hergest*, vol. 1, p. 272, n. 6) donne le nom de trois héros qui rendirent un pays stérile : « Morgan Mwynvawr, Run, fils de Beli, et Llew Llaw Gyffes, qui rendit le sol rouge », rien ne poussa durant un an, herbe ou plante, où ils passèrent : Arthur était plus *Rudvawc* qu'eux. Où Arthur était passé, pour sept ans, rien ne pousserait », Rudvawc signifie « dévasteur rouge », comme nous l'apprenons de Rachel Bromwich, *Trioedd Ynys Prydein ; The Welsh Triads* (1961), p. 35. Sept ans fut le cycle du Chasseur sauvage germanique ; Arthur était aussi un chasseur sauvage. La « Terre en friche » est de plus un thème standard des légendes qui tournent autour du Graal et du Roi des Poissons. Tout ceci prendra son sens par la suite.

[23] Ce pourrait être à l'origine le même récit que celui concernant Romulus creusant un sillon autour de la nouvelle ville et tuant Rémus pour avoir sauté par dessus. Dans la tradition romaine, le meurtre n'a pas de sens. Sans donner suite ici à ce thème clé, nous aimerions dire qu'en Finlande le labyrinthe de pierre (la « ville de Troie » est appelé la clôture des géants et aussi le Jeu de saint Pierre, Les Ruines de Jérusalem, la Chaussée des Géants et la Clôture de Pierre (voir W. H. Matthews, *Mazes and Labyrinths*, p. 150). Tandis que Al Biruni (*India* 1, p. 306), quand il traite de Lanka (Ceylan), c'est à dire le labyrinthe de Ravana qui fut conquis par Rama et Hanuman, remarque que dans les pays musulmans cette « forteresse labyrinthe est appelée Yavana Koti, qui a fréquemment été assimilée à Rome ».

[24] Bunyan, Paul, bûcheron géant mythique sur le continent nord américain, probablement d'origine canadienne. On lui attribue la création des Grands Lacs ainsi que des Rocheuses. (NdT.)

[25] K. Kerenyi, « Zum Urkind Mythologen », *Paideuma* 1 (1940), p. 255.

CHAPITRE III

[26] Nous citons ici la traduction anglaise d'Arthur et Edward Warner (1905-1909).

[27] Langue zende, ancien idiome de la Perse, analogue au sanscrit, dont l'interprétation a permis d'accéder aux livres sacrés de la tradition zoroastrienne et à la religion ancienne de la Perse. (NdT.)

[28] Le *Zend Avesta* est le nom collectif donné aux livres sacrés des anciens Perses et dont la composition est en partie attribuée à Zarathoustra ou Zoroastre dont on pense le plus généralement qu'il vécut en 1000 av. J. C. (NdT.)

[29] Le *Rg Veda*, le plus ancien des quatre védas, livres sacrés de la communauté hindoue (NdT.)

[30] *Urzeit*, désigne un socle commun originel (NdT).

[31] O. L. Jiriczek, « Hamlet en Iran », ZVV 10 (1900), p. 353-64 ; R. Zenker, *Boeve Amlethus* (1905), p. 207-82.

[32] Bellérophon est dans la mythologie grecque le fils de Glaucos (ou de Poséidon selon les versions). Son histoire est racontée dans *l'Iliade* (NdT).

[33] Firdausi, traduction Warner, vol. 2, p. 232 sq.

[34] Ambales, héros qui lui aussi présente de nombreuses caractéristiques semblables à celles d'Hamlet, dans l'*Ambales*, Saga islandaise qui date du XVIe siècle mais qui emprunte sans aucun doute à des récits plus anciens. (NdT).

[35] Firdausi, traduction Warner, vol. 2, p. 325 sq.

[36] Firdausi, traduction Warner, vol. 2, p. 342

[37] Firdausi, traduction Warner, vol 4. p. 272 sq.

[38] Firdausi, traduction Warner, vol.2, p. 407.

[39] Surush = Avestic Sraosa, l' « ange » de Ahura Mazdah.

[40] Ce thème du sommeil dans « l'heure de Gethsemane » se produira plus d'une fois, par exemple chez Gilgameš. Le mythe de Quetzalcouatl est même plus détaillé. Le souverain exilé est escorté par les nains et les bossus, qui sont aussi perdus dans la neige le long de ce qui est maintenant la *Cortez Pass*, tandis que leur souvenain continue vers la mer et s'en va. Mais ici, au moins, il promet de revenir et de juger les vivants et les morts.

CHAPITRE IV

[41] Hésiode dans *La Théogonie* (vers 700 av. J. C.) raconte l'origine du cosmos. Il s'agit d'une astronomie dans laquelle la rationalité a peu de place. Elle est associée aux dieux omniprésents. Il n'y est par exemple fait aucune mention des planètes (NdT).

[42] *L'Epinomis* est attribué à Platon ou peut-être à son disciple Philippe d'Oponte. Il s'agit d'un texte qui traite de l'astronomie dans une sorte de manifeste qui veut substituer aux théogonies des poètes (Hésiode). Une théogonie qui s'appuie sur tous les acquis de la science et de la connaissance des astres (NdT).

[43] La Perse appartient à Aries (Bélier) selon Paulus Alexandrinus. Voir la *Sphaera* de Boll, p. 296 sq., où il est exposé que ce fut le plus ancien système. On le trouve aussi dans l'*Apocalypse*. Les cornes de bélier de Moïse témoignent aussi de cet âge du monde.

[44] Jamshid : nom du quatrième et plus grand des premiers Shâh dans la mythologie perse. Il est basé sur le personnage de Yima Xsaeta dans l'*Avesta* (NdT).

[45] Omar Khayyam, poète et mathématicien persan (1048-1122). (NdT.)

[46] En français dans le texte (NdT).

[47] *Fearful symmetry* est une citation tirée du poème de William Blake, *Le Tigre*, qui a été reprise dans de nombreux ouvrages (NdT).

[48] « Toute chose éphémère est une métaphore » (NdT).

[49] Dans sa Septième Lettre (341C-344D), il dénie fortement que des « noms » et des « phrases » scientifiques (*onomata*, *remata*) puissent permettre d'obtenir la pénétration de l'essentiel. Voir aussi Clemens Alexandrinus, *Stromata* 5.9.58.
Cependant, il y a eu des tentatives modernes méritant le nom de mythe. Naturellement celle de l'*Utopie* de Sir Thomas More, qui a pris tant de sens au cours des siècles. Nous réalisons aujourd'hui qu'il était, aussi, partiellement oraculaire. Et nous ne devons pas oublier *Alice au Pays des Merveilles*, le parfait mythe absurde, aussi signifiant et aussi absurde que l'était le *Kalevala* lui-même. Cette analogie paraîtra pertinente à la fin des

annexes. Aujourd'hui il y a *Islandia* de Austin Wright, qui parut en 1942, et sa suite actuelle, *The Islar*, par Mark Saxton, qui fut publiée à l'automne 1969.

⁵⁰ M. Griaule, *Conversations avec Ogotemmêli (1965)*, p. xiv-xvii.

INTERMEZZO

⁵¹ En optique, « l'hologramme » est le mode d'interférence de la lumière avec elle-même ; c'est-à-dire toutes les parties d'une image sont présentées en chacun de ses points, comme si chacun d'entre eux regardait une source de lumière particulière.

⁵² Deucalion, fils du titan Prométhée, seul survivant avec sa femme après l'inondation causée par Zeus. Ils se réfugièrent sur le Parnasse et reçurent de l'oracle de Thémis l'ordre de jeter derrière eux les os de leur grand-mère afin de repeupler la terre. Comprenant qu'il s'agissait de la terre, dont les pierres sont les os, ils ramassèrent des pierres et les jetèrent derrière eux : celles que jetait Deucalion se changèrent en hommes ; et celles que jetait Pyrrha, en femmes (NdT).

⁵³ D. Zahan et S. de Ganay, « Études sur la cosmologie des Dogons », *Africa 21* (1951), p.14.

⁵⁴ Sir Thomas Browne (1605-1682), auteur et physicien anglais. Dans *Religio Medici*, il essaya de concilier science et religion.

⁵⁵ La série de Balmer est un terme de physique atomique qui désigne une série de raies spectrales de l'atome d'hydrogène (NdT).

⁵⁶ Dans un sens similaire, le Trimalchion de Pétrone dit au sujet du mois de mai : *Totus celus taurulus fiat* (« Que le ciel soit un petit taureau »).

⁵⁷ Ces constellations étaient, à l'origine, appelées « bicorporées » pour des raisons très différentes de celles données par le *Tetrabiblos* de Ptolémée 1.11.

⁵⁸ *Pañcasiddhāntikā*, chapitre XII (Thibaut trad., p 69) : « La balle ronde de la terre, composée des cinq éléments, demeure dans l'espace au milieu de la sphère étoilée, comme un morceau de fer suspendu entre des aimants .»

⁵⁹ « *Gibt es astronomische Fixpunkte in der ältesten babylonischen Chronologie ?* » (Y a-t-il des points fixes astronomiques dans la plus ancienne chronologie babylonienne), OLZ 15 (1912), col.104.

⁶⁰ *Il Zodiaco di Dendera Illustrato* (1822), p. 17.

⁶¹ « Zur astronomischen Deutung der Maya-Inschriften » (Sur la signification astronomique des inscriptions mayas), SPAW (1936), p. 85.

⁶² Dans plusieurs de ses adresses au « *Versammlungen deutscher Naturforscher und Arzte* » (groupement de biologistes et médecins allemands).

⁶³ *Pensées*, nos. 92, 93 (Trotter trad. (1941), p. 36.

⁶⁴ Hon-t, rer het-neb; voir J. Duemichen, *Die Bauurkunde der Tempelanlagen von Edfu* (Les Techniques de constructuion du temple d'Edfu, Aeg.Z. 9 (1871), p 28.

⁶⁵ Voir Aeg. Wb. 2, p. 55 sq. pour le signe du cœur (ib) comme exprimant généralement « le milieu, le centre ».

⁶⁶ S. Mowinckel, *Die Sternnamen im Alten Testament* (1928), p. 12. (Les noms des étoiles dans l'Ancien Testament).

⁶⁷ En français dans le texte (NdT).

⁶⁸ Charles Martel dont il est question ici fut couronné roi de Hongrie du vivant de son père, Charles II le Boiteux, roi angevin de Sicile à la fin du XIVᵉ siècle (NdT).

⁶⁹ Traduction en français du chevalier Artaud de Montor. Bibliothèque Marabout. 1966. Le Troisième ciel est celui de Vénus, donc de l'amour (NdT).

CHAPITRE V

⁷⁰ Firdausi, *Shāh-nāma* (trad Warner.), vol. 4, p. 136 sq.

⁷¹ L. Ginzberg, *Legend of the Jews* (1954), vol. 1, p. 129 sq.

⁷² E. Seler, *Einige Kapitel aus dem Geschichtswerk des Fray B. de Sahagùn* (1927), p. 290.

⁷³ Mbh. 1. E (Roy trad., vol. 1, p. 18). Voir *Mahābhārata* de H. Jacobi (1903), p. 2.

⁷⁴ *Viṣṇu Purāṇa* 5. 38 (trad. H. H. Wilson (1840 ; 3ᵉ éd. 1961), p. 484).

⁷⁵ *Viṣṇu Purāṇa* 4. 24 (Wilson trad., p. 390). Cf. 5. 38, p. 481sq. : « Et le même jour où Kṛṣṇa s'en alla de la terre, l'âge du puissant Kali au corps sombre arriva. L'océan se leva, et submergea l'ensemble de Dvārakā », c'est-à-dire la ville que Kṛṣṇa avait construite lui-même, comme il est dit dans *Viṣṇu Purāṇa* 5.23, p. 449.

⁷⁶ Voir *Viṣṇu Purāṇa* 5. 12 (Wilson trad., p. 422), où Indra dit à Kṛṣṇa : « Une partie de moi est née en Arjuna. »

⁷⁷ Mbh. 18. 5 (swargārohaṇaparvan) (Roy trad., vol. 12, p. 287-90). Voir aussi Jacobi, p. 191.

⁷⁸ Arrivé au dernier stade de détérioration, nous trouvons Dharma, le chien, dans un conte d'Albanie : la plus jeune fille d'un roi, dont les deux sœurs ressemblent à Regan et Goneril, offre d'aller à la guerre à la place de son père, demandant seulement trois serviteurs et la bénédiction de son père, « alors le roi lui procura trois serviteurs et lui donna sa bénédiction. Cette bénédiction se changea en un petit chien qui accompagna la princesse. » (J. G. von Hahn : *Griechische und Albanische Märchen* (1918), vol. 2, p. 146.).

⁷⁹ A.B. Keith, *Indian Mythology* (1917), p. 126. Pour les actions de Kṛṣṇa, voir p. 174 sq.

⁸⁰ *Viṣṇu Purāṇa* 5. 6 (Wilson trad., p. 406 sq.).

⁸¹ *Ulukhala* : pilon en bois pour broyer les épices (NdT).

⁸² *Viṣṇu Purāṇa* 5. 6. (Wilson trad., p. 406 sq.).

⁸³ Cet « oncle », en fait « le grand Asura Kālanemi qui fut tué par le puissant Vishṇu, revivra in Kansa, le fils d'Ugrasena » (*Viṣṇu Purāṇa* 5.1 (Wilson.trad, p. 396).

⁸⁴ Al-Bīrūni , *La Chronologie des Anciennes Nations* (trad. C. E. Sachau (1879), p. 201).

⁸⁵ Firdausi, *Shāh-nāma* (trad. Warner), vol 2, p. 8 sq.

⁸⁶ La structure du temps est très compliquée, et nous ne pouvons pas du tout nous arranger avec une subdivision en deux « périodes », les règnes des Shāh se chevauchent avec les plutôt miraculeuses vies des « héros » ou Paladins (Rustam, Zāl, etc.). La même chose vaut pour les « primordiaux » empereurs de Chine et leurs « vassaux ». Mais Dieu nous protège de manigances avec des listes de prétendus « rois » de n'importe quelle contrée, et particulièrement des listes iraniennes.

⁸⁷ Firdausi, vol. 1, p. 49 sq.

⁸⁸ Firdausi, vol. 1, p. 59.

CHAPITRE VI

⁸⁹ *Skáldskap*. 42, selon Brodeur (1929), p. 163-69, et Neckel et Niedner (*Thule* 20, 1942), p. 195 sq. Les autres traducteurs de

l'*Edda* de Snorri peuvent ne pas être d'accord sur la manière de diviser l'œuvre en chapitres. Quelquefois ils ne font aucune division, comme R. B. Anderson (1880), p. 206-13, parties dont nous citons ici la traduction. (Simrock, p. 89-93, le fait chapitre 63).

[90] P. Herrmann, *Die Heldensagen des Saxo Grammaticus* (1922), p. 376 sq.

[91] Il est demandé aux spécialistes d'accorder de l'indulgence pour la forme de certaines transcriptions dans le texte ; par exemple, Grotte au lieu de Grotti, etc.

[92] Ces cinq vers sont pris à Gollancz (p. xiii), les trois précédents et les deux dernières lignes à Brodeur p. 162 sq. ; autrement nous avons suivi la traduction d'Anderson.

[93] Ce fut J. G. Von Hahn (*Sagwissenschaftliche Studien* (1876), p. 401 sq.) qui le premier attira l'attention sur la similarité des épisodes dans l'*Edda* de Snorri et dans l'*Odyssée*.

[94] I. Gollancz, *Hamlet in Iceland* (1898), p. xiv.

[95] La ville d'Harrân fut fondée environ 2000 ans av. J. C. sur la principale route traversant la Mésopotamie du Nord. Le terme de Sabiens d'Harrân apparaît à la fin du xe siècle apr. J. C. et désigne un peuple qui adore les planètes et les étoiles (NdT).

[96] V. Rydberg, *Teutonic Mythology* (1907), p. 575.

[97] *Livre des Islandais* : écrit historique du xiie siècle qui traite du début de l'histoire de l'Islande (NdT).

[98] Gollancz, p. xviii.

CHAPITRE VII

[99] Ostyaks, tribu de la Sibérie de l'Ouest, parlant une langue de la famille finno-ougrienne, et habitant les hautes vallées de l'Oural, principalement le bassin de la vallée de l'Ob et de l'Irtych (NdT).

[100] Le nom est Väinämöinen, dû à l'harmonisation vocalique, mais nous avons pitié de la composition typographique.

[101] D. Comparetti, *La Poésie traditionnelle des Finnos* (1898).

[102] La formule magique, publiée dans les *Variantes* et traduite par Comparetti, fut chantée par Onrei en 1855.

[103] Voir l'épigraphe de l'introduction, p. 26.

[104] Dans le poème eddique de Sigrdrifa, la Walkyrie énumère les endroits où peut être trouvé *hugrune*, c'est à dire les runes qui donnent la sagesse et la connaissance, parmi lesquelles sont les suivantes : le bouclier du soleil, l'oreille et le sabot de ses chevaux, la roue d'un chariot de Rognir, les dents de Sleipnir et la langue de Bragi, le bec de l'aigle, la couvée de l'ours, la patte du loup, l'ongle des Nornes, la tête du pont, etc. (Sigrdr. Vs. 13-17).

[105] M. Haavio, *Väinämöinen*, *Sage éternel* (1952), p. 40 (Notes Setälä).

[106] Voir chapitre VIII.

CHAPITRE VIII

[107] G. Roeder, *Altaegyptische Erzählungen und Märchen* (1927), p. 149 ; A. Wiedemann, *Herodots Zweites Buch* (1890), p. 455.

[108] En Égypte ancienne le cinquante-deux était un jeu où il s'agissait de gagner cinquante-deux points, en faisant manœuvrer des pions sur un damier. Les pions avaient souvent la forme d'un chien ou d'un chacal (NdT).

[109] Voir M. Haavio, *Der Etanamythos in Finland* (1955), p. 8-12 ; aussi S. Langdon, *La Légende d'Etana et de l'Aigle* (1932), p. 46-50.

[110] De telles expressions ont une longue vie. Au cours de la Charge militaire de Pickett à Gettysburg, le premier homme à monter sur le mur fut le général Armistead, qui tomba dans la brèche du mur et fut mortellement blessé. À ceux qui le relevaient, le général répétait : « Je suis le Fils de la Veuve », évidemment le mot de passe d'un secret de confrérie militaire que ses ravisseurs ne comprirent pas, ni l'historien d'ailleurs.

[111] E. N. Setälä, « Kullervo-Hamlet », *FUF* 7 (1907), p. 249. Voir aussi K. Krohn, *Kalevalastudien I. Einleitung* (1924), p. 93-101.

[112] Krohn suggère que Sampsa est dérivé de Sampo. Comparetti préférerait le contraire. Ils ne sont ni convaincus ni convaincants, mais montrent tous les deux que le nom de Samson est une rareté qui doit être prise en compte.

[113] Lycophron de Chalcis est poète grec du IIIe siècle av. J. C., né à Chalcis en Eubée. (NdT).

[114] Menja, géante de la mythologie nordique. Voir chap. VI : La meule d'Amlôði (NdT).

[115] *Deipnosophistai* I. 20d. (Athénée, né à Naucratis, en Égypte, vers 170 ap. J. C., mort au IIIe siècle, était un érudit et grammairien grec. NdT). Voir aussi *De Saltatione* 70 de Lucien.

[116] Vico (1668-1744) est un philosophe italien, précurseur de la philosophie de l'histoire (NdT).

[117] W. Gundel, *Dekane und Dekansternbilder* (1936), p. 5.

[118] Voir, par exemple, G. Roeder, *Urkunden zur Religion des Alten Ägypten* (1915), p. 185 sq., 199 sq., 224.

[119] J. Dowson (*A classical Dictionary of Hindu Mythology*, p. 60) appelle carrément les Brahmanas « un Talmud hindou ».

[120] « Licht und Finsternis in der sumerischen und babylonisch-assyrischen Religion », *Studium Generale* 13 (1960), p. 647.

[121] Chimalpahin, *Memorial Breve*, trad. W. Lehmann et G. Kutscher (1958), p. 10.

[122] G. de Santillana, *Les Origines de la pensée scientifique* (1961), p. 54.

[123] « Zur Phaseologischen Stellung des Schamanismus », dans *Ural-Altaische Jahrbücher* 31 (1959), p. 456-85.

[124] Les chamanes aussi utilisent comme une « artère principale » un courant s'écoulant au travers de tous les niveaux du ciel, et ils l'identifient avec le Yenissei, une conception qui deviendra plus claire au dernier point de cette recherche. [U. Holmberg, *Mythologie finno-ougrienne et sibérienne* (1964), p. 307 sq.].

[125] Voir la Bibliographie.

[126] Neuf ciels, au lieu de sept, dans la sphère des astres fixes, résultat de l'habitude d'inclure parmi les planètes les (invisibles) « tête » et « queue du » Dragon » c'est à dire les points nodaux lunaires, conjonctions ou oppositions dans le voisinage dont les éclipses de Soleil et de Lune sont la cause ; la révolution de ces « points du dragon » est de 18 ans et demi. Cette notion, soutenue dans l'astrologie médiévale islamique, est indienne, mais apparemment pas d'origine indienne, comme cela se révélera en fait. Reuter, *Germanische Himmelskunde* (1934), p. 291 sq., pense que l'idée germanique des neuf planètes incluant les points du dragon revient au *Urzeit* commun des Indo-Européens, et réfère à Luise Troje, *Die 13 und 12 im Traktat Pelliot* (1925), p. 7 sq., 25, 149 sq. Même si le « Dragon » devait retourner à cette époque, nous ne prenons pas les Indo-Européens, qu'ils soient unis ou pas, pour les inventeurs de cette idée. Pour ce qui concerne les traditions islamique et indienne, voir les plus minutieuses et prudentes recherches de Willy

Hartner, « Les Nœuds pseudoplanétaires de l'Orbite de la Lune dans les Iconographies hindoue et islamique », *Ars Islamica 5* (1938), Pt. 1 ; *Le Problème de la Planète Kaïd* (1955) ; « Zur Astrologischen Symbolik des Wade Cup », *Festschrift Küchnel* (1959), p. 234-43. Que nous trouvions le temps de traiter de la forme appropriée de l'Univers tripartite paraît douteux. Mais ce dont on peut être assuré c'est que cela renvoie aux « voies d'Anu, Enlil et Ea » dans l'astronomie babylonienne.

[127] *Der Baum des Lebens* (1922), p. 123.

[128] Voir B. Meissner, *Babylonien und Assyrien* (1925), vol. 2, p. 66.

[129] *Rituels akkadiens* (1921), p. 2. Voir aussi E. Ebelling, *Tod und Leben nach den Vorstellungen der Babylonier* (1931), pour un texte cunéiforme dans lequel il est dit explicitement que la peau est Anu (p. 29), et C. Bezold, *Babylonisch-Assyrisches Glossar* (1926), p. 210 s. v. « sugugalu, la peau du grand taureau un emblème d'Anu. « Nous pouvons désigner, une fois de plus, la façon de parler utilisée par Petronius Trimalchio, qui, parlant du mois de Mai, déclare : *Totus coelus taurulus fiat* (« Tout le ciel se change en un petit taureau »).

[130] « Un parallèle entre le Rituel sacrificiel indien et babylonien », *JAOS 54* (1934), p. 107-28.

[131] Comparer la ronde sexagésimale des jours dans la notation coutumière des os d'oracle de la Chine Shang, xve siècle av. J.-C. au sujet de laquelle Needham déclare que c'est « probablement un exemple de l'influence babylonienne sur la Chine » (*Science et Civilisation en Chine* (1962), vol. 4, Pt. 1, p. 181).

[132] M. Granet, *Danses et Légendes de la Chine ancienne* (1959), p. 509. Une telle image n'est pas du tout unique. Par exemple, le *Taittirīya Sanhitā* dit : « La pierre moulée (du moule Soma) est le pénis du cheval sacrificiel, Soma est sa semence ; quand il ouvre la bouche, il produit des éclairs, quand il frissonne, il tonne, quand il urine, il pleut » (7. 5. 25. 2 = *Shatapatha Brahmaṇa* : 10. 6. 4. 1 = *Brihad Aranyaka Upanishad* 1.1 ; voir R. Pischel et K. F. Geldner, *Vedische Studien*, vol. 1, p. 86).

Il sera révélé plus tard pourquoi il est important d'ajouter ces étranges propos à la déclaration du *Shatapatha Brahmaṇa* : « Dans l'eau ayant son origine est le cheval. » Cela a pu être dénué d'intérêt jusqu'à ce que E. Sieg (*Die Sagenstoffe des Ṛg-Veda* , p. 98) en donne la traduction des mots sanskrit, c'est-à-dire *Apsūyanir* ou *asvah* : *Apsū* est quelque chose de plus spécifique que juste de l'eau ; c'est, en fait, le même nom de lieu que le babylonien *Apsû* (sumérien : *absu*).

[133] En Afrique de l'Est, le tambour occupait la place que le Tabernacle avait dans l'Ancien Testament, ainsi que Harald von Sicard l'a montré dans *Ngoma Lungundu : Eine afrikanische Bundeslade* (1952).

[134] C'est un tambour en forme de sablier, avec deux peaux, dites « pour rappeler les deux aires géographiques, Kaba et Akka, et l'étroite partie centrale du tambour symbolise la rivière elle-même et par conséquent le voyage de Faro ».

[135] Germaine Dieterlen, « L'Histoire de la création des Mande », *Africa 27* (1957), p. 124-38 ; cf. *JSA 25* (1955), p. 39-76. Voir aussi Marcel Griaule, « Symbolisme des tambours soudanais », *Mélanges historiques offerts à M. Masson 1* (1955), p. 79-86 ; Griaule et Dieterlen, *Signes Graphiques Soudanais* (1951), p. 19.

[136] W. Deonna, *Un divertissement de table « à cloche-pied »* (1959), p. 33. Voir J. Frazer, *Le Dying God* (Pt. III du Rameau d'Or), p. 149 sq.

[137] Granet, *Danses et Légendes*, p. 311, 505-508.

[138] Nous sommes reconnaissants pour cette dernière information envers le professeur N. Sivin.

[139] P. W. Schmidt, *Die asiatischen Hirtenvölker* (1954), p. 346 sq. Concernant le forgeron terrestre : les nombreuses pièces de fer qui appartiennent au costume d'un chamane peuvent être forgées seulement par un forgeron de la 9e génération c'est-à-dire que huit de ses ancêtres directs doivent avoir été dans la même profession. Un forgeron qui osait forger un ensemble chamanique sans avoir ces ancêtres aurait été déchiré par les esprits des oiseaux.

[140] A. Alföldi, « Forgeron comme un titre de dignité » (en hongrois), *Magyar Nyelv 28* (1932), p. 205-220.

[141] Longfellow (1807- 1882), est un poète Américain, auteur de nombreux poèmes encore célèbres aux États-Unis, tels que *The Song of Hiawatha* (*Le Chant de Hiawatha*) ou *Evangeline*. La métrique de ses poèmes se caractérise par l'importance du rythme syllabique (NdT).

[142] Cette information vient de Johan Radulf (1723), notée par K. Krohn, « Priapkultus », *FUF 6* (1906), p. 168, qui identifie Waralden olmay avec Freyr. G. Dumézil, *La Saga de Hadingus* (1950), l'identifie avec Njordr.

[143] K. Krohn, « Windgott und Windzauber », *FUF 7* (1907), p. 173 sq, où le dieu est une fois appelé Ilmaris.

[144] Les Ostyaks parlent même d'un Livre d'or de la Destinée, et Holmberg note que les Ostyaks qui n'ont pas d'écriture ne sont probablement pas parvenus à de telles notions par eux-mêmes. (Holmberg, *Der Baum des Lebens*, p. 97). Cf. le chapitre entier : « Les Sept Dieux de la Destinée » (p. 113-33 du même ouvrage) et *Mythologie finno-ougrienne et sibérienne*, p. 415.

[145] « Zum Urkind-Mythologem », *Paideuma 2* (1940), p. 245 sq. Voir maintenant C. G. Jung et K. Kerényi, *Essais sur une Science de la Mythologie* (1949), p. 30-39.

[146] Par exemple, dans la maison du « Russe », il est maintenu dans la porte avec des gonds (dans la traduction anglaise ceci et d'autres détails sont flous au point d'être insignifiants), et l'eau de vaisselle est versée sur lui. Être condamné à diriger la porte à gonds est une des punitions infernales en Égypte, parce que le gond est supposé tourner dans l'œil de la victime. En ce qui concerne la chaleureuse habitude qui consiste à traiter les voyageurs célestes d'évier ou de pot de chambre : nous trouvons ceci dans l'éddique *okasenna* (34), où Loki dit de Njordr qu'il était utilisé comme pot de chambre par les filles d'Hymir ; avec le cas Polynésien de Tawhaki, dont le père Hema est traité de la même manière, nous en traitons dans le chapitre sur Samson (voir p 167). Ce modèle d'un « Horus vengeur de son père » qui accomplit non seulement son devoir filial, mais le fait de la même manière qu'Hamleth, par la ruse. Les Samoyèdes attachent le pitoyable « Homme observateur du Monde » à son traîneau avec un fil de fer de trente brasses de longueur. Nous ne savons pas encore ce que ceci signifie précisément. Nous savons que les personnages victorieux utilisent les vaincus comme tel ou tel moyen de locomotion, selle de cheval, etc. Marduk utilise Tiāmat comme « navire » ainsi que le fait Osiris avec Seth ; le chariot de l'Elam de Ninurta « portant le corps de Enmešarra » est tiré par « des chevaux qui sont les démons mortuaires de Zu » (Ebeling, *Tod und Leben*, p. 33) ; Tachma Rupa chevauche sur Ahriman durant trente ans aux deux extrémités de la terre (Yasht 19. 29 ; Yasht 19, le Zamyad Yasht, est celui dédié à Hvarna) ; mais ces formules codées n'ont pas encore été déchiffrées.

[147] Cela paraît absurde, les nombreuses sectes gnostiques qui ne haïssaient rien tant que les philosophes et les mathématiciens n'ont jamais dénié ou douté de la validité de leurs enseignements « malfaisants ». Malades de dégoût, ils apprenaient les routes de l'ascension au travers (ou en travers) de ces abomina-

¹⁴⁸ bles sphères dirigées par le nombre, créées par les pouvoirs malfaisants. Sûrement, leur « Père de la Grandeur » n'aurait pas créé une telle chose que le cosmos. La tradition utilise les plus bizarres véhicules pour son déplacement aux temps historiques. Ou devrait-on dire, la tradition utilisait ? Face à la révolution qui éclate de la confrontation de « simples âmes » avec n'importe quelle pensée rationnelle, il y a quelque raison d'espérer que nos gnostiques contemporains renoncent à transmettre la tradition.

¹⁴⁹ Les Éphémérides sur le côté intérieur des couvercles du cercueil du Moyen Empire, et les plafonds astronomiques dans les tombes du Nouvel Empire, aussi bien que les « Horloges stellaires de Ramsès », rendaient la navigation encore plus aisée pour l'âme royale.

¹⁴⁹ Beaucoup des créatures célestes causent tous les dégâts qu'elles peuvent ; elles essayent, par exemple, de dérober le texte du mort sans lequel il n'aurait plus d'aide, et généralement leur conduite, comme décrite dans la littérature de l'Au-delà est étrange. Ainsi, au chapitre 32 du Livre des Morts, le crocodile occidental est accusé de manger certaines étoiles ; l'âme convenablement équipée, cependant, sait comment se jouer des monstres célestes, et le voyageur s'adresse au crocodile du nord avec ces mots : « Retourne-t-en, car je porte en moi la déesse Serget et je ne l'ai pas encore mise au monde. » La déesse Serget est la constellation du Scorpion. En ce qui concerne le serpent Sata, « dont les années sont infinies... qui demeure aux extrémités les plus éloignées de la terre... qui renouvelle sa jeunesse chaque jour » (Livre des Morts, chap. 87), cela le rend suspect de représenter la planète Saturne, tandis que le scolopendre ne correspond probablement pas à un autre « corps » que la Lune ou Mercure. Il est certain qu'il ne s'agit pas d'une constellation.

¹⁵⁰ Thomas Bulfinch (1796-1867) est un écrivain américain connu comme l'auteur d'écrits sur la mythologie sur Rome, la Bretagne et la France (NdT).

¹⁵¹ Pour Anaximandre (vi⁰ siècle av. J.-C.), c'est l'apeiron, qui signifie illimité, indéfini et indéterminé, qui est le principe et l'élément de tout ce qui existe. L'apeiron est inaccessible à la sensibilité, mais il doit exister. Il est nécessaire pour expliquer l'existence de tout ce que nous percevons. Il ne peut posséder de qualité déterminée et n'est désigné que négativement (NdT).

¹⁵² W. Grimm, *Die Deutsche Heldensage* (1957), p. 338 : *Du solt nit mir, gin dynreich ist nit me in dieser welt*, le plus populaire conte correspondant montre Théodoric de Vérone enlevé par un cheval démoniaque et jeté la tête la première dans le cratère de l'Etna.

¹⁵³ Un téménos est, dans l'antiquité grecque, l'espace sacré (tiré rarement) — l'espace découpé « à la divinité » constituant un sanctuaire, lorsqu'il est délimité par une enceinte qui peut prendre plusieurs formes (bornes, clôture, mur, portique) (NdT).

¹⁵⁴ Sat. I.22.8 : *Saturnus ipse, qui auctor est temporum*.

¹⁵⁵ *De facie in orbe lunae* 941 : *Hosa gar ho Zeus prodianoetai, taut' oneiropoleon Kronon*.

¹⁵⁶ Fr. 155, Kern, p. 194.

¹⁵⁷ *Kai panta ta metra tēs holēs demiourgias endidōsin*. Nous pourrions même dire : Cronos lui « octroie » toutes les mesures.

¹⁵⁸ *Ex quo intelligi volunt, cum chaos esset, tempora non fuisse, siquidem tempus est certa dimensio quae ex caeli conversione colligitur. Tempus coepi inde ; ab ipso natus putatur Cronos qui, ut diximus, Chronos est.*

¹⁵⁹ Il ne nous échappe pas que les lois indestructibles de la philologie ne permettent pas l'identification de Cronos et de Chronos, bien qu'en Grèce faire ainsi « était habituel à toutes les époques »

(M. Pohlenz, RE 11, col. 1986). Nous n'avons, vraiment, aucune raison précise pour insister sur cette identification généralisante, le « nom » d'une planète est une fonction du temps et constellation, cependant il semble recommandable de souligner, d'une part que cette terminologie technique a ses propres lois et n'est pas sujette à la juridiction des linguistes, de désigner, d'autre part, l'un des noms du sanskrit de Saturne, c'est-à-dire « Kāla », signifiant « temps » et « mort », et « bleu noir » (A. Scherer, *Gestirnnamen bei den indogermanischen Völkern* (1953), p. 84 sq.), une couleur qui convient parfaitement à la planète, partout dans le monde ; et désigner, de plus, un passage du *Minokheird Persan* [trad. West in R. Eisler, *Weltenmantel und Himmelszelt* (1910), p. 410] : « Le créateur, Auhармazd (Jupiter) réalisa sa création... avec la bénédiction du Temps Illimité (Zurvan akarana). »

¹⁶⁰ M. Grunet, *Civilisation Chinoise* (1961), p. 12.

¹⁶¹ P. Jensen, *Die Kosmologie der Babylonier* (1980), p. 115 ; Meissner, *Babylonien und Assyrien* (1925), vol 2, p. 145, 410 ; P. F. Gössmann, *Planetarium Babylonicum* (1950), 230.

¹⁶² Achille Tatius, voir A. Bouché-Leclerq, *L'Astrologie grecque* (1899), p. 94 ; W. Gundel, *Neue Astrologische Texte des Hermes Trismegistos* (1936), p. 260, 316.

¹⁶³ « Le titre *basileus* est stéréotypé avec Cronos » (M. Mayer, Roscher s.v. Cronos, col. 1458 ; voir aussi Cornford in J. E. Thomis d'Harrison p. 254.). Pour la Chine voir G. Schlegel, *L'Uranographie Chinoise* (1875), p. 361, 630 sq. Même le texte tahitien « Naissance des Corps Célestes » le connaît : « Saturne était roi » (T. Henry, *Tahiti ancien*, 1928, p. 359 sq.).

¹⁶⁴ Schlegel, *L'Uranographie chinoise*, p. 525, 628.

CHAPITRE IX

¹⁶⁵ Cléomède, écrivain grec, auteur d'un traité d'astronomie, intitulé : *Théorie circulaire des corps célestes*. Il plaçait le soleil au centre du monde, mais faisait toutefois des remarques intéressantes (déduisant par exemple que la terre est ronde à partir de son ombre sur la lune) (NdT).

¹⁶⁶ Al Farghani fut un des plus remarquables astronomes au service d'al Mamun et de son successeur. Son œuvre essentielle est constituée par *Le Livre sur les mouvements célestes et la Science complète des étoiles* qui fut traduit en latin au xII⁰ siècle et exerça une influence considérable sur l'astronomie occidentale. Il y acceptait la théorie (ainsi que les valeurs) de Ptolémée sur la précession des équinoxes et il alla même jusqu'à affirmer que le phénomène affectait aussi les étoiles et les planètes. Il détermina le diamètre de la Terre qu'il estima à environ 10 500km et eut aussi l'intuition de la grande distance à laquelle évoluaient les planètes ainsi que leur taille considérable (NdT).

¹⁶⁷ Al Qazvini (1203-1283), encyclopédiste arabe, dont l'œuvre connut un durable succès dans l'ensemble de l'Orient musulman, autant arabe qu'iranien et turc, grâce aux traductions qui en furent faites en ces deux langues.

¹⁶⁸ Ludwig Ideler, *Untersuchung über den Ursprung und die Bedeutung der Stern-namen* (1809) (Recherche sur l'origine et la signification des noms d'étoiles), p. 4, 17.

¹⁶⁹ F. Normann, *Mythen der Sterne* (Mythes des étoiles) (1925), p. 208. Voir maintenant *Le Srimad Bhagavatam de Krsna Dwaipayana Vyasa* 5, 3 (trad. J. N. Sanyal, vol. 2, p. 24 sq.) : « Exactement comme des bœufs attachés à un pieu fixé au centre d'une aire de battage ne tournent pas de la même façon et selon qu'ils sont à de plus courtes, moyennes et plus longues distances, fixées pareillement à l'intérieur et à l'extérieur du

cercle du temps se tiennent les étoiles et les planètes prenant appui elles-mêmes sur Dhruva ; et propulsées par le vent, elles s'alignent dans chaque direction jusqu'à la fin d'un *kalpa* » (un « kalpa », longue période de temps, correspond à l'intervalle de temps entre deux conjonctions de toutes les planètes. NdT).

[170] V. Rydberg, *Mythologie germanique* (1907), p. 581ff. *Nouveau Dictionnaire international de Webster*, 2d., enregistre *mundle* un manche pour faire tourner. Obsolète à part pour un usage en dialecte. (Nous sommes redevables envers Mrs Jean Whitnack pour cette référence.)

[171] L'appeler « friction » est une aimable façon d'exclure des appellations dangereuses : en fait, le radical sanskrit *math, manth* signifie « forer » au sens strict, c'est-à-dire implique un mouvement alterné (voir H. Grassmann, *Wörterbuch zum Rig-Veda* (1955), p. 976f.), comme nous l'avons dans le célèbre Amṛtamanthana, le barattage de l'Océan de lait et cette même qualité de la friction du feu et du barattage de l'Inde a eu une influence qui s'est étendue très loin sur les conceptions cosmologiques.

[172] La jante de la roue dans laquelle se disposent les rayons.

[173] 1O. 8. 20. Cf. RV 10. 24. 4 et 10. 184. 3 avec la remarque de Geldner que dans cette strophe du *Atharva Veda* les bâtons à feu sont traités comme un grand secret et attribués à *skambha*.

[174] Le *Viṣṇu Purāṇa 1. 12* (cf. 2. 8, p. 187 de la traduction de Wilson) révèle la prédilection indienne pour des nombres et des périodes énormes et irréalistes : Dhruva est dit durer une *kalpa* – 4 320 000 ans.

[175] « Zum Problem der Identifikation der nördlichen Sternbilder der alten AEgypter » (Sur le problème de l'identification des constellations nordiques des anciens égyptiens), *ISIS 16* (1931), p. 103.

[176] C'est-à-dire durant les cent dernières années, au moins. Aux époques antérieures, lorsque les humanités n'avaient pas encore été « infectées » par le système biologique de l'évolution, les savants avaient plus confiance dans les capacités des créateurs de la haute civilisation.

[177] Voir Ptolémée, *Syntaxis 7. 3* (trad Manitius, vol 2, p. 16 sq.). La magnitude calculée par Hipparque et acceptée par Ptolémée était de 1 degré en cent ans.

[178] Voir A. Bouché-Leclerq, *L'Astrologie grecque* (1899), p. 122 : « On sait que le pôle par excellence était pour les Chaldéens le pôle de l'écliptique, lequel est dans la constellation du Dragon » (en français dans le texte). Voir aussi A. Kircher, *Oedipus Aegyptiacus* (1653), vol.2, pt. 2, p. 205 : *Ponebant Aegyptii non Aequatorem, sed Zodiacum basis loco ; ita ut centrum hemispherii utriusque non polum Mundi, sed polum Zodiaci referret.*

[179] Ici, nous ne prenons pas en considération la question très discutée de savoir exactement quand furent introduits les signes d'égale longueur ; on prétend que ce fut tardivement (voir ci-dessous, p. 447, n. 165.) Les constellations actuelles diffèrent largement en longueur, l'énorme Scorpion, par exemple, couvre beaucoup plus de 30°, tandis que le Bélier est de modestes dimensions. On peut penser que ce manque d'uniformité a tellement embarrassé les anciens astronomes pour faire leurs calculs qu'ils ont fabriqué un cadre de coordonnées plus commode pour des raisons pratiques.

[180] Voir H. Collitz, « König Yima und Saturn », *Festschrift Pavry* (1933), p. 86-108. Voir aussi A. Scherer, *Gestirnnamen bei den indogermanishen Völkern* (1953), p. 87.

[181] Bien que les *Telchines* méritent d'être examinés complètement, nous pouvons seulement les mentionner ici : cette étrange famille d'« esprits sous-marins magiques » et de « démons des profondeurs de la mer » sont les successeurs de Poséidon à Rhodes, et ont inventé le moulin ; c'est-à-dire leur leader le fit, *Milas*, « le meunier ». Connaissant à l'avance, a-t-on dit, l'inondation qui devait détruire Rhodes, ces habitants antérieurs partirent pour Lycia, Chypre et la Crète, d'autant plus qu'ils savaient qu'Hélios allait prendre la direction de l'île après l'inondation. Par ailleurs, ces créatures envieuses, elles avaient l' « œil du diable », furent aussi accusées d'avoir ruiné toute la végétation de Rhodes en l'arrosant avec l'eau du Styx. Comme il apparaîtra plus tard (voir « Du temps et des fleuves », p. 237), on n'obtient pas si facilement les eaux du Styx ; que les *Telchines*, les « dieux du moulin » *(theoi mylantioi)* aient eu accès au Styx prouve sans aucun doute que ces premiers défoliateurs s'étaient réellement transformés en citoyens des mers profondes. Voir *Griechische Mythologie*, Preller-Robert *(1964), vol. 1*, p .650 sq. ; M. Mayer, *Giganten und Titanen in der antiken Sage und Kunst* (1887), p. 98, 101 ; H. Usener, *Göttternamen* (1948), p. 198 sq.

[182] K. Preisendanz, *Papyri Graecae Magicae* (1928), vol. 1, p. 64.

[183] 4. 308 sq., Preisendanz, vol. 1, p. 173.

[184] « St Zacharias », *Journal of the Warburg and Courtauld Institutes 11* (1948), p. 95. Il n'a pas échappé à son attention qu'en fait il devait s'agir de vautours.

CHAPITRE X

[185] Chapitre 175, 1-8, Budge trad. Les italiques sont de nous.

[186] C'est seulement le manque de soin que nous apportons à nous servir des termes précis qui bloque la compréhension : par exemple, le grec *moira*, aussi écrit *moros*, est traduit en « fatalité », « destin », quelquefois en « sort » ; *moira* est un degré des 360° du cercle ; quand nous avons ceci à l'esprit, nous comprenons mieux tels vers comme Od. 1. 34-35, où Égisthe est accusé deux fois d'avoir fait des actions *hyper moron*, au-delà de la mesure. Comment pouvait-on outrepasser sa destinée ? Comment pouvait-on être surdéterminé au-delà de la fatalité ? Ceci disqualifierait le concept même de « destin ».

[187] V. Fausböll, *Mythologie hindoue selon le Mahābhārata* (1902), p. 4 sq.

[188] E. Kautzschi (éd.), *Die Apokryphen und Pseudoepiegraphen des Aaten Testament* (1900), vol 2, p. 249 sq.

[189] Cependant, il n'y a pas d'unanimité parmi les rédacteurs des mythes ; dans la *Théogonie* d'Hésiode, Gaia « se réjouit grandement en esprit » (173), lorsque Cronos promit d'abolir le père Ouranos selon les propres plan et avis mêmes de Gaia.

[190] EE Tabl. 1. 22-28 (E. Speiser trad.), ANET, p. 61

[191] Cette traduction par H. G. Evelyn-White (5LCL) ne prend pas en compte un jeu de mots tout à fait essentiel. Hésiode fait usage, l'un à côté de l'autre dans ces quelques lignes, des deux radicaux dont « Titan » était supposé avoir été dérivés : *titainō*, et *tisis*, « vengeance ».

[192] *Claudiamus 26. 69-71*, parlant des Aloads, qui empilèrent Ossa sur l'Olympe.

[193] Voir par exemple, RV 5. 85. 5 : « Ce grand exploit du célèbre asura Varuṇa qui, je le proclame, se tenant dans l'air, utilisant le soleil comme une échelle métrique, mesurait la terre. »

[194] Les trois jeunes filles de Jötunheimr ne sont pas les Nornes, ceci peut-être dit avec beaucoup de certitude, mais devraient être Gulveig la « trois fois née », que l'Æsir tua « trois fois et elle est encore vivante » (*Völuspá* 8) : une « injustice » de plus, demandant vengeance.

[195] C'est étrange à dire mais les trois frères, Volund, Eigil et Slagfin, sont appelés « synir Finnakonungs, » c'est à dire « fils d'un roi finnois » (J. Grimm, TM, p. 380).

[196] À nouveau c'est étrange à dire, cette même catégorie de « non substance », incluant le lait de la Mère Aigle, et les larmes des oisillons, devait être fourni par le Tibétain Bogda Gesser Khan, qui aussi prit le soleil au piège.

[197] Pour l'étymologie de *Ragnarök*, voir Cleasby Vigfusson, *An Icelandic English Dictionary*, dans lequel *regin* (d'où *ragna*) est défini comme « les dieux concepteurs et les dirigeants de l'univers » ; *rök* comme « raison, sol, origine » ou « un prodige, signe, merveille » ; et *ragna rök* comme « l'histoire des dieux et du monde, mais spécialement en référence au dernier acte, au dernier jugement. Le mot *rökr*, une possible alternative à *rök*, est défini comme « le crépuscule, rareté du crépuscule matinal » et « la phrase mythologique, *ragna rökr*, le crépuscule des dieux, qui se présente dans le poème *Edda* (par Snorri), et a depuis été admise dans des œuvres modernes, est sans doute une corruption de *rök*, un mot tout à fait différent de *rökr*. Prenant en considération que l'ensemble de la guerre entre les Pāṇḍavas et les Kauravas comme il est dit dans le *Mahābhārata* prend place dans le « crépuscule » entre Dvapara et Kali Yuga, il n'y a aucune raison valable à rejeter *ragna rökr* de Snorri comme une « altération ». Mais, alors, les experts condamnèrent aussi la comparaison de Snorri entre Ragnarök et la chute de Troie : le résultat logique de leur conviction est que la « poésie » est quelque sorte de *creatio ex nihilo*, d'où la seule question jamais soulevée, est ce que les poètes pourraient ne pas s'occuper des faits scientifiques rigoureux ?

[198] *Lokasenna* 41 ; voir aussi V. Rydberg, *Teutonic Mythology* (1907), p. 563.

[199] *Gylf*. 51.

[200] *Gylf*. 17 ; et R.B. Anderson, *The Younger Edda* (1880), p. 249. Que Surt soit Seigneur de Gimle est un point particulièrement important ; on ne le trouvera pas dans les traductions courantes de Snorri, mais seulement dans le *Uppsala Codex* : « Il y a beaucoup de bonnes demeures et beaucoup de mauvaises ; le meilleur est d'être dans le Gimle avec Surt » (Rydberg, p. 651).

[201] RV 10, 45, 2 montre neuf naissances, ou mères ; J. 141, 2 parle des sept mères de la seconde naissance d'Agni. Le plus fréquemment, cependant, Agni a trois « mères » correspondant à ses trois lieux de naissance : dans le ciel, sur la terre, dans les eaux.

[202] Mbh. 9, 44-46 (trad. Roy. Vol. 7, p. 130-43). On doit insister haut et fort sur le fait que dans l'astronomie babylonienne Mars est la *seule* représentation planétaire des Pléiades. Voir P. F. Gössmann, *Planetarium Babylonicum* (1950), p. 279 : *In der Planetenvertreung kommt für die Plejaden nur Mars in Frage* (Dans l'examen des planètes, seule Mars est concernée pour les Pléiades).

[203] Le moins que l'on puisse dire, avec assurance : Mars fut « installé » durant plus ou moins étroite conjonction des planètes ; dans Mbh. 9, 45 (p. 133), on insiste sur le fait que les puissants dieux réunis – tous versèrent de l'eau sur Skanda, au moment où les dieux eurent versé de l'eau sur la tête de Varuna, le seigneur des eaux, pour exercer sur lui leur empire ». Et cette « investiture » eut lieu au commencement du Krta Yuga, l'Âge d'or.

[204] Pour les noms de ces mères, voir *Hyndlulgod* 38 ; pour Gjalp et Greip, filles du géant Geirroed, voir *Skáldskaparmál* 2 de Snorri, et *Thorsdrapa*, largement commenté par Rydberg (p. 932-521), qui établit Greip comme la mère des « Fils d'Ivalde ». R. Much prétend que Geirrod et Surt sont identiques (*Der germa-* *ntsche Himmelsgott* (Le dieu germanique du ciel), dans *Abhandlungen zur germanische Philologie* (1898), p. 221). La présence d'une pluralité de mères dans le Nord ancien, et en Inde (voir aussi J. Pokorny, *Ein neun-monatiges Jahr im Keltischen* (Une année de neuf mois chez les Celtes), OLZ 21 (1918), p. 130-33) pourrait en fait conduire les experts à rouvrir le procès de ces parfaitement absurdes sept ou neuf, voire même quatorze, « matrices maternelles » qui hantent l'explication Babylonienne de la création de l'homme. (Cf. E. Ebeling, *Tod und Leben* (Mort et vie) (1931), p. 172-77 ; E. A. Speiser (trad.), « Mythes et Épopées akkadiens », ANET, p. 99 sq ; W. von Soden, Or. 26, p. 30 sq.)

[205] O. S. Reuter, *Germanische Himmelskunde* (1934) (Connaissance germanique du ciel), p. 236, 319. En ce qui concerne *mjotuðr* (mesureur) et sa connexion avec le sanskrit *matar* et avec *meter, metior*, etc., voir Grimm, TM, p. 22, 1290. Reuter (p. 236) notes *Lex. Poet. Boreale* 408, où *mjotuðr* = destin.

[206] Nous avons plus de ces espèces mythologiques de poteaux ou d'arbres obliques, par exemple le « poteau sacrificiel » Rigvedique, et même les Ours n'ont pas peur d'habiter l'un ou l'autre. Voir F. G. Speck et J. Moses, *L'Ours céleste descend sur la Terre : La Cérémonie du sacrifice de l'ours des Munsee Mohican au Canada* (1945).

[207] TM, p. 234. Rydberg (p. 593) l'appelle : « Dans la poésie *Vedr* de l'ancien nordique (belier châtré, béher) Heimdallr et l'epithète d'Heimdallr *halfinðkiði* sont synonymes.

[208] A. Ohlmarks, *Heimdallrs Horn und Odinns Auge* (La corne d'Heimdallr et l'œil d'Odinn) (1937), p. 144, fait du dieu une chèvre. Cela irait pas mal ; l'un ou l'autre, s'il a raison, car Capella, Alpha Aurigae, « capricieuse » ou bien mâle ou femelle a le nom : *asar bardag* = Combat de l'Æsir » (Reuter, p. 279). De Auriga Erichthonios on parlera davantage ultérieurement.

[209] Au lieu de « tête » (*kephalos*). Nonnos appelle Aries *meson phales* « midrivel » d'Olympe

[210] On doit remarquer que l'identification de Snorri (*Gylf*. 13) du pont Bifroest avec l'arc en ciel fit se précipiter les savants pour sauver un phénomène définitivement habituel de l'existence hasardeuse qui est attribuée à un arc en ciel. A la place ils votèrent pour la Voie lactée, ce qui n'y a pas de raison pour que nous soyons d'accord avec ceci. Voir A. Ohlmarks, *Stellt die mythische Bifroest den Regenbogen oder die Milchstrasse dar ?* (Le mythique pont Bifroest représente-t-il l'arc-en-ciel ou la Voie lactée ?), *Medd. Lunds Astron. Observ.* (1941), ser.II, no. 110, et Reuter, p. 284, citant la littérature additionelle.

[211] RV 10,116,9 ; dans 10,34,8, les dés sont appelés *vrata*, c'est à dire un « jeu » organisé sous un roi ; le roi est Rudra.

[212] Krita, Treta, Dvapara, Kali, ce dernier étant la pure distribution (que les Grecs appelaient « chien ».) Voir H. Lüders, *Das Würfelspiel im Alten Indien* (1907), p. 41, 63 fsq.

[213] H. Lüders, p. 69 ; voir aussi S. Culin, *Jeux d'échecs et jeux de cartes* (1898), p. 857.

[214] « Le Jeu des Dieux » *Arkiv för Nordisk Filologi* 50 (1934), p. 230.

[215] A. Bernhardi, « *Vier Konige* » (Quatre rois) BA 19 (1936), p. 171 sq. Voir Needham, *Science et civilisation en Chine*, vol. 4, Pt I : *Physique* (1962), p. 325, à propos d'un livre sur les échecs publié en 1571 sous le titre *Uranomachia seu Astrologorum Ludus*.

[216] Voir J. Filliozat, « L'Inde et les échanges scientifiques dans l'Antiquité », *Cahiers d'histoire mondiale*1 (1953), p. 358sq.

[217] F. R. Schröder, *Altgermanische Kulturprobleme* (1929), p. 80 sq.

[218] R. von Heine-Geldern, « Weltbild und Bauform in Südostasien », *Wiener Beiträge zur Kunst-und Kulturgeschicte 4* (1930), p. 41 sq.

[219] R. B. Dixon, *Oceanic Mythology* (1910), p. 15.

[220] A. Bastian, *Die Heilige Sage der Polynesier* (Les Légendes Sacrées des Polynésiens), (1881), p. 69-121. Accompagné par Roland B. Dixon, qui a traduit les trois dernières lignes ci-dessus, nous nous sommes appuyés sur l'allemand de Bastian, qui fut une autorité exceptionnelle pour la culture et le langage polynésiens. Les experts modernes ont leur propre version. M. Beckwith (*Mythologie Hawaïenne*, 1940, p. 58) traduit ces lignes ainsi : « Au temps où la terre devint chaude ; au temps où le ciel se transforma ; Au temps où la terre s'assombrit ; pour faire briller la lune. Le temps du lever des Pléiades. »
En ce qui concerne *Makalii* (maori : *Matariki* ; les dialectes micronésien et mélanésien et d'autres l'appellent Makarika), c'est le nom pour les Pléiades, bien que plus souvent nous trouvons la phrase « la toile de Makalii » (la forme correcte : Huíhui-o-Matariki, c'est-à-dire le réseau de M.). La « personne » Makalii, à qui cette toile appartient, de même qu'à une seconde (voir p. 167) que nous avons raison de prendre pour les Hyades reste obscure. Voir E. Tregear, *Le Dictionnaire comparatif maori-polynésien* (1891) s. v. Matariki ; N. B. Emerson, *Littérature non écrite d'Hawaii* (1909), p. 17 ; M. W. Makemson, *L'Étoile du Matin se lève : un exposé de l'Astronomie polynésienne* (1941), nos. 327, 380 ; Beckwith, p. 368 ; K. P. Emory, *Structures et Cérémonies religieuses Tuamotu* (1947), p. 61. Pour les Hyades et les Pléiades comme « réseaux de chasse céleste » de la sphère chinoise, voir G. Schlegel, *L'Uranographie chinoise* (1875 ; repr. 1967), p. 365-370.

CHAPITRE XI

[221] Llew Llaw Gyffes, dans la mythologie celtique galloise, est un personnage qui apparaît dans la Quatrième Branche du Mabinogi. Il sera trahi par sa femme Blodenwedd qui s'entendra avec son amant pour le tuer (NdT).

[222] « Je sais enfin que les abeilles qui nous donnent le miel le plus doux naissent du cadavre d'un bœuf en putréfaction », Virgile, *Géorgiques*. Livre IV (NdT).

[223] Samson tua un jeune lion rugissant qui vint à sa rencontre. Quelque temps après il vit qu'un essaim d'abeilles et du miel reposaient dans la carcasse du lion mort. Ainsi « de celui qui est fort et qui mange » (le lion) est sorti « le doux et ce qui se mange » (le miel). (NdT.)

[224] Paul Bunyan est un personnage légendaire américain de bûcheron (NdT).

[225] Hans le Fort, jeune géant, héros du légendaire germanique (NdT).

[226] « L'Éternel dit à Gédéon : Tous ceux qui laperont l'eau avec la langue comme lape le chien, tu les sépareras de tous ceux qui se mettront à genoux pour boire. » Ceux qui lapèrent l'eau en la portant à la bouche avec leur main furent au nombre de trois cents hommes, et tout le reste du peuple se mit à genoux pour boire. Et l'Éternel dit à Gédéon : « C'est par les trois cents hommes qui ont lapé, que je vous sauverai et que je livrerai Madian entre tes mains. Que tout le reste du peuple s'en aille chacun chez soi », Livre des Juges 7.6 à 7.8 (NdT).

[227] Dans la mythologie grecque Cynosura était une nymphe sur le mont Ida (Crète) qui avait élevé Zeus alors qu'il se cachait de son père Cronos. En gratitude Zeus la plaça dans le ciel comme la constellation de la Petite Ourse. L'étymologie de Kynosura serait « la queue du chien » parce qu'elle paraît être la queue de la constellation proche du Grand Chien. Cynosura est aussi un autre nom pour la constellation de la Petite Ourse ou son étoile phare, l'étoile pôlaire (NdT).

[228] En français dans le texte (NdT).

[229] P. Wheeler, *Les Écritures sacrées japonaises* (1952).

[230] La danse obscène de la vieille Baubo, aussi appelée Iambe en Éleusis est à mettre en parallèle avec l'acte comique également au goût désagréable de Loki dans *l'Edda*. Le fait est en tous les cas qu'il faut faire *rire* les divinités (voir aussi annexe 36)

[231] Pour une comparaison de la série de caves, trous, ou « demeures » pénibles que les héros de l'ancien monde aussi bien que du nouveau monde ont à traverser, voir L. Frobenius, *Das Zeitalter des sonnengottes* (1904), p. 37 sq.

[232] Wheeler, p. 44 sq.

[233] Voir Sir George Grey, *Mythologie polynésienne* (1956), p. 97.

[234] J. F. Stimson, *Les Légendes de Maui et Tahaki* (1934), p. 51, 66.

[235] A. Fornander, *Antiquités hawaïennes* (1916-1920), vol. 4, p. 350 ; vol. 5, p. 368.

[236] R. Eisler, *Orphée le pêcheur* (1921), p. 25 sq.

[237] G. Schlegel, *L'Uranographie chinoise* (1967), p. 351-58, 365-70.

[238] Dans la mythologie grecque Kedalion était un serviteur d'Héphaistos à Lemnos. Lorsqu'Orion devint aveugle, il se rendit à Lemnos et installa le jeune Kedalion sur ses épaules qui lui servit de guide vers l'est. Là les rayons d'Hélios lui restaurèrent la vue (NdT).

[239] « Mrs Grundy » est un personnage célèbre des « comics » américains. Son nom est emprunté à celui d'un autre personnage de dame très prude de la littérature depuis le XIXe siècle (NdT).

CHAPITRE XII

[240] Qui que soit ce Glaucus (non identifié), il n'a rien à voir avec le Glaucus d'Anthedon mentionné dans l'épigraphe, un pêcheur qui en mangeant une certaine plante fut rattrapé par une transmutation et jeté dans la mer où il devint un dieu marin. (« Al suo aspetto tal dentro mi fei qual si fe'Glauco nel gustar dell'erba che il fe'consorto in mar degli altri dei.» (*La Divine Comédie, Paradiso*, 1. 67, Dante).

[241] Jusqu'ici, c'est Anaximandre et son principe de la raison suffisante. Mais nous ne pouvons en tirer des conclusions : Socrate est, ici, au fond déjà de son propre mythe, et loin au-delà de la physique des Ioniens qui, selon lui, ne devait pas être prise au sérieux.

[242] R. S. Bluck trad. (1955), p. 128-129

[243] En français dans le texte (NdT).

[244] *Quaestiones Platonicae* 5.1, 1003C (R Brown trad.), *Plutarch's Morals*, éd. W.W. Goodwin (1870), vol. 5, p. 433.

[245] Voir F. Buffière, *Les Mythes d'Homère et la Pensée grecque* (1956), p. 444.

[246] J. E. Harrison, *Themis* (1960), p. 456 sq.

[247] P. B. Onians : *Les Origines de la Pensée européenne à propos du Corps, de l'Esprit, de l'Âme, du Monde, du Temps, et du Destin* (1953), p ; 249 sq.

[248] E. H. Berger, *Mythische Kosmographie der Griechen* (1904), p. 1 sq.

[249] 83. 7 (ed. Quandt, p. 55) : *terma philon gaiès, archè polou*.

CHAPITRE XIII

250 La symétrie des deux zones polaires est clairement dans l'esprit du poète. « Cinq zones partagent les cieux ; dont l'une est toujours rayonnante avec l'éclat du soleil, toujours rougeoyant de ses flammes. Autour d'elle, aux extrémités du monde, deux autres s'étendent en s'assombrissant à droite et à gauche, couvertes de glace et où tombent de noirs orages. Entre eux et la zone du milieu, deux autres, grâce aux dieux, ont été accordées aux faibles mortels ; et un sentier tracé entre les deux (l'écliptique), sur lequel le déploiement incliné des Signes peut tourner » (Géorgiques 1, 233-38).

251 Cette unité est habituellement convertie en 0, 46 mètres ou 18 inches (NdT).

252 Macrobe, Commentaire sur le rêve de Scipion 1, 10, 11 (Stahl trad., p. 128.) : « Similairement, ils pensaient que le Phlegeton était simplement les feux de nos colères et de nos passions, que l'Acheron était le chagrin que nous connaissons pour avoir dit ou fait quelque chose... que le Cocyte était tout ce qui nous amenait à se lamenter ou à pleurer, et que le Styx était tout ce qui plongeait les esprits humains dans l'abyme d'une haine réciproque. »

253 A. Dieterich, Nekya (1893), p. 27

254 Der kosmische Aufbau der Jenseitsreiche Dantes (1958), p. 58-66, 88-95.

255 Voir Scriptores Rerum Mythicarum Latini, éd. G. H. Bode (1968) vol. 1 p. 176 : Eundem Phlegethontem nonnulli, qui a caelo inferiore incipere autumant, Martis circulum dicunt sicut et Campos Elysios circulum Jovis esse contendunt.

256 1, 1, 7. En parlant de l'Odyssée 11, 639-12, 2. Voir H. J. Mette, Sphairopoiia (1936), p. 75, 250.

257 G. de Santillana, Prologue à Parménide, U. de Cincinnati, Semple Lecture, 1964. Réimprimé dans Réflexions sur l'homme et les Idées (1968), p. 82.

258 Pausanias 8, 18, 4-6 ; cf. J. G. Frazer, Description de la Grèce de Pausanias 4, p. 248-56 ; aussi O. Waser, Roscher 4, cols. 1574, 1576. Pausanias laisse ouverte la question de savoir, si oui ou non Alexandre fut tué au moyen de l'eau du Styx, comme le veut la légende.

259 A. Fornander, Un Récit de la race polynésienne, ses origines et migrations (1878), vol. 1, p. 72 sq. Cf. Collection Fornander des Antiquités et Folklore Hawaïens, Mem. BPB Mus. 6 (1920), p. 77 sq.

260 Plutarque, De defectu oraculorum, ch. 22, 422BC.

261 Proclus (comm. Sur le Timée de Platon 138B, ed. Diehl, BT, vol. 1, p. 454) prétendait que ceci était une « opinion barbare » (doxé barbariké). Il ne montre pas d'intérêt particulier pour la plaine triangulaire de la vérité, alias notre « lac » avec ses orifices, mais il a plus à dire à propos des 180 mondes subordonnés « et des 3 « leader » (hegemones) aux angles, et comment les interpréter. Ce à quoi Festugière, dans sa chaleureuse bienvenue et merveilleuse traduction du commentaire de Proclus), remarque (vol. 2, p. 336, n. 1) : « on notera que Proclus donne à la fois moins et plus que Plutarque. A-t-il lu ces élucubrations pythagoriciennes elles-mêmes ? »

CHAPITRE XIV

262 Voir pour l'Irlande, W. Stokes, « Les récits en prose dans les Rennes Dindsenchas », RC 16 (1895), n. 145 : « Un grand gouffre tourbillonant se trouve là entre l'Irlande et l'Écosse au nord. C'est la rencontre de plusieurs mers (depuis NSEW), cela ressemble à un chaudron ouvert qui projette le courant de bas en haut, et son rugissement est entendu comme un tonnerre lointain. »

263 Science qui a pour objet l'étude, la description du ciel (NdT).

264 I. Gollancz, Hamlet en Islande (1898), p. xvii.

265 M. Haavio, Väinämöinen, Sage éternel (1952), p. 191-98.

266 V. Rydberg, Mythologie Germanique (1907), p. 320.

267 Nous rencontrons le nom à nouveau à un endroit plutôt inattendu, dans le cirque romain ou hippodrome, comme nous l'apprenons de J. Laurentius Lydus (De Mensibus 1, 12.), qui indique : « Que le centre du cirque était appelé Euripe ; qu'au milieu du stade se dressait une pyramide, appartenant au Soleil ; que près de la pyramide du Soleil se tenaient trois autels, de Saturne, Jupiter et Mars et sous la pyramide, des autels de Vénus, Mercure et la Lune, et qu'il n'y avait pas plus que sept circuits (kykloi) autour de la pyramide, parce que les planètes n'étaient que sept » (voir aussi le chapitre de F. M. Cornford sur l'origine des Jeux olympiques dans le Themis de J. Harrison (1962), p. 228 ; Anacalypsis de G. Higgins (1927), vol. 2, p. 377 sq.) Ceci fait penser (bien que cela ne s'appelle évidemment pas Euripe, mais « le lieu des têtes de dieu ») au Terrain de Jeu à la balle de l'Amérique centrale qui avait un trou rond en son centre, appelé par Tezozomoc « la signification énigmatique du terrain de jeu à la balle, » et de ce trou un lac s'étalait avant que naquisse Uitzilopochtli. Voir W. Krickeberg, « Der mittelamerikanische Ballspielplatz und seine religiöse Symbolik », Paideuma 3 (1948), p. 135 sq., 155, 162.

268 J. Mooney, Mythes des Cherokee (1900), p. 340.

269 Voir illustrations (p. 95) montrant le mont Meru sous la forme d'un sablier.

270 Grímnismál 26 ; voir Snorri, Gylf. 15.

271 Rydberg, p. 414, 421 sq. Voir les notions au sujet de la nonne sainte Gertrude, patronne des voyageurs, particulièrement sur mer, qui agissait aussi comme sainte patronne des auberges - et finalement on prétendait qu'elle était l'hôtesse d'un café, où les âmes passaient leur première nuit après la mort » (M. Hako, Das Wiesel in der europäischen Volksüberlieferung, FFC 167 (1956), p. 119).

272 Voir chapitre XXII : « L'Aventure et la quête. »

273 La dernière tentative érudite de la localiser, de H. H. et A. Wolf, Der Weg des Odysseus (1968), paraît aussi illusoire que les précédentes.

274 Vocatur mors. W. Gundel, Neue Astrologische Texte des Hermes Trismegistos (1936), p. 196 fsq, 216 sq.

275 Sphaera (1903), p. 37, 164-67.

276 « L'Embouchure des Fleuves », AJSL 35 (1919), p. 161-95.

277 « Les Trente-six Étoiles », JNES 8 (1949), p. 14. « La brillante étoile du sud Canope était Eridu la ville d'Ea (NUN^{ki} ^{E} a). »

278 Voir P. F. Gössmann, Planetarium Babylonicum (1950), p. 306.

279 La colure équinoxiale est le grand cercle qui passe à travers les pôles célestes et les points équinoxiaux ; la colure solsticiale traverse à la fois les pôles célestes et écliptiques et les points sostitiaux. Macrobe affirme, c'est étrange à dire, que « on ne croit pas qu'ils s'étendent jusqu'au pôle Sud » d'où kolouras, signifiant « à queue coupée » qui sont ainsi appelés parce qu'ils ne font pas un cercle complet » (Comm. Somn. Scip. 1, 15, 14). Le traducteur, W. H. Stahl (p. 151) se réfère parmi d'autres, à Geminus 5, 49-50. Geminus, cependant (5, 49, Manitius, p. 60-61) ne prétend pas de telles évidentes absurdités ; il déclare ceci : « Kolouroi ils sont appelés, parce que certaines de leurs

parties *ne sont pas visibles (dia to merē tina autōn atheōrēta ginesthai)*. Tandis que les autres cercles deviennent visibles dans toute leur extension avec la révolution du cosmos, certaines parties des colures restent invisibles, « coupées » par le cercle antarctique sous l'horizon ».

CHAPITRE XV

[280] A. Maass, « Sternkunde und Sterndeuterei im Malaiischen Archipel » (1924), *Tijdschrift Indische Taal-, Land, en Volkenkunde* 64, p. 388.

[281] M. W. Makemson (*Le Lever de l'étoile du matin : un conte de l'astronomie polynésienne* (1941), n° 160) suggère Sagittaire. Pour Samoa, voir A. Kraemer, *Die Samoa-Inseln* (1902), vol. 1, p. 369. Pour Mangaia, voir P. Buck, *Société mangaienne* (1934), p. 198 ; et R. W. Williamson, *Croyances religieuses et cosmiques de la Polynésie centrale* (1924), vol. 2, p. 251.

[282] C. E. Keeler, *Secrets de la terre mère Cuna* (1960), p. 67 sq., 78 fsq.

[283] HAOG, p. 156, n. 7 (« wo die Flut versiegte »).

[284] W. Stutterheim, *Rāma-Legenden und Rāma-Reliefs in Indonesien* (1925), p. 54.

[285] Descente d'Ištar vers le Monde infernal », obv. L. 27, ANET, p. 107 ; voir aussi W. F. Albright, « L'embouchure des fleuves », AJSL 35 (1919), p. 184.

[286] Yasht 8.6 et 8. 37 (H. Lommel, *Die Yashts des Awesta* (1927).

[287] Voir pour l'exploit de cet archer au nom imprononçable (Rkhsha) le rapport donné par Al-Bīrūnī, qui l'appelle simplement Arish (*La Chronologie des anciennes nations*, trad. E. Sachau (1879), p. 205). Le contexte du récit : Afrāsiyāb a promis de restituer à Minōčihr une partie de Erānchar (qui a été conquis par lui) aussi longue et aussi large qu'un tir de flèche. Arish tire la flèche le 13ᵉ jour du mois Tīr Māh, après avoir annoncé : « Je sais que lorsque j'aurai tiré avec ces arc et flèche je tomberai en morceaux et il en sera fini de ma vie. » Effectivement, quand il eut tiré, « il tomba déchiré en morceaux. Par ordre de Dieu le vent porta la flèche loin de la montagne de Rūyān jusqu'à la limite la plus éloignée de Khurāsān entre Farghāna et Tabaristān ; là elle frappa le tronc d'un noyer qui était si grand qu'il n'y avait jamais eu un arbre comme cela dans le monde. La distance entre l'endroit où la flèche fut tirée et celui où elle tomba était de 1000 Farsakh. » (Voir aussi S. H. Taqizadeh, *Anciens Calendriers iraniens* (1938), p. 44.) Tīr ou Tira est le nom pour Mercure (voir T. Hyde, *Veterum Persarum et Parthorum Religionis Historia* (1760), p. 24 : « Tîr, c'est-à-dire *Sagitta, quo etiam nomine appellatur Mercurius Planeta propter velociorem motum*, mais c'est aussi, allant avec Tištriya, le nom pour Sirius (voir A. Scherer, *Gestirnnamen bei den indogermanischen Völkern* (1953), p. 113 sq), et le 13e jour de chaque mois est dédié à Sirius-Tištriya (voir Lommel, p. 5). Nous devons nous arrêter là : Sirius-la-flèche a fait plus de « bruit » mythique que n'importe quelle autre étoile, et aussi sa connexion avec le nombre 13 de mauvaise augure n'est pas un monopole iranien.

[288] 9. 58. Aristote, *Historia Animalium* 8. 15. 599B-600.

[289] Trad. E. Herzfeld, *Zoroastre et son monde* (1947), p. 587.

[290] Il y a un fort témoignage circonstanciel de ces arc et flèche au Mexique aussi bien que chez des Chichimeca, les peuples-chiens.

[291] K. Krohn, *Magische Ursprungsrunen der Finnen* (1924), p. 115 sq. Voir aussi F. Ohrt, *L'Étincelle dans l'Eau* (1926), p. 3 sq.

[292] M. Haavio, *Vaïnämöinen, Sage Éternel* (1952), p. 196.

[293] W. H. Brett, *Les Tribus indiennes de Guyane* (1868), p. 378-84 ; Sir Everard F. im Thurn, *Parmi les Indiens de Guyane* (1883), p. 379-81 (noté in J. G. Frazer, *Folklore dans l'Ancien Testament* (1918), vol. 1, p. 265). Les italiques sont de nous.

[294] V. Elwin, *Les Agaria* (1942), p. 96 sq.

[295] G. M. Potanin, noté par W. Lüdtke, « Die Verehrung Tschingis-Chans bei den Ordos-Mongolen », ARW 25 (1927), p. 115.

[296] L. Ginzberg, *Les Légendes des Juifs* (1954), vol. 4 p. 96 ; cf. aussi vol. 1, p. 12 ; vol. 5, p. 14. Nous sommes redevables à Irvin N. Asher pour la citation, aussi bien que pour celles de Jastrow qui suit. Cf. V. J. Mansikka, « Der blaue Stein », FUF 11 (1911), p. 2.

[297] * Un cubit = 0, 46 mètres habituellement (NdT).

[298] Le verbe est *shatan* ; les significations sont données dans le dictionnaire de Jastrow.

[299] « Origine et signification du Mâgen Dâwîd, » *Archiv Orientalni* 18 (1950), Pt. 3, p. 344 sq.

[300] Dans la neuvième comparaison du « pasteur de Hermas, » selon F. Kampers (*Vom Werdegange der abendländischen Kaysermystik* (1924), p. 53).

[301] *Kingship*, p. 179 (cité par P. Mus, *Barabudur* (1935), p. 108, n. 1).

[302] *Orphicorum fragmenta* (1963), frg. 139, p. 186, de Lactantius.

[303] M. Mayer, in Roscher s. v. Cronos, p. 1458 sq.

[304] M. Sandman Holmberg, *Le Dieu Ptah* (1946), p.83, 85.

[305] G. Schlegel, *L'Uranographie Chinoise* (1875), p. 424.

[306] V. J. Mansikka, *Über russische Zauberformeln* (1909), p. 184-87, 189, 192.

[307] Krohn, *Ursprungsrunen*, p. 106 sq.

CHAPITRE XVI

[308] Xanadu est le nom de la capitale d'été et du palais de Kubilaï Khan, premier empereur mongol de la dynastie Yuan, qui régna sur la Mongolie et la Chine au XIIIᵉ siècle (NdT).

[309] « Tout ce qui est inconnu est beau » (NdT).

[310] *Kai epethēken autois onoma Boanērges, ho estin hyioi brontēs.*

[311] R. Harris, *Boanerges* (1913), p. 9 sq

[312] Pour un riche recueil de documents voir F. Kampers, *Mittelalterliche Sagen vom Paradiese und vom Holze des kreuzes Christi* (Dits médiévaux sur le Paradis et l'Arbre de la Croix du Christ) (1987).

[313] K. Krohn, *Magische Ursprungsrunen der Finnen* (Runes primordiales magiques des Finnois) (1924), p. 192.

[314] Krohn, p. 197.

[315] Pour dissuader des experts implacables d'en appeler à des investigations « fondamentales » qui nous seraient, à n'en pas douter, inconnues : le chapitre sur *yaksa* dans Pischel et *Vedi sche Studien* de Geldner ne nous est pas inconnu ; il y a plusieurs raisons importantes pour lesquelles nous préférons nous attacher à l'« obsolète », « monstre » sous-marin.

[316] M. Haavio, *Vaïnämöinen, Sage éternel* (1952), p. 196.

[317] Abū Ma'šar est né à Balkh (Afghanistan) vers 786. Il a travaillé à Bagdad avant de s'installer à Wasît (Irak) où il est mort en 886. Auteur d'une quinzaine d'ouvrages d'astrologie, il est considéré comme le plus grand astrologue du monde arabe (NdT).

[318] Michael Scotus (ou Michael Scot) (né vers 1175 en Écosse - mort après 1236) était un philosophe scholastique médiéval, un médecin, un alchimiste et un astrologue. Dante Alighieri parle de lui comme d'un magicien. Il s'est fait connaître en traduisant de l'arabe les commentaires d'Averroës sur les ouvrages d'Aristote (vers 1220). (NdT.)

[319] Tycho Brahé), dit Le noble Danois ou L'homme au nez d'or (14 décembre 1546 - 24 octobre 1601), est un astronome danois originaire de Skaneland, région historique du Danemark qui fait maintenant partie de la Suède. Il est connu pour avoir établi un catalogue d'étoiles précis pour son époque, ainsi que pour avoir produit un modèle d'univers cherchant à combiner le système géocentrique de Ptolémée et héliocentrique de Nicolas Copernic (NdT.).

CHAPITRE XVII

[320] Voir O. Gruppe, *Griechische Mythologie und Religiosgeschichte* (Mythologie grecque et histoire religieuse) (1906), p. 1036, n. 1 : « Probablement la Voie lactée. »

[321] *La République* de Platon (Cornford trad.), p. 353.

[322] Eisler, *Weltenmantel und Himmelszelt* (1910), p. 97 sq.

[323] Voir aussi la discussion dans J. L. E. Dreyer, *Une Histoire de l'Astronomie de Thales à Kepler* (1953), p. 56 sq. Concernant les « chaînes » qu'il traduit « ligatures, » Dreyer affirme « Les ligatures (*desmoi*) des cieux sont les colures de solstice et d'équinoxe s'intersectant aux pôles, lesquels points par conséquent peuvent être appelés leurs extrémités (*akra*). »

[324] G. de Santillana et W. Pitts, « Philolaos in Limbo », *ISIS* 42 (1951), p. 112-20 ; aussi dans *Réflexion sur les Hommes et les Idées* (1968), p. 190-201.

[325] Voir H. Diels, *Die Fragmente der Vorsokratiker* (Les fragments des présocratiques) (1951), vol. 1, p. 412 sq.

[326] Harvard Oriental Series, vol. 8, p. 390.

[327] K. Krohn, *Kalevalastudien 4 Sampo* (L'étude du Kalevala 4 Sampo) (1927), p. 13.

[328] Nous sommes conscients que soit la Grotte - doit « avoir trois racines, ou que Yggdrasil doit être déraciné, et que les Finnois ne disent pas comment le maelstrom vint à exister. Tout ceci peut être expliqué ; nous souhaitons, cependant, éviter d'ajouter des commentaires sur cette question. Plusieurs âges du monde ont passé, et ils ne périssent pas tous de la même manière ; par exemple, les Finnois connaissent la destruction du Sampo et la chute de l'énorme chêne.

[329] Pour éclaircir l'ordre exact des trois mondes, il serait nécessaire de comprendre toute l'histoire des « Voies d'Anu, Enlil, et Ea » babyloniens (p. 448 sq.) et comment ces « Voies » furent adaptées, modifiées, et définies de nouveau par de nombreux héritiers de l'ancienne astronomie orientale. Et cependant nous n'en saurions toujours pas plus sur les localisations précises de l'air, de l'Eau salée, et autres items ambigus.

[330] Radloff, cité par W. E. Roscher, *Der Omphalosgedanke* (Les Idées sur l'omphalos) (1918), p. 1 sq.

[331] Mbh. 1, 71, Roy trad., vol. I, p. 171.

[332] La notion de « nombreuses (nouvellement nommées) étoiles » en commençant avec Sravana - *devrait* nous éclairer. Sravana, « le Boiteux », est, dans l'ordre généralement accepté, la vingt et unième maison lunaire, alpha beta gamma Aquilae, aussi appelé du nom de *Aśvattha*, qui signifie un figuier sacré mais qui littéralement veut dire « en dessous où se tiennent les chevaux ». (Scherer, *Gestirnnamen* (Les Noms des étoiles), p. 158). Et qui invite à une comparaison avec le vieux norrois *Yggdrasil*, signifiant « l'arbre sous lequel pâture le cheval d'Oðinn » (Reuter, *Germanische Himmelskunde*, (science germanique du ciel) p. 236). En fait, le colure solsticial circulait à travers *alpha, beta, gamma, Aquilae* aux environs de 300 av. J.-C., et longtemps après le temps où il avait l'habitude de traverser l'une ou l'autre des étoiles de la Grande Ourse ; le colure *équinoxial*, cependant, descend très près *eta Ursae Majoris*. En considérant que *eta* maintient les plus cordiales relations avec Mars dans l'astrologie occidentale, Viśvāmitra pourrait être *eta*, et pourrait représenter Mars, et ceci cadrerait bien avec le caractère violent de ce Rsi. Mais même si nous acceptons ceci comme hypothèse de travail, il reste l'énigme du « second monde, » c'est à dire « second » par rapport à quel « premier monde » ? Bien que nous ayons un pressentiment, nous n'allons pas essayer de résoudre cette question ici et maintenant. Deux points d'information doivent être mentionnés cependant : (1) Mbh. 14.44 (Roy trad., vol. 12, p. 83) déclare : « Les constellations (= maisons lunaires, *nakshatras*) ont en premier Sravana » ; (2) Sengupta (trad. De Burgess de *Surya Siddhānta*, p. xxxiv) prétend que « le temps de la rédaction présente du *Mahābhārata* » fut appelé « Śravanadi Kāla, c'est à dire le temps où le colure du solstice d'hiver traversait le *nakshatra* Sravana. »

[333] N. M. Penzer, *L'Océan des Contes* (1924), vol. 1, p. 3.

[334] *Anabasis d'Alexandre* 2.3.1-8 (Robson trad., LCL).

[335] *Orphée et la religion grecque* (1952), p. 168.

[336] P. Mus, *Barabudur* (1935).

[337] F. Boll, *Sphaera* (1903), p. 19, 28, 47, 246-51. Antiochus ne mentionne aucun de ces groupes d'étoiles.

[338] L'idée n'est pas non plus étrangère aux réconfortantes aventures de *soleil*, le Singe Chinois (*Wou Tch'eng Ngen*, trad. en français par Louis Avenol (1957). Un jour deux « harponneurs des morts » se saisirent de lui, prétendant qu'il était arrivé au terme de son destin, et qu'il était mûr pour le monde souterrain. Il s'échappe, naturellement. Le traducteur remarque (vol. 1, p. iii) que c'est la constellation Nan Teou, la Grande Ourse du Sud, qui décide de la mort de chacun, et les ordres sont exécutés par ces « harponneurs des morts ». La Grande Ourse du Sud est constituée des étoiles *mu lambda phi sigma tau zeta Sagittarii* (cf. G. Schlegel, *L'Uranographie chinoise* (1875), p. 172 sq. ; L. de Saussure, *Les Origines de l'astronomie chinoise* (1930), p. 452 sq).

CHAPITRE XVIII

[339] Voir F. Boll, *Aus der Offenbarung Johannes* (1914), p. 32, 72 (la première autorité acceptée a été Herakleides de Pontos) ; W. Gundel, RE s.v. Galaxias ; A. Bouché-Leclerq, *L'Astrologie grecque* (1899), p. 22 sq. ; F. Cumont, *Après la Vie dans la Rome païenne* (1959), p. 94, 104, 152 sq.

[340] *Commentaire sur le Rêve de Scipion* 1, 12, 1-8.

[341] W.W. Gill, *Mythes et Chants du Sud Pacifique* (1876), p. 156 sq., 185 sq.

[342] E. Best, *La Connaissance astronomique des Maori* (1955), p. 45.

[343] Puisque tant d'anciens et récents « journalistes au sens large » manquent à la tâche de nous informer correctement sur la tradition de la réincarnation, nous pouvons mentionner que selon les Marquesans « toutes les âmes des morts, après avoir vécu à un ou un autre endroit (c'est à dire Paradis ou Enfer) depuis un très long temps, retournaient pour animer d'autres corps » (R.W. Williamson, *Croyances religieuses et cosmiques de la Polynésie Centrale* (1924), vol. I, p. 208), ce qui rappelle la formulation du

473

cas tel que nous le connaissons dans le livre X de la *République* de Platon.

[344] H. B. Alexander, *Mythologie d'Amérique latine* (1916), p. 185.

[345] S. Hagar, « Connaissance des étoiles chez les Cherokee, » in *Festschrift Boas* (1906), p. 363 ; H. B. Alexander, *Mythologie d'Amérique du Nord*, p. 117.

[346] Ce n'est pas une imprécision; le Sagittaire zodiacal des pierres de bornage mésopotamiennes a, en vérité, la queue d'un Scorpion : mais nous devons juste ne pas nous noyer dans l'abîme des détails du savoir comparé sur les constellations, et moins que tout dans ceux en relation avec le Sagittaire, double visage comme il est, moitié royal, moitié chien.

[347] Voir par exemple, A. A. Barb, « St Zacharias le Prophète et martyr », *Journal de l'Institut Warburg et Courtauld* 11 (1948), p. 54 sq et « *Der Heilige und die Schlangen* », MAGW 82 (1953), p. 20.

[348] Pour les Grecs, Le Bouvier était le gardien de la Grande Ourse et pour les Romains celui des Sept Boeufs (NdT).

[349] Voir Al-Bīrūnī , traitant des âges indiens du monde, et citant les passages ci-dessus d'Aratus avec une scholie (*Inde d'Alberuni*, trad. E. C. Sachau (1964), vol. 1, p. 383-385).

[350] J. Mooney, *Mythes des Cherokee*, 19 e ARBAE 1897-98 (1900), p. 443.

[351] E. Pechuel-Loesche, *Volkskunde von Loango* (1907), p. 135.

[352] S. Lagercrantz, « La Voie lactée en Afrique », *Ethnos* (1952), p. 68.

[353] Voir W. Gundel, RE s.v. Galaxias.

[354] O. Zerries, « Sternbilder als Ausdruck jägerischer Geisteshaltung in Südamerika », *Paideuma 5* (1951), p. 220sq.

[355] E. Seler, *Gesammelte Abhandlungen* (1961), vol. 4, p. 56.

[356] Bdh. V B 22, B. T. Anklesaria, *Zand-Akasih. Le Bundahisme iranien ou le Grand* (1956), p. 69, 71.

[357] U. Holmberg, *Die religiösen Vorstellungen der altaischen Völker* (Les Représentations religieuses des peuples altaïques) (1938), p. 201 sq.

[358] En allant plus loin vers le sud, il aurait trouvé à nouveau l'alignement de la Grande Ourse et d'Orion et le violent découpage des personnages célestes. W. E. Roth dit (« Une recherche dans l'Animisme et le Folklore des Indiens de Guyane », 30e ARBAE 1908-09 (1915), p. 262 ; Zerries, p. 220sq.) des Indiens de Guyane : « Toutes les légendes relatives aux constellations du Taureau et d'Orion ont quelque chose en commun dans le détail d'un bras ou une jambe amputée. » Et ceci vaut aussi pour des parties de l'Indonésie. Mais alors, La Grande Ourse est la cuisse d'un *Taureau*, et le Taureau zodiacal est si mal amputé qu'il n'en reste qu'à peine la moitié. Encore plus particulier, aux époques égyptiennes postérieures, il arrive, bien que rarement, que l'Ourse soit faite d'une cuisse de bélier (voir G. A. Wainwright, « Une paire de constellations », in *Études présentées à F. L. Griffith* (1932), p. 373) ; et sur le cercle zodiacal de Dendera (période romaine) nous trouvons un bélier assis sur cette céleste patte, représentant l'Ourse, et même il regarde en arrière, comme il convient à la tradition zodiacale du Bélier. Nous devons nous arrêter là.

[359] La notion de la Voie lactée comme « Brunelstraat » semble être présente dans l'Inde ancienne : l'*Atharva Veda* 18. 2. 31 mentionne un certain chemin ou route appelée *rikshaka*. Rīksha est l'ours dans les deux sens, l'animal et la Grande Ourse (voir H. Grassmann, *Wörterbuch zum Rig-Veda* (Dictionnaire pour le Rig-Véda) (1915) s. v. Rīksha). Whitney (dans sa traduction de AV, p. 84à) suggérait *rikshaka* comme une route « infestée par les ours (?) ». A. Weber, cependant proposait d'identifier *rikshaka* avec la Voie lactée (« *Miszellen aus dem indogermanishen Familienleben* » (Varia, de la vie familiale indogermanique), in *Festgruss Roth* (Hommage à Roth) (1893), p. 138). Puisque tout l'hymne AV 18. 2 contient des « Strophes des Funérailles » et traite du voyage de l'âme, ce contexte aussi correspondrait. (Que les âmes doivent d'abord traverser un fleuve « abondant en chevaux » est une autre question.)

[360] La plus courte abréviation : les Incas appelaient les Gémeaux « temps de la création » (Hagar, in *14e International Amerikanisten-Kongress* (1904), p. 599 sq). Mais la toute même idée est évoquée, quand Castor et Pollux *(alpha beta Geminorum)* sont rendus responsables des premiers bâtons à feu, par les Aztèques *(Sahagún)* et, c'est étrange, par les Tasmaniens (voir ci-dessous, chapitre XXIII, « Gilgameš et Prométhée »).

[361] Voir J. A. Eisenmenger, *Entdecktes Judenthem* (Le Thème juif dévoilé) (1711), vol. 1, p. 165 ; vol. 2, p. 417 sq.

[362] « Es ton ëera », voir F. K. Movers, *Die Phönizier* (Les Phéniciens) (1967), vol. 1, p. 205.

[363] J. Grimm, TM, p. 253, 443.

[364] Mooney, p. 253, 443.

[365] Voir R. H. Allen, *Noms des Étoiles* (1963), p. 481 ; W. T. Olcott, *Connaissance des étoiles de tous les âges* (1911), p. 393.

CHAPITRE XIX

[366] « Quel del sol, che suiando, fu combusto per l'orazion della terra devota quando fu Giove arcanamente giusto », Dante, *Purg.* XXIX. 11.

[367] 1.730-49. Traduction anonyme (T. C.) Londres, 1697 ; réimprimé en 1953 par la National Astrological Library, Washington, D.C., p. 44.

[368] *Met.* 2.294-97 : *circumspice utrumque:/ fumat uterque polus quos si vitiaverit ignis/atria vestra ruent Atlas en ipse laborat/ vixque suis umeris candentem sustinet axem.*

[369] *Astrologie und Universalgeschichte* (Astrologie et histoire universelle) (1930).

[370] *Meteorologica* 1.8.345A : « Ceux que l'on appelle pythagoriciens donnent deux explications. Les uns disent que la Voie lactée est la route prise par l'une des étoiles à l'époque de la chute légendaire de Phaéton ; d'autres disent que c'est le cercle dans lequel le soleil se déplaçait autrefois. Et la région est supposée avoir été brûlée ou affectée en quelque autre façon de la sorte comme le résultat du passage de ces corps. » Voir aussi H. Diels, *Doxographi*, p. 364 sq = Aetius III. I (Dans les temps antérieurs quand les auteurs classiques n'étaient pas encore avidement titrés avec autant de « pseudos » que possible, c'était Plutarque, *De placitis* 3.1.)

[371] *Nilus in extremum fugit perterritus orbem/ occuluitque caput, quod adhuc latet.*

[372] E. Pechuel-Loesche, *Volksunde von Loango* (Savoir vernaculaire des Loango) (1907), p. 135.

[373] Voir H. S. Gladwin, *Men out of Asia* (1947), p. 356-59, pour cette « caractéristique ».

[374] W. Krickeberg, *Indianermärchen aus Nordamerika* (Contes indiens d'Amérique du nord) (1924), p. 224 sq, 396. Cf. E. Seler, *Gesammelte Abhandlungen*, vol. 5, p. 19. Un simple vison pourrait nous sembler insignifiant aujourd'hui, comme le tapir, ou comme la « Souris – Apollon » ; nous nous laissons prendre au piège seulement trop facilement par de simples « mots » et

« noms ». Ce Vison particulier fait connaître les marées, voie le feu, combat avec les « vents » jouant le rôle d'Adapa, Prométhée, Phaéton tout à la fois.

[375] Voir aussi F. X. Kugler, *Sibylinischer Sternkampf und Phaëton* (Le Combat stellaire sybillin et Phaéton) (1927), p. 44, 49.

[376] *Noms des étoiles* (1963), p. 474.

[377] Pour le Pô et le Rhône et l'union de leurs eaux, voir A. Dieterich, *Nekyia* (1893), p. 27, citant Pline et Pausanias.

[378] (1927 repr.), p. 357 : *Ganges qui et Padus dicitur*. En ce qui concerne l'idée générale selon laquelle Eridan serait en Inde, voir O. Gruppe, *Griechische Mythologie* (1906), p. 394. En référence à Ktesias.

[379] F. Kampers, *Mittelalterliche Sagen vom Paradiese* (Dits moyenâgeux du paradis) (1897).

[380] N° 37 (Robert ed.) (1878), p. 176 sq.).

[381] F. Boll, *Sphaera* (1903), p. 135-38.

[382] Voir L. Ideler, *Sternnamen* (Noms des étoiles) (1809), p. 231 ; voir aussi E. Maass, *Commentariorum in Aratum Reliquiae* (1898), p. 259.

[383] B. L. van der Waerden, JNES 8 (1949), p. 13 ; voir aussi P. F. Gössmann, *Planetarium Babylonicum* (1950), 306 ; J. Schaumberger, 3. *Erg.* (1935), p. 334 sq.

[384] *Fabula namque haec est : Eridanus Solis filius fuit. Hic a patre imperato curru, agitare non potuit, et cum eius errore mundus arderet, fulminatus in Italiae fluvium cecidit ; et tunc a luce ardoris sua Phaëthon appellatus est, et pristinum nomen fluvio dedit ; unde mixta haec duo nomina inter Solis filium et fluvium invenimus.*

[385] Cf. annexe 10, le Kantele de Väinämöinen.

[386] Voir Boll, p. 273-75, 540-42 : *Alii dicunt quoddam impediret opus solis sono canoni, quia equi attendebant dulcedini sonorum, iratus Jupiter eum percussit fulmine.*

[387] Voir Athenaeus, *Deipnosophistai* 643a ; aussi 783c, 542a.

[388] *Orphicorum Fragmenta*, ed. O. Kern (1963), frg. 189, p. 216 (Proclus Le Cratyle 404b, p.92, 14 Pasqu.) cf. G. Dumézil, *Le Festin d'Immortalité* (1924), p. 104. Voir aussi Roscher, in Roscher s.v. Ambrosia : *sitos kai methy, sitos kai oinos*, etc.

[389] *Orphicorum Fragmenta*, frg. 145, p. 188.

[390] De même pour le Jaxartes et Ardvī Sūrā Anāhitā de la tradition iranienne ; voir H. S. Nyberg, *Die Religionen des Alten Iran* (Les Religions de l'ancien Iran) (1966), p. 260 sq.

[391] 2.8 (trad. Wilson, p. 188.)

[392] L'exposé chinois tel qu'il est rendu par Gustave Schlegel (*L'Uranographie chinoise* (1875 ; repr. 1967), p. 201.) est plus court mais il montre la même conception imaginative. « Le fleuve céleste se divise en deux bras près du pôle Nord et va de là jusqu'au pôle Sud. Un de ses bras passe par l'astérisme Nan teou (lambda Sagittarii), et l'autre par l'astérisme Toung tsing (Gémeaux). Le fleuve est l'eau céleste, coulant à travers les cieux et se précipitant sous la terre. Nan teou est « le boisseau du Sud » = mu lambda phi sigma tau zeta Sagittarii ; le boisseau du Nord = la Grande Ourse. Si nous sommes d'accord avec le point de vue de phyllis Ackerman (in *Religions Oubliées* (1950), p. 6) : « Le Nil (comme beaucoup, sinon la totalité des fleuves sacrés, en comparaison avec le Gange) est la continuation terrestre de la Voie lactée », nous maintenons qu'une simple reconnaissance n'aide pas à restaurer la signification du mythe.

[393] Gössmann, 145 ; van der Waerden, JNES 8, p. 20.

[394] Le nom arabe de la galaxie en dit suffisamment long : « Mère du Ciel » *(um as-sema)*, et dans l'Éthiopie du nord elle est appelée « Em hola », « Mère de la Voûte céleste *(Mutter der Krummung)*. Voir E. Littmann, « *Sternensagen und Astrologisches aus Nordabessinien* » (Légendes stellaires et astrologie du nord de l'Abyssinie), ARW 11 (1908), p. 307 ; Ideler, p. 78.

CHAPITRE XX

[395] Mbh. 3, 104-105 (Roy trad., vol. 2, pt. 2, pp. 230sq.) ; voir aussi H. J. Jacobi, ERE, vol. 1, p. 181A ; S. Sörenson, *Mahabharata Index* (1963), p. 18A.

[396] En plus de la Grèce et de l'Inde, le motif de la semence qu'on a laissé tomber se produit dans les mythes caucasiens, particulièrement ceux qui traitent du héros Soszryko. La « Terre » est remplacée par une pierre, Héphaistos par un berger, et Athéna par la « belle Santana » qui observe avec attention la pierre enceinte et qui, lorsque le moment arrive, appelle le forgeron qui sert de sage femme au héros « né de la pierre » dont le corps est bleu brillant comme l'acier de la tête aux pieds, excepté les genoux (ou les hanches) qui sont abîmés par les tenailles du forgeron. Le même Soszryko convainc un géant hostile, de mesurer la profondeur de la mer de la même manière que Michael ou Elias fait creuser le diable, provoquant en même temps le gel de la mer.

[397] RV 7, 33, 13-14 ; *Brihad Devata* 5, 152sq. ; Sörenson, p.188. Mentionnons que le Canope égyptien est lui même un dieu à la cruche ; en fait, il est représenté par une *hydria* grecque (voir RE s.v. Kanopos).

[398] *Weltenmantel und Himmelszelt* (1910), p. 175 sq.

[399] Voir H. Lüders, *Varuna*, vol. 2 : *Varuna und das Rta* (1959), p. 396-401 (RV4.21.3 ; 8.6.39 ; 8.65.2sq ; 9.70.6). On s'adresse à Soma comme le « seigneur des pôles, » et on donne trois fois à Agni l'épithète *svarnaram* (RV 2.2.1 ; 6.15.4 ; 8.19.1 ; cf. Lüders, p. 400). Mais nous avons auparavant entendu parler de « Agni, comme la jante et les rayons, ainsi tu entoures les dieux » et Soma et Agni s'ajoutent l'un à l'autre, comme on le développera par la suite, mais *pas* dans cet essai ; les rapports Mitra : Varuna, Agni : Soma, Ambrosia : Nectar ne sont pas si faciles à établir que ce que l'on souhaiterait.

[400] N°, 43 (Robert ed.), pp. 194 sq). Ex., Hyginus II 42, traitant des planètes, en commençant avec Jupiter : *Secunda stella dicitur Solis, quam alii Saturni dixerunt ; hanc Eratosthenes a Solis filio Phaëtonta adpellatam dicit, de quo complures dixerunt, ut patris insciente curru vectus incenderit terras ; quo facto ab Iove fulmine percussus in Eridanum deciderit et a Sole inter sidera sit perlatus.*

[401] s.v. *Eretria* (Éretrios, « Fils de Phaéton, et c'était l'un des Titans »). Voir M. Mayer, *Giganten und Titanen* (1887), p. 70, 124.

[402] Hieronymi et Hellanici theogonia (Athenagoras), voir Kern frg. 58, p. 138 ; cf. aussi R. Eisler, *Weltenmantel und Himmelszelt* (1910), p. 338.

[403] Cf. Boll, *Sphaera*, pp. 108 sq (Teukros et Valens).

[404] *Tod und Leben nach den Vorstellungen der Babylonier* (Mort et vie selon les représentations des Babyloniens) (1931), p. 29, 33 sq.

[405] Gössmann, p. 89 ; Schaumberger, 3. *Erg.*, p. 327 ; E. F. Weidner, in RLA 3, p. 77.

[406] D. O. Edzard, « Die Mythologie der Sumerer und Akkader » (La Mythologie des Sumériens et des Akkadiens) Wb. Myth., vol. 1, p. 62 ; P. Michatz, *Die Götterliste der Serie Anu ilu A nu um* (Phil. Diss. ; 1909), p. 12 ; K. Tallqvist, *Sumerische Namen der Totenwelt* (1934), p. 62, et *Akkadische Götterepitheta* (1938), p. 304, 437.

⁴⁰⁷ Voir aussi Lucien qui fait dire à Cronos : « Non, il n'y eut pas de combat, ni Zeus ne conquit son empire par la force ; je le lui ai donné et ai abdiqué tout à fait volontairement. »

⁴⁰⁸ Edzard, p. 62.

⁴⁰⁹ Voir R. Klibansky, E. Panofsky, et R. Saxl, *Saturne et la Mélancolie* (1964), p. 154 sq. Cf. p. 333 sq., avec des notes depuis la traduction latine d'Abû Ma'shar, où Saturne *significat..quantitates sive mensuras rerum,* et où *eius est.. rerum dimensio et pondus.*

⁴¹⁰ Nous n'avons ni le temps ni la place de traiter suffisamment l'information pertinente et copieuse sur le « joyeux » pôle Sud (voir L. Ideler, *Sternnamen,* p. 265 sq), le « Quṭb Suhayl » des Arabes, appelé ainsi après Canope, qui est reconnue au Fezzan comme « l'étoile primordiale Sahel, identifié au premier ciel contenant les constellations à venir » (V. Pâques, *L'Arbre cosmique* (1964), p. 36.) ; l'étoile primordiale, « présentée sous la forme d'un œuf qui contenait toutes les choses qui devaient naître » (Pâques, p. 47). Pour commencer à discuter du pôle Sud statique, on doit bien partir des « Sept Dormants d'Éphèse, » dont on pensait qu'ils étaient à bord d'Argo, même si c'est établi seulement dans une tradition turque très tardive (XVIᵉ siècle), particulièrement à partir de l'article de Louis Massignon : « Notes sur les Nuages de Magellan et leur utilisation par les pilotes arabes dans l'océan Indien : sous le signe des VII dormants » (*Revue des Études Islamiques* (1961), p. 1-18 = part VII des séries d'articles de Massignon sur les Sept Dormants dans les traditions islamique et chrétienne. ; en partie j'apparaissais dans la même revue en 1955, (part VIII en 1963), et dans le très substantiel article de revue de T. Monod, « Le ciel austral et l'orientation (autour d'un article de Louis Massignon) » (*Bulletin de l'Institut Français d'Afrique noire* (1963), vol. 25, ser. B, p. 415-26). Dans les deux articles, on trouve, à côté de la notion surprenante de Sud heureux, une information bien commentée au sujet des migrations humaines qui se dirigeaient vers le sud dans plusieurs continents. Massignon tirait la signification « chanceuse » du Quṭb Suhayl et de Nuages de Magellan d'événements historiques ; c'est-à-dire des attentes de peuples exilés et déshérités s'échappant des guerres et raids perpétuels dans les pays du Nord : « Nomades ou marins, ces primitifs expatriés n'eurent pour guides, dans leurs migrations et leurs regards désespérés, que les « étoiles nouvelles du ciel austral » (1961, p. 12). Monod (p. 422), cependant, pointa le mot-clé essentiel comme donné par Regnar Numelin (*Les Migrations humaines* (1939), p. 270n.), qui remarquait : « Il est possible que beaucoup de ces mystérieuses pérégrinations se proposaient comme but de trouver « *l'étoile immobile* » dont parle la tradition. Le culte de l'étoile Polaire peut avoir provoqué de tels voyages », annihilant ainsi dans la seconde phrase le trésor qu'il avait détecté dans la première. Mais Massignon et Monod aussi manquèrent le facteur décisif, à savoir que *Le pôle Sud de l'écliptique* est marqué par le Grand Nuage, et que Canope est plutôt proche de pôle de l'écliptique sud, tandis que l'immuable centre de l'univers dans le nord n'est pas différencié par quelque étoile, comme il a été dit précédemment. Pour le plaisir, une note de Monod doit être citée ici (p. 421) : « Quand Voltaire nous dit que Zadig dirigeait sa route sur les étoiles et que la constellation d'Orion, et le brillant astre de Sirius le guidaient vers le pôle de Canope, nous retrouvons dans cette dernière expression un témoignage du rôle joué par Canope dans l'orientation astronomique. Il n'y a pas lieu, bien entendu, de vouloir le corriger en port de Canope »,Voltaire, *Romans et Contes,* éd. Garnier 1960, note 49, p. 621. Où serons-nous jamais protégés des « développements » des philologues ?

⁴¹¹ Tôt ou tard un objet de plus devra être admis à l'assemblée des gouvernails impériaux de mesure, ou *gubernacula* : l'énigmatique *hpt* égyptien, le dénommé « appareillage de bateau » (Schiffsgerät) de signification littérale obscure, que le pharaon apportait en courant à une divinité dans le rituel de la « course au gouvernail ». Il y avait aussi une « course à la cruche » et une « course à l'oiseau », le pharaon portant une cruche d'eau ou un oiseau, respectivement. Dans plusieurs textes des Pyramides l'âme du souverain mort prend son appareillage de bateau et l'apporte à un autre service céleste, tandis que ce sont véritablement les étoiles qui rament pour faire avancer le bateau. (Pyr. 2173A, D ; voir aussi 284A, 873D ? 1346B). Voir Aeg. Wb., vol. 3, pp. 67-71 ; A. Gardiner, *Grammaire égyptienne* (1957), p. 581 ; M. Riemschneider, *Augengott und Heilige Hochzeit* (1953), p. 255 sq. Pour les différentes courses impériales, voir l'investigation (insatisfaisante) de H. Kees, *Der Opfertanz des Aegyptischen Königs* (1912), p. 74-90, la « course au gouvernail ».

⁴¹² *Deutsche Mythologie* (1953), pp. 420/373. La traduction anglaise parle d'une « aiguille » au lieu d'un « stylo » ; Grimm dit « Griffel ». Cf K. Simrock, *Handbuch der Deutschen Mythologie* (1869), § 125, p. 415.

⁴¹³ *Suhal-il al wazn »*. L'épithète « wazn » a aussi été donné à d'autre étoiles du ciel du sud. Pour un plus ample débat sur ce nom, voir Ideler, p. 249-52, 263 ; Allen, p. 68 sq. ; J. N. Lockyer, *L'Aurore de l'astronomie* (1964), p. 294 ; W. T. Olcott, *Connaissance des étoiles de tous les âges* (1911), p. 133.

⁴¹⁴ L'étrange « balise » dans l'*Agamemnon* d'Eschyle, qui annonçait la chute de Troie, doit avoir été quelque chose de cette sorte ; le contexte exclut absolument tout dispositif d'un corps d'armée qui donne le signal.

⁴¹⁵ Pour éviter l'incompréhension, nous ne souhaitons pas insister sur l'identité absolue de la chute de Phaéton et le récit de la chute telle que dite par Héphaïstos dans le premier livre de l'*Iliade*. Nous suspectons que l'image verbale « Jupiter jette violemment Saturne à terre » décrit le façonnement du trigone des grandes conjonctions, pas, cependant, du trigone en général mais de ce *nouveau* trigone dont le premier angle fut établi par une conjonction des grands deux au commencement d'un nouvel âge du monde. D'un autre côté, cette formule pittoresque pourrait couvrir le changement du trigone des conjonctions depuis une Triplicité vers une autre (cf annexe 23) ; ces problèmes hautement techniques ne peuvent encore être résolus.

⁴¹⁶ Ce n'est pas ce que dit Homère, c'est *Kunopis,* aux yeux de chien ; Héra semble avoir été auprès de Sirius en ce temps.

⁴¹⁷ C'est au crédit de Hans Joachim Mette et son œuvre, *Sphairopoiia, Untersuchungen zur Kosmologie des Krates von Pergamon* (1936), que nous trouvons rassemblés témoignages et extraits pertinents en relation avec Krates et les thèmes qui le concernent.

⁴¹⁸ Voir Mette, p. 30-42, et son introduction.

⁴¹⁹ Nous ne pouvons discuter ici la formulation homérique des lieux depuis lesquels Zeus jeta à terre Héphaïstos : n'importe comment « seuil magique » ne signifie rien (*apo bēlou thespesioio*) ; il y eut d'anciens savants qui prétendaient que Krates mettait en relation ce « *bēlos* » avec le chaldéen « Bel » = Marduk. Arrêtons nous au char d'Auriga, le *narkabu* babylonien, que Marduk, aussi, utilisa quand il renversa Tiāmat. La « Génèse babylonienne » ne dit pas que Marduk jeta des gens à l'entour, mais il y a un texte cunéiforme (VAT 9947) appelé par Ebeling (*Tod und Leben,* 37 sq.) « une sorte de calendrier des fêtes » où il est dit « le 17ᵉ est appelé (jour) du mouvement, quand Bel a vaincu ses ennemis. Le 18ᵉ est appelé (jour) de lamentation, celui où l'on jette depuis le toit Kingu et ses 40 fils. » Kingu avait l'épithète « Enmešarra », « Seigneur des normes et mesures » ; il était le mari de Tiāmat, comme Geb était le mari de Nūt, qui lui

donna les « tablettes du destin » que Marduk allait lui retirer après sa victoire, et 40 est le nombre de Enki Ea (voir ci-dessus p. 385). Le reste est facile à évaluer. Nous sommes embarrassés par nos idées impropres au sujet des « noms » et par les étiquettes trompeuses collées sur les personnages célestes par les traducteurs qui font des « monstres » de Tiâmat, Kingu et leur clan.

[420] *La République de Platon*, p. 350.

[421] *Thémis*, p. 453 sq. Cf. pour une semblable preuve de sa propre méfiance, M. Mayer, *Giganten und Titanen*, p. 97.

CHAPITRE XXI

[422] O. Weinreich (« Zum Tode des Grossen Pan » (De la mort du grand Pan), ARW 13 (1910) p. 467-73) a rassemblé les témoignages en faveur de si étranges idées, la première trouvée en 1549 (Guillaume Bigot), ensuite trois années plus tard dans le *Pantagruel* de Rabelais, et tourné en dérision plus tard, par Fontenelle, au commencement du XVIIIᵉ siècle : « Ce grand Pan qui meurt sous Tibère, aussi bien que Jésus Christ, est le Maistre des Démons, dont l'Empire est ruiné par cette mort d'un dieu si salutaire à l'univers ; ou si cette explication ne vous plaist pas, car enfin on peut sans impiété donner des sens contraires à une mesme chose, quoy qu'elle regarde la Religion ; ce grand Pan est Jésus Christ luy mesme, dont la mort cause une douleur et une consternation générale parmy les démons, qui ne peuvent plus exercer leur tirannie sur les hommes. C'est ainsi qu'on a trouvé moyen de donner à ce grand Pan deux faces bien différentes. » (Weinreich, p. 472-73).

[423] Voir F. Liebrecht, *Des Gervasius von Tilbury Otia Imperiala* (Les Divertissements impériaux de Gervais de Tilbury) (1856) p. 179-80 ; J. G. Frazer, *Le Dieu mourant* (Le Rameau d'or 3), p. 7 sq.

[424] *Terris Jove tertio natus et Maia, ex quo et Penelopa Pana natum ferunt*. Voir aussi *Hérodote* 2, 145.

[425] En ce qui concerne la version selon laquelle Pan était le fils de Pénélope et de l'ensemble des prétendants, remarque Preller (*Griechische Mythologie* (1964), vol. 1, p. 745) : « Le mythe repoussant. »

[426] J. Grimm, TM, p. 453n., 1413 sq ; p. 989, 1011-12 (« la mort du Diable, et quiconque peut aller librement au ciel ») ; W. Mannhardt, *Wald und Feldkulte* (cultes des bois et des champs) vol. 1 (1875), p. 89-93 ; vol. 2 (1877), p. 148 sq.

[427] Généralement, cependant, on prétend qu'ils montrent des habitudes de révolte, telles que manger des enfants ou disposer d'eux en quelque manière particulière, comme, par exemple, les pulvériser en tabac. Ainsi, il est dit d'un Fangga : *Wenn sie kleine Buben zu fassen bekam, so schnupfte sie dieselben, wie Schnupftabak in ihre Nase, oder rieb sie an alten dürren Bäumen, die von stechenden Aesten starrten, bis sie zu Staub geraspelt waren*. Cela semble un désir de « pouvoirs élevés » très profondément ancré de changer les êtres divins ou humains en poudre et poussière.

[428] *No is Pippe Kong dod* (Schleswig) ; autrement *König Knoblauch* (Roi Garlic), « Roi Urban » ; « *Hipeltipel est mort* » (Lausitz) ; *Mutter Pumpe is tot* (Hessen). Cf. Grimm, p. 453 ; K. Simrock, *Handbuch der Deutschen Mythologie* (manuel de mythologie allemande) (1869), § 125, p. 416 ; F. Liebrecht, *Zur Volkskunde* (1879), p. 257n., qui donne des références supplémentaires. Voir aussi P. Herrmann, *Deutsche Mythologie* (1898), p. 89sq.

[429] Liebrecht, *Zur Volkskunde*, p. 257n.

[430] Pindar extrait, 100 (68) ; Rhéa a aussi donné naissance à Zeus à cet emplacement (Paus. 8, 38.2 sq), et au sommet de la montagne se trouvait un *temenos* de Zeus où rien ni personne ne projetait d'ombre.

[431] Voir O. Höfler, « Cangrande von Verona und das Hundesymbol der Langobarden » (Cangrande de Vérone et le symbole) in *Festschrift Fehrle* (1940), p. 107-37.

[432] *Pelops und die Haselhexe* (1951), p. 67-78.

[433] Pausanias, 5.7.10. Ce n'est pas à partir de simples motifs « religieux » que « dans l'hippodrome la colonne qui marquait le point de départ avait à côté d'elle un autel des *Jumeaux du Ciel* » (Pind. *Odes olympiques* 3.36 ; Paus. 5.15) ; cf. F. M. Cornford in Harrison (*Thémis* (1962), p. 228) ; voir aussi ci-dessus, p. 193 sq. n. 215, pour le Circus Maximus à Rome.

[434] Il n'y a pas seulement *moskhou omon chryseion*, l'épaule en or du bœuf dans les mains de Mithras (Maskheti égyptien, la Cuisse du Taureau, la Grande Ourse), et *Hanieri*, un nom latin ancien pour Orion, comme nous le savons de Varro ; le dieu le plus élevé, Amma, des Dogons du Soudan Ouest (ou le *Clarias senegalensis*, le hareng, un avatar du « Moniteur Faro » des Dogons, dont l'emblème est exactement le même que celui de Min appartenant à des rites phalliques, le Pan égyptien) porte dans son *hanieri*, les premiers « huit grains » - et ces 8 sortes de grain (stéréotype incluant les fèves) jouent leur rôle cosmogonique depuis les Dogons jusqu'à la Chine (pour une autre ressemblance frappante entre le Soudan Ouest et la Chine, voir le chapitre sur les tambours « chamanistiques », mais il y en a beaucoup plus). Il y a aussi le conte de la Grèce moderne (voir J. G. von Hahn, *Griechische und Albanische Märchen* (1918), vol. 1, p. 181-84) du « Fils de l'omoplate », un de ces « Vigoureux Garçons » qui, après des aventures dans la terre de l'esprit, broie sa mère en bouillie d'avoine sur un moulin à main. Comment celles-ci et d'autres traditions sont connectées avec l'oracle de l'omoplate, si tant est qu'elles le sont, ne peut pas être encore établi.

[435] Voir P. F. Gössmann, *Planetarium Babylonicum* (1950), 281 ; J. Schaumberger, in 3. *Ergänzungsheft* de Kugler (1935), p. 325, et n. 2 (une version « de « joug d'Ea ») ; P. Jensen, *Die Kosmologie der Babylonier* (1890), p. 16 sq, 25 ; F. Boll/C. Bezold, *Farbige Sterne* (1916), p. 121.

[436] En vérité, lui (et d'autres) prétendait que le livre avait été écrit par trois (et même plus) auteurs, à savoir Ssagrit, Janbûshâd, et Qutâmâ. Le premier vivant au septième millénaire des 7 000 ans de Saturne, qu'il dirigeait avec la Lune ; le second à la fin du même millénaire, le troisième apparaissant après que 4 000 ans du cycle de 7 000 ans du soleil eut passé ; de telle sorte qu'entre le commencement et la fin du livre 18 000 années étaient passées (selon Maqrizi). Voir D. Chwolson, *Die Ssabier und der Ssabismus* (1856), vol. 1, p. 705 sq (cf. p. 822 pour l'alphabet spécial utilisé par Janbûshâd). Ainsi nous nous élevons à un autre « Tris megistos », trois fois grand, pas juste « trois fois ». Le temps est impliqué, Hermès est répété trois fois historiquement.

[437] Chwolson, vol. 2, p. 27 sq, 207, 209.

[438] *Zur Volkskunde*, p. 251 sq.

[439] Notons que les planètes ne sont pas données dans l'ordre astronomique de leurs périodes, mais dans l'ordre donné par l'heptagramme, qui décrit les jours de la semaine.

[440] Voir Liebrecht, p. 251n ; « Le Babylonien Izdubar (= Gilgameš) est appelé par le Livre d'Ibn Wahšiyya sur l'Agriculture nabatéenne 'Janla Shad' (Janbûshad), soit Jamshid. Ainsi Rawlinson in *Athenæum* 7 décembre 1872. »

[441] Voir l'exposé par Plutarque (*Isis et Osiris* 365E) sur l'Égypte : « Il y a aussi une lamentation religieuse chantée à propos de Cronos. La lamentation est pour lui qui est né dans les régions de la gauche, et éprouva sa dissolution dans les régions de la droite : car les Égyptiens croient que les régions de l'est

sont la façade du monde, celles du nord la droite, et celles du sud à gauche. On dit naturellement, par conséquent, que le Nil qui coule depuis le sud et est avalé par la mer au nord, a sa naissance à gauche et sa dissolution à droite. » Cronos ayant été le souverain des « temps galactiques » (Geb = à l'intérieur de = Nūt), ceci a plus de sens que l'on croit. Voir aussi chapitre XIII, « Du Temps et des Fleuves ».

442 « Adonis et Sirius », *Extrait des Mélanges Glotz*, vol. 1 (1932), p. 257-264. Mais voir pour les différentes dates de l'Adonia, F. K. Movers, *Die Phönizier* (1841), vol. 1, p. 195-218, esp. P. 205.

443 Voir Liebrecht, *Gervasius von Tilbury*, p. 180-82 ; *Zur Volkskunde*, p. 253sq. ; W. Robertson Smith, *La Religion des Sémites* (1957), p. 412 (Lamentations sur « le roi des Djinns » et sur « Uncûd, fils du rassemblement »).

444 Ce fut Felix Liebrecht qui se souvint le premier de John Barleycorn.

445 Voir Nonnos 41.208 sq sur Aphrodite : « Étant une prophétesse, elle savait, que sous la forme d'un sanglier, Arès avec une défense aiguisée et crachant un poison mortel était destiné dans une folie jalouse à déterminer le sort d'Adonis. » Cf. pour les autres sources, Movers, vol. 1, p. 222 sq.

446 Pour donner seulement les plus petits mínima : Tammûz = Saturne (Jeremias in Roscher s.v. Sterne, col. 1443) ; Tammûz = Mars (W. G. Baudissin, *Adonis und Esmun* (1911), p. 117, citant la Chronique de Barhe braeus). Pour l'incroyable nombre de noms donnés à « Tammûz » en Mésopotamie, voir M. Witzel, *Tammûz-Liturgien* (1935). Pour son nom « Dragon du Ciel » (Usungal-an-na) = Sin (la Lune) voir K. Tallqvist, *Akkadische Götterepitheta* (1938), p. 482 ; voir aussi p. 464, où Tammûz = « Mutterschafb ild » (« image- Mère brebis »).

447 Il faut noter que la mort d'Osiris, à son tour, fut annoncée par « les pans et satyres qui vivaient dans la région autour de Chemmis (= *Panapolis*), et ainsi, même aujourd'hui, la confusion et consternation d'une foule est appelée une panique » (Plutarque : *Isis et Osiris*, c. 14, 356D).

448 Tous les dieux du nord allèrent ensemble, à la meilleure mode « nabatéenne », pleurer sur la mort de Balder.

449 Nous laissons de côté, cependant, les cas de Linos, Maneros, Memnon, Bormos, etc. Voir Movers, vol. 1, p. 244.

450 *Symbolik und Mythologie der Alten Völker* (1842), vol. 4, p. 65 sq.

451 Voir aussi le *Cratylus* de Platon 408B : *ton Pana tou Hermou einai hyon diphyē echei to eikos*.

452 Creuzer tient Pan-Sirius pour Eshmun/Shmun, « la huitième » grand dieu de Chemmis.

453 Cf l'Hymne Orphique à Pan (no. 11) ; voir aussi Hymne 34.25) : *Pana kalo krateron, nomion, kosmoio to sympan/ ouranon ede thalassan ide chthona pambasileian/ kai pyr athanaton.. Echous phile..pantophyes, genetor panton, plyonyme daimon/ kosmokrator*. En ce qui concerne son amour pour Echo, Macrobe (*Sat.* 1.22.7) l'explique comme l'harmonie des sphères : *quod significat harmoniam caeli, quae soli amica est, quasi sphaerarum omnium de quibus nascitur moderatori, nec tamen potest nostris umquam sensibus deprehendi*. Mais ensuite, Macrobe était le premier parmi les mythologues « frappés par le soleil », prétendant innocemment que Saturne et Jupiter et tous les autres sont le Soleil. Ce n'est pas l'écho lui-même qui est l'harmonie des sphères, mais la fistule (Pan distingue les roseaux en lesquels son Écho bien aimé s'est changé et les sept roseaux de la flûte de Pan qui sont vraiment les sept planètes, le plus court représentant la lune, le plus long Saturne. (Il faut prendre en considération qu'en Chine l'écho était interprété comme le pendant acoustique de l'ombre, de telle sorte que sous la colonne ou l'arbre, dans le centre exact du monde, le kien-mu, il n'y a ni écho, ni ombre.)

454 « *Die Legende vom Tode des Grossen Pan* », in *Fleckeisens Jahrbücher für klassische Philologie* (1892), p. 465-77. Se référant à l'élément « Panique » dans les histoires de Mannhardt au sujet des Fanggen, Roscher déclare qu'il s'agit d'un « motif accidentellement similaire ».

455 *Archaiotatos kai tōn oktōn tōn prōtōn legoumenōn theōn*.

456 Cf. A. Wiedemann, *Herodots zweites Buch* (1890), p. 515-18.

457 Voir J. Marsham, *Canon chronicus Aegypticus, Ebraicus, Graecus* (1672), p. 9 : *Immensa Aegyptiorum chronologia astronomica est, neque res gestas sed motus coelestes designat* ! Voir aussi Ideler (*Beobachtungen*, 1806), p. 93. Mis à part le raisonnable XVIIe siècle, au commencement du XIXe siècle encore, l'illusion de progrès était remarquablement en retard.

CHAPITRE XXII

458 Voir, par exemple, S. N. Kramer, « L'Épopée de Gilgameš et ses sources sumériennes », JAOS 64 (1944), p. 11 : « Le poème était présent en substance sous la forme que nous lui connaissons, dès la première moitié du second millénaire av. J.-C."

459 Enki (sumérien) / Ea (terme utilisé par les akkadophones). Dieu mésopotamien de l'eau, il règne sur l'Océan primordial. Inventeur et défenseur des humains, maître de toutes les opérations d'exorcisme, père de Marduk, et qui résidait au temple de l'Apsû, dans la ville d'Eridu. Il est aussi le dieu de la sagesse, l'inventeur de l'écriture, de l'artisanat et des sciences (NdT)

460 E. Weidner, RLA, vol. 2, p. 379. En fait, la déesse Aruru le fait « ressemblant à Anu, « littéralement » un *zikru* d'Anu qu'elle conçut dans son cœur. Mais on dit aussi qu'Enkidu ressemble à Gilgameš « par sa chevelure ». Voir A. L. Oppenheim, « Mythologie mésopotamienne », *Orientalia* 17 (1948), p. 24, 28.

461 En fait, la déesse Aruru le fait ressemblant à Anu, « littéralement » un *zikru* d'Anu qu'elle conçut dans son cœur. Mais on dit aussi qu'Enkidu ressemble à Gilgameš « par sa chevelure ». Voir A. L. Oppenheim, « Mythologie mésopotamienne », *Orientalia* 17 (1948), p. 24, 28.

462 Ḫuwawa dans les anciennes versions babylonienne et hittite, Ḫumbaba dans la version assyrienne.

463 Enlil ou Ellil (= *seigneur de l'atmosphère*, en sumérien). Dans le panthéon mésopotamien, il est avec Ea et Anu l'un des trois dieux cosmiques, plus particulièrement associé à la Terre et l'instigateur du Déluge. Mais il est aussi une divinité bienfaisante, à qui on attribue l'invention de la charrue et de la pioche. Son culte est surtout concentré à Nippour, où il porte le titre de Bēl (seigneur) et se trouvait son temple principal, qui portait le nom de Temple (de la) Montagne, un de ses épithètes. Ce dieu perdra progressivement de l'importance et sera peu à peu remplacé par Anu, puis par Marduk (NdT)

464 Tabl. 3.136 sq, 109-11, Heidel trad., p. 35.

465 Langdon, *Mythologie sémitique* (1931), p. 253. Voir aussi F. Hommel, *Ethnologie und Geographie des Alten Orients* (1926), p. 35, 42, prétendant que *hum* signifie « créateur » et parlant d'Ḫumbaba (= Hum est le père) comme du gardien du cèdre du paradis. »

466 La civilisation élamite s'est développée durant la Haute-Antiquité dans le sud-ouest de l'Iran, en marge de la civilisation mésopotamienne. Elle est bien connue par le site de Suse, qui faisait le lien entre l'Élam et la Mésopotamie. L'Élam à propre-

⁴⁶⁶ ment parler est situé vers la région actuelle du Fars, autour de l'ancienne capitale, Anshan (NdT).

⁴⁶⁷ F. M. Böhl, « Zum babylonischen Ursprung des Labyrinths » (De l'origine babylonienne des labyrinthes), in *Festschrift Deimel* (1935), p. 6-23.

⁴⁶⁸ Hommel, *Ethnologie und Geographie*, p. 35, traitant de la liste des étoiles d'Elam, établit : Ammam-ka-sibar (tiré de Chumban-uk sinarra, Chumban, roi du verrou ?) = Nimib-Mars. « Nous hasarderons une hypothèse selon laquelle, à part Procyon, Mercure serait le pari le plus sûr, le second candidat étant Jupiter ; mais ce dernier ne constituerait jamais un seigneur convainquant des entrailles, pas plus que quelque autre planète extérieure : leurs orbites ne permettent pas de telles hypothèses, et celle de Vénus est beaucoup trop régulière pour ce rôle.

⁴⁶⁹ Le jour était divisé en 6 heures doubles de jour et six heures doubles de nuit. De la sorte les heures de jour en été étaient plus longues que celles d'hiver et inversement. L'Égypte ancienne adopta le même système (NdT).

⁴⁷⁰ Dieu du Soleil (NdT).

⁴⁷¹ Voir C. H. Gordon, *Littérature ougaritique* (1949), p. 84-103. Cette « Légende d'Aqht » est celle qui se rapproche le plus, en ceci que la déesse ne veut rien sauf « l'Arc » fabriqué par le dieu Faber que possède Aqht, et promet tout y compris l'immortalité, si le jeune homme veut bien le lui remettre. ***BAN**, le nom fatidique. Cf supra, p. 260 sq, pour cet arc.

⁴⁷² Mbh. 3.45-46. Urvaśī, la déesse, « tremblante de rage » condamna le héros à passer son temps parmi les femmes sans qu'elles fassent attention à lui, et comme un danseur, et destitué de sa masculinité et méprisé comme un eunuque. Elle enrageait d'autant plus qu'elle s'était par anticipation, avant en fait de rendre visite à Arjuna, « mentalement diverti avec lui sur un grand et excellent lit recouvert de draps célestes ». Arjuna eut à souffrir de la malédiction d'Urvaśī dans la treizième année de l'exil des Pāṇḍavas, mais il retrouva son pouvoir à l'expiration de cette même année.

⁴⁷³ T. Henry, *Ancien Tahiti* (1928), p. 561 sq.

⁴⁷⁴ *Ava, Kava*, ou *Kava* est une plante qui appartient à la famille des poivriers. En Polynésie, cette boisson est consommée en groupe. Elle diffuse un bien être insouciant et une détente paisible (NdT).

⁴⁷⁵ *Amrita* ou *Amrit* est selon les religions dharmiques un nectar immortel ou une ambroisie. Elle est la boisson des *devas*, qui leur donne l'immortalité. En sanskrit le mot *amrita* signifie littéralement « sans mort » (NdT).

⁴⁷⁶ L'Ougarite 'Anat, après avoir été repoussée par Aqht, va aussi voir son père, demandant une revanche, et elle se rend « vers EL (le père des dieux et des hommes, créateur des choses créées) qui réside à la source des rivières, probablement au confluent des deux branches du fleuve cosmique, N.d.T), sur le cours des Deux Fleuves (au milieu des courants) des Deux Profondeurs » (Gordon, p. 91.). Trad. Ginsberg (ANET, p. 152) : « Vers El à la source des Rivières (au milieu des eaux contraires) des Deux Océans. »

⁴⁷⁷ Gen. xlix,5-7 sont fréquemment en jeu ici, les « jumeaux » Siméon et Lévi mutilant le taureau, mais nous laissons de côté tout ce chapitre xlix rempli d'allusions à un savoir perdu.

⁴⁷⁸ La citation marque que dans le mot « découverte » se trouve inclus une mesure de précaution recommandable en nos temps acquis à l'évhémérisme. Le plus édifiant parmi les cas significatifs nous l'avons trouvé dans un article de revue de Diakanoff sur une traduction de EG de Böhl (voir ci-dessous) : « F. M. Th. De Liagre Böhl partage l'opinion de A. Schott que le problème de la mortalité humaine fut à l'origine soulevé sous le règne de Shulgi » (= troisième période d'Ur, entre 2400 et 2350 av. J. C., selon T. Jacobsen : *La Liste de rois sumériens* (1939), Table III. Ce « à l'origine » est suffisant pour montrer ce qui arrive aux orientalistes une fois que les platitudes ont eu prise sur eux.

⁴⁷⁹ Voir annexe 28.

⁴⁸⁰ Tabl. 8, col. 2 ; Tabl. 9, col. 1, 3-5 (Heidel, p. 62-64) ; Tabl. 10, col. 2, 5-7, 11-12 (Heidel, p. 73).

⁴⁸¹ Le mot que traduit Heidel comme « splendeur effroyable » et Speiser (ANET) comme « auréole » est *melammu*, l'équivalent babylonien de l'iranien *hvareno*, que l'on appelle « gloire » pour l'intérêt duquel le mauvais oncle Afrasiyāb creusa en vain, parce qu'il appartenait à Kai Khusrau.

⁴⁸² Que la (ou les) montagne Māšu fasse ainsi « chaque jour, » comme traduit par Heidel, Speiser, et d'autres, est évidemment erroné. Même si nous stipulons, dans un souci de paix, l'idée d'une montagne terrestre, le soleil n'a pas l'habitude de se lever au même endroit chaque jour, et il n'est pas besoin d'une profonde connaissance astronomique pour être conscient de ce fait.

⁴⁸³ Ancien babyl. Version, Tabl. 10, col. 1, 8, 13 (Heidel, p. 69).

⁴⁸⁴ Version assyrienne, Tabl. 10, col. 2, 21-28 (Heidel, p.74). Šanabi signifiant 40, Ur Šanabi signifie quelque chose comme « celui des 40 » ; Hommel traduisait « prêtre des 40. »

⁴⁸⁵ W. F. Albright, « La Déesse de la Vie et la Sagesse », AJSL 36 (1919-20), p. 258-94.

⁴⁸⁶ Voir annexe 30. Le nom de la déesse est prononcé Ish-khara.

⁴⁸⁷ H. B. Alexander, *Mythologie d'Amérique latine* (1920), p. 185.

⁴⁸⁸ La Mère Scorpion aux nombreux seins d'Amérique centrale va bien avec le calendrier des cultivateurs de la Rome ancienne qui attribue le Scorpion à Diane (voir F. Boll, *Sphaera* (1903), p. 473 ; W. Gundel, RE s.v. Scorpion, p. 602). Reste encore obscur cependant, ce qui conduisit Athanase Kircher à localiser la Diane aux nombreux seins des Éphésiens en Aquarius, appelant, de plus, ce céleste département *Regnum Canibicum*.

⁴⁸⁹ *Sphaera*, p. 19 sq., 28, 48, 173, 246-51 ; *Aus der Offenbarung Johannis* (1914), p. 71 sq, 143. Voir aussi W. Gundel, *Neue Texte de Hermes Trismegistos* (1936), esp. p. 235 sq (à la p. 207 il propose Centaure comme gardien de l'Enfer au lieu du Sagittaire).

⁴⁹⁰ Le manteau de couronnement de l'empereur Heinrich II montre inséré dans l'exposition : *Scorpio dum oriur mortalitas gignitur* (= gignitur). E Maass, *Commentariorum in Aratum Reliquiae* 51898), p. 602 ; R. Eisler, *Weltenmantel und Himmelszelt* (1910), p. 13 ; Boll, *Aus der Offenbarung*, p. 72. Nous pouvons aussi montrer la description d'Ovide de la chute de Phaéton, selon laquelle le fils d'Hélios perdit son sang froid, et laissa aller les rênes lorsqu'il conduisit près du Scorpion, et la mort d'Osiris le 17 d'Athyr le mois où le Soleil passait au travers du Scorpion (Plutarque, *De Is. Os.*, c. 13, 356c).

⁴⁹¹ Tabl. 11, 3-7 (Heidel, p. 80).

⁴⁹² Trad. A. Sachs, ANET, p. 332, ll. 275 sq. Concernant le Rectangle de Pégase, voir B. L. van der Waerden, « Les Trente Six Étoiles, » JNES 8 (1949), p. 13-15 ; C. Bezold, A. Kopff, et F Boll, *Zenit- und Aequatorialgestirne am babylonischen Fixsternhimmel* (1913), p. 11.

⁴⁹³ Ces êtres divins du « monde du dessous » (leur équivalent « au dessus » : l'Igigi) étaient aussi écrits A-nun-na-nun^ki (Deimel, PB, p. 57 sq.), ils appartiennent à NUN^ki = Eridu

(Canope), le siège de Enki-Ea. Le nom sumérien Anunna est interprété comme « (Dieux qui sont) la semence du Prince, selon A. Falkenstein (« Die Anunna in der sumerischen Uberlieferung », in *Festschrift Landsberger* (1965), p. 128ff.). Voir aussi D. O. Edzard, « *Die Mythologie der Sumerer und Akkader* », in *Wörterbuch der Mythologie*, vol. 1, p. 42 : « *Die fürstliche Samens (sind)* », le « Prince » (NUN) étant Enki-Ea d'Eridu. Concernant NUN = « Prince » défini par T. Jacobsen comme « quelqu'un dont l'autorité est fondée sur le respect seulement, réglant les disputes sans recours à la force », Falkenstein, courtoisement, mentionne : « *Ganz abweichend K. Oberhuber : Der numinose Begriff ME im Sumerischen*, S.6 sq ». Le titre de ce rapport (Innsbruck 1963, *Innsbrucker Beiträge zur Kulturwissenschaft. Sonderheft 17*), « Rapport d'Insbruck sur la Science des Cultures », est significatif de l'invraisemblance des propositions qu'il contient concernant ME, NUN, et autres termes.

[494] Speiser, ANET, p. 94, n. 207, remarque : « Le terme *šuḫarratu*.. ne signifie pas rage, mais calme absolu, trouble, consternation, et il traduit 11. 105-06 : « La consternation par delà Adad atteint le ciel, Qui changea en obscurité tout ce qui avait été lumière. »

[495] Speiser : « Les dieux tremblèrent comme des chiens, se tapirent contre le mur extérieur » (11. 115).

[496] Selon J. Bottéro », *L'Épopée de Gilgameš*. Gallimard. 1992. p. 191 » : « Il ne s'agit pas d'Ištar mais de la Grande Déesse Mère Bēlitili, la « Dame des Dieux » qui avait pris part, avec Ea, à la création des hommes. Le terme Ištar employé ici est pris selon le simple féminin de dieu » (NdT).

[497] On est d'habitude enclin à prendre de tels motifs comme celui de l'envoi au dehors des oiseaux, sans mentionner les espèces particulières, pour des questions secondaires, mais A. B. Rooth nous donne à ce sujet une remarquable leçon dans sa recherche minutieuse : *le Corbeau et le Cadavre : une investigation d'un motif dans le Mythe du Déluge en Europe, Asie, et Amérique du Nord* (1962).

[498] *Xisuthros*, selon les listes royales sumériennes, le dernier des rois antédiluviens de l'Assyrie et sauvé du déluge. Il nous est connu par Berose, astronome et historien chaldéen du IIIe siècle av. J.-C., qui donne à son règne une durée de plusieurs milliers d'années (NdT).

[499] *De facie in orbe lunae* 94IA.

[500] Voir frg. No. 55, *Orphiicorum fragmenta*, O. Kern (1963).

[501] Les éléments les plus anciens et les plus précis ont un don étrange pour survivre et se présenter à des endroits inattendus. R. S. Loomis dit (*Littérature arthurienne au Moyen Âge* (1959) pp. 70-71) : « Nous avons une unique version faisant allusion à la survivance d'Arthur par Godefroy de Viterbe, secrétaire de Frédéric Barberousse, environ en 1190. Merlin prophétise que bien que le roi périra de ses blessures, il ne périra pas totalement mais sera préservé *dans les profondeurs de la mer* et règnera comme avant pour toujours. » Comment le secrétaire de Frédéric Barberousse (un empereur qui était lui même attaché à cet endroit où les âges prenaient fin et où dormaient leurs souverains) détenait-il la version « juste » ? (Nous serions heureux par ailleurs d'apprendre, où l'archéologue Pierre Plantard (cité par Gérard de Sède : *Les Templiers sont parmi nous* (1962), p. 280) a obtenu cette information sur « Canope, l'œil sublime de l'architecte, qui s'ouvre tous les 70 ans pour contempler l'univers », citation en français dans le texte)?

[502] Navire Argo. Vaste zone du ciel au sud-est de la constellation du Grand Chien pour les cartographes anciens, qui comprenait 800 étoiles visibles à l'œil nu. Elle faisait référence au navire construit par Argos pour permettre à Jason et ses « argonautes » d'aller à la recherche de la Toison d'or. Les Égyptiens y virent l'embarcation ayant transporté Isis et Osiris lors du déluge (NdT).

[503] « Persévère dans la délectation de la vérité, dans la diminution de la matière, dans l'oubli de tes malheurs »(NdT).

[504] Speiser, p. 96, n. 227.

[505] Et exactement comme les textes indiens ont beaucoup à dire au sujet des sept Ṛṣis avec leur sœur (et femme) *Arundati*, aussi les Mésopotamiens parlent de « Sebettu avec leur sœur *Narundi* » (voir H. Zimmern, « Die sieben Weisen Babyloniens », ZA 35 (1923), p. 153 ; Edzard, vol. 1, p. 55 ; H. et J. Lewy, « L'origine de la Semaine », HUCA 17 (1942-43), p. 44). Arundati = Alcor, la minuscule étoile près de zeta Ursae Majoris.

[506] Voir aussi Langdon, p. 213.

[507] T. Jacobsen, « Parerga Sumerologica », JNES 2 (1943), p. 117f. Voir aussi Edzard, p. 109.

[508] Rouleau de Guléa A XIV, in A. Falkenstein et W. von Soden, *Sumerische und Akkadische Hymnen* (1953), p. 152 ; voir aussi F. Hommel, *Die Schwur-Göttin Esch-Ghanna und ihr Kreis* (1912), p. 57.

[509] Voir, par exemple, *Mythologie sumérienne* de S. Kramer (1944), pp. 64-88 ; et son *Enmerkar et le Seigneur d'Aratta* (1952), p. 11. Nous nous sentons fortement inclinés à accuser le très controversé « Dieu Bateau » aux nombreux rouleaux scellés d'« apporter le *me* depuis Eridu », particulièrement lorsque les sceaux montrent un plan des fondations ou un étage de la tour en construction. Voir P. Amiet, *La Glyptique mésopotamienne archaïque* (1961), p. 177-86, planches 106-109 ; H. Frankfort, *Rouleaux scellés* (1939), p. 67-70, planches XIV, XV, XIX.

[510] In *Gilgameš et sa légende* (1960), p. 40. Cf. E. Ebeling, *Tod und Leben nach den Vorstellungen der Babylonier* (1931), p. 127 : « *der die Welträume überschaut* »(Mort et vie selon les représentations des Babyloniens).

[511] Ebeling, p. 25sq., 39 ; voir aussi G. Meier, « Ein Kommentar zu einer Selbstprädikation des Marduk aus Assur », ZA 47 (1942), p. 241-48. H. Zimmern, « *Zum babylonischen Neufahrsfest* », BVSGW 58 (1906), p. 127-36. S. A. Pallis, *La Fête babylonienne Akitu* (1926), p. 105-108, 200-43.

[512] Indépendamment de l'inscription Shabaka, dont la fin est d'un extrême intérêt, le plus haut serment égyptien fut pris par « Osiris qui repose à Philae » comme nous le savons de Diodore ; les dieux grecs prennent leurs plus solennels serments près des eaux du Styx. Nous nous rappelons de l'information de Virgile sur le Styx qui voit le pôle Sud céleste, et des suivants de Zeus qui, avant d'attaquer Cronos, prêtent serment près d'Ara. « Les serments d'étoiles » doivent être trouvés, plutôt régulièrement, parmi les constellations circumpolaires du sud. En ce qui concerne le serment de Gilgameš voir Ebeling, p. 127. Comparer aussi Pallis (*Fête Akitu*, p. 238) qui rapproche les « Mystères d'Osiris » à Abydos de la Fête de la Nouvelle Année babylonienne bâtie autour du « défunt » Marduk (qui siège durant les cérémonies « au milieu de Tiāmat »).

[513] *Omphalos* fait partie de ces mots que l'on dit facilement mais qui sont difficiles à « imaginer ». Cependant, au Moyen Âge, Jérusalem, avec le Saint Sépulcre, était considérée comme l'Omphalos de la terre et, de plus, le tombeau d'Adam était localisé sous la Croix au Golgotha, « au milieu de la terre ». Voir, par exemple, *Vita Adae et Evae*, in F. Kampers, *Mittelalterliche Sagen vom Paradiese und vom Holze des Kreuzes Christi* (1897), p. 23, 106sq. ; W. H. Roscher, *Omphalos* (1913), p. 24-28.

[514] Cf. *Atharva Veda* 18.1.50 (trad. Whitney) : « Yama d'abord

trouva pour nous une piste, qu'il ne faut pas rejeter ; où nos ancêtres s'engagèrent, et où leurs descendants trouvent leur propre voie. »

515 À notre époque des plus insouciantes, personne n'a même noté que dans un futur pas trop éloigné le Lion sera noyé dans la mer quand il arrivera à l'équinoxe d'automne : la constellation du Lion, « roi » incontestable des plaines chaudes, fut créé en un temps où sa majesté le Zodiaque gouvernait le solstice d'été, le plus haut et le plus chaud « point » de l'orbite solaire ; et qui se souciera du pitoyable Verseau qui n'aura plus d'eau à déverser des ses jarres, une fois qu'il sera arrivé à l'équinoxe de printemps, mais, après tout, qui a considéré les pauvres Poissons, étendus « haut et en sec » depuis les Temps du Christ, l'ouvreur de l'Âge des Poissons ? Son titre « Poisson », en grec *Ichthys*, est officiellement expliqué comme étant les premières lettres de « Jesous Chreistos Theou Yios Sotêr », Jésus Christ Fils de Dieu Sauveur.

516 Sans rentrer dans les détails, nous pensons possible que ce fut ce même changement de « constellations » en « signes » et, plus généralement, l'intronisation de ce langage astronomique qui seul est reconnu comme « scientifique » par les historiens contemporains, c'est à dire la terminologie de l'« astronomie positionnelle » qui interrompit la tradition d'Homère ; Les Grecs citaient Homère tout au long de la journée, ils l'interprétaient, ils se cassaient la tête à propos de la signification de détails : sa terminologie était morte depuis longtemps.

517 Trad. En fr. Luc Brisson Flammarion 2001 (NdT).

518 RLA 3, p. 81f. Cf. Bezold in *Antike Beobachtung farbiger Sterne* de Boll (1916), p. 102-25 (table, p. 138) ; A. Jeremias, HAOG (1929), p. 200 sq.

519 J. A. Eisenmenger, *Entdecktes Judenthum* (1711), vol. 2, p. 16 (*Emek hamelech*).

520 H. B. Alexander, *Mythologie Nord Américaine* (1910), p. 117.

521 *Das Doppelte Geschlecht. Ethologische Studien zur Bisexualität in Mythos und Ritus* (1955). (La double sexualité. Études ethnologiques sur la bisexualité dans le mythe et le rite.)

522 Hyginus, est un auteur latin né en 67 av. J. C. à Alexandrie ou en Espagne et mort en 17 apr. J. C. Ses ouvrages constituent des sources importantes pour l'étude de la mythologie gréco-romaine. (NdT)

523 Franz Kampers, *Alexandre le Grand* (1901), p. 93 sq. La dérivation du nom Sarapis du nom d'*Enki Ea šar apsi*, telle que proposée par C. F. Lehmann-Haupt (voir aussi A. Jeremias in Roscher s.v. Oannes, 3.590) a du sens. D'autant plus que cela n'exclut pas la connexion de Sarapis avec Apis, car Apis a le titre de « la répétition de Ptah ». Accidentellement, un fragment révélateur de preuve tomba entre nos mains, contenu dans la traduction de Budge du Roman d'Alexandre l'Éthiopien (Londres 1896, p. 9) : « Quand Nectanebus, roi d'Égypte et père d'Alexandre, se fut échappé de Macédoine, les hommes d'Égypte demandèrent à leur dieu de leur dire ce qui était arrivé à leur roi ». C'est que dit le texte éthiopien, et Budge ajoute : « Dans le texte de Meusel le dieu est ainsi interpellé s'appelle Hephaestus le chef de la race des dieux, et dans Mueller il est dit demeurer dans le Serapeum. » Le dénominateur commun de Ea *šar apsi*, Ptah-Héphaïstos, « celui qui est au sud de son mur », « seigneur du triakontaeteris », est et reste la planète Saturne. Il faut reconnaître, nous savions ceci avant, mais nous souhaitons insister le point que ces « dernières » traditions méprisées du Roman représentent d'utiles « boîtes de conservation » ; c'est à dire si le Roman remplace Utnapistim de la confluence des fleuves par Sarapis nous pouvons croire qu'il y eut une assimilation valable transmise par écrit quelque part et comme de plusieurs rédacteurs, tous étroitement reliés à quelque « Wagner » et hostiles envers quelque « Faust » potentiel.

524 « On dit qu'Hiro est Procyon » (M. W. Makemson, *Le Lever de l'étoile du Matin* (1941), p. 270). Hiro (maori : Whiro), le maître voleur, est un indubitable personnage mercurien.

525 H. Otten, in *Gilgameš et sa Légende* (1958), p. 140.

526 Un enquêteur prudent doit être conscient des nombreux pièges le long de son chemin comme, par exemple, la méchante habitude d'échanger le Scorpion pour le Cancer (Cicéron par exemple appelle les deux constellations *nepa*) qui semble être à mettre sur le compte de la similarité entre le scorpion et le crabe (*Geocarcinus ruricola*).

527 « *Pukku* et *Mikku* » (voir ci-dessus p. 456) sont perdus « au pleur d'une petite fille » (C. J. Gadd, « Épopée de Gilgameš », *RA* 30, p. 132) ; cela semble légèrement improbable. C'est le rire, ce quelque chose qui cause le naufrage du vieil âge du monde, et introduit le nouveau. Maui perdit son immortalité parce que ses compagnons rirent quand il passa au large de la « maison de la mort » de la Grande Nuit Hina.

528 Cf. l'investigation minutieuse par A. R. Anderson, *La Porte d'Alexandre, Gog et Magog, et les nations enfermées* (1932). Une première version de l'histoire vient d'un franciscain ayant beaucoup voyagé, Ricoldo da Montecroce.

529 W. W. Gill, *Mythes et Chants du Pacifique Sud* (1876), p. 57 ; cf. R. W. Williamson, *Croyances religieuses et cosmiques de la Polynésie centrale* (1924), vol. 2, p. 252 (Îles Australes, Samoa).

CHAPITRE XXIII

530 Même une étude superficielle du roman chinois *Feng Shen Yeni* (Exposé populaire de l'Ascension vers la Divinité) qui, sous l'apparence d'« historiographie » traitant de la fin de la dynastie Shang et du début de celle de Chou, nous parle avec une description fantastique d'une crise majeure entre les âges du monde, révélera au lecteur attentif la quantité de « nouvelles divinités » responsables d'anciennes fonctions cosmiques, qui doivent être nommées à un nouveau Zéro, commençant avec 365 dieux, 28 nouvelles maisons lunaires, etc.

531 Les Symplegades coupaient, cependant, l'ornement de la poupe du bateau (*aplaston akra korymba*), où l'« âme » du bateau était censée résider. Nous ne connaissons pas encore la signification précise de ce trait. Cf. H. Diels, « Das Aphlaston der antiken Schiffe », in *Zeitschrift des Vereins für Volkskunde* (1915), p. 61-80. On doit insister sur le fait que, contrairement à une opinion répandue, les *planktai* et les *symplegades* ne sont pas identiques.

532 Apollonios Rhodios, *Argonautica* 2.592-606 ; Pindare, *Pyth.* 4.210 : « Mais ce voyage des demi-dieux les fit s'immobiliser dans la mort. »

533 Claudianus 26.8-11.

534 Voir le premier Mythographe du Vatican (c. 24, ed. Bode, vol. 1, p. 9) déclarant au sujet de « Pelias vel Peleus » qu'il envoya Jason en Colchide, *ut inde deplisset pellem auream, in quo Jupiter in caelum ascendit*, c.à.d. pour chercher la Toison d'Or, dans laquelle Jupiter monte au ciel. Voir aussi A. B. Cook, « Le Dieu du Ciel Européen », *Folk-Lore* 15 (1904), p. 271 sq., pour une information comparable.

535 F. Boas, *Légendes indiennes de la côte nord-pacifique de l'Amérique* (1895), p. 80 sq. Cf. Frazer, *Mythes de l'Origine du Feu* (1930), p. 164 sq. ; aussi L. Frobenius, *L'enfance de l'Homme* (1960), p. 395 sq.

536 Schol. Soph. O. C. 56 (Mayer, *Giganten und Titanen*).

537 *Codex Florentin* (trad. Anderson et Dibble), vol. 7, p. 60. Voir aussi R. Siméon, *Dictionnaire de la Langue nahuatl* (1885) s.v. « mamalhuaztli : Les Gémeaux constellation » qui ne mentionne pas, cependant, que Sahagûn identifia mamalhuaztli avec des bâtons à feu « astijellos ». Aussi les Tasmaniens se sentaient débiteurs envers Castor et Pollux pour le premier feu (voir J. G. Frazer, *Mythes de l'Origine du Feu* (1930), p. 3 sq).

538 U. Holmberg, *Les Représentations religieuses des peuples Voltaïques* (1938), p. 99.

539 K. Krohn, *Les Runes primordiaux magiques des finnois* (1934), p. 115.

540 W. F. Albright, « L'Embouchure des Fleuves », AJSL 35 (1919), p. 165 ; voir aussi K. Tallqvist, *Akkadische Götterepitheta* (1939), p. 313.

541 Acatl/ Roseau représente, en vérité, le bâton-flèche, le bâton foreur du feu foré et le « symbole du pouvoir juridique ». Voir E. Seler, *Gesammelte Abhandlungen* (1960-61), vol. 2, p. 996, 1102 ; vol. 4, p. 224.

542 C'est dans une tige de férule, narthex que Prométhée, d'après Hésiode et Eschyle, cacha le tison dérobé à l'Olympe (NdT).

543 Voir R. Labat, *Manuel d'Epigraphie Akkadienne* (1963), Nos. 296, 314 ; aussi F. Delizch, *Assyrisches Handwörterbuch* (1896), p. 420 s. v. miskannu ; Tallqvist, s.v. Gilgameš. Albright appelle Gilgameš « le héros producteur de flambeau » (JAOS 40, p. 318).

ÉPILOGUE

544 Tout au long du texte le pronom *nous* a été utilisé aussi peu que possible parce qu'il est plutôt difficile de savoir ce qu'il signifie d'un usage à l'autre. Pour les quelques pages suivantes *nous* apparaîtra nécessairement souvent en se référant uniquement à nous, les auteurs.

545 Voir Ernst Cassirer. *Spache und Mythos*. 1953. Une traduction en français *Langage et Mythe* (À propos des noms de dieux) a été réalisée par Ole Hansen-Love. Paris. Éditions de Minuit. 1973. 127 p. (NdT).

546 En français dans le texte (NdT).

547 Sorte de planétarium qui montre les positions relatives et les mouvements des corps célestes dans le système solaire (NdT).

548 Platon, *La République* Chant XXIV. Lachesis est l'une des trois moires (les Parques, filles de la destinée). Son chant émet un unique son et parle de « ce qui est advenu » tandis que Clôthô chante « ce qui est » et Atropos, « ce qui doit arriver »(NdT).

549 Joachim de Flore né à Celico (Calabre) en 1130, mort à l'abbaye San Giovanni in Fiore, en 1202, est un moine cistercien et un théologien catholique. C'est un millénariste qui en opposition aux théologiens scolastiques, se méfie de la raison et des philosophes grecs. L'influence de Joachim de Flore est considérable du XIIIᵉ siècle, jusqu'à la Renaissance. On retrouve sa pensée eschatologique derrière la recherche de l'« empereur des derniers jours » (Philippe Auguste, ou encore l'empereur Frédéric II). (NdT.)

550 Shakespeare, *Le Viol de Lucrèce*.

551 Giorgio de Santillana, « Paolo Toscanelli et ses Amis », in *Réflexions sur les hommes et les idées* (1968), p. 33-47.

552 Voir W. Hartner, « La Première Histoire des Constellations au Proche-Orient et le motif du combat Lion-Taureau », JNES 24 (1965), p. 1-16, 16 planches.

553 Mais nous ne savons pas. Ces peuples pouvaient calculer aussi bien vers l'arrière que vers l'avant.

554 G. de Santillana, « Le Rôle de l'art dans la renaissance scientifique », in *Réflexions sur les Hommes et les Idées* (1968), p. 137-66.

CONCLUSION

555 La *koiné* ou *koinê* est, au sens propre, une forme de grec ancien, ayant servi de langue commune au monde hellénistique et normalisée à cette époque. Par extension, une « koiné » est une langue véhiculaire dans laquelle se sont fondus différents dialectes et parlers locaux. (NdT.)

556 Traduction de H. N. Fowler, LCL. La traduction Jowett dit : « Le spécifique que tu as découvert est une aide non pour la mémoire mais pour la réminiscence, et tu donnes à tes disciples non la vérité, mais seulement le semblant de la vérité » *(oukoun mnêmês all' hyponnêseôs pharmakon hêures ; sophias de tois mathêtais doxan, ouk alêtheian porizeis)*.

ANNEXE 1

1. Introduction aux *Conversations avec Ogotemmêli*, Marcel Griaule (1965), p. XIV.

ANNEXE 2

2. *Heldenbuch* c'est à dire le « Livre des Héros », nom d'une collection de poèmes en allemand composés au XIIIe et XIVe siècles et dont les sujets moitié historiques, moitié fabuleux, se rapportent au temps d'Attila et de Théodoric (NdT).

3. *Mythologie allemande*, p. 374sq. Voir aussi K. Simrock, *Der ungenähte Rock oder König Orendel* (1845), p. IX.

4. Écrit aussi Ise ou Eise, et dérivé d'Isis par Simrock ; considérant que la modeste maison du pêcheur à sept tours, avec 800 pêcheurs pour serviteurs, Ise/Eisen paraît davantage comme le Roi Pêcheur des romans arthuriens.

5. v.h.a. = vieux haut allemand ; v.n. = vieux norois ; a.s. = anglo saxon (NdT).

6. Dans son introduction à la traduction de Saxo par Elton, p. cxxiii.

7. R.H. Allen, *Noms d'étoiles* (1963), p. 310.

8. *Science du ciel germanique* (1934), p. 255.

9. Ludwig Uhland : poète lyrique allemand (1787-1862) qui fut aussi le fondateur de la philologie allemande. (NdT).

10. Cynewulf : poète anglo saxon qui vécut vers 750. Ménestrel en Northumbrie il fut l'un des premiers poètes chrétiens anglais (NdT).

11. V. *Mythologie allemande*, p. 375 ; I. Gollancz, *Hamlet en Islande* (1898), p. XXXVII, Reuter, p. 256.

12. *O Jubar angelorum splendissime*...voir R. Heinzel, *Über das Gedicht von König Orendel* (1892), p. 15.

13. Varron, écrivain et savant romain né en 116 et mort en 27 av. J. C. Citation depuis *De Lingua Latina*, La Langue latine qui fut longtemps une référence pour les grammairiens latins (NdT).

14. Voir W. Gundel, *De l'appellation des étoiles et de la religion romaine* (1907), p. 106 ; Reuter, p. 256,295sq.

15. Or Lucifer veut d'abord dire « Porte lumière ». C'est le nom mythologique pour l'Étoile du matin. Phosphoros en grec, l'astre du matin que les Romains appelleront Lucifer en latin. Vénus est distinguée depuis la plus haute Antiquité comme l'Étoile du matin et correspond à Lucifer (NdT).

16. Cf. A. Scherer, *Noms des étoiles* (1953), p. 79-81.

17. Gollancz, p. XXXVII.

18. v.h.a. = vieux haut allemand ; v.n. = vieux norois ; a.s. = anglo saxon (NdT).

19. Dans une note de bas de page, Grimm demande (et nous souhaitons connaître la réponse !) : « D'où Matthesius (in Frisch 2,439a) tient il son Pan est le *Wendel* des païens et le premier cornemuster ? » Le mot peut-il se rapporter aux métamorphoses du demi-dieu qui joue de la flûte ? Dans les triades des sorcières, *Wendel* est un nom pour le diable, Mones anz. 8, 124. »

20. *Manuel de mythologie allemande* (1869), § 82, p. 233.

21. Ibid. Voir aussi Simrock, *Les sources de Shakespeare* (1870), pp. 129sq. : « *Dies ward aber wohl in Tell gekürzt, weil man die erste Silbe für jenes vor Namen stehende 'Ehren' ansah, das nach dem d. Wörterb. III 52 aus 'Herr' erwachsen, bald für ein Epitheton ornans angesehen wurde.* »

22. *Mythologie Allemande*, 3. P. XXXIV.

23. « Outgard », « saeter », mots qui dans la mythologie nordique désignent la demeure des géants et des monstres (NdT).

24. V. Rydberg, *Mythologie Allemande* (1907), p. 424sq, 968sq.

25. Salut, Étoile de la mer, mère de dieu et toujours vierge, porte du ciel... (NdT).

26. Sainte Mère du rédempteur. Porte du ciel, toujours ouverte et Étoile de la mer, viens au secours du peuple qui tombe et qui cherche à se relever. Tu as enfanté (Ô Merveille) celui qui t'as créée et tu demeures toujours vierge. Accueille le salut de l'Ange Gabriel et prends pitié de nous pêcheurs (NdT).

27. H. Musurillo, S.J., « L'Hymne Médiéval, Alma Redemptoris », *Classical Journal* 52 (1957), p. 171-174.

ANNEXE 3

28. Voir E. Seler, *Gesammelte Abhandlungen*, vol. 2, p. 507, pour un dessin aztèque du *Tepeyolon*.

29. Les jours Epagomènes : selon Plutarque l'union secrète de Rhéa et de Cronos déplut au dieu Hélios (dieu grec du soleil). Pour punir Rhéa il lança une malédiction selon laquelle elle ne pourrait accoucher « à aucun moment du mois ou de l'année ». Mais Hermès/Mercure aimait Rhéa et alla jouer aux échecs avec la lune afin de lui gagner « la soixante dixième partie de chacune de ses périodes d'éclairement » soit 5 jours qu'il ajouta aux 360 existants. Les Égyptiens appelèrent ces 5 jours, les jours Epagomènes (NdT).

30. Bernandino de Sahagún est né en Espagne vers 1500 et décédé au Mexique en 1590, précurseur de l'ethnographie il a rassemblé des éléments sur la culture et les croyances des populations du Mexique.(NdT)

31. Voir T. S. Barthel, « Quelques principes d'ordre dans le panthéon aztèque » *Paideuma* 10 (1964), p. 80sq., 83. Dans cet article, Barthel a montré, d'une façon plutôt convaincante, la présence de décans dans l'astronomie mexicaine.

32. Voir W. Krickeberg, « Parallèles mexicains et péruviens, » in *Festschrift P. W ; Schmidt*, p. 388.

ANNEXE 4

33. Une nakṣatra ou station de la Lune est l'une des 27 ou 28 divisions du ciel, identifiée par une étoile dominante, au travers de laquelle passe la lune durant son cycle mensuel ainsi que figuré dans l'astronomie et l'astrologie hindoues. La lune prend approximativement une journée pour passer dans chaque nakṣatra (NdT).

ANNEXE 5

34. Edda, Skaldskaparnal. Snorri Sturluson cite ce poème du barde Snaebjörn (NdT).

35. Saxo grammaticus, *Histoire danoise*, p. 402.

36. Mythologie Allemande, § 80, P. 568.

37. « Neuf jeunes filles de l'île rocheuse actionnent la Grotte du moulin de l'île (*eyLúðr*), très loin à l'extrémité de la terre (*út fyrir jarðar skauti*) ». « La (cosmique ?) mer du monde est comme le moulin d'Hamlet ».

38. *Dictionnaire étymologique du vieux norois* (1961).

39. Les colonnes d'Hercule est le nom que l'on donnait dans

l'Antiquité romaine aux falaises qui bordent le détroit de Gibraltar de part et d'autre (NdT).

[40] Briaréos : géant aux cent mains que les dieux nomment Briaréos et les hommes Aigaiôs (NdT).

[41] *Corpus Poeticum Boreale* : 1874, recueil de poésie scandinave par notamment l'auteur islandais Gudbrande Vigfusson (1828-1889) (NdT).

ANNEXE 6

[42] Apollon est le dieu « au rat » ou « à la souris », Apollon Sminthéus qui est à la fois celui qui sauve d'une invasion des rats, et l'ami des rats (ou souris), qui entourent vivants ou figurés, sa statue de culte. L'*Iliade* révèle cet attribut du dieu Apollon (NdT).

ANNEXE 7

[43] A. Olrik, *Les Légendes héroïques du Danemark* (1919), p.460.

[44] *Edda*, trad. F. Genzmer (1922), *Thule 1*, p. 181.

ANNEXE 10

[45] Le mot Cruit signifie littéralement, une poitrine haute et en pointe, telle que celle d'une oie, d'un héron, ou d'un courlis » (O'Curry, *loc. cit.*).

[46] *Testudo eius (navis) est propre quasi prora navis... de qua testudine facta est lyra caeli.* Cf. F. Boll, *Sphaera*, p. 447.

[47] Le barattage de la mer de lait - l'*Amṛtamanthana* - est un des mythes fondamentaux de l'hindouisme (NdT).

ANNEXE 11

[48] A. Christiensen, *Les kayanides* (1932), p. 43.

Dans les récits et légendes de la lutte entre Iran et Turan apparaît *Kay Khosrou*, le huitième et dernier roi de la dynastie des *Kayanides*.

[49] F. Justi, *Iranisches Namenbuch* (1895), p. 160. Dans la plus récente traduction du *Shāh-nāma* (Firdousi : *Das Königsbuch* (1967) jusqu'à, seulement Pt 1, Bks. 1-5 sont perdus), H. Kanus-Credé identifie hardiment le forgeron Kawa avec « awestisch Kawâta » c'est-à-dire avec Kai Kobâd, le premier souverain iranien.

[50] Dahâk avec ses deux têtes supplémentaires de serpents est le même que le « puissant, délirant Dasa avec ses 6 yeux et 3 têtes » de RV 10.99.6. : Visvarupa, fils de Tvaṣṭṛ, et « *Schwestersohn der Asura* » ; cf. Mbh. 12.343 (Roy trad., vol. 10, p. 572).

[51] Pour mentionner seulement Mimir, Regin, Gobann. Kâweh fils de Karnâ, en passant, dont la vie fut épargnée grâce à la rébellion, devint un célèbre paladin de Farîdûn, comme Wittige/Wittich, fils de Wayland le forgeron, devint un fort paladin de Thidrek.

[52] Cf., pour les traditions turques, R. Hartmann, « Ergeneqon, » in *Festschrift Jacob* (1932), p. 68-79.

[53] Pour le mot *Kavi*, voir H. Lommel, *Die Yäshts des Awesta* (1927), p. 171sq. ; E. Herzfeld, *Zoroastre et son Monde* (1947), pp. 100-109.

[54] Voir l'article de Lommel « Kavy Uçan, » in *Mélanges Linguistiques offerts à Charles Bally* (1939), p. 210sq. Que C. Bartholomae (*Altiranisches Wörterbuch* (1904), col. 405) confesse qu'il est « incapable de trouver des relations » entre l'Iranien Kavi Uśan et le Kavy Usha du Rigvéda est une pierre précieuse dans la collection des atrocités philologiques. *Falls meine Etymologie richtig ist, entfällt auch die Namensähnlichkeit.* Similarité, il l'appelle ! Il ressortira au cours de cet essai que sa proposition de dériver le nom Usan de usa-m. (1) *Quelle, Brunnen* ; (2) *Abfluss, Leck...* », n'est pas du tout un obstacle à la compréhension de Kavi Uśan n. Cronos aussi a été dérivé du Grec *krounós*, « source » (voir Eisler, *Weltenmantel*, p. 3782, 3850, nous rappelant aussi la formule pythagoricienne concernant la mer : « *Kronou dakryon*, la larme de Cronos »).

[55] RV 1.51.10 ; 121.12, 5.34.2. C'est particulièrement le mythe Shushna où K. U. remplace Tvaṣṭṛ.

[56] *Taittiriya Sanhita* 2.5.8 (Keith trad., vol. 1 p. 198.)

[57] Mbh. 1.76 (Roy trad., vol 1, p. 185). Pour le rôle de Kāvya Uśanas, cf. Geldner, in R. Pischel et K. F. Geldner, *Vedische Studien*, vol. 2 (1897), p. 166-70 ; pour un lac ou un puits redonnant la vie, possédé par le « méchant Dânavas, » voir Mbh. 8.33 (Roy trad., vol. 7, p. 83). En Irlande, les Tuatha de Danann étaient capables de ressusciter les morts (dans la seconde bataille du Mag Tured), les Fomoriens ne l'étaient pas.

[58] *Zand-Akâsîh : Iranian or Greater Bundahišn*, trad. Par B. T. Anklesaria (1956), p. 271 ; cf. Christnesen, p. 74.

[59] De la même façon, Lug, la force et le cœur des Tuatha de Danann, comme Kṛṣṇa était celui des Pandava, refuse de faire revivre la peau de porc à Tuirill qui, au moyen de cela, aurait pu redonner vie à ses trois fils, Brian, Juchair, et Jucharba.

[60] On le répète : le « Seigneur du Triakontaeteris, » la période de trente ans, le « Jubilé royal » des Égyptiens et des Perses (révolution sidérale de Saturne), est Ptah-Héphaïstos.

[61] Aussi du breuvage enivrant qui la remplace ; Soma appartenait à Tvastri ; Goîbniu Irlandais brassait la bière qui rendait les Tuatha de Danann immortels, et la bière du forgeron caucasien Kurdalogon jouait le même rôle. Quand l'Inanna sumérienne était presque perdue dans le monde souterrain, ce fut Enki qui donna à ses messagers le fluide de résurrection destiné à réveiller la déesse. Et, dernier mais non des moindres, c'est Tane/Kane, le *Deus Faber* polynésien dont les eaux « donnent la vie ».

[62] Leo Frobenius, quand il fut accusé, comme c'est arrivé quelquefois, d'avoir été trompé par des informateurs africains qui « fabriquaient » quantité d'histoires imaginaires qui n'étaient pas « vraies », avait l'habitude de sourire avec bienveillance, et de désigner ce qu'il appelait *stilgerechte Phantasie*.

ANNEXE 12

[63] Nous ne pensons pas qu'il s'agisse d'un « hasard » que ce créateur de temps commence avec la lettre X, représentant l'obliquité de l'écliptique dans le *Timée* de Platon.

[64] Voir J. Scheftelowitz, *Le Temps comme divinité du destin dans la religion indienne et iranienne* (1929), p. 18sq. Voir aussi Burgess (*Surya Siddhanta*, p. 5), qui généralise : « Pour les Hindous, comme pour nous, le Temps est, dans un sens métaphysique, le grand destructeur de toutes les choses ; comme tel il est identifié à la mort, et à Yama, le gouverneur des morts. »

[65] Voir A. Weber (*Die Vedischen Nachrichten über die Nakṣatras*, Pt. 2, p. 278, n. 3) au sujet des Gandharvas comme représentant les jours de l'« année » de 360 jours, selon le *Bhagavata Purāṇa* 4.29.21 (Trad. Sanyal, vol. 2, p. 145) ; Les Indiens comptaient en plusieurs types d'« années » en même temps et ainsi firent les Maya.

⁶⁶ Bhagavata Purāṇa 8, 11 (trad. Sanyal, vol. 3, p. 126).

⁶⁷ Noté par Eisler, *Weltenmantel*, p. 501. Ce que l'auteur (p. 385sq.) est obligé de dire au sujet des « plus primitives empathies anthropomorphiques » (Einfühlungen), en relation avec Ouranos, Gé, Hélios, et Selene, qui sont prétendument, à des kilomètres » du niveau des conceptions hautement abstraites au sujet du Temps éternel », est non seulement une *contradictio in adjecto*, mais aussi une évidente absence de réflexion.

ANNEXE 14

⁶⁸ *Den tredje og fjaerde grammatiske afhandling i Snorres Edda*, ed. par Björn Magnusson Olson (1884), III, 15 (vol 2, pp. 154sq).

⁶⁹ Olson, apparemment un évhémériste endurci, déclarait dans une note : *Hoc versu memoriali viginti quatuor nomina archipiratorum sive regulorum maritimorum continentur*.

⁷⁰ Gering, *loc. cit.* : *Himen hverfa...den Himmel umkreisen... aldom at artale, 'um den Menschen die Zeitrechnung zu ermöglichen. Daher führt auch der Mond den Namen artale Zeitberechner.*

⁷¹ *Tuisko Land* (1891), p. 326 ; voir aussi p. 321.

⁷² (1) « *Schmuck* » (2) « *Putz der Frauen* » ; voir Walde Hofmann, *Dict. Etymol. latin*, vol. 2, p. 126sq.

⁷³ Cf. A. Kuhn (*Die Herabkunft des Feuers und des Göttertranks* (1886), p. 116,) où il se réfère à Aufrecht : « *möndull m., axis rotarum, cotis rotatilis et similium instrumentorum* » ; *ibid.* note 2, citant Egilson : *Möndull m. lignum teres, quo mola trusatilis circumagitur, nobile, molacrum* ; *möndulûre m. manubrium ligneum, quo mola versatur*.

⁷⁴ Voir aussi H. Grassmann, *Dictionnaire du Rig Veda* (1955), col. 976sq.

⁷⁵ Voir L. Wohleb, « Die altrömische und hethitische evocatio » in ARW 25 (1927), p. 209, n. 5 : *Ferner nahle den Männern (nämlich des feindlichen Landes) Mannheit, geschlechtskraft(?) Gesundheit weg ; (ihre) Schwerter, Bogen, Pfeile, Dolch(e) nimm und bringe sie ins Land Chatti.*

⁷⁶ Nous touchons seulement légèrement la famille des *kvern* d'Amlôði ; ce doit être assez pour établir que *quairnus* signifie « pierre de moulin, moulin » en gothique, tandis que le *kirna* vieux norois est le tourbillon. Jacob Grimm (*Histoire de la langue allemande* (1848), p. 471 voulait dériver *quairnus* de *zarna, cruo*, lith. *Girna*, Latv. *Dsirnus* = grain, *kernel*, mais il ne semble pas y avoir de lien entre cela et l'anglais *churn*, et *kirna*, le *churn* en vieux norois. Kuhn (p. 104) attire l'attention sur le sanskrit *carna*, poudre broyée, dérivée dans le Petersburger Wb. de *carv*, écraser, ronger.

⁷⁷ *Dictionnaire étymologique abrégé du vieil indien*, vol. 2 (1963), p. 567sq., 578sq.

⁷⁸ Le pire parmi les cas en question est le radical grec *lyk*, pour lequel les experts insistent sur les deux significations différentes, c.-à.-d. lyk = lumière, et lyk = loup, sans avoir une pensée pour Pythagore, qui nous enseigna : « Les planètes sont les chiens de Perséphone » ; tous les canins mythologiques ont tout à faire avec la lumière.

⁷⁹ Le collectionneur de survivances proprement bizarres se satisfaira du conte suisse suivant (Grimm, TM, p. 697) : « À l'âge d'or quand les ruisseaux et les lacs étaient remplis de lait, un gardien de troupeau eut son bateau renversé, et se noya ; son corps, longtemps recherché, se transforma finalement en crème mousseuse, quand on baratta, et fut enterré dans une cavité que les abeilles avaient construite avec des rayons de miel aussi grands que des portes de ville. »

ANNEXE 15

⁸⁰ U. Holmberg, *Mythologie Finno Ougrienne et Sibérienne* (1964), p. 221. Voir le dessin fait par J. Turi dans *Das Buch des Lappen Turi* (1912), planche XIV : Arcturus = Favina, Polaris/pôle nord = Boaje naste, ou Bohinavlle.

⁸¹ Holmberg, p. 425 ; cf. *Les représentations religieuses des peuples voltaïques* (1938), p. 40.

⁸² A. Olrik, *Ragnarök* (1919), pp. 309sq. L'auteur le considère comme *ein neues Motiv, dass der Hund am Himmel angebracht ist und mit den Sternbildern zu tun hat. Sonst haben wir die Hunde in einem Berg am Ende der Welt...*

⁸³ H. B. Alexander, *Mythologie de l'Amérique du Nord* (1916), p. 116sq.

⁸⁴ Les Sioux tiennent la Grande Ourse pour un cercueil, accompagné par les parents du défunt. Ce tableau n'est pas trop « évident », aussi il est important que l'Ours soit *banat na'sh* pour les Arabes, la bière et ses filles ; la bière est constituée de la caisse du chariot, El na'sh, et la poignée de la Grande Ourse représente les filles. Voir Ideler, *Sternnamen*, p. 19sq. Kunitzsch, *Arabische Sternnamen in Europa*, p. 149, n° 71, ajoute que, selon Athanase Kircher, les Arabes christianisés reconnaissaient dans la constellation le cercueil de Lazare, suivi des parents Marie, Marthe, et leur servante (*al ana*). Voir aussi Henninger, ZfE 79, p. 81. En raison de l'influence islamique, la constellation est appelée *bintang al'nash*, étoile de la bière, par le peuple des Minangkabau, Sumatra du Sud. (Voir H. Werner, *Le Catastérisme du mythe d'Osiris*, IafE 16 (1954), p. 154.)

⁸⁵ (Proklos ad Hesiod, opp. 382) Boll and Gundel, in Roscher s.v. Sternbilder, col. 876.

⁸⁶ Pour le nom Alcor et sa tradition, voir Kunitzsch, pp. 125sq.

⁸⁷ Voir F. X. Kugler, S. J., *Ergänzungsheft zum 1. u. 2 Buch* (1935), pp. 56sq. ; P. F. Gossmann, *Planetarium Babylonicum* : « L'étoile au rayon du chariot est l'étoile renard : Era, la puissante parmi les dieux. En usage astrologique, elle représente au dessus de toutes les planètes Mars/Nergal. » Voir aussi E. F. Weidner, *Handbuch Babyl. Astr.* (1915), p. 141 ; E. Burrows, S. J., « La Constellation du Chariot et l'Archéologie Recente, » in *Festschrift Deimel* (1935), p. 34, 36. Le dit Nergal, Mars, à qui appartient Alcor dans les series mulAPIN, commence la première inondation comme nous l'apprenons de Utnapistim voir p. 279 sous le nom d'Era, il réussit à démarrer un nouveau, selon l'Era Epos.

⁸⁸ 257 ; E. Maass, *Commentariorum in Aratum Reliquae* (1898), p. 391, 11. 3sq.

⁸⁹ *Folk Lore dans l'Ancien testament* (1918), vol. 1, p. 143sq.

ANNEXE 16

⁹⁰ « L'indo-germanique dans la Voluspa », *Numen* 14 (1967), p. 173.

⁹¹ Pourquoi l'auteur, dans cet excellent article, mentionne-t-il « des visions extatiques », cela reste incompréhensible, à moins que l'on préfère appeler « vision extatique » chaque considération sur les situations astronomiques ce qui serait un véritable *nouveau* pour mesurer le vaste abîme qui existe entre les sciences et les humanités à notre époque.

⁹² *Heimdalur hoðut heitir sverdh* ; voir Simrock, *Handbuch*, p. 272sq.

[93] TM, p. 22 (voir aussi p.1290) ; la traduction anglaise dit « la tête du loup, avec laquelle Heimdallr fut tué », mais l'original (*Deutsche Mythologie*, p. 15) ne mentionne pas de loup.

[94] *Heimdallrls Horn* (1937), p. 151.

ANNEXE 17

[95] Pour mentionner seulement quelques titres utiles : Joseph Needham, *Science et civilisation en Chine*, vol 4, Pt II, (1965) ; le chapitre Gordon Childe sur le « Mouvement Rotatif », *in* Singer et al., éds., *Une Histoire de la Technologie*, vol. 1 (1954), p. 187sq. ; Hugo Theodor Horwitz, « Le mouvement rotatif dans sa signification pour le développement de la culture materielle », *Anthropos* 28 (1933), 29 (1934). John Storck et Walter Dorwin Teague, *Farine pour le pain de l'homme : Une histoire de la meunerie* (1952) ; Lynn White, *Technologie médiévale et changement social* (1962). Ce titre est un grotesque euphémisme.

[96] « Moulins », *Antiquité* 11 (1937), p. 133f. Voir aussi L. A. Moritz, *Moulins à grain et farine dans l'Antiquité classique* (1958), p. 12, il parle du moulin médiéval.

ANNEXE 19

[97] Ouvrage déjà mentionné. *Über russische Zauberformerln* Helsinki (1909), p. 168-213 : « La mer, la Pierre, la Vierge Marie. »

[98] Buoy que l'on traduit par « balise » en français (NdT).

[99] Ainsi il est dit que « sur les montagnes de Zion, sur la pierre blanche se tient le pilier et l'autel du Christ » ou « un pilier de la terre au ciel ». Dans une prière qui est adressée au Christ : « Ô, toi terrible pilier de pierre » (*O, du tödliche Steinsäule*, Mansikka, p. 187).

[100] Mansikka, p. 189 ; voir aussi la formule aux p. 35 sq. : « Il y a une Mer Océan sacrée, en son milieu se tient une pierre blanche, sort un serpent furieux, le Scorpion. Dans le marais du diable se tient la pierre blanche Latyr ; mais sur la pierre blanche Latyr est assis le diable en personne. »

[101] O. Dähnhardt, *Natursagen* (1907-1912), vol. 1, p. 60-62. Les Mordves sont un peuple établi à l'ouest de la Volga, qui occupe un territoire qui s'étend de l'Ukraine à l'Asie centrale (NdT).

[102] J. Dowson, *Un Dictionnaire classique de la mythologie indienne* (8e éd. 1953), p. 32sq.

[103] Mbh. 1.180-82 (Roy trad., vol 1, p. 410-14).

[104] « L'eau dont le monde prit son origine », selon H.G. Jacobi, *Mahābhārata* (1903), p. 20.

[105] Cf. RV 1.116.12 ; SB 14.1.1.18-25 (Eggeling trad., vol. 5, p. 444sq.) ; *Bṛhad Devatââ* de Saunaka 3.16.25 (Macdonell trad., vol. 2, p. 82-85).

[106] Cf. RV 1.84.13 ; Mbh. 12.343 (Roy trad., vol. 10, p. 578). Comparer pour toute la tradition, K. Rönnow, « Zur Erklärung des Pravagya, des Agnicayana und des Sautrâmaṇî », *Le Monde Oriental* (1929), p. 113-73 ; voir aussi A. Keith, « Mythologie indienne », MAR 6 (1917), p. 61, 64.

[107] Mbh. 12.348 (Roy trad., vol. 10, p. 605).

[108] Mbh. 12.343 (Roy trad., vol. 10, p. 583).

[109] Voir p. 311. Cf. aussi Varāhamihira, le *Bṛhad Saṃhitā*, trad par H. Kern, in JRAS 5 (1871), p. 24. Pour une légende similaire et très particulière des Maori, voir *The Lore of the Whare-wânanga*, trad. Par S. Smith, in *Mem. Polynesian Soc.* 3 (1913), p. 156sq, 164, et M. Makemson, *L'Étoile du matin se lève : Un compte rendu de l'astronomie polynésienne* (1941), p. 157, pour un résumé. Là, les eaux célestes de Rangitamaku (le ciel qui repose directement au-dessus du visible) devinrent surchauffées et s'évaporèrent, de telle sorte que toutes les compagnies de poissons célestes durent émigrer en descendant sur la « Route de l'Araignée », où elles rencontrèrent Tawhaki montant son expédition pour venger son père.

[110] Par exemple, Stephane de Byzance mentionne un temple de Poséidon-Canope ; voir P. Casanova, « De quelques légendes astronomiques arabes », in BIFAO 2 (1902), p. 11.

[111] Yasht 19.51 ; voir E. Herzfeld, *Zoroastre et son monde* (1947), p. 571 ; aux conceptions iraniennes on doit comparer l'hymne rigvedien dédié à Apāṃ Napāt (RV 2.25), où l'on dit qu'il « brille dans les eaux » brûlant de manière inextanguible, le conducteur des chevaux (2.35.5 : *Il s'est étendu dans les eaux, l'Apsū*, 2.35.6 : « *C'est là le lieu de naissance du cheval et de ce soleil* »).

ANNEXE 20

[112] Voir J. Eisenmenger, *Entdecktes Judenthum 1* (1711), p. 844-46 ; cf. *Le Zohar*, 144a, 146a (trad par H. Sperling et M. Simon, (1956), vol. 2, p. 63, 70sq) : « Car Jacob conquit le serpent avec prudence et habileté, mais principalement au moyen de la chèvre ; et bien que le serpent et Samuel soient les mêmes, cependant il conquit aussi Samuel par une autre méthode comme décrit dans le passage, disant : et là lutta avec un homme à la tombée du jour » (Gn. XXXII). Et : « Une autre bénédiction, lui (Jacob) reçut de l'ange, le commandement d'Esaù ». A. Jeremias (ATAO, p. 324) maintient que la lutte prit place à « Nîbiru » qu'il identifie, ici, avec le solstice, mais voir annexe 39. Pour les anges comme des étoiles, voir aussi M. Knapp, *Antiskia*(1927), p. 33-36.

ANNEXE 22

[113] *Sūrya-Siddhânta*, trad. Par E. Burgess (1860 ; repr. 1935), 8.13, p. 248 sq.
Siddhanta : texte astronomique, dit être une révélation directe du soleil (NdT).
Rohini: La Rouge (NdT).
Pāncatranta : cinq livres (NdT).
Prajāpati : Père de la création (NdT).

ANNEXE 23

[114] Le Manuel de l'astrologie sassanide Zïj-i Shãh, et la doctrine de « transit » astrologique (Mamarr) » JAOS 78 (1958), p. 259.

[115] « Études pour la compréhension de l'astronomie archaïque », *Symblon, Jahrbuch für Symbolforschung* 5 (1966), p. 162-219.

ANNEXE 24

[116] Mircea Eliade. *Le Yoga. Immortalité et Liberté*. Payot p. 113. « Tapas : ce terme (litt. chaleur, ardeur désigne l'effort ascétique en général. Le « tapas » est nettement attesté dans le Rg Veda et ses pouvoirs sont créateurs aussi bien sur le plan cosmique que spirituel : par le tapas, l'ascète devient clairvoyant et même incorpore les dieux. » (NdT.)

ANNEXE 25

[117] En français dans le texte (NdT).

ANNEXE 26

[118] Lucien, « De Dea Syria », *Lucian*, trad. Par A. M. Harmon, vol. 4, cols. 19-27, LCL. Lucien prétend que Kombabos était le prototype du *gallos*, que d'après son exemple les prêtres de la Grande Déesse se castraient eux-mêmes et mettaient des vêtements de femmes. Voir aussi F. Liebrecht, *Des Gervasius von Tilbury Otia Imperialia* (1856), pp. 216sq. ; Ganschinietz, in RE 11, cols. 1132-39 ; E. Benveniste, « La légende de Kombabos », *Mélanges syriens offerts à René Dussaud* (1939), p. 249-58.

[119] *Die Phönizier* (1841/1967), vol. 1, p. 154, 306-09, 686-89.

ANNEXE 28

[120] J. Mooney, « Mythes des Cherokee », 19e ARBAE 1897-98 (1900), p. 243-250.

ANNEXE 29

[121] L'« uranographie » de Macrobe est des plus embarrassante. Il prétend que « aussi longtemps que les âmes se dirigeant vers le bas restent en Cancer, elles sont considérées en compagnie des dieux, car dans cette position elles n'ont pas encore quitté la Voie lactée. Mais quand dans leur descente elles avaient atteint le Lion, elles entraient dans les premières phases de leur future condition... L'âme, descendant de l'endroit où le zodiaque et la Voie lactée se croisent, est transférée dans sa course vers le bas depuis une sphère, qui est la seule forme divine, vers un cône... » Nous avons déjà remarqué (p. 291) que Macrobe, en dénommant la « Porte du Cancer » le croisement de la galaxie et du zodiaque, parle de signes et non de constellations. Comment les âmes, descendant de ce croisement de la Galaxie et de l'écliptique, entre le Taureau et les Gémeaux, se trouveraient sur le Léthé dans la Coupe, au sud du Lion et de la Vierge, reste un mystère. Macrobe n'avait apparemment pas l'habitude de regarder le ciel, et dans ce sens, il était un personnage très moderne.

[122] Ainsi sont les rivières de désir et de deuil (Hédoné et Lypé) de Theopompus (Livre 8 de son *Philippika*) qui ont été comparées à nos rivières par E. Rohde (« Zum griechischen Roman », Rh. Mus. 48 (1893), p. 123sq.). En Polynésie nous trouvons ensemble à proximité l'« eau de vie » et l'« eau de mort » (voir R. Williamson, *Religions et croyances cosmiques de la Polynésie centrale* (1924), vol. 1, p. 334, 344 ; vol. 2, p. 169sq.).

[123] Plusieurs fleuves terrestres appelés Léthé, mentionnés par Gruppe (*Griechische Mythologie* (1906), p. 817) sont d'un considérable intérêt ; ils coulent au pied de plusieurs « Roches Blanches » (*Leukates skopelos*), l'un d'entre eux a le nom *agelastos petra*, le rocher sans rire.

ANNEXE 32

[124] Voir P. Jensen, *Die Kosmologie der Babylonier* (1890), p. 377, 422sq. ; K. Tallqvist, *Akkadische Götterepitheta* (1934), p. 244 (voir aussi p. 283 : Dim gul an na « Himmelspfahl » = Ninurta, et Dim guikalam ma « Weltpfahl » = Ninurta). Voir C. Bezold, *Babylonisch-Assyrisches Glossar* (1926), p. 296 : « Pfahl, Prügel, Schiffspfahl, Mast » ; A. Salonen, *Nautica Babyloniaca* (1942), p. 85 ; « (Anker) pfahl ». A la p. 104 Salonen explique *tarkulla* comme « le mât » et c'est le mât du bateau d'Ea : *Sein (des Ea Schiffs) Mast ist in der Schiffsmitte aufgestellt, schwebt am Himmelsband*. Voir aussi R. Labat, *Manuel d'épigraphie akkadienne* (1963), no. 94, p. 81 ; DIM *riksu*, lien ; dimmu, colonne ; DIM GAL *tarkulla*, mât ; no. 122a, p. 93. ; DIM GUL *tarkullu*, mât. Cf. B. Meissner, *Beiträge zum Assyrischen Wörterbuch I* (1932), p. 58sq., et A. Schott, *Das Gilgameš Epos* (1958), p. 90, n. 19 : « Das Weltenruder ? »

[125] Pour l'explication des nombreux termes, voir P. F. Gossmann, *Das Era Epos* (1956), p. 55 ; voir aussi Ebeling, AOTAT, p. 227.

[126] Eric Burrows, S.J., « Quelques modèles cosmologiques dans la religion babylonienne », *Le Labyrinthe*, éd. par S. H. Hooke (1935), p. 46sq. (Que nous ne partageons pas les trop simples opinions de l'auteur, va sans dire.)

[127] Voir W. Max Müller, *Mythologie égyptienne* (1918), p. 376, n. 79.

[128] *Textes des Pyramides*, ed. par S. Mercer (1952), p. 794c : « Le grand min.t (pieu) pleure pour toi » ; cf. 876c, 884b [« le grand min.t se lamente pour toi, comme pour Osiris dans ses souffrances »], et 2013b.

[129] *Textes des Pyramides*, vol. 2, p. 399 ; voir aussi p. 361. Voir p. 371, 398 pour *mini* « paître, accoster (mourir) » et *mini.w*, dérivé *dmini*, comme une épithète d'Anubis 793c : « Celui qui est sur le *min.w* ». « Le min.w ici semble indiquer la caisse pour les membres d'Osiris. »

[130] H. Brugsch (*Thesaurus Inscriptionum Aegyptiacarum* (1883-91 ; repr. 1968), p. 122, 130, 188) la prend pour un « couteau » ou une « épée » ; plus tard (*Die Aegyptologie* (1891), p. 343) il l'écrivit « cheville du navire » (« Schiffspflock » et « Doppelpflock »).

[131] O. Neugebauer et R. Parker, *The Ramesside Star Clocks* (1964), p. 7.

[132] Autrefois ils étaient appelés « les tableaux horaires thébains » (*Thebanische Stundentafeln* ou *Thebanische tafeln ständlicher Aufgänge*).

[133] Neugebauer et Parker, « Le Ramesside Star Clocks », p. 7 : (1) le « prédécesseur, ou le « devant du poteau d'amarrage » (2) « n'est pas traduisible » (3) « suivant du devant du poteau d'amarrage » (4) « poteau d'amarrage » (5) « suivant du poteau d'amarrage » (6) « suivant qui vient après le poteau d'amarrage ».

[134] Nous espérons qu'un éclaircissement est contenu dans le troisième volume des *Textes astronomiques égyptiens* de Neugebauer. Dans le vol. 2, p. 7 il déclare, en rapport avec les étoiles heures : « dans quelle mesure, si jamais elles le sont, les constellations du lion, le poteau d'amarrage, l'hippopotame, et peut-être d'autres, peuvent être assimilées avec des personnages similaires dans les constellations *dites du nord* telles que peintes sur de nombreux plafonds astronomiques... est un problème dans lequel nous n'avons pas l'intention d'entrer jusqu'à ce que toute la preuve puisse être présentée dans notre volume final. Que le problème soit plus complexe qu'il peut apparaître au premier coup d'œil, au moins pour ce qui concerne les deux hippopotames, est suffisamment montré par le fait que sur les plafonds l'hippopotame n'est jamais appelé *rrt*, n'est *jamais* montré avec deux plumes comme coiffure, et a très fréquemment un crocodile sur son dos.

[135] Que l'on dise que l'Ourse est la cuisse d'un taureau indique assez clairement le Taureau ; nous avons mentionné qu'il y a aussi une « patte avant de Khnoum » disponible, celle d'un bélier, et que à Dendera un bélier est assis sur la Patte de l'Ourse : laquelle patte appartient à la constellation marquant l'équinoxe de printemps. A l'objection que la constellation telle que peinte dans les peintures égyptiennes montre clairement la *patte postérieure d'un bœuf*, nous devons répondre que les textes insistent en parlant de la patte avant d'un taureau ; en d'autres termes, la ressemblance réelle ne compte pas tellement, apparemment (cf. annexe 27).

[136] Même si nous n'avons pas d'autre preuve, le Ramesseum est assez satisfaisant, montrant au centre, précisément sous Maskheti, le babouin assis sur la colonne-Djed ; nous savons depuis Horapollon (1.16) que le babouin accroupi indique les équinoxes ; tandis que le troisième registre, plus bas, montre des chiens aux deux extrémités, et nous savons de Clemen Alexandre (*Strom.* 5.7, 43.3) que ceux ci représentent les Tropiques.

[137] P. Casanova, « De quelques Légendes astronomiques Arabes, » BIFAO 2 (1902), p.18.

[138] Cité par P. E. Jablonski, *Pantheon Aegyptiorum* (1752), vol. 3, p. 141sq.

[139] Casanova, p. 153. Cf. H. Kees in RE s.v. Menouthis, cols 968sq., qui mentionne aussi une dédicace à « *Eisidi Pharia, Eisin tēn en Menouthi,* » et qui désigne un sanctuaire de Menouthis, célèbre comme « sanatorium » et remplacé, plus tard, par un monastère. W. Max Müller, à son tour (*Mythologie égyptienne* (1918), p. 397, n. 94), nous informe ainsi : « À l'époque grecque le nom *Menuthias* (Ile de l'Infirmier) fut donné à une île mythique au sud comme étant la demeure de l'infirmière divine (d'Horus), et plus tard ce fut identifié avec Madagascar comme l'île du sud la plus éloignée, le monde du bas. » Müller semble prendre Menouthis pour la même que Thermouthis, la fille de ce Pharaon qui trouva Moïse dans le Nil (Josephus, *Antiquités juives* 2.9.5-7, 224 ; Bk. Jub. XLVII.5 : Tharmuth), sans donner les sources ou les raisons pour le faire. Nous aimerions beaucoup savoir si oui ou non *mnj.t* est identique, ou a quelquechose à voir avec « Menât ou Heliopolis » que Brugsch assimila à Satit d'Eléphantine (parmi toutes les divinités !) ; il serait décisif de le savoir. (Cf. Brugsch, *Religion und Mythologie* (1891), p. 301 ; Brugsch, *Thesaurus* (1883-91 ; repr. 1968), p. 107.)

[140] Il y a quelques années, un mathématicien à Francfort, qui avait investi beaucoup de temps d'ordinateur dans les horloges étoile, se disait sur que ce *mnj.t* devait se terminer en *alpha* Centauri. En ce qui concerne les plafonds astronomiques, nous avons sans doute à l'esprit la façon par laquelle les derniers zodiaques de Dendera et Esne (temps romain) « projèttent » la Grande Ourse/*Maskheti*, la cuisse du taureau (ensemble avec Isis-Hippopotame et la chaîne) dans le zodiaque, à savoir, entre le Scorpion et le Sagittaire (Esne), et entre le Sagittaire et le Capricorne (Dendera). Il y a, de plus, une remarquable survivance arabe (R. Böker, citant Chwolson (1859), dans la traduction d'Aratus de A. Schott, *Sternbilder und Wetterzeichen* (1958), p. 119) présentaient Sagittaire degré 30 : « Au droit du degré est *Meshkedai,* celui qui met en forme les images divines. »

ANNEXE 33

[141] Voir pour le riche thème des « héros à l'intérieur des collines, » J. Grimm, TM, pp. 951-62 ; Axel Olrik, *Ragnarök* (1922), p. 353-62.

[142] Ce rôle est autrement attribué à Beli (ou Belis), frère de Bran, « le Roi nain des Antipodes » ; plus tard il a le nom de Pelles. « Dans la poésie galloise la mer est renvoyée à l'alcool de Beli et les vagues au troupeau de Belli » (R. S. Loomis, *Le Graal* (1963), p. 110-12). « Ailleurs il est imploré comme Beli victorieux qui préservera les qualités de l'île chérie de Beli » (Mc Culloch, in ERE 3, p. 290).

[143] F. Kampers, *De l'évolution de la mystique occidentale de l'empereur* (1924), p. 109 ; Kampers, *Alexandre le Grand et l'idée de l'empereur du monde dans la prophétie et la légende* (1901), p. 145-48.

[144] *Orphée le Pêcheur* (1921), p. 151-62, esp. P. 153.

ANNEXE 34

[145] ANET, p. 96, n. 232. Les conclusions tirées de cette note de bas de page par N. K. Sandars dans son interprétation de l'EG dans la forme d'un « récit fidèle » sont, comme dans toute son entreprise, une déformation volontaire de la vérité, à moins que l'on accepte l'esquive des nombreux éléments chancelants et les obscurités et la fabrication d'un « Gilgameš rendu facile» pour un progrès digne d'éloges.

[146] Frg. 362 (Pearson ed.) = frg. 335 *Tragicorum Graecorum Fragmenta,* ed. A. Nauck (1964), p. 209sq., de Kōphoi Saturoi.

ANNEXE 35

[147] *Bibliothèque,* ed. R. Henry (1962), vol. 2, p. 56.

[148] M. Riemschneider (*Augengott und Heilige Hochzeit* (1953), p. 59) interprète le nom : *Der Hinaufschauer, der Hinaufwürfler.*

ANNEXE 36

[149] « Les Rois Mages de l'Orient dans les traditions orientales », in *Festschrift Popper* (1951), p. 386.

[150] *Sunt qui dicunt, stellam Magorum suo completo ministerio in puteum cecidisse Bethlehemicum et illic eam intro videri autumant.* Voir F. Liebrecht, *Des Gervasius von Tilbury Otia Imperiala* (1856), p. 1, 53.

[151] Thymiatherion, ou thyterion. Michel Scotus cependant en fait *puteus sive sacrarius.*

[152] Reste à voir si Ara a quelque chose à faire avec cet énigmatique puits de GEN. XXI.31, 33, appelé Beer-Sheba, qui est soit « Puits des Sept » ou « Puits du Serment ». La Septuante propose le Serment, XXI.31 : *phrear horkismou* ; XXI.33 : *kai ephytesen Abraam arouran epi tō phreati tou horkou kai epekalesato ekei to onoma Kyriou Theos aiōnios.* (comparer aussi T. Nöldeke, « Sieben Brunnen, » ARW 7 (1904), p. 340-44.)

[153] Apocalypse de saint Jean Révélation de Jésus Christ (*Apocalypse signifie révélation*), que Dieu lui a donnée pour montrer à ses serviteurs les choses qui doivent arriver bientôt, et qu'il a fait connaître, par l'envoi de son ange, à son serviteur Jean. « De la fumée sortirent des sauterelles, qui se répandirent sur la terre; et il leur fut donné un pouvoir comme le pouvoir qu'ont les scorpions de la terre. Ces sauterelles ressemblaient à des chevaux préparés pour le combat ; il y avait sur leurs têtes comme des couronnes semblables à de l'or, et leurs visages étaient comme des visages d'hommes. Elles avaient des queues semblables à des scorpions et des aiguillons, et c'est dans leurs queues qu'était le pouvoir de faire du mal aux hommes pendant cinq mois. »

[154] Voir F. R. Schröder, *Skaði et les dieux des Scandinaves* (1941), p. 19-25.

[155] K. Florenz, *Die historischen Quellen der Shinto-Religion* (1919), p. 423 ; voir aussi p. 37sq., 153-62 ; et *Nihongi,* trad. Par W. Aston (1956), p. 40-49)

[156] La question reste de savoir si la « haute tresse-Soleil » est la même que la « tresse gauche », étant appelée ainsi parce que tressée de gauche à droite, et la « tresse dont les extrémités des racines sont tressées ensemble » au moyen de quoi Amaterasu fut empêchée de revenir à jamais dans cette caverne (sans rire), selon Nihongi et Kojiki (voir Florenz, *Quellen der Shinto-Religion,* p. 40, n. 22).

[157] Orph. Frg. 189, Kern p. 216 : *Demeter prote kai tas dittas trophas dieilen.*

ANNEXE 37

[158] *Les Hiéroglyphes de Horapollon*, trad. Par G. Boas (1950), p. 89. — Horap. 2.21. : *pos polychronion. Elaphos kat'eniauton blastanei ta kerata, zographousmena de, polychronion semaiei*.

[159] « Interprétation de plusieurs passages d'Horapollon », in *Suppl. 5 aux annales du Service des Antiquités de l'Égypte* (1947), p. 16. « Les Égyptiens avaient remarqué la ressemblance entre les cornes d'un bouquetin, caractérisées par de nombreux nœuds, et le signe qui est originairement une branche de dattier » (cette branche étant la partie principale du hiéroglyphe pour « année », *rnp*).

[160] M. Sandman Holmberg, *Le Dieu Ptah* (1946), p. 22, 64 sq., 77, 178-180.

[161] F. J. Lauth, « Horapollon », SBAW (1876), p. 68. Cela demeure une tragédie que seulement dix-neuf des explications de Chairemon aient été préservées par Tzétzès, qui déclara seulement que Chairemon avait donné *kai heura myria*.

[162] A. Weber, « Les informations védiques de Naksatra », APAW 2 (1862), p. 281-88, esp. p. 286-87.

ANNEXE 38

[163] La traduction de Geldner du sanskrit *arani* en « Conducteur » (Wagenlenker) a été contestée par P. Thieme (*Untersuchungen zur Wortkunde und Auslegung des Rg Veda* (1949), pp. 26-35). *Arani* (fem.) de *Ara*, le rayon, étant la totalité des rayons, selon Thieme, il traduit RV 6.7.1 « (l'Agni), la tête du ciel, la couronne de rayons de la terre » désignant aussi au 1.59.2 : « Agni et la tête du ciel, l'ombilic de la terre. Ainsi il est devenu la couronne de rayons des deux mondes. »

ANNEXE 39

[164] *Enuma eliš* (lorsque en haut ...) est l'épopée babylonienne de la création du monde. Le texte fut découvert au XIX siècle sous forme de fragments dans les ruines de la bibliothèque d'Assurbanipal à Ninive. Cette version de l'épopée, qui date probablement du XII siècle av. J.-C., est composée de sept tablettes d'argile couvertes d'écriture cunéiforme. La plus grande partie de la cinquième tablette n'a jamais pu être retrouvée. Mis à part cette lacune, le texte est quasiment complet. L'épopée décrit l'élévation de Marduk, dieu tutélaire de Babylone, au dessus des autres divinités mésopotamiennes ainsi que la création du monde et de l'Homme.
Il existe diverses versions de *Enuma eliš*, la plus ancienne datant probablement du III millénaire av. J.-C. (NdT).

[165] Le terme est « étoiles Lumashi », et il n'est pas encore certain de ce que ces étoiles signifient. F. Kugler (*Sternkunde und Sterndienst in Babel*, (1907-13), vol. I, p. 259) proposa qu'il s'agissait des « signes » du zodiaque ; E. Weidner (*Reallexikon der Assyriologie* (1932), vol. 3, p. 83) limitait cette signification au V siècle av. J.-C. et après, tandis que O. Neugebauer (*Les Sciences Exactes dans l'Antiquité* (1962), p. 140) estimait que les signes du zodiaque (au lieu des constellations) n'étaient pas encore introduits en 418 av. J.-C. Il y a des textes qui incluent parmi les étoiles Lumashi : Cygnus, Cepheus, Aquila, Orion, Sirius, Centaurus (A. Jeremias, HAOG, p. 200 ; P. Gössmann, *Planetarium Babylonicum*, 250), et ceci semble exclure le zodiaque. C. Bezold (Boll Bezold, *Antike Beobachtungen farbiger Sterne* (1916), p. 149 ; voir aussi Bezold, *Babylonisch Assyrisches Glossar* (1926), p. 160) qui proposa de comprendre les étoiles Lumashi comme les « étoiles de Jupiter » ; ceci fut accepté par Meissner (*Babylonien und Assyrien* (1932), vol.2, p. 408) mais Weidner (RLA 3, p. 80) prétendait que Bezold était parti de bases erronées.

[166] Cette dignité doit s'être perdue après le premier (?) déluge (ou à cause de lui ?), autrement Marduk ne pourrait pas demander avec reproche où se trouve « Ninigingargid, le grand charpentier de mon bateau d'Anu » (Épopée Era, tabl. 1,155 ; Gössmann, *Do-Era-Epos* (1956), p. 98).

[167] Cf. C. Bezold, *Glossar*, p. 13sq ; E. Ebeling, RLA 3, p. 2sq. ; P. Jensen, *Kosmologie*, p. 128 ; E. Weidner, *Handbuch*, p. 26 ; P. Gössmann, *Planet.*, 311 ; *Nibiru ist eigentlich de Überfahrtsstelle. Der Stern der Überfahrtsstelle ist der Marduk stern Jupiter, wenn er den Meridian überschreitet.*

[168] HAOG, p. 134 ; Weidner (RLA 2, p. 387) : « Si l'étoile Marduk Nébaru est en vrai = Canope, elle reste à vrai dire aussi incertaine. » P. 247, n. 2, Jeremias généralise sans plus de cérémonie : *Kulminationspunkt der Sterne im Orismeridian*.

[169] Weidner, *Handbuch*, p. 33, mais il l'a écrit au moins trente ans plus tôt que ses articles dans RLA.

[170] Meissner, *Bab. und Assyr*.2, p. 408.

[171] « Akkadian d-tamtum », *Festschrift Deimel* (1935), p. 185-91.

[172] « Die fünfzig Namen des Marduks », Afo 11 (1936), p. 210.

[173] Böhl s'interroge sur ce passage qui lui paraît essentiel pour la compréhension du texte mais admet objectivement qu'il est l'un des plus difficile à traduire.

[174] Böhl mentionne cette identification, en référence à Bezold et Schott, p. 211, n. 47.

[175] L'« exaltation » d'une planète est sa position dans le zodiaque où elle est supposée exercer son influence la plus grande.

[176] Voir E. Weidner, « babylonische Hypsomatabilder, » OLZ 22 (1910), cols. 14sq. ; Weidner, *Gestirn-Darstellungen auf Babylonischen Tontafeln* (1967), p. 9sq., 134, n. 166, et planches V, VI (VAT 7847). Un passage du *Taittiriya Brahmana* (5.1.1) doit aussi être considéré : « Lorsque Jupiter naquit d'abord, il battit le naksatra par son éclat. » P. Sengupta, qui cita la ligne dans son introduction à la traduction de Burgess du *Surya Siddhanta* (1935, p. xxxiv), se trompa complètement en prétendant que cela décrivait « la découverte de Jupiter » et en ajoutant, « le groupe d'étoiles de Pushya (delta eta gamma Cancri) n'a pas d'étoiles brillantes et la planète Jupiter fut détectée lorsqu'elle vint près de ce groupe d'étoiles. »
Aux experts parfaitement initiés qui sérieusement désignent d'un doigt tendu la situation que le naksatra Pushya était anciennement appelé Tishya (voir, par ex., Scherer, *Gestirnnamen*, p. 150, et qu'il signifie Sirius, nous pouvons, pour l'instant, seulement répondre que nous sommes conscients de cette situation particulière. Les « solutions » prématurées ne servent à rien.

[177] Certes, Böhl ne le dit pas si explicitement, sa formulation étant aussi imprécise que possible. Il prétend qu'à l'époque de la Nouvelle Année (équinoxe de printemps) l'orbite de Jupiter était observée avec particulièrement de soin. « Man beobachtete, so dürfen wir annehmen, wie er (wohl von der äusseren Ea Sphäre her (sic !) in den Anu Bereich eintrat, diesen Bereich durchquerte (ebēru, itbūru) und ihn dadurch gleichsam feierlich in Besitz nahm. »

[178] Pour ces « Chemins » très discutés, voir van der Waerden, « Les Trente-six Étoiles, » JNES 8 (1949), p. 16 ; Weidner, *Handbuch*, p. 46-49 ; Meissner, *Bab. und Assyr.* 2 p. 407sq ;

Bezold-Kopff-Boll, « Zenit- und Aquatorialgestirne, » SHAW (1913) ; Schaumberger, 3. *Erg.*, p. 321-30.

[179] Voir traduction de Sachs, ANET, p. 232, l. 274sq.

[180] Environ 3600 mètres carrés ; voir Heidel, EG, p. 82, n. 173.

[181] Traduction de A. Schott : *Sa superficie était un grand champ*. Comparer pour les détails, Schott, « *De ma traduction de L'Épopée de Gilgameš* », ZA 42 (1934), p. 37sq., 40.

[182] Un indice, au moins (probablement beaucoup plus) sur la situation est contenu dans la tablette cunéiforme K 3476 traitant de la fête de la Nouvelle Année babylonienne, traduite et commentée par Heinrich Zimmern (Zum babylonischen Neujahrsfest, BVSGW 58 (1906) 3, p. 127-36), qui dit que Marduk se tient avec ses pieds en Ea (lignes 20-21 : « (Das ist) Marduk (...) (der (?) mit (?)) seinen Füssen innerhalb (?) Eas liegt »). Dans une note, Zimmern propose de comprendre cette ligne comme une « allusion à une constellation connectée avec Marduk (Auriga ?) qui joint une constellation connectée avec Ea (Bélier ?). » S. A. Pallis, peu enclin aux notions astronomiques, établit que « Marduk se tient (?) avant (?) Ea » ; la présence sans ambiguïté de la planète Vénus dans la seconde partie de la phrase ([hakkabu]DIL.BAT) l'obligea à la concession : « Peut-être cela réfère-t-il à certaines conditions astronomiques » (*La Fête babylonienne Akîtu* (1926), p. 217). En 1926, la littérature suffisante à propos des « Trois Chemins » était disponible.

[183] Voir W. Hartner, « La première histoire des constellations au Proche-Orient », JNES 24 (1965), p. 13, 15.

[184] Bezold-Kopff-Boll, p. 23.

[185] « Ein babylonisches Kompendium der Himmelskunde », AJSL 40 (1924), p. 186-208.

[186] Voir aussi A. Schott, *Das Werden der babylonisch-assyrischen Positions-Astronomie und einige seiner Bedingungen*, ZDMG 88 (1934), p. 331, 333.

[187] Voir W. Kirfel, *La cosmographie des Indiens exposée d'après les sources* (1920), p. 140sq. Au premier coup d'œil, il semble que seulement le cercle des maisons lunaires est divisé en ces trois chemins, mais que les domaines s'étendent loin au-delà des limites du « monde habité » dans les deux directions Nord et Sud, ainsi que les Chemins d'Enlil et d'Ea.

[188] L'identité de l'arbre n'est pas fixée. R. Labat (*Manuel d'épigraphie akkadienne* (1963), no. 314) propose « Cèdre (micocoulier ?) (*Celtis australis*, « gemeiner Zürgelbaum », *Celtis occidentalis* est le *nettle tree* américain) ᵍⁱˢMEZ-MAGAN-(NA) *musskānu*-mûrier (micocoulier de Magan ?) » (Cf Labat, no. 296 : « GIŠ, bois, arbre, déterminatif précédant les noms d'arbres et d'objets en bois. ») Voir aussi F. Delitzsch, *Assyrisches Handwörterbuch* (1896), p. 410 s. v. *miskanu, musukanu*, « ein Baum, wechselt mit mis-ma-kan-na, d.i. MIS-Holz von Makan. »

Même ce bois-*mes* de Magan ne peut être écarté comme « non valable » pour l' EG, parce que dans le mythe sumérien « Gilgameš et le Territoire des Vivants » (Kramer, ANET, p. 49, 1.111-15), lorsque le héros admoneste prétendument Enkidu de ne pas fuir devant Ḫumbaba, Gilgameš prononce les paroles les plus énigmatiques : « Aide-moi (et) je t'aiderai, que peut-il nous arriver ? Après qu'il a coulé, après qu'il a coulé, après que le *bateau-Magan* a coulé, après que le bateau, le pouvoir de Magilum a coulé ».

Voir aussi F. Hommel, *Ethnologie und Geographie des Alten Orients* (1926), p. 539, 783. Selon Meissner, cité par Weidner (« Gestirn-Darstellungen auf Babylonischen Tontafeln », SOAW 254 (1967), p. 18), ᵍⁱˢMES = *Mēsu* est le *sorbier*. En ce qui concerne le système astrologique des arbres en connexion (et des pierres, et des animaux, etc.) avec le zodiaque, les tablettes traduites par Weidner mettent l'arbre *mes* deux fois en connexion avec le Verseau (pp.18, 35), une fois avec le Bélier (p. 31) Le bois de l'arbre *Mēsu* et de l'arbre *ḫuluppu* se présente comme un matériau de construction pour les chars (*narkabtu*) de Ningirsu, dans le cylindre Gudea A VII, 16-18 (A. Salonen, *Chariots processionnels* (1946), p. 6 ; Salonen, *Les Véhicules terrestres des anciens Mésopotamiens* (1951), p. 111sq.).

Cet arbre fait aussi partie du nom de MES.LAM.TA.E3.A, tenu pour le plus ansien nom connu du dieu Nergal (voir J. Böllenrücher,*Gebete und Hymnen an Nergal* (1904), p. 7) et le nom de l'un des Gémeaux, MES.LAM.TA.E.A., signifie « celui qui vient à partir de MES.LAM. » MES.LAM était le nom donné au sanctuaire de Nergal à Kutha, et signifie « Le MES arbre poussant avec luxuriance, » selon Gössmann (*Das Era-Epos*, p. 67), qui poursuit en rapport avec le nom MES.LAM.TA.E.A. : *Später diente der Name in erster Linie als Bezeichnung eines der beiden Zwillinge (Planetarium Babylonicum, 271), bezw. Als Tummelplatz philologischer Spielereien. Auf Grund solcher Philologeme wurde der Name auf Marduk und Gilgameš übertragen* (Tallqvist, 374). Ce n'est pas dans la meilleure manière scientifique de se débarrasser de formules difficiles en les déclarant des passe-temps de philologues. Puisque MES.LAM apparaît être un topos « fixe », nous pouvons difficilement attendre que « venir à partir de MES.LAM » ait été un monopole de Mars-Nergal. Mais voir ci-dessus, p. 460.

[189] S. N. Kramer, *Les Sumériens* (1963), p. 277.

[190] « *Gilgameš et sa Légende*, par P. Garelli (1958), p. 64. « *Gilgameš et le Territoire des Vivants*, » JCS 1 (1947), p. 4, il l'a appelé plus modestement : « le Territoire éloigné des Vivants (aussi connu comme le territoire des cèdres). »

[191] « Dilmun, Le Territoire des Vivants », BASOR 96 (1944), p. 28 ; nous passons sous silence l'identification de ce « Territoire des Vivants » avec Dilmun, comme il est prétendu dans cet article, et comme il est confirmé dans toutes les publications postérieures.

[192] Cinq textes écrits en sumérien au IIIe millénaire av. notre ère ont eu Gilgameš pour héros. Ils constituent nos dit J. Bottéro ce que l'on peut appeler « la préhistoire » de *L'Épopée de Gilgameš*.

[193] « Épopée de Gilgameš, tablette XII, » in RA 30 (1933), p. 129-43.

[194] « Gilgameš et l'arbre *ḫuluppu* », *Assyriological Studies* 10 (1938). Cf. Kramer, *Mythologie Sumérienne* (1944), p. 33-37, et *À partir des Tablettes de Sumer* (1956), p. 222-26.

[195] En ce qui concerne le commencement de ce texte, le lecteur subit une série de chocs en étudiant avidement le différentes « traductions » : il est difficile de croire qu'elles sont destinées à rendre le même sumérien original. En dehors des premières lignes Kramer (*Mythologie Sumérienne*, p. 30sq.) construisit l'histoire sumérienne de la création qu'il tenait (et tient ?) pour inconnue ; in JAOS 64, p. 19, il insistait à nouveau : « Les premières treize lignes de ce passage contiennent certaines de nos données de base pour l'analyse du concept Sumérien de la création de l'univers. » Des lignes suivantes 14-25 il construisit un combat contre le dragon. Au moyen de fragments non publiés jusqu'à présent, Kramer prétendait, en 1958 (*Gilgameš et sa Légende*, p. 66), que « les sept premières lignes du poème peuvent maintenant être complètement restaurées ». Il ajoutait, cependant : « Malheureusement, la *signification du passage* n'est en aucune sorte certaine et les

implications mythologiques sont plutôt obscures, comme il est évident dans la tentative de traduction suivante :
Les jours de création, les distants jours de création,
Les nuits de création, les éloignés jours de création,
Les années de création, les distantes années de création,
Après dans (?) les jours jadis tout le nécessaire a été amené à exister,
Après dans (?) les jours jadis tout le nécessaire a été commandé.
Après dans les autels (?) du pain de la terre (?) a été goûté (?)
Après dans les fours de terre, le pain (?) a été cuit (?). »
Personne n'est susceptible de contredire le constat d'incertitude quant à la signification ; il serait recommandé d'avoir à l'esprit la formulation de Margarete Riemschneider (*Augengott und Heilige Hochzeit* (1953), p. 190)/ *So lange sie stumm sind, stimmen unsere Übersetzungen nicht*. Les objections soulevées par de sérieux critiques experts (T. Jacobsen, « Mythologie Sumérienne, » JNES 5 (1946), pp. 128-52 ; M. Witzel, »Zur sumerischen Mythologie« Or. 17 (1948), pp. 393-415) restent entièrement dans la structure habituelle des spécialistes de la grammaire et de la « religion, » et il est difficile de décider qui est vainqueur dans cette course aux interprétations arbitraires. Le point remarquable de la nouvelle « distribution » semble être que Ereshkigal appartient dorénavant au « monde de l'enfer ». (En 1938 Kramer traduisait la ligne 12 : « Après qu'Ereshkigal eut été présentée (?) comme un don (?) au (?) monde de l'enfer » ; dans sa *Mythologie Sumérienne*, après avoir « découvert » le combat contre le dragon, il traduisit : « Après qu'Ereshkigal eut été emporté dans Kur comme son prix ». Witzel (Or. 17, p. 402) traduisait la ligne : *Als (der) Ereshkigal mit der Unterwelt Geschenk 'aufgewartet' worden war*.) Puisque nous ne savons pas encore quelle étoile ou constellation Ereshkigal était censé représenter, ceci ne nous dit pas plus que le groupe d'étoiles (inconnues) qui a « pénétré » le Chemin d'Ea, c.à.d. qui a coulé sous le 15° (ou 17°) degré de latitude Sud.

[196] Pour J. Botéro il s'agit d'un Aigle.

[197] J. Botéro traduit par « cerceau » et « baguette ».

[198] *A partir des tablettes de Sumer* (1956), p. 224. Kramer traduisait : « Mon *pukku* au désir irrésistible, Mon *Mikku* au rythme de danse sans rival. »

[199] Ainsi, directement après la vérification par Ursanabi des mesures d'Uruk (11.307), suit ligne 308 = 12.1 : « En ces jours, quand... »

[200] A. Heidel (p. 95) traduit les lignes 1-3 : « Ô ce jour j'avais laissé le *pukku* dans la maison du charpentier ! Ô celui que j'avais laissé avec la femme du charpentier, qui était pour moi comme la mère qui m'a porté ! Ô celui que je laissais avec la fille du charpentier, qui était pour moi (comme) ma plus jeune sœur. » Dans une note de bas de page, il explique : Gilgameš avait laissé son *pukku* et son *Mikku* dans la maison du charpentier, ils auraient été en sûreté et ne seraient pas tombés dans le monde souterrain. » Il ajoute : « La traduction des trois premières lignes est plutôt provisoire. » seulement les trois premières lignes ?

[201] Marius Schneider propose « tambour » (Rahmentrommel) et « harpe » ou « lyre », dans son article « *Pukku et Mikku une contribution à la reconstruction et au système de la mystique des chiffres de l'épopée de Gilgameš* », Antaios 9 (1967), p. 280.

[202] « Quelques noms demeurés inconnus ou méconnus de l'akkadien », WZKM 56 (1960), p. 124-26. Il est recommandé de prendre en considération que Landsberger ne reconnaît pas la présence du mot *pukku* dans EG I,II .22, parce que Schott et Schmoekel introduisirent le prétendu tambour *pukku* dans la première tablette de leurs traductions sans hésitation. Au premier coup d'œil, il pourrait sembler hors de propos de savoir si ou non *pukku* est présent dans la première tablette. Si l'on se concentre un peu on corrigera cette première impression : *pukku* ayant été construit avec le bois de l'arbre huluppu tombé, tout le calendrier de l'Épopée, particulièrement l'affectation appropriée de la 12° tablette et du poème sumérien de l'arbre *huluppa*, pourrait s'articuler sur la réponse pertinente à cette même question : si ou non *pukku* apparaît dans la première tablette.

[203] Voir Gössmann, *Planetarium Babylonicum*, 195 ; [mul]IMDUGUD[mušen].

[204] Langdon (MAR 5, p. 144sq.) indique la prophétie contre Babylone et son roi, à ISA. XIII, XIV, « rappelant clairement ce passage...je ferai trembler le ciel et la terre sera secouée. Ainsi prophétisait l'écrivain hébreu, et même encore plus évident est son emprunt au mythe d'Irra quand il compare le roi de Babylone à Hêlêl : Comment es tu tombé du ciel, Ô Hêlêl, fils du matin ! Dans le texte cunéiforme du mythe d'Irra, Marduk est appelé Schulpae, le nom de Jupiter au premier matin, et il est un peu douteux que Hêlêl soit une transcription d'un titre babylonien de Marduk-Jupiter, *elît*, le brillant. »

[205] Les Indiens prétendent que l'exact opposé de Mûla était Bételgeuse, gouvernée par « Rudra l'archer destructeur » tandis que la liste copte des maisons lunaires (Kircher, *Oedipus Aegyptiacus* 2 (1653), pt. 2, p. 246) appelle le dard du Scorpion (*al Sha'ula*). « *Soleka statio translationis caniculae in coelum... unde et Siôt vocatur, statio venationis* » qui est de la plus haute importance car il élucide le rôle d'une « étoile de mer » commune à Sirius et à la déesse Scorpion.

[206] A. Weber (« Die Vedischen Nachrichten von den Naxatra », APAW 2 (1862), p. 291f.) rend *Jyesthaghnî* : « die ältesten (Geschwister) tödtend » qui nous rappelle, *nolens volens*, de Mercer, qui traduit le texte des Pyramides 399 ab : « C'est N. qui juge avec lui dont le nom est caché (en) ce jour où l'on fait périr les plus anciens (dieux), et N ? est le seigneur des offrandes, qui noue la corde. »

[207] J. F. Stimson, *Les Légendes de Maui et Tahaki*, Bull. BPB Mus. (1933), p. 50-77. (Tahaki est un demi-dieu très populaire dans la mythologie polynésienne.)

[208] Comparer Handy, sur Marquesas (*Bull. BPB Mus.* 69, p. 132f) : « Quand Vaka Uhi eut atteint un certain point dans la mer, il put voir Havaiki au dessous, au fond de l'océan. » Nous semblons encore tourner autour de l'endroit au dessous du tourbillon, décrit par Adam de Brême, et par les Cherokees (voir p. 106sq.).

[209] Stimpson, p.73. L'antienne du chant ne tient pas compte d'un résumé : Il y a « la Première Voix, » « la « Seconde Voix, » le « Chœur, » les « Refrains » chantés par Tane, et Tahaki aussi participe pour quelques vers. Remarquable est la mention d'un « ouvreur, » mais nous ne savons pas qui il est, les Polynésiens étant plus enclins aux « titres » que les autres mythographes. Chanté par (a) Tahaki, (b) la première voix, (c) la seconde voix, nous entendons (a) « Vers la demeure temple *Fare kura* de l'apprentissage vénéré des dieux, dans le monde spirituel où tu habites. « Ce *Fare kura* (*fare* = maison, *kura* = rouge, ou violet ; Maori : *Whare kura* ; Samoa : *Fale ula*, etc.) était, selon la « Tradition de Whare-wananga » de Nouvelle Zélande, un temple « à Te *Hono-i-wairua*... à l'endroit où l'enseignement de Whare-wananga voyait le jour « c.à.d., remarque S. Smith, p. 82, « où l'homme recevait en

premier lieu l'enseignement des doctrines descendues du ciel par Tane »). Le *Te Hono-i-wairua* (le lieu de rassemblement des esprits) était en Hawaiki, que l'on appelait « demeure primordiale » des Polynésiens, et le sage déclare (Smith, p. 101) : « Whakaahu, une étoile (*Castor* dans la constellation des Gémeaux) était fixée (ou installée) à *Te Hono-i-wairua* en Hawaiki...tandis que *Puanga* (Rigel d'Orion) était fixée à l'est de Rarohenga (Hadès). » Plus tard il explique (p. 113) que « ces esprits qui par leur mauvaise conduite sur cette terre... quittèrent le temple (*Whare kura*) par le *Takeke-roa* (ou longue rapide descente) vers Rahrohenga, ou Hadès, » tandis que les autres montaient doucement vers le « royaume de Io le Dieu Suprême, » c-à-d., le même que Kiho-tumu, Kiho la Source de Tout de Tuamotu.

[210] Voir R. Eisler, *Orphisch-Dionysische Mysterien-Gedanken in der christlichen Antike* (1925 ; repr. 1966), pp. 246, 248. Comparer aussi l'« *epitheton* » de Ugaritic Baal, *'aliyn*, et sa dérivation possible de l'Hébreu *'allôn* (*'êlôn*), Chêne, *Therebynth*, arbre sacré, et *allânati* comme nom du quatrième mois, c-à-d., le mois de Tammûz. (H. Birkeland, *Norsk Tidskrift for Sprogvidenskap* 9 (1938), p. 338-45 ; W. Robertson Smith, *La Religion des Sémites*. (1957), p. 196, n. 4)

[211] Jeremias, HAOG, p. 190 ; voir aussi Meissner, *Babylonien und Assyrien* 2, p. 133 ; Witzel, *Tammûz-Liturgien*, p. 470sq.

[212] D. O. Edzard, « *Die mythologie der Sumerer und Akkader*, » *Wörterbuch der Mythologie* 1, p. 130.

[213] « L'embouchure des Fleuves », AJSL 35 (1919), p. 165 ; voir aussi K. Tallqvist, *Sumerisch-Akkdische Namen der Totenwelt* (1934), p. 35.

[214] Meissner, *Babylonien und Assyrien* 2, p. 26 ; Edzard, Wb. Myth., p. 90.

[215] La Grande Ourse le fait sur ordre d'Ea. Voir H. Otten, *Mythen vom Gotte Kumarbi. Neue Fragmente* (1950), p. 7sq.

BIBLIOGRAPHIE

Ici, intégralement, a été conservée la bibliographie d'origine référençant une majorité d'ouvrages publiés en anglais et allemand, mais aussi en français et italien (NdT).

Ackerman, Phyllis, « The Dawn of Religion », in *Forgotten Religions*, V. Ferm, éd. New York, 1950.

Aelianus, *De natura animalium*, A. F. Scholfield, trad. 1958, 1959, 3 vols. LCL.

Afrikanistiche Sudien, Diedrich Westermann zum 80. Geburtstag gewidmet, J. Lukas, éd. Berlin, 1955.

Albright, William Foxwell, « The Mouth of the Rivers », AJSL, vol. 35 (1919), pp. 161-95.

Albright, William Foxwell, « Notes on Assyrian Lexicography », RA, vol. 16 (1919), pp. 173-94.

Albright, William Foxwell, « The Goddess of Life and Wisdom », AJSL, vol. 36 (1919-20), pp. 258-94.

Albright, William Foxwell, « Gilgamesh and Engidu », JAOS, vol. 40 (1920), pp. 307-35.

Albright, William Foxwell, et Dumont, P. E., « A Parallel Between Indian and Babylonian Sacrificial Ritual », JAOS, vol. 54 (1934), pp. 107-28.

Alexander, Hartley Burr, *North American Mythology*. MAR, vol. 10 (1916).

Alexander, Hartley Burr, *Latin American Mythology*. MAR, vol. 11 (1920).

Alföldi, Andreas, « Smith as a Title of Dignity » (Hongarian), *Magyar Nyelv*, vol. 28 (1932), pp. 205-20.

Allen, Richard Hinkley, *Star Names : Their Lore and Meaning*, New York, 1963 (1ʳᵉ éd. 1899, sous-titre de *Star Names and Their Meanings*).

Altorientalische Texte zum Alten Testament. Avec la collaboration de Erich Ebeling, Hermann Ranke, Nikolaus Rhodokanakis herausgegeben von Hugo Gressmann, 2ᵉ éd. Berlin Leipzig, 1926.

Amiet, Pierre. *La Glyptique mésopotamienne archaïque*. Paris, 1961.

Ancient Near Eastern Texts Relating to the Old Testament, James B. Pritchard, éd. (2ᵈᵉ éd. revue et augmentée). Princeton, 1955.

Anderson, Andrew Runni. *Alexander's Gate, Gog and Magog, and the Inclosed Nations*. Medaeval Academy of American Publ. 12. Cambridge, Mass., 1932.

Anderson, R. B. *Voir Edda*.

Anklesaria, B. T. *Zand Akasih : Iranian or Greater Bundahishn*. Translittération et traduction en anglais. Bombay, 1956.

Apollodorus. *The Library, and Epitome*, Sir James George Frazer, trad. 1954, 1956, 2 vols. 1ʳᵉ impression 1921. LCL.

Apollonius Rhodius. *Argonautica*, R. C. Seaton, trad. 1955. 1ʳᵉ impression 1921. LCL.

Aratus. *Phaenomena*, G. R. Mair, trad. 1955. 1ʳᵉ impression 1921. LCL.

Aratus. *Sternbilder und Wetterzeichen*. Traduit et mis en place par Albert Schott, notes de Robert Böker. München, 1958.

Aratus. *Voir* Maass.

Aristotle. Aristotelis *Opera* edidit Academia Regia Borussica. Aristoteles Graece ex Recognitione Immanuelis Bekkeri, Darmstadt, 1960, 2 vols. 1ʳᵉ éd. Berlin, 1831.

Aristotle. *Metaphysics*. Texte revu, avec introduction et commentaire de W. D. Ross, Oxford, 1953, 2 vols, 1st ed. 1924.

Aristotle. *Meteorologica*, H. D. P. Lee, trad. 1962, LCL.

The Assyrian Dictionary of the Oriental Institute of the University of Chicago, Gelb I. J., Jacobsen T., Landsberger B. et Oppenheim A. L., éd. Chicago, 1964.

Atharva Veda Sanhita, William Dwight Whitney, trad. Delhi, 1962, 2 vols. Réimpression de The Cambridge, Mass. éd. 1905. *Harvard Oriental Series* 7-8.

Atharva Veda Sanhita. Hymns of the Atharva-Veda, Maurice Bloomfield, trad. Delhi ; 1964. Réimppression de The Oxford University Press, éd. 1897. SBE 42.

Athenaeus. *Deipnosophistae,* Charles Burton Gulick, trad. 1951-1957, 7 vols., 1re impression 1927-1941, LCL.

Avenol, Louis. *Voir* Wou Tch'eng Ngen.

Baravalle, Hermann von. *Die Erscheinungen am Sternenhimmel.* Stuttgart, 1962.

Barb, Alfons A. « Der Heilige und die Schlangen », MAGW, vol. 82 (1953), pp. 1-21.

Barb, Alfons A. « St. Zacharias the Prophet and Martyr », *Journal of the Warburg and Courtauld Institutes,* vol. 11 (1948), pp. 35-67.

Barthel, Thomas S. « Einige Ordnungsprinzipien im Aztekischen Pantheon : Zur Analyse der Sahagunschen Götterlisten », *Paideuma,* vol. 10 (1964), pp. 77-101.

Bartholomae, C. *Altiranisches Wörterbuch.* Strassburg, 1904.

Bastian, Adolf. *Die Heilige Sage der Polynesier.* Leipzig, 1881.

Baudissin, W. Graf. *Adonis und Esmun.* Leipzig, 1911.

Baumann, Hermann. *Das Doppelte Geschlecht : Ethnologisthe Studien zur Bisexualität in Ritus und Mythos.* Berlin, 1955.

Baumgartner, W. « Untersuchungen zu den akkadischen Bauausdrücken », ZA, vol. 36 (1925).

Beckwith, Marta. *Hawaiian Mythology.* New Haven-London, 1940.

Beckwith, Marta. *The Kumulipo : A Hawaiian Creation Chant.* Traduit et édité, accompagné d'un commentaire. Chicago, 1951.

Benveniste, E. « La Légende de Kombabos », *in Mélanges Syriens offerts a R. Dussaud* (1939), pp. 249-58.

Berger, E. H. *Mythische Kosmographie der Griechen.* Leipzig, 1904. Volume supplémentaire de Roscher's *Lexikon.*

Bernhardi, Anna. « Vier Könige : Ein Beitrag zur Geschichte der Spiele », BA, vol. 19 (1936), pp. 80-148.

Bertholet, Alfred. « Der Schutzengel Persiens », Festschrift Pavry (1933), pp. 34-40.

Best, Elsdon. *The Astronomical Knowledge of the Maori.* Wellington, 1955. Dominion Museum Monograph 3. Réimprimé par The 1922 ed.

Bezold, Carl. *Babylonisch-Assyrisches Glossar.* Heidelberg, 1926.

Bezold, Carl. « Zenit- und aequatorialgestirne am babylonischen fixsternhimmel », avec la contribution importante de August Kopff et la participation de Franz Boll. SHAW, vol. 11 (1913).

J. M. Sanyal *Bhagavata Purana : The Srimad-Bhagavatam of Krishnta-Dwaipayana Vyasa,* trad. (anglais), 2nd ed. Calcutta, n.d. Préface, 1952.

Al-Biruni. *The Chronology of Ancient Nations,* Edward C. Sachau, trad. London, 1879.

Al-Biruni. *Alberuni's India,* Edward C. Sachau, trad. Delhi, 1964, 2 vols. Réimpression par London ed., 1888.

Boas Anniversary Volume. Documents concernant l'anthropologie rédigés en l'honneur de Franz Boas. New York, 1906.

Boas, Franz. *Indianische Sagen von der Nord-Pacifischen Küste Amerikas.* Berlin, 1895.

Boas, George. *The Hieroglyphs of Horapollo.* New York, 1950, Bollingen, ser. 28.

Böhl, F. M. T. « Die fünfzig Namen des Marduk », AfO, vol. 11 (1936), pp. 191-218.

Böhl, F. M. T. « Zum babylonischen Ursprung des Labyrinths » *Festschrift Deimel* (1935), pp. 6-23.

Böker, Robert. *Voir* Aratos.

Böllenrücher, Josef. *Gebete und Hymnen an Nergal.* Leipziger Semitistische Studien 1.6 (1904).

Bömer, Franz. « Der sogenannte Lapis Manalis », ARW, vol. 33 (1936), pp. 270-81.

Boll, Franz. *Sphaera : Neue Griechische Texte und Untersuchungen zur Geschichte der Sternbilder.* Leipzig, 1903.

Boll, Franz. *Aus der Offenbarung Johannis : Hellenistische Studien zum Weltbild der Apokalypse.* Leipzig-Berlin, 1914. Stoicheia I.

Boll, Franz. « Antike Beobachtungen farbiger Sterne », avec la participation de Carl Bezold. ABAW 30.1 (1916).

Bouché-Leclerq, A. *L'Astrologie grecque.* Paris, 1899. Réimpression Bruxelles, 1963.

Breasted, J. H. *Development of Religion and Thought in Ancient Egypt.* New York, 1959, 1re éd. 1912.

Brennand, W. *Hindu Astronomy.* London, 1896.

The Brihadāraṇyaka Upanishad. Commentaires de Shankaracarya. Swāmi Mādhavānanda, trad, 4e éd. Calcutta, 1965.

The Brihad-Devata. Atribué à Saunaka. A. A. Macdonell, éd., et trad.. Delhi, 1965. Réimpression en 1904 par « Harvard Oriental Series 5-6 ».

Brodeur, Arthur Gilchrist. *Voir Edda.*

Bromwich, Rachel. *Trioedd Ynys Prydein : The Welsh Triads.* Edité et accompagné d'une traduction, d'une introduction et d'un commentaire. Cardiff, 1961.

Brugsch, Karl Heinrich. *Thesaurus Inscriptionum Aegyptiacarum.* Altägyptische Inschriften. Graz, 1968, 1re éd. Leipzig, 1883-1891.

Brugsch, Karl Heinrich. *Die Aegyptologie.* Leipzig, 1891.

Brugsch, Karl Heinrich. *Religion und Mythologie der alten Aegypter,* nach den Denkmälern bearbeitet. Leipzig, 1891.

Buck, Sir Peter. *Mangaian Society.* Bulletin BPB Mus. 122. Honolulu, 1934.

Budge, Sir E. A. W. *The Life and Exploits of Alexander the Great.* Traduit de plusieurs versions éthiopiennes. London, 1896.

Budge, Sir E. A. W. *The Book of the Dead.* Traduction en anglais des chapitres, hymnes, etc., par The Theban Recension, 2de éd., revue et augmentée, 7e impression. London, 1956.

Buffière, Felix. *Les Mythes d'Homère et la pensée grecque.* Paris, 1956.

Bundahishn. Voir Anklesaria.

Burgess, E. *Voir* Suārya Siddhānta.

Burrows, Eric, S.J. « Some Cosmological Patterns in Babylonian Religion » *in The Labyrinth* (London-New York, 1935), pp. 45-70.

Burrows, Eric, S.J. « The Constellation of the Wagon and Recent Archeology », *in Festschrift Deimel* (1935), pp. 34-40.

Casanova, Paul. « De quelques légendes astronomiques arabes, considérées dans leurs rapports avec la mythologie égyptienne », BIFAO, vol. 2 (1902), pp. 1-39.

Censorinus. *Censorini De Die Natali Liber,* recensuit et emendavit Otto Jahn. Amsterdam, 1964. Reprint of the 1845 ed., Berlin.

Charpentier, Jarl. *Kleine Beiträge zur indoiranischen Mythologie.* Uppsala, 1911. Uppsala Univ. Arsskrift, fil/hist. Vetensk. 2.

BIBLIOGRAPHIE

Chimalpahin Quauhtlehuanitzin, Domingo de San Anton Muñon. *Memorial Breve acerca de la Fundación de la Ciudad de Culhuacan*. Texte aztèque traduit de l'allemand par W. Lehmann et G. Kutscher Stuttgart, 1958. Quellenwerke zur Alten Geschichte Amerikas 7.

Christensen, Arthur. *Le premier homme et le premier roi dans l'histoire légendaire des Iraniens*. Archives d'Études orientales, vol. 14, pt. 1 (1917), pt. 2 (1934).

Christensen, Arthur. *Les Kayanides*. Kgl. Danske Vidensk. Selskab. Hist.-filol. Medd., vol. 19, Copenhagen, 1932.

Chwolson, D. *Die Ssabier und der Ssabismus*. Saint Petersburg, 1856, 2 vols.

Cicero. *De divinatione*, William Armistead Falconer, trad. 1964, 1ʳᵉ impression 1923, LCL.

Cicero. *De natura deorum*, H. Rackham, trad. 1956, 1ʳᵉ impression 1933, LCL.

Claudian. Maurice Platnauer, trad. 1956, 2 vols, 1ʳᵉ impression 1922, LCL.

Cleasby, Richard. *An Icelandic-English Dictionary*. Revu et augmenté par Gudbrand Vigfusson, 2ᵉ éd., complément de W. A. Craigie, Oxford, 1962. Réimpression.

Clemens Alexandrinus. *Stromata*, Bks. I-VI, O. Stählin, éd. 3ᵉ éd. L. Früchtel, Berlin, 1960.

Clemens Alexandrinus. *Die Teppiche (Stromateis)*. Traduction allemande par Franz Overbeck. Basel, 1936.

Collitz, Hermann. « König Yima und Saturn », in *Festschrift Pavry* (1933), pp.86-108.

Comparetti, Domenico. *The Traditional Poetry of the Finns*. J. M. Anderton, trad. London-New York-Bombay, 1898.

Cook, A. B. « The European Sky God », *Folk Lore*, vol. 15 (1904), pp. 264-315.

Cornford, F. M. « The Aparchai and the Eleusinian Mysteries », *Festschrift Ridgeway* (1913), pp. 153-66.

Cornford, F. M. *Voir* Plato.

Creuzer, Friedrich. *Symbolik und Mythologie der Alten Völker, besonders der Griechen*, 3ᵉ éd., Leipzig-Darmstadt, 1837-42.

Culin, S. « Chess and Playing Cards », AR U.S. National Museum for 1896 (Washington, 1898), pp. 667-842.

Cumont, Franz. *After Life in Roman Paganism*. New York, 1959.

Cumont, Franz. « Adonis et Sirius », Extrait des *Mélanges Glotz*, vol. 1 (1932), pp. 257-64.

Curwen, E. Cecil. « Querns », *Antiquity*, vol. 11 (1937), pp. 135-51.

Dähnhardt, Oskar. *Natursagen*. Leipzig-Berlin, 1907-12, 4 vols.

Dahse, Johannes. « Ein zweites Goldland Salomos : Vorstudien zur Geschichte Westafrikas », ZfE, vol. 43 (1911), pp. 1-79.

Daressy, Georges. « L'Égypte céleste », BIFAO, vol. 12 (1916), pp. 1-34.

Deimel, Anton. *Pantheon Babylonicum : nomina deorum e textibus cuneiformibus excerpta et ordine alph. ordinata*. Rome, 1914.

Delitzsch, Friedrich. *Assyrisches Handwörterbuch*. Leipzig-Baltimore-London, 1896.

Deonna, Waldemar. *Un divertissement de la table « à cloche pied »*, Brussels, 1959. Collection Latomus 40.

Deonna, Waldemar et Renard, M. *Croyances et superstitions de la table dans la Rome antique*. Brussels, 1961. Collection Latomus 46.

Diakonoff, I. M. « Review article on the GE translations of F. M. T. Böhl and P. L. Matous », *Bibliotheca Orientalis*, vol. 18 (1961), pp. 61-67.

Diels, Hermann. « Das Aphlaston der antiken Schiffe », *Zeitschrift der Vereins für Volkskunde in Berlin* (1915), pp. 61-80.

Diels, Hermann. *Die Fragmente der Vorsokratiker* (grec et allemand), 6ᵉ éd., Walther Kranz, Berlin, 1951, 3 vols.

Diels, Hermann. *Voir Doxographi Graeci*.

Dieterich, Albrecht. *Nekyia : Beiträge zur Erklärung der neuentdeckten Petrusapokalypse*. Leipzig, 1893.

Diels, Hermann. *Eine Mithrasliturgie*. Leipzig-Berlin, 1923.

Dieterlen, Germaine. « The Mande Creation Story », *Africa*, vol. 27 (1957), pp. 124-38.

Diels, Hermann. *Voir* Griaule, Marcel.

Dittrich, Ernst. « Gibt es astronomische Fixpunkte in der älteren babylonischen Chronologie ? », OLZ, vol. 15 (1912), cols. 104-07.

Dixon, Roland B. *Oceanic Mythology*. MAR, vol. 9 (1916).

Dowson, John. *A Classical Dictionary of Hindu Mythology and Religion, Geography, History and Literature*, 8ᵉ éd. London, 1953.

Doxographi Graeci Collegit recensuit prolegomenis indicibusque instruxit H. Diels, 2ᵉ éd. Berlin, 1929.

Dreyer, J. L. E. *A History of Astronomy from Thales to Kepler* (formerly titled *History of the Planetary Systems from Thales to Kepler*). Revu avec une préface de W. H. Stahl. New York, 1953.

Duemichen, J. « Die Bauurkunden der Tempelanlage von Edfu », *Zeitschrift für Aegyptische Sprache und Altertumskunde*, vol. 9 (1871), pp. 25-32.

Dumézil, Georges. *Le festin d'immortalité : étude de mythologie comparée indo-européenne*. Paris, 1924. Annales du Musée Guimet, Bibliothèque d'études, vol. 34.

Dumézil, Georges. *La Saga de Hadingus (Saxo Grammaticus I, 5-8) Du mythe au roman*. Paris, 1953. Bibl. École des hautes études, section sciences relig., vol. 66.

Dupuis, Charles. *Origine de tous les cultes et toutes les religions*. Paris, 1795.

Ebeling, Erich. *Tod und Leben nach den Vorstellungen der Babylonier*. Berlin-Leipzig, 1931.

Finnur Jónsson, *Eddalieder*, ed. Halle, 1888-90. Altnordische Textbibliothek 2-3.

Edda. Die Lieder der sogenannten Älteren Edda, nebst einem Anhang : Die mythischen und heroischen Erzählungen der Snorre Edda. Traduit et expliqué par Hugo Gering. Leipzig-Vienna, n.d. Préface, 1892.

Edda. Nach der Übersetzung von Karl Simrock neu bearbeitet von Hans Kuhn. Leipzig : Reclam, n.d.

Edda. The Prose Edda by Snorri Sturlason. Traduit de l'islandais, avec une introduction de Arthur Gilchrist Brodeur. New York-London, 1929.

Edda. Repris par Felix Genzmer, *Thule*, vol. 1 (1928).

Edda. The Younger Edda, also called Snorre's Edda, or the Prose Edda. Version anglaise avec une introduction et notes par Rasmus B. Anderson. Chicago-London, 1880.

Edda. Die Jüngere Edda. Repris par Gustav Neckel et Felix Niedner. *Thule*, vol. 20 (1942).

Edzard, D. O. « Die Mythologie der Sumerer und Akkader », in *Wörterbuch der Mythologie*, vol. 1, pp. 19-139.

Eisenmenger, J. A. *Entdecktes Judenthum*. Königsberg, 1711, 2 vols.

Eisler, Robert. *Weltenmantel und Himmelszelt*. München, 1910.

Eisler, Robert. *Orpheus the Fisher*. London, 1921.

Eisler, Robert. *Orphisch-Dionysische Mysterien-Gedanken in der christlichen Antike*. Leipzig-Berlin, 1925. Vorträge Bibliothek Warburg, vol. 2.

Eisler, Robert. *The Royal Art of Astrology*. London, 1946.

Elwin, Verrier. *The Agaria*. Oxford, 1941.

Emerson, Nathaniel B. *Unwritten Literature of Hawaii*. BAE Bulletin 38. Washington, 1909.

Emory, Kenneth P. *Tuamotuan Religious Structures and Ceremonies*. Bulletin BPB Mus. 191. Honolulu, 1947.

Encyclopaedia of Religion and Ethics, James Hastings, éd. Edinburgh-New York, 1955, 13 vols, 1re impression 1908.

Eratosthenes. *Catasterismorum Reliquiae*, C. Robert, éd. Berlin, 1878. Réimpression 1963.

Erman-Grapow. Voir *Wörterbuch der Aegyptischen Sprache*. *Essays and Studies presented to William Ridgeway*. Cambridge University Press, 1913.

Falkenstein, A. « Die Anunna in der sumerischen Überlieferung », *Festschrift Landsberger* (1965), pp. 127-40.

Falkenstein von, A., et Soden, W. *Sumerische und Akkadische Hymnen und Gebete*. Zürich, 1953.

Fausbøll, V. *Indian Mythology According to the Mahabharata*. London, 1902.

Feng-Shen-Yen-I. *Die Metamorphosen der Gotter. Historisch-mythologischer Roman aus der Chinesischen*. Traduction du chapitre 1-46 par Wilhelm Grube. Par un synopsis du chapitre 47-100 complété, introduit et édité par Herbert Mueller. Leiden, 1912.

Festschrift Boas. Voir *Boas Anniversary Volume*.

Festschrift Boas. Deimel. Voir *Miscellanea Orientalia*.

Festschrift Boas. Georg Jacob zum 70. Geburtstag, 26. Mai 1932. T. Menzel, éd. Leipzig, 1932.

Festschrift Boas. Landsberger. Voir *Studies in Honor of Benno Landsberger*.

Festschrift Boas. Pavry. Voir *Oriental Studies*.

Festschrift Boas. Popper. Voir *Semitic and Oriental Studies*.

Festschrift Boas. Ridgeway. Voir *Essays and Studies*.

Festschrift Boas, Publication d'hommage offerte au P. W. Schmidt. W. Koppers, ed. Vienna, 1928.

Festschrift Boas. Westermann. Voir *Afrikanistische Studien*.

Festugière, A. J. Voir Proclus.

Festus. *Sexti Pompei Festi De verborum significatu quae supersunt cum Pauli Epitome*, W. M. Lindsay, éd. Hildesheim, 1965. Réimpression par Leipzig éd. 1913. BT.

Feuchtwang, D. « Das Wasseropfer und die damit verbundenen Zeremonien », *Monatsschrift für Geschichte und Wissenschaft des Judentums*, vol. 54 (1910), pp. 535-52, 7 I 3-28 ; vol. 55 (1911), pp. 43-63.

Filliozat, Jean. « L'Inde et les échanges scientifiques dans l'Antiquité », *Cahiers d'histoire mondiale*, vol. 1 (1953), pp. 353-67.

Firdausi. *The Shahnama of Firdausi*, Arthur George Warner et Edward Warner, trad. London, 1905-09, vols. 1-4.

Firdausi. *Das Königsbuch*, Deutsch von H. Kanus-Credé. Lieferung I, Buch 1-5. Glückstadt, 1967.

Florenz, Karl. *Der historischen Quellen der Shinto-Religion*. Göttingen-Leipzig, 1919. Sources de l'histoire des religions.

Forbes, R. J. *Studies in Ancient Technology*, vol. 3. Leiden, 1955.

Fornander, Abraham. *An Account of the Polynesian Race, its Origin and Migrations*, vol. 1. London, 1878.

Fornander, Abraham. *Fornander Collection of Hawaiian Antiquities and Folk-Lore*. Traductions éditées et illustrées avec notes par Thomas G. Thrum. Mem. BPB Mus. 4-6. Honolulu, 1916-20.

Frankfort, Henry. *Cylinder Seals : A Documentary Essay on the Art and Religion of the Ancient Near East*. London, 1939.

Frazer, Sir James George. *Pausanias Description of Greece*. Traduit avec commentaire, London, 6 vols.

Frazer, Sir James George. *The Dying God* (voir *The Golden Bough*, Part 3), 3e éd. London, 1963.

Frazer, Sir James George. *Folk-Lore in the Old Testament*. London, 1918, 3 vols.

Frazer, Sir James George. *Myths of the Origin of Fire*. London, 1930.

Frazer, Sir James George. Voir Apollodorus.

Friedrich, J. « Die hethitischen Bruchstücke des Gilgameš-Epos », ZA, vol. 39 (1929-30), pp. 1-82.

Frobenius, Leo. *Das Zeitalter des Sonnengottes*. Berlin, 1904.

Frobenius, Leo. « Das Archiv fur Folkloristik », *Paideuma*, vol. 1 (1938-40), pp. 1-18.

Frobenius, Leo. *The Childhood of Man*. New York, 1960.

Gadd, C. J. « Epic of Gilgamesh, Tablet XII », RA, vol. 30 (1933), pp. 129-43.

Ganay, Solange de. Voir Zahan.

Gardiner, Sir Allan. *Egyptian Grammar*, 3e éd. Oxford-London, 1957.

Geminos. *Gemini Elementa Astronomiae*. Ad codicum fidem recensuit Germanice interpretatione et commentariis instruxit Carolus Manitius. Leipzig, 1898. BT.

Genzmer, Felix. Voir Edda.

Gering, Hugo. *Kommentar zu den Liedern der Edda*, nach dem Todes des Verf. hrsg. von B. Sijmons. Halle, 1927. Germanische Handbibliothek 7.III.1.

Gering, Hugo. Voir Edda.

Gervasius von Tilbury. *Otia Imperialia*. Titre republié, accompagné de notes par Felix Liebrecht. Hannover, 1856.

Gibson, G. E. « The Vedic Nakshatras and the Zodiac », *Festschrift Popper* (1951), pp. 149-65.

Gifford, E. W. *Tongan Myths and Tales*. Bulletin BPB Mus. 8. Honolulu, 1924.

Das Gilgamesch-Epos. Nouvellement traduit par Arthur Ungnad et explications de Hugo Gressmann. Göttingen, 1911.

Das Gilgamesch-Epos. Introduction, repris et annoté par Hartmut Schmökel. Stuttgart, 1966.

Das Gilgamesch-Epos. Nouvellement traduit et annoté par Albert Schott. Revu et complété par Wolfram von Sodern. Stuttgart, 1958.

The Epic of Gilgamesh. Version anglaise avec une introduction de N. K. Sandars. Harmondsworth, 1966. 1st ed. 1960.

Gilgamesh et sa légende. Études recueillies par Paul Garelli à l'occasion de la 7e rencontre assyriologique internationale,

Paris 1958, in *Cahiers du Groupe François Thureau-Dangin*, vol. 1, Paris, 1960.

Gilgamesh. Voir Heidel, A., Kramer, S. N., Speiser, E. A.

Gill, W. W. *Myths and Songs from the South Pacific*, London, 1876.

Ginsberg, H. C. (trad.) « Ugaritic Myths, Epics and Legends », ANET, pp. 129-55.

Ginzberg, Louis. *The Legends of the Jews*. Traduit de l'allemand par Henrietta Szold. Philadelphia, 1954, 7 vols.

Gladwin, Harold S. *Men Out of Asia*. New York, 1947.

Gossmann, P. F. *Planetarium Babylonicum* (voir Deimel, *Sum. Lex.* 4.2), Rome, 1910.

Gossmann, P. F. *Das Era Epos*. Würzburg, 1956.

Gotze, Albrecht. « Akkadian *ti-tantum* », *Festschrift Deimel* (1935), pp. 185-91.

Gollancz, I. *Hamlet in Iceland*. London, 1898. Northern Library, vol. 3.

Gordon, Cyrus H. *Ugaritic Literature*. Rome, 1949.

Granet, Marcel. *Danses et légendes de la Chine ancienne*. Paris, 1959. 1re éd. 1926. Annales du Musée Guimet, Bibliothèque d'Études 64.

Granet, Marcel. *Chinese Civilization*, Innes K. E. et Brailsford M. R., trad. New York, 1961.

Grassmann, Hermann. *Wörterbuch zum Rig Veda*, 3e éd. Wiesbaden, 1955.

Grégoire, Henri, Goossens, R. et Matthieu, M. *Asklepios, Apollon Smintheus et Rudra*. Brussels, 1949. Mém. Acad. R. de Belgique, Classe des Lettres 45.1.

Grey, Sir George. *Polynesian Mythology*. Christchurch London, 1956. 1st Eng. ed. 1855.

Griaule, Marcel. « Le Rôle du Silure Clarias Senegalensis dans la procréation au Soudan français », *Festschrift Westermann* (1955), pp. 299-311.

Griaule, Marcel. *Conversations with Ogotemmêli : An Introduction to Dogon Religious Ideas*. With an introduction by Germaine Dieterlen. Oxford, 1965 (voir *Dieu d'Eau : Entretiens avec Ogotemmêli*, Paris, 1948).

Griaule, Marcel. « Symbolisme des tambours soudanais », *Mélanges historiques offerts à Paul Marie Masson*, vol. 1 (1955), pp. 79-86.

Griaule, Marcel, Dieterlen, Germaine. *Signes graphiques soudanais*. Paris, 1951. Actualités scientifiques et industrielles 1158.

Grimm, Jacob. *Geschichte der Deutschen Sprache*, 2e éd. Leipzig, 1853.

Grimm, Jacob. *Deutsche Mythologie*. Tübingen, 1953. Réimpression de la 4e éd. 1876. 1re éd. 1835.

Grimm, Jacob. *Reinhard Fuchs*. Berlin, 1834.

Grimm, Jacob. *Teutonic Mythology*. Traduit de la 4e éd. avec notes et appendices de J. S. Stallybrass. London, 1883. Réimpression 1966.

Grimm, Wilhelm. *Die Deutsche Heldensage*. Suppléments de Karl Müllenhoff et Oskar Jänicke, Darmstadt, 1957. Réimpression 3e éd. 1889.

Gruenwedel, Albert. *Altbuddhistische Kultstätten in Chinesisch Turkestan*. Berlin, 1912.

Gruppe, O. *Griechische Mythologie und Religionsgeschichte*. München, 1906. « Handbuch der Klassischen Altertumswissenschaft », vol. 5, Abt. 2, pts. 1-2.

Guerin, J. M. G. *Astronomie indienne*. Paris, 1847.

Gundel, Wilhelm. *De Stellarum Appellatione et Religione Romana*. Giessen, 1907. « Religionsgeschichtliche Versuche und Vorarbeiten 2 ».

Gundel, Wilhelm. *Dekane und Dekansternbilder*. Glückstadt, 1936. Stud. Bibl. Warburg 19.

Gundel, Wilhelm. *Neue Astrologische Texte des Hermes Trismegistos*. ABAW ph.-hist. Kl. N. F. 12, München, 1936.

Guthrie, W. K. C. *Orpheus and Greek Religion*, 2nd ed. London, 1952.

Haavio, Martti. *Vainamoinen, Eternal Sage*. FFC, vol. 144 (1952).

Haavio, Martti. *Der Etanamythos in Finnland*. FFC, vol. 154 (1955).

Hagar, Stansbury. *The Peruvian Asterisms and Their Relation to the Ritual*. 14, Internationaler Amerikanisten Kongress, 1904 (Stuttgart, 1906), pp. 593-602.

Hagar, Stansbury. « Cherokee Star Lore », *Festschrift Boas* (1906), pp. 354-66.

Hahn von, J. G. *Griechische und Albanesische Märchen*, 2e éd. München Berlin, 1918. 2 vols.

Hahn von, J. G. *Sagwissenschaftliche Studien*. Jena, 1876.

Hako, M. *Das Wiesel in der europäischen Volksüberlieferung*. FFC, vol. 167 (1956).

van Hamel, J. G. « The Game of the Gods », *Arkiv for Nordisk Filologi*, vol. 50 (1934), pp. 218-42.

Harris, J. Rendel. *Boanerges*. Cambridge, 1913.

Harrison, Jane Ellen. *Themis : A Study of the Social Origins of Greek Religions*. New York, 1962. 1st ed. 1912.

Hartmann, R. « Ergenekon », *Festschrift Georg Jacob* (1932), pp. 68-79.

Hartner, Willy. « The Pseudoplanetary Nodes of the Moon's Orbit in Hindu and Islamic Iconographies », Ars Islamica, vol. 5 (1938), pt. 1. Réimpression *Oriens-Occidens*, Willy Hartner (1968), pp. 349-404.

Hartner, Willy. *Le problème de la Planète Kaid*. Paris, 1955. Conférences du Palais de la Découverte, sér. D, n. 36. Réimpression *Oriens-Occidens*, pp. 268-86.

Hartner, Willy. « Zur astrologischen Symbolik des «Wade Cup» », *Festschrift Kühnel* (1959), pp. 234-43. Réimpression *Oriens-Occidens*, pp. 405-14.

Hartner, Willy. « The Earliest History of the Constellations in the Near East, and the Motif of the Lion-Bull Combat », JNES, vol. 24 (1965), nos. 1, 2. Réimpression *Oriens-Occidens*, pp. 227-59.

Hartner, Willy. *Oriens-Occidens : Ausgewählte Schriften zur Wissenschafts und Kulturgeschichte*. Festschrift zum 60. Geburtstag. Hildesheim, 1968. Collectanea 3.

Harva, Uno. Voir Holmberg.

Heidel, Alexander. *The Gilgamesh Epic and Old Testament Parallels*. Chicago, 1963. 1re éd. 1946.

Heidel, Alexander. *The Babylonian Genesis*. Chicago, 1963. 1re éd. 1942.

Heine-Geldern, Robert von. « Weltbild und Bauform in Südostasien », *Wiener Beiträge zur Kunst und Kulturgeschichte Asiens*, vol. 4 (1930), pp. 28-78.

Heinzel, Richard. *Über das Gedicht vom König Orendel*. Vienna, 1892. SOAW, ph.-hist. Kl. 126.1.

497

Held, G. J. *The Mahabharata*. London, 1935.

Henry, Teuira. *Ancient Tahiti : Based on material recorded by J. M. Ormsond*. Bulletin BPB Mus. 48. Honolulu, 1928.

Herodotus, A. D. Godley, trad. 1956-57, 4 vols, 1re éd. 1920-25, LCL.

Herrmann, Paul. *Die Heldensagen des Saxo Grammaticus*, pt. 2. Explication des neuf premiers livres. Leipzig, 1922.

Herrmann, Paul. *Deutsche Mythologie*. Leipzig, 1898.

Herzfeld, Ernst. *Zoroaster and His World*. Princeton, 1947.

Hesiod, Hugh G. Evelyn-White, trad., 1964, 1re éd. 1914, LCL.

Higgins, Godfrey. *Anacalypsis : An attempt to draw aside the Veil of the Saitic Isis, or an Inquiry into the Origins of Languages, Nations and Religions*. New York, 1927. Reprint.

Hinke, W. J. *A New Boundary Stone of Nebuchadnezzar I from Nippur*. Philadelphia, 1907. Babyl. Exped. U. of Pennsylvania, ser. D, no. 4.

Hinze, Oscar Marcel. « Studien zum Verstandnis der archaischen Astronomie », *Symbolon, Jahrbuch für Symbolforschung*, vol. 5 (1966), pp. 162-219.

Höfler, Otto. « Cangrande von Verona und das Hundesymbol der Langobarden », *in Brauch und Sitte, Festschrift Eugen Fehrle* (1940), pp. 101-31.

Holma, Harri. *Die Namen der Körperteile im Assyrisch-Babylonischen*. Helsinki, 1911. Ann. Acad. Sci. Fenn. Ser. B.7.1.

Holmberg, Uno. *Der Baum des Lebens*. Helsinki, 1922. Ann. Acad. Sci. Fenn. Ser. B.16.3.

Holmberg, Uno. « Finno-Ugric and Siberian Mythology », MAR, vol. 4 (1927).

Holmberg, Uno. *Die religiosen Vorstellungen der altaischen Völker*. Traduit par E. Kunze. FFC, vol. 125 (1938).

Homer. *Homeri Ilias*, W. Dindorf et C. Hentze, éd. Leipzig, 1928-30. BT.

Homer. *Homeri Odyssea*, W. Dindorf et C. Hentze, éd. Leipzig, 1930. BT.

Homer. *The Iliad*, W. H. D. Rouse, trad. New York, 1964, 1re éd. Edinburgh, 1938.

Homer. *The Odyssey*, W. H. D. Rouse, trad. New York, 1961, 1re éd. Edinburgh, 1937.

Hommel, Fritz. « Das "Reis" des Gilgamis », OLZ, vol. 12 (1909), pp. 473-77.

Hommel, Fritz. *Die Schwur-Göttin Esch-Ghanna und ihr Kreis*. München, 1912 (voir Anhang zu S. A. B. Mercer. *The Oath in Babylonian and Assyrian Literature*).

Hommel, Fritz. *Ethnologie und Geographie des Alten Orients*. München, 1926. Handbuch der Altertumswissenschaft, Abt. 3, pt. I, vol. I.

Honko, Lauri. « Finnen », *in Wb. Myth*. Stuttgart : Klett. Pt. 6, n.d. ; pt. 7, 1965.

Horwitz, Hugo T. « Die Drehbewegung in ihrer Bedeutung für die Entwicklung der materiellen Kultur », *Anthropos*, vol. 28 (1933), pp. 721-75 ; vol. 29 (1934), pp. 99-126.

Husing, G. *Beiträge zur Kyrossage*. Leipzig, 1906.

Husing, G. *Die einheimischen Quellen zur Geschichte Elams*. Leipzig, 1916.

Hyde, Thomas. *Veterorum Persarum et Parthorum Religionis Historia*, 2nd ed. Oxford, 1760.

Hyginus. *Hygini Fabulae*, recensuit H. J. Rose. Leiden, 1963. Réimpression éd. de 1933.

Ideler, Ludwig. *Historische Untersuchungen über die astronomischen Beobachtungen der Alten*. Berlin, 1806.

Ideler, Ludwig. *Untersuchungen über den Ursprung und die Bedeutung der Sternnamen*. Berlin, 1809. (LXXII pp. Einleitung ; pp. 1-372 : Zakaria Ben Mahmud El-Kazwini Gestirnbeschreibung deutsch, mit Erläuterungen die Sternnamen betreffend ; pp. 373ff. : El-Kazwini Gestirnbeschreibung arabisch.)

Jablonski, Paul Ernst. *Pantheon Aegyptiorum sive de Diis eorum Commentarius*. Frankfurt/Oder, 1750-52. 3 parts.

Jacobi, Hermann G. *Mahabharata : Inhaltsangabe, Index und Konkordanz der Calcuttaer und Bombayer Ausgaben*. Bonn, 1903.

Jacobsen, Thorkild. « Parerga Sumerologica », JNES, vol. 2 (1943), pp. 117-21.

Jacobsen, Thorkild. « Sumerian Mythology : A Review Article », JNES, vol. 5 (1946), pp. 128-52.

Jacobsen, Thorkild. *The Sumerian King List*. Chicago, 1964. Assyriological Studies II.

Jastrow, Morris (Jr.). « Sun and Saturn », RA, vol. 7 (1909), pp. 163-78.

Jensen, Peter. *Die Kosmologie der Babylonier*. Strassburg, 1890.

Jensen, Peter. *Assyrisch-Babylonische Mythen und Epen*. Berlin, 1909. Keilinschriftliehe Bibliothek, vol. 6, pt. I.

Jeremias, Alfred. *Das Alte Testament im Lichte des Alten Orients*, 3e éd. rev. Leipzig, 1916.

Jeremias, Alfred. *Handbuch der Altorientalischen Geisteskultur*, 2de éd. rev. Berlin-Leipzig, 1929.

Jiriczek, Otto L. « Hamlet in Iran », Zschr. des Vereins für Volkskunde, vol. 10 (1900), pp. 353-64.

Jung, C. G. et Kerényi, K. *Essays on a Science of Mythology : The Myths of the Divine Child and the Divine Maiden*. New York, 1949.

Justi, Ferdinand. *Iranisches Namenbuch*. Marburg, 1895.

Kalevala : The Land of the Heroes, W. F. Kirby, trad. London, 1956. Everyman's Library, vols. 259-60, 1re éd. 1907.

Kampers, Franz. *Mittelalterliche Sagen vom Paradiese und vom Holze des Kreuzes Christi*. Köln, 1897.

Kampers, Franz. *Alexander der Grosse und die Idee des Weltimperiums in Prophetie und Sage*. Freiburg, 1901.

Kampers, Franz. *Vom Werdegange der abendländischen Kaisermystik*. LeipzigBerlin, 1924.

Karsten, G. *Maass und Gewicht in alten und neuen Systemen*. Berlin, 1871.

Kautzsch, E. (ed.) *Die Apokryphen und Pseudoepigraphen des Alten Testaments*. Tübingen, 1900. 2 vols.

Keeler, Clyde S. *Secrets of the Cuna Earthmother*. New York, 1960.

Kees, Hermann. *Der Gotterglaube im Alten Aegypten*, 2de éd. Berlin, 1956.

Kees, Hermann. *Der Opfertanz des Aegyptischen Königs*. Leipzig, 1912.

Keimer, Louis. *Interprétation de plusieurs passages d'Horapollon*. Cairo, 1947. Supplément vol. 5 des annales du service des antiquités de l'Égypte.

Keith, A. Berriedale. *Indian Mythology*. MAR, vol. 6 (1917).

Kennedy, E. S. « The Sasanian Astronomical Handbook Zij-i Shāh, and the Astrological Doctrine of "Transit" (Mamarr) », JAOS, vol. 78 (1958), pp. 246-62.

Kepler, Johannes. Opera Omnia, C. Frisch, ed. Frankfurt-Erlangen, vol. 2 (1859) ; vol. 4 (1863).

Kepler, Johannes. « De Trigono Igneo » (voir chapitre 2.11 of De Stella Nova in Pede Serpentarii (Prague, 1606), in Gesammelte Werke, Max Caspar, éd. München, 1938, vol. 1, pp. 165-208.

Kepler, Johannes. Mysterium Cosmographicum. Editio altera, Franz Hammer, ed. München, 1963, Gesammelte Werke, vol. 8.

Kerenyi, Karl. « Zum Urkind-Mythologem », Paideuma, vol. 1 (1938-40), pp. 241-78.

Kern, Otto. Voir Orphicorum Fragmenta.

Keynes, Lord John Maynard. « Newton the Man », in The Royal Society, Newton Tercentenary Celebrations, 15-19 July 1946 (Cambridge, 1947), pp. 27-34.

Kircher, Athanasius, S.J. Oedipus Aegyptiacus. Rome, 1653.

Kircher, Athanasius, S.J. Mundus Subterraneus. Amsterdam, 1665.

Kirfel, Willibald. Die Kosmographie der Inder nach den Quellen dargestellt. Bonn-Leipzig, 1920.

Kleomedes. Die Kreisbewegung der Gestirne, A. Czwalina, trad. et commentaire. Leipzig, 1927, Ostwalds Klassiker der Naturwissenschaften, vol. 220.

Klibansky, Raymond, Panofsky, E. et Saxl, F. Saturn and Melancholy. London, 1964.

Knapp, Martin. Antiskia : Ein Beitrag zum Wissen um die Präzession im Altertum. Basel, 1927.

Knapp, Martin. Pentagramma Veneris. Basel, 1934.

Kramer, Augustin. Die Samoa Inseln. Stuttgart, 1902, 2 vols.

Kramer, Samuel Noah. Gilgamesh and the Huluppu Tree. Chicago, 1938, Assyriological Studies 10.

Kramer, Samuel Noah. Sumerian Mythology. Philadelphia, 1944.

Kramer, Samuel Noah. « Dilmun, the Land of the Living », BASOR, vol. 96 (1944), pp. 18-28.

Kramer, Samuel Noah. « The Epic of Gilgamesh and Its Sumerian Sources », JAOS, vol. 64 (1944), pp. 7-23.

Kramer, Samuel Noah. « Gilgamesh and the Land of the Living », JCS, vol. 1 (1947), pp. 3-46.

Kramer, Samuel Noah. Enmerkar und the Lord of Aratta. Philadelphia, 1952, U. de Pennsylvania Mus. Mono.

Kramer, Samuel Noah. From the Tablets of Sumer. Indian Hills, Colorado, 1956.

Kramer, Samuel Noah. The Sumerians : Their History, Culture, and Character. Chicago, 1963.

Kramer, Samuel Noah. (trad.) « Sumerian Myths and Epic Tales », ANET, pp. 37-59.

Krappe, Alexander H. « Apollon Smintheus and the Teutonic Mysing », ARW, vol. 33 (1936), pp. 40-56.

Krause, Ernst. Tuisko-Land. Glogau, 1891.

Krickeberg, Walter. Indianermärchen aus Nordamerika. Jena, 1924.

Krickeberg, Walter. Märchen der Azteken und Inkaperuaner, Maya und Muisca. Jena, 1928.

Krickeberg, Walter. « Mexikanisch-peruanische Parallelen », Festschrift P. W. Schmidt (1928), pp. 378-93.

Krickeberg, Walter. « Der mittelamerikanische Ballspielplatz und seine religiöse Symbolik », Paideuma, vol. 3 (1944-49), pp. 118-90.

Kittzinger, Hans H. Der Stern der Weisen : Astronomisch-kritische Studie. Gütersloh, 1911.

Krohn, Kaarle. « Lappische Beiträge zur germanischen Mythologie », FDF, vol. 6 (1906), pp. 155-80.

Krohn, Kaarle. « Windgott und Windzauber », FDF, vol. 7 (1907), pp. 17 ff.

Krohn, Kaarle. Magische Ursprungsrunen der Finnen. FFC, vol. 52 (1924).

Krohn, Kaarle. Kalevalastudien 1. Einleitung. FFC, vol. 53 (1924).

Krohn, Kaarle. Kalevalastudien 3. Ilmarinen. FFC, vol. 71 (1927).

Krohn, Kaarle. Kalevalastudien 4. Sampo. FFC, vol. 72 (1927).

Krohn, Kaarle. Kalevalastudien 5. Väinämöinen. FFC, vol. 75 (1928).

Krohn, Kaarle. Kalevalastudien 6. Kullervo. FFC, vol. 76 (1928).

Kugler, Franz Xaver, S.J. Sternkunde und Sterndienst in Babel. Münster i. W., 1907-13.

Kugler, Franz Xaver, S.J. Drittes Ergänzungsheft zum I.u.2. Buch, par Johannes Schaumberger. Münster, 1935.

Kugler, Franz Xaver, S.J. Sibyllinischer Sternkampf und Phaethon in naturgeschichtlicher Beleuchtung. Münster, 1927.

Kuhn, Adalbert. Die Herabkunft des Feuers und des Göttertranks, 2de éd. Gütersloh, 1886.

Kunitzsch, Paul. Arabische Sternnamen in Europa. Wiesbaden, 1959.

Labat, René. Manuel d'épigraphie akkadienne, 4e éd. Paris, 1963.

Hooke, Samuel Henry. The Labyrinth : Further Studies in the Relation Between Myth and Ritual in the Ancient World, ed. London-New York, 1935.

Lagercrantz, Sture. « The Milky Way in Africa », Ethnos (1952), pp. 64-72.

Landsberger, Benno. Die Fauna des Alten Mesopotamien nach der 14. Tafel der Serie HAR-RA = HUBULLU. Avec la collaboration de J. Krumbiegel. Leipzig, 1934. Abhandlungen d. Sächsischen Akad. d. Wiss. phil.-hist. Kl. 42,6.

Landsberger, Benno. « Einige unbekannt gebliebene oder verkannte Nomina des Akkadischen », WZKM, vol. 56 (1960), pp. 109-29.

Langdon, Stephen. Semitic Mythology. MAR, vol. 5 (1931).

Langdon, Stephen. The Legend of Etana and the Eagle, or the Epical Poem « The City They Hated ». Paris, 1932.

Lauth, Franz Joseph. « Horapollon », SBAW (1876), pp. 57-115.

Lauth, Franz Joseph. Zodiaques de Denderah. München, 1865.

Lehmann-Haupt, C. F. Babyloniens Kulturmission einst und jetzt. Leipzig, 1903.

Lehmann-Nitsche, Robert. « Das Sternbild des Kinnbackens in Vorderasien und Südamerika », offprint from Zweiter Tagungsbericht der Gesellschaft für Völkerkunde. Leipzig, 1936, 14 pp.

Lessmann, Heinrich. Die Kyrossage in Europa. Programm Städtische Realschule, Charlottenburg, 1906.

Lewy, Hildegard. « Origin and Significance of the Magen Dâwid », Archiv Orientální, vol. 18, pt. 3 (1950), pp. 330-65.

Lewy, Hildegard et Julius. « The Origin of the Week and the Oldest Westasiatic Calendar », HUCA, vol. 17 (1942-43), pp. 1-152.

Lewy, Hildegard et Julius. « The God Nusku », *Orientalia*, vol. 17 (1948), pp. 146-59.

Liebrecht, Felix. *Zur Volkskunde. Essais anciens et nouveaux*. Heilbronn, 1879.

Liebrecht, Felix. *Voir Gervasius von Tilbury.*

Littmann, Enno. « Sternensagen und Astrologisches aus Nordabessinien », ARW, vol. II (1908), pp. 298-319.

Lockyer, Sir J. Norman. *The Dawn of Astronomy*. Cambridge, Mass., 1964, 1re éd. 1894.

« Loeb Classical Library », founded by James Loeb. London : Heinemann ; Cambridge, Mass. : Harvard University Press.

Lommel, Hermann. *Die Yäsht's des Awesta*, übersetzt und eingeleitet. Göttingen-Leipzig, 1927. Sources de l'histoire des religions.

Liebrecht, Felix. « Kavy Usan, » *in Mélanges Linguistiques offerts a C. Bally* (Geneva, 1939), pp. 209-14.

Loomis, Roger Sherman (éd.) *Arthurian Literature in the Middle Ages*. Oxford, 1959.

Loomis, Roger Sherman. *The Grail : From Celtic Myth to a Christian Symbol*. Cardiff-New York, 1963.

L'Orange, H. P. *Studies on the Iconography of Cosmic Kingship in the Ancient World*. Inst. Sammenlignende Kulturforskning, ser. A.23. Oslo-London-Wiesbaden-Cambridge, Mass., 1953.

Loth, J. *Les Mabinogion du livre rouge de Hergest*. Éd. revue augmentée. Paris, 1913. 2 vols.

Lucian. « De Dea Syria », A. M. Hannon, trad., *in* vol. 4 de *Lucian*. LCL.

Lucian. « De Saltatione », « Astrologia », A. M. Harmon, trad., *in* vol. 5 de *Lucian*. LCL.

Lucian. « Saturnalia », K. Kilburn, trad., *in* vol. 6 de *Lucian*. LCL.

Lüders, Heinrich. *Das Wurfelspiel im Alten Indien*. Göttingen, 1907. Abhdl. Ges. Wiss. New Series 9.2.

Lüders, Heinrich. « Die Sage von Rishyashringa », *in Philologica Indica : Ausgewählte Kleine Schriften von Heinrich Lüders* (1940), pp. 1-42.

Lüders, Heinrich. « Zur Sage von Rishyashringa », *in Philologica Indica*, pp. 47-73.

Lüders, Heinrich. *Varuna*. Repris par Ludwig Alsdorf. Göttingen, vol. 1, 1951 ; vol. 2, 1959.

Luedtke, W. « Die Verehrung Tschingis-Chans bei den Ordos-Mongolen. Nach dem Berichte G. M. Potanins aus dem Russischen übersetzt und erläutert », ARW, vol. 25 (1917), pp. 83-129.

Ludendorff, Hans. « Zur astronomischen Deutung der Maya-Inschriften », SPAW, phys.-math. Kl. (1936), pp. 65-88.

Lycophron, A. W. Mair, trad. 1955, 1re impression 1921, LCL.

Lydus. *Joannis Laurentii Lydi Liber de Mensibus*, R. Wuensch, éd. Stuttgart, 1967. 1re éd. 1898. BT.

Lynam, Edward. *The Carta Marina of Olaus Magnus : Venice 1539 and Rome 1572*. Jenkintown, Pa., 1949. Tall Tree Library Publ. 12.

Maass, Alfred. « Sternkunde und Sterndeuterei im Malaiischen Archipel, » Tijdschrift Ind. Taal-, Land-, en Volkenkunde, vol. 64 (1924-25), pp. 1-172, 347-459 ; vol. 66 (1926), pp. 618-70.

Maass, Ernst. *Commentariorum in Aratum Reliquiae*. Berlin, 1898. Réimpression 1958.

The Mabinogion : A New Translation by Gwyn Jones and Thomas Jones. London, 1949. Everyman's Library, vol. 97.

Macdonell, Anbur Anthony. *A Practical Sanskrit Dictionary*. Oxford, 1929.

McGuire, J. D. *A Study of the Primitive Methods of Drilling*. AR U.S. Nat. Mus. for 1894 (Washington, 1896), pp. 623-756.

Macrobius. *Conviviorum Saturnaliorum Septem Libri* (latin et français). Nouvelle trad. par Henri Bornecque (I-III) et François Richard (IV-VII). Paris, n.d. Classiques Garnier.

Macrobius. *Commentary on the Dream of Scipio*. Traduit avec introduction et notes par William Harris Stahl. New York, 1952. « Records of Civilization, Sources and Studies », vol. 48.

The Mahabharata of Krishna-Dwaipayana Vyasa. Traduit en proses anglaises du texte sanskrit par Pratap Chandra Roy, 2de éd. Calcutta, n.d., vols. 11.

Makemson, Maud W. *The Morning Star Rises : An Account of Polynesian Astronomy*. New Haven-London, 1941.

Manilius. *The Five Books of M. Manilius : Containing a System of the Ancient Astronomy and Astrology. Together with the Philosophy of the Stoicks, done into English Verse with Notes*. London, 1697. Republié en 1953 par The National Astrological Library, Washington, D.C.

Manilius. *M. Manili Astronomicon*, recensuit F. Jacob. Berlin, 1846.

Mannhardt, Wilhelm. *Wald und Feldkulte*, vol. 1 : *Der Baumkultus der Germanen una ihrer Nachbarstamme* (1875), vol. 2 : *Antike Wald und Feldkulte aus nordeuropäischer Überlieferung erläutert* (1877), Berlin.

Mansikka, V. J. *Über russische Zauberformeln mit Berücksichtigung der Blut und Verrenkungssagen*. Helsinki, 1909. Ann. Acad. Sci. Fenn. ser. B.1.

Marsham, Johannes. *Canon chronicus Aegyptiacus, Ebraicus, Graecus*. London, 1672.

Massignon, Louis, et al. « Les sept dormants d'Ephèse (Ahl-Al-Kahf) en Islam et en Chrétienté. Recueil documentaire et iconographique », *Revue des études islamiques*, Paris, 1954 (1955), pp. 61-11 2 ; 1955 (1956), pp. 93-106 ; 1957, pp. I-II ; 1958, pp. 1-10 ; 1959, pp. 1-8 ; 1960, pp. 107-13 ; 1961, pp. 1-18 ; 1963, pp. 1-5.

Matthews, W. H. *Mazes and Labyrinths : A General Account of Their History and Developments*. New York-Toronto-Bombay, 1922.

Mayer, Maximilian. *Die Giganten und Titanen in der antiken Sage und Kunst*. Berlin, 1887.

Mayrhofer, Manfred. *Kurzgefasstes Etymologisches Wörterbuch des Altindischen*. Heidelberg, 1956.

Meier, Gerhard. « Ein Kommentar zu einer Selbstprädikation des Marduk aus Assur », ZA, vol. 47 (1942), pp. 241-46.

Meissner, Bruno. *Alexander und Gilgamos*. Habilitationsschrift. Leipzig, 1894.

Meissner, Bruno. *Babylonien und Assyrien*, vol. 2. Heidelberg, 1925.

Meissner, Bruno. *Beiträge zum Assyrischen Wörterbuch*. Chicago, 1932. Assyriological Studies, vol. 1, pt. I.

Mette, Hans Joachim. *Sphairopoiia : Untersuchungen zur Kosmologie des Krates von Pergamon*. München, 1936.

Michatz, Paul. *Die Götterlisten der Serie An ilu A-nu-um*. Doctoral Dissertation. Breslau, 1909.

Miscellanea Orientala dedicata A. Deimel. An. Or., vol. 12. Rome, 1935

Monod, T. « Le ciel austral et l'orientation (autour d'un article de Louis Massignon) », Bull. Institut français d'Afrique Noire 25, sér. B (1963), pp. 415-26.

Mooney, James. « Myths of the Cherokee », 19th ARBAE 1897-98 (Washington, 1900), pp. 3-548.

BIBLIOGRAPHIE

Moritz, L. A. *Grain Mills and Flour in Classical Antiquity*. Oxford, 1958.

Movers, Franz Karl. *Die Phönizier*. Aalen, 1967. Réimprimé de 1841-56 éd. 3 vols.

Mowinckel, Sigmund. *Die Sternnamen im Alten Testament*. Offprint de Norsk Teologisk Tidsskrift 29 (1928).

Much, R. « Der germanische Himmelsgott », in *Abhandlungen zur germanischen Philologie. Festgabe für R. Heinzel* (Halle, 1898), pp. 189-278.

Müller, J. G. *Geschichte der Amerikanischen Urreligionen*. Basel, 1855.

Müller, W. Max. *Egyptian Mythology*. MAR, vol. 12 (1918).

Mus, Paul. *Barabudur*. Hanoi, 1935.

Musurillo, Herbert, S.J. « The Mediaeval Hymn, Alma Redemptoris », *Classical Journal*, vol. 52 (1957), pp. 171-74.

Nauck, August. *Voir Tragicorum Graecorum Fragmenta*.

Neckel. *Voir Edda*.

Needham, Joseph. *Science and Civilization in China*. With the Research Assistance of Wang Lin. Vol. 3 : *Mathematics and the Sciences of the Heavens and the Earth* (1959), vol. 4,1 : *Physics* (1962), vol. 4,2 : *Mechanical Engineering* (1965). Cambridge University Press.

Negelein, Julius von. « Zum kosmologischen System in der ältesten indischen Literatur », OLZ, vol. 29 (1926), cols. 903-07.

Neugebauer, Otto. *The Exact Sciences in Antiquity*, 2nd ed. New York, 1962.

Neugebauer, Otto, et Parker, R. A. *Egyptian Astronomical Texts*. Brown University Bicentennial Publications. Vol. 1 : *The Early Decans* (1960), vol. 2 : *The Ramesside Star Clocks* (1964). London.

Nihongi : Chronicles of Japan from the earliest times to A.D. 697. Traduit du texte chinois et japonais par W. G. Aston. London, 1956. Réimpression.

Nöldeke, Theodor. « Sieben Brunnen », AEW, vol. 7 (1904), pp. 340-44.

Nonnos. *Dionysiaca*, W. H. D. Rouse, trad. 1955-56. 1re impression 1940. 3 vols. LCL.

Normann, Friedrich. *Mythen der Sterne*. Gotha-Stuttgart, 1924.

Nourelin, Rayner. *Les migrations humaines*, traduit par Victor Forbin. Paris, 1939.

Numazawa, F. K. *Die Weltanfänge in der Japanischen Mythologie*. Paris-Lucerne, 1946.

Nyberg, H. S. *Die Religionen des Alten Iran*. Deutsch von H. H. Schaeder. Osnabrück, 1966. Réimpression éd. de 1938.

Oberhuber, Karl. *Der numinose Begriff ME im Sumerischen*. Innsbruck, 1963. Contributions d'Innsbruck à des études culturelles. Numéro spécial : 17.

O'Curry, Eugene. *On the Manners and Customs of the Ancient Irish : A Series of Lectures*. Édité avec introduction, appendices, etc., par W. K. Sullivan. London-Edinburgh-Dublin-New York, 1873. 3 vols.

Ohlmarks, Å. *Heimdalls Horn und Odins Auge*. Lund-Copenhagen, 1937.

Ohlmarks, Å. *Stellt die mythische Bifröst den Regenbogen oder die Milchstrasse dar ?* Medd. Lunds Astron. Observ. ser. II, no. 110 (1941).

Ohrt, F. *The Spark in the Water : An Early Christian Legend A Finnish Magic Sound*. FFC, vol. 65 (1926).

Olcott, William Tyler. *Star Lore of All Ages*. New York-London, 1911.

Olrik, Axel. *The Heroic Legends of Denmark*, L. M. Hollander, trad. New York-London, 1919.

Olrik, Axel. *Ragnarok : Die Sagen vom Weltuntergang*. Traduit par W. Ranisch. Berlin-Leipzig, 1922.

Olschki, Leonardo. « The Wise Men of the East in Oriental Traditions », *Festschrift Popper* (1951), pp. 375-95.

Onians, R. D. *The Origins of European Thought About the Body, the Mind, the Soul, the World, Time, and Fate*, 2nd ed. Cambridge University Press, 1954.

Oppenheim, A. L. « Akkadian pul(u)ḫ(t)u and melammu », JAOS, vol. 63 (1943), pp. 31-34.

Oppenheim, A. L. « Mesopotamian Mythology », Or., vol. 16 (1947), pp. 207-38 ; vol. 17 (1948), pp. 17-58 ; vol. 19 (1950), pp. 129-58.

Oriental Studies in Honour of C. R. Pavry. Oxford, 1933.

Orphicorum Fragmenta. Otto Kern, ed. 2nd ed. Berlin, 1963.

Orphei Hymni. W. Quandt, ed. 2nd ed. Berlin, 1962.

Otten, H. *Mythen vom Gotte Kumarbi : Neue Fragmente*. Berlin, 1950. Publications de l'Institut de recherches orientales.

Ovid. *Fasti*, Sir James George Frazer, trad. 1931. LCL.

Ovid. *Metamorphoses*, Frank Justus Miller, trad., vol. 1 (1956), vol. 2 (1958). 1re impression 1916. LCL.

Pallis, S. A. *The Babylonian Akitu Festival*. Copenhagen, 1926. K. Danske Videnskab. Sels. Hist.-phil. Medd. 12,1.

Pâques, Viviana. *L'Arbre cosmique dans la pensée populaire et dans la vie quotidienne du Nord-Ouest africain*. Paris, 1964. Université de Paris. Travaux et mémoires de l'Institut d'ethnologie 79.

Pascal, Blaise. *Œuvres complètes*. Paris, 1963.

Pascal, Blaise. *Pensées*, W. F. Trotter, trad. New York, 1941 (Modern Library).

Pausanias. *Description of Greece*, W. H. S. Jones, trad. 1954-55. 4 vols. 1re impression 1918-35. LCL.

Pechuël-Loesche, E. *Volkskunde von Loango*. Stuttgart, 1907.

Penzer, N. M. *The Ocean of Story, being C. H. Tawney's Translation of Somadeva's Katha Sarit Sagara*. Édité avec introduction, notes explicatives et essai final par N. M. Penzer. London, 1924.

Petronius. *The Satyricon*, William Arrowsmith, trad. New York, 1960. New American Library.

Photius. *Bibliothèque*. Texte établi et traduit par René Henry. Paris, 1959-67 (à suivre).

Pindar, Sir John Sandys, trad. 1937. 1re impression 1915. LCL.

Pingree, David. « Astronomy and Astrology in India and Iran », ISIS, vol. 54 (1963), pp. 229-46.

Pischel, R. et Geldner, K. F. *Vedische Studien*. Stuttgart, 1889-1901. 3 vols.

Plato. *Platonis Opera*, recognovit breviqve adnotatione instruxit Ioannes Burnet. Oxford, 1957-59. 5 vols. 1re publication en 1900-07. Oxford Classical Texts.

Plato. *Plato's Cosmology : The Timaeus of Plato translated with a running commentary*, par Francis Macdonald Cornford. New York, 1937. The Library of Liberal Arts, vol. 101.

Plato. *The Republic of Plato*. Traduit avec introduction et notes par Francis Macdonald Cornford. New York-London, 1952. 1re éd. 1941.

Plato. *Plato's Phaedo : The Phaedo of Plato translated with introduction, notes and appendices*, par R. S. Bluck. New York, 1955. The Library of Liberal Arts, vol. 110.

Plato. *The Works of Plato*, sélectionné et édité par Irwin Edman (à partir de la 3ᵉ éd. de la traduction de Jowett). New York, 1956. The Modern Library.

Plutarch. *De Iside et Osiride. De defectu oraculorum*, Frank Cole Babbitt, trad. 1957. 1ʳᵉ impression 1936, LCL. Moralia, vol. 5.

Plutarch. *De facie quae in orbe lunae apparet*, Harold Cherniss et William C. Helmbold, trad. 1957. LCL. Moralia, vol. 12.

Pogo, Alexander. « The Astronomical Ceiling Decoration in the Tomb of Senmut (18th Dyn.) », ISIS, vol. 14 (1931), pp. 301-25.

Pogo, Alexander. « Zum Problem der Identifikation der nördlichen Sternbilder der alten Aegypter », ISIS, vol. 16 (1931), pp. 102-14.

Pokorny, Julius. « Ein neun-monatiges Jahr im Keltischen », OLZ, vol. 21 (1918), cols. 130-33.

Popol Tzuh : The Sacred Book of the Ancient Quiché Maya. English version by Delia Goetz et Sylvanus G. Morley, traduit de l'espagnol par Adrián Recinos. London-Edinburgh, 1951.

Potarun, G. M. *Voir* Luedtke, W.

Preisendanz, Karl (éd. et trad.). *Papyri Graecae Magicae : Die Griechischen Zauberpapyri*. Leipzig-Berlin, 1928, 2 vols.

Preller, L. *Griechische Mythologie*, 5ᵉ éd de Carl Robert. Berlin-Zürich, 1964.

Proclus. *Procli Diadochi in Platonis Timaeum Commentaria*, E. Diehl, éd. Leipzig, 1903-06, 3 vols. BT. (à suivre).

Proclus. *Commentaire sur le Timée*. Traduction et notes par A. J. Festugière. Paris, 1966-68, 4 vols.

Pseudo-Callisthenes. *Historia Alexandri Magni*, vol. 1 : Recensio vetusta, W. Kroll, ed. Berlin, 1958. Réimpression éd. de 1926.

Ptolemy. *Claudii Ptolemaei opera quae exstant omnia*, vols. 1 et 2 : Syntaxis Mathematica, J. L. Heiberg, éd. Leipzig, 1898-1903. BT.

Ptolemy. Ptolemaeus. *Handbuch der Astronomie* (Almagest). Traduction en allemand et notes explicatives de K. Manitius. Préface et corrections de Otto Neugebauer. Leipzig, 1963, 2 vols. BT.

Ptolemy. *Tetrabiblos*, F. E. Robbins, trad. 1956. 1ʳᵉ impression 1940, LCL.

The Pyramid Texts in translation and commentary. Samuel A. B. Mercer, éd. New York-London-Toronto, 1952. 4 vols.

Rabuse, Georg. *Der kosmische Aufbau der Jenseitsreiche Dantes*. Graz-Köln, 1958.

Realencyclopaedie der Classischen Altertumswissenschaft (Pauly's Realencyclopaedie). Nouvellement édité et publié avec l'aide de nombreux collaborateurs par Georg Wissowa. Stuttgart, 1893.

Reallexikon der Assyriologie. Unter Mitwirkung zalreicher Fachgelehrter hrsg. von Erich Ebeling et Bruno Meissner. Vol. 3 (1959 ff.) Ernst Weidner. Berlin-Leipzig, 1932.

Reuter, Otto Sigfrid. *Germanische Himmelskunde : Untersuchungen zur Geschichte des Geistes*. München, 1934.

Riemschneider, Margarete. *Augengott und Heilige Hochzeit*. Leipzig, 1953 (*voir* Riemschneider. « Fragen zur vorgeschichtlichen Religion », vol. 1).

Der Rig-Veda. Traduit du sanskrit en allemand, et compte tenu d'un commentaire de Karl Friedrich Geldner. Cambridge, Mass., 1951, 3 vols, vol. 4 : « Namen und Sachregister... von J. Nobel », 1957. Harvard Oriental Series 33-36.

Roeder, Günther. *Urkunden zur Religion des Alten Aegypten*. Jena, 1915. Religiöse Stimmen der Völker.

Roeder, Gunther. *Altaegyptische Erzählungen und Märchen*. Jena, 1927.

Roennow, Karsten. « Zur Erklärung des Pravargya, der Agnicayana und des Sautrāmanī », *Le monde oriental* (1929), pp. 113-73.

Rohde, Erwin. « Zum griechischen Roman », Rh. Mus., vol. 48 (1893), pp. 110-40.

Rooth, Anna B. *The Raven and the Carcass : An Investigation of a Motif in the Deluge Myth in Europe, Asia and North America*. FFC, vol. 186 (1962).

Roscher, W. H. D. (ed.) *Ausführliches Lexikon der griechischen und römischen Mythologie*. Leipzig, 1884-1937. Reprint Hildesheim, 1965. 10 vols.

Roscher, T. H. « Die Legende vom Tode des Grossen Pan », *Fleckeisens Jahrbücher für Classische Philologie*, vol. 38 (1892), pp. 465-77.

Roscher, T. H. *Omphalos*. Leipzig, 1913. Abhdl. Sächs. Ges. Wiss. phil/hist. Kl. 29.9.

Roscher, T. H. *Der Omphalosgedanke bei verschiedenen Völkern, besonders den semitischen*. BVSGW, vol. 70.2 (1918).

Roth, Walter E. *An Inquiry into the Animism and Folk-Lore of the Guiana Indians*. 30th ARBAE 1908-09 (Washington, 1915)1, pp. 103.

Rydberg, Viktor. *Teutonic Mythology*. Traduction autorisée du suédois par Rasmus B. Anderson. London-Copenhagen-Stockholm-Berlin-New York, 1907.

Sachs, A. (trad.) « Akkadian Rituals », ANET, pp. 331-45.

Sahagún. *Einige Kapitel aus dem Geschichtswerk des Fray Bernardino de Sahagún*. Traduit de l'aztèque par Eduard Seler. Stuttgart, 1927.

Sahagún, Fray Bernardino de. *General History of the Things of New Spain. Florentine Codex*. Traduit de l'aztèque en anglais, avec notes et illustrations par Arthur J. O. Anderson et Charles E. Dibble. Santa Fe, New Mexico, 1953. Book 7 : *The Sun, Moon, and Stars, and the Binding of the Years*. Avec un appendice constitué des cinq premiers chapitres du Livre VII issus de *The Memoriales con escolios*.

Salonen, Armas. *Die Wasserfahrzeuge in Babylonien nach sumerisch-akkadischen Quellen*. Helsinki, 1936. Studia Orientalia Societas Orientalis Fennica 8.4.

Salonen, Armas. *Nautica Babyloniaca : Eine lexikalische und kulturgeschichtliche Untersuchung*. Helsinki, 1942. Studia Orientalia Societas Orientalis Fennica 11.1.

Salonen, Armas. *Die Landfahrzeuge des Alten Mesopotamien*. Ann. I Acad. Sci. Fenn. ser. B.72.2 (1951).

Sandars, N. K. *Voir The Epic of Gilgamesh*.

Sandman Holmberg, Maj. *The God Ptah*. Lund, 1946.

Santillana, Giorgio de. *The Origins of Scientific Thought : From Anaximander to Proclus 600 B.C. to 500 A.D.* Chicago-London, 1961.

Santillana, Giorgio de. *Prologue to Parmenides*. Princeton, N.J., 1964 (lectures à la mémoire de Louise Taft Semple). Réimpression dans G. de Santillana, *Reflections on Men and Ideas* (1968), pp. 82-119.

Santillana, Giorgio de. *Reflections on Men and Ideas*. Cambridge, Mass., 1968.

Santillana, Giorgio de. « The Role of Art in the Scientific Renaissance », *in Critical Problems in the History of Science*, Marshall Clagett, éd. Madison, Wis., 1959, pp. 33-65. Réimpression dans *Reflections on Men and Ideas* (1968), pp. 137-66.

Santillana de, G, et Pitts, W. « Philolaos in Limbo or, What happened to the Pythagoreans ? », ISIS, vol. 42 (1951), pp. 112-20. Réimpression dans *Reflections on Men and Ideas*, pp. 190-201.

BIBLIOGRAPHIE

de Saussure, Léopold. *Les origines de l'astronomie chinoise*, Paris, 1930. Reproduction photomécanique posthume d'articles parus dans le *T'oung Pao*.

Saxo Grammaticus. *The First Nine Books of the Danish History of Saxo Grammaticus*. Traduit par Oliver Elton avec quelques réflexions de Frederick York Powell, London, 1894. Folk Lore Society Public. 33.

Saxo Grammaticus. *Saxonis Gesta Danorum*, primum a C. Knabel et P. Herrmann recensita recognoverunt et ediderunt J. Olrik et H. Raeder, vol. 1, *Textum continens* (1931), vol. 2 : *Indicem verborum conficiendum curavit Franz Blatt* (1957), Copenhagen.

Schaeder, Hans Heinrich, « Der iranische Zeitgott en 1sein Mythus », ZDMG, vol. 95 (1941), pp. 268-99.

Schaumberger. *Voir Kugler*.

Scheftelowitz, J. *Die Zeit als Schicksalsgottheit in der indischen und iranischen Religion*, Stuttgart, 1929.

Scherer, Anton. *Gestirnnamen bei den indogermanischen Völkern*, Heidelberg, 1953.

Schirren, C. *Die Wandersagen der Neuseeländer und der Maulmythos*, Riga 1856.

Schlegel, Gustave. *L'Uranographie chinoise*, Leiden, 1875. Reprint Taipei, 1967.

Schmidt, Leopold. « Pelops und die Haselhexe », *Laos*, vol. 1 (1951), pp. 67-78.

Schmidt, Pater Wilhelm. *Der Ursprung der Gottesidee*, vol. 11 : *Die asiatischen Hirtenvölker*, Münster i. W., 1954.

Schmökel, Hartmut. *Voir Das Gilgamesch Epos*.

Schreider, Marius. « Pukku und Mikku : Ein Beitrag zum Aufbau und zum System der Zahlenmystik des Gilgamesch-Epos », *Antaios*, vol. 9 (1967), pp. 262-83.

Schott, Albert. « Das Werden der babylonisch-assyrischen Positions-Astronomie und einige seiner Bedingungen », ZDMG, vol. 88 (1934), pp. 302-37.

Schott, Albert. « Zu meiner Übersetzung des Gilgamesch-Epos », ZA, vol. 42 (1934), pp. 92-143.

Schott, Albert. *Voir Aratos, Das Gilgamesch Epos*.

Schröder, Franz Rolf. *Altgermanische Kulturprobleme*, Berlin, 1929.

Schott, Albert. *Skadi und die Götter Skandinaviens*, Tübingen, 1941.

Scriptores Rerum Mythicarum Latini Tres Romae Nuper Reperti. Edidit ac scholiis illustravit Georgius Henricus Bode, Hildesheim, 1968, 2 vols. 1re éd Celle, 1834.

Sède, Gérard de. *Les Templiers sont parmi nous*, Paris, 1962.

Seler, Eduard. *Codex Vaticanus Nr. 3773 (Codex Vaticanus B)*, Berlin, 1902.

Seler, Eduard. *Gesammelte Abhandlungen zur Amerikanischen Sprach und Altertumskunde*, Graz, 1960-61, 5 vols. Réimpression éd. de 1902-23, Berlin.

Seler, Eduard. *Voir Sahagun*.

Semitic and Oriental Studies presented to William Popper, Berkeley, 1951.

Servii Grammatici qui feruntur in Vergilii Carmina Commentarii. Rec. G. Thilo et H. Hagen, Hildesheim, 1961. Réimpression de 1884, éd. Leipzig.

Setälä, E. N. « Kullervo-Hamlet », FUF, vol. 3 (1903), pp. 6-97 ; vol. 7 (1907), pp. 188-264 ; vol. 10 (1910), pp. 44-127.

The Shatapatha Brāhmana according to the Text of the Mādhyandina School, Julius Eggeling, trad., Delhi, 1963. Réimpression éd. de 1882-1900, 5 vols. SBE 12, 26, 41, 43, 44.

Sicard, Harald von. *Ngoma Lungundu : Eine afrikanische Bundeslade*, Uppsala, 1952. Studia Ethnographica Upsaliensia 3.

Sieg, Emil. *Die Sagenstoffe des Rgveda und die indische Itihāsatradition*, Stuttgart, 1902.

Simeon, Remi. *Dictionnaire de la Langue Nahuatl*, Graz, 1964. Réimpression éd. de 1885.

Simrock, Karl. *Der ungenähte Rock oder König Orendel, wie er den grauen Rock gen Trier brachte*. Gedicht des 12. Jahrhunderts, übersetzt, Stuttgart, 1845.

Simrock, Karl. *Handbuch der Deutschen Mythologie*, 3e éd. Bonn, 1869.

Simrock, Karl. *Die Quellen des Shakespeare in Novellen, Märchen und Sagen*, Bonn, 1870.

Simrock, Karl. *Voir Edda*.

Singer, Charles, Holmyard, E. J., et Hall, A. R. (eds.). *A History of Technology*, vol. 1, Oxford, 1954.

Smith, Sidney. « b/pukk/qqu and mekku », RA, vol. 30 (1933), pp. 153-68.

Smith, S. Percy (éd. et trad.). *The Lore of the Whare wānanga*, New Plymouth, 1913. Memoirs Polynesian Society 3.

Smith, W. Robertson. *The Religion of the Semites*, New York, 1957. Réimpression.

Snorri Sturluson. *Voir Edda*.

von Soden, Wolfram. « Licht und Finsternis in der sumerischen und babylonisch-assyrischen Religion », *Studium Generale*, vol. 13 (1960), pp. 647-53.

von Soden, Wolfram. « Neue Bruchstücke zur sechsten und siebenten Tafel des Weltschöpfungsepos Enuma eish », ZA, vol. 47 (1942), pp. 1-16.

von Soden, Wolfram. « Zu einigen altbabylonischen Dichtungen », OR., vol. 26, pp. 306-20.

Sörensen, S. *An Index to the Names in the Mahabharata*. Avec quelques explications et accord des éditions de Bombay et Calcutta et P. C. Roy's translation. Delhi, 1963. 1re éd., London, 1904.

Speck, Frank G., et Moses, Jesse. *The Celestial Bear Comes Down to Earth : The Bear Sacrifice Ceremony of the Munsee Mohican in Canada, as related by Nekatcit*. Reading, Pennsylvania, 1945. Reading Public Museum and Art Gallery, Scientific Public. 7.

Speiser, E. A. (trad.) « Akkadian Myths and Epics », ANET (1966), pp. 60-119.

Stegemann, Viktor. *Astrologie und Universalgeschichte : Studien und Interpretationen zu den Dionysiaka des Nonnos von Panopolis*, Stoicheia, vol. 9 (1930).

Stein, Sir Aurel. *Innermost Asia : Detailed Report of Explorations in Central Asia, Ken Su and Eastern Iran*, vol. 3, Oxford, 1928.

Stimson, J. Frank. *Tuamotuan Religion*. Bulletin BPB Mus. 103, Honolulu, 1933.

Stimson, J. Frank. *The Cult of Kiho-Tumu*. Bulletin BPB Mus. 111, Honolulu, 1934.

Stimson, J. Frank. *The Legends of Maui and Tahaki*. Bulletin BPB Mus. 127, Honolulu, 1934.

Stokes, Whitley. « The Prose Tales in the Rennes Dindsenchas », *Revue celtique*, vol. 15 (1894), pp. 272-336, 418-84 ; vol. 16 (1895), pp. 31-83, 135-67, 269-307.

Storck, John, et Teague, W. *D. Flour for Man's Bread : A History of Milling.* Minneapolis-London, 1952.

Strom, Ake V. « Indogermanisches in der Volüspa », *Numen*, vol. 14 (1967), pp.167-208.

Stucken, Eduard. *Astralmythen.* Leipzig, 1896-1907.

Stucken, Eduard. *Der Ursprung des Alphabets und die Mondstationen.* Leipzig, 1913.

Studies in honor of Benno Landsberger on his 75th Birthday. Chicago, 1965. Assyriological Studies 16.

Stutterheim, W. *Râma-Legenden una Râma-Reliefs in Indonesien.* München, 1925.

Sūrya Siddhānta. Traduit de *Sūrya Siddhānta* avec notes et appendices par Rev. Ebenezer Burgess. Réimpression éd. de 1860, P. Gangooly, ed. Avec une introduction de P. Sengupta. U. of Calcutta, 1935.

Taittirīya Sanhita : The Veda of the Black Yajus School, entitled Taittirīya Sanhita. Traduit du sanskrit, prose et verset, par Arthur Berriedale Keith. Delhi, 1967. Réimpression éd. de 1914, *Harvard Oriental Series* 18-19.

Tallqvist, Knut. *Sumerisch-akkadische Namen der Totenwelt.* Helsinki, 1934. Studia Orientalia Soc. Orient. Fenn. 5.4.

Tallqvist, Knut. *Akkadische Götterepitheta.* Helsinki, 1938. Studia Orientalia Soc. Orient. Fenn. 7.

Taqizadeh, S. H. *Old Iranian Calendars.* London, 1938.

Taylor, A. D. *A Commentary on Plato's Timaeus.* Oxford, 1928.

Testa, Monsignor Domenico. *Il Zodiaco di Dendera Illustrato.* Genova, 1822.

Theophrastus. *Enquiry into Plants*, Sir Arthur Hort, trad. 1958-59, 2 vols. 1ʳᵉ impression 1916, LCL.

Thieme, P. *Untersuchungen zur Wortkunde und Auslegung des Rigveda.* Halle, 1949.

Thureau-Dangin, F. *Rituels Accadiens.* Paris, 1921.

Thurneysen, Rudolf. *Die irische Helden und Königssage bis zum 17. Jahrhundert.* Halle, 1921.

Tilak, Bal Gangadhar. *The Orion, or Researches into the Antiquity of the Vedas.* Bombay, 1893.

Tragicorum Graecorum Fragmenta, A. Nauck, ed. Hildesheim, 1964. Reprint. BT.

Tregear, Edward. *The Maori-Polynesian Comparative Dictionary.* Wellington, 1891.

Ungnad, Arthur. *Das wiedergefundene Paradies.* Breslau, 1923. Kulturfragen 3.

Ungnad, Arthur. *Voir Das Gilgamesch-Epos.*

Usener, Hermann. *Götternamen : Versuch einer Lehre van der religiösen Begriffsbildung*, 3ᵉ éd. Frankfurt, 1948.

Vajda, Laszlo. « Zur phaseologischen Stellung des Schamanismus », *Ural-Altaische Jahrbücher*, vol. 31 (1959), pp. 456-85.

Varāhamihira. *The Brihad Sanhita*, H. Kern, trad. JRAS, vol. 5 (1871), pp. 45-90, 231-88.

Vatican Mythographers. *Voir Scriptores Rerum Mythicarum Latini.*

Virgil, H. Rushton Fairclough, trad. Rev. éd., 2 vols. 1954-56. LCL.

Vishnu Purana. « A System of Hindu Mythology and Tradition », traduit du sanskrit et augmenté de notes par H. H. Wilson, 3ᵉ éd. Calcutta, 1961. 1ʳᵉ éd. London, 1840.

Vries, Jan de. *Altnordisches Etymologisches Wörterbuch.* Leiden, 1961.

Waerden, B. L. van der « The Thirty-Six Stars » (*Babylonian Astronomy 2*), JNES, vol. 8 (1949), pp. 6-26.

van der Waerden, B. L. *Die Anfänge der Astronomie*, (*Erwachende Wissenschaft 2*). Groningen, n.d.

Wainwright, G. A. « A Pair of Constellations », *in Studies Presented to F. L. Griffith* (1932), pp. 373-83.

Walde-Hofmann. *Lateinisches Etymologisches Wörterbuch*, par A. Walde. 3ᵉ rev. cd. par J. B. Hofmann. Heidelberg, 1938-56.

Weber, Albrecht. « Die Vedischen Nachrichten von den Naxatra (Mondstationen) », pt. I : APAW 1860, pp. 283-332 ; pt. 2 : APAW 1862, pp. 267-399.

Weber, Albrecht. « Miszellen aus dem indogermanischen Familienleben », *in Festgruss an Rudolf von Roth* (1893), pp. 135-38.

Weidner, Ernst F. *Handbuch der Babylonischen Astronomie.* Leipzig, 1915. Assyriologische Bibliothek 23.I.

Weidner, Ernst F. « Babylonische Hypsomatabilder », OLZ, vol. 221 (1919), pp. 10-16.

Weidner, Ernst F. « Ein babylonisches Kompendium der Himmelskunde », AJSL, vol. 40 (1924), pp. 186-208.

Weidner, Ernst F. « Gestirn-Darstellungen auf Babylonischen Tontafeln », SOAW, vol. 254 (1967), no. 2.

Weidner, Ernst F. *Voir Reallexikon der Assyriologie.*

Weinreich, Otto. « Zum Tode des Grossen Pan », ARW, vol. 13 (1910), pp. 467-73.

Werner, Edward T. C. *Myths and Legends of China.* London-Calcutta, 1927.

Werner, Edward T. C. *A Dictionary of Chinese Mythology.* New York, 1961. 1st ed. Shanghai, 1932.

Werner, Helmut. « Die Verstirnung des Osiris-Mythos », IAfE, vol. 16 (1952), pp. 147-62.

Wheeler, Post. *The Sacred Scriptures of the Japanese.* New York, 1952.

White, Lynn, Jr. *Medieval Technology and Social Change.* Oxford, 1962.

Wiedemann, Alfred. *Herodots Zweites Buch, mit sachlichen Erläuterungen.* Leipzig, 1890.

Wildhaber, Robert. *Das Sündenregister auf der Kuhhaut.* FFC, vol. 163 (1955).

Williamson, Robert W. *Religious and Cosmic Beliefs of Central Polynesia*, Cambridge, 1924, 2 vols.

Witzel, Maurus. « Texte zum Studium Sumerischer Tempel und Kultzentren », An. Or., vol. 4 (1932).

Witzel, Maurus. « Tammuz-Liturgien und Verwandtes », An. Or., vol. 10 (1935).

Witzel, Maurus. « Zur sumerischen Mythologie », Or., vol. 17 (1948), pp. 393-415.

Wörterbuch der Aegyptischen Sprache. Im Auftrag der Deutschen Akademien hrsg. von Adolf Erman und Hermann Grapow. 2ᵈᵉ réimpression. Berlin, 1957, 6 vols.

Wörterbuch der Mythologie. Herausgegeben von H. W. Haussig. Stuttgart, n.d. Pt. I ca. 1960.

Wohleb, L. « Die altrömische und hethitische evocatio », ARW, vol. 25 (1927), pp. 206-09.

Wou Tch'eng Ngen, *Si Yeou ki, ou le Voyage en Occident.* Traduit du chinois par Louis Avenol. Paris, 1957, 2 vols.

Zaehner, R. C. *Zurvan : A Zoroastrian Dilemma.* Oxford, 1955.

BIBLIOGRAPHIE

Zahan, D., et de Ganay, S. « Études sur la cosmologie des Dogons et des Bambaras du Soudan français », *Africa*, vol. 21 (1951), pp. 3-23.

Zenker, Rudolf. *Boeve Amlethus : Das Altfranzösische Epos van Boeve de Hamtone und der Ursprung der Hamletsage*. Berlin, 1905. Literar-historische Forschungen 32.

Zerries, Otto. « Sternbilder als Ausdruck jägerischer Geisteshaltung in Südamerika », *Paideuma*, vol. 5 (1951), pp. 220-35.

Zimmern, Heinrich. « Zum babylonischen Neujahrsfest », BVSGW, vol. 58 (1906), pp. 126-56; vol. 70 (1918), pt. 3, 52 pp.

Zimmern, Heinrich. « Die sieben Weisen Babyloniens », ZA, vol. 35 (1923), pp. 151-54.

Zimmern, Heinrich. « Zur Herstellung der grossen babylonischen Götterliste An (ilu) Anum », BVSGW, vol. 63 (1911), pt. 4.

Zinzow, Adolf. *Die Hamletsage anmit verwandten Sagen erläutert*. Halle, 1877.

The Zohar. Traduit par Harry Sperling et Maurice Simon. London, 1956, 5 vols. 1re éd. 1933.

ABRÉVIATIONS

ABAW	Abhandlungen der Bayerischen Akademie der Wissenschaften
AEG. WB	Wörterbuch der Aegyptischen Sprache
AEG. Z	Zeitschrift für Ägyptische Sprache und Altertumskunde
AFO	Archiv für Orientforschung
AJSL	American Journal of Semitic Languages and Literature
ANET	Ancient Near Eastern Texts relating to the Old Testament
AN. OR.	Analecta Orientalia (Roma)
AOTAT	Altorientalische Texte zum Alten Testament
APAW	Abhandlungen der Preussischen Akademie der Wissenschaften
AR	Annual Report
ARBAE	Annual Report of the Bureau of American Ethnology (Washington)
ARW	Archiv für Religionswissenschaft
ATAO	A. Jeremias : Das Alte Testament im Lichte des Alten Orients
AV	Atharva Veda
BA	Baessler Archiv (Berlin)
BAE	Bureau of American Ethnology
BASOR	Bulletin of the American Schools of Oriental Research
BIFAO	Bulletin de l'Institut français d'Archéologie orientale (Le Caire)
BPB MUS	Bernice Pauahi Bishop Museum (Honolulu)
BVSGW	Berichte über die Verhandlungen der Sächsischen Gesellschaft der Wissenschaften (Leipzig)
BT	Bibliotheca Teubneriana
EE	Enuma elish, the Babylonian Creation Epic
ERE	Encyclopaedia of Religion and Ethics (ed. James Hastings)
FFC	Folklore Fellows Communications (Helsinki)
FUF	Finnisch-Ugrische Forschungen
GE	Gilgamesh Epic
HAOG	A. Jeremias : Handbuch der Altorientalischen Geisteskultur
HUCA	Hebrew Union College Annual (Cincinnati)
IAFE	Internationales Archiv für Ethnographie (Leiden)
JAOS	Journal of the American Oriental Society
JCS	Journal of Cuneiform Studies
JNES	Journal of Near Eastern Studies
JRAS	Journal of the Royal Asiatic Society
JSA	Journal de la Société des Africanistes
LCL	Loeb Classical Library
MAGW	Mitteilungen der Anthropologischen Gesellschaft Wien
MAR	Mythology of All Races (Boston)
MBH.	Mahābhārata
MVAG	Mitteilungen der Vorderasiatischen Gesellschaft
OLZ	Orientalistische Literaturzeitung
OR	Orientalia, New Series (Roma)
PB	A. Deimel : Pantheon Babylonicum
RA	Revue d'Assyriologie et d'Archéologie Orientale
RC	Revue Celtique
RE	Realencyclopädie der Klassischen Altertumswissenschaft (ed. Pauly-Wissowa)
RH. MUS	Rheinisches Museum für Philologie
RLA	Reallexikon der Assyriologie
ROSCHER	Ausführliches Lexikon der griechischen und römischen Mythologie
RV	Rigveda
SBAW	Sitzungsberichte der Bayerischen Akademie der Wissenschaften
SBE	Sacred Books of the East
SHAW	Sitzungsberichte der Heidelberger Akademie der Wissenschaften
SOAW	Sitzungsberichte der Österreichischen Akademie der Wissenschaften
SPAW	Sitzungsberichte der Preussischen Akademie der Wissenschaften
TM	J. Grimm : Teutonic Mythology
WB. MYTH	Wörterbuch der Mythologie
WZKM	Wiener Zeitschrift für die Kunde des Morgenlandes
ZA	Zeitschrift für Assyriologie und vorderasiatische Archäologie
ZDMG	Zeitschrift der Deutschen Morgenländischen Gesellschaft
ZFE	Zeitschrift für Ethnologie
ZVV	Zeitschrift des Vereins für Volkskunde

INDEX

Abaton 356
Abū Ma'šar 276
Accius 51
Acheloüs 233
Acheron 228-229, 240, 243
Acherus : lac 228-229, 288
Achille 17, 319, 321, 392, 414, 423, 443
Adad 348, 436
Adam 251, 268, 271, 360, 431 ; et Ève 191, 387
Adam de Brème 251
Adams, John Couch 34
Adonis 128, 296, 324, 330-331, 337
Ægir 132, 253, 254, 346, 411
Æliène 442, 445
Æneas Sylvius : Pape 391, 393
Æsir 196-197, 200, 202
Afrāsiyāb : Shah des Turaniens 66-68, 120, 245, 312, 393
Afrique 21, 253, 294, 302-303, 390-391, 452 ;
Africains de l'Ouest 9, 33
Agamemnon 321
Agaria 266
Agastya 311, 371, 428, 435
Âge d'or : dates de 394 ; fin de 194-196 ; dans l'Edda 195 ; position de la Voie lactée 306
Agni 179, 198-199, 373, 416, 421, 428, 446-447
Agrippa d'Aubigné, Théodore : *citation* 367
Aigokeros : Capricorne 98
Akkadien : langue 161, 165, 174, 313, 433, 460
Ailly, Pierre d' 391
Al-Bīrūnī 34, 119, 268
Albright, William F. 165, 255, 346-347, 432, 434, 441-442, 460
Alcmaeon 246
Alcor 312, 423
Aldebaran 74, 79, 430
Alembert, Jean d' 24
Alexandre : roi de Macédoine 13, 48, 75, 120, 156, 243, 245-246, 389, 443, 445 ; et le nœud gordien 284-286 ; *Le Roman d'* 81, 304, 366, 392 ; lié à Gilgameš 305, 364, 365, 441
Al-Farghani 10, 177
Al-ǧadī : Étoile polaire, Polaris 177
Alföldi Andreas 416
Allen, Richard H. 304
Aloe : lac 261
Alphonse de Castille 319
Al-Qazvīnī 177
Amalthée 306, 445

Amaterasu 213, 344, 444, 445
Ambales Amlóði 62 : rêve d' 66, *Saga* 47-48, 51
Ambroisie 244, 307, 445
Amérique : Snaebjörn et découverte 134 ; Colomb 391-392
Amlaghe 48
Amlaidhe 48
Amleth : sens du nom 48
Amlóði : meule ou moulin d' 123-134
Amṛtamanthana 425
Anāhitā, (déesse) 68, 309
Ananke 234
'Anat 337, 414
Anaximandre 19, 118, 233, 383, 418
Anchises 238
AncienTestament, 161
Anderson, R. B. : 413
Andreas 364
Anges 329, 406-408, 419, 429
Angkor 33, 202
'An-Nadīm 329
Année : variations de longueur 446
Antarès 292, 455, 461
Anthropologie sociale 106
Antiochus 254, 286
Anu 165, 314, 335, 344, 348, 356, 438, 447, 448, 454-456, 461 ; Chemin d' 449
Anunnaki 348, 355, 460
Aphrodite 172, 192, 221
Apis 331
Apocalypse 388, 440
Apollinaire, *citation* 289
Apollodore 159, 372, 436
Apollon 50, 171, 241, 300, 303, 328, 412, 415, 446, 459
Apollon de Rhodes 300, 303
Apsû 195, 260, 261, 316, 317, 348, 350-351, 372-373, 375, 441-442, 447-448, 454, 460
Aqht 337
Aquin, Thomas d' 110
Ara 444
Arabes 108, 319, 366
Arallû 314, 375, 460
Ararat : Mont 374
Aratus 178, 293, 303, 305, 423
Arawaks 210
Arc et flèches, dans les constellations 261, 372
Arche (L') 266, 268-269, 414
Arbres mythologiques, 271, 275, 295 ; du monde 369 ; dans *L'Épopée de Gilgameš* 455 ; en Inde 457 ; à Tuamotuan 458 ; au Mexique

INDEX

458 ; en Finlande 459 ; signification de 459-461
Arcadie 326
Archimède 107, 232, 396
Arcturus 407, 422, 433, 455
Arès, 220, 446, voir aussi Mars
Argo : tortue comme proue 14, 29, 255, 261, 303, 305, 313, 317, 328, 349, 351, 372, 408, 434 ; bois de 415
Argonautes 216, 254, 300, 303, 311, 369, 370
Arhippa Perttunen 151
Aristarque 396
Aristophane 362
Aristote 21, 29, 78, 96, 99, 109-110, 160-161, 185, 192-193, 220, 281, 301, 331, 394 ; et la circularité, 78, 185 ; *Les Métaphysiques* 192-193
Arjuna 113-116, 337, 361
Arménie 255, 330, 346, 455
Arriaga 274
Arrianus 284
Arthur, roi 13, 61, 76, 284, 389, 402, 410, 440
Arundati 423
Aruns Velthymnus 157
Aryens 68, 80, 260, 410
Asa 282
Ásgarðr 197, 200
Assur nasir aplı 267
Assyrie 434
Astrologie 80, 87, 175, 301, 358, 417, 430, 431 ; et les Grecs 99 ; problème de l' 108-110 ; et Firdausi 119 ; lingua franca 400
Asura 116, 118, 171, 202, 205, 410, 416, 421
Atharva Veda 179, 198, 275, 282, 373, 417
Athéna 127, 312
Athénée 160
Atlas 253, 300
Atrahasis 349
Atrée 218
Attila 388-389
Attis 331
Atoum 193
Auden, W. H., *citation* 257
Auriga 306, 311, 313, 314, 430
Aurva 427, 428
Avalokiteshvara 169
Avesta, 65, 68, 120, 187, 408, 415 ; Kavi Usan 66 ; Sirius 260-261
Axe ; et la Précession des équinoxes 90, 184, 185 ; et le Sampo 151 ; du Moulin 177-180 ; et Heimdallr 198, 199 ; du monde 279-282, 300

Aztèques 35, 337, 373, 409
Ba'al 168
Babel, tour de 296
Babylone 174, 312-313, ; inondation 88, 375 ; ziggurat 164 ; Marduk 348, 356 ; et le ciel 438, 448, 454
Bach (J. S) 35, 401
Balarama 116, 361
Balder 196, 199, 200, 268, 331
Barabudur, temple de 287
Barb, Alfons A. 188
Barberousse (Kaiser) 13, 76
Barthes, Roland 396, 397
Baumann, Hermann 362
Be'erSebā 459
Bēl, tombe de 356
Bélier (Ariès) 12, 74, 430, 435, 449 ; âge du 90-91, 98, 370, 395 ; signe du 185-186, 434 ; et Heimdallr 199
Bella Coola, (Indiens) 302
Bellerophon 66
Bérard 253
Bergelmir 132-133, 180, 411, 413
Berger, E. H. 225
Bergson, Henri 394
Berossos 202
Bertholet, Alfred 429
Bételgeuse 410
Bethléem, étoile de) 293, 443
Bhagavata Purāṇa 10, 178, 308
Bible 30, 115
Bieka Galles, (Mars) 169
Bloomfield, Maurice 417
Boanerges, (Fils du Tonnerre) 273, 274
Boghazköi 461
Böhl, F. M., (Th. de Liagre) 437, 449, 454
Boissacq 447
Boll, Franz 24, 30, 254, 347, 433, 439, 444
Bon Po 164
Bornéo 210, 259
Borobudur (temple) 164
Bouvard (et Pécuchet) 379
Bradfield 253
Brahmā 100, 111, 418, 427
Brandaen 317, 391
Breasted, J. H. 161
Brjām 47, 62, 121
Browne, Sir Thomas 91
Brugsch, K. H. 439-440
Brunelstraat (Voie lactée) 295
Brunetto 241
Bruno, Giordano 78, 396
Brutus 12, 48-52, 80, 121
Bulfinch, Thomas 170
Bundahišn, (persan) 295, 412, 416

Bunyan, Paul 58
Burgess, E. 430, 432
Burns, Robert 128
Burrows, Eric 438
Cadmos 446
Caïn 414, 426
Calypso 13, 253, 347
Cambodge 210
Cambyse 120
Cancer 21, 282, 291, 365, 430, 435, 449
Canope 14, 108, 428, 435, 440, 442, 448 ; Pole sud 98 ; Eridu 255, 376, Eridan, 305-306 ; demeure d'Enki-Ea 311-319, 328, 351-352, 369
Capaneus 241
Capella la Chèvre 306, 309
Capricorne 21, 98, 243, 283, 291, 321, 390, 430, 431
Carélie 56, 459
Casanova, P. 440
Cassirer, Ernst 379-381
Castor 254, 274-373
Catastérismes (d'Eratosthène) 305, 313, 444
Catlo Itq 260, 371-372
Cedrenus 426
Celtique 34, 58, 134, 178, 423
Censorinus 202
Centaure 444
Cerf (symbole pour Cronos) 295, 370-372, 376, 412, 434, 445-446
Chairemon 445-446
Chaldéenne 329
Chamanisme 162-164, 167, 168, 170
Chanina (rabbi) 429
Char de Phaéton 313
Charles Martel 109
Charpentier, Jarl 365, 410, 433, 449, 457
Charybde 249, 253-254
Chasseur sauvage (le) 296, 344
Chat 24, 26, 109, 135, 197, 325, 327, 387
Chêne, (Kalevala) 57, 148, 266, 269, 275, 455, 458-459
Cherokee, 292, 296, 435 ; histoire du gouffre tourbillon 252 ; histoire du moulin 425
Chien : le grand Chien de l'échelle 326 ; l'étoile chien 331
Childe, Gordon 424
Chimalpahin 162
Chine, 210 ; arc et flèche 261-263, 269 ; voir Huang Ti, l'empereur jaune
Chiriguano 295
Christ 124, 156, 241, 268,

271, 275, 307-308, 323, 383, 395, 407, 409, 426 ; Âge des Poissons 91, 185
Christensen, Arthur 415
Chrétiens 274, 360, 393, 395
Chronos 172, 233-234, 417, 418
Chronos-Aiōn 234
Chwolson, D. 30, 329
Cicéron 51, 178, 237, 325, 418
Cimmériens 388
Cipactli 295
Circé 10, 242-243, 254, 321, 337, 390
Cleasby, Richard 419
Cléomède 10, 177
Clytemnestre 218
Cocyte (rivière) 229, 240, 243
Coleridge, *citation* 272
Colombie britannique 370
Colosse de Crète 245
Colure équinoxiale 256, 366
Comparetti, D. 139, 151, 158-159
Constellations : noms des 161, et équinoxe 185 ; zodiacales 283 ; et la galaxie 291-292 ; catastérisation 309
Conte, distinction d'avec le mythe 76-77
Copernic 91, 361, 396
Coran 305, 365
Cornford, F. M. 321, 359, 443-445
Corona 407
Cosmographie 79-80, 98, 392
Cosmologie 82, 96, 401
Cosmos : Platon et le 232 ; structure du 279-280
Coutume 32, 106, 224, 443, 460
Création : description dans le *Timée* 357, contes de la 422
Crépuscule des dieux (Ragnarök) 12, 181, 191, 197
Crète 41, 245
Creuzer, Friedrich 331-332
Crocodile 295, 438-439
Croix 98, 241, 271, 273, 275, 426, 459
Cronos : Susanowo 220 ; et Zeus 314, 316 ; Ogygie 441
Cube 266, 268-271, 348, 454
Cuchulainn 58
Cumont, Franz 330, 379
Cuna, (Indiens) 259, 295, 459
Curtius 443
Curwen, E. Cecil 424
Dadhyank 427
Dahāg 415
Danemark 47, 123, 218

507

Danois 9, 39, 47, 274
Dante 76, 109-110, 159, 222, 238-241, 507
Dapinu 433
Dardanos 76, 423
Darius Codoman, Darā 120
Darmesteter, James 113
Darwin, (Âge de) 105
Dates : et les grandes conjonctions 315-316 ; du monde archaïque 394-395
David 260, 266-267, 296, 311, 360, 442
Day (Florence) 437
Décamp 424
Deimel, Anton 436
Delphes 49-50, 88, 356, 459
Déméter 214, 307, 327, 444-445
Démiurge : et Platon 80, 357-359, 394
Démocrite 23-24, 394
Démocrite de Abdera 23
Démon 172, 191, 233, 313, 323, 337
Dendera 107, 263, 372, 408, 434, 439, 444, 451
Denis d'Halicarnasse 269
Descartes, René 100, 396
Deucalion 88, 97
Deus Faber 167, 416, 417, 458
Deva 116, 202, 410, 416, 421
De Vries 411 419
Dharma 113-114, 116, 194, 361, 178, 180, 307
Dhruva, prince, 10, 178, 180
Dhul-Karnein 390
Diakonoff 437
Dieterich, Albrecht 240
Dieterlen, Germaine 83, 406
Dieux : comme des étoiles, 219-221 ; « Gloire de » 73 ; *Le Crépuscule des* 191
Dion Cassius 50
Dionysos 59, 117, 332
Dioscures 273, 427
Dittrich, Ernst 107
Divine Comédie 159, 326
Dodécaèdre 231-232, 280
Dogon 84, 91, 508
Dorotheos de Sidon 301
Dowson, John 427
Draco 276, 328
Dryden, John ; *citation* 405
Druidisme 34
Dumichen, J., 107
Dumont, P. E. 165
Dumuzi 330
Dupuis, Charles, 24, 401, 433 ; *citation* 277
Dyak 286
Ea 13-14, 22, 165, 174, 260-261, 305, 313-314, 316, 328, 335, 348, 351, 372-373, 375, 441, 447-448, 454 ; Chemin d' 449
Earendel 406-409
Ebeling, Erich 313, 442, 461
Eben Šhetiyyah 267, 311, 442-443, 454
Échecs, jeu d' 201
Écliptique, pôle de, 184 ; et le tourbillon 288
Edda 9, 26, 181, 196, 202, 269, 344, 346, 374, 406-407, 413, 419, 423, 444, 457
Éden, 268-269
Égypte, 295, 309, 422, 425, 434 ; langage 107, 108 ; histoire de Setna 155 ; noms des constellations 161 ; Saturne 168, 174 ; Ptah 269 ; légende de Phaéton 301 ; Pan 332 ; sagittaire 444
Einstein, Albert 21, 24, 31, 100, 107, 396
Eisenmenger, J. A. 426
Eisler, Robert 233, 279, 312, 417, 440-441
el-Bûqat 329
Eleazar b. Pedath (rabbi) 429
Electra 423
Eleusis 307, 443-444
Elton, Oliver 39, 410
Emerson, R. W., *citation* 111
Enakim 157
Énée 237
Énéide 237, 239
Enki/Ea 22, 165, 174
Enkidu 213, 336, 344-345, 432, 434, 435, 455-461
Enlil 314, 336-337, 348, 372, 375, 433, 456 ; chemin de 447-449
Enmešarra 313-314
Enoch 114-115, 409, 431
Enūma eliš 13, 169, 195, 447, 449, 454, 460
Epinomis, *citation* 71 ; 357
Épiphane 440
Epitherses 323-324
Epopeus de Sykion 443
Équateur 210
Équinoxe, précession 89-90 ; Hipparque 101, 181 ; signification de 102 ; description 181-182 ; système Copernicien 186 ; lié au Trigon et aux grandes conjonctions 315-316 ; et Sirius 331-332
Er l'Arménien 279
Era 375-376, 438, 440, 455, 457 ; *Épopée d'* 374, 454, 460-461
Eratosthène 305, 444
Erichthonios, Auriga 303, 311, 313
Éridan, caractéristiques des cieux 79, 238, 240, 254, 256, 300-308, 311, 313, 364 ; fleuve Pô 302 ; toubillon 286
Eridu, ville antique 14, 255 ; Hvergelmer, tourbillon 150 ; résidence d'Enki-Ea 305, 311-317, 351-352, 356, 369, 441-442, 459-460 ; source de feu 373-376
Erman-Grapow 107, 439
Erşetu 460-461
Esagil 348, 454
Esaü 429, 434
Eschyle 17, 159, 224, 363
Estonie 55, 58, 168
Etana 69, 156
Etemenanki 356
Étoile-Charrue 372
Étoiles : dieux comme des 220 ; fixes 358-359
Étoile polaire 10-11, 90, 164, 170, 174, 178, 180-181, 184, 266, 281, 307-308, 318, 422
Être à Une jambe 166
Étrusques 49, 51
Eudoxos 107
Euripe 251, 287
Euripide 60, 302
Ève 191, 387
Evhémère 80
Évolution, théorie de l' 103-105
Ezra 391, 441
Fanggen 325
Farīdūn 415-416
Färöer, dialecte 127
Fa's 'ar-raḥḥâ, 177-178
Fauteuil de mémoire 436
Fenek 296
Fengo 12
Feng Shen Yen 33
Fenja 124, 198, 420, 425
Festus 443
Feu : astronomique 179, 199, 373 ; découverte du 369
Feuchtwang 442
Filet, piège/destruction par usage de 68, 138, 210, 218-219, 221, 449
Finlande 28, 55, 56, 148, 155, 157, 162, 458
Finno-ougrien, langage et tradition 55, 137, 266, 422
Fiote 294, 302
Firdausī, 12, 65, 67, 73-75, 113, 119, 212, 330, 417 ; sur la période mythique 120 ; et astrologie 158 ; et histoire de Kavag 415
Fitzgerald, Edward 75
Flaubert, Gustave 380
Flèche 115, 214, 260-263, 370-372, 408-409 ; voir aussi Arc et flèches
Fleuves, du ciel 233
Flûte multicolore 33
Forbes, R. J 424
Forgerons 155, 168, 416, 457
Fornander, A. 245, 246
Frazer, Sir James George 104, 128, 159, 162, 210, 328, 371-372, 379, 423, 446
Frederick II, empereur 241
Freud, Sigmund 461
Freyr, 124, 132-133, 195, 331 ; mort de 197, 199
Frobenius 21, 426
Frodhi 124, 331, 412, 420 ; moulin de 126-127, 187
Gadd, C. J. 455-456
Galaxie chap. XVIII ; voir aussi Voie lactée
Galilée 8, 36, 78, 96, 100, 184, 362, 396
Gama, Vasco de 390
Gandhi 382
Gaṇeśa, rat de 412
Gange 304, 307-308, 311, 364, 391
Garsiwaz 66
Gautama (prince) 344
Geb 434
Gédéon 212, 218
Geldner, Gemini 446
Gengis Khân 168, 389
Genèse 16, 88, 194, 215, 374, 410, 442, 447
Genzmer, Felix 413
Géorgiques 211, 238, 306
Gering, Hugo 413, 419, 423
Gervais de Tilbury 443
Gesta Danorum 39
Gibbon, Edward 300
Gibil 373, 446
Gilgameš 5, 9, 13, 14, 161, 169, 245, 246, 253, 275, 286, 305, 375, 389, 392, 432-438, 441-447, 454-461 ; Épopée de 335-337, 344-356 ; et Alexandre 364 ; nom de 374 ;
Ginnungagap 282
Glaukos 246
Gnostiques 170, 441
Godfrey de Viterbe 76
Goethe, Johann Wolfgang von 37, 77, 387
Gog et Magog 365-366, 389-390
Gollancz 48-49, 52, 124, 128, 133, 407-408, 410-412
Goossens, R., 412 ; voir aussi Grande Ourse
Gordius 284-285
Gordon, Cyrus 414, 424, 432
Gössmann, P. F. 374, 433, 436, 448, 457, 461
Götze, Albrecht 449
Grand Chariot 313 ; voir aussi Grande Ourse
Grande Conjonction 293,

INDEX

313-316, 431
Grande Ourse, voir Ourse
Granet, Marcel, 167-168
Grand Papyrus Magique de Paris ;
Grèce et inondations mythiques 88 ; Lyres de 415
Grégoire, Henri 36, 412
Grégoire de Tours,
Graule, Marcel 21, 83-85, 380, 402, 406
Grimm, Jacob 198, 317, 325, 406, 408, 424, 428-429
Grímnismál 201
Grotte 10, 94 ; moulin de Froðhi 124-127 ; et le tourbillon 132, 147, 150, 152, 177, 187, 250, 252, 281, 286, 410-411, 413, 425
Gundel, W. 275, 347
Guthrie, W. K. C 286
Guyane, 264, 295
Gwyon 402
Gylfaginning 197, 200, 202
Gylfi 132, 200, 202
Hackelberg 296
Hades 237, 242-243, 252, 254, 288, 308, 314, 321, 347, 435, 444, 454
Haeckel, Ernst 105
Hagar, S. 292
Hagen 389
Hahn, J. G. von,
Hallberg 424
Hamel, A. G. van 201
Hanuman (dieu singe) 433
Hausravah 65
Harpe irlandaise 414
Harrantens, heptagramme planétaire 30 ; sur Mars 175 ; Tammūz 329
Harris, R. 273
Harrison, Jane E. 233, 235, 321, 371
Hausravah 245, 261
Havelock le Danois 47
Hawaii 203
Hawkins, Gerald 103
Hector 203
Hegel, G. W. F. 47, 191
Heidel, Alexander 335, 437-438, 441-442, 447-448
Heimdallr 196-199, 424, 446
Helios 171, 188, 300, 302, 337
Hephaistos 22, 168, 306, 319, 321, 331, 371
Héra 319
Héraclès 211, 260, 294, 332, 443
Héraclite 33, 202, 288 ;
Héraclite l'Obscur 19
Herimanus Contractus de Reichenau 409
Hermès 59, 254, 276, 308, 324-325, 329, 332, 403, 415

Hermès Trismégiste 308
Hérodote 66, 332
Hésiode 71, 162, 187, 195-196, 235, 238, 240, 243-245, 314, 388
Hicetas 361
Hiéroglyphes 23, 161
Higgins, Godfrey 304
Hildebrand 389
Hinke, W. J. 436
Hinze, Oscar Marcel 431
Hipparque 101, 181, 184
Hippopotame 412, 439, 440
Historia de Preliis 48
Hittites 335, 420, 432
Hocart 268
Hollander, John 35
Holmberg, Sandman 269
Holmberg, Uno 164-165, 295, 421-422, 459
Hologramme 35, 87, 396, 401
Homère 13, 65, 127, 227, 234, 238, 242, 245, 253-254, 287, 321, 347, 383, 389-390, 423, 425, 454 ; et les rhapsodies 158-159
Hommel, Fritz 436
Honduras 292, 343, 347
Hora Galles 169
Horapollon 445
Horus 12, 108, 118, 204-205, 331, 434, 440, 447
Horwandel 406
Hrólfs Kraki 47
Huang ti, l'empereur jaune 80, 166, 168, 174, 187
Hubal 268
Humba 336, 433
Humbaba, Huwawa 336, 337, 433
Humboldt, Baron Alexander von 25, 379
Huns 365, 388
Hunrakan (Mayas) 166, 210, 295
Hurrites 335
Husing 433
Huwawa (Humbaba), (cèdre de) :
Hvarna 68, 245, 312, 369, 373
Hvergelmer, Eridu 156, 252-254, 282, 409
Hyades 210, 219, 221, 412, 430
Hyginus 363, 372
Hyllos 443
Iahvé 268
Ibn Wahšiyya 132, 329
Ideler, Ludwig 30, 177
I Ging 161
Iliade 73, 158, 319, 321, 356, 383, 422
Ilmarinen 22, 58, 137-146, 149, 157, 168-169

Inanna 337, 456-457
Incantation 125-126, 151, 231, 314, 406, 407
Inde 187, 249, 361 ; et chamanisme 123 ; et le moulin 178 ; et les nombres 201 ; symbolisme planétaire 287 ; Eridan et Gange 304, 307 ; Phaeton 311 ; Kāla 417 ; et le chariot de Rohini 430
Indiens d'Amérique 9, 33, 34, 194, 259, 264, 292, 295, 302, 402, 425
Indonésie 312
Indra 116, 210, 337, 361, 416, 418, 427
Inondations 11, 88, 250, 455
Invariance 8, 19, 20
Iran 12, 28, 65-67, 69-70, 74-75, 164, 408, 431
Iraniens 74, 115-116, 121, 416-417
Irlande 134, 402, 417
Isengrin 447
Islande 47, 52, 98, 123, 134, 362, 410, 412
Ishara tam.tim 292, 347, 436, 461
Istar 68, 213, 260, 261, 337, 344, 348, 372, 420, 456
Isis 188, 296, 328, 342, 409, 431, 439-440, 445, 459
Islande 47, 52, 98, 123, 134, 362, 410, 412
Ivalde 196
Jacobsen, Thorkild 313
Jacques 273-274
Jakobsen, Jakob 413
Jambsad 132
James and John, (Boanerges),
Jamshid 68-69, 75-76, 80, 120, 132, 187, 330-331, 396, 459
Japon 9, 216, 218, 391
Java 164, 287
Jean, le prêtre Jean 441
Jean Grain d'orge 330
Jéhovah 269
Jensen, Peter 346, 433, 438, 442
Jeremias, Alfred 260, 436, 448
Jerusalem 260, 268
Jeux de table 201
Jeux Olympiques 316, 328
Juifs, (mythe de l'arc), (mythe de l'abyme), (mythe du déluge de Noé) :
Jiriczek 65
Joachim de Flore 387
Joly, *Livre de* 426 ; citation 310
John Barleycorn 128
Johnsson, Finnur 419

Josué 218
Jubar 407-408
Juifs 266, 441-442
Jung, C. G. 109
Jupiter 29, 82, 169, 336, 365, 431-433, 447-449, 454, 457 ; conjonctions 173-174, 293, 314-315, 317 ; Grand maître de la terre ; 216 ; Marduk 375
Justinien 65
Ka'aba 267-268, 443
Kaï Kaus 66, 67, 69, 119
Kaï Khusrau 12, 63, 65-69, 74-80 ; et le Mahabharata 113-115, 119-120, 245, 261, 295, 312, 331, 389, 415
Kaï Kubad,
Kāla 417-418
Kaleva 56, 115, 121, 137-138, 156-157, 196
Kalevala 9-10, 12, 55, 56, 58, 137, 155-157, 160, 162, 168, 269, 458
Kalhu 267
Kali Yuga 115, 118, 119, 121, 361
Kampers, Franz 440-441
Kamsa voir Kansa
Kane 203, 245-246
Kansa, Kamsa 116, 118
Kantele 144, 147-149, 415
Kara Pär 284
Kārttikeya 198
kaulu 219, 344
Kouravas 12, 115
Kavag 168, 416-417
Kavi Usan 66
Kāvya Usanas 66
Kayanides 415-416
Kedalion 221
Kees, Hermann 434
Keimer, Louis 445
Keith, A. B. 116
Kennedy, E. S. 431
Kepler, Johannes 35, 96, 107, 109, 173-174, 193, 268-269, 270, 276, 315, 387, 396, 430-431
Kerényi, Karl 169
Keynes, John Maynard 35-36
Khusrau Anushirvan 65
Kiho tumu 349
Kipling, Rudyard 78, 81, 363
Kircher, Athanasius S.J. 23-24, 30, 128, 130-131, 250, 255, 401, 410, 433, 436
Kleombrotos 246
Kochab 177
Kombabos 433
Kosher wa-Hasis 168
Kramer, S. N., 455-457
Krappe, A. H. 412
Krates de Pergamon 243, 319
Krause, Ernst 420

509

Kritzinger 431
Kṛṣṇa 116-121, 361
Kritzinger, H. H.,
Krohn, Kaarle 56, 458, 459
Ku 246
Kuan-yin 169
K'uei 166-167
Kuhn, Adalbert 421
Kullervo Kalevanpoika 56, 62, 157
Kumu honua 246
Kumulipo 33, 203
Kynosoura 212
Labat 455
Lac Eim 429
Lamaïsme tibétain 164
Lambert 355, 460
Landsberger, Benno 438, 457
Langage, problèmes de 106, 107
Langdon, Stephen, 336, 433, 437, 442, 457, 460
Lapland,
Lascaux, grottes 402
Lassie 81
Leibniz, Baron 36
Lemminkainen 137, 143-147
Leo Grammaticus 426
Lepsius 30
Léthé 238, 346, 435-436, 444
Leverrier,
Lewy, Hildegard 267-268, 433
Libra, 288
Liebig, Justus von 23
Liebrecht, Felix 212, 326, 329-330
L-Iku, 449, 450
Lilith 296, 456-457
Livre de la Jungle 81
Livre des Islandais 133
Livre des Morts 107, 161, 170, 193
Llew Llaw Gyffes 210
Lockyer, Sir Norman 103, 181
Lokasenna 132, 253
Loki 196, 253, 268, 424, 444
Longfellow, Henry W. 168
Lönnrot, Elias 55, 60, 137, 151, 156, 158
Lono 246
Louhi 139, 140, 144, 147-149
Loups 58, 59, 117, 326, 422
Loups-garous 326
Luc, livre de 188 ; *citation* 122
Luckenbill 437
Lucrèce 49, 78
Ludendorff, Hans 96, 102
Lugh Lamhfada 356
Lycaon, Montagne aux Loups
Lycaon 326
Lykophron 157, 421

Lyre 33, 415
Lysimachides 371
Mabinogion 412
Macdonell 420, 428
Macrobe 171-172, 195, 240, 291, 316, 435
Maëlström 28, 250
Mages, rois 443, 444
Mahābhārata 9, 12, 113, 115, 118, 194, 198, 284, 307, 311, 361, 416, 427, 431-432
Mahmud de Ghazna, (Sultan),
Maimonides 329
Maiterae, Maitreya 164
Makalii 203, 219, 412
Makemson 286
Malédiction de la Meunière 159
Mallarmé, Stéphane 397
Malory, Sir Thomas 81
Mande 166, 447
Maneros 331
Mangaiens 291-292
Manilius 299, 303, 305
Manjîrae, Manjusri 164
Mannhardt, Wilhelm 325, 327
Mansikka, V. J. 271, 426
Maori 218, 337
Marbhan 414
Marco Polo 391, 443
Marduk 210, 314, 316, 346, 348, 356, 375-376, 410, 433, 447-448, 454-455, 458, 460
Marées 235, 251-253
Marquises 444
Mars : planète 22, 198, 220-221, 426, 428-430, 457 ; et Susanowo 213, 219 ; dans le ciel planétaire 241-242 ; sanglier 331 ; Era 375 ; oiseau Zu 457
Martius 391
Maskheti, Grande Ourse 434, 439
Mathématiques 9, 19, 23, 36, 75, 82, 99, 109, 362, 383, 385, 441
Matthieu, M., 412
Maui 210, 344, 366, 410
Maya 102, 207, 219, 295, 343, 353, 396, 403, 426
Mayer, Maximilian 269
Mayrhofer, Manfred 421
McGuire, J. D. 24
Mecque 267, 268
Megara 444
Memphis 160
Menja 124-125, 158, 198, 420, 425
Menouthis 440
Mercer, S. 439
Mercure 30, 287, 317, 329, 336, 339, 341, 365, 409,

431, 433
Mère Scorpion 292, 343, 347, 435, 436
Merlin 76, 402
Mes, arbre 455, 460
Mésopotamie 88, 255, 261, 314, 373, 454
Mesures, et normes 314 ; planètes comme des 316, 317
Mexico 108
Michael Scotus, 276, 306, 415
Midas 284, 285
Mikkû 365, 456-457
Milton, John 66, 174, 218, 419
Mithra 312
Mitra 312
Mixcouatl 174
Mnevis 331
Mōt 414
Mohammed 392
Moïse 91, 101, 305, 365
Monde souterrain, nom du 314 ; (voir aussi Gilgameš et Hadès)
Mongols 169, 266
Mooney, James 425
More, Sir Thomas,
Moritz, L. A. 424
Morphologe comparative 33
Morris, Desmond 375
Moulin, Grotte 125-126 ; chez Homère 127 ; Sampo 139-143 ; et le ciel 180 ; mouvement et destruction 187 ; rotatif 424 ; voir aussi Grotte, Sampo
Movers, F. K. 433
Müllenhoff 125
Muller, Max 379
Mundilfoeri 178-179, 198, 419-422
Mundill, Mundell 419, 420
Mus, Paul 164
Mûs Parĩk 412
Musique, origine de 33-35 ; comme expression du monde des formes abstraites 401 ; instruments 414-415
Mylinos, meunier 157
Myrina 356
Mýsingr 126, 147, 412-413, 419-420
Nabatéenne 329, 331
Nabuchodonosor 239
Nangaru, le charpentier 365, 433
Nanše 351, 440
Nebrod 426
Neckel, Gustav 413, 419
Nectar 244, 306-307, 445
Needham, J. 201
Nefer-ka Ptah 155

Némésis 389
Nemrod 210, 221, 441
Nephthys 439, 460
Nergal 266, 348, 374-375, 438, 460
Neugebauer 439
Newton, Isaac 20, 24, 35-36, 96, 99, 103, 396-397
Nibelungen 388-389
Nibiru 447 sq.
Nicander 442
Nicaragua 288, 292, 343, 347, 435
Nihöggr,
Niedner, Felix 413
Nihongi 33, 212, 215, 216, 218, 241, 434
Nil Nil 204, 301, 304, 305, 311, 312, 329, 364, 391, 440
Ninin 335
Nineveh 420
Ningišzida 414, 438
Ninurta 118, 171, 266-267, 313, 348, 460
Noé 181, 194, 266, 269, 271, 348, 415, 423, 431
Nombres, significatifs 201-202
Nonnos 300-301, 303-304, 423
Nordique 9, 53, 62, 124, 132, 134, 187, 197, 250, 309
Normandie 326
Normann, F.,
Nouvelle Zélande, maoris, 100, 308
Nout 193
Nudimud 316
Numenius d'Apamée 233
Observateur du monde 169
O'Curry, Eugène 414-415
Odin 199, 200, 296, 344
Odyssée 9-10, 158, 242, 325, 406-407 ; moulin dans l' 127 ; gouffre-tourbillon 249
Oervandil 308
Ogotemmêli 83
Ogygie 172, 216, 250, 253-254, 287, 313, 347, 349, 441
Ogygion 244
Ohlmark 424
Oikoumène 99
Oinomaos 327-328
Okeanos 10, 243, 260, 427
Okoi d'Audista,
Ólafr Hvítaskáld 202
Olrik, A. 412-413
Olschki, L 443
Omar Khayyām 75, 76 ; *citation* 153
Omphalos de Delphes 253, 347, 351, 356, 459
Onians, P. B. 234
Ontrei 151
Ophélie 61
Oppenheim, A. L., 434

Orendel 371, 406-408
Origène 360
Origines de la pensée scientifique 20
Orion 161, 210, 219, 295, 407-408, 426, 440 ; Samson 221 ; *Zalos* 254
Orphée 33, 168, 172, 176, 269
Orphée le Thrace, *citation* 176
Orphiques 38, 158, 234, 314, 415
Orvandil/Eigil, l'archer 196
Orvandils tá 407
Orvendel 12, 39, 124, 134, 469
Orwandel 407
Osiris 12, 128, 193, 205, 328, 331, 349, 356, 439-446, 458-460
Ostyaks 35, 135
Oural-Altaï, centre du chamanisme 163-164
Ourse 10, 15, 29, 400-401 ; Grande ourse 14, 139, 167, 178, 284, 286, 295, 308, 313, 351, 434-436, 439-440, 461 ; Petite ourse 10, 177, 422-423, 447
Ouverture de la Voie 370
Ovide 14, 88, 159, 212, 300-301, 311-312, 459

Pali uli 246
Pan 5, 109, 323-326, 331-332, 395
Pandavas 115, 361
Paramatellonta 305
Parménide 100, 244, 394
Pascal, Blaise 106
Passeur 12, 288, 369, 419-420, 447-448, 454, voir aussi Nibiru
Pasteur de Hermas 271
Pausanias 104, 316, 436, 443
Pawnee 292, 360 ; Skidi Pawnee 422
Pécuchet (et Bouvard) 379
Pégase 348, 434, 442, 449-450, 454
Pélops 327-328, 423
Pénélope 332, 406 ; mère de Pan 324-325
Pérou 273-274
Perse 65, 120, 168, 392, 429
Perséphone 29, 242-243, 327, 444-423, 447
Petavius 30
Petite Ourse, voir Ourse
Petron 246
Pétrone 178
Phaéton 5, 14-15, 299-306, 311-314, 319, 321, 329, 402
Phédon 9, 223, 240, 251, 253, 267, 280

Phèdre 317, 329, 357, 381, 403
Pherecyde 269
Pherekydes 234
Philae 356
Philistins 158, 209, 211-212, 216-218, 427
Philolaos 280, 361
Phlégéton, fleuve 240
Photius 443
Physique des Stoïciens 99
Picus 337
Piero della Francesca 271
Pierres, choses pierres 437-458
Pindare 331
Pingree, D. 431
Piran 66
Pishdad, dynastie 65, 119-120
Pisistratus,
Plaine de la Vérité 246-247
Platon 9, 20-21, 28, 30, 32, 36, 76, 80, 88, 172, 184, 191, 223, 231-234, 238, 247, 280, 294, 301, 312, 317, 321, 328, 361-364, 369, 381, 383, 386-387, 394, 403, 418, 422, 424-425, 429, 435, 446 ; voir aussi *Timée, Phédon, République, Théétète*
Pléiades 165, 198, 219, 221, 259, 286, 359, 412, 415, 423, 426
Pline 239, 260
Plutarque 77, 172, 231-232, 246-247, 314, 394-395, 422, 436, 441, 446, 459 ; histoire de la mort de Pan 323 sq ; Cronos 349
Pogo, Alexander 180
Pohja 140, 143, 145-147, 282
Pohjola 138-140, 144, 146-147, 251
Poissons, Âge des 293, 316, 395
Polaire 10-11, 90, 164, 170-174, 177-178, 180-181, 184, 266, 280-281, 287, 307-308, 318, 422
Polaris 164
Polemon,
Pôle Nord 90, 174, 177-179, 198, 244, 373, 422, 448
Pôle Sud 98, 108, 179, 243, 255, 287, 306, 312, 316, 321, 349, 428, 440, 443
Polemon 371
Poliziano 37
Pollux 274, 373
Polynésie 21, 210, 291, 366
Portes de la Nuit et du Jour 244
Poséidon 366, 445, 454
Pramantha 179, 371, 421

Pratap Chandra Roy 428
Précession des équinoxes, voir équinoxe
Proclus 14, 172, 174, 233, 307, 314, 316, 349, 401, 423
Procyon 336, 365, 433, 449
Prométhée 5, 179, 235, 253, 366, 369, 374, 376, 421, 442 ; comme Cronos 171 ; comme Gatlo'Itq 371
Proto Pythagoricienne, phase 32
Psaume, citation 122
Ptah 22, 155, 168, 174, 269, 331, 349, 424, 445
Ptolémée 14, 20, 80, 184, 305, 391 ; géographie de 98 ; et les étoiles fixes 359
Puits 252, 267, 268, 282, 350, 355, 426, 441-445, 461
Pukkû 365
Purana, 307, 435
Pyramides 89, 161, 389, 439, 457
Pyriphlegethon, fleuve 229, 233, 240, 243
Pythagore 8, 9, 19, 32, 36, 162, 218, 223, 234, 326, 415
Pythagoriciens 29, 30, 100, 158, 165, 234, 247, 256, 301, 304, 311, 362, 387, 396
Pythéas 53
Python 356, 446, 459

Quecholli 457
Quechua 210
Quetzalcouatl 374
Quzistan 330

Ra 168, 331, 438, 442, 444, 456-457
Rabuse 241
Ragnarök 197, 273
Rama 118, 260, 433
Rameau d'or 104, 238-239
Ramesside, horloges stellaires 439
Ran 253, 346
Réincarnation 435
Rembrandt van Rijn,
Renard 296, 430 ; Le Renard pâle 85 ; l'étoile 312, 423 ; voir aussi *Roman de*
Rephaim 157
République, La, Platon 23, 233, 279, 312, 435
Reuter, O. S. 198, 407, 411, 423
Révélation 22, 31, 35, 47, 394, 444
Rhapsodie, voir Homère
Rhéa 29, 239, 307, 444-445
Rhône, fleuve 303, 304
Riccioli 431
Riemschneider, Margarete 414, 457
Rigel 254, 308, 407
Rg Veda, 73, 161, 179, 201,
311, 312 ; Kavya Usanas 66, 416 ; Agni 198, 373 ; Heimdallr 198 ; nombres 201 ; Yama 356 ; Kâla 416
Rilke, Rainer Maria, *citation* 382
Rimbaud, Arthur 397
Rishyasringa 432
Rita 312-314, 369
Robert le Diable 326
Rohini, chariot de 430
Roman d'Alexandre 81, 304, 364, 366, 392
Roman de Renard 296, 402, 447
Rome 392
Roscher, W. H. 332, 435, 445
Ross, W. D. 30
Rouen, Etienne de 440
Rouse, W. H. D. 127, 304
Rudra 410, 412
Rumia 455
Russell, Bertrand,
Rustam 73
Rydberg, Viktor 132, 178-180, 196, 198-199, 251-253, 282, 407, 410-411, 413, 446
Sahagún 373, 410
Sainte Hélène 271
Salonen, A. 437, 455
Šamaš Hélios 337, 346, 348, 355
Sampo 10, 138-152, 155, 158, 162, 168, 177, 180, 187, 220, 250, 275, 281-282, 415
Sampsa Pellervoinen 157, 458
Samson 5, 157, 158, 208, 213, 216-221, 424-425, 427
Samson Agonistes 157, 208
Samson Kolyvanovic,
Sanskrit 151, 179, 281-282, 418, 420-421, 428
Saptarsi 351
Sarapis, oracle de 365
Satan 275, 426
Satti 263, 372
Saturne 29, 30, 82, 119, 168, 169, 187, 189, 195, 220, 233, 239, 250, 253, 268-270, 286, 293, 308, 313-319, 329, 331, 341, 349, 374, 375, 412, 417, 430-433, 440, 441, 444, 446 ; et Cronos 171-175
Saturnales 269
Sauti, poète 116
Saxo Grammaticus 9, 39, 317, 408
Sayce 442
Scaligeri, famille de Vérone 326
Scandinavie 273
Scherer, Anton 408
Scheria 366

Schlegel, Gustave 174
Schmidt, Leopold 327
Schmökel, Hartmut 442
Schott, A. 161, 432
Schröder, F. R. 202
Schroedinger, Erwin 107
Scorpion 288, 292, 300, 309, 342-343, 345-347, 352, 354, 410, 426, 430, 435, 436, 440, 444, 458, 460, 461
Selket-Serqet 292
Sept ciels 164
Sept étoiles de l'Ourse 29
Sept dormants d'Ephèse 349
Sept Sages 14, 28, 351, 375
Serpent 49, 66, 115-116, 170, 197, 202, 207, 213-214, 233-234, 268, 295
Servius 240, 305-306
Şeşa, serpent 116, 361
Setälä, E. N. 56-57, 61-62, 157
Seth 12, 204, 205, 434, 447
Setna 155
Shâh-nâma 63, 65-66, 79, 158, 415
Shakespeare, William 9, 12, 46, 47, 48, 61, 123, 220
Shetland, dialecte, 127
Shun, empereur 167
Siam 167
Siduri 253-254, 345-347, 374, 437, 438, 461
Signes du zodiaque 185-186
Sigu 264-269, 271, 512
Sikander, Alexandre le Grand 120
Simana de Mekrijärvi 151
Simmias 224-226, 230
Simrock 408, 413-414, 420, 423
Sirius 14, 108, 166, 260-263, 286, 326, 330-332, 337, 371-372, 408-410, 436, 446-447, 459
Siryéniens 55
Śiva 284, 307
Skadi 444
Skáldskaparmál 52, 124, 424
Skambha 95, 151, 179-180, 198, 281-283, 308, 321, 357, 369, 373
Skanda, mars 198
Slagfin, le musicien 196
Smintheus 412
Smith, Sidney 457
Snaebjörn 52, 124, 132-134, 178, 187, 250, 410-412
Société 96, 106, 382
Sociologie 106, 380
Socrate, 5, 131, 223-224, 226, 231, 233-235, 237-238, 240, 254, 280, 286, 294
Soden, W. von 161, 449
Soleil, position du 90, 294
Solon 88, 301

Solstices 11, 89, 97, 283, 291-292
Soma 312, 344, 346, 416, 420, 447
Sommeil 440 ; Gilgameš 349
Sophocle 159, 371, 442
Soudan 91, 431, 447
Souris 214-215 ; Mýsingr 126, 412
Sous-marine, vie 292
Speiser, E. A 350, 432, 437-438, 441-442, 448, 461
Spencer, Herbert 105
Śravana 284
Stegemann, Viktor 301
Stéphane de Byzance 313
Stoïciens 88, 99
Stonehenge 103, 396
Strabon 243, 303, 356, 391
Ström, A. V. 424
Stucken, Eduard 426, 432, 436
Sturluson, Snorri 9, 52, 123, 410
Styx 229, 233, 235, 238-240, 243-245, 254, 287, 300, 306, 344, 440, 443, 445
Sumer 88, 330, 335, 375, 408, 455
Sumérien, langage 161, 351, 365, 460
Sumo, indiens 292
Şun, le singe chinois 317
Śunaḥśpa, hymnes 447
Suomi 56, 148
Surt, « Le Noir » 197, 200
Susanowo 212-216, 220, 344, 426, 444
Suse 32
Svarṇara, 312
Symplegades 369, 370
Syrie 260
Tafa'i 337
Tahaki 219, 445, 458
Tahiti 337, 428, 458
Taillte, jeux de 356
Talos 221
Tambour 163, 165-168, 456-457
Tamerlan 389, 392
Tammûz 128, 132, 324, 328-331, 337, 459
Tane 22, 269, 445, 458
Tantale 327
Tapir 210, 259, 295
Tarquin 12, 49-51, 66, 69
Tartare 227-230, 233, 239-240, 244, 286-287, 313, 321
Taureau, âge du 165 ; céleste 434 ; et la grande Ourse 439
Taylor, A. E. 231-232
Tell, William 408
Tepictoton 409
Terre, définition pour les anciens 89
Testa, Domenico 101

Tête de cheval 210, 427-428
Teukros 288, 305, 444
Texcatlipoca 295
Tezcatlipoca 166, 174, 220, 308, 371, 373-374, 421, 434
Thamus 323-325, 329, 403, 459
Théétète, Platon 234, 294, 424
Théodoric 171, 389
Théodose, édit de 395
Théogonie 195, 235, 243
Thésée 216, 436
Thétis 319, 443
Thidrek 171, 414
Thiersch, F. 429
Thjassi/Volund, le Constructeur, 196
Thor, þórr 199, 200, 203, 308, 406
Thot 155, 193-194, 329, 403
Thucydide 383
Thureau-Dangin 165
Tiāmat 449
Tibère 323-325, 331, 395
Tiki 366
Timée, Platon 9, 231-232, 294, 301, -357-359, 361, 381, 384, 388, 418, 429, 446
Timon 280
Tirésias 242, 355
Titans 124, 172, 193-196, 205, 244, 321
Tite-Live 17, 49-51
Tlaloc 337, 339, 341
Toison d'or 369-370
Tolkien 81
Tolstoï, Leon 382-383
Tombeaux 356
Tonga 249
Tonnerre 68, 103, 166, 188, 200, 273-275, 285, 435
Tortue 202, 206-207, 415, 451, 453
Toscanelli, Paolo 391-392
Tourbillon, gouffre 5, 10, 28, 126, 128, 130, 131, 150, 177, 196, 221, 235, 242, 243, 249-256, 259-261, 264, 271, 273, 276, 282, 286-288, 295-296, 306, 370, 371, 390, 409, 411-413, 420, 445, 459 ; voir aussi Grotte
Tragédies grecques 159
Trigon 431
Triptolemus 157
Troie 73, 76, 203, 332, 389, 423
Troisième mythographe du Vatican 241, 287
Trou ouvert dans le ciel 184
Tsham-Pas 426
Tuamotu, îles 349
Tungus 295
Tupi 210, 295
Tupi-Guarani 295

Turan 66
Turaniens 68, 115-116, 205
Turcs 416
Turkestan 94, 284
Tursum Beg 393
Turu 294
Tvaṣṭṛ 416, 427
Tycho 276
Typhon 204, 296, 434
Tyrol 325, 327
Uhland, Ludwig 407-408
Uller 459
Ulysse, 10, 13, 17, 76, 127, 139, 249, 253, 317, 355, 366, 385, 390, 407-408, 415, 459 ; voyage à Hadès 241-245, 321
Umbilicus Maris 128, 286, 392
Ungnad, Arthur 442, 450, 454
Untamo 12, 56-58, 60, 66, 115, 205, 447
Urðr 282
Uršanabi 346-347, 350-351, 437-438, 440, 447
Uruk 14, 335, 337, 344, 350-351, 356, 389, 447, 456, 461
Urvaśi 312, 337
Usener, Hermann 379
Utnapishtim 454
Utopia, (Sir Thomas More) :
Uzumue 444-445
Vaḍavāmukha 427
Vafþrúðnismál 413-414, 419, Snorri 132
Väinämöinen 137-139, 143-150, 155-157, 168, 180, 250, 254, 261, 276
Vaiśvānara 446
Vajda, Laszlo 162
Valens 305
Valerius Maximus 49-51
Valéry, Paul, *citation* 398
Valhalla, Norse Valhöll 33 ; Walhalla, 201
Vali, 200
van der Waerden 255, 431, 433, 454
Vanir, Titan nordique, 124, 196, 199
Varāhamihira 100, 430
Varuṇa 312-313
Vasiṣṭha 312
Vedas 33, 401, 417, 435
Véga 90, 309
Vénus 108, 172, 221, 261, 287, 309, 329, 337, 341, 407-408
Verseau 185, 292, 305, 312, 430
Vézelay 308
Vidar 199-200
Vierge 97-98, 138, 293, 296, 430, 459
Vigfusson 134, 179, 419

Vindlér 199
Vipunen 143-144
Virchow, Rudolf 105
Virgile 91, 97, 156, 203, 211, 220, 236-239, 242, 293, 306, 347, 389, 435, 440, 444
Visnu, 422, 427, 435
Viśvamitra 284
Vogoules 55, 169
Voie lactée 13-15, 29, 98, 201, 213, 255, 259, 279, 289-296, 304-309, 343, 347, 425, 435-436, 444, 458-459, voir aussi Galaxie
Voltaire 387
Völuspá 181, 196, 198, 200-201
von Hammer 392
von Soden 161, 449
Vortex 130, 150
Votyaks 55
Vraie Croix 271
Vṛhaspati 416
Vries de 411, 419
Vurukasha, lac 409
Wagner, Richard 197
Wainwright 434
Worulden olmay, l'Homme-Monde chez les Lapons 169
Warner 114
Weber, A. 446
Weidner, Ernst 359, 433, 448, 454
Weil, Simone 382-384
Westphalien, folklore 296
Whakatau 218
Wheeler 213
White, Lynn 424-425
Whitehead, Alfred North 99
Whitney, W. D. 282, 417
Wilson, H. H. 308, 435
Wiseman, D. J. 437
Wissowa 379
Woehler, Friedrich 23
Wright, Austin,
Xerxes 120
Xolotl 133
Yakoutes 168-169, 295
Yama 80, 187, 330, 356, 371, 410, 417, 458 ; voir aussi Yima
Yama Agastya 371
Yggdrasil 282, 459
Yima, Jamshid 68, 69, 195, 330, 459 ; voir aussi Yama
Yima Xšaēta 187
Ymer 132, 411
Youkahaïnen 138, 155
Yu le Grand 167, 168, 317
Yucatan 295, 402
Yudhiṣṭhira 113-116, 121, 361
Zaehner, R. C. 418
Zahan, D. 91
Zahhak 120
Zâl 73

Zalos 254, 286, 306
Zebedee 274
Zend Avesta 65
Zenker, R., 65
Zeus 269, 307, 313, 454 ; et Cronos 313, 316, 328, 444 ; et Héphaistos 319 ; et Lycaon 326
Zeus le Meunier 157
Ziggurat 164, 352
Zipacna 219, 426
Zodiaque 91, 231 ; voir aussi signes du
Zohar 429
Zonaras 50-51
Zoroastre 120
Zu, oiseau 313, 411, 417, 429, 449, 456-457
Zurvan akarana 168, 234

TABLE DES ILLUSTRATIONS

- Diagrammes de la précession des équinoxes in *Cosmologie des Dogons et des Bambaras du Soudan français*, 1951, par D. Zahan et S. de Ganay (International African Institute Londres) p. 92-93.

- Le Mont Meru, la montagne du monde, Grünwedel, 1912, p. 94.

- L'Écroulement du sablier Meru provoqué par la mort du Bouddha, Grünwedel, 1912, p. 94.

- La «Carte marine» d'Olaus Magnus Venise, 1539 et Rome 1572, par Eward Lynam, Tall Tree Library Publication 12, 1941, p. 129.

- Le Gouffre tourbillon appelé «Norvegianus Vortex», Athanase Kircher, *Mundus Subterraneus* 1665, p. 130.

- Le Flux des fleuves souterrains, Athanase Kircher, *Mundus Subterraneus* 1665, p.131.

- Le Trigone des grandes conjonctions de Saturne et de Jupiter in *Gesammelte Werke* par Johannes Kepler, C.H. Beck'sche Verlagsbuchhandlung, Munich, p. 173.

- La Précession des pôles, *Le Livre de l'Astronomie*, Flammarion, 1964, p. 182-183.

- Horus et Seth dans l'action de forer et de baratter, *Mythologie égyptienne*, The Hamlyn Group, Middlesex, 1965, p. 204.

- «Incomparablement puissant barattage de la Mer de lait», A. B. Keith, *Indian Mythology*, 1917, p. 205.

- Version simplifiée de l'*Amritamanthana*, McGuire, 1896, Smithsonian Institution Press, Washington D.C., p. 206.

- Barattage, *Codex maya tro cortesiano*, Akademische Druck und Verlagsanstalt, Graz, p. 207.

- Constellation mésopotamienne de l'arc et de la flèche, Birkhäuser Verlag, Basel, p. 262.

- Constellation chinoise de l'arc et de la flèche, in *L'Uranographie chinoise* par G. Schlegel, 1875, Martinus Nijhoff, La Hague, p. 262.

- Cartes des étoiles pour le globe céleste dans le Hsin I Hsiang Fa Yao de 1092 in *Science and Civilisation in China* par J. Needham, Cambridge University press, New York, p. 262.

- Tir à l'arc vers Sirius, le chacal céleste, *Mythologie chinoise*, J.C. Ferguson, 1917, p. 263.

- «Zodiaque rond» de Dendera (Égypte romaine), Springer Verlag, Berlin, p. 263.

- Polyèdre inscrit dans les orbites planétaires, dessin de Kepler, in *Gesammelte Werke*, C. H. Beck'sche Verlagsbuchhandlung, Munich, p. 270.

- Illustration détaillée des mouvements du Trigone des grandes conjonctions depuis 1583-1763, in *Gesammelte Werke*, C. H. Beck'sche Verlagsbuchhandlung, Munich, p. 315.

- Le berger observe et vise les astres, *The Royal Art of Astronomy*, R. Eisler, Herbert Joseph Ltd., London, 1946, p. 318.

- Tableau chinois qui illustre l'observation de l'univers, *Innermost Asia*, Sir Aurel Stein, Clarendon Press, Oxford, 1928, p. 320.

- Masque de terre cuite de Humbaba (Huwawa), S. Langdon, *Mythologie sémitique*, 1931, p. 338.

- Tlaloc, le «dieu de la pluie» au Mexique, Akademische Druck und Verlagsanstalt, Graz, p. 339.

- Mouvements des planètes Mercure et Saturne, Verlag Freies Geistesleben, p. 340-341.

- La déesse égyptienne Serquet ou Selket, Massachussets Institute of Technology Press, Cambridge, p. 342.

- Scarabée de jaspe vert d'origine gréco-phénicienne (vɪᵉ-vᵉ siècle av. J. C.), Metropolitan Museum of Art, Fletcher Fund, New York, p. 342.

- Déesse Scorpion, in *Codex maya Tro Cortesiano*, Akademische Druck- und Verlagsanstalt, Graz, p. 343.

- «Dieu Bateau» sur un cylindre mésopotamien, in *La Glyptique mésopotamienne archaïque* par P. Amiet, 1961, CNRS, Paris, p. 352.

- «Dieu Bateau» sur un cylindre mésopotamien, in *La Glyptique mésopotamienne archaïque* par P. Amiet, 1961, CNRS, Paris, p. 352.

- «Dieu Bateau» in *Codex maya Tro Cortesiano*, Akademische Druck- und Verlagsanstalt, Graz, p. 353.

- «Dieu Bateau» sur le globe céleste arabe réalisé par Tabari, Bulletin de l'Institut Français d'Archéologie Orientale, P. Casanova, A. J. Picard et Cie., Paris, 1902, p. 354.

- Carré de Pégase appelé «I Iku» en Mésopotamie, Birkhäuser Verlag, Basel, p. 450.

- Carré de Pégase babylonien, *Das wiedergefundene Paradies*, A. Ungnad, 1923, p. 450.

- Carré sur le disque de Dendera (Égypte romaine), *Das wiedergefundene Paradies*, A. Ungnad, 1923, p. 451.

- Calebasse de la Côte guinéenne (Afrique), Zeitsschrift für Ethnologie, Muenster, Westfalen, p. 452.

- Calebasse de la Côte guinéenne (Afrique), Zeitsschrift für Ethnologie, Muenster, Westfalen, p. 452.

- Les Poissons du zodiaque tels que dessinés par le Toba Batak de Sumatra, *Tijdschrift voor Indische Taal-, Land-, en Volkenkunde*, A Maass, 1924-1926, p. 453.

- Tableau du «Nouveau Monde» représentant un animal composite, American Anthropological Association, Washington D.C., p. 453.

Achevé d'imprimer en avril 2012
sur les presses de Trèfle Communication
N° d'impression 7922

www.ingramcontent.com/pod-product-compliance
Lightning Source LLC
Chambersburg PA
CBHW080417230426
43662CB00015B/2132